DEUTSCHE ERZÄHLUNGEN

Zweites Buch

Deutsche Erzählungen

von

Annette von Droste-Hülshoff
bis Wilhelm Raabe

Herausgegeben und
mit einem Nachwort versehen
von
Helmut Winter

MANUSCRIPTUM

ISBN 3-933497-49-3

Annette von Droste-Hülshoff

Die Judenbuche

Ein Sittengemälde aus dem gebirgichten Westfalen

Wo ist die Hand so zart, daß ohne Irren
sie sondern mag beschränkten Hirnes Wirren,
so fest, daß ohne Zittern sie den Stein
mag schleudern auf ein arm verkümmert Sein?
Wer wagt es, eitlen Blutes Drang zu messen,
zu wägen jedes Wort, das unvergessen
in junge Brust die zähen Wurzeln trieb,
des Vorurteils geheimen Seelendieb?
Du Glücklicher, geboren und gehegt
im lichten Raum, von frommer Hand gepflegt,
leg hin die Waagschal, nimmer dir erlaubt!
Laß ruhn den Stein — er trifft dein eignes Haupt!

Friedrich Mergel, geboren 1738, war der einzige Sohn eines sogenannten Halbmeiers oder Grundeigentümers geringerer Klasse im Dorfe B., das, so schlecht gebaut und rauchig es sein mag, doch das Auge jedes Reisenden fesselt durch die überaus malerische Schönheit seiner Lage in der grünen Waldschlucht eines bedeutenden und geschichtlich merkwürdigen Gebirges. Das Ländchen, dem es angehörte, war damals einer jener abgeschlossenen Erdwinkel ohne Fabriken und

Handel, ohne Heerstraßen, wo noch ein fremdes Gesicht Aufsehen erregte und eine Reise von dreißig Meilen selbst den Vornehmeren zum Ulysses seiner Gegend machte — kurz, ein Fleck, wie es deren sonst so viele in Deutschland gab, mit all den Mängeln und Tugenden, all der Originalität und Beschränktheit, wie sie nur in solchen Zuständen gedeihen. Unter höchst einfachen und häufig unzulänglichen Gesetzen waren die Begriffe der Einwohner von Recht und Unrecht einigermaßen in Verwirrung geraten, oder vielmehr, es hatte sich neben dem gesetzlichen ein zweites Recht gebildet, ein Recht der öffentlichen Meinung, der Gewohnheit und der durch Vernachlässigung entstandenen Verjährung. Die Gutsbesitzer, denen die niedere Gerichtsbarkeit zustand, straften und belohnten nach ihrer in den meisten Fällen redlichen Einsicht; der Untergebene tat, was ihm ausführbar und mit einem etwas weiten Gewissen verträglich schien, und nur dem Verlierenden fiel es zuweilen ein, in alten staubigten Urkunden nachzuschlagen. — Es ist schwer, jene Zeit unparteiisch ins Auge zu fassen; sie ist seit ihrem Verschwinden entweder hochmütig getadelt oder albern gelobt worden, da den, der sie erlebte, zuviel teure Erinnerungen blenden und der Spätergeborene sie nicht begreift. Soviel darf man indessen behaupten, daß die Form schwächer, der Kern fester, Vergehen häufiger, Gewissenlosigkeit seltener waren. Denn wer nach seiner Überzeugung handelt, und sei sie noch so mangelhaft, kann nie ganz zugrunde gehen, wogegen nichts seelentötender wirkt, als gegen das innere Rechtsgefühl das äußere Recht in Anspruch zu nehmen.

Ein Menschenschlag, unruhiger und unternehmender als alle seine Nachbarn, ließ in dem kleinen Staate, von dem wir reden, manches weit greller hervortreten als anderswo unter gleichen Umständen. Holz- und Jagdfrevel waren an der Tagesordnung, und bei den häufig vorfallenden Schlägereien hatte sich jeder selbst seines zerschlagenen Kopfes zu trösten. Da jedoch große und ergiebige Waldungen den Hauptreichtum des Landes ausmachten, ward allerdings scharf über die Forsten gewacht, aber weniger auf gesetzlichem Wege als in stets erneuten Versuchen, Gewalt und List mit gleichen Waffen zu überbieten.

Das Dorf B. galt für die hochmütigste, schlauste und kühnste Gemeinde des ganzen Fürstentums. Seine Lage inmitten tiefer und stolzer Waldeinsamkeit mochte schon früh den angeborenen Starrsinn der Gemüter nähren; die Nähe eines Flusses, der in die See mündete und bedeckte Fahrzeuge trug, groß genug, um Schiffbauholz bequem und sicher außer Land zu führen, trug sehr dazu bei, die natürliche Kühnheit der Holzfrevler zu ermutigen, und der Umstand, daß alles umher von Förstern wimmelte, konnte hier nur aufregend wirken, da bei den häufig vorkommenden Scharmützeln der Vorteil meist auf seiten der Bauern blieb. Dreißig, vierzig Wagen zogen zugleich aus in den schönen Mondnächten mit ungefähr doppelt soviel Mannschaft jedes Alters, vom halbwüchsigen Knaben bis zum siebzigjährigen Ortsvorsteher, der als erfahrener Leitbock den Zug mit gleich stolzem Bewußtsein anführte, als er seinen Sitz in der Gerichtsstube einnahm. Die Zurückgebliebenen horchten sorglos dem allmählichen Verhallen des Knarrens und Stoßens der Räder in den Hohlwegen und schliefen sacht weiter. Ein gelegentlicher Schuß, ein schwacher Schrei ließen wohl einmal eine junge Frau oder Braut auffahren; kein anderer achtete darauf. Beim ersten Morgengrauen kehrte der Zug ebenso schweigend heim, die Gesichter glühend wie Erz, hier und dort einer mit verbundenem Kopf, was weiter nicht in Betracht kam, und nach ein paar Stunden war die Umgegend voll von dem Mißgeschick eines oder mehrerer Forstbeamten, die aus dem Walde getragen wurden, zerschlagen, mit Schnupftabak geblendet und für einige Zeit unfähig, ihrem Berufe nachzukommen.

In diesen Umgebungen war Friedrich Mergel geboren, in einem Hause, das durch die stolze Zugabe eines Rauchfangs und minder kleiner Glasscheiben die Ansprüche seines Erbauers sowie durch seine gegenwärtige Verkommenheit die kümmerlichen Umstände des jetzigen Besitzers bezeugte. Das frühere Geländer um Hof und Garten war einem vernachlässigten Zaune gewichen, das Dach schadhaft, fremdes Vieh weidete auf den Triften, fremdes Korn wuchs auf dem Acker zunächst am Hofe, und der Garten enthielt, außer ein paar holzichten Rosenstöcken aus besserer Zeit, mehr Unkraut als Kraut. Freilich hatten Unglücksfälle manches hiervon herbeigeführt; doch war auch viel Unordnung und böse Wirtschaft im Spiel. Friedrichs Vater, der alte Hermann Mergel, war in seinem Junggesellenstande ein sogenannter ordentlicher Säufer, das heißt einer, der nur an Sonn- und Festtagen in der Rinne lag und die Woche hindurch so manierlich war wie ein anderer. So war denn auch seine Bewerbung um ein recht hübsches und wohlhabendes Mädchen ihm nicht erschwert. Auf der Hochzeit ging's lustig zu. Mergel war gar nicht zu arg betrunken, und die Eltern der Braut gingen abends vergnügt heim; aber am nächsten Sonntage sah man die junge Frau schreiend und blutrünstig durchs Dorf zu den Ihrigen rennen, alle ihre guten Kleider und neues Hausgerät im Stich lassend. Das war freilich ein großer Skandal und Ärger für Mergel, der allerdings Trostes bedurfte. So war denn auch am Nachmittage keine Scheibe an seinem Hause mehr ganz, und man sah ihn noch bis spät in die Nacht vor der Türschwelle liegen, einen abgebrochenen Flaschenhals von Zeit zu Zeit zum Munde führend und sich Gesicht und Hände jämmerlich zerschneidend. Die junge Frau blieb bei ihren Eltern, wo sie bald verkümmerte und starb. Ob nun den Mergel Reue quälte oder Scham, genug, er schien der Trostmittel immer bedürftiger und fing bald an, den gänzlich verkommenen Subjekten zugezählt zu werden.

Die Wirtschaft verfiel; fremde Mägde brachten Schimpf und Schaden; so verging Jahr auf Jahr. Mergel war und blieb ein verlegener und zuletzt ziemlich armseliger Witwer, bis er mit einem Male wieder als Bräutigam auftrat. War die Sache an und für sich unerwartet, so trug die Persönlichkeit der Braut noch dazu bei, die Verwunderung zu erhöhen. Margret Semmler war eine brave, anständige Person, so in den Vierzigern, in ihrer Jugend eine Dorfschönheit und noch jetzt als sehr klug und wirtlich geachtet, dabei nicht unvermögend; und so mußte es jedem unbegreiflich sein, was sie zu diesem Schritte getrieben. Wir glauben den Grund eben in dieser ihrer selbstbewußten Vollkommenheit zu finden. Am Abend vor der Hochzeit soll sie gesagt haben: »Eine Frau, die von ihrem Manne übel behandelt wird, ist dumm oder taugt nicht: wenn's mir schlechtgeht, so sagt, es liege an mir.« Der Erfolg zeigte leider, daß sie ihre Kräfte überschätzt hatte. Anfangs imponierte sie ihrem Manne; er kam nicht nach Hause oder kroch in die Scheune, wenn er sich übernommen hatte; aber das Joch war zu drückend, um lange getragen zu werden, und bald sah man ihn oft genug quer über die Gasse ins Haus taumeln, hörte drinnen sein wüstes Lärmen und sah Margret eilends Tür und Fenster schließen. An einem solchen Tage — keinem Sonntage mehr — sah man sie abends aus dem Hause stürzen, ohne Haube und Halstuch, das Haar wild um den Kopf hängend, sich im Garten neben ein Krautbeet niederwerfen und die Erde mit den Händen aufwühlen, dann ängstlich um sich schauen, rasch ein Bündel Kräuter brechen und damit langsam wieder dem Hause zugehen, aber nicht hinein, sondern in die Scheune. Es hieß, an diesem Tage habe Mergel zuerst Hand an sie gelegt, obwohl das Bekenntnis nie über ihre Lippen kam.

Das zweite Jahr dieser unglücklichen Ehe ward mit einem Sohne, man kann nicht sagen erfreut; denn Margret soll sehr geweint haben, als man ihr das Kind reichte. Dennoch, obwohl unter einem Herzen voll Gram getragen, war Friedrich ein gesundes, hübsches Kind, das in der frischen Luft kräftig gedieh. Der Vater hatte ihn sehr lieb, kam nie nach Hause, ohne ihm ein Stückchen Wecken oder dergleichen mitzubringen, und man meinte sogar, er sei seit der Geburt des Knaben ordentlicher geworden; wenigstens ward der Lärmen im Hause geringer.

Friedrich stand in seinem neunten Jahre. Es war um das Fest der Heiligen Drei Könige, eine harte, stürmische Winternacht. Hermann war zu einer Hochzeit gegangen und hatte sich schon beizeiten auf den Weg gemacht, da das Brauthaus dreiviertel Meilen entfernt lag. Obgleich er versprochen hatte, abends wiederzukommen, rechnete Frau Mergel doch um so weniger darauf, da sich nach Sonnenuntergang dichtes Schneegestöber eingestellt hatte. Gegen zehn Uhr schürte sie die Asche am Herde zusammen und machte sich zum Schlafengehen bereit. Friedrich stand neben ihr, schon halb entkleidet, und horchte auf das Geheul des Windes und das Klappen der Bodenfenster.

»Mutter, kommt der Vater heute nicht?« fragte er. — »Nein, Kind, morgen.« — »Aber warum nicht, Mutter? Er hat's doch versprochen.« — »Ach Gott, wenn der alles hielte, was er verspricht! Mach, mach voran, daß du fertig wirst.«

Sie hatten sich kaum niedergelegt, so erhob sich eine Windsbraut, als ob sie das Haus mitnehmen wollte. Die Bettstatt bebte, und im Schornstein rasselte es wie ein Kobold. — »Mutter, es pocht draußen!« — »Still, Fritzchen, das ist das lockere Brett im Giebel, das der Wind jagt.« — »Nein, Mutter, an der Tür!« — »Sie schließt nicht; die Klinke ist zerbrochen. Gott, schlaf doch! Bring mich nicht um das armselige bißchen Nachtruhe.« — »Aber wenn nun der Vater kommt?« — Die Mutter drehte sich heftig im Bett um. — »Den hält der Teufel fest genug!« — »Wo ist der Teufel, Mutter?« — »Wart, du Unrast! er steht vor der Tür und will dich holen, wenn du nicht ruhig bist!«

Friedrich ward still; er horchte noch ein Weilchen und schlief dann ein. Nach einigen Stunden erwachte er. Der Wind hatte sich gewendet und zischte jetzt wie eine Schlange durch die Fensterritze an seinem Ohr. Seine Schulter war erstarrt; er kroch tief unters Deckbett und lag aus Furcht ganz still. Nach einer Weile bemerkte er, daß die Mutter auch nicht schlief. Er hörte sie weinen und mitunter: »Gegrüßt seist du, Maria!« und »Bitte für uns arme Sünder!« Die Kügelchen des Rosenkranzes glitten an seinem Gesicht hin. — Ein unwillkürlicher Seufzer entfuhr ihm. — »Friedrich, bist du wach?« — »Ja, Mutter.« — »Kind, bete ein wenig — du kannst ja schon das halbe Vaterunser —, daß Gott uns bewahre vor Wasser- und Feuersnot.«

Friedrich dachte an den Teufel, wie der wohl aussehen möge. Das mannigfache Geräusch und Getöse im Haus kam ihm wunderlich vor. Er meinte, es müsse etwas Lebendiges drinnen sein und draußen auch. »Hör, Mutter, gewiß, da sind Leute, die pochen.« — »Ach nein, Kind; aber es ist kein altes Brett im Hause, das nicht klappert.« — »Hör! Hörst du nicht? Es ruft! Hör doch!«

Die Mutter richtete sich auf; das Toben des Sturms ließ einen Augenblick nach. Man hörte deutlich an den Fensterläden pochen und mehrere Stimmen: »Margret! Frau Margret, heda, aufgemacht!« — Margret stieß einen heftigen Laut aus: »Da bringen sie mir das Schwein wieder!«

Der Rosenkranz flog klappernd auf den Brettstuhl, die Kleider wurden herabgerissen. Sie fuhr zum Herde, und bald darauf hörte Friedrich sie mit trotzigen Schritten über die Tenne gehen. Margret kam gar nicht wieder; aber in der Küche war viel Gemurmel und fremde Stimmen. Zweimal kam ein fremder Mann in die Kammer und schien ängstlich etwas zu suchen. Mit einem Male ward eine Lampe hereingebracht; zwei Männer führten die Mutter. Sie war weiß wie Kreide und hatte die Augen geschlossen. Friedrich meinte, sie sei tot; er erhob ein fürchterliches Geschrei, worauf ihm jemand eine Ohrfeige gab, was ihn zur Ruhe brachte, und nun begriff er nach und nach aus den Reden der Umstehenden, daß der Vater vom Ohm Franz Semmler und dem Hülsmeyer tot im Holze gefunden sei und jetzt in der Küche liege.

Sobald Margret wieder zur Besinnung kam, suchte sie die fremden Leute loszuwerden. Der Bruder blieb bei ihr, und Friedrich, dem bei strenger Strafe im Bett zu bleiben geboten war, hörte die ganze Nacht hindurch das Feuer in der Küche knistern und ein Geräusch wie von Hin- und Herrutschen und Bürsten. Gesprochen ward wenig und leise, aber zuweilen drangen Seufzer herüber, die dem Knaben, so jung er war, durch Mark und Bein gingen. Einmal verstand er, daß der Oheim sagte: »Margret, zieh dir das nicht zu Gemüt; wir wollen jeder drei Messen lesen lassen, und um Ostern gehen wir zusammen eine Bittfahrt zur Mutter Gottes von Werl.«

Als nach zwei Tagen die Leiche fortgetragen wurde, saß Margret am Herde, das Gesicht mit der Schürze verhüllend. Nach einigen Minuten, als alles still geworden war, sagte sie in sich hinein: »Zehn Jahre, zehn Kreuze. Wir haben sie doch zusammen getragen, und jetzt bin ich allein!« Dann lauter: »Fritzchen, komm her!« — Friedrich kam scheu heran; die Mutter war ihm ganz unheimlich geworden mit den schwarzen Bändern und den verstörten Zügen. »Fritzchen«, sagte sie, »willst du jetzt auch fromm sein, daß ich Freude an dir habe, oder willst du unartig sein und lügen oder saufen und stehlen?« — »Mutter, Hülsmeyer stiehlt.« — »Hülsmeyer? Gott bewahre! Soll ich dir auf den Rükken kommen? Wer sagt dir so schlechtes Zeug?« — »Er hat neulich den Aaron geprügelt und ihm sechs Groschen genommen.« — »Hat er dem Aaron Geld genommen, so hat ihn der verfluchte Jude gewiß zuvor darum betrogen. Hülsmeyer ist ein ordentlicher, angesessener Mann, und die Juden sind alle Schelme.« — »Aber, Mutter, Brandis sagt auch, daß er Holz und Rehe stiehlt.« — »Kind, Brandis ist ein Förster.« — »Mutter, lügen die Förster?«

Margret schwieg eine Weile; dann sagte sie: »Höre, Fritz, das Holz läßt unser Herrgott frei wachsen, und das Wild wechselt aus eines Herren Lande in das andere; die können niemand angehören. Doch das verstehst du noch nicht; jetzt geh in den Schuppen und hole mir Reisig.«

Friedrich hatte seinen Vater auf dem Stroh gesehen, wo er, wie man sagt, blau und fürchterlich ausgesehen haben soll. Aber davon erzählte er nie und schien ungern daran zu denken. Überhaupt hatte die Erinnerung an seinen Vater eine mit Grausen gemischte Zärtlichkeit in ihm zurückgelassen, wie denn nichts so fesselt wie die Liebe und Sorgfalt eines Wesens, das gegen alles übrige verhärtet scheint, und bei Friedrich wuchs dieses Gefühl mit den Jahren durch das Gefühl mancher Zurücksetzung von seiten anderer. Es war ihm äußerst empfindlich, wenn, solange er Kind war, jemand des Verstorbenen nicht allzu löblich gedachte, ein Kummer, den ihm das Zartgefühl der Nachbarn nicht ersparte. Es ist gewöhnlich in jenen Gegenden, den Verunglückten die Ruhe im Grabe abzusprechen. Der alte Mergel war das Gespenst des Brederholzes geworden; einen Betrunkenen führte er als Irrlicht bei einem Haar in den Zellerkolk; die Hirtenknaben, wenn sie nachts bei ihren Feuern kauerten und die Eulen in den Gründen schrien, hörten zuweilen in abgebrochenen Tönen ganz deutlich dazwischen sein: ›Hör mal an, feins Liseken‹, und ein unprivilegierter Holzhauer, der unter der breiten Eiche eingeschlafen und dem es darüber Nacht geworden war, hatte beim Erwachen sein geschwollenes blaues Gesicht durch die Zweige lauschen sehen. Friedrich mußte von andern Knaben vieles darüber hören; dann heulte er, schlug um sich, stach auch einmal mit seinem Messerchen und wurde bei dieser Gelegenheit jämmerlich geprügelt. Seitdem trieb er seiner Mutter Kühe allein an das andere Ende des Tales, wo man ihn oft stundenlang in derselben Stellung im Grase liegen und den Thymian aus dem Boden rupfen sah.

Er war zwölf Jahre alt, als seine Mutter einen Besuch von ihrem jüngern Bruder erhielt, der in Brede wohnte und seit der törichten Heirat seiner Schwester ihre Schwelle nicht betreten hatte. Simon Semmler war ein kleiner, unruhiger, magerer Mann mit vor dem Kopf liegenden Fischaugen und überhaupt einem Gesicht wie ein Hecht, ein unheimlicher Geselle, bei dem dicktuende Verschlossenheit oft mit ebenso gesuchter Treuherzigkeit wechselte, der gern einen aufgeklärten Kopf vorgestellt hätte und statt dessen für einen fatalen, Händel suchenden Kerl galt, dem jeder um so lieber aus dem Wege ging, je mehr er in das Alter trat, wo ohnehin beschränkte Menschen leicht an Ansprüchen gewinnen, was sie an Brauchbarkeit verlieren. Dennoch freute sich die arme Margret, die sonst keinen der Ihrigen mehr am Leben hatte.

»Simon, bist du da?« sagte sie und zitterte, daß sie sich am Stuhle halten mußte. »Willst du sehen, wie es mir geht und meinem schmutzigen Jungen?« — Simon betrachtete sie ernst und reichte ihr die Hand: »Du bist alt geworden, Margret!« — Margret seufzte: »Es ist mir derweil oft bitterlich gegangen mit allerlei Schicksalen.« — »Ja, Mädchen, zu spät gefreit, hat immer gereut! Jetzt bist du alt, und das Kind ist klein. Jedes Ding hat seine Zeit. Aber wenn ein altes Haus brennt, dann hilft kein Löschen.« — Über Margrets vergrämtes Gesicht flog eine Flamme, so rot wie Blut.

»Aber ich höre, dein Junge ist schlau und gewichst«, fuhr Simon fort. — »Ei nun, so ziemlich, und dabei fromm.« — »Hum, 's hat mal einer eine Kuh gestohlen, der hieß auch Fromm. Aber er ist still und nachdenklich, nicht wahr? Er läuft nicht mit den anderen Buben?« — »Er ist ein eigenes Kind«, sagte Margret wie für sich; »es ist nicht gut.« — Simon lachte hell auf: »Dein Junge ist scheu, weil ihn die anderen ein paarmal gut durchgedroschen haben. Das wird ihnen der Bursche schon wieder bezahlen. Hülsmeyer war neulich bei mir; der sagte, es ist ein Junge wie 'n Reh.«

Welcher Mutter geht das Herz nicht auf, wenn sie ihr Kind loben hört? Der armen Margret ward selten so wohl, jedermann nannte ihren Jungen tückisch und verschlossen. Die Tränen traten ihr in die Augen. »Ja, gottlob, er hat gerade Glieder.« — »Wie sieht er aus?« fuhr Simon fort. — »Er hat viel von dir, Simon, viel.«

Simon lachte: »Ei, das muß ein rarer Kerl sein, ich werde alle Tage schöner. An der Schule soll er sich wohl nicht verbrennen. Du läßt ihn die Kühe hüten? Ebensogut. Es ist doch nicht halb wahr, was der Magister sagt. Aber wo hütet er? Im Telgengrund? im Roderholze? im Teutoburger Wald? auch des Nachts und früh?« — »Die ganzen Nächte durch; aber wie meinst du das?«

Simon schien dies zu überhören; er reckte den Hals zur Türe hinaus: »Ei, da kommt der Gesell! Vaterssohn! Er schlenkert geradeso mit den Armen wie dein seliger Mann. Und schau mal an! Wahrhaftig, der Junge hat meine blonden Haare!«

In der Mutter Züge kam ein heimliches, stolzes Lächeln; ihres Friedrichs blonde Locken und Simons rötliche Borsten! Ohne zu antworten, brach sie einen Zweig von der nächsten Hecke und ging ihrem Sohne entgegen, scheinbar, eine träge Kuh anzutreiben, im Grunde aber, ihm einige rasche, halb drohende Worte zuzuraunen; denn sie kannte seine störrische Natur, und Simons Weise war ihr heute einschüchternder vorgekommen als je. Doch ging alles über Erwarten gut; Friedrich zeigte sich weder verstockt noch frech, vielmehr etwas blöde und sehr bemüht, dem Ohm zu gefallen. So kam es denn dahin, daß nach einer halbstündigen Unterredung Simon eine Art Adoption des Knaben in Vorschlag brachte, vermöge deren er denselben zwar nicht gänzlich seiner Mutter entziehen, aber doch über den größten Teil seiner Zeit verfügen wollte, wofür ihm dann am Ende des alten Junggesellen Erbe zufallen solle, das ihm freilich ohnedies nicht entgehen konnte. Margret ließ sich geduldig auseinandersetzen, wie groß der Vorteil, wie gering die Entbehrung ihrerseits bei dem Handel sei. Sie wußte am besten, was eine kränkliche Witwe an der Hülfe eines zwölfjährigen Knaben entbehrt, den sie bereits gewöhnt hat, die Stelle einer Tochter zu ersetzen. Doch sie schwieg und gab sich in alles. Nur bat sie den Bruder, streng, doch nicht hart gegen den Knaben zu sein.

»Er ist gut«, sagte sie, »aber ich bin eine einsame Frau; mein Kind ist nicht wie einer, über den Vaterhand regiert hat.« Simon nickte schlau mit dem Kopf: »Laß mich nur gewähren, wir wollen uns schon vertragen, und weißt du was? Gib mir den Jungen gleich mit, ich habe zwei Säcke aus der Mühle zu holen; der kleinste ist ihm grad recht, und so lernt er mir zur Hand gehen. Komm, Fritzchen, zieh deine Holzschuh an!« — Und bald sah Margret den beiden nach, wie sie fortschritten, Simon voran, mit seinem Gesicht die Luft durchschneidend, während ihm die Schöße des roten Rocks wie Feuerflammen nachzogen. So hatte er ziemlich das Ansehen eines feurigen Mannes, der unter dem gestohlenen Sacke büßt; Friedrich ihm nach, fein und schlank für sein Alter, mit zarten, fast edlen Zügen und langen blonden Locken, die besser gepflegt waren, als sein übriges Äußere erwarten ließ; übrigens zerlumpt, sonnenverbrannt und mit dem Ausdruck der Vernachlässigung und einer gewissen rohen Melancholie in den Zügen. Dennoch war eine große Familienähnlichkeit beider nicht zu verkennen, und wie Friedrich so langsam seinem Führer nachtrat, die Blicke fest auf denselben geheftet, der ihn gerade durch das Seltsame seiner Erscheinung anzog, erinnerte er unwillkürlich an jemand, der in einem Zauberspiegel das Bild seiner Zukunft mit verstörter Aufmerksamkeit betrachtet.

Jetzt nahten die beiden sich der Stelle des Teutoburger Waldes, wo das Brederholz den Abhang des Gebirges niedersteigt und einen sehr dunkeln Grund ausfüllt. Bis jetzt war wenig gesprochen worden. Simon schien nachdenkend, der Knabe zerstreut, und beide keuchten unter ihren Säcken. Plötzlich fragte Simon: »Trinkst du gern Branntwein?« — Der Knabe antwortete nicht. »Ich frage, trinkst du gern Branntwein? Gibt dir die Mutter zuweilen welchen?« — »Die Mutter hat selbst keinen«, sagte Friedrich. — »So, so, desto besser! — Kennst du das Holz da vor uns?« — »Das ist das Brederholz.« — »Weißt du auch, was darin vorgefallen ist?« — Friedrich schwieg. Indessen kamen sie der düstern Schlucht immer näher. »Betet die Mutter noch so viel?« hob Simon wieder an. — »Ja, jeden Abend zwei Rosenkränze.« — »So? Und du betest mit?« —

Der Knabe lachte halb verlegen mit einem durchtriebenen Seitenblick. — »Die Mutter betet in der Dämmerung vor dem Essen den einen Rosenkranz, dann bin ich meist noch nicht wieder da mit den Kühen, und den andern im Bette, dann schlaf ich gewöhnlich ein.« — »So, so, Geselle!«

Diese letzten Worte wurden unter dem Schirme einer weiten Buche gesprochen, die den Eingang der Schlucht überwölbte. Es war jetzt ganz finster; das erste Mondviertel stand am Himmel, aber seine schwachen Schimmer dienten nur dazu, den Gegenständen, die sie zuweilen durch eine Lücke der Zweige berührten, ein fremdartiges Ansehen zu geben. Friedrich hielt sich dicht hinter seinem Ohm; sein Odem ging schnell, und wer seine Züge hätte unterscheiden können, würde den Ausdruck einer ungeheuren, doch mehr phantastischen als furchtsamen Spannung darin wahrgenommen haben. So schritten beide rüstig voran, Simon mit dem festen Schritt des abgehärteten Wanderers, Friedrich schwankend und wie im Traum. Es kam ihm vor, als ob alles sich bewegte und die Bäume in den einzelnen Mondstrahlen bald zusammen, bald voneinander schwankten. Baumwurzeln und schlüpfrige Stellen, wo sich das Regenwasser gesammelt, machten seinen Schritt unsicher; er war einige Male nahe daran zu fallen. Jetzt schien sich in einiger Entfernung das Dunkel zu brechen, und bald traten beide in eine ziemlich große Lichtung. Der Mond schien klar hinein und zeigte, daß hier noch vor kurzem die Axt unbarmherzig gewütet hatte. Überall ragten Baumstümpfe hervor, manche mehrere Fuß über der Erde, wie sie gerade in der Eile am bequemsten zu durchschneiden gewesen waren; die verpönte Arbeit mußte unversehens unterbrochen worden sein, denn eine Buche lag quer über dem Pfad, in vollem Laube, ihre Zweige hoch über sich streckend und im Nachtwinde mit den noch frischen Blättern zitternd. Simon blieb einen Augenblick stehen und betrachtete den gefällten Stamm mit Aufmerksamkeit. In der Mitte der Lichtung stand eine alte Eiche, mehr breit als hoch; ein blasser Strahl, der durch die Zweige auf ihren Stamm fiel, zeigte, daß er hohl sei, was ihn wahrscheinlich vor der allgemeinen Zerstörung geschützt hatte. Hier ergriff Simon plötzlich des Knaben Arm.

»Friedrich, kennst du den Baum? Das ist die breite Eiche.« — Friedrich fuhr zusammen und klammerte sich mit kalten Händen an seinen Ohm. — »Sieh«, fuhr Simon fort, »hier haben Ohm Franz und der Hülsmeyer deinen Vater gefunden, als er in der Betrunkenheit ohne Buße und Ölung zum Teufel gefahren war.« — »Ohm, Ohm!« keuchte Friedrich. — »Was fällt dir ein? Du wirst dich doch nicht fürchten? Satan von einem Jungen, du kneipst mir den Arm! Laß los, los!« — Er suchte den Knaben abzuschütteln. — »Dein Vater war übrigens eine gute Seele; Gott wird's nicht so genau mit ihm nehmen. Ich hatt ihn so lieb wie meinen eigenen Bruder.« — Friedrich ließ den Arm seines Ohms los; beide legten schweigend den übrigen Teil des Waldes zurück, und das Dorf Brede lag vor ihnen mit seinen Lehmhütten und den einzelnen bessern Wohnungen von Ziegelsteinen, zu denen auch Simons Haus gehörte.

Am nächsten Abend saß Margret schon seit einer Stunde mit ihrem Rocken vor der Tür und wartete auf ihren Knaben. Es war die erste Nacht, die sie zugebracht hatte, ohne den Atem ihres Kindes neben sich zu hören, und Friedrich kam noch immer nicht. Sie war ärgerlich und ängstlich und wußte, daß sie beides ohne Grund war. Die Uhr im Turm schlug sieben, das Vieh kehrte heim; er war noch immer nicht da, und sie mußte aufstehen, um nach den Kühen zu schauen. Als sie wieder in die dunkle Küche trat, stand Friedrich am Herde; er hatte sich vornübergebeugt und wärmte die Hände an den Kohlen. Der Schein spielte auf seinen Zügen und gab ihnen ein widriges Ansehen von Magerkeit und ängstlichem Zucken. Margret blieb in der Trenntür stehen, so seltsam verändert kam ihr das Kind vor.

»Friedrich, wie geht's dem Ohm?« Der Knabe murmelte einige unverständliche Worte und drängte sich dicht an die Feuermauer. — »Friedrich, hast du das Reden verlernt? Junge, tu das Maul auf! Du weißt ja doch, daß ich auf dem rechten Ohr nicht gut höre.« — Das Kind erhob seine Stimme und geriet dermaßen ins Stammeln, daß Margret es um nichts mehr begriff. — »Was sagst du? Einen Gruß von Meister Semmler? Wieder fort? Wohin? Die Kühe sind schon zu Hause. Verfluchter Junge, ich kann dich nicht verstehen. Wart, ich muß einmal sehen, ob du keine Zunge im Munde hast!« — Sie trat heftig einige Schritte vor. Das Kind sah zu ihr auf mit dem Jammerblick eines armen, halbwüchsigen Hundes, der Schildwacht stehen lernt, und begann in der Angst mit den Füßen zu stampfen und den Rücken an der Feuermauer zu reiben.

Margret stand still; ihre Blicke wurden ängstlich. Der Knabe erschien ihr wie zusammengeschrumpft, auch seine Kleider waren nicht dieselben, nein, das war ihr Kind nicht! und dennoch — »Friedrich, Friedrich!« rief sie.

In der Schlafkammer klappte eine Schranktür, und der Gerufene trat hervor, in der einen Hand eine sogenannte Holschenvioline, das heißt einen alten Holzschuh, mit drei bis vier zerschabten Geigensaiten überspannt, in der andern einen Bogen, ganz des Instruments würdig. So ging er gerade auf sein verkümmertes Spiegelbild zu, seinerseits mit einer Haltung bewußter Würde und Selbständigkeit, die in diesem Augenblicke den Unterschied zwischen beiden sonst merkwürdig ähnlichen Knaben stark hervortreten ließ.

»Da, Johannes!« sagte er und reichte ihm mit einer Gönnermiene das Kunstwerk; »da ist die Violine, die ich dir versprochen habe. Mein Spielen ist vorbei, ich muß jetzt Geld verdienen.« — Johannes warf noch einmal einen scheuen Blick auf Margret, streckte dann langsam seine Hand aus, bis er das Dargebotene fest ergriffen hatte, und brachte es wie verstohlen unter die Flügel seines armseligen Jäckchens.

Margret stand ganz still und ließ die Kinder gewähren. Ihre Gedanken hatten eine andere, sehr ernste Richtung genommen, und sie blickte mit unruhigem Auge von einem auf den andern. Der fremde Knabe hatte sich wieder über die Kohlen gebeugt mit einem Ausdruck augenblicklichen Wohlbehagens, der an Albernheit grenzte, während in Friedrichs Zügen der Wechsel eines offenbar mehr selbstischen als gutmütigen Mitgefühls spielte und sein Auge in fast glasartiger Klarheit zum ersten Male bestimmt den Ausdruck jenes ungebändigten Ehrgeizes und Hanges zum Großtun zeigte, der nachher als so starkes Motiv seiner meisten Handlungen hervortrat. Der Ruf seiner Mutter störte ihn aus Gedanken, die ihm ebenso neu als angenehm waren. Sie saß wieder am Spinnrade.

»Friedrich«, sagte sie zögernd, »sag einmal —« und schwieg dann. Friedrich sah auf und wandte sich, da er nichts weiter vernahm, wieder zu seinem Schützling. — »Nein, höre —«, und dann leiser: »Was ist das für ein Junge? Wie heißt er?« — Friedrich antwortete ebenso leise: »Das ist des Ohms Simon Schweinehirt, der eine Botschaft an den Hülsmeyer hat. Der Ohm hat mir ein Paar Schuhe und eine Weste von Drillich gegeben, die hat mir der Junge unterwegs getragen; dafür hab ich ihm meine Violine versprochen; er ist ja doch ein armes Kind; Johannes heißt er.« — »Nun?« sagte Margret. — »Was willst du, Mutter?« — »Wie heißt er weiter?« — »Ja — weiter nicht — oder warte — doch: Niemand, Johannes Niemand heißt er. — Er hat keinen Vater«, fügte er leiser hinzu.

Margret stand auf und ging in die Kammer. Nach einer Weile kam sie heraus, mit einem harten, finstern Ausdruck in den Mienen. »So, Friedrich«, sagte sie, »laß den Jungen gehen, daß er seine Bestellung machen kann. — Junge, was liegst du da in der Asche? Hast du zu Hause nichts zu tun?« — Der Knabe raffte sich mit der Miene eines Verfolgten so eilfertig auf, daß ihm alle Glieder im Wege standen und die Holschenvioline bei einem Haar ins Feuer gefallen wäre.

»Warte, Johannes«, sagte Friedrich stolz, »ich will dir mein halbes Butterbrot geben, es ist mir doch zu groß, die Mutter schneidet allemal übers ganze Brot.« — »Laß doch«, sagte Margret, »er geht ja nach Hause.« — »Ja, aber er bekommt nichts mehr; Ohm Simon ißt um sieben Uhr.« Margret wandte sich zu dem Knaben: »Hebt man dir nichts auf? Sprich, wer sorgt für dich?« — »Niemand«, stotterte das Kind. — »Niemand?« wiederholte sie; »da nimm, nimm!« fügte sie heftig hinzu; »du heißt Niemand, und niemand sorgt für dich! Das sei Gott geklagt! Und nun mach dich fort! Friedrich, geh nicht mit ihm, hörst du, geht nicht zusammen durchs Dorf.« — »Ich will ja nur Holz holen aus dem Schuppen«, antwortete Friedrich. — Als beide Knaben fort waren, warf sich Margret auf einen Stuhl und schlug die Hände mit dem Ausdruck des tiefsten Jammers zusammen. Ihr Gesicht war bleich wie ein Tuch. »Ein falscher Eid, ein falscher Eid!« stöhnte sie. »Simon, Simon, wie willst du vor Gott bestehen!«

So saß sie eine Weile, starr mit geklemmten Lippen, wie in völliger Geistesabwesenheit. Friedrich stand vor ihr und hatte sie schon zweimal angeredet. »Was ist's? was willst du?« rief sie auffahrend. — »Ich bringe Euch Geld«, sagte er, mehr erstaunt als erschreckt. — »Geld? wo?« Sie regte sich, und die kleine Münze fiel klingend auf den Boden. Friedrich hob sie auf. — »Geld vom Ohm Simon, weil ich ihm habe arbeiten helfen. Ich kann mir nun selber was verdienen.« — »Geld vom Simon? Wirf's fort, fort! — Nein, gib's den Armen. Doch nein, behalt's«, flüsterte sie kaum hörbar, »wir sind selber arm; wer weiß, ob wir bei dem

Betteln vorbeikommen!« — »Ich soll Montag wieder zum Ohm und ihm bei der Einsaat helfen.« — »Du wieder zu ihm? Nein, nein, nimmermehr!« — Sie umfaßte ihr Kind mit Heftigkeit. — »Doch«, fügte sie hinzu, und ein Tränenstrom stürzte ihr plötzlich über die eingefallenen Wangen, »geh, er ist mein einziger Bruder, und die Verleumdung ist groß! Aber halt Gott vor Augen und vergiß das tägliche Gebet nicht!«

Margret legte das Gesicht an die Mauer und weinte laut. Sie hatte manche harte Last getragen, ihres Mannes üble Behandlung, noch schwerer seinen Tod, und es war eine bittere Stunde, als die Witwe das letzte Stück Ackerland einem Gläubiger zur Nutznießung überlassen mußte und der Pflug vor ihrem Hause stille stand. Aber so war ihr nie zumute gewesen; dennoch, nachdem sie einen Abend durchgeweint, eine Nacht durchwacht hatte, war sie dahin gekommen, zu denken, ihr Bruder Simon könne so gottlos nicht sein, der Knabe gehöre gewiß nicht ihm, Ähnlichkeiten wollen nichts beweisen. Hatte sie doch selbst vor vierzig Jahren ein Schwesterchen verloren, das genau dem fremden Hechelkrämer glich. Was glaubt man nicht gern, wenn man so wenig hat und durch Unglauben dies wenige verlieren soll!

Von dieser Zeit an war Friedrich selten mehr zu Hause. Simon schien alle wärmeren Gefühle, deren er fähig war, dem Schwestersohn zugewendet zu haben; wenigstens vermißte er ihn sehr und ließ nicht nach mit Botschaften, wenn ein häusliches Geschäft ihn auf einige Zeit bei der Mutter hielt. Der Knabe war seitdem wie verwandelt, das träumerische Wesen gänzlich von ihm gewichen, er trat fest auf, fing an, sein Äußeres zu beachten und bald in den Ruf eines hübschen, gewandten Burschen zu kommen. Sein Ohm, der nicht wohl ohne Projekte leben konnte, unternahm mitunter ziemlich bedeutende öffentliche Arbeiten, zum Beispiel beim Wegbau, wobei Friedrich für einen seiner besten Arbeiter und überall als seine rechte Hand galt; denn obgleich dessen Körperkräfte noch nicht ihr volles Maß erreicht hatten, kam ihm doch nicht leicht jemand an Ausdauer gleich. Margret hatte bisher ihren Sohn nur geliebt, jetzt fing sie an, stolz auf ihn zu werden und sogar eine Art Hochachtung vor ihm zu fühlen, da sie den jungen Menschen so ganz ohne ihr Zutun sich entwickeln sah, sogar ohne ihren Rat, den sie, wie die meisten Menschen, für unschätzbar hielt und deshalb die Fähigkeiten nicht hoch genug anzuschlagen wußte, die eines so kostbaren Förderungsmittels entbehren konnten.

In seinem achtzehnten Jahre hatte Friedrich sich bereits einen bedeutenden Ruf in der jungen Dorfwelt gesichert durch den Ausgang einer Wette, infolge deren er einen erlegten Eber über zwei Meilen weit auf seinem Rücken trug, ohne abzusetzen. Indessen war der Mitgenuß des Ruhms auch so ziemlich der einzige Vorteil, den Margret aus diesen günstigen Umständen zog, da Friedrich immer mehr auf sein Äußeres verwandte und allmählich anfing, es schwer zu verdauen, wenn Geldmangel ihn zwang, irgend jemand im Dorf darin nachzustehen. Zudem waren alle seine Kräfte auf den auswärtigen Erwerb gerichtet; zu Hause schien ihm, ganz im Widerspiel mit seinem sonstigen Rufe, jede anhaltende Beschäftigung lästig, und er unterzog sich lieber einer harten, aber kurzen Anstrengung, die ihm bald erlaubte, seinem früheren Hirtenamte wieder nachzugehen, was bereits begann, seinem Alter unpassend zu werden, und ihm gelegentlichen Spott zuzog, vor dem er sich aber durch ein paar derbe Zurechtweisungen mit der Faust Ruhe verschaffte. So gewöhnte man sich daran, ihn bald geputzt und fröhlich als anerkannten Dorfelegant an der Spitze des jungen Volks zu sehen, bald wieder als zerlumpten Hirtenbuben einsam und träumerisch hinter den Kühen herschleichend oder in einer Waldlichtung liegend, scheinbar gedankenlos und das Moos von den Bäumen rupfend.

Um diese Zeit wurden die schlummernden Gesetze doch einigermaßen aufgerüttelt durch eine Bande von Holzfrevlern, die unter dem Namen der Blaukittel alle ihre Vorgänger so weit an List und Frechheit übertraf, daß es dem Langmütigsten zuviel werden mußte. Ganz gegen den gewöhnlichen Stand der Dinge, wo man die stärksten Böcke der Herde mit dem Finger bezeichnen konnte, war es hier trotz aller Wachsamkeit bisher nicht möglich gewesen, auch nur ein Individuum namhaft zu machen. Ihre Benennung erhielten sie von der ganz gleichförmigen Tracht, durch die sie das Erkennen erschwerten, wenn etwa ein Förster noch einzelne Nachzügler im Dickicht verschwinden sah. Sie verheerten alles wie die Wanderraupe, ganze Waldstrekken wurden in einer Nacht gefällt und auf der Stelle fortgeschafft, so daß man am andern Morgen nichts fand als Späne und wüste Haufen von Topholz, und der Umstand, daß nie Wagenspuren einem Dorfe zu führten, sondern immer vom Flusse her und dorthin zurück, bewies, daß man unter dem Schutze und vielleicht mit dem Beistande der Schiffeigentümer handelte. In der Bande mußten sehr gewandte Spione sein, denn die Förster konnten wochenlang umsonst wachen; in der ersten Nacht, gleichviel, ob stürmisch oder mondhell, wo sie vor Übermüdung nachließen, brach die Zerstörung ein. Seltsam war es, daß das Landvolk umher ebenso unwissend und gespannt schien als die Förster selber. Von einigen Dörfern ward mit Bestimmtheit gesagt, daß sie nicht zu den Blaukitteln gehörten, aber keines konnte als dringend verdächtig bezeichnet werden, seit man das verdächtigste von allen, das Dorf B., freisprechen mußte. Ein Zufall hatte dies bewirkt, eine Hochzeit, auf der fast alle Bewohner dieses Dorfes notorisch die Nacht zugebracht hatten, während zu ebendieser Zeit die Blaukittel eine ihrer stärksten Expeditionen ausführten.

Der Schaden in den Forsten war indes allzu groß, deshalb wurden die Maßregeln dagegen auf eine bisher unerhörte Weise gesteigert; Tag und Nacht wurde patrouilliert, Ackerknechte, Hausbediente mit Gewehren versehen und den Forstbeamten zugesellt. Dennoch war der Erfolg nur gering, und die Wächter hatten oft kaum das eine Ende des Forstes verlassen, wenn die Blaukittel schon zum andern einzogen. Das währte länger als ein volles Jahr, Wächter und Blaukittel, Blaukittel und Wächter, wie Sonne und Mond immer abwechselnd im Besitz des Terrains und nie zusammentreffend.

Es war im Juli 1756 früh um drei; der Mond stand klar am Himmel, aber sein Glanz fing an zu ermatten, und im Osten zeigte sich bereits ein schmaler gelber Streif, der den Horizont besäumte und den Eingang einer engen Talschlucht wie mit einem Goldbande schloß. Friedrich lag im Grase, nach seiner gewohnten Weise, und schnitzelte an einem Weidenstabe, dessen knotigem Ende er die Gestalt eines ungeschlachten Tieres zu geben versuchte. Er sah übermüdet aus, gähnte, ließ mitunter seinen Kopf an einem verwitterten Stammknorren ruhen und Blicke, dämmeriger als der Horizont, über den mit Gestrüpp und Aufschlag fast verwachsenen Eingang des Grundes streifen. Ein paarmal belebten sich seine Augen und nahmen den ihnen eigentümlichen glasartigen Glanz an, aber gleich nachher schloß er sie wieder halb und gähnte und dehnte sich, wie es nur faulen Hirten erlaubt ist. Sein Hund lag in einiger Entfernung nah bei den Kühen, die, unbekümmert um die Forstgesetze, ebensooft den jungen Baumspitzen als dem Grase zusprachen und in die frische Morgenluft schnaubten. Aus dem Walde drang von Zeit zu Zeit ein dumpfer, krachender Schall; der Ton hielt nur einige Sekunden an, begleitet von einem langen Echo an den Bergwänden, und wiederholte sich etwa alle fünf bis acht Minuten. Friedrich achtete nicht darauf; nur zuweilen, wenn das Getöse ungewöhnlich stark oder anhaltend war, hob er den Kopf und ließ seine Blicke langsam über die verschiedenen Pfade gleiten, die ihren Ausgang in dem Talgrunde fanden.

Es fing bereits stark zu dämmern an; die Vögel begannen leise zu zwitschern, und der Tau stieg fühlbar aus dem Grunde. Friedrich war an dem Stamm hinabgeglitten und starrte, die Arme über den Kopf verschlungen, in das leise einschleichende Morgenrot. Plötzlich fuhr er auf: über sein Gesicht fuhr ein Blitz, er horchte einige Sekunden mit vorgebeugtem Oberleib, wie ein Jagdhund, dem die Luft Witterung zuträgt. Dann schob er schnell zwei Finger in den Mund und pfiff gellend und anhaltend. — »Fidel, du verfluchtes Tier!« — Ein Steinwurf traf die Seite des unbesorgten Hundes, der, vom Schlafe aufgeschreckt, zuerst um sich biß und dann heulend auf drei Beinen dort Trost suchte, von wo das Übel ausgegangen war. In demselben Augenblicke wurden die Zweige eines nahen Gebüsches fast ohne Geräusch zurückgeschoben, und ein Mann trat heraus, im grünen Jagdrock, den silbernen Wappenschild am Arm, die gespannte Büchse in der Hand. Er ließ schnell seine Blicke über die Schlucht fahren und sie dann mit besonderer Schärfe auf dem Knaben verweilen, trat dann vor, winkte nach dem Gebüsch, und allmählich wurden sieben bis acht Männer sichtbar, alle in ähnlicher Kleidung, Weidmesser im Gürtel und die gespannten Gewehre in der Hand.

»Friedrich, was war das?« fragte der zuerst Erschienene. — »Ich wollte, daß der Racker auf der Stelle krepierte. Seinetwegen können die Kühe mir die Ohren vom Kopf fressen.« — »Die Kanaille hat uns gesehen«, sagte ein anderer. »Morgen sollst du auf die Reise mit einem Stein am Halse«, fuhr Friedrich fort und stieß nach dem Hunde. — »Friedrich, stell dich nicht an wie ein Narr! Du kennst mich, und du verstehst mich auch!« — Ein Blick begleitete diese Worte, der schnell wirkte. — »Herr Brandis, denkt an meine Mutter!« — »Das tu ich. Hast du nichts im Walde gehört?« — »Im Walde?« — Der Knabe warf einen einen raschen Blick auf des Försters Gesicht. — »Eure Holzfäller, sonst nichts.« — »Meine Holzfäller!«

Die ohnehin dunkle Gesichtsfarbe des Försters ging in tiefes Braunrot über. »Wie viele sind ihrer, und wo treiben sie ihr Wesen?« — »Wohin Ihr sie geschickt habt; ich weiß es nicht.« — Brandis wandte sich zu seinen Gefährten: »Geht voran; ich komme gleich nach.«

Als einer nach dem andern im Dickicht verschwunden war, trat Brandis dicht vor den Knaben: »Friedrich«, sagte er mit dem Ton unterdrückter Wut, »meine Geduld ist zu Ende; ich möchte dich prügeln wie einen Hund, und mehr seid ihr auch nicht wert. Ihr Lumpenpack, dem kein Ziegel auf dem Dach gehört! Bis zum Betteln habt ihr es, gottlob, bald gebracht, und an meiner Tür soll deine Mutter, die alte Hexe, keine verschimmelte Brotrinde bekommen. Aber vorher sollt ihr mir noch beide ins Hundeloch!«

Friedrich griff krampfhaft nach einem Aste. Er war totenbleich, und seine Augen schienen wie Kristallkugeln aus dem Kopfe schießen zu wollen. Doch nur einen Augenblick. Dann kehrte die größte, an Erschlaffung grenzende Ruhe zurück. »Herr«, sagte er fest, mit fast sanfter Stimme. »Ihr habt gesagt, was Ihr nicht verantworten könnt, und ich vielleicht auch. Wir wollen es gegeneinander aufgehen lassen, und nun will ich Euch sagen, was Ihr verlangt. Wenn Ihr die Holzfäller nicht selbst bestellt habt, so müssen es die Blaukittel sein; denn aus dem Dorfe ist kein Wagen gekommen; ich habe den Weg ja vor mir, und vier Wagen sind es.

Ich habe sie nicht gesehen, aber den Hohlweg hinauffahren hören.« Er stockte einen Augenblick. — »Könnt Ihr sagen, daß ich je einen Baum in Eurem Revier gefällt habe? Überhaupt, daß ich je anderwärts gehauen habe als auf Bestellung? Denkt nach, ob Ihr das sagen könnt?«

Ein verlegenes Murmeln war die ganze Antwort des Försters, der nach Art der meisten rauhen Menschen leicht bereute. Er wandte sich unwirsch und schritt dem Gebüsche zu. — »Nein, Herr«, rief Friedrich, »wenn Ihr zu den andern Förstern wollt, die sind dort an der Buche hinaufgegangen.« — »An der Buche?« sagte Brandis zweifelhaft, »nein, dort hinüber, nach dem Mastergrunde.« — »Ich sage Euch, an der Buche; des langen Heinrich Flintenriemen blieb noch am krummen Ast dort hängen; ich hab's ja gesehen!«

Der Förster schlug den bezeichneten Weg ein. Friedrich hatte die ganze Zeit hindurch seine Stellung nicht verlassen; halb liegend, den Arm um einen dürren Ast geschlungen, sah er dem Fortgehenden unverrückt nach, wie er durch den halbverwachsenen Steig glitt, mit den vorsichtigen weiten Schritten seines Metiers, so geräuschlos, wie ein Fuchs die Hühnersteige erklimmt. Hier sank ein Zweig hinter ihm, dort einer; die Umrisse seiner Gestalt schwanden immer mehr. Da blitzte es noch einmal durchs Laub. Es war ein Stahlknopf seines Jagdrocks; nun war er fort. Friedrichs Gesicht hatte während dieses allmählichen Verschwindens den Ausdruck seiner Kälte verloren, und seine Züge schienen unruhig bewegt. Gereute es ihn vielleicht, den Förster nicht um Verschweigung seiner Angaben gebeten zu haben? Er ging einige Schritte voran, blieb dann stehen. »Es ist zu spät«, sagte er vor sich hin und griff nach seinem Hute. Ein leises Picken im Gebüsche, nicht zwanzig Schritte vor ihm. Es war der Förster, der den Flintenstein schärfte. Friedrich horchte. — »Nein!« sagte er dann mit entschlossenem Tone, raffte seine Siebensachen zusammen und trieb das Vieh eilfertig die Schlucht entlang.

Um Mittag saß Frau Margret am Herd und kochte Tee. — Friedrich war krank heimgekommen, er klagte über heftige Kopfschmerzen und hatte auf ihre besorgte Nachfrage erzählt, wie er sich schwer geärgert über den Förster, kurz, den ganzen eben beschriebenen Vorgang, mit Ausnahme einiger Kleinigkeiten, die er besser fand, für sich zu behalten. Margret sah schweigend und trübe in das siedende Wasser. Sie war es wohl gewohnt, ihren Sohn mitunter klagen zu hören, aber heute kam er ihr so angegriffen vor wie sonst nie. Sollte wohl eine Krankheit im Anzuge sein? Sie seufzte tief und ließ einen eben ergriffenen Holzblock fallen.

»Mutter!« rief Friedrich aus der Kammer. — »Was willst du?« — »War das ein Schuß?« — »Ach nein, ich weiß nicht, was du meinst.« — »Es pocht mir wohl nur so im Kopfe«, versetzte er.

Die Nachbarin trat herein und erzählte mit leisem Flüstern irgendeine unbedeutende Klatscherei, die Margret ohne Teilnahme anhörte. Dann ging sie. — »Mutter!« rief Friedrich. Margret ging zu ihm hinein. »Was erzählte die Hülsmeyer?« — »Ach gar nichts, Lügen, Wind!« — Friedrich richtete sich auf. — »Von der Gretchen Siemers; du weißt ja wohl die alte Geschichte; und ist doch nichts Wahres dran.« — Friedrich legte sich wieder hin. »Ich will sehen, ob ich schlafen kann«, sagte er.

Margret saß am Herde; sie spann und dachte wenig Erfreuliches. Im Dorfe schlug es halb zwölf; die Türe klinkte, und der Gerichtsschreiber Kapp trat herein. — »Guten Tag, Frau Mergel«, sagte er, »könnt Ihr mir einen Trunk Milch geben? ich komme von M.« — Als Frau Mergel das Verlangte brachte, fragte er: »Wo ist Friedrich?« Sie war gerade beschäftigt, einen Teller hervorzulangen, und überhörte die Frage. Er trank zögernd und in kurzen Absätzen. »Wißt Ihr wohl«, sagte er dann, »daß die Blaukittel in dieser Nacht wieder im Masterholze eine ganze Strecke so kahlgefegt haben wie meine Hand?« — »Ei, du frommer Gott!« versetzte sie gleichgültig. »Die Schandbuben«, fuhr der Schreiber fort, »ruinieren alles; wenn sie noch Rücksicht nähmen auf das junge Holz, aber Eichenstämmchen wie mein Arm dick, wo nicht einmal eine Ruderstange drin steckt! Es ist, als ob ihnen anderer Leute Schaden ebenso lieb wäre wie ihr Profit!« — »Es ist schade!« sagte Margret.

Der Amtsschreiber hatte getrunken und ging noch immer nicht. Er schien etwas auf dem Herzen zu haben. »Habt Ihr nichts von Brandis gehört?« fragte er plötzlich. — »Nichts; er kommt niemals hier ins Haus«, — »So wißt Ihr nicht, was ihm begegnet ist?« — »Was denn?« fragte Margret gespannt. — »Er ist tot!« — »Tot!« rief sie, »was, tot? Um Gottes willen! Er ging ja noch heute morgen ganz gesund hier vorüber mit der Flinte auf dem Rücken!« — »Er ist tot«, wiederholte der Schreiber, sie scharf fixierend; »von den Blaukitteln erschlagen. Vor einer Viertelstunde wurde die Leiche ins Dorf gebracht.«

Margret schlug die Hände zusammen. — »Gott im Himmel, geh nicht mit ihm ins Gericht! Er wußte nicht, was er tat!« — »Mit ihm!« rief der Amtsschreiber, »mit dem verfluchten Mörder, meint Ihr?« Aus der Kammer drang ein schweres Stöhnen. Margret eilte hin, und der Schreiber folgte ihr. Friedrich saß aufrecht im Bette, das Gesicht in die Hände gedrückt, und ächzte wie ein Sterbender. — »Friedrich, wie ist dir?« sagte die Mutter. — »Wie ist dir?« wiederholte der Amtsschreiber. — »O mein Leib, mein Kopf!« jammerte er. — »Was fehlt ihm?« — »Ach, Gott weiß es«, versetzte sie; »er ist schon um vier mit den Kühen heimgekommen, weil ihm so übel war.« — »Friedrich — Friedrich, antworte doch, soll ich zum Doktor?« — »Nein, nein«, ächzte er, »es ist nur Kolik, es wird schon besser.«

Er legte sich zurück; sein Gesicht zuckte krampfhaft vor Schmerz; dann kehrte die Farbe wieder. »Geht«, sagte er matt; »ich muß schlafen, dann geht's vorüber.« — »Frau Mergel«, sagte der Amtsschreiber ernst, »ist es gewiß, daß Friedrich um vier zu Hause kam und nicht wieder fortging?« — Sie sah ihn starr an. »Fragt jedes Kind auf der Straße. Und fortgehen? — wollte Gott, er könnt es!« — »Hat er Euch nichts von Brandis erzählt?« — »In Gottes Namen, ja, daß er ihn im Walde geschimpft und unsere Armut vorgeworfen hat, der Lump! — Doch Gott verzeih mir, er ist tot! Geht!« — fuhr sie heftig fort; »seid Ihr gekommen, um ehrliche Leute zu beschimpfen? Geht!« — Sie wandte sich wieder zu ihrem Sohne; der Schreiber ging. — »Friedrich, wie ist dir?« sagte die Mutter. »Hast du wohl gehört? Schrecklich, schrecklich! Ohne Beichte und Absolution!« — »Mutter, Mutter, um Gottes willen, laß mich schlafen; ich kann nicht mehr!«

In diesem Augenblick trat Johannes Niemand in die Kammer; dünn und lang wie eine Hopfenstange, aber zerlumpt und scheu, wie wir ihn vor fünf Jahren gesehen. Sein Gesicht war noch bleicher als gewöhnlich. »Friedrich«, stotterte er, »du sollst sogleich zum Ohm kommen, er hat Arbeit für dich; aber sogleich.« — Friedrich drehte sich gegen die Wand. — »Ich komme nicht«, sagte er barsch, »ich bin krank.« — »Du mußt aber kommen«, keuchte Johannes; er hat gesagt, ich müßte dich mitbringen.« Friedrich lachte höhnisch auf: »Das will ich doch sehen!« — »Laß ihn in Ruhe, er kann nicht«, seufzte Margret, »du siehst ja, wie es steht.« — Sie ging auf einige Minuten hinaus; als sie zurückkam, war Friedrich bereits angekleidet. — »Was fällt dir ein?« rief sie. »Du kannst, du sollst nicht gehen!« — »Was sein muß, schickt sich wohl«, versetzte er und war schon zur Türe hinaus mit Johannes. — »Ach Gott«, seufzte die Mutter, »wenn die Kinder klein sind, treten sie uns in den Schoß, und wenn sie groß sind, ins Herz!«

Die gerichtliche Untersuchung hatte ihren Anfang genommen, die Tat lag klar am Tage; über den Täter aber waren die Anzeichen so schwach, daß, obschon alle Umstände die Blaukittel dringend verdächtigten, man doch nicht mehr als Mutmaßungen wagen konnte. *Eine* Spur schien Licht geben zu wollen: doch rechnete man aus Gründen wenig darauf. Die Abwesenheit des Gutsherrn hatte den Gerichtsschreiber genötigt, auf eigene Hand die Sache einzuleiten. Er saß am Tische; die Stube war gedrängt voll von Bauern, teils neugierigen, teils solchen, von denen man in Ermangelung eigentlicher Zeugen einigen Aufschluß zu erhalten hoffte. Hirten, die in derselben Nacht gehütet, Knechte, die den Acker in der Nähe bestellt, alle standen stramm und fest, die Hände in den Taschen, gleichsam als stillschweigende Erklärung, daß sie nicht einzuschreiten gesonnen seien. Acht Forstbeamte wurden vernommen. Ihre Aussagen waren völlig gleichlautend: Brandis habe sie am zehnten abends zur Runde bestellt, da ihm von einem Vorhaben der Blaukittel müsse Kunde zugekommen sein; doch habe er sich nur unbestimmt darüber geäußert. Um zwei Uhr in der Nacht seien sie ausgezogen und auf manche Spuren der Zerstörung gestoßen, die den Oberförster sehr übel gestimmt; sonst sei alles still gewesen. Gegen vier Uhr habe Brandis gesagt: »Wir sind angeführt, laßt uns heimgehen.« — Als sie nun um den Bremerberg gewendet und zugleich der Wind umgeschlagen, habe man deutlich im Masterholz fällen gehört und aus der schnellen Folge der Schläge geschlossen, daß die Blaukittel am Werk seien. Man habe nun eine Weile beratschlagt, ob es tunlich sei, mit so geringer Macht die kühne Bande anzugreifen, und sich dann ohne bestimmten Entschluß dem Schalle langsam genähert. Nun folgte der Auftritt mit Friedrich. Ferner: nachdem Brandis sie ohne Weisung fortgeschickt, seien sie eine Weile vorangeschritten und dann, als sie bemerkt, daß das Getöse im noch ziemlich weit entfernten Walde gänzlich aufgehört, stille gestanden, um den Oberförster zu erwarten. Die Zögerung habe sie verdrossen, und nach etwa zehn Minuten seien sie weitergegangen und so bis an den Ort der Verwüstung. Alles sei vorüber gewesen, kein Laut mehr im Walde, von zwanzig gefällten Stämmen noch acht vorhanden, die übrigen bereits fortgeschafft. Es sei ihnen unbegreiflich, wie man dieses ins Werk gestellt, da keine Wagenspuren zu finden gewesen. Auch habe die Dürre der Jahreszeit und der mit Fichtennadeln bestreute Boden keine Fußstapfen unterscheiden lassen, obgleich der Grund ringsumher wie festgestampft war. Da man nun überlegt, daß es zu nichts nützen könne, den Oberförster zu erwarten, sei man rasch der andern Seite des Waldes zugeschritten, in der Hoffnung, vielleicht noch einen Blick von den Frevlern zu erhaschen. Hier habe sich einem von ihnen beim Ausgange des Waldes die Flaschenschnur in Brombeerranken verstrickt, und als er umgeschaut, habe er etwas im Gestrüpp blitzen sehen; es war die Gurtschnalle des Oberförsters, den man nun hinter den Ranken liegend fand, grad ausgestreckt, die rechte Hand um den Flintenlauf geklemmt, die andere geballt und die Stirn von einer Axt gespalten.

Dies waren die Aussagen der Förster; nun kamen die Bauern an die Reihe, aus denen jedoch nichts zu bringen war. Manche behaupteten, um vier Uhr noch zu Hause oder anderswo beschäftigt gewesen zu sein, und keiner wollte etwas bemerkt haben. Was war zu machen? Sie waren sämtlich angesessene, unverdächtige Leute. Man mußte sich mit ihren negativen Zeugnissen begnügen.

Friedrich ward hereingerufen. Er trat ein mit einem Wesen, das sich durchaus nicht von seinem gewöhnlichen unterschied, weder gespannt noch keck. Das Verhör währte ziemlich lange, und die Fragen waren mitunter ziemlich schlau gestellt; er beantwortete sie jedoch alle offen und bestimmt und erzählte den Vorgang zwischen ihm und dem Oberförster ziemlich der Wahrheit gemäß, bis auf das Ende, das er geratener fand, für sich zu behalten. Sein Alibi zur Zeit des Mordes war leicht erwiesen. Der Förster lag am Ausgange des Masterholzes, über dreiviertel Stunden Weges von der Schlucht, in der er Friedrich um vier Uhr angeredet und aus der dieser seine Herde schon zehn Minuten später ins Dorf getrieben. Jedermann hatte dies gesehen; alle anwesenden Bauern beeiferten sich, es zu bezeugen; mit diesem hatte er geredet, jenem zugenickt.

Der Gerichtsschreiber saß unmutig und verlegen da. Plötzlich fuhr er mit der Hand hinter sich und brachte etwas Blinkendes vor Friedrichs Auge. »Wem gehört dies?« — Friedrich sprang drei Schritt zurück. »Herr Jesus! Ich dachte, Ihr wolltet mir den Schädel einschlagen.« Seine Augen waren rasch über das tödliche Werkzeug gefahren und schienen momentan auf einem ausgebrochenen Splitter am Stiele zu haften. »Ich weiß es nicht«, sagte er fest. — Es war die Axt, die man in dem Schädel des Oberförsters eingeklammert gefunden hatte. — »Sieh sie genau an«, fuhr der Gerichtsschreiber fort. Friedrich faßte sie mit der Hand, besah sie oben, unten, wandte sie um. »Es ist eine Axt wie andere«, sagte er dann und legte sie gleichgültig auf den Tisch. Ein Blutfleck ward sichtbar; er schien zu schaudern, aber er wiederholte noch einmal sehr bestimmt: »Ich kenne sie nicht.« Der Gerichtsschreiber seufzte vor Unmut. Er selbst wußte um nichts mehr und hatte nur einen Versuch zu möglicher Entdeckung durch Überraschung machen wollen. Es blieb nichts übrig, als das Verhör zu schließen.

Denjenigen, die vielleicht auf den Ausgang dieser Begebenheit gespannt sind, muß ich sagen, daß diese Geschichte nie aufgeklärt wurde, obwohl noch viel dafür geschah und diesem Verhöre mehrere folgten. Den Blaukitteln schien durch das Aufsehen, das der Vorgang gemacht, und die darauffolgenden geschärften Maßregeln der Mut genommen; sie waren von nun an wie verschwunden, und obgleich späterhin noch mancher Holzfrevler erwischt wurde, fand man doch nie Anlaß, ihn der berüchtigten Bande zuzuschreiben. Die Axt lag zwanzig Jahre nachher als unnützes Corpus delicti im Gerichtsarchiv, wo sie wohl noch jetzt ruhen mag mit ihren Rostflecken. Es würde in einer erdichteten Geschichte unrecht sein, die Neugier des Lesers so zu täuschen. Aber dies alles hat sich wirklich zugetragen; ich kann nichts davon- oder dazutun.

Am nächsten Sonntage stand Friedrich sehr früh auf, um zur Beichte zu gehen. Es war Mariä Himmelfahrt und die Pfarrgeistlichen schon vor Tagesanbruch im Beichtstuhle. Nachdem er sich im Finstern angekleidet, verließ er so geräuschlos wie möglich den engen Verschlag, der ihm in Simons Hause eingeräumt war. In der Küche mußte sein Gebetbuch auf dem Sims liegen, und er hoffte, es mit Hülfe des schwachen Mondlichts zu finden; es war nicht da. Er warf die Augen suchend umher und fuhr zusammen; in der Kammertür stand Simon, fast unbekleidet; seine dürre Gestalt, sein ungekämmtes, wirres Haar und die vom Mondschein verursachte Blässe des Gesichts gaben ihm ein schauerlich verändertes Ansehen. ›Sollte er nachtwandeln?‹ dachte Friedrich und verhielt sich ganz still. — »Friedrich, wohin?« flüsterte der Alte. — »Ohm, seid Ihr's! Ich will beichten gehen.« — »Das dacht ich mir; geh in Gottes Namen, aber beichte wie ein guter Christ.« — »Das will ich«, sagte Friedrich. — »Denk an die zehn Gebote: du sollst kein Zeugnis ablegen gegen deinen Nächsten.« — »Kein falsches!« — »Nein, gar keines; du bist schlecht unterrichtet; wer einen andern in der Beichte anklagt, der empfängt das Sakrament unwürdig.«

Beide schwiegen. — »Ohm, wie kommt Ihr darauf?« sagte Friedrich dann; »Eu'r Gewissen ist nicht rein; Ihr habt mich belogen.« — »Ich? So?« — »Wo ist Eure Axt?« — »Meine Axt? Auf der Tenne.« — »Habt Ihr einen neuen Stiel hineingemacht? Wo ist der alte?« — »Den kannst du heute bei Tage im Holzschuppen finden. Geh«, fuhr er verächtlich fort, »ich dachte, du seist ein Mann, aber du bist ein altes Weib, das gleich meint, das Haus brennt, wenn ihr Feuertopf raucht. Sieh«, fuhr er fort, »wenn ich mehr von der Geschichte weiß als der Türpfosten da, so will ich ewig nicht selig werden. Längst war ich zu Haus«, fügte er hinzu. —

Friedrich stand beklemmt und zweifelnd. Er hätte viel darum gegeben, seines Ohms Gesicht sehen zu können. Aber während sie flüsterten, hatte der Himmel sich bewölkt.

»Ich habe schwere Schuld«, seufzte Friedrich, »daß ich ihn den unrechten Weg geschickt — obgleich — doch, dies hab ich nicht gedacht; nein, gewiß nicht. Ohm, ich habe Euch ein schweres Gewissen zu danken.« — »So geh, beicht!« flüsterte Simon mit bebender Stimme; »verunehre das Sakrament durch Angeberei und setze armen Leuten einen Spion auf den Hals, der schon Wege finden wird, ihnen das Stückchen Brot aus den Zähnen zu reißen, wenn er gleich nicht reden darf — geh!« Friedrich stand unschlüssig; er hörte ein leises Geräusch; die Wolken verzogen sich, das Mondlicht fiel wieder auf die Kammertür: sie war geschlossen. Friedrich ging an diesem Morgen nicht zur Beichte.

Der Eindruck, den dieser Vorfall auf Friedrich gemacht, erlosch leider nur zu bald. Wer zweifelt daran, daß Simon alles tat, seinen Adoptivsohn dieselben Wege zu leiten, die er selber ging? Und in Friedrich lagen Eigenschaften, die dies nur zu sehr erleichterten: Leichtsinn, Erregbarkeit und vor allem ein grenzenloser Hochmut, der nicht immer den Schein verschmähte und dann alles daransetzte, durch Wahrmachung des Usurpierten möglicher Beschämung zu entgehen. Seine Natur war nicht unedel, aber er gewöhnte sich, die innere Schande der äußeren vorzuziehen. Man darf nur sagen, er gewöhnte sich zu prunken, während seine Mutter darbte.

Diese unglückliche Wendung seines Charakters war indessen das Werk mehrerer Jahre, in denen man bemerkte, daß Margret immer stiller über ihren Sohn ward und allmählich in einen Zustand der Verkommenheit versank, den man früher bei ihr für unmöglich gehalten hätte. Sie wurde scheu, saumselig, sogar unordentlich, und manche meinten, ihr Kopf habe gelitten. Friedrich ward desto lauter; er versäumte keine Kirchweih oder Hochzeit, und da ein sehr empfindliches Ehrgefühl ihn die geheime Mißbilligung mancher nicht übersehen ließ, war er gleichsam immer unter Waffen, der öffentlichen Meinung nicht sowohl Trotz zu bieten, als sie den Weg zu leiten, der ihm gefiel. Er war äußerlich ordentlich, nüchtern, anscheinend treuherzig, aber listig, prahlerisch und oft roh, ein Mensch, an dem niemand Freude haben konnte, am wenigsten seine Mutter, und der dennoch durch seine gefürchtete Kühnheit und noch mehr gefürchtete Tücke ein gewisses Übergewicht im Dorfe erlangt hatte, das um so mehr anerkannt wurde, je mehr man sich bewußt war, ihn nicht zu kennen und nicht berechnen zu können, wessen er am Ende fähig sei. Nur ein Bursch im Dorfe, Wilm Hülsmeyer, wagte im Bewußtsein seiner Kraft und guter Verhältnisse ihm die Spitze zu bieten; und da er gewandter in Worten war als Friedrich und immer, wenn der Stachel saß, einen Scherz daraus zu machen wußte, so war dies der einzige, mit dem Friedrich ungern zusammentraf.

Vier Jahre waren verflossen; es war im Oktober; der milde Herbst von 1760, der alle Scheunen mit Korn und alle Keller mit Wein füllte, hatte seinen Reichtum auch über diesen Erdwinkel strömen lassen, und man sah mehr Betrunkene, hörte von mehr Schlägereien und dummen Streichen als je. Überall gab's Lustbarkeiten; der blaue Montag kam in Aufnahme, und wer ein paar Taler erübrigt hatte, wollte gleich eine Frau dazu, die ihm heute essen und morgen hungern helfen könne. Da gab es im Dorfe eine tüchtige, solide Hochzeit, und die Gäste durften mehr erwarten als eine verstimmte Geige, ein Glas Branntwein und was sie an guter Laune selber mitbrachten. Seit früh war alles auf den Beinen; vor jeder Türe wurden Kleider gelüftet, und B. glich den ganzen Tag einer Trödelbude. Da viele Auswärtige erwartet wurden, wollte jeder gern die Ehre des Dorfes obenhalten.

Es war sieben Uhr abends und alles in vollem Gange; Jubel und Gelächter an allen Enden, die niederen Stuben zum Ersticken angefüllt mit blauen, roten und gelben Gestalten, gleich Pfandställen, in denen eine zu große Herde eingepfercht ist. Auf der Tenne ward getanzt, das heißt, wer zwei Fuß Raum erobert hatte, drehte sich darauf immer rundum und suchte durch Jauchzen zu ersetzen, was an Bewegung fehlte. Das Orchester war glänzend, die erste Geige als anerkannte Künstlerin prädominierend, die zweite und eine große Baßviole mit drei Saiten von Dilettanten ad libitum gestrichen; Branntwein und Kaffee in Überfluß, alle Gäste von Schweiß triefend; kurz, es war ein köstliches Fest. Friedrich stolzierte umher wie ein Hahn, im neuen himmelblauen Rock, und machte sein Recht als erster Elegant geltend. Als auch die Gutsherrschaft anlangte, saß er gerade hinter der Baßgeige und strich die tiefste Saite mit großer Kraft und vielem Anstand.

»Johannes!« rief er gebieterisch, und heran trat sein Schützling von dem Tanzplatze, wo er auch seine ungelenken Beine zu schlenkern und eins zu jauchzen versucht hatte. Friedrich reichte ihm den Bogen, gab durch eine stolze Kopfbewegung seinen Willen zu erkennen und trat zu den Tanzenden. »Nun lustig, Musikanten: den Papen von Istrup!« — Der beliebte Tanz ward gespielt, und Friedrich machte Sätze vor den Augen seiner Herrschaft, daß die Kühe an der Tenne die Hörner zurückzogen und Kettengeklirr und Gebrumm an ihren Ständern herlief. Fußhoch über die anderen tauchte sein blonder Kopf auf und nieder, wie ein Hecht, der sich im Wasser überschlägt; an allen Enden schrien Mädchen auf, denen er zum Zeichen der Huldigung mit einer raschen Kopfbewegung sein langes Flachshaar ins Gesicht schleuderte.

»Jetzt ist es gut!« sagte er endlich und trat schweißtriefend an den Kredenztisch; »die gnädigen Herrschaften sollen leben und alle die hochadeligen Prinzen und Prinzessinnen, und wer's nicht mittrinkt, den will ich an die Ohren schlagen, daß er die Engel singen hört!« — Ein lautes Vivat beantwortete den galanten Toast. — Friedrich machte seinen Bückling. — »Nichts für ungut, gnädige Herrschaften; wir sind nur ungelehrte Bauersleute!« In diesem Augenblick erhob sich ein Getümmel am Ende der Tenne, Geschrei, Schelten, Gelächter, alles durcheinander. »Butterdieb, Butterdieb!« riefen ein paar Kinder, und heran drängte sich, oder vielmehr ward geschoben, Johannes Niemand, den Kopf zwischen die Schultern ziehend und mit aller Macht nach dem Ausgange strebend. — »Was ist's? Was habt ihr mit unserem Johannes?« rief Friedrich gebieterisch.

»Das sollt Ihr früh genug gewahr werden«, keuchte ein altes Weib mit der Küchenschürze und einem Wischhader in der Hand. — Schande! Johannes, der arme Teufel, dem zu Hause das Schlechteste gut genug sein mußte, hatte versucht, sich ein halbes Pfündchen Butter für die kommende Dürre zu sichern, und ohne daran zu denken, daß er es, sauber in sein Schnupftuch gewickelt, in der Tasche geborgen, war er ans Küchenfeuer getreten, und nun rann das Fett schmählich die Rockschöße entlang. Allgemeiner Aufruhr; die Mädchen sprangen zurück, aus Furcht, sich zu beschmutzen, oder stießen den Delinquenten vorwärts. Andere machten Platz, sowohl aus Mitleid als Vorsicht. Aber Friedrich trat vor: »Lumpenhund!« rief er; ein paar derbe Maulschellen trafen den geduldigen Schützling; dann stieß er ihn an die Tür und gab ihm einen tüchtigen Fußtritt mit auf den Weg.

Er kehrte niedergeschlagen zurück; seine Würde war verletzt, das allgemeine Gelächter schnitt ihm durch die Seele, ob er sich gleich durch einen tapfern Juchheschrei wieder in den Gang zu bringen suchte — es wollte nicht mehr recht gehen. Er war im Begriff, sich wieder hinter die Baßviole zu flüchten; doch zuvor noch ein Knalleffekt: er zog seine silberne Taschenuhr hervor, zu jener Zeit ein seltener und kostbarer Schmuck. »Es ist bald zehn«, sagte er. »Jetzt das Brautmenuett! Ich will Musik machen.«

»Eine prächtige Uhr!« sagte der Schweinehirt und schob sein Gesicht in ehrfurchtsvoller Neugier vor. — »Was hat sie gekostet?« rief Wilm Hülsmeyer, Friedrichs Nebenbuhler. — »Willst du sie bezahlen?« fragte Friedrich. — »Hast *du* sie bezahlt?« antwortete Wilm. Friedrich warf einen stolzen Blick auf ihn und griff in schweigender Majestät zum Fiedelbogen. — »Nun, nun«, sagte Hülsmeyer, »dergleichen hat man schon erlebt. Du weißt wohl, der Franz Ebel hatte auch eine schöne Uhr, bis der Jude Aaron sie ihm wieder abnahm.« — Friedrich antwortete nicht, sondern winkte stolz der ersten Violine, und sie begannen aus Leibeskräften zu streichen.

Die Gutsherrschaft war indessen in die Kammer getreten, wo der Braut von den Nachbarfrauen das Zeichen ihres neuen Standes, die weiße Stirnbinde, umgelegt wurde. Das junge Blut weinte sehr, teils weil es die Sitte so wollte, teils aus wahrer Beklemmung. Sie sollte einem verworrenen Haushalt vorstehen, unter den Augen eines mürrischen alten Mannes, den sie noch obendrein lieben sollte. Er stand neben ihr, durchaus nicht wie der Bräutigam des Hohenliedes, der ›in die Kammer tritt wie die Morgensonne‹. — »Du hast nun genug geweint«, sagte er verdrießlich; »bedenk, du bist es nicht, die mich glücklich macht, ich mache dich glücklich!« — Sie sah demütig zu ihm auf und schien zu fühlen, daß er recht habe. — Das Geschäft war beendigt; die junge Frau hatte ihrem Manne zugetrunken, junge Spaßvögel hatten durch den Dreifuß geschaut, ob die Binde geradesitze, und man drängte sich wieder der Tenne zu, von wo unauslöschliches Gelächter und Lärm herüberschallte. Friedrich war nicht mehr dort. Eine große, unerträgliche Schmach hatte ihn getroffen, da der Jude Aaron, ein Schlächter und gelegentlicher Althändler aus dem nächsten Städtchen, plötzlich erschienen war und nach einem kurzen, unbefriedigenden Zwiegespräch ihn laut vor allen Leuten um den Betrag von zehn Talern für eine schon um Ostern gelieferte Uhr gemahnt hatte. Friedrich war wie vernichtet fortgegangen und der Jude ihm gefolgt, immer schreiend: »O weh mir! Warum hab ich nicht gehört auf vernünftige Leute! Haben sie mir nicht hundertmal gesagt, Ihr hättet all Eu'r Gut am Leibe und kein Brot im Schranke!« — Die Tenne tobte von Gelächter; manche hatten sich auf den Hof nachgedrängt. — »Packt den Juden! Wiegt ihn gegen ein Schwein!« riefen einige; andere waren ernst geworden. — »Der Friedrich sah so blaß aus wie ein Tuch«, sagte eine alte Frau, und die Menge teilte sich, wie der Wagen des Gutsherrn in den Hof lenkte.

Herr von S. war auf dem Heimwege verstimmt, die jedesmalige Folge, wenn der Wunsch, seine Popularität aufrechtzuerhalten, ihn bewog, solchen Festen beizuwohnen. Er sah schweigend aus dem Wagen. »Was sind denn das für ein paar Figuren?« — Er deutete auf zwei dunkle Gestalten, die vor dem Wagen rannten wie Strauße. Nun schlüpften sie ins Schloß. — »Auch ein paar selige Schweine aus unserm eigenen Stall!« seufzte Herr von S. — Zu Hause angekommen, fand er die Hausflur vom ganzen Dienstpersonal eingenommen, das zwei Kleinknechte umstand, welche sich blaß und atemlos auf der Stiege niedergelassen hatten. Sie behaupteten, von des alten Mergels Geist verfolgt worden zu sein, als sie durchs Brederholz heimkehrten. Zuerst hatte es über ihnen an der Höhe gerauscht und geknistert; darauf hoch in der Luft ein Geklapper, wie von aneinandergeschlagenen Stöcken; plötzlich ein gellender Schrei und ganz deutlich die Worte: »O weh, meine arme Seele!« hoch von oben herab. Der eine wollte auch glühende Augen durch die Zweige funkeln gesehen haben, und beide waren gelaufen, was ihre Beine vermochten.

»Dummes Zeug!« sagte der Gutsherr verdrießlich und trat in die Kammer, sich umzukleiden. Am andern Morgen wollte die Fontäne im Garten nicht springen, und es fand sich, daß jemand eine Röhre verrückt hatte, augenscheinlich um nach dem Kopfe eines vor vielen Jahren hier verscharrten Pferdegerippes zu suchen, der für ein bewährtes Mittel wider allen Hexen- und Geisterspuk gilt. »Hm«, sagte der Gutsherr, »was die Schelme nicht stehlen, das verderben die Narren.«

Drei Tage später tobte ein furchtbarer Sturm. Es war Mitternacht, aber alles im Schlosse außer dem Bett. Der Gutsherr stand am Fenster und sah besorgt ins Dunkle, nach seinen Feldern hinüber. An den Scheiben flogen Blätter und Zweige her; mitunter fuhr ein Ziegel hinab und schmetterte auf das Pflaster des Hofes. — »Furchtbares Wetter!« sagte Herr von S. Seine Frau sah ängstlich aus. »Ist das Feuer auch gewiß gut verwahrt?« sagte sie; »Gretchen, sieh noch einmal nach, gieß es lieber ganz aus! — Kommt, wir wollen das Evangelium Johannis beten.« Alles kniete nieder, und die Hausfrau begann: »Im Anfang war das

Wort, und das Wort war bei Gott, und Gott war das Wort.« — Ein furchtbarer Donnerschlag. Alle fuhren zusammen; dann furchtbares Geschrei und Getümmel die Treppe heran. — »Um Gottes willen! brennt es?« rief Frau von S. und sank mit dem Gesichte auf den Stuhl. Die Türe ward aufgerissen, und herein stürzte die Frau des Juden Aaron, bleich wie der Tod, das Haar wild um den Kopf, von Regen triefend. Sie warf sich vor dem Gutsherrn auf die Knie. »Gerechtigkeit!« rief sie, »Gerechtigkeit! Mein Mann ist erschlagen!« und sank ohnmächtig zusammen.

Es war nur zu wahr, und die nachfolgende Untersuchung bewies, daß der Jude Aaron durch einen Schlag an die Schläfe mit einem stumpfen Instrumente, wahrscheinlich einem Stabe, sein Leben verloren hatte, durch einen einzigen Schlag. An der linken Schläfe war der blaue Fleck, sonst keine Verletzung zu finden. Die Aussagen der Jüdin und ihres Knechtes Samuel lauteten so: Aaron war vor drei Tagen am Nachmittage ausgegangen, um Vieh zu kaufen, und hatte dabei gesagt, er werde wohl über Nacht ausbleiben, da noch einige böse Schuldner in B. und S. zu mahnen seien. In diesem Falle werde er in B. beim Schlachter Salomon übernachten. Als er am folgenden Tage nicht heimkehrte, war seine Frau sehr besorgt geworden und hatte sich endlich heute um drei nachmittags in Begleitung ihres Knechtes und des großen Schlächterhundes auf den Weg gemacht. Beim Juden Salomon wußte man nichts von Aaron; er war gar nicht da gewesen. Nun waren sie zu allen Bauern gegangen, von denen sie wußten, daß Aaron einen Handel mit ihnen im

Auge hatte. Nur zwei hatten ihn gesehen, und zwar an demselben Tage, an welchem er ausgegangen. Es war darüber sehr spät geworden. Die große Angst trieb das Weib nach Haus, wo sie ihren Mann wiederzufinden eine schwache Hoffnung nährte. So waren sie im Brederholz vom Gewitter überfallen worden und hatten unter einer großen, am Berghange stehenden Buche Schutz gesucht; der Hund hatte unterdessen auf eine auffallende Weise umhergestöbert und sich endlich, trotz allem Locken, im Walde verlaufen. Mit einem Male sieht die Frau beim Leuchten des Blitzes etwas Weißes neben sich im Moose. Es ist der Stab ihres Mannes, und fast im selben Augenblicke bricht der Hund durchs Gebüsch und trägt etwas im Maule: es ist der Schuh ihres Mannes. Nicht lange, so ist in einem mit dürrem Laube gefüllten Graben der Leichnam des Juden gefunden. — Dies war die Angabe des Knechtes, von der Frau nur im allgemeinen unterstützt; ihre übergroße Spannung hatte nachgelassen, und sie schien jetzt halb verwirrt oder vielmehr stumpfsinnig. — »Aug um Auge, Zahn um Zahn!« Dies waren die einzigen Worte, die sie zuweilen hervorstieß.

In derselben Nacht noch wurden die Schützen aufgeboten, um Friedrich zu verhaften. Der Anklage bedurfte es nicht, da Herr von S. selbst Zeuge eines Auftritts gewesen war, der den dringendsten Verdacht auf ihn werfen mußte; zudem die Gespenstergeschichte von jenem Abende, das Aneinanderschlagen der Stäbe im Brederholz, der Schrei aus der Höhe. Da der Amtsschreiber gerade abwesend war, so betrieb Herr von S. selbst alles rascher, als sonst geschehen wäre. Dennoch begann die Dämmerung bereits anzubrechen, bevor die Schützen so geräuschlos wie möglich das Haus der armen Margret umstellt hatten. Der Gutsherr selber pochte an; es währte kaum eine Minute, bis geöffnet ward und Margret völlig gekleidet in der Türe erschien. Herr von S. fuhr zurück; er hatte sie fast nicht erkannt, so blaß und steinern sah sie aus.

»Wo ist Friedrich?« fragte er mit unsicherer Stimme. — »Sucht ihn«, antwortete sie und setzte sich auf einen Stuhl. Der Gutsherr zögerte noch einen Augenblick. »Herein, herein!« sagte er dann barsch; »worauf warten wir?« Man trat in Friedrichs Kammer. Er war nicht da, aber das Bett noch warm. Man stieg auf den Söller, in den Keller, stieß ins Stroh, schaute hinter jedes Faß, sogar in den Backofen; er war nicht da. Einige gingen in den Garten, sahen hinter den Zaun und in die Apfelbäume hinauf; er war nicht zu finden. — »Entwischt!« sagte der Gutsherr mit sehr gemischten Gefühlen; der Anblick der alten Frau wirkte gewaltig auf ihn. »Gebt den Schlüssel zu jenem Koffer!« — Margret antwortete nicht. — »Gebt den Schlüssel!« wiederholte der Gutsherr und merkte jetzt erst, daß der Schlüssel steckte. Der Inhalt des Koffers kam zum Vorschein; des Entflohenen gute Sonntagskleider und seiner Mutter ärmlicher Staat; dann zwei Leichenhemden mit schwarzen Bändern, das eine für einen Mann, das andere für eine Frau gemacht. Herr von S. war tief erschüttert. Ganz zuunterst auf dem Boden des Koffers lag die silberne Uhr und einige Schriften von sehr leserlicher Hand; eine derselben von einem Manne unterzeichnet, den man in starkem Verdacht der Verbindung mit den Holzfrevlern hatte. Herr von S. nahm sie mit zur Durchsicht, und man verließ das Haus, ohne daß Margret ein anderes Lebenszeichen von sich gegeben hätte, als daß sie unaufhörlich die Lippen nagte und mit den Augen zwinkerte.

Im Schlosse angelangt, fand der Gutsherr den Amtsschreiber, der schon am vorigen Abend heimgekommen war und behauptete, die ganze Geschichte verschlafen zu haben, da der gnädige Herr nicht nach ihm geschickt. — »Sie kommen immer zu spät«, sagte Herr von S. verdrießlich. »War denn nicht irgendein altes Weib im Dorfe, das Ihrer Magd die Sache erzählte? Und warum weckte man Sie dann nicht?« — »Gnädiger Herr«, versetzte Kapp, »allerdings hat meine Anne Marie den Handel um eine Stunde früher erfahren als ich; aber sie wußte, daß Ihre Gnaden die Sache selbst leiteten, und dann«, fügte er mit klagender Miene hinzu, »daß ich so todmüde war.« — »Schöne Polizei!« murmelte der Gutsherr, »jede alte Schachtel im Dorf weiß Bescheid, wenn es recht geheim zugehen soll.« Dann fuhr er heftig fort: »Das müßte wahrhaftig ein dummer Teufel von Delinquenten sein, der sich packen ließe!«

Beide schwiegen eine Weile. — »Mein Fuhrmann hatte sich in der Nacht verirrt«, hob der Amtsschreiber wieder an; »über eine Stunde lang hielten wir im Walde; es war ein Mordwetter; ich dachte, der Wind werde den Wagen umreißen. Endlich, als der Regen nachließ, fuhren wir in Gottes Namen darauf los, immer in das Zellerfeld hinein, ohne eine Hand vor den Augen zu sehen. Da sagte der Kutscher: ›Wenn wir nur nicht den Steinbrüchen zu nahe kommen!‹ Mir war selbst bange; ich ließ halten und schlug Feuer, um wenigstens etwas Unterhaltung an meiner Pfeife zu haben. Mit einem Male hörten wir ganz nah, perpendikulär unter uns die Glocke schlagen. Euer Gnaden mögen glauben, daß mir fatal zumute wurde. Ich sprang aus dem Wagen, denn seinen eigenen Beinen kann man trauen, aber denen der Pferde nicht. So stand ich, in Kot und Regen, ohne mich zu rühren, bis es gottlob sehr bald anfing zu dämmern. Und wo hielten wir? Dicht an der Heerser Tiefe und den Turm von Heerse gerade unter uns. Wären wir noch zwanzig Schritt weitergefahren, wir wären alle Kinder des Todes gewesen.« — »Das war in der Tat kein Spaß«, versetzte der Gutsherr, halb versöhnt.

Er hatte unterdessen die mitgenommenen Papiere durchgesehen. Es waren Mahnbriefe um geliehene Gelder, die meisten von Wucherern. — »Ich hätte nicht gedacht«, murmelte er, »daß die Mergels so tief drinsteckten.« — »Ja, und daß es so an den Tag kommen muß«, versetzte Kapp, »das wird kein kleiner Ärger für Frau Margret sein.« — »Ach Gott, die denkt jetzt daran nicht!« Mit diesen Worten stand der Gutsherr auf und verließ das Zimmer, um mit Herrn Kapp die gerichtliche Leichenschau vorzunehmen. — Die Untersuchung war kurz, gewaltsamer Tod erwiesen, der vermutliche Täter entflohen, die Anzeigen gegen ihn zwar gravierend, doch ohne persönliches Geständnis nicht beweisend, seine Flucht allerdings sehr verdächtig. So mußte die gerichtliche Verhandlung ohne genügenden Erfolg geschlossen werden.

Die Juden der Umgegend hatten großen Anteil gezeigt. Das Haus der Witwe ward nie leer von Jammernden und Ratenden. Seit Menschengedenken waren nicht soviel Juden beisammen in L. gesehen worden. Durch den Mord ihres Glaubensgenossen aufs äußerste erbittert, hatten sie weder Mühe noch Geld gespart, dem Täter auf die Spur zu kommen. Man weiß sogar, daß einer derselben, gemeinhin der Wucherjoel genannt, einem seiner Kunden, der ihm mehrere Hunderte schuldete und den er für einen besonders listigen Kerl hielt, Erlaß der ganzen Summe angeboten hatte, falls er ihm zur Verhaftung des Mergel verhelfen wolle; denn der Glaube war allgemein unter den Juden, daß der Täter nur mit guter Beihülfe entwischt und wahrscheinlich noch in der Umgegend sei. Als dennoch alles nichts half und die gerichtliche Verhandlung für beendet erklärt worden war, erschien am nächsten Morgen eine Anzahl der angesehensten Israeliten im Schlosse, um dem gnädigen Herrn einen Handel anzutragen. Der Gegenstand war die Buche, unter der Aarons Stab gefunden und wo der Mord wahrscheinlich verübt worden war. — »Wollt ihr sie fällen? so mitten im vollen Laube?« fragte der Gutsherr. — »Nein, Ihro Gnaden, sie muß stehenbleiben im Winter und Sommer, solange ein Span daran ist.« —»Aber, wenn ich nun den Wald hauen lasse, so schadet es dem jungen Aufschlag.« — »Wollen wir sie doch nicht um gewöhnlichen Preis.« — Sie boten zweihundert Taler. Der Handel ward geschlossen und allen Förstern streng eingeschärft, die Judenbuche auf keine Weise zu schädigen. Darauf sah man an einem Abende wohl gegen sechzig Juden, ihren Rabbiner an der Spitze, in das Brederholz ziehen, alle schweigend und mit gesenkten Augen. Sie blieben über eine Stunde im Walde und kehrten dann ebenso ernst und feierlich zurück, durch das Dorf B. bis in das Zellerfeld, wo sie sich zerstreuten und jeder seines Weges ging. Am nächsten Morgen stand an der Buche mit dem Beil eingehauen:

אם תעבור במקום הזה יפגע בך כאשר אתה עשית לי

Und wo war Friedrich? Ohne Zweifel fort, weit genug, um die kurzen Arme einer so schwachen Polizei nicht mehr fürchten zu dürfen. Er war bald verschollen, vergessen. Ohm Simon redete selten von ihm, und dann schlecht; die Judenfrau tröstete sich am Ende und nahm einen andern Mann. Nur die arme Margret blieb ungetröstet.

Etwa ein halbes Jahr nachher las der Gutsherr einige eben erhaltene Briefe in Gegenwart des Amtsschreibers. — »Sonderbar, sonderbar!« sagte er. »Denken Sie sich, Kapp, der Mergel ist vielleicht unschuldig an dem Morde. Soeben schreibt mir der Präsident des Gerichtes zu P.: ›Le vrai n'est pas toujours vraisemblable; das erfahre ich oft in meinem Berufe und jetzt neuerdings. Wissen Sie wohl, daß Ihr lieber Getreuer, Friedrich Mergel, den Juden mag ebensowenig erschlagen haben als ich oder Sie? Leider fehlen die Beweise, aber die Wahrscheinlichkeit ist groß. Ein Mitglied der Schlemmingschen Bande — die wir jetzt, nebenbei gesagt, größtenteils unter Schloß und Riegel haben —, Lumpenmoises genannt, hat im letzten Verhöre ausgesagt, daß ihn nichts so sehr gereue als der Mord eines Glaubensgenossen, Aaron, den er im Walde erschlagen und doch nur sechs Groschen bei ihm gefunden habe. Leider ward das Verhör durch die Mittagsstunde unterbrochen, und während wir tafelten, hat sich der Hund von einem Juden an seinem Strumpfband erhängt. Was sagen Sie dazu? Aaron ist zwar ein verbreiteter Name usw.‹ — Was sagen Sie dazu?« wiederholte der Gutsherr; »und weshalb wäre der Esel von einem Burschen denn gelaufen?« — Der Amtsschreiber dachte nach. — »Nun, vielleicht der Holzfrevel wegen, mit denen wir ja gerade in Untersuchung waren. Heißt es nicht: Der Böse läuft vor seinem eigenen Schatten? Mergels Gewissen war schmutzig genug auch ohne diesen Flecken.«

Dabei beruhigte man sich. Friedrich war hin, verschwunden und — Johannes Niemand, der arme, unbeachtete Johannes, am gleichen Tage mit ihm.

Eine schöne lange Zeit war verflossen, achtundzwanzig Jahre, fast die Hälfte eines Menschenlebens; der Gutsherr war sehr alt und grau geworden, sein gutmütiger Gehülfe Kapp längst begraben. Menschen, Tiere und Pflanzen waren entstanden, gereift, vergangen, nur Schloß B. sah immer gleich grau und vornehm auf die Hütten herab, die wie alte hektische Leute immer fallen zu wollen schienen und immer standen. Es war am Vorabende des Weihnachtsfestes, den 24. Dezember 1788. Tiefer Schnee lag in den Hohlwegen, wohl an zwölf Fuß hoch, und eine durchdringende Frostluft machte die Fensterscheiben in der geheizten Stube gefrieren. Mitternacht war nahe, dennoch flimmerten überall matte Lichtchen aus den Schneehügeln, und in jedem Hause lagen die Einwohner auf den Knien, um den Eintritt des heiligen Christfestes mit Gebet zu erwarten, wie dies in katholischen Ländern Sitte ist oder wenigstens damals allgemein war. Da bewegte sich von der Breder Höhe herab eine Gestalt langsam gegen das Dorf; der Wanderer schien sehr matt oder krank; er stöhnte schwer und schleppte sich äußerst mühsam durch den Schnee.

An der Mitte des Hanges stand er still, lehnte sich auf seinen Krückenstab und starrte unverwandt auf die Lichtpunkte. Es war so still überall, so tot und kalt; man mußte an Irrlichter auf Kirchhöfen denken. Nun schlug es zwölf im Turm; der letzte Schlag verdröhnte langsam, und im nächsten Hause erhob sich ein leiser Gesang, der, von Hause zu Hause schwellend, sich über das ganze Dorf zog:

Ein Kindelein so löbelich
ist uns geboren heute,
von einer Jungfrau säuberlich,
des freun sich alle Leute;
und wär das Kindelein nicht geborn,
so wären wir alle zusammen verlorn:
Das Heil ist unser aller.
O du mein liebster Jesu Christ,
der du als Mensch geboren bist,
erlös uns von der Hölle!

Der Mann am Hange war in die Knie gesunken und versuchte mit zitternder Stimme einzufallen; es ward nur ein lautes Schluchzen daraus, und schwere, heiße Tropfen fielen in den Schnee. Die zweite Strophe begann; er betete leise mit; dann die dritte und vierte. Das Lied war geendigt, und die Lichter in den Häusern begannen sich zu bewegen. Da richtete der Mann sich mühselig auf und schlich langsam hinab in das Dorf. An mehreren Häusern keuchte er vorüber, dann stand er vor einem still und pochte leise an.

»Was ist denn das?« sagte drinnen eine Frauenstimme; »die Türe klappert, und der Wind geht doch nicht.« — Er pochte stärker. — »Um Gottes willen, laßt einen halberfrorenen Menschen ein, der aus der türkischen Sklaverei kommt!« — Geflüster in der Küche. »Geht ins Wirtshaus«, antwortete eine andere Stimme; »das fünfte Haus von hier!« — »Um Gottes Barmherzigkeit willen, laßt mich ein! Ich habe kein Geld.« Nach einigem Zögern ward die Tür geöffnet, und ein Mann leuchtete mit der Lampe hinaus. — »Kommt nur herein«, sagte er dann, »Ihr werdet uns den Hals nicht abschneiden.«

In der Küche befanden sich außer dem Manne eine Frau in den mittleren Jahren, eine alte Mutter und fünf Kinder. Alle drängten sich um den Eintretenden her und musterten ihn mit scheuer Neugier. Eine armselige Figur! Mit schiefem Halse, gekrümmtem Rücken, die ganze Gestalt gebrochen und kraftlos; langes schneeweißes Haar hing um sein Gesicht, das den verzogenen Ausdruck langen Leidens trug. Die Frau ging schweigend an den Herd und legte frisches Reisig zu. — »Ein Bett können wir Euch nicht geben«, sagte sie; »aber ich will hier eine gute Streu machen; Ihr müßt

Euch schon so behelfen.« — »Gott's Lohn!« versetzte der Fremde; »ich bin's wohl schlechter gewohnt.« Der Heimgekehrte ward als Johannes Niemand erkannt, und er selbst bestätigte, daß er derselbe sei, der einst mit Friedrich Mergel entflohen.

Das Dorf war am folgenden Tage voll von den Abenteuern des so lange Verschollenen. Jeder wollte den Mann aus der Türkei sehen, und man wunderte sich beinahe, daß er noch aussehe wie andere Menschen. Das junge Volk hatte zwar keine Erinnerungen von ihm, aber die Alten fanden seine Züge noch ganz wohl heraus, so erbärmlich entstellt er auch war.

»Johannes, Johannes, was seid Ihr grau geworden!« sagte eine alte Frau. »Und woher habt Ihr den schiefen Hals?« — »Vom Holz- und Wassertragen in der Sklaverei«, versetzte er. »Und was ist aus Mergel geworden? Ihr seid doch zusammen fortgelaufen?« — »Freilich wohl; aber ich weiß nicht, wo er ist; wir sind voneinandergekommen. Wenn Ihr an ihn denkt, betet für ihn«, fügte er hinzu, »er wird es wohl nötig haben.«

Man fragte ihn, warum Friedrich sich denn aus dem Staube gemacht, da er den Juden doch nicht erschlagen? — »Nicht?« sagte Johannes und horchte gespannt auf, als man ihm erzählte, was der Gutsherr geflissentlich verbreitet hatte, um den Fleck von Mergels Namen zu löschen. — »Also ganz umsonst«, sagte er nachdenkend, »ganz umsonst so viel ausgestanden!« Er seufzte tief und fragte nun seinerseits nach manchem. Simon war lange tot, aber zuvor noch ganz verarmt, durch Prozesse und böse Schuldner, die er nicht gerichtlich belangen durfte, weil es, wie man sagte, zwischen ihnen keine reine Sache war. Er hatte zuletzt Bettelbrot gegessen und war in einem fremden Schuppen auf dem Stroh gestorben. Margret hatte länger gelebt, aber in völliger Geistesdumpfheit. Die Leute im Dorf waren es bald müde geworden, ihr beizustehen, da sie alles verkommen ließ, was man ihr gab, wie es denn die Art der Menschen ist, gerade die Hülflosesten zu verlassen, solche, bei denen der Beistand nicht nachhaltig wirkt und die der Hülfe immer gleich bedürftig bleiben. Dennoch hatte sie nicht eigentlich Not gelitten; die Gutsherrschaft sorgte sehr für sie, schickte ihr täglich das Essen und ließ ihr auch ärztliche Behandlung zukommen, als ihr kümmerlicher Zustand in völlige Abzehrung übergegangen war. In ihrem Hause wohnte jetzt der Sohn des ehemaligen Schweinehirten, der an jenem unglücklichen Abende Friedrichs Uhr so sehr bewundert hatte. — »Alles hin, alles tot!« seufzte Johannes.

Am Abend, als es dunkel geworden war und der Mond schien, sah man ihn im Schnee auf dem Kirchhofe umherhumpeln; er betete bei keinem Grabe, ging auch an keines dicht hinan, aber auf einige schien er aus der Ferne starre Blicke zu heften. So fand ihn der Förster Brandis, der Sohn des Erschlagenen, den die Gutsherrschaft abgeschickt hatte, ihn ins Schloß zu holen.

Beim Eintritt in das Wohnzimmer sah er scheu umher, wie vom Licht geblendet, und dann auf den Baron, der sehr zusammengefallen in seinem Lehnstuhl saß, aber noch immer mit den hellen Augen und dem roten Käppchen auf dem Kopfe wie vor achtundzwanzig

Jahren; neben ihm die gnädige Frau, auch alt, sehr alt geworden.

»Nun, Johannes«, sagte der Gutsherr, »erzähl mir einmal recht ordentlich von deinen Abenteuern. Aber«, er musterte ihn durch die Brille, »du bist ja erbärmlich mitgenommen in der Türkei!« — Johannes begann: wie Mergel ihn nachts von der Herde abgerufen und gesagt, er müsse mit ihm fort. — »Aber warum lief der dumme Junge denn? Du weißt doch, daß er unschuldig war?« — Johannes sah vor sich nieder: »Ich weiß nicht recht, mich dünkt, es war wegen Holzgeschichten. Simon hatte so allerlei Geschäfte; mir sagte man nichts davon, aber ich glaube nicht, daß alles war, wie es sein sollte.« — »Was hat denn Friedrich dir gesagt?« — »Nichts, als daß wir laufen müßten, sie wären hinter uns her. So liefen wir bis Heerse; da war es noch dunkel, und wir versteckten uns hinter das große Kreuz am Kirchhofe, bis es etwas heller würde, weil wir uns vor den Steinbrüchen am Zellerfelde fürchteten; und wie wir eine Weile gesessen hatten, hörten wir mit einem Male über uns schnauben und stampfen und sahen lange Feuerstrahlen in der Luft gerade über dem Heerser Kirchturm. Wir sprangen auf und liefen, was wir konnten, in Gottes Namen geradeaus, und wie es dämmerte, waren wir wirklich auf dem rechten Weg nach P.«

Johannes schien noch vor der Erinnerung zu schaudern, und der Gutsherr dachte an seinen seligen Kapp und dessen Abenteuer am Heerser Hange. — »Sonderbar!« lachte er, »so nah wart ihr einander! aber fahr fort.« — Johannes erzählte nun, wie sie glücklich durch

P. und über die Grenze gekommen. Von da hatten sie sich als wandernde Handwerksburschen durchgebettelt bis Freiburg im Breisgau. »Ich hatte meinen Brotsack bei mir«, sagte er, »und Friedrich ein Bündelchen; so glaubte man uns.« — In Freiburg hatten sie sich von den Österreichern anwerben lassen: ihn hatte man nicht gewollt, aber Friedrich bestand darauf. So kam er unter den Train. »Den Winter über blieben wir in Freiburg«, fuhr er fort, »und es ging uns ziemlich gut; mir auch, weil Friedrich mich oft erinnerte und mir half, wenn ich etwas verkehrt machte. Im Frühling mußten wir marschieren, nach Ungarn, und im Herbst ging der Krieg mit den Türken los. Ich kann nicht viel davon nachsagen, denn ich wurde gleich in der ersten Affäre gefangen und bin seitdem sechsundzwanzig Jahre in der türkischen Sklaverei gewesen!« — »Gott im Himmel! Das ist doch schrecklich!« sagte Frau von S. — »Schlimm genug, die Türken halten uns Christen nicht besser als Hunde; das schlimmste war, daß meine Kräfte unter der harten Arbeit vergingen; ich ward auch älter und sollte noch immer tun wie vor Jahren.«

Er schwieg eine Weile. »Ja«, sagte er dann, »es ging über Menschenkräfte und Menschengeduld; ich hielt es auch nicht aus. — Von da kam ich auf ein holländisches Schiff.« — »Wie kamst du denn dahin?« fragte der Gutsherr. — »Sie fischten mich auf, aus dem Bosporus«, versetzte Johannes. Der Baron sah ihn befremdet an und hob den Finger warnend auf; aber Johannes erzählte weiter. Auf dem Schiffe war es ihm nicht viel besser gegangen. »Der Skorbut riß ein; wer nicht ganz elend war, mußte über Macht arbeiten, und das Schiffstau regierte ebenso streng wie die türkische Peitsche. Endlich«, schloß er, »als wir nach Holland kamen, nach Amsterdam, ließ man mich frei, weil ich unbrauchbar war, und der Kaufmann, dem das Schiff gehörte, hatte auch Mitleiden mit mir und wollte mich zu seinem Pförtner machen. Aber« — er schüttelte den Kopf — »ich bettelte mich lieber durch bis hieher.« — »Das war dumm genug«, sagte der Gutsherr. — Johannes seufzte tief: »O Herr, ich habe mein Leben zwischen Türken und Ketzern zubringen müssen; soll ich nicht wenigstens auf einem katholischen Kirchhofe liegen?« Der Gutsherr hatte seine Börse gezogen: »Da, Johannes, nun geh und komm bald wieder. Du mußt mir das alles noch ausführlicher erzählen; heute ging es etwas konfus durcheinander. Du bist wohl noch sehr müde?« — »Sehr müde«, versetzte Johannes; »und«, er deutete auf seine Stirn, »meine Gedanken sind zuweilen so kurios, ich kann nicht recht sagen, wie es so ist.« — »Ich weiß schon«, sagte der Baron, »von alter Zeit her. Jetzt geh! Hülsmeyers behalten dich wohl noch die Nacht über, morgen komm wieder.«

Herr von S. hatte das innigste Mitleiden mit dem armen Schelm; bis zum folgenden Tage war überlegt worden, wo man ihn einmieten könne; essen sollte er täglich im Schlosse, und für Kleidung fand sich auch wohl Rat. — »Herr«, sagte Johannes, »ich kann auch noch wohl etwas tun; ich kann hölzerne Löffel machen, und Ihr könnt mich auch als Boten schicken.« Herr von S. schüttelte mitleidig den Kopf: »Das würde doch nicht sonderlich ausfallen.« — »O doch, Herr, wenn ich erst im Gange bin — es geht nicht schnell, aber hin komme ich doch, und es wird mir auch nicht so sauer, wie man denken sollte.« — »Nun«, sagte der Baron zweifelnd, »willst du's versuchen? Hier ist ein Brief nach P. Es hat keine sonderliche Eile.«

Am folgenden Tag bezog Johannes sein Kämmerchen bei einer Witwe im Dorfe. Er schnitzelte Löffel, aß auf dem Schlosse und machte Botengänge für den gnädigen Herrn. Im ganzen ging's ihm leidlich; die Herrschaft war sehr gütig, und Herr von S. unterhielt sich oft lange mit ihm über die Türkei, den österreichischen Dienst und die See. — »Der Johannes könnte viel erzählen«, sagte er zu seiner Frau, »wenn er nicht so grundeinfältig wäre.« — »Mehr tiefsinnig als einfältig«, versetzte sie; »ich fürchte immer, er schnappt noch über.« — »Ei bewahre!« antwortete der Baron, »er war sein Leben lang ein Simpel; simple Leute werden nie verrückt.«

Nach einiger Zeit blieb Johannes auf einem Botengange über Gebühr lange aus. Die gute Frau von S. war sehr besorgt um ihn und wollte schon Leute aussenden, als man ihn die Treppe heraufstelzen hörte. — »Du bist lange ausgeblieben, Johannes«, sagte sie; »ich dachte schon, du hättest dich im Brederholz verirrt.« — »Ich bin durch den Föhrengrund gegangen.« — »Das ist ja ein weiter Umweg; warum gingst du nicht durchs Brederholz?« — Er sah trübe zu ihr auf: »Die Leute sagten mir, der Wald sei gefällt, und jetzt seien so viele Kreuz- und Querwege darin, da fürchtete ich, nicht wieder hinauszukommen. Ich werde alt und duselig«, fügte er langsam hinzu. »Sahst du wohl«, sagte Frau von S. nachher zu ihrem Manne, »wie wunderlich und quer er aus den Augen sah? Ich sage dir, Ernst, das nimmt noch ein schlimmes Ende.«

Indessen nahte der September heran. Die Felder waren leer, das Laub begann abzufallen, und mancher Hektische fühlte die Schere an seinem Lebensfaden. Auch Johannes schien unter dem Einflusse des nahen Äquinoktiums zu leiden; die ihn in diesen Tagen sahen, sagten, er habe auffallend verstört ausgesehen und unaufhörlich leise mit sich selber geredet, was er auch sonst mitunter tat, aber selten. Endlich kam er eines Abends nicht nach Hause. Man dachte, die Herrschaft habe ihn verschickt; am zweiten auch nicht; am dritten Tage ward seine Hausfrau ängstlich. Sie ging ins Schloß und fragte nach. — »Gott bewahre«, sagte der Gutsherr, »ich weiß nichts von ihm; aber geschwind den Jäger gerufen und Försters Wilhelm! Wenn der armselige Krüppel«, setzte er bewegt hinzu, »auch nur in einen trockenen Graben gefallen ist, so kann er nicht wieder heraus. Wer weiß, ob er nicht gar eines von seinen schiefen Beinen gebrochen hat! — Nehmt die Hunde mit«, rief er den abziehenden Jägern nach, »und sucht vor allem in den Gräben; seht in die Steinbrüche!« rief er lauter.

Die Jäger kehrten nach einigen Stunden heim; sie hatten keine Spur gefunden. Herr von S. war in großer Unruhe: »Wenn ich mir denke, daß einer so liegen muß wie ein Stein und kann sich nicht helfen! Aber er kann noch leben; drei Tage hält's ein Mensch wohl ohne Nahrung aus.« — Er machte sich selbst auf den

Weg; in allen Häusern wurde nachgefragt, überall in die Hörner geblasen, gerufen, die Hunde zum Suchen angehetzt — umsonst! — Ein Kind hatte ihn gesehen, wie er am Rande des Brederholzes saß und an einem Löffel schnitzelte; »er schnitt ihn aber ganz entzwei«, sagte das kleine Mädchen. Das war vor zwei Tagen gewesen. Nachmittags fand sich wieder eine Spur: abermals ein Kind, das ihn an der andern Seite des Waldes bemerkt hatte, wo er im Gebüsch gesessen, das Gesicht auf den Knien, als ob er schliefe. Das war noch am vorigen Tage. Es schien, er hatte sich immer um das Brederholz herumgetrieben.

»Wenn nur das verdammte Buschwerk nicht so dicht wäre! da kann keine Seele hindurch«, sagte der Gutsherr. Man trieb die Hunde in den jungen Schlag; man blies und hallote und kehrte endlich mißvergnügt heim, als man sich überzeugt, daß die Tiere den ganzen Wald abgesucht hatten. — »Laßt nicht nach! laßt nicht nach!« bat Frau von S.; »besser ein paar Schritte umsonst, als daß etwas versäumt wird.« — Der Baron war fast ebenso beängstigt wie sie. Seine Unruhe trieb ihn sogar nach Johannes' Wohnung, obwohl er sicher war, ihn dort nicht zu finden. Er ließ sich die Kammer des Verschollenen aufschließen. Da stand sein Bett noch ungemacht, wie er es verlassen hatte; dort hing sein guter Rock, den ihm die gnädige Frau aus dem alten Jagdkleide des Herrn hatte machen lassen; auf dem Tische ein Napf, sechs neue hölzerne Löffel und eine Schachtel. Der Gutsherr öffnete sie; fünf Groschen lagen darin, sauber in Papier gewickelt, und vier silberne Westenknöpfe; der Gutsherr betrachtete sie aufmerksam. »Ein Andenken von Mergel«, murmelte er und trat hinaus, denn ihm ward ganz beengt in dem dumpfen, engen Kämmerchen. Die Nachsuchungen wurden fortgesetzt, bis man sich überzeugt hatte, Johannes sei nicht mehr in der Gegend, wenigstens nicht lebendig. So war er denn zum zweitenmal verschwunden; ob man ihn wiederfinden würde — vielleicht einmal nach Jahren seine Knochen in einem trockenen Graben? Ihn lebend wiederzusehen, dazu war wenig Hoffnung, und jedenfalls nach achtundzwanzig Jahren gewiß nicht.

Vierzehn Tage später kehrte der junge Brandis morgens von einer Besichtigung seines Reviers durch das Brederholz heim. Es war ein für die Jahreszeit ungewöhnlich heißer Tag; die Luft zitterte, kein Vogel sang, nur die Raben krächzten langweilig aus den Ästen und hielten ihre offenen Schnäbel der Luft entgegen. Brandis war sehr ermüdet. Bald nahm er seine von der Sonne durchglühte Kappe ab, bald setzte er sie wieder auf. Es war alles gleich unerträglich, das Arbeiten durch den kniehohen Schlag sehr beschwerlich. Ringsumher kein Baum außer der Judenbuche. Dahin strebte er denn auch aus allen Kräften und ließ sich todmatt auf das beschattete Moos darunter nieder. Die Kühle zog so angenehm durch seine Glieder, daß er die Augen schloß. »Schändliche Pilze!« murmelte er halb im Schlaf. Es gibt nämlich in jener Gegend eine Art sehr saftiger Pilze, die nur ein paar Tage stehen, dann einfallen und einen unerträglichen Geruch verbreiten. Brandis glaubte, solche unangenehmen Nachbarn zu spüren, er wandte sich ein paarmal hin und her, mochte aber doch nicht aufstehen; sein Hund sprang unterdessen umher, kratzte am Stamm der Buche und bellte hinauf. — »Was hast du da, Bello? eine Katze?« murmelte Brandis. Er öffnete die Wimpern halb, und die Judenschrift fiel ihm ins Auge, sehr ausgewachsen, aber doch noch ganz kenntlich. Er schloß die Augen wieder; der Hund fuhr fort zu bellen und legte endlich seinem Herrn die kalte Schnauze ans Gesicht. — »Laß mich in Ruh! Was hast du denn?« Hierbei sah Brandis, wie er so auf dem Rücken lag, in die Höhe, sprang dann mit einem Satze auf und wie besessen ins Gestrüpp hinein. Totenbleich kam er auf dem Schlosse an; in der Judenbuche hänge ein Mensch; er habe die Beine gerade über seinem Gesichte hängen sehen. — »Und du hast ihn nicht abgeschnitten, Esel?« rief der Baron. — »Herr«, keuchte Brandis, »wenn Ew. Gnaden dagewesen wären, so wüßten Sie wohl, daß der Mensch nicht mehr lebt. Ich glaubte anfangs, es seien die Pilze!« Dennoch trieb der Gutsherr zur größten Eile und zog selbst mit hinaus.

Sie waren unter der Buche angelangt. »Ich sehe nichts«, sagte Herr von S. — »Hierher müssen Sie treten, hierher, an diese Stelle!« — Wirklich, dem war so: der Gutsherr erkannte seine eigenen abgetragenen Schuhe. — »Gott, es ist Johannes! — Setzt die Leiter an! So — nun herunter! Sacht, sacht! Laßt ihn nicht fallen! — Lieber Himmel, die Würmer sind schon daran! Macht dennoch die Schlinge auf und die Halsbinde.« — Eine breite Narbe ward sichtbar; der Gutsherr fuhr zurück. — »Mein Gott!« sagte er; er beugte sich wieder über die Leiche, betrachtete die Narbe mit großer Aufmerksamkeit und schwieg eine Weile in tiefer Erschütterung. Dann wandte er sich zu den Förstern: »Es ist nicht recht, daß der Unschuldige für den Schuldigen leide; sagt es nur allen Leuten: der da« — er deutete auf den Toten — »war Friedrich Mergel.« — Die Leiche ward auf dem Schindanger verscharrt.

Dies hat sich nach allen Hauptumständen wirklich so begeben im September des Jahres 1788. — Die hebräische Schrift an dem Baume heißt:

›Wenn du dich diesem Orte nahest, so wird es dir ergehen, wie du mir getan hast.‹

Jeremias Gotthelf

Die schwarze Spinne

Über die Berge hob sich die Sonne, leuchtete in klarer Majestät in ein freundliches, aber enges Tal und weckte zu fröhlichem Leben die Geschöpfe, die geschaffen sind, an der Sonne ihres Lebens sich zu freuen. Aus vergoldetem Waldessaume schmetterte die Amsel ihr Morgenlied, zwischen funkelnden Blumen in perlendem Grase tönte der sehnsüchtigen Wachtel eintönend Minnelied, über dunkeln Tannen tanzten brünstige Krähen ihren Hochzeitreigen oder krächzten zärtliche Wiegenlieder über die dornichten Bettchen ihrer ungefiederten Jungen.

In der Mitte der sonnenreichen Halde hatte die Natur einen fruchtbaren, beschirmten Boden eingegraben; mittendrin stand stattlich und blank ein schönes Haus, eingefaßt von einem prächtigen Baumgarten, in welchem noch einige Hochäpfelbäume prangten in ihrem späten Blumenkleide; halb stund das vom Hausbrunnen bewässerte üppige Gras noch, halb war es bereits dem Futtergange zugewandert. Um das Haus lag ein sonntäglicher Glanz, den man mit einigen Besenstrichen, angebracht Samstag abends zwischen Tag und Nacht, nicht zu erzeugen vermag, der ein Zeugnis ist des köstlichen Erbgutes angestammter Reinlichkeit, die alle Tage gepflegt werden muß, der

Familienehre gleich, welcher eine einzige unbewachte Stunde Flecken bringen kann, die Blutflecken gleich unauslöschlich bleiben von Geschlecht zu Geschlecht, jeder Tünche spottend.

Nicht umsonst glänzte die durch Gottes Hand erbaute Erde und das von Menschenhänden erbaute Haus im reinsten Schmucke; über beide erglänzte heute ein Stern am blauen Himmel, ein hoher Feiertag. Es war der Tag, an welchem der Sohn wieder zum Vater gegangen war zum Zeugnis, daß die Leiter noch am Himmel stehe, auf welcher Engel auf- und niedersteigen und die Seele des Menschen, wenn sie dem Leibe sich entwindet und ihr Heil und Augenmerk beim Vater droben war und nicht hier auf Erden; es war der Tag, an welchem die ganze Pflanzenwelt dem Himmel entgegenwächst und -blüht in voller Üppigkeit, dem Menschen ein alle Jahre neu werdendes Sinnbild seiner eigenen Bestimmung. Wunderbar klang es über die Hügel her, man wußte nicht, woher das Klingen kam, es tönte wie von allen Seiten; es kam von den Kirchen her draußen in den weiten Tälern; von dort her kündeten die Glocken, daß die Tempel Gottes sich öffnen allen, deren Herzen offen seien der Stimme ihres Gottes.

Ein reges Leben bewegte sich um das schöne Haus. In des Brunnens Nähe wurden mit besonderer Sorgfalt Pferde gestriegelt, stattliche Mütter, umgaukelt von lustigen Füllen; im breiten Brunnentroge stillten behaglich blickende Kühe ihren Durst, und zweimal mußte der Bube Besen und Schaufel nehmen, weil er die Spuren ihrer Behaglichkeit nicht sauber genug weggeräumt.

Herzhaft wuschen am Brunnen mit einem handlichen Zwilchfetzen stämmige Mägde ihre rotbrächten Gesichter, die Haare in zwei Knäuel über den Ohren zusammengedreht, trugen mit eilfertiger Emsigkeit Wasser durch die geöffnete Türe, und in mächtigen Stößen hob sich gerade und hoch in die blaue Luft empor aus kurzem Schornsteine die dunkle Rauchsäule.

Langsam und gebeugt ging an einem Hakenstock der Großvater um das Haus, sah schweigend dem Treiben der Knechte und Mägde zu, streichelte hier ein Pferd, wehrte dort einer Kuh ihren schwerfälligen Mutwillen, zeigte mit dem Stecken dem unachtsamen Buben noch hier und dort vergessene Strohhalme und nahm dazu fleißig aus der langen Weste tiefer Tasche das Feuerzeug, um seine Pfeife, an der er des Morgens trotz ihres schweren Atems so wohllebte, wieder anzuzünden.

Auf rein gefegter Bank vor dem Hause neben der Türe saß die Großmutter, schönes Brot schneidend in eine mächtige Kachel, dünn und in eben rechter Größe jeden Bissen, nicht so unachtsam wie Köchinnen oder Stubenmägde, die manchmal Stücke machen, an denen ein Walfisch ersticken müßte. Wohlgenährte, stolze Hühner und schöne Tauben stritten sich um die Brosamen zu ihren Füßen, und wenn ein schüchternes Täubchen zu kurz kam, so warf ihm die Großmutter ein Stücklein eigens zu, es tröstend mit freundlichen Worten über den Unverstand und den Ungestüm der andern.

Drinnen in der weiten, reinen Küche knisterte ein mächtiges Feuer von Tannenholz, in weiter Pfanne knallten Kaffeebohnen, die eine stattliche Frau mit hölzerner Kelle durcheinanderrührte, nebenbei knarrte die Kaffeemühle zwischen den Knien einer frischgewaschenen Magd; unter der offenen Stubentüre aber stund, den offenen Kaffeesack noch in der Hand, eine schöne, etwas blasse Frau und sagte: »Du, Hebamme, röste mir den Kaffee heute nicht so schwarz, sie könnten sonst meinen, ich hätte das Pulver sparen mögen. Des Göttis Frau ist gar grausam mißtreu und legt einem alles zuungunsten aus. Es kömmt heute auf ein halb Pfund mehr oder weniger nicht an. Vergiß auch ja nicht, das Weinwarm zu rechter Zeit bereitzuhalten! Der Großvater würde meinen, es wäre nicht Kindstaufe, wenn man den Gevatterleuten nicht ein Weinwarm aufstellen würde, ehe sie zur Kirche gehen. Spare nichts daran, hörst du! Dort in der Schüssel auf der Kachelbank ist Safran und Zimmet, der Zucker ist hier auf dem Tische, und nimm Wein, daß es dich dünkt, es sei wenigstens halb zuviel; an einer Kindstaufe braucht man nie Kummer zu haben, daß sich die Sache nicht brauche.«

Man hört, es soll heute die Kindtaufe gehalten werden im Hause, und die Hebamme versieht das Amt der Köchin ebenso geschickt als früher das Amt der Wehmutter, aber sputen muß sie sich, wenn sie zu rechter Zeit fertig werden und am einfachen Herde alles kochen soll, was die Sitte fordert.

Aus dem Keller kam mit einem mächtigen Stück Käse in der Hand ein stämmiger Mann, nahm vom blanken Kachelbank den ersten besten Teller, legte den Käse darauf und wollte ihn in die Stube auf den Tisch tragen von braunem Nußbaumholz. »Aber Benz, aber Benz«, rief die schöne, blasse Frau, »wie würden sie lachen, wenn wir keinen bessern Teller hätten an der Kindstaufe!« Und zum glänzenden Schrank aus Kirschbaumholz, Buffert genannt, ging sie, wo hinter Glasfenstern des Hauses Zierden prangten. Dort nahm sie einen schönen Teller, blau gerändert, in der Mitte einen großen Blumenstrauß, der umgeben war von sinnigen Sprüchen, zum Beispiel:

O Mensch, faß in Gedanken:
Drei Batzen gilt d's Pfund Anken.

Gott gibt dem Menschen Gnad,
Ich aber wohn im Maad.

In der Hölle, da ist es heiß,
Und der Hafner schafft mit Fleiß.

Die Kuh, die frißt das Gras;
Der Mensch, der muß ins Grab.

Neben den Käse stellte sie die mächtige Züpfe, das eigentümliche Berner Backwerk, geflochten wie die Zöpfe der Weiber, schön braun und gelb, aus dem feinsten Mehl, Eiern und Butter gebacken, groß wie ein Jähriges und fast ebenso schwer; und oben und unten pflanzte sie noch zwei Teller. Hoch aufgetürmt lagen auf denselben die appetitlichen Küchlein, Habküchlein auf dem einen, Eierküchlein auf dem andern. Heiße, dicke Nidel stund in schön geblümten Häfen zugedeckt auf dem Ofen, und in der dreibeinigen, glänzenden Kanne mit gelbem Deckel kochte der Kaffee.

So harrte auf die erwarteten Gevatterleute ein Frühstück, wie es Fürsten selten haben und keine Bauren auf der Welt als die Berner. Tausende von Engländern rennen durch die Schweiz, aber weder einem der abgejagten Lords noch einer der steifbeinichten Ladies ist je ein solches Frühstück geworden.

»Wenn sie nur bald kämen, es wäre alles bereit!« seufzte die Hebamme. »Es geht jedenfalls eine gute Zeit, bis alles fertig ist und ein jedes seine Sache gehabt hat, und der Pfarrer ist grausam pünktlich und gibt scharfe Verweise, wenn man nicht da ist zu rechter Zeit.« »Der Großvater erlaubt auch nie, das Wägeli zu nehmen«, sagte die junge Frau. »Er hat den Glauben, daß ein Kind, welches man nicht zur Taufe trage, sondern führe, träge werde und sein Lebtag seine Beine nie recht brauchen lerne. Wenn nur die Gotte da wäre, die versäumt am längsten, die Göttene machen es kürzer und könnten immerhin nachlaufen.« Die Angst nach den Gevatterleuten verbreitete sich durchs ganze Haus. »Kommen sie noch nicht?« hörte man allenthalben; in allen Ecken des Hauses schauten Gesichter nach ihnen aus, und der Türk bellte aus Leibeskräften, als ob er sie herbeirufen wollte. Die Großmutter aber sagte: »Ehemals ist das doch nicht so gewesen, da wußte man, daß man an solchen Tagen zu rechter Zeit aufzustehen habe und der Herr niemanden warte.« Endlich stürzte der Bub in die Küche mit der Nachricht, die Gotte komme.

Sie kam, schweißbedeckt und beladen wie das Neujahrkindlein. In der einen Hand hatte sie die schwarzen Schnüre eines großen, blumenreichen Wartsäckleins, in welchem, in ein fein weißes Handtuch gewikkelt, eine große Züpfe stach, ein Geschenk für die Kindbetterin. In der andern Hand trug sie ein zweites Säcklein, und in demselben war eine Kleidung für das Kind nebst etwelchen Stücken zu eigenem Gebrauch, namentlich schöne weiße Strümpfe; und unter dem einen Arme hatte sie noch eine Drucke mit dem Kränzchen und der Spitzenkappe mit den prächtigen, schwarzseidenen Haarschnüren. Freudig tönten ihr die Gottwillchen entgegen von allen Seiten, und kaum hatte sie Zeit, von ihren Bürden eine abzustellen, um den entgegengestreckten Händen freundlich zu begegnen. Von allen Seiten streckten sich dienstbare Hände nach ihren Lasten, und unter der Türe stand die junge Frau, und da ging ein neues Grüßen an, bis die Hebamme in die Stube mahnte: sie könnten ja drinnen einander sagen, was der Brauch sei.

Und mit handlichen Manieren setzte die Hebamme die Gotte hinter den Tisch, und die junge Frau kam mit dem Kaffee, wie sehr auch die Gotte sich weigerte und vorgab, sie hätte schon gehabt. Des Vaters Schwester täte es nicht, daß sie ungegessen aus dem Hause ginge, das schade jungen Mädchen gar übel, sage sie. Aber sie sei schon alt, und die Jungfrauen möchten auch nicht zu rechter Zeit auf, deswegen sei sie so spät; wenn es an ihr allein gelegen hätte, sie wäre längstens da. In den Kaffee wurde die dicke Nidel gegossen, und wie sehr die Gotte sich wehrte und sagte, sie liebe es gar nicht, warf ihr doch die Frau ein Stück Zucker in denselben. Lange wollte es die Gotte nicht zulassen, daß ihretwegen die Züpfe angehauen würde, indessen mußte sie sich ein tüchtiges Stück vorlegen lassen und essen. Käse wollte sie lange nicht, es hätte dessen gar nicht nötig, sagte sie. Sie werde meinen, es sei nur halbmagern, und deshalb schätze sie ihn nicht, sagte die Frau, und die Gotte mußte sich ergeben. Aber Küchli wollte sie durchaus nicht, die wüßte sie gar nicht wohin tun, sagte sie. Sie glaube nur, sie seien nicht sauber, und werde an bessere gewöhnt sein, erhielt sie endlich zur Antwort. Was sollte sie anders machen als Küchli essen! Während dem Nöten aller Art hatte sie abgemessen in kleinen Schlücken das erste Kacheli ausgetrunken, und nun erhob sich ein eigentlicher Streit. Die Gotte kehrte das Kacheli um, wollte gar keinen Platz mehr haben für fernere Guttaten und sagte: man solle sie doch in Ruhe lassen, sonst müßte sie sich noch verschwören. Da sagte die Frau, es sei ihr doch so leid, daß sie ihn so schlecht finde, sie hätte doch der Hebamme dringlichst befohlen, ihn so gut als möglich zu machen; sie vermöchte sich dessen wahrhaftig nichts, daß er so schlecht sei, daß ihn niemand trinken möge, und an der Nidel sollte es doch auch nicht fehlen, sie hätte dieselbe abgenommen, wie sie es sonst nicht alle Tage im Brauch hätte. Was sollte die arme Gotte anders machen, als noch ein Kacheli sich einschenken lassen!

Ungeduldig war schon lange die Hebamme herumgetrippelt, und endlich bändigte sie das Wort nicht länger, sondern sagte: »Wenn ich dir etwas helfen kann, so sage es nur, ich habe wohl Zeit dazu!« »He, pressiere doch nicht!« sagte die Frau. Die arme Gotte aber, die rauchte wie ein Dampfkessel, verstand den

Wink, versorgete den heißen Kaffee so schnell als möglich und sagte zwischen den Absätzen, zu denen der glühende Trank sie zwang: »Ich wäre schon lange z'weg, wenn ich nicht mehr hätte nehmen müssen, als ich hinunterbringen kann, aber ich komme jetzt.«

Sie stund auf, packte die Säcklein aus, übergab Züpfe, Kleidung, Einbund — ein blanker Neutaler, eingewickelt in den schön gemalten Taufspruch — und machte manche Entschuldigung, daß alles nicht besser sei. Darein aber redete die Hausmutter mit manchem Ausruf, wie das keine Art und Gattung hätte, sich so zu verköstigen, wie man es fast nicht nehmen dürfte, und wenn man das gewußt hätte, so hätte man sie gar nicht ansprechen dürfen. Nun ging auch das Mädchen an sein Werk, verbeiständet von der Hebamme und der Hausfrau, und wendete das möglichste an, eine schöne Gotte zu sein von Schuh und Strümpfen an bis hinauf zum Kränzchen auf der kostbaren Spitzenkappe. Die Sache ging umständlich zu trotz der Ungeduld der Hebamme, und immer war der Gotte die Sache nicht gut genug und bald dies, bald das nicht am rechten Ort. Da kam die Großmutter herein und sagte: »Ich muß doch auch kommen und sehen, wie schön unsere Gotte sei.« Nebenbei ließ sie fallen, daß es schon das zweite Zeichen geläutet habe und beide Götteni draußen in der äußern Stube seien.

Draußen saßen allerdings die zwei männlichen Paten, ein alter und ein junger, den neumodischen Kaffee, den sie alle Tage haben konnten, verschmähend, hinter dem dampfenden Weinwarm, dieser altertümlichen, aber guten Bernersuppe, bestehend aus Wein, geröstetem Brot, Eiern, Zucker, Zimmet und Safran, diesem ebenso altertümlichen Gewürze, das an einem Kindtaufeschmaus in der Suppe, im Voressen, im süßen Tee vorkommen muß. Sie ließen es sich wohlschmekken, und der alte Götti, den man Vetter nannte, hatte allerlei Späße mit dem Kindbettimann und sagte ihm, daß sie ihm heute nicht schonen wollten, und dem Weinwarm an gönne er es ihnen; daran sei nichts gespart, man merke, daß er seinen zwölfmäßigen Sack letzten Dienstag dem Boten mit nach Bern gegeben, um ihm Safran zu bringen. Als sie nicht wußten, was der Vetter damit meinte, sagte er: letzthin habe sein Nachbar Kindbetti haben müssen; da habe er dem Boten einen großen Sack mitgegeben und sechs Kreuzer mit dem Auftrage, er solle ihm doch in diesem Sacke für sechs Kreuzer von dem gelben Pulver bringen, ein Mäß oder anderthalbes, von dem man an den Kindstaufen in allem haben müsse, seine Weiber wollten es einmal so haben.

Da kam die Gotte hinein wie eine junge Morgensonne und wurde von den Mitgevattern Gottwillchen geheißen und zum Tisch gezogen und ein großer Teller voll Weinwarm vor sie gestellt, und den sollte sie essen, sie hätte wohl noch Zeit, während man das Kind zurecht mache. Das arme Kind wehrte sich mit Händen und Füßen, behauptete, es hätte gegessen für manchen Tag, es könne nicht mehr schnaufen. Aber da half alles nichts. Alt und jung war mit Spott und Ernst hinter ihm, bis er zum Löffel griff, und seltsam, ein Löffel nach dem andern fand noch sein Plätzchen. Doch da kam schon wieder die Hebamme mit dem schön eingewickelten Kinde, zog ihm das gestickte Käppchen an mit dem rosenroten Seidenbande, legte dasselbe in das schöne Dachbettlein, steckte ihm das süße Lulli ins Mäulchen und sagte: sie begehre niemand zu versäumen und hätte gedacht, sie wolle alles zurechtmachen, man könne dann immer gehen, wann man wolle. Man umstand das Kind und rühmte es wie billig, und es war auch ein wunderappetitlich Bübchen. Die Mutter freute sich des Lobes und sagte: »Ich wäre auch so gerne mit zur Kirche gekommen und hätte es Gott empfehlen helfen; und wenn man selbst dabei ist, wenn das Kind getauft wird, so sinnet man um so besser daran, was man versprochen hat. Zudem ist es mir so unbequem, wenn ich noch eine ganze Woche lang nicht vor das Dachtraufe darf, jetzt, wo man alle Hände voll zu tun hat mit dem Anpflanzen.« Aber die Großmutter sagte, so weit sei es doch noch nicht, daß ihre Sohnsfrau wie eine arme Frau in den ersten acht Tagen ihren Kirchgang tun müsse, und die Hebamme setzte hinzu, sie hätte es gar nicht gerne, wenn junge Weiber mit den Kindern zur Kirche gingen. Sie hätten immer Angst, es gehe daheim etwas Krummes, hätten doch nicht die rechte Andacht in der Kirche, und auf dem Heimweg pressierten sie zu stark, damit ja nichts versäumt werde, erhitzten sich, und gar manche sei übel krank geworden und gar gestorben.

Da nahm die Gotte das Kind im Dachbette auf die Arme, die Hebamme legte das schöne weiße Tauftuch mit den schwarzen Quasten in den Ecken über das Kind, sorgfältig den schönen Blumenstrauß an der Gotte Brust schonend, und sagte: »So geht jetzt in

Gottes heiligem Namen!« Und die Großmutter legte die Hände ineinander und betete still einen inbrünstigen Segen. Die Mutter aber ging mit dem Zuge hinaus bis unter die Türe und sagte: »Mein Bübli, mein Bübli, jetzt sehe ich dich drei ganze Stunden nicht, wie halte ich das aus!« Und alsobald schoß es ihr in die Augen, rasch fuhr sie mit dem Fürtuch darüber und ging ins Haus.

Rasch schritt die Gotte die Halde ab den Kirchweg entlang, auf ihren starken Armen das muntere Kind, hintendrein die zwei Götteni, Vater und Großvater, deren keinem in Sinn kam, die Gotte ihrer Last zu entledigen, obgleich der jüngere Götti in einem stattlichen Meyen auf dem Hute das Zeichen der Ledigkeit trug und in seinem Auge etwas leuchtete wie großes Wohlgefallen an der Gotte, freilich alles hinter der Blende großer Gelassenheit verborgen. Der Großvater berichtete, welch schrecklich Wetter es gewesen sei, als man ihn zur Kirche getragen; vor Hagel und Blitz hätten die Kirchgänger kaum geglaubt, mit dem Leben davonzukommen. Hintenher hätten die Leute ihm allerlei geweissaget dieses Wetters wegen, die einen einen schrecklichen Tod, die anderen großes Glück im Kriege; nun sei es ihm gegangen in aller Stille wie den andern auch, und im fünfundsiebenzigsten Jahre werde er weder frühe sterben noch großes Glück im Kriege machen.

Mehr als halben Weges waren sie gegangen, als ihnen die Jungfrau nachgesprungen kam, welche das Kind nach Hause zu tragen hatte, sobald es getauft war, während Eltern und Gevatterleute nach alter schöner Sitte noch der Predigt beiwohnten. Die Jungfrau hatte auch anwenden wollen nach Kräften, um auch schön zu sein. Ob dieser handlichen Arbeit hatte sie sich verspätet und wollte jetzt der Gotte das Kind abnehmen; aber diese ließ es nicht, wie man ihr auch zuredete. Das war eine gar zu gute Gelegenheit, dem schönen ledigen Götti zu zeigen, wie stark ihre Arme seien und wieviel sie erleiden möchten. Starke Arme an einer Frau sind einem rechten Bauer viel anständiger als zarte, als so liederliche Stäbchen, die jeder Bysluft, wenn er ernstlich will, auseinanderwehen kann; starke Arme an einer Mutter sind schon vielen Kindern zum Heil gewesen, wenn der Vater starb und die Mutter die Rute allein führen, alleine den Haushaltungswagen aus allen Löchern heben mußte, in die er geraten wollte.

Aber auf einmal ists, als ob jemand die starke Gotte an den Züpfen halte oder sie vor den Kopf schlage, sie prallt ordentlich zurück, gibt der Jungfrau das Kind, bleibt dann zurück und stellt sich, als ob sie mit dem Strumpfband zu tun hätte. Dann kömmt sie nach, gesellt sich den Männern bei, mischt sich in die Gespräche, will den Großvater unterbrechen, ihn bald mit diesem, bald mit jenem ablenken von dem Gegenstand, den er gefaßt hat. Der aber hält, wie alte Leute meist gewohnt sind, seinen Gegenstand fest und knüpft unverdrossen den abgerissenen Faden immer neu wieder an. Nun macht sie sich an des Kindes Vater und versucht, diesen durch allerlei Fragen zu Privatgesprächen zu verführen; allein der ist einsilbig und läßt den angesponnenen Faden immer wieder fallen. Vielleicht hat er seine eigenen Gedanken, wie jeder Vater sie haben sollte, wenn man ihm ein Kind zur Taufe trägt, und namentlich das erste Bübchen. Je näher man der Kirche kam, desto mehr Leute schlossen dem Zuge sich an, die einen warteten schon mit den Psalmenbüchern in der Hand am Wege, andere sprangen eiliger die engen Fußwege hinunter, und einer großen Prozession ähnlich rückten sie ins Dorf.

Zunächst der Kirche stand das Wirtshaus, die so oft in naher Beziehung stehen und Freud und Leid miteinander teilen, und zwar in allen Ehren. Dort stellte man ab, machte das Bübchen trocken, und der Kindbettimann bestellte eine Maß, wie sehr auch alle einredeten, er solle das nicht machen, sie hätten ja erst gehabt, was das Herz verlangt, und möchten weder Dickes noch Dünnes. Indessen, als der Wein einmal da war, tranken doch alle, vornehmlich die Jungfrau; die wird gedacht haben, sie müsse Wein trinken, wenn jemand ihr Wein geben wolle, und das geschehe durch ein langes Jahr durch nicht manchmal. Nur die Gotte war zu keinem Tropfen zu bewegen trotz allem Zureden, das kein Ende nehmen wollte, bis die Wirtin sagte: man solle doch nachlassen mit Nötigen, das Mädchen werde ja zusehends blässer, und Hoffmannstropfen täten ihm nöter als Wein. Aber die Gotte wollte deren auch nicht, wollte kaum ein Glas bloßes Wasser, mußte sich endlich einige Tropfen aus einem Riechfläschchen aufs Nastuch schütten lassen, zog unschuldigerweise manchen verdächtigen Blick sich zu und konnte sich nicht rechtfertigen, konnte sich nicht helfen lassen. An gräßlicher Angst litt die Gotte und durfte sie nicht merken lassen. Es hatte ihr niemand gesagt, welchen Namen das Kind erhalten solle und den die Gotte nach alter Übung dem Pfarrer, wenn sie ihm das Kind übergibt, einzuflüstern hat, da derselbe die eingeschriebenen Namen, wenn viele Kinder zu taufen sind, leicht verwechseln kann.

In Hast ob den vielen zu besorgenden Dingen und der Angst, zu spät zu kommen, hatte man die Mitteilung dieses Namens vergessen, und nach diesem Namen zu fragen, hatte ihr ihres Vaters Schwester, die Base, ein für allemal streng verboten, wenn sie ein Kind nicht unglücklich machen wolle; denn sobald eine Gotte nach des Kindes Namen frage, so werde dieses zeitlebens neugierig. Diesen Namen wußte sie also nicht, durfte nicht darnach fragen, und wenn ihn der Pfarrer auch vergessen hatte und laut und öffentlich darnach fragte oder im Verschuß den Buben Mädeli oder Bäbeli taufte, wie würden da die Leute lachen, und welche Schande wäre dies ihr Leben lang! Das kam ihr immer schrecklicher vor; dem starken Mädchen zitterten die Beine wie Bohnenstauden im Winde, und vom blassen Gesichte rann ihm der Schweiß bachweise.

Jetzt mahnte die Wirtin zum Aufbrechen, wenn sie vom Pfarrer nicht wollten angerebelt werden; aber zur Gotte sagte sie: »Du, Meitschi, stehst das nicht aus, du bist ja weiß wie ein frischgewaschenes Hemd.« Das sei vom Laufen, meinte diese, es werde ihr wieder bessern, wenn sie an die frische Luft komme. Aber es wollte ihr nicht bessern, ganz schwarz schienen ihr alle Leute in der Kirche, und nun fing noch das Kind zu schreien an, mörderlich und immer mörderlicher. Die arme Gotte begann es zu wiegen in ihren Armen, heftiger und immer heftiger, je lauter es schrie, daß Blätter stoben von ihrem Meyen an der Brust. Auf dieser Brust ward es ihr enger und schwerer, laut hörte man ihr Atemfassen. Je höher ihre Brust sich hob, um so höher flog das Kind in ihren Armen, und je höher es flog, um so lauter schrie es, und je lauter es schrie, um so gewaltiger las der Pfarrer die Gebete. Die Stimmen prasselten ordentlich an den Wänden, und die Gotte wußte nicht mehr, wo sie war; es sauste und brauste um sie wie Meereswogen, und die Kirche tanzte mit ihr in der Luft herum. Endlich sagte der Pfarrer »Amen«, und jetzt war der schreckliche Augenblick da, jetzt sollte es sich entscheiden, ob sie zum Spott werden sollte für Kind und Kindeskinder; jetzt mußte sie das Tuch abheben, das Kind dem Pfarrer geben, den Namen ihm ins rechte Ohr flüstern. Sie deckte ab, aber zitternd und bebend, reichte das Kind dar, und der Pfarrer nahm es, sah sie nicht an, frug sie nicht mit scharfem Auge, tauchte die Hand ins Wasser, netzte des plötzlich schweigenden Kindes Stirne und taufte kein Mädeli, kein Bäbeli, sondern einen Hans Uli, einen ehrlichen, wirklichen Hans Uli.

Da wars der Gotte, als ob nicht nur sämtliche Emmentaler Berge ihr ab dem Herzen fielen, sondern Sonne, Mond und Sterne und aus einem feurigen Ofen sie jemand trage in ein kühles Bad; aber die ganze Predigt durch bebten ihr die Glieder und wollten nicht wieder stille werden. Der Pfarrer predigte recht schön und eindringlich, wie eigentlich das Leben der Menschen nichts anders sein solle als eine Himmelfahrt; aber zu rechter Andacht brachte es die Gotte nicht, und als man aus der Predigt kam, hatte sie schon den Text vergessen. Sie mochte gar nicht warten, bis sie ihre geheime Angst offenbaren konnte und den Grund ihres blassen Gesichtes. Viel Lachens gab es, und manchen Witz mußte sie hören über die Neugierde und wie sich die Weiber davor fürchten und sie doch allen ihren Mädchen anhängten, während sie den Buben nichts täte. Da hätte sie nur getrost fragen können.

Schöne Haberäcker, niedliche Flachsplätze, herrliches Gedeihen auf Wiese und Acker zogen aber bald die Aufmerksamkeit auf sich und fesselten die Gemüter. Sie fanden manchen Grund, langsam zu gehn, stillezustehn; und doch hatte die schöne, steigende Maiensonne allen warm gemacht, als sie heimkamen, und ein Glas kühlen Weins tat jedermann wohl, wie sehr man sich auch dagegen sträubte. Dann setzte man sich vor das Haus, während in der Küche die Hände emsig sich rührten, das Feuer gewaltig prasselte. Die Hebamme glühte wie einer der drei aus dem feurigen Ofen. Schon vor elf rief man zum Essen, aber nur die Diensten, speiste die vorweg, und zwar reichlich; aber man war doch froh, wenn sie, die Knechte namentlich, einem aus dem Wege kamen.

Etwas langsam floß den vor dem Hause Sitzenden das Gespräch, doch versiegte es nicht; vor dem Essen stören die Gedanken des Magens die Gedanken der Seele, indessen läßt man nicht gerne diesen innern Zustand innewerden, sondern bemäntelt ihn mit langsamen Worten über gleichgültige Gegenstände. Schon stand die Sonne überm Mittag, als die Hebamme mit flammendem Gesicht, aber immer noch blanker Schürze unter der Türe erschien und die allen willkommene Nachricht brachte, daß man essen könnte, wenn alle da wären. Aber die meisten der Geladenen fehlten noch, und die schon früher nach ihnen gesandten Boten brachten wie die Knechte im Evangelium allerlei Bescheid, mit dem Unterschied jedoch, daß eigentlich alle kommen wollten, nur jetzt noch nicht; der eine hatte Werkleute, der andere Leute bestellt, und der dritte mußte noch wohin — aber warten solle man nicht auf sie, sondern nur fürfahren in der Sache. Rätig war man bald, dieser Mahnung zu folgen, denn wenn man allen warten müßte, sagte man, so könne das gehen, bis der Mond käme; nebenbei freilich brummte die Hebamme: es sei doch nichts Dümmeres als ein solches Wartenlassen, im Herzen wäre doch jeder gerne da, und zwar je eher, je lieber, aber es solle es niemand merken. So müsse man die Mühe haben, alles wieder an die Wärme zu stellen, wisse nie, ob man genug habe, und werde nie fertig.

War aber schon der Rat wegen den Abwesenden schnell gefaßt, so war man doch mit den Anwesenden noch nicht fertig, hatte bedenkliche Mühe, sie in die Stube, sie zum Sitzen zu bringen, denn keiner wollte der erste sein, bei diesem nicht, bei jenem nicht. Als endlich alle saßen, kam die Suppe auf den Tisch, eine schöne Fleischsuppe, mit Safran gefärbt und gewürzt und mit dem schönen weißen Brot, das die Großmutter eingeschnitten, so dick gesättigt, daß von der Brühe wenig sichtbar war. Nun entblößten sich alle Häupter, die Hände falteten sich, und lange und feierlich betete jedes für sich zu dem Geber jeder guten Gabe. Dann erst griff man langsam zum blechernen Löffel, wischte denselben am schönen, feinen Tischtuch aus und ließ sich an die Suppe, und mancher Wunsch wurde laut: wenn man alle Tage eine solche hätte, so begehrte man nichts anderes. Als man mit der Suppe fertig war, wischte man die Löffel am Tischtuch wieder aus, die Züpfe wurde herumgeboten, jeder schnitt sich sein Stück ab und sah zu, wie die Voressen an Safranbrühe aufgetragen wurden, Voressen von Hirn, von Schaffleisch, saure Leber. Als die erledigt waren in bedächtigem Zugreifen, kam, in Schüsseln hoch aufgeschichtet, das Rindfleisch, grünes und dürres, jedem nach Belieben, kamen dürre Bohnen und Kannenbirenschnitze, breiter Speck dazu und prächtige Rückenstücke von dreizentnerigen Schweinen, so schön rot und weiß und saftig. Das folgte sich langsam alles, und wenn ein neuer Gast kam, so wurde von der Suppe her alles wieder aufgetragen, und jeder mußte da anfangen, wo die andern auch, keinem wurde ein einziges Gericht geschenkt. Zwischendurch schenkte Benz, der Kindbettimann, aus den schönen weißen Flaschen, welche eine Maß enthielten und mit Wappen und Sprüchen reich geziert waren, fleißig ein. Wohin seine Arme nicht reichen mochten, trug er andern das Schenkamt auf, nötete ernstlich zum Trinken, mahnte sehr oft: »Machet doch aus, er ist dafür da, daß man ihn trinkt!« Und wenn die Hebamme eine Schüssel hineintrug, so brachte er ihr sein Glas, und andere brachten die ihren ihr auch, so daß, wenn sie allemal gehörig hätte Bescheid tun wollen, es in der Küche wunderlich hätte gehen können.

Der jüngere Götti mußte manche Spottrede hören, daß er die Gotte nicht besser zum Trinken zu halten wisse; wenn er das Gesundheitmachen nicht besser verstehe, so kriege er keine Frau. Oh, Hans Uli werde keine begehren, sagte endlich die Gotte, die ledigen Bursche hätten heutzutage ganz andere Sachen im Kopf als das Heiraten, und die meisten vermöchten es nicht einmal mehr. He, sagte Hans Uli, das dünke ihn nichts anders. Solche Schlärpli, wie heutzutage die meisten Mädchen seien, geben gar teure Frauen; die meisten meinten ja, um eine brave Frau zu werden, hätte man nichts nötig als ein blauseidenes Tüchlein um den Kopf, Händschli im Sommer und gestickte Pantöffeli im Winter. Wenn einem die Kühe fehlten im Stalle, so sei man freilich übel geschlagen, aber man könne doch ändern; wenn man aber eine Frau habe, die einen um Haus und Hof bringe, so sei es austubaket, die müsse man behalten. Es sei einem daher nützlicher, man sinne anderen Sachen nach als dem Heiraten und lasse Mädchen Mädchen sein.

»Ja, ja, du hast ganz recht«, sagte der ältere Götti, ein kleines, unscheinbares Männchen in geringen Kleidern, den man aber sehr in Ehren hielt und ihm Vetter sagte, denn er hatte keine Kinder, wohl aber einen bezahlten Hof und hunderttausend Schweizerfranken am Zins; »ja, du hast recht«, sagte der, »mit dem Weibervolk ist gar nichts mehr. Ich will nicht sagen, daß nicht hie und da noch eine ist, die einem Hause wohl ansteht, aber die sind dünn gesäet. Sie haben nur

Narrenwerk und Hoffart im Kopf, ziehen sich an wie Pfauen, ziehen auf wie sturme Störche, und wenn eine einen halben Tag arbeiten soll, so hat sie drei Tage lang Kopfweh und liegt vier Tage im Bett, ehe sie wieder bei ihr selber ist. Als ich um meine Alte buhlte, da war es noch anders, da mußte man noch nicht so im Kummer sein, man kriegte statt einer braven Hausmutter nur einen Hausnarr oder gar einen Hausteufel.«

»He, he, Götti Uli«, sagte die Gotte, die schon lange reden wollte, aber nicht dazu gekommen war, »es würde einen meinen, es seien nur zu deinen Zeiten rechte Bauerntöchter gewesen. Du kennst sie nur nicht und achtest dich der Mädchen nicht mehr, wie es so einem alten Manne auch wohl ansteht; aber es gibt sie noch immer so gut als zur Zeit, wo deine Alte noch jung gewesen ist. Ich will mich nicht rühmen, aber mein Vater hat schon manchmal gesagt, wenn ich so fortfahre, so tue ich noch die Mutter selig durch, und die ist doch eine berühmte Frau gewesen. So schwere Schweine wie voriges Jahr hat mein Vater noch nie auf den Markt geführt. Der Metzger hat ihm manchmal gesagt: er möchte das Meitschi sehen, welches die gemästet habe. Aber über die heutigen Buben hat man zu klagen; was um der lieben Welt willen ist dann mit diesen? Tubaken, im Wirtshaus sitzen, die weißen Hüte auf der Seite tragen und die Augen aufsperren wie Stadttore, allen Kegelten, allen Schießeten, allen schlechten Meitschene nachstreichen, das können sie; aber wenn einer eine Kuh melken oder einen Acker fahren soll, so ist er fertig, und wenn er ein Werkholz in die Finger nimmt, so tut er dumm wie ein Herr oder gar wie ein Schreiber. Ich habe mich schon manchmal hoch verredet, ich wolle keinen Mann, oder ich wisse dann für gewiß, wie ich mit ihm fahren könne, und wenn schon hie und da noch einer einen Bauer abgibt, so weiß man doch noch lange nicht, was er für ein Mann wird.« Da lachten die andern gar sehr, trieben dem Mädchen das Blut ins Gesicht und das Gespött mit ihm: wie lange es wohl meine, daß man einen auf die Probe nehmen müsse, bis man für gewiß wisse, was er für ein Mann werde.

So unter Lachen und Scherz nahm man viel Fleisch zu sich, vergaß auch die Kannenbirenschnitze nicht, bis endlich der ältere Götti sagte: es dünke ihn, man sollte einstweilen genug haben und etwas vom Tische weg; die Beine würden unter dem Tische ganz steif, und eine Pfeife schmecke nie besser, als wenn man zuvor Fleisch gegessen hätte. Dieser Rat erhielt allgemeinen Beifall, wie auch die Kindbettileute einredeten, man solle doch nicht vom Tische weg; wenn man einmal davon sei, so bringe man die Menschen fast nicht mehr dazu. »Habe doch nicht Kummer, Base!« sagte der Vetter, »wenn du etwas Gutes auf den Tisch stellst, so hast du mit geringer Mühe uns wieder dabei, und wenn wir uns ein wenig strecken, so geht es um so handlicher wieder mit dem Essen.«

Die Männer machten nun die Runde in den Ställen, taten einen Blick auf die Bühne, ob noch altes Heu vorhanden sei, rühmten das schöne Gras und schauten in die Bäume hinauf, wie groß der Segen wohl sein möge, der von ihnen zu hoffen sei. Unter einem der noch blühenden Bäume machte der Vetter halt und sagte: da schicke es sich wohl am besten, abzusitzen und ein Pfeifchen anzustecken; es sei gut kühl da, und wenn die Weiber wieder etwas Gutes angerichtet hätten, so sei man nahe bei der Hand. Bald gesellte sich die Gotte zu ihnen, die mit den andern Weibern den Garten und die Pflanzplätze besehen hatte. Der Gotte kamen die andern Weiber nach, und eine nach der andern ließ sich nieder ins Gras, vorsichtig die schönen Kittel in Sicherheit bringend, dagegen ihre Unterröcke mit dem hellen roten Rande der Gefahr aussetzend, ein Andenken zu erhalten vom grünen Grase.

Der Baum, um den die ganze Gesellschaft sich lagerte, stand oberhalb des Hauses am sanften Anfang der Halde. Zuerst ins Auge fiel das schöne, neue Haus; über dasselbe weg konnten die Blicke schweifen an den jenseitigen Talesrand, über manchen schönen, reichen Hof und weiterhin über grüne Hügel und dunkle Täler weg.

»Du hast da ein stattliches Haus, und alles ist gut angegeben dabei«, sagte der Vetter, »jetzt könnt ihr auch sein darin und habt Platz für alles; ich konnte nie begreifen, wie man sich in einem so schlechten Hause so lange leiden kann, wenn man Geld und Holz genug zum Bauen hat, wie ihr zum Exempel.« »Vexier nicht, Vetter«, sagte der Großvater, »es hat von beidem nichts zu rühmen; dann ist das Bauen eine wüste Sache, man weiß wohl, wie man anfängt, aber nie, wie man aufhört, und manchmal ist einem noch dies im Wege oder das, an jedem Orte etwas anders.«

»Mir gefällt das Haus ganz ausnehmend wohl«, sagte eine der Frauen. »Wir sollten auch schon lange ein neues haben, aber wir scheuen immer die Kosten. Sobald mein Mann aber kommt, muß er dieses recht besehen; es dünkt mich, wenn wir so eins haben könnten, ich wäre im Himmel. Aber fragen möchte ich doch, nehmt es nicht für ungut, warum da gleich neben dem ersten Fenster der wüste, schwarze Fensterposten ist, der steht dem ganzen Hause übel an.«

Der Großvater machte ein bedenkliches Gesicht, zog noch härter an seiner Pfeife und sagte endlich: es hätte an Holz gefehlt beim Aufrichten, kein anderes sei gleich bei der Hand gewesen, da habe man in Not und Eile einiges vom alten Hause genommen. »Aber«, sagte die Frau, »das schwarze Stück Holz war ja noch dazu zu kurz, oben und unten ist es angesetzt, und jeder Nachbar hätte euch von Herzen gerne ein ganz neues Stück gegeben.« »Ja, wir haben es halt nicht besser gsinnet und durften unsere Nachbaren nicht immer von neuem plagen, sie hatten uns schon genug geholfen mit Holz und Fahren«, antwortete der Alte.

»Hör, Ätti«, sagte der Vetter, »mache nicht Schnekkentänze, sondern gib die Wahrheit an und aufrichtigen Bericht. Schon manches habe ich raunen hören, aber Punktum das Wahre nie vernehmen können. Jetzt schickte es sich so wohl, bis die Weiber den Braten z'weghaben; du würdest uns damit so kurze Zeit machen, darum gib aufrichtigen Bericht.« Noch manchen Schneckentanz machte der Großvater, ehe er sich dazu verstund; aber der Vetter und die Weiber ließen nicht nach, bis er es endlich versprach, jedoch unter dem ausdrücklichen Vorbehalt, daß ihm dann lieber wäre, was er erzähle, bliebe unter ihnen und käme nicht weiter. So etwas scheuen gar viele Leute an einem Hause, und er möchte in seinen alten Tagen nicht gerne seinen Leuten böses Spiel machen.

»Allemal, wenn ich dieses Holz betrachte«, begann der ehrwürdige Alte, »so muß ich mich verwundern, wie das wohl zuging, daß aus dem fernen Morgenlande, wo das Menschengeschlecht entstanden sein soll, Menschen bis hieher kamen und diesen Winkel in diesem engen Graben fanden, und muß denken, was die, welche bis hierher verschlagen oder gedrängt wurden, alles ausgestanden haben werden und wer sie wohl mögen gewesen sein. Ich habe viel darüber nachgefragt, aber nichts erfahren können, als daß diese Gegend schon sehr früh bewohnt gewesen, ja Sumiswald, noch ehe unser Heiland auf der Welt war, eine Stadt gewesen sein soll; aber aufgeschrieben steht das nirgends. Doch das weiß man, daß es schon mehr als sechshundert Jahre her ist, daß das Schloß steht, wo jetzt der Spital ist; und wahrscheinlich um dieselbe Zeit stund auch hier schon ein Haus und gehörte samt einem großen Teil der Umgegend zu dem Schlosse, mußte dorthin Zehnten und Bodenzinse geben, Frondienste leisten, ja die Menschen waren leibeigen und nicht eigenen Rechtens, wie jetzt jeder ist, sobald er zu Jahren kömmt. Gar ungleich hatten es damals die Menschen, und nahe beieinander wohnten Leibeigene, welche die besten Händel hatten, und solche, die schwer, fast unerträglich gedrückt wurden, ihres Lebens nicht sicher waren. Ihr Zustand hing jeweilen von ihren Herren ab; die waren gar ungleich und doch fast unumschränkt Meister über ihre Leute, und diese fanden keinen, dem sie so leichtlich und wirksam klagen konnten. Die, welche zu diesem Schlosse gehörten, sollen es schlimmer gehabt haben zuzeiten als die meisten, welche zu andern Schlössern gehörten. Die meisten andern Schlösser gehörten einer Familie, kamen von dem Vater auf den Sohn, da kannten der Herr und seine Leute sich von Jugend auf, und gar mancher war seinen Leuten wie ein Vater. Dieses Schloß kam nämlich frühe in die Hände von Rittern, die man die Teutschen nannte, und der, welcher hier zu befehlen hatte, den nannte man den Comthur. Diese Obern wechselten nun, und bald war einer da aus dem Sachsenland und bald einer aus dem Schwabenland; da kam keine Anhänglichkeit auf, und ein jeder brachte Brauch und Art mit aus seinem Lande.

Nun sollten sie eigentlich in Polen und im Preußenlande mit den Heiden streiten, und dort, obgleich sie eigentlich geistliche Ritter waren, gewöhnten sie sich fast an ein heidnisch Leben und gingen mit andern Menschen um, als ob kein Gott im Himmel wäre, und wenn sie dann heimkamen, so meinten sie noch immer, sie seien im Heidenlande, und trieben das gleiche Leben fort. Denn die, welche lieber im Schatten lustig lebten als im wüsten Lande blutig stritten, oder die, welche ihre Wunden heilen, ihren Leib stärken mußten, kamen auf die Güter, welche der Orden, so soll man die Gesellschaft der Ritter genannt haben, in Deutschland und in der Schweiz besaß, und taten jeder nach seiner Art und was ihm wohlgefiel. Einer der Wüstesten soll der Hans von Stoffeln gewesen sein aus dem Schwabenlande, und unter ihm soll es sich zugetragen haben, was ihr von mir wissen wollt und was sich bei uns vom Vater auf den Sohn vererbt hat.

Diesem Hans von Stoffeln fiel es bei, dort hinten auf dem Bärhegenhubel ein großes Schloß zu bauen; dort, wo man noch jetzt, wenn es wild Wetter geben will, die Schloßgeister ihre Schätze sonnen sieht, stand das Schloß. Sonst bauten die Ritter ihre Schlösser über den Straßen, wie man jetzt die Wirtshäuser an die Straßen baut, beides, um die Leute besser plündern zu können, auf verschiedene Weise freilich. Warum aber der Ritter dort auf dem wilden, wüsten Hubel in der Einöde ein Schloß haben wollte, wissen wir nicht; genug, er wollte es, und die Bauren, welche zum Schlosse gehörten, mußten es bauen. Der Ritter fragte nach keinem von der Jahreszeit gebotenen Werk, nicht nach dem Heuet, nicht nach der Ernte, nicht nach dem Säet. Soundso viel Züge mußten fahren, soundso viel Hände mußten arbeiten, zu der und der Zeit sollte der letzte Ziegel gedeckt, der letzte Nagel geschlagen sein. Dazu schenkte er keine Zehntgarbe, kein Mäß Bodenzins, kein Fasnachthuhn, ja nicht einmal ein Fasnachtei; Barmherzigkeit kannte er keine, die Bedürfnisse armer Leute kannte er nicht. Er ermunterte sie auf heidnische Weise mit Schlägen und Schimpfen, und wenn einer müde wurde, langsamer sich rührte oder gar ruhen wollte, so war der Vogt hinter ihm mit der Peitsche, und weder Alter noch Schwachheit ward verschont. Wenn die wilden Ritter oben waren, so hatten sie ihre Freude dran, wenn die Peitsche recht knallte, und sonst trieben sie noch manchen Schabernack mit den Arbeitern; wenn sie ihre Arbeit mutwillig verdoppeln konnten, so sparten sie es nicht und hatten dann große Freude an ihrer Angst, an ihrem Schweiß.

Endlich war das Schloß fertig, fünf Ellen dick die Mauren; niemand wußte, warum es da oben stand, aber die Bauren waren froh, daß es einmal stand, wenn es doch stehen mußte, der letzte Nagel geschlagen, der letzte Ziegel oben war.

Sie wischten sich den Schweiß von den Stirnen, sahen mit betrübtem Herzen sich um in ihrem Besitztum, sahen seufzend, wie weit der unselige Bau sie zurückgebracht. Aber war doch ein langer Sommer vor ihnen und Gott über ihnen, darum faßten sie Mut und kräftig den Pflug und trösteten Weib und Kind, die schweren Hunger gelitten und denen Arbeit eine neue Pein schien.

Aber kaum hatten sie den Pflug ins Feld geführt, so kam Botschaft, daß alle Hofbauren eines Abends zur bestimmten Stunde im Schlosse zu Sumiswald sich einfinden sollten. Sie bangten und hofften. Freilich hatten sie von den gegenwärtigen Bewohnern des Schlosses noch nichts Gutes genossen, sondern lauter Mutwillen und Härte, aber es dünkte sie billig, daß die Herren ihnen etwas täten für den unerhörten Frondienst, und weil es sie so dünkte, so meinten viele, es dünke die Herren auch so und sie werden an selbem Abend ihnen ein Geschenk machen oder einen Nachlaß verkünden wollen.

Sie fanden sich am bestimmten Abend zeitig und mit klopfendem Herzen ein, mußten aber lange warten im Schloßhofe, den Knechten zum Gespött. Die Knechte waren auch im Heidenlande gewesen. Zudem wird es gewesen sein wie jetzt, wo jedes halbbatzige Herrenknechtlein das Recht zu haben meint, gesessene Bauren verachten zu können und verhöhnen zu dürfen.

Endlich wurden sie in den Rittersaal entboten; vor ihnen öffnete sich die schwere Türe, drinnen saßen um den schweren Eichentisch die schwarzbraunen Ritter, wilde Hunde zu ihren Füßen, und obenan der von Stoffeln, ein wilder, mächtiger Mann, der einen Kopf hatte wie ein doppelt Bernmäß, Augen machte wie Pflugsräder und einen Bart hatte wie eine alte Löwenmähne. Keiner ging gerne zuerst hinein, einer stieß den andern vor. Da lachten die Ritter, daß der Wein über die Humpen spritzte, und wütend stürzten die Hunde vor; denn wenn diese zitternde, zagende Glieder sehen, so meinen sie, dieselben gehören einem zu jagenden Wilde. Den Bauren aber ward nicht gut zumute, es dünkte sie, wenn sie nur wieder daheim wären, und einer drückte sich hinter den andern. Als endlich Hunde und Ritter schwiegen, erhob der von Stoffeln seine Stimme, und sie tönte wie aus einer hundertjährigen Eiche. ›Mein Schloß ist fertig, doch noch eines fehlt, der Sommer kömmt, und droben ist kein Schattengang. In Zeit eines Monates sollt ihr mir einen pflanzen, sollt hundert ausgewachsene Buchen nehmen aus dem Münneberg, mit Ästen und Wurzeln, und sollt sie mir pflanzen auf Bärhegen, und wenn eine einzige Buche fehlt, so büßt ihr mir es mit Gut und Blut. Drunten steht Trunk und Imbiß, aber morgen soll die erste Buche auf Bärhegen stehn.‹

Als von Trunk und Imbiß einer hörte, meinte er, der Ritter sei gnädig und gut gelaunt, und begann zu reden von ihrer notwendigen Arbeit und dem Hunger von Weib und Kind und vom Winter, wo die Sache besser zu machen wäre. Da begann der Zorn des Ritters Kopf größer und größer zu schwellen, und seine Stimme brach los wie der Donner aus einer Fluh, und er sagte ihnen: wenn er gnädig sei, so seien sie übermütig. Wenn im Polenlande einer das nackte Leben habe, so küsse er einem die Füße, hier hätten sie Kind und Rind, Dach und Fach und doch nicht satt. ›Aber gehorsamer und genügsamer mache ich euch, so wahr ich Hans von Stoffeln bin, und wenn in Monatsfrist die hundert Buchen nicht oben stehen, so lasse ich euch peitschen, bis kein Fingerlang mehr ganz an euch ist, und Weiber und Kinder werfe ich den Hunden vor.‹

Da wagte keiner mehr eine Einrede, aber auch keiner begehrte von dem Trunk und Imbiß; sie drängten sich, als der zornige Befehl gegeben war, zur Türe hinaus, und jeder wäre gerne der erste gewesen, und weithin folgte ihnen des Ritters donnernde Stimme nach, der andern Ritter Gelächter, der Knechte Spott, der Rüden Geheul.

Als der Weg sich beugte, vom Schlosse sie nicht mehr konnten gesehen werden, setzten sie sich an des Weges Rand und weinten bitterlich; keiner hatte einen Trost für den andern, und keiner hatte den Mut zu rechtem Zorn, denn Not und Plage hatten den Mut ihnen ausgelöscht, so daß sie keine Kraft mehr zum Zorne hatten, sondern nur noch zum Jammer. Über drei Stunden weit sollten sie durch wilde Wege die Buchen führen mit Ästen und Wurzeln den steilen Berg hinauf, und neben diesem Berge wuchsen viele und schöne Buchen, und die mußten sie stehen lassen! In Monatsfrist sollte das Werk geschehen sein, zwei Tage drei, den dritten vier Bäume sollten sie schleppen durchs lange Tal, den steilen Berg auf mit ihrem ermatteten Vieh. Und über alles dieses war es der Maimond, wo der Bauer sich rühren muß auf seinem Akker, fast Tag und Nacht ihn nicht verlassen darf, wenn er Brot will und Speise für den Winter.

Wie sie da so ratlos weinten, keiner den andern ansehen, in den Jammer des andern sehen durfte, weil der seinige schon über ihm zusammenschlug, und keiner heim durfte mit der Botschaft, keiner den Jammer heimtragen mochte zu Weib und Kind, stund plötzlich vor ihnen, sie wußten nicht woher, lang und dürre ein grüner Jägersmann. Auf dem kecken Barett schwankte eine rote Feder, im schwarzen Gesichte flammte ein rotes Bärtchen, und zwischen der gebogenen Nase und dem zugespitzten Kinn, fast unsichtbar wie eine Höhle unter überhangendem Gestein, öffnete sich ein Mund und frug: ›Was gibt es, ihr guten Leute, daß ihr dasitzet und heulet, daß es Steine aus dem Boden sprengt und Äste ab den Bäumen?‹ Zweimal frug er also, und zweimal erhielt er keine Antwort.

Da ward noch schwärzer des Grünen schwarz Gesicht, noch röter das rote Bärtchen, es schien darin zu knistern und zu spretzeln wie Feuer im Tannenholz; wie ein Pfeil spitzte sich der Mund, dann tat er sich auseinander und frug ganz holdselig und mild: ›Aber ihr guten Leute, was hilft es euch, daß ihr dasitzet und heulet? Ihr könnt da heulen, bis es eine neue Sündflut gibt oder euer Geschrei die Sterne aus dem Himmel sprengt; aber damit wird euch wahrscheinlich wenig geholfen sein. Wenn euch aber Leute fragen, was ihr hättet, Leute, die es gut mit euch meinen, euch vielleicht helfen könnten, so solltet ihr, statt zu heulen, antworten und ein vernünftig Wort reden, das hülfe euch viel mehr.‹ Da schüttelte ein alter Mann das weiße Haupt und sprach: ›Haltet es nicht für ungut, aber das, worüber wir weinen, nimmt kein Jägersmann uns ab, und wenn das Herz einmal im Jammer verschwollen ist, so kommen keine Worte mehr daraus.‹

Da schüttelte sein spitziges Haupt der Grüne und sprach: ›Vater, Ihr redet nicht dumm, aber so ist es doch nicht. Man mag schlagen, was man will, Stein oder Baum, so gibt es einen Ton von sich, es klaget. So soll auch der Mensch klagen, soll alles klagen, soll dem ersten besten klagen, vielleicht hilft ihm der erste beste. Ich bin nur ein Jägersmann, wer weiß, ob ich nicht daheim ein tüchtiges Gespann habe, Holz und Steine oder Buchen und Tannen zu führen!‹

Als die armen Bauren das Wort Gespann hörten, fiel es ihnen allen ins Herz, ward da zu einem Hoffnungsfunken, und alle Augen sahen auf ihn, und dem Alten ging der Mund noch weiter auf, er sprach: es sei nicht immer richtig, dem ersten dem besten zu sagen, was man auf dem Herzen hätte; da man ihm es aber anhöre, daß er es gut meine, daß er vielleicht helfen könne, so wolle man kein Hehl vor ihm haben. Mehr als zwei Jahre hätten sie schwer gelitten unter dem neuen Schloßbau, kein Hauswesen sei in der ganzen Herrschaft, welches nicht bitterlich im Mangel sei. Jetzt hätten sie frisch aufgeatmet, in der Meinung, endlich freie Hände zu haben zur eigenen Arbeit, hätten mit neuem Mut den Pflug ins Feld geführt, und soeben hätte der Comthur ihnen befohlen, aus im Münneberg gewachsenen Buchen in Monatsfrist beim neuen Schloß einen neuen Schattengang zu pflanzen. Sie wüßten nicht, wie das vollbringen in dieser Frist mit ihrem abgekarrten Vieh, und wenn sie es vollbrächten, was hülfe es ihnen? Anpflanzen könnten sie nicht und müßten nachher Hungers sterben, im Fall die harte Arbeit sie nicht schon tötete. Diese Botschaft dürften sie nicht heimtragen, möchten nicht zum alten Elend noch den neuen Jammer schütten.

Da machte der Grüne ein gar mitleidiges Gesicht, hob drohend die lange, magere, schwarze Hand gegen das Schloß empor und vermaß sich zu schwerer Rache gegen solche Tyrannei. Ihnen aber wolle er helfen. Sein Gespann, wie keines sei im Lande, solle vom Kilchstalden weg, diesseits Sumiswald, ihnen alle Buchen, so viele sie dorthin zu bringen vermöchten, auf Bärhegen führen, ihnen zulieb, den Rittern zum Trotz und um geringen Lohn.

Da horchten hochauf die armen Männer bei diesem unerwarteten Anerbieten. Konnten sie um den Lohn einig werden, so waren sie gerettet, denn bis an den Kilchstalden konnten sie die Buchen führen, ohne daß ihre Landarbeit darüber versäumt und sie zugrunde gingen. Darum sagte der Alte: ›So sag an, was du verlangst, auf daß wir mit dir des Handels einig werden mögen!‹ Da machte der Grüne ein pfiffiges Gesicht; es knisterte in seinem Bärtchen, und wie Schlangenaugen funkelten sie seine Augen an, und ein greulich Lachen stand in beiden Mundwinkeln, als er ihn voneinander tat und sagte: ›Wie ich gesagt, ich begehre nicht viel, nicht mehr als ein ungetauftes Kind.‹

Das Wort zuckte durch die Männer wie ein Blitz, wie eine Decke fiel es von ihren Augen, und wie Spreu im Wirbelwind stoben sie auseinander.

Da lachte hellauf der Grüne, daß die Fische im Bache sich bargen, die Vögel das Dickicht suchten, und grausig schwankte die Feder am Hute, und auf und nieder ging das Bärtchen. ›Besinnet euch oder suchet bei euren Weibern Rat, in der dritten Nacht findet ihr hier mich wieder!‹ so rief er den Fliehenden mit scharf tönender Stimme nach, daß die Worte in ihren Ohren hängenblieben, wie Pfeile mit Widerhaken hängenbleiben im Fleische.

Blaß und zitternd an der Seele und an allen Gliedern stäubten die Männer nach Hause; keiner sah nach dem andern sich um, keiner hätte den Hals gedreht, nicht um alle Güter der Welt. Als so verstört die Männer dahergestoben kamen wie Tauben, vom Vogel gejagt, zum Taubenschlag, da drang mit ihnen der Schrecken in alle Häuser, und alle bebten vor der Kunde, welche den Männern die Glieder also durcheinanderwarf.

In zitternder Neugierde schlichen die Weiber den Männern nach, bis sie dieselben an den Orten hatten, wo man im stillen ein vertraut Wort reden konnte. Da mußte jeder Mann seinem Weibe erzählen, was sie im Schloß vernommen, das hörten sie mit Wut und Fluch; sie mußten erzählen, wer ihnen begegnet, was er ihnen angetragen. Da ergriff namenlose Angst die

Weiber, ein Wehgeschrei ertönte über Berg und Tal, einer jeden ward, als hätte ihr eigen Kind der Ruchlose begehrt. Ein einziges Weib schrie nicht den andern gleich. Das war ein grausam handlich Weib, eine Lindauerin soll es gewesen sein, und hier auf dem Hofe hat es gewohnt. Es hatte wilde, schwarze Augen und fürchtete sich nicht viel vor Gott und Menschen. Böse war es schon geworden, daß die Männer dem Ritter nicht rundweg das Begehren abgeschlagen; wenn es dabei gewesen, es hätte ihm es sagen wollen, sagte es. Als sie vom Grünen hörte und seinem Antrage und wie die Männer davongestoben, da ward sie erst recht böse und schalt die Männer über ihre Feigheit und daß sie dem Grünen nicht kecker ins Gesicht gesehen; vielleicht hätte er mit einem andern Lohne sich auch begnügt, und da die Arbeit für das Schloß sei, würde es ihren Seelen nichts schaden, wenn der Teufel sie mache. Sie ergrimmte in der Seele, daß sie nicht dabei gewesen, und wäre es nur, damit sie einmal den Teufel gesehen und auch wüßte, was er für ein Aussehen hätte. Darum weinte dieses Weib nicht, sondern redete in seinem Grimme harte Worte gegen den eigenen Mann und gegen alle andern Männer.

Des folgenden Tages, als in stilles Gewimmer das Wehgeschrei verglommen war, saßen die Männer zusammen, suchten Rat und fanden keinen. Anfangs war die Rede von neuem Bitten bei dem Ritter; aber niemand wollte bitten gehen, keinem schien Leib und Leben feil. Einer wollte Weiber und Kinder schicken mit Geheul und Jammer, der aber verstummete schnell, als die Weiber zu reden begannen; denn schon damals waren die Weiber in der Nähe, wenn die Männer im Rate saßen. Sie wußten keinen Rat, als in Gottes Namen Gehorsam zu versuchen; sie wollten Messen lesen lassen, um Gottes Beistand zu gewinnen, wollten Nachbaren um nächtliche geheime Hülfe ansprechen, denn eine offenbare hätten ihnen ihre Herren nicht erlaubt, wollten sich teilen; die Hälfte sollte bei den Buchen schaffen, die andere Hälfte Haber säen und des Viehes warten. Sie hofften, auf diese Weise und mit Gottes Hülfe täglich wenigstens drei Buchen auf Bärhegen hinaufzuschaffen; vom Grünen redete niemand, ob niemand an ihn dachte, ist nicht verzeichnet worden.

Sie teilten sich ein, rüsteten die Werkzeuge, und als der erste Maitag über seine Schwelle kam, sammelten die Männer sich am Münneberg und begannen mit gefaßtem Mute die Arbeit. In weitem Ringe mußten die Buchen umgraben, sorgfältig die Wurzeln geschont, sorgfältig die Bäume, damit sie sich nicht verletzten, zur Erde gelassen werden. Noch war der Morgen nicht hoch am Himmel, als drei zur Abfahrt bereitlagen, denn immer drei sollten zusammen geführt werden, damit man auf dem schweren Weg mit Hand und Vieh sich gegenseitig helfen könne. Aber schon stund die Sonne im Mittag, und noch waren sie mit den drei Buchen nicht zum Walde hinaus, schon stand sie hinter den Bergen, und noch waren die Züge nicht über Sumiswald hinaus; erst der neue Morgen fand sie am Fuße des Berges, auf dem das Schloß stand und die Buchen sollten gepflanzet werden. Es war, als ob ein eigener Unstern Macht hätte über sie. Ein Mißgeschick nach dem andern traf sie: die Geschirre zerrissen, die Wagen brachen, Pferde und Ochsen fielen oder weigerten den Gehorsam. Noch ärger ging es am zweiten Tage. Neue Not brachte immerfort neue Mühe, unter rastloser Arbeit keuchten die Armen, und keine Buche war noch oben, keine vierte Buche über Sumiswald hinaus geschafft.

Der von Stoffeln schalt und fluchte; je mehr er schalt und fluchte, um so größer ward der Unstern, um so stättiger das Vieh. Die andern Ritter lachten und höhnten und freuten sich gar sehr über das Zappeln der Bauren, den Zorn des von Stoffeln. Sie hatten gelacht über des von Stoffeln neues Schloß auf dem nackten Gipfel. Da hatte der geschworen: in Monatsfrist müßte ein schöner Laubgang droben sein. Darum fluchte er, darum lachten die Ritter, und weinen taten die Bauren.

Eine fürchterliche Mutlosigkeit erfaßte diese, keinen Wagen hatten sie mehr ganz, keinen Zug unbeschädigt, in zwei Tagen nicht drei Buchen zur Stelle gebracht, und alle Kraft war erschöpft.

Nacht war es geworden, schwarze Wolken stiegen auf, es blitzte zum ersten Male in diesem Jahre. An den Weg hatten sich die Männer gesetzt; es war die gleiche Beugung des Weges, in welcher sie vor drei Tagen gesessen waren, sie wußten es aber nicht. Da saß der Hornbachbauer, der Lindauerin ihr Mann, mit zwei Knechten, und andere mehr saßen auch bei ihnen. Sie wollten da auf Buchen warten, die von Sumiswald kommen sollten, wollten ungestört sinnen über ihr Elend, wollten ruhen lassen ihre zerschlagenen Glieder.

Da kam rasch, daß es fast pfiff, wie der Wind pfeift, wenn er aus den Kammern entronnen ist, ein Weib daher, einen großen Korb auf dem Kopfe. Es war Christine, die Lindauerin, des Hornbachbauren Eheweib, zu dem derselbe gekommen war, als er einmal mit seinem Herrn zu Felde gezogen war. Sie war nicht von den Weibern, die froh sind, daheim zu sein, in der Stille ihre Geschäfte zu beschicken, und die sich um nichts kümmern als um Haus und Kind. Christine wollte wissen, was ging, und wo sie ihren Rat nicht dazu geben konnte, da ginge es schlecht, so meinte sie.

Mit der Speise hatte sie daher keine Magd gesandt, sondern den schweren Korb auf den eigenen Kopf genommen und die Männer lange gesucht umsonst; bittere Worte ließ sie fallen darüber, sobald sie dieselben gefunden. Unterdessen war sie aber nicht müßig, die konnte noch reden und schaffen zu gleicher Zeit. Sie stellte den Korb ab, deckte den Kübel ab, in welchem das Hafermus war, legte das Brot und den Käse zurecht und steckte jedem gegenüber für Mann und Knecht die Löffel ins Mus und hieß auch die andern zugreifen, die noch speislos waren. Dann frug sie nach der Männer Tagewerk und wieviel geschaffet worden in den zwei Tagen. Aber Hunger und Worte waren den Männern ausgegangen, und keiner griff zum Löffel, und keiner hatte eine Antwort. Nur ein leichtfertig Knechtlein, dem es gleichgültig war, regne oder sonnenscheine es in der Ernte, wenn nur das Jahr umging und der Lohn kam und zu jeder Essenszeit das Essen auf den Tisch, griff zum Löffel und berichtete Christine, daß noch keine Buche gepflanzet sei und alles gehe, als ob sie verhext wären.

Da schalt die Lindauerin, daß das eitel Einbildung wäre und die Männer nichts als Kindbetterinnen; mit Schaffen und Weinen, mit Hocken und Heulen werde man keine Buchen auf Bärhegen bringen. Ihnen würde nur ihr Recht widerfahren, wenn der Ritter seinen Mutwillen an ihnen ausließe; aber um Weib und Kinder willen müsse die Sache anders zur Hand genommen werden. Da kam plötzlich über die Achsel des Weibes eine lange schwarze Hand, und eine gellende Stimme rief: ›Ja, die hat recht!‹ Und mitten unter ihnen stand mit grinsendem Gesicht der Grüne, und lustig schwankte die rote Feder auf seinem Hute. Da hob der Schreck die Männer von dannen, sie stoben die Halde auf wie Spreu im Wirbelwinde.

Nur Christine, die Lindauerin, konnte nicht fliehen; sie erfuhr es, wie man den Teufel leibhaftig zu sehen kriegt, wenn man ihn an die Wand male. Sie blieb stehen wie gebannt, mußte schauen die rote Feder am Barett und wie das rote Bärtchen lustig auf- und niederging im schwarzen Gesichte. Gellend lachte der Grüne den Männern nach, aber gegen Christine machte er ein zärtlich Gesicht und faßte mit höflicher Gebärde ihre Hand. Christine wollte sie wegziehen, aber sie entrann dem Grünen nicht mehr; es war ihr, als zische Fleisch zwischen glühenden Zangen. Und schöne Worte begann er zu reden, und zu den Worten zwitzerte lüstern sein rot Bärtchen auf und ab. So ein schön Weibchen habe er lange nicht gesehen, sagte er, das Herz lache ihm im Leibe; zudem habe er sie gerne mutig, und gerade die seien ihm die liebsten, welche stehenbleiben dürften, wenn die Männer davonliefen.

Wie er so redete, kam Christinen der Grüne immer weniger schreckhaft vor. Mit dem sei doch noch zu reden, dachte sie, und sie wüßte nicht, warum davonlaufen, sie hätte schon viel Wüstere gesehen. Der Gedanke kam ihr immer mehr: mit dem ließe sich etwas machen, und wenn man recht mit ihm zu reden wüßte, so täte er einem wohl einen Gefallen, oder am Ende könnte man ihn übertölpeln wie die andern Männer auch. Er wüßte gar nicht, fuhr der Grüne fort, warum man sich so vor ihm scheue; er meine es doch so gut mit allen Menschen, und wenn man so grob gegen ihn sei, so müsse man sich nicht wundern, wenn er den Leuten nicht immer täte, was ihnen am liebsten wäre. Da faßte Christine ein Herz und antwortete: er erschrecke aber die Leute auch, daß es schrecklich wäre. Warum habe er ein ungetauft Kind verlangt, er hätte doch von einem andern Lohn reden können, das komme den Leuten gar verdächtig vor; ein Kind sei immer ein Mensch, und ungetauft eins aus den Händen geben, das werde kein Christ tun. ›Das ist mein Lohn, an den ich gewohnt bin, und um anderen fahre ich nicht, und was frägt man doch so einem Kinde nach, das noch niemand kennt? So jung gibt man sie am liebsten weg, hat man doch noch keine Freude an ihnen gehabt und keine Mühe mit ihnen. Ich aber habe sie je jünger, je lieber; je früher ich ein Kind erziehen kann auf meine Manier, um so weiter bringe ich es, dazu habe ich aber das Taufen gar nicht nötig und will es nicht.‹ Da sah Christine wohl, daß er mit keinem andern Lohn sich werde begnügen wollen; aber es wuchs in ihr immer mehr der Gedanke: das wäre doch der einzige, der nicht zu betrügen wäre!

Darum sagte sie: wenn aber einer etwas verdienen wolle, müßte er sich mit dem Lohne begnügen, den man ihm geben könne; sie aber hätten gegenwärtig in keinem Hause ein ungetauft Kind, und in Monatsfrist gäbe es keins, und in dieser Zeit müßten die Buchen geliefert sein. Da schwänzelte gar höflich der Grüne und sagte: ›Ich begehre das Kind ja nicht zum voraus. Sobald man mir verspricht, das erste zu liefern ungetauft, welches geboren wird, so bin ich schon zufrieden.‹ Das gefiel Christine gar wohl. Sie wußte, daß es in geraumer Zeit kein Kind geben werde in ihrer Herren Gebiet. Wenn nun einmal der Grüne sein Versprechen gehalten und die Buchen gepflanzt seien, so brauche man ihm gar nichts mehr zu geben, weder ein Kind noch was anderes; man lasse Messen lesen zu Schutz und Trutz und lache tapfer den Grünen aus, so dachte Christine. Sie dankte daher schon ganz herzhaft für das gute Anerbieten und sagte: es sei zu bedenken, und sie wolle mit den Männern darüber reden. ›Ja‹, sagte der Grüne, ›da ist gar nichts mehr weder zu denken noch zu reden. Für heute habe ich euch bestellt, und jetzt will ich den Bescheid; ich habe noch an gar vielen Orten zu tun und bin nicht bloß wegen euch da. Du mußt mir zu- oder absagen, nachher will ich von dem ganzen Handel nichts mehr wissen.‹ Christine wollte die Sache verdrehen, denn sie nahm sie nicht gerne auf sich, sie wäre sogar gerne zärtlich geworden, um Stündigung zu erhalten; allein der Grüne war nicht aufgelegt, wankte nicht, ›jetzt oder nie‹, sagte er. Sobald aber der Handel geschlossen sei um ein einzig Kind, so wolle er in jeder Nacht so viel Buchen auf Bärhegen führen, als man ihm vor Mitternacht unten an den Kilchstalden liefere, dort wollte er sie in Empfang nehmen. ›Nun, schöne Frau, bedenke dich nicht!‹ sagte der Grüne und klopfte Christine holdselig auf die Wange. Da klopfte doch ihr Herz, sie hätte lieber die Männer hineingestoßen, um hintendrein sie schuld geben zu können. Aber die Zeit drängte, kein Mann war da als Sündenbock, und der Glaube verließ sie nicht, daß sie listiger als der Grüne sei und wohl ein Einfall kommen werde, ihn mit langer Nase abzuspeisen. Darum sagte Christine: sie für ihre Person wolle zugesagt haben; wenn aber dann später die Männer nicht wollten, so vermöchte sie sich dessen nicht, und er solle es sie nicht entgelten lassen. Mit dem Versprechen, zu tun, was sie könne, sei er hinlänglich zufrieden, sagte der Grüne. Jetzt schauderte es Christine doch an Leib und Seele; jetzt, meinte sie, komme der schreckliche Augenblick, wo sie mit Blut von ihrem Blute dem Grünen den Akkord unterschreiben müsse. Aber der Grüne machte es viel leichtlicher und sagte: von hübschen Weibern begehre er nie eine Unterschrift, mit einem Kuß sei er zufrieden. Somit spitzte er seinen Mund gegen Christines Gesicht, und Christine konnte nicht fliehen, war wiederum wie gebannt, steif und starr. Da berührte der spitzige Mund Christines Gesicht, und ihr war, als ob von spitzigem Eisen aus Feuer durch Mark und Bein fahre, durch Leib und Seele; und ein gelber Blitz fuhr zwischen ihnen durch und zeigte Christine freudig verzerrt des Grünen teuflisch Gesicht, und ein Donner fuhr über sie, als ob der Himmel zersprungen wäre.

Verschwunden war der Grüne, und Christine stund wie versteinert, als ob tief in den Boden hinunter ihre Füße Wurzeln getrieben hätten in jenem schrecklichen Augenblick. Endlich war sie ihrer Glieder wieder mächtig, aber im Gemüte brauste und sauste es ihr, als ob ein mächtiges Wasser seine Fluten wälzte über turmhohen Felsen hinunter in schwarzen Schlund. Wie man im Donner der Wasser die eigene Stimme nicht hört, so ward Christine der eigenen Gedanken sich nicht bewußt im Tosen, das donnerte in ihrem Gemüte. Unwillkürlich floh sie den Berg hinan, und immer glühender fühlte sie ein Brennen an ihrer Wange, da, wo des Grünen Mund sie berührt; sie rieb, sie wusch, aber der Brand nahm nicht ab.

Es war eine wilde Nacht. In Lüften und Klüften heulte und toste es, als ob die Geister der Nacht Hochzeit hielten in den schwarzen Wolken, die Winde die wilden Reigen spielten zu ihrem grausen Tanze, die Blitze die Hochzeitfackeln wären und der Donner der Hochzeitsegen. In dieser Jahreszeit hatte man eine solche Nacht noch nie erlebt.

In finsterem Bergestale regte es sich um ein großes Haus, und viele drängten sich um sein schirmend Obdach. Sonst treibt im Gewittersturm die Angst um den eigenen Herd den Landmann unter das eigene Dach, und sorgsam wachend, solange das Gewitter am Himmel steht, wahret und hütet er das eigene Haus. Aber jetzt war die gemeinsame Not größer als die Angst vor dem Gewitter. Diese trieb sie in diesem Hause zusammen, an welchem vorbeigehen mußten die, welche der Sturm aus dem Münneberg trieb, und die, welche von Bärhegen sich geflüchtet. Den Graus der Nacht ob dem eigenen Elend vergessend, hörte man sie klagen und grollen über ihr Mißgeschick. Zu allem Unglück war noch das Toben der Natur gekommen. Pferde und Ochsen waren scheu geworden, betäubt, hatten Wagen zertrümmert, sich über Felsen gestürzt, und schwer verwundet stöhnte mancher in tiefem Schmerze, laut auf schrie mancher, dem man zerrissene Glieder einzog und zusammenband.

In das Elend hinein flüchteten sich auch in schauerlicher Angst die, welche den Grünen gesehen, und erzählten bebend die wiederholte Erscheinung. Bebend hörte die Menge, was die Männer erzählten, drängte sich aus dem weiten, dunkeln Raume dem Feuer zu, um welches die Männer saßen; und wenn der Wind durch die Sparren fuhr oder Donner über dem Hause rollte, so schrie laut auf die Menge und meinte, es breche durchs Dach der Grüne, sich zu zeigen in ihrer Mitte. Als er aber nicht kam, als der Schreck vor ihm verging, als das alte Elend blieb und der Jammer der Leidenden lauter wurde, da stiegen allmählich die Gedanken auf, die den Menschen, der in der Not ist, so gerne um seine Seele bringen. Sie begannen zu rechnen, wieviel mehr wert sie alle seien als ein einzig ungetauft Kind; sie vergaßen immer mehr, daß die Schuld an einer Seele tausendmal schwerer wiege als die Rettung von tausend und abermal tausend Menschenleben.

Diese Gedanken wurden allmählich laut und begannen sich zu mischen als verständliche Worte in das Schmerzensgestöhn der Leidenden. Man fragte näher nach dem Grünen, grollte, daß man ihm nicht besser Rede gestanden; genommen hätte er niemand, und je weniger man ihn fürchte, um so weniger tue er den Menschen. Dem ganzen Tale hätten sie vielleicht helfen können, wenn sie das Herz am rechten Orte gehabt hätten. Da begannen die Männer sich zu entschuldigen. Sie sagten nicht, daß es sich mit dem Teufel nicht spaßen lasse, daß, wer ihm ein Ohr leihe, bald den ganzen Kopf ihm geben müsse, sondern sie redeten von des Grünen schrecklicher Gestalt, seinem Flammenbarte, der feurigen Feder auf seinem Hute, einem Schloßturme gleich, und dem schrecklichen Schwefelgeruch, den sie nicht hätten ertragen mögen. Christines Mann aber, der gewöhnt worden war, daß sein Wort erst durch die Zustimmung seiner Frau Kraft erhielt, sagte, sie sollten nur seine Frau fragen, die könne ihnen sagen, ob es jemand hätte aushalten mögen; und daß die ein kuraschiertes Weib sei, wüßten alle. Da sahen alle nach Christine sich um, aber keiner sah sie. Es hatte jeder nur an seine Rettung gedacht und an andere nicht, und wie jetzt jeder am trocknen saß, so meinte er, die andern säßen ebenso. Jetzt erst fiel allen bei, daß sie Christine seit jenem schrecklichen Augenblick nicht mehr gesehen, und ins Haus war sie nicht gekommen. Da begann der Mann zu jammern und alle andern mit ihm, denn es ward ihnen allen, als ob Christine allein zu helfen wüßte.

Plötzlich ging die Türe auf, und Christine stand mitten unter ihnen; die Haare trieften, rot waren ihre

Wangen, und ihre Augen brannten noch dunkler als sonst in unheimlichem Feuer. Eine Teilnahme, deren Christine sonst nicht gewohnt war, empfing sie, und jeder wollte ihr erzählen, was man gedacht und gesagt und wie man Kummer um sie gehabt. Christine sah bald, was alles zu bedeuten hatte, und verbarg ihre innere Glut hinter spöttische Worte, warf den Männern ihre übereilte Flucht vor und wie keiner um ein arm Weib sich bekümmert und keiner sich umgesehen, was der Grüne mit ihr beginne. Da brach der Sturm der Neugierde aus, und jeder wollte zuerst wissen, was nun der Grüne mit ihr angefangen, und die Hintersten hoben sich hoch auf, um besser zu hören und die Frau näher zu sehen, die dem Grünen so nahe gestanden. Sie sollte nichts sagen, meinte Christine zuerst, man hätte es nicht um sie verdient, als Fremde sie übel geplaget im Tale, die Weiber ihr einen übeln Namen angehängt, die Männer sie allenthalben im Stiche gelassen, und wenn sie nicht besser gesinnet wäre als alle und wenn sie nicht mehr Mut als alle hätte, so wäre noch jetzt weder Trost noch Ausweg da. So redete Christine noch lange, warf harte Worte gegen die Weiber, die ihr nie hätten glauben wollen, daß der Bodensee größer sei als der Schloßteich, und je mehr man ihr anhielt, um so härter schien sie zu werden und stützte sich besonders darauf, daß, was sie zu sagen hätte, man ihr übel auslegen und, wenn die Sache gut käme, ihr keinen Dank haben werde; käme sie aber übel, so lüde man ihr alle Schuld auf und die ganze Verantwortung.

Als endlich die ganze Versammlung vor Christine wie auf den Knien lag mit Bitten und Flehen und die

Verwundeten laut aufschrien und anhielten, da schien Christine zu erweichen und begann zu erzählen, wie sie standgehalten und mit dem Grünen Abrede getroffen; aber von dem Kusse sagte sie nichts, nichts davon, wie er sie auf der Wange gebrannt und wie es ihr getoset im Gemüte. Aber sie erzählte, was sie seither gesinnet im verschlagenen Gemüte. Das wichtigste sei, daß die Buchen nach Bärhegen geschafft würden; seien die einmal oben, so könne man immer noch sehen, was man machen wolle, die Hauptsache sei, daß bis dahin, soviel ihr bekannt, unter ihnen kein Kind werde geboren werden.

Vielen lief es kalt den Rücken auf bei der Erzählung, aber daß man dann noch immer sehen könne, was man machen wolle, das gefiel allen wohl.

Nur ein junges Weibchen weinte gar bitterlich, daß man unter seinen Augen die Hände hätte waschen können, aber sagen tat es nichts. Ein alt, ehrwürdig Weib dagegen, hochgestaltet und mit einem Gesichte, vor dem man sonst sich beugen oder vor ihm fliehen mußte, trat in die Mitte und sprach: gottvergessen wäre es gehandelt, auf das Ungewisse das Gewisse stellen und spielen mit dem ewigen Leben. Wer mit dem Bösen sich einlasse, komme vom Bösen nimmer los, und wer ihm den Finger gebe, den behalte er mit Leib und Seele. Aus diesem Elend könne niemand helfen als Gott; wer ihn aber verlasse in der Not, der versinke in der Not. Aber diesmal verachtete man der Alten Rede, und schweigen hieß man das junge Weibchen; mit Weinen und Heulen sei einem diesmal nicht geholfen, da bedürfe man Hülfe anderer Art, hieß es.

Rätig wurde man bald, die Sache zu versuchen. Bös könne das kaum gehen im bösesten Fall; aber nicht das erstemal sei es, daß Menschen die schlimmsten Geister betrogen, und wenn sie selbst nichts wüßten, so fände wohl ein Priester Rat und Ausweg. Aber in finsterm Gemüte soll mancher gedacht haben, wie er später bekannte: gar viel Geld und Umtriebe wage er nicht eines ungetauften Kindes wegen.

Als der Rat nach Christines Sinn gefaßt wurde, da war es, als ob alle Wirbelwinde über dem Hause zusammenstießen, die Heere der wilden Jäger vorübersausten; die Posten des Hauses wankten, die Balken bogen sich, Bäume splitterten am Hause wie Speere auf einer Ritterbrust. Blaß wurden drinnen die Menschen, Grauen überfiel sie, aber den Rat lösten sie nicht; bei grauendem Morgen begannen sie seine Ausführung.

Schön und hell war der Morgen, Gewitter und Hexenwerke verschwunden; die Äxte hieben noch einmal so scharf als sonst, der Boden war locker, und jede Buche fiel gerade, wie man sie haben wollte, kein Wagen brach mehr, das Vieh war willig und stark und die Menschen geschützt vor jedem Unfall wie durch unsichtbare Hand.

Nur eines war sonderbar. Unterhalb Sumiswald führte damals noch kein Weg ins hintere Tal: dort war noch Sumpf, den die zügellose Grüne bewässerte; man mußte den Stalden auf durchs Dorf fahren an der Kirche vorbei. Sie fuhren wie an den frühern Tagen immer drei Züge auf einmal, um einander helfen zu können mit Rat, Kraft und Vieh, und hatten nun nur durch Sumiswald zu fahren, außerhalb des Dorfes den

Kilchstalden ab, an dem eine kleine Kapelle stand; unterhalb desselben auf ebenem Wege hatten sie die Buchen abzulegen. Sobald sie den Stalden auf waren und auf ebenem Wege gegen die Kirche kamen, so ward das Gewicht der Wagen nicht leichter, sondern schwerer und schwerer; sie mußten Tiere vorspannen, so viele sie deren hatten, mußten unmenschlich auf sie schlagen, mußten selbst Hand an die Speichen legen, dazu scheuten die sanftesten Rosse, als ob etwas Unsichtbares vom Kirchhofe her ihnen im Wege stehe, und ein dumpfer Glockenton, fast wie der verirrte Schall einer fernen Totenglocke, kam von der Kirche her, daß ein eigentümlich Grauen die stärksten Männer ergriff und jedesmal Menschen und Tiere bebten, wenn man gegen die Kirche kam. War man einmal vorbei, so konnte man ruhig fahren, ruhig abladen, ruhig zu frischer Ladung wieder gehen.

Sechs Buchen lud man selbigen Tags nebeneinander ab an die abgeredete Stelle, sechs Buchen waren am folgenden Morgen zu Bärhegen oben gepflanzet, und durchs ganze Tal hin hatte niemand eine Achse gehört, die sich umgedreht um ihre Spule, niemand der Fuhrleute üblich Geschrei, der Pferde Wiehern, der Ochsen einförmig Gebrüll. Aber sechs Buchen standen oben, die konnte sehen, wer wollte, und es waren die sechs Buchen, die man unten an dem Stalden hingelegt hatte, und nicht andere.

Da war das Staunen groß im ganzen Tale, und die Neugierde regte sich bei männiglich. Absonderlich die Ritter nahm es wunder, welche Pacht die Bauren geschlossen und auf welche Weise die Buchen zur Stelle geschafft würden. Sie hätten gerne auf heidnische Weise den Bauren das Geheimnis ausgepreßt. Allein sie sahen bald, daß die Bauren auch nicht alles wüßten, da sie selbst halb erschrocken waren. Zudem wehrte der von Stoffeln. Dem war es nicht nur gleichgültig, wie die Buchen nach Bärhegen kamen, im Gegenteil, wenn nur die Buchen heraufkamen, so sah er gerne, daß die Bauren dabei geschont wurden. Er hatte wohl gesehen, daß der Spott der Ritter ihn zu einer Unbesonnenheit verleitet hatte, denn wenn die Bauren zugrunde gingen, die Felder unbestellt blieben, so hatte die Herrschaft den größten Schaden dabei; allein, was der von Stoffeln einmal gesagt hatte, dabei blieb es. Die Erleichterung, welche die Bauren sich verschafft, war ihm daher ganz recht und ganz gleichgültig, ob sie dafür ihre Seelen verschrieben; denn was gingen ihn der Bauren Seelen an, wenn einmal der Tod ihre Leiber genommen! Er lachte jetzt über seine Ritter und schützte die Bauren vor ihrem Mutwillen.

Diese wollten den Handel doch ergründen und sandten Knappen zur Wache; die fand man des Morgens halb tot in Gräben, wohin eine unsichtbare Hand sie geschleudert. Da zogen zwei Ritter hin auf Bärhegen. Es waren kühne Degen, und wo ein Wagnis zu bestehen gewesen im Heidenland, da hatten sie es bestanden. Am Morgen fand man sie erstarrt am Boden, und als sie der Rede wieder mächtig waren, sagten sie, ein roter Ritter mit feuriger Lanze hätte sie niedergerannt. Hie und da konnte eine neugierige Weibsseele sich nicht enthalten, wenn es Mitternacht war, durch eine Spalte oder Luke nach dem Wege im Tale zu sehen.

Alsbald wehete ein giftiger Wind sie an; das Gesicht schwoll auf, wochenlang konnte man weder Nase noch Augen sehen, den Mund mit Mühe finden. Da verging den Leuten das Spähen, und kein Auge sah mehr zu Tale, wenn Mitternacht über demselben lag.

Einmal aber kam plötzlich einen Mann das Sterben an; er bedurfte des letzten Trostes, aber niemand durfte den Priester holen, denn Mitternacht war nahe, und der Weg führte am Kilchstalden vorbei. Da lief ein unschuldig Bübchen, Gott und Menschen lieb, aus Angst um den Vater ungeheißen Sumiswald zu. Als er gegen den Kilchstalden kam, sah er von dort die Buchen auffahren vom Boden, jede von zwei feurigen Eichhörnchen gezogen, und nebenbei sah er reiten auf schwarzem Bocke einen grünen Mann; eine feurige Geißel hatte er in der Hand, einen feurigen Bart im Gesichte, und auf dem Hute schwankte glutrot eine Feder. So sei der Zug gefahren hoch durch die Lüfte über alle Egg weg und schnell wie ein Augenblick. Solches sah der Knabe, und niemand tat ihm was.

Noch waren nicht drei Wochen vergangen, so stunden neunzig Buchen auf Bärhegen, machten einen schönen Schattengang, denn alle schlugen üppig aus, keine einzige verdorrte. Aber die Ritter und auch der von Stoffeln ergingen sich nicht oft darin, es wehte sie allemal ein heimlich Grauen an; sie hätten von der Sache lieber nichts mehr gewußt, aber keiner machte ihr ein Ende, es tröstete ein jeder sich: fehle es, so trage der andere die Schuld.

Den Bauren aber wohlete es mit jeder Buche, welche oben war, denn mit jeder Buche wuchs die Hoffnung, dem Herrn zu genügen, den Grünen zu betrügen; er hatte ja kein Unterpfand, und war die hundertste einmal oben, was frugen sie dann dem Grünen nach! Indessen waren sie der Sache noch nicht sicher; alle Tage fürchteten sie, er spiele ihnen einen Schabernack und lasse sie im Stiche. Am Urbanustage brachten sie ihm die letzten Buchen an den Kilchstalden, und alt und jung schlief wenig in selber Nacht; man konnte fast nicht glauben, daß er ohne Umstände und ohne Kind oder Pfand die Arbeit vollende.

Am folgenden Morgen lange vor der Sonne waren alt und jung auf den Beinen, in allen regte sich die gleiche neugierige Angst, aber lange wagte sich keiner auf den Platz, wo die Buchen lagen; man wußte nicht, lag dort eine Beize für die, welche den Grünen betrügen wollten.

Ein wilder Küherbub, der Zieger von der Alp gebracht, wagte es endlich, sprang voran und fand keine Buchen mehr, und keine Hinterlist tat auf dem Platze sich kund. Noch trauten sie dem Spiele nicht; ihnen vorauf mußte der Küherbub nach Bärhegen. Dort war alles in der Ordnung, hundert Buchen standen in Reih und Glied, keine war verdorret, keinem aus ihnen lief das Gesicht auf, keinem tat ein Glied weh. Da stieg der Jubel hoch in ihren Herzen, und viel Spott gegen den Grünen und gegen die Ritter floß. Zum drittenmal sandten sie aus den wilden Küherbub und ließen dem von Stoffeln sagen, es sei auf Bärhegen nun alles in der Ordnung, er möchte kommen und die Buchen zählen. Dem aber war es graulicht, und er ließ ihnen sagen, sie sollten machen, daß sie heimkämen. Gerne hätte er ihnen sagen lassen, sie sollten den ganzen Schattengang wieder wegschaffen, aber er tat es nicht, seiner Ritter wegen; es sollte nicht heißen, er fürchte sich; aber er wußte nicht um der Bauren Pacht und wer sich in den Handel mischen könnte.

Als der Kühersbub den Bescheid brachte, da schwollen die Herzen noch trotziger auf; die wilde Jugend tanzte im Schattengange, wildes Jodeln hallte von Kluft zu Kluft, von Berg zu Berg, hallte an den Mauren des Schlosses Sumiswald wider. Bedächtige Alte warnten und baten, aber trotzige Herzen achten bedächtiger Alten Warnung nicht; wenn dann das Unglück da ist, so sollen es die Alten mit ihrem Zagen und Warnen herbeigezogen haben. Die Zeit ist noch nicht da, wo man es erkennt, daß der Trotz das Unglück aus dem Boden stampft. Der Jubel zog sich über Berg und Tal in alle Häuser, und wo noch eines Fingers lang Fleisch im Rauche hing, da ward es gekocht, und wo noch eine Handgroß Butter im Hafen war, da wurde geküchelt.

Das Fleisch ward gegessen, die Küchli schwanden, der Tag war verronnen, und ein anderer Tag stieg am Himmel auf. Immer näher kam der Tag, an welchem ein Weib ein Kind gebären sollte; und je näher der Tag kam, um so dringlicher kam die Angst wieder: der Grüne werde sich wieder künden, fordern, was ihm gehöre, oder ihnen eine Beize legen.

Den Jammer jenes jungen Weibes, welches das Kind gebären sollte, wer will ihn ermessen? Im ganzen Hause tönte er wider, ergriff nach und nach alle Glieder des Hauses, und Rat wußte niemand, wohl aber, daß dem, mit dem man sich eingelassen, nicht zu trauen sei. Je näher die verhängnisvolle Stunde kam, um so näher drängte das arme Weibchen sich zu Gott, umklammerte nicht mit den Armen allein, sondern mit dem Leibe und der Seele und aus ganzem Gemüte die Heilige Mutter, bittend um Schutz um ihres gebenedeiten Sohnes willen. Und ihr ward immer klarer, daß im Leben und Sterben in jeder Not der größte Trost bei Gott sei, denn wo der sei, da dürfe der Böse nicht sein und hätte keine Macht.

Immer deutlicher trat der Glaube vor dessen Seele, daß wenn ein Priester des Herren mit dem Allerheiligsten, dem heiligen Leibe des Erlösers, bei der Geburt zugegen wäre und bewaffnet mit kräftigen Bannsprüchen, so dürfte kein böser Geist sich nahen und alsobald könnte der Priester das neugeborne Kind mit dem Sakramente der Taufe versehen, was die damalige Sitte erlaubte; dann wäre das arme Kind der Gefahr für immer entrissen, welche die Vermessenheit der Väter über ihns gebracht. Dieser Glaube stieg auch bei den andern auf, und der Jammer des jungen Weibes ging ihnen zu Herzen; aber sie scheuten sich, dem Priester ihre Pacht mit dem Satan zu bekennen, und niemand war seither zur Beichte gegangen, und niemand hatte ihm Rede gestanden. Es war ein gar frommer Mann, selbst die Ritter des Schlosses trieben keinen Kurzweil mit ihm, er aber sagte ihnen die Wahrheit. Wenn einmal die Sache getan sei, so könne er sie nicht mehr hindern, hatten die Bauren gedacht; aber jetzt war doch niemand gerne der erste, der es ihm sagte, das Gewissen sagte ihnen wohl, warum.

Endlich drang einem Weibe der Jammer zu Herzen; es lief hin und offenbarte dem Priester den Handel und des armen Weibes Wunsch. Gewaltig entsetzte sich der fromme Mann, aber mit leeren Worten verlor er die Zeit nicht; kühn trat er für eine arme Seele in den Kampf mit dem gewaltigen Widersacher. Er war einer von denen, die den härtesten Kampf nicht scheuen, weil sie gekrönt werden wollen mit der Krone des ewigen Lebens und weil sie wohl wissen, es werde keiner gekrönet, er kämpfe dann recht.

Ums Haus, in welchem das Weib ihrer Stunde harrte, zog er den heiligen Bann mit geweihtem Wasser, den böse Geister nicht überschreiten dürfen, segnete die Schwelle ein, die ganze Stube, und ruhig gebar das Weib, und ungestört taufte der Priester das Kind. Ruhig blieb es auch draußen, am klaren Himmel flimmerten die hellen Sterne, leise Lüfte spielten in den Bäumen. Ein wiehernd Gelächter wollten die einen gehört haben von ferne her; die andern aber meinten, es seien nur die Käuzlein gewesen an des Waldes Saum.

Alle, die da waren, aber freuten sich höchlich, und alle Angst war verschwunden, auf immer, wie sie meinten; hatten sie den Grünen einmal angeführt, so konnten sie es immer tun mit dem gleichen Mittel.

Ein großes Mahl ward zugerichtet, weither wurden die Gäste entboten. Umsonst mahnte der Priester des Herrn von Schmaus und Jubel ab, mahnte, zu zagen und zu beten, denn noch sei der Feind nicht besiegt, Gott nicht gesühnt. Es sei ihm im Geiste, als dürfe er ihnen keine Buße zur Sühnung auferlegen, als nahe sich eine Buße gewaltig und schwer aus Gottes selbsteigener Hand. Aber sie hörten ihn nicht, wollten ihn befriedigen mit Speise und Trank. Er aber ging betrübt weg, bat für die, welche nicht wüßten, was sie täten, und rüstete sich, mit Beten und Fasten zu kämpfen als ein getreuer Hirt für die anvertraute Herde.

Mitten unter den Jubilierenden ist auch Christine gesessen, aber sonderbar stille mit glühenden Wangen, düstern Augen; seltsam sah man es zucken in ihrem Gesichte. Christine war bei der Geburt zugegen gewesen als erfahrne Wehmutter, war bei der plötzlichen Taufe zu Gevatter gestanden mit frechem Herzen ohne Furcht; aber wie der Priester das Wasser sprengte über das Kind und es taufte in den drei höchsten Namen, da war es ihr, als drücke man ihr plötzlich ein feurig Eisen auf die Stelle, wo sie des Grünen Kuß empfangen. In jähem Schrecken war sie zusammengezuckt, das Kind fast zur Erde gefallen, und seither hatte der Schmerz nicht abgenommen, sondern ward glühender von Stunde zu Stunde. Anfangs war sie stille gesessen, hatte den Schmerz erdrückt und heimlich die schweren Gedanken gewälzet in ihrer erwachten Seele; aber immer häufiger fuhr sie mit der Hand nach dem brennenden Fleck, auf dem ihr eine giftige Wespe zu sitzen schien, die ihr einen glühenden Stachel bohre bis ins Mark hinein. Als keine Wespe zu verjagen war, die Stiche immer heißer wurden, die Gedanken immer schrecklicher, da begann Christine ihre Wange zu zeigen, zu fragen, was darauf zu sehen sei, und immer von neuem frug Christine; aber niemand sah etwas, und bald mochte niemand mehr mit dem Spähen auf den Wangen die Lust sich verkürzen. Endlich konnte sie noch ein alt Weib erbitten; eben krähte der Hahn, der Morgen graute, da sah die Alte auf Christines Wange einen fast unsichtbaren Fleck. Es sei nichts, sagte die, das werde schon vergehn, und ging weiter.

Und Christine wollte sich trösten, es sei nichts und werde bald vergehn; aber die Pein nahm nicht ab, und unmerklich wuchs der kleine Punkt, und alle sahen ihn und frugen sie, was es da Schwarzes gebe in ihrem Gesichte. Sie dachten nichts Besonders, aber die Reden fuhren ihr wie Stiche ins Herz, weckten die schweren Gedanken wieder auf, und immer und immer mußte sie denken, daß auf den gleichen Fleck der Grüne sie geküßt und daß die gleiche Glut, die damals wie ein Blitz durch ihr Gebein gefahren, jetzt bleibend in demselben brenne und zehre. So wich der Schlaf von ihr, das Essen schmeckte ihr wie Feuerbrand, unstet lief sie hiehin, dorthin, suchte Trost und fand keinen; denn der Schmerz wuchs immer noch, und der schwarze Punkt ward größer und schwärzer, einzelne dunkle Streifen liefen von ihm aus, und nach dem Munde hin schien sich auf dem runden Flecke ein Höcker zu pflanzen.

So litt und lief Christine manchen langen Tag und manche lange Nacht und hatte keinem Menschen die Angst ihres Herzens geoffenbaret und was sie vom Grünen auf diese Stelle erhalten; aber wenn sie gewußt hätte, auf welche Weise sie dieser Pein loswerden könnte, sie hätte alles im Himmel und auf Erden geopfert. Sie war von Natur ein vermessen Weib, jetzt aber erwildet in wütendem Schmerze.

Da geschah es, daß wiederum ein Weib ein Kind erwartete. Diesmal war die Angst nicht groß, die Leute wohlgemut; sobald sie zu rechter Zeit für den Priester sorgten, meinten sie des Grünen spotten zu können. Nur Christine war es nicht so. Je näher der Tag der Geburt kam, desto schrecklicher ward der Brand auf ihrer Wange, desto mächtiger dehnte der schwarze Punkt sich aus; deutliche Beine streckte er von sich aus, kurze Haare trieb er empor, glänzende Punkte und Streifen erschienen auf seinem Rücken, und zum Kopfe ward der Höcker, und glänzend und giftig blitzte es aus demselben wie aus zwei Augen hervor. Laut auf schrien alle, wenn sie die giftige Kreuzspinne sahen auf Christines Gesicht, und voll Angst und Grauen flohen sie, wenn sie sahen, wie sie fest saß im Gesichte und aus demselben herausgewachsen. Allerlei redeten die Leute, der eine riet dies, der andere ein anderes; aber alle mochten Christine gönnen, was es auch sein mochte, und alle wichen ihr aus und flohen sie, wo es nur möglich war. Je mehr die Leute flohen, desto mehr trieb es Christine ihnen nach, sie fuhr von Haus zu Haus; sie fühlte wohl, der Teufel mahne sie an das verheißene Kind, und um das Opfer den Leuten einzureden mit unumwundenen Worten, fuhr sie ihnen nach in Höllenangst. Aber das kümmerte die andern wenig; was Christine peinigte, tat ihnen nicht weh, was sie litt, hatte nach ihrer Meinung sie verschuldet, und wenn sie ihr nicht mehr entrinnen konnten, so sagten sie zu ihr: ›Da siehe du zu! Keiner hat ein Kind verheißen, darum gibt auch keiner eins.‹ Mit wütender Rede setzte sie dem eigenen Manne zu. Dieser floh wie die andern, und wenn er nicht mehr fliehen konnte, so sprach er Christine kaltblütig zu, das werde schon bessern, das sei ein Malzeichen, wie gar viele Menschen deren hätten; wenn es einmal ausgewachsen sei, so höre der Schmerz auf, und leicht sei es dann abzubinden.

Unterdessen aber hörte der Schmerz nicht auf, jedes Bein war ein Höllenbrand, der Spinne Leib die Hölle selbst, und als des Weibes erwartete Stunde kam, da war es Christine, als umwalle sie ein Feuermeer, als wühlten feurige Messer in ihrem Mark, als führen feurige Wirbelwinde durch ihr Gehirn. Die Spinne aber schwoll an, bäumte sich auf, und zwischen den kurzen Borsten hervor quollen giftig ihre Augen. Als Christine in ihrer glühenden Pein nirgends Teilnahme, die Kreißende wohl bewacht fand, da stürzte sie einer Wirbelsinnigen gleich den Weg entlang, den der Priester kommen mußte.

Raschen Schrittes kam derselbe der Halde entlang, begleitet vom handfesten Sigrist; die heiße Sonne und der steile Weg hemmten die Schritte nicht, denn es galt, eine Seele zu retten, ein unendlich Unglück zu wenden, und von entferntem Kranken kommend, bangte dem Priester vor schrecklicher Säumnis. Verzweifelnd warf Christine sich ihm in den Weg, umfaßte seine Knie, bat um Lösung aus ihrer Hölle, um das Opfer des Kindes, das noch kein Leben kenne, und die Spinne schwoll noch höher auf, funkelte schrecklich schwarz in Christines rot angelaufenem Gesichte, und mit gräßlichen Blicken glotzte sie nach des Priesters heiligen Geräten und Zeichen. Dieser aber schob Christine rasch zur Seite und schlug das heilige Zeichen; er sah da den Feind wohl, aber er ließ den Kampf, um eine

Seele zu retten. Christine aber fuhr auf, stürmte ihm nach und versuchte das Äußerste; doch des Sigristen starke Hand hielt das wütende Weib vom Priester ab, und zur Zeit noch konnte er das Haus schützen, in geweihte Hände das Kind empfangen und in die Hände dessen legen, den die Hölle nie überwältigt.

Draußen hatte unterdessen Christine einen schrecklichen Kampf gekämpfet. Sie wollte das Kind ungetauft in ihre Hände, wollte hinein ins Haus, aber starke Männer wehrten es. Windstöße stießen an das Haus, der fahle Blitz umzüngelte es, aber die Hand des Herrn war über ihm; es wurde das Kind getauft, und Christine umkreiste vergeblich und machtlos das Haus. Von immer wilderer Höllenqual ergriffen, stieß sie Töne aus, die nicht Tönen glichen aus einer Menschenbrust; das Vieh schlotterte in den Ställen und riß von den Stricken, die Eichen im Walde rauschten auf, sich entsetzend.

Im Hause begann der Jubel über den neuen Sieg, des Grünen Ohnmacht, seiner Helfershelferin vergeblich Ringen; draußen aber lag Christine, von entsetzlicher Pein zu Boden geworfen, und in ihrem Gesichte begannen Wehen zu kreißen, wie sie noch keine Wöchnerin erfahren auf Erden, und die Spinne im Gesichte schwoll immer höher auf und brannte immer glühender durch ihr Gebein.

Da war es Christine, als ob plötzlich das Gesicht ihr platze, als ob glühende Kohlen geboren würden in demselben, lebendig würden, ihr gramselten über das Gesicht weg, über alle Glieder weg, als ob alles an ihm lebendig würde und glühend gramsle über den ganzen Leib weg. Da sah sie in des Blitzes fahlem Scheine langbeinig, giftig, unzählbar schwarze Spinnchen laufen über ihre Glieder, hinaus in die Nacht, und den entschwundenen liefen langbeinig, giftig, unzählbar andere nach. Endlich sah sie keine mehr den frühern folgen, der Brand im Gesichte legte sich, die Spinne ließ sich nieder, ward zum fast unsichtbaren Punkte wieder, schaute mit erlöschenden Augen ihrer Höllenbrut nach, die sie geboren hatte und ausgesandt zum Zeichen, wie der Grüne mit sich spaßen lasse.

Matt, einer Wöchnerin gleich, schlich Christine nach Hause; wenn schon die Glut so heiß nicht mehr brannte auf dem Gesichte, die Glut im Herzen hatte nicht abgenommen; wenn schon die matten Glieder nach Ruhe sich sehnten, der Grüne ließ ihr keine Ruhe mehr; wen er einmal hat, dem macht er es so.

Drinnen im Hause aber, da jubelten sie und freuten sich und hörten lange nicht, wie das Vieh brüllte und tobte im Stalle. Endlich fuhren sie doch auf, man ging, nachzusehen; schreckensblaß kamen die wieder, die gegangen waren, und brachten die Kunde, die schönste Kuh liege tot, die übrigen tobten und wüteten, wie sie es nie gesehen. Da sei es nicht richtig, etwas Absonderliches walte da. Da verstummte der Jubel, alles lief nach dem Vieh, dessen Gebrüll erscholl über Berg und Tal, aber keiner hatte Rat. Gegen den Zauber versuchte man weltliche und geistliche Künste, aber alle umsonst; ehe noch der Tag graute, hatte der Tod das sämtliche Vieh im Stalle gestreckt. Wie es aber hier stumm wurde, so begann es hier zu brüllen und dort zu brüllen; die da waren, hörten, wie in ihre Ställe die

Not gebrochen, wehlich das Vieh seine Meister zu Hülfe rief in seiner grausen Angst. Als ob die Flamme aus ihrem Dache schlüge, eilten sie heim, aber Hülfe brachten sie keine; hier wie dort streckte der Tod das Vieh, Wehgeschrei von Menschen und Tieren erfüllte Berge und Täler, und die Sonne, welche das Tal so fröhlich verlassen, sah in entsetzlichen Jammer hinein.

Als die Sonne schien, sahen endlich die Menschen, wie es in den Ställen, in denen das Vieh gefallen war, wimmle von zahllosen schwarzen Spinnen. Diese krochen über das Vieh, das Futter, und was sie berührten, war vergiftet, und was lebendig war, begann zu toben, ward bald vom Tode gestreckt. Von diesen Spinnen konnte man keinen Stall, in dem sie waren, säubern, es war, als wüchsen sie aus dem Boden herauf, konnte keinen Stall, in dem sie noch nicht waren, vor ihnen behüten, unversehens krochen sie aus allen Wänden, fielen haufenweise von der Diele. Man trieb das Vieh auf die Weiden, man trieb es nur dem Tode in den Rachen. Denn wie eine Kuh auf eine Weide den Fuß setzte, so begann es lebendig zu werden am Boden; schwarze, langbeinige Spinnen sproßten auf, schreckliche Alpenblumen, krochen auf am Vieh, und ein fürchterlich wehlich Geschrei erscholl von den Bergen nieder zu Tale. Und alle diese Spinnen sahen der Spinne auf Christines Gesicht ähnlich wie Kinder der Mutter, und solche hatte man noch keine gesehen.

Das Geschrei der armen Tiere war auch zum Schlosse gedrungen, und bald kamen ihm auch Hirten nach, verkündend, daß ihr Vieh gefallen von den giftigen Tieren, und in immer höherem Zorne vernahm der von

Stoffeln, wie Herde um Herde verlorengegangen, vernahm, welchen Pacht man mit dem Grünen gehabt, wie man ihn zum zweiten Male betrogen und wie die Spinnen ähnlich seien, wie Kinder der Mutter, der Spinne in der Lindauerin Gesicht, die mit dem Grünen den Bund gemacht alleine und nie rechten Bericht darüber gegeben. Da ritt der von Stoffeln in grimmem Zorn den Berg hinauf und donnerte die Armen an, daß er nicht um ihretwillen Herde um Herde verlieren wolle; was er geschädigt worden, müßten sie ersetzen, und was sie versprochen, das müßten sie halten, was sie freiwillig getan, das müßten sie tragen. Schaden leiden ihretwegen wollte er nicht, oder leide er, so müßten sie ihn büßen tausendfältig. Sie könnten sich vorsehen. So redete er zu ihnen, unbekümmert um das, was er ihnen zumutete; und daß er sie dazu getrieben, fiel ihm nicht bei, und nur was sie getan, rechnete er ihnen zu.

Den meisten schon war es aufgedämmert, daß die Spinnen eine Plage des Bösen seien, eine Mahnung, den Pacht zu halten, und daß Christine Näheres darum wissen müßte, ihnen nicht alles gesagt hätte, was sie mit dem Grünen verhandelt. Nun zitterten sie wieder vor dem Grünen, lachten seiner nicht mehr, zitterten vor ihrem weltlichen Herrn; wenn sie diese befriedigten, was sagte der geistliche Herr dazu, erlaubte er es, und hätte dann der keine Buße für sie? So in der Angst versammelten sich die Angesehensten in einsamer Scheuer, und Christine mußte kommen und klaren Bescheid geben, was sie eigentlich verhandelt.

Christine kam, verwildert, rachedurstig, aufs neue von der wachsenden Spinne gefoltert.

Als sie das Zagen der Männer sah und keine Weiber, da erzählte sie punktum, was ihr begegnet: wie der Grüne sie schnell beim Worte genommen und ihr zum Pfande einen Kuß gegeben, den sie nicht mehr geachtet als andere; wie ihr jetzt auf selbigem Fleck die Spinne gewachsen sei unter Höllenpein vom Augenblick an, als man das erste Kind getauft; wie die Spinne, eben als man das zweite Kind getauft und den Grünen genarrt, unter Höllenwehen die Spinnen geboren in ungemeßner Zahl; denn narren lasse er sich nicht ungestraft, wie sie es fühle in tausendfachen Todesschmerzen. Jetzt wachse die Spinne wieder, die Pein mehre sich, und wenn das nächste Kind nicht des Grünen werde, so wisse niemand, wie gräßlich die einbrechende Plage sei, wie gräßlich des Ritters Rache.

So erzählte Christine, und die Herzen der Männer bebten, und lange wollte keiner reden. Nach und nach kamen aus den angstgepreßten Kehlen abgebrochene Laute hervor, und wenn man sie zusammensetzte, so meinten sie gerade, was Christine meinte, aber kein einzelner hatte seine Einwilligung gegeben in ihren Rat. Nur einer stund auf und redete kurz und deutlich: das beste schiene ihm, Christine totzuschlagen; sei einmal die tot, so könnte der Grüne an der Toten sich halten, hätte keine Handhabe mehr an den Lebendigen. Da lachte Christine wild auf, trat ihm unter das Gesicht und sagte: er solle zuschlagen, ihr sei es recht, aber der Grüne wolle nicht sie, sondern ein ungetauft Kind, und wie er sie gezeichnet, ebensogut könne er die Hand zeichnen, die an ihr sich vergreife. Da zuckte es in des Mannes Hand, der allein geredet, er setzte sich und hörte schweigend dem Rate der andern. Und abgebrochen, wo keiner alles sagte, sondern jeder nur etwas, das wenig bedeuten sollte, kam man überein, das nächste Kind zu opfern; aber keiner wollte seine Hand bieten dazu, niemand das Kind an den Kilchstalden tragen, wo man die Buchen hingelegt hatte. Zum allgemeinen Besten, wie sie meinten, den Teufel zu brauchen, hatte keiner sich gescheut, aber persönliche Bekanntschaft mit ihm zu machen, begehrte keiner. Da erbot sich Christine willig dazu, denn hatte man einmal mit dem Teufel zu tun gehabt, so konnte es das zweite Mal wenig mehr schaden. Man wußte wohl, wer das nächste Kind gebären sollte, aber man redete nichts davon, und der Vater desselben war nicht zugegen. Verständigt mit und ohne Worte, ging man auseinander.

Das junge Weib, welches in jener grauenvollen Nacht, wo Christine Bericht vom Grünen brachte, gezaget und geweinet hatte, es wußte damals nicht warum, erwartete nun das nächste Kind. Die frühern Vorgänge machten es nicht getrost und zuversichtlich, eine unnennbare Angst lag auf seinem Herzen, es konnte sie weder mit Beten noch Beichten wegbringen. Ein verdächtiges Schweigen schien es zu umringen, niemand sprach von der Spinne mehr, verdächtig schienen ihm alle Augen, die auf ihm ruhten, schienen ihm zu berechnen die Stunde, in welcher sie seines Kindes habhaft werden, den Teufel versöhnen könnten.

So einsam und verlassen fühlte es sich gegen die unheimliche Macht um sich; keinen Beistand hatte es als seine Schwiegermutter, eine fromme Frau, die zu ihm stund, aber was vermag eine alte Frau gegen eine wilde Menge! Es hatte seinen Mann, der hatte alles Gute wohl versprochen; aber wie jammerte der um sein Vieh und gedachte so wenig des armen Weibes Angst! Es hatte der Priester verheißen, zu kommen, so schnell und so früh zu kommen, als man ihn verlange, aber was konnte begegnen vom Augenblicke an, da man gesandt, bis daß er kam; und das arme Weib hatte keinen zuverlässigen Boten als den eigenen Mann, der ihm Schutz und Wache sein sollte; und das arme Weibchen wohnte dazu noch mit Christine in einem Hause, und ihre Männer waren Brüder, und keine eigenen Verwandte hatte es, als Waise war es ins Haus gekommen! Man kann sich des armen Weibes Herzensangst denken; nur im Beten mit der frommen Mutter fand es einiges Vertrauen, das alsobald wieder schwand, sobald es in die bösen Augen sah.

Unterdessen war die Krankheit noch immer da, sie unterhielt den Schrecken. Freilich, nur hie und da fiel ein Stück, zeigten die Spinnen sich. Aber sobald bei jemand der Schreck nachließ, sobald irgendeiner dachte oder sagte: das Übel lasse von selbsten nach und man sollte sich wohl bedenken, ehe man an einem Kinde sich versündige, so flammte auf Christines Höllenpein, die Spinne blähte sich hoch auf, und dem, der so gedacht oder geredet, kehrte mit neuer Wut der Tod in seine Herde ein. Ja, je näher die erwartete Stunde kam, um so mehr schien die Not wieder zuzunehmen, und sie erkannten, daß sie bestimmte Abrede treffen müßten, wie sie des Kindes sicher und sonder Fehl sich bemächtigen könnten. Den Mann fürchteten sie am meisten, und Gewalt gegen ihn zu brauchen war ihnen zuwider. Da übernahm Christine, ihn zu gewinnen, und sie gewann ihn. Er wollte um die Sache nicht wissen, wollte seinem Weibe zu Willen sein, den Priester holen, aber nicht eilen, und was in seiner Abwesenheit vorgehe, darnach wolle er nicht fragen; so fand er sich mit seinem Gewissen ab, mit Gott wollte er sich durch Messen abfinden, und für des armen Kindes Seele sei vielleicht auch noch etwas zu tun, dachte er, vielleicht gewinne der fromme Priester es dem Teufel wieder ab, dann seien sie aus dem Handel, hätten das Ihre getan und den Bösen doch geprellt. So dachte der Mann, und jedenfalls, es möge nun gehen, wie es wolle, so hätte er an der ganzen Sache keine Schuld, sobald er nicht mit selbsteigenen Händen dabei tätig sei.

So war das arme Weibchen verkauft und wußte es nicht, hoffte mit Bangen nach Rettung; und beschlossen im Rate der Menschen war der Stoß in sein Herz; aber was der droben beschlossen hatte, das deckten noch die Wolken, die vor der Zukunft liegen.

Es war ein gewitterhaftes Jahr und die Ernte gekommen; alle Kräft wurden angespannt, um in den heitern Stunden das Korn unter das sichere Dach zu bringen. Es war ein heißer Nachmittag gekommen, schwarze Häupter streckten die Wolken über die dunklen Berge empor, ängstlich ums Dach flatterten die Schwalben, und dem armen Weibchen ward es so eng und bang allein im Hause, denn selbst die Großmutter war draußen auf dem Acker, zu helfen mit dem Willen mehr als mit der Tat. Da zuckte zweischneidend der Schmerz ihm durch Mark und Bein, es dunkelte vor seinen Augen, es fühlte das Nahen seiner Stunde und war allein. Die Angst trieb es aus dem Hause, schwerfällig schritt es dem Acker zu, aber bald mußte es sich niedersetzen; es wollte in die Ferne die Stimme schikken, aber diese wollte nicht aus der beklemmten Brust. Bei ihm war ein klein Bübchen, das erst seine Beinchen brauchen lernte, das nie noch auf eigenen Beinen auf dem Acker gewesen war, sondern nur auf der Mutter Arm. Dieses Bübchen mußte das arme Weib als seinen Boten brauchen, wußte nicht, ob es den Acker finden, ob seine Beinchen dahin ihns tragen würden. Aber das treue Bübchen sah, in welcher Angst die Mutter war, und lief und fiel und stand wieder auf, und die Katze jagte sein Kaninchen, Tauben und Hühner liefen ihm um die Füße, stoßend und spielend sprang sein Lamm ihm nach, aber das Bübchen sah alles nicht, ließ sich nicht säumen und richtete treulich seine Botschaft aus.

Atemlos erschien die Großmutter, aber der Mann säumte; nur das Fuder solle er noch ausladen, hieß es. Eine Ewigkeit verstrich, endlich kam er, und wiederum verstrich eine Ewigkeit, endlich ging er langsam auf den langen Weg, und in Todesangst fühlte das arme Weib, wie seine Stunde schneller und schneller nahte.

Frohlockend hatte Christine draußen auf dem Akker allem zugesehen. Heiß brannte wohl die Sonne zu der schweren Arbeit, aber die Spinne brannte fast gar nicht mehr, und leicht schien ihr der Gang in den nächsten Stunden. Sie trieb fröhlich die Arbeit und eilte mit dem Heimgehn nicht, wußte sie doch, wie langsam der Bote war. Erst als die letzte Garbe geladen war und Windstöße das nahende Gewitter verkündeten, eilte Christine ihrer Beute zu, die ihr gesichert war; so meinte sie. Und als sie heimging, da winkte sie bedeutungsvoll manchem Begegnenden; sie nickten ihr zu, trugen rasch die Botschaft heim; da schlotterte manches Knie, und manche Seele wollte beten in unwillkürlicher Angst, aber sie konnte nicht.

Drinnen im Stübchen wimmerte das arme Weib, und zu Ewigkeiten wurden die Minuten, und die Großmutter vermochte den Jammer nicht zu stillen mit Beten und Trösten. Sie hatte das Stübchen wohl verschlossen und schweres Geräte vor die Türe gestellt. Solange sie alleine im Hause waren, war es noch dabei zu sein, aber als sie Christine heimkommen sahen, als sie ihren schleichenden Tritt an der Türe hörten, als sie draußen noch manch andern Tritt hörten und heimliches Flüstern, kein Priester sich zeigte, kein anderer treuer Mensch und näher und näher der sonst so ersehnte Augenblick trat, da kann man sich denken, in welcher Angst die armen Weiber schwammen wie in siedendem Öle, ohne Hülfe und ohne Hoffnung. Sie hörten, wie Christine nicht von der Türe wich; es fühlte das arme Weib seiner wilden Schwägerin feurige Augen durch die Türe hindurch, und sie brannten es durch Leib und Seele. Da wimmerte das erste Lebenszeichen eines Kindes durch die Türe, unterdrückt so schnell als möglich, aber zu spät. Die Türe flog auf von wütendem, vorbereitetem Stoße, und wie auf seinen Raub der Tiger stürzt, stürzt Christine auf die arme Wöchnerin. Die alte Frau, die dem Sturm sich entgegenwirft, fällt nieder, in heiliger Mutterangst rafft die Wöchnerin sich auf, aber der schwache Leib bricht zusammen, in Christines Händen ist das Kind; ein gräßlicher Schrei bricht aus dem Herzen der Mutter, dann hüllt sie in schwarzen Schatten die Ohnmacht.

Zagen und Grauen ergriff die Männer, als Christine mit dem geraubten Kinde herauskam. Das Ahnen einer grausen Zukunft ging ihnen auf, aber keiner hatte Mut, die Tat zu hemmen, und die Furcht vor des Teufels Plagen war stärker als die Furcht vor Gott. Nur Christine zagte nicht, glühend leuchtete ihr Gesicht, wie es dem Sieger leuchtet nach überstandenem Kampfe, es war ihr, als ob die Spinne in sanftem Jukken ihr liebkose; die Blitze, die auf ihrem Wege zum Kilchstalden sie umzüngelten, schienen ihr fröhliche Lichter, der Donner ein zärtlich Grollen, ein lieblich Säuseln der racheschnaubende Sturm.

Hans, des armen Weibes Mann, hatte sein Versprechen nur zu gut gehalten. Langsam war er seines Weges gegangen, hatte bedächtig jeden Acker beschauet, jedem Vogel nachgesehen, den Fischen im Bache abgewartet, wie sie sprangen und Mücken fingen vor dem einbrechenden Gewitter. Dann juckte er vorwärts, rasche Schritte tat er, einen Ansatz zum Springen nahm er; es war etwas in ihm, das ihn trieb, das ihm die Haare auf dem Kopfe emportrieb: es war das Gewissen, das ihm sagte, was ein Vater verdiene, der Weib und Kind verrate, es war die Liebe, die er doch noch hatte zu seinem Weibe und seiner Leibesfrucht. Aber dann hielt ihn wieder ein anderes, und das war stärker als das erste, es war die Furcht vor den Menschen, die Furcht vor dem Teufel und die Liebe zu dem, was dieser ihm nehmen konnte. Dann ging er wieder langsamer, langsam wie ein Mensch, der seinen letzten Gang tut, der zu seiner Richtstätte geht. Vielleicht war es auch so, weiß doch gar mancher Mensch nicht, daß er den letzten Gang tut; wenn er es wüßte, er täte ihn nicht oder anders.

So war es spät geworden, ehe er auf Sumiswald kam. Schwarze Wolken jagten über den Münneberg her, schwere Tropfen fielen, versengten im Staube, und dumpf begann das Glöcklein im Turme die Menschen zu mahnen, daß sie denken möchten an Gott und ihn bitten, daß er sein Gewitter nicht zum Gerichte werden lasse über sie. Vor seinem Hause stand der Priester, zu jeglichem Gange gerüstet, damit er bereit sei, wenn sein Herr, der über seinem Haupte daherfuhr, zu einem Sterbenden oder einem brennenden Hause oder sonstwohin ihn rufe. Als er Hans kommen sah, erkannte er den Ruf zum schweren Gange, schürzte sein Gewand und sandte Botschaft seinem läutenden Sigrist, daß er sich ablösen lasse am Glockenstrang und sich einfinde zu seinem Begleit. Unterdessen stellte er Hans einen Labetrunk vor, so wohltätig nach raschem Laufe in schwüler Luft, dessen Hans nicht bedürftig war; aber der Priester ahnte die Tücke des Menschen nicht. Bedächtig labte sich Hans. Zögernd fand der Sigrist sich ein und nahm gerne teil an dem Tranke, den Hans ihm bot. Gerüstet stand vor ihnen der Priester, verschmähend jeden Trank, den er zu solchem Gang und Kampf nicht bedurfte. Er hieß ungerne von der Kanne weggehen, die er aufgestellt, ungerne verletzte er die Rechte des Gastes; aber er kannte ein Recht, das höher war als das Gastrecht, das säumige Trinken fuhr ihm zornig durch die Glieder.

Er sei fertig, sagte er endlich, ein bekümmert Weib harre, und über ihm sei eine grauenvolle Untat, und zwischen das Weib und die Untat müßte er stehn mit heiligen Waffen, darum sollten sie nicht säumen, sondern kommen; droben werde wohl noch etwas sein für den, der den Durst hier unten nicht gelöscht. Da sprach Hans, des harrenden Weibes Mann, es eile nicht so sehr, bei seinem Weibe gehe jede Sache schwer. Und alsobald flammte ein Blitz in die Stube, daß alle geblendet waren, und ein Donner brach los überm Hause, daß jeder Posten am Haus, jedes Glied im Hause bebte. Da sprach der Sigrist, als er seinen Segenspruch vollendet: ›Hört, wie es macht draußen, und der Himmel hat selbst bestätigt, was Hans gesagt, daß wir warten sollen, und was nützte es, wenn wir gingen; lebendig kämen wir doch nimmer hinauf, und er selbst hat ja gesagt, daß es bei seinem Weibe nicht solche Eile habe.‹

Und allerdings stürmte ein Gewitter daher, wie man in Menschengedenken nicht oft erlebt. Aus allen Schlünden und Gründen stürmte es heran, stürmte von allen Seiten, von allen Winden getrieben über Sumiswald zusammen, und jede Wolke ward zum Kriegesheer, und eine Wolke stürmte an die andere, eine Wolke wollte der andern Leben, und eine Wolkenschlacht begann, und das Gewitter stund, und Blitz auf Blitz ward entbunden, und Blitz auf Blitz schlug zur Erde nieder, als ob sie sich einen Durchgang bahnen wollten durch der Erde Mitte auf der Erde andere

Seite. Ohne Unterlaß brüllte der Donner, zornesvoll heulte der Sturm, geborsten war der Wolken Schoß, Fluten stürzten nieder. Als so plötzlich und gewaltig die Wolkenschlacht losbrach, da hatte der Priester dem Sigristen nicht geantwortet, aber sich nicht niedergesetzt, und ein immer steigendes Bangen ergriff ihn; ein Drang kam ihn an, sich hinauszustürzen in der Elemente Toben, aber seiner Gefährten wegen zauderte er. Da war ihm, als höre er durch des Donners schreckliche Stimme eines Weibes markdurchschneidenden Weheruf. Da ward ihm plötzlich der Donner zu Gottes schrecklichem Scheltwort seiner Säumnis, er machte sich auf, was auch die beiden andern sagen mochten. Er schritt, gefaßt auf alles, hinaus in die feurigen Wetter, in des Sturmes Wut, der Wolken Fluten; langsam, unwillig kamen die beiden ihm nach.

Es sauste und brauste und tosete, als sollten diese Töne zusammenschmelzen zur letzten Posaune, die der Welten Untergang verkündet, und feurige Garben fielen über das Dorf, als sollte jede Hütte aufflammen; aber der Diener dessen, der dem Donner seine Stimme gibt und den Blitz zu seinem Knechte hat, hat sich vor diesem Mitknecht des gleichen Herren nicht zu fürchten, und wer auf Gottes Wegen geht, kann getrost Gottes Wettern das Seine überlassen. Darum schritt der Priester unerschrocken durch die Wetter dem Kilchstalden zu, die geweihten heiligen Waffen trug er bei sich, und bei Gott war sein Herz. Aber nicht in gleichem Mute folgten ihm die andern, denn nicht am gleichen Orte war ihr Herz; sie wollten nicht den

Kilchstalden ab, nicht in solchem Wetter, nicht in später Nacht, und Hans hatte noch einen besondern Grund, warum er nicht wollte. Sie baten den Priester, umzukehren, auf andern Wegen zu gehen; Hans wußte nähere, der Sigrist bessere; beide warnten vor den Wassern im Tale, der aufgeschwollenen Grüne. Aber der Priester hörte nicht, achtete ihre Rede nicht; von einem wunderbaren Drange getrieben, eilte er auf den Flügeln des Gebetes dem Kilchstalden zu, sein Fuß stieß an keinen Stein, sein Auge ward durch keinen Blitz geblendet; bebend und weit hinter ihm, gedeckt, wie sie meinten, durch das Heiligste, das der Priester selbsten trug, folgten Hans und der Sigrist ihm nach.

Als sie aber hinauskamen vor das Dorf, wo ins Tal hinunter der Stalden sich senkt, da steht der Priester plötzlich still und schirmt mit der Hand die Augen. Unterhalb der Kapelle schimmert in des Blitzes Schein eine rote Feder, und des Priesters scharfes Auge sieht aus grünem Hage hervorragen ein schwarzes Haupt, und auf diesem schwankt die rote Feder. Und wie er noch länger schaut, sieht er am jenseitigen Abhange in schnellstem Laufe, wie gejagt von des Windes wildestem Stoße, daherfliegen eine wilde Gestalt dem dunkeln Haupte zu, auf dem einer Fahne gleich die rote Feder schwankte.

Da loderte im Priester auf der heilige Kampfesdrang, der, sobald sie den Bösen ahnen, über die kömmt, die gottgeweihten Herzens sind, wie der Trieb über das Samenkorn kömmt, wenn das Leben in ihns dringt, wie er in die Blume dringt, wenn sie sich entfalten soll, wie er über den Helden kömmt, wenn sein Feind das Schwert erhebt. Und wie der Lechzende in des Stromes kühle Flut, wie der Held zur Schlacht stürzte der Priester den Stalden nieder, stürzte zum kühnsten Kampf, drang zwischen den Grünen und Christine, die eben das Kindlein in des andern Arme legen wollte, mitten hinein, schmetterte zwischen sie die drei höchsten heiligen Namen, hält das Heiligste dem Grünen ans Gesicht, sprengt heiliges Wasser über das Kind und trifft Christine zugleich. Da fährt mit fürchterlichem Wehegeheul der Grüne von dannen, wie ein glutroter Streifen zuckt er dahin, bis die Erde ihn verschlingt; vom geweihten Wasser berührt, schrumpft mit entsetzlichem Zischen Christine zusammen wie Wolle im Feuer, wie Kalch im Wasser, schrumpft zischend, flammensprühend zusammen bis auf die schwarze, hochaufgeschwollene, grauenvolle Spinne in ihrem Gesichte, schrumpft mit dieser zusammen, zischt in diese hinein, und diese sitzt nun giftstrotzend, trotzig mitten auf dem Kinde und sprüht aus ihren Augen zornige Blitze dem Priester entgegen. Dieser sprengt ihr Weihwasser entgegen, es zischt wie auf heißem Steine gewöhnliches Wasser; immer größer wird die Spinne, streckt immer weiter ihre schwarzen Beine aus über das Kind, glotzt immer giftiger den Priester an; da faßt dieser in feurigem Glaubensmut nach ihr mit kühner Hand. Es ist, als wenn er griffe in glühende Stacheln hinein, aber unerschüttert greift er fest, schleudert das Ungeziefer weg, faßt das Kind und eilt mit ihm sonder Weile der Mutter zu. Und wie sein Kampf zu Ende war, stillte sich auch der Kampf der

Wolken, sie eilten wieder in ihre dunkeln Kammern; bald flimmerte in stillem Sternenlicht das Tal, in dem kurz zuvor die wildeste Schlacht getobet, und fast atemlos ereilte der Priester das Haus, in welchem an Mutter und Kind die Freveltat begangen worden.

Dort war die Mutter noch ohnmächtig, mit dem gellenden Schrei hatte sie ihr Leben fortgesendet; neben ihr saß betend die Alte, sie traute noch auf Gott, daß er mächtiger sei als der Teufel böse. Mit dem Kinde brachte der Priester der Mutter auch das Leben zurück. Als sie erwachend das Kindlein wieder sah, durchfloß sie eine Wonne, wie sie nur die Engel im Himmel kennen, und auf der Mutter Armen taufte der Priester das Kind im Namen Gottes des Vaters, des Sohnes und des Heiligen Geistes; und jetzt war es entrissen des Teufels Gewalt auf immer, bis es sich ihm freiwillig übergeben wollte. Aber vor dem hütete es Gott, in dessen Gewalt jetzt seine Seele übergeben worden, während der Leib von der Spinne vergiftet blieb.

Bald schied seine Seele wieder, und wie mit Brandflecken war das Leibchen gezeichnet. Die arme Mutter weinte wohl, aber wo jeder Teil wieder dahin gehet, wo er hingehöret, zu Gott die Seele, zur Erde der Leib, da findet sich der Trost ein, früher dem, später jenem.

Sobald der Priester sein heilig Amt verrichtet hatte, begann er ein seltsam Jucken zu fühlen in Hand und Arm, womit er die Spinne weggeschleudert. Kleine schwarze Flecken sah er auf der Hand, sichtbarlich wurden sie größer und schwollen auf, Todesschauer rieselte ihm durchs Herz. Er segnete die Weiber und eilte heim; die heiligen Waffen wollte er als getreuer Streiter wieder dahin bringen, wo sie hingehörten, damit sie einem andern nach ihm zur Hand seien. Hochauf schwoll der Arm, schwarze Beulen quollen immer höher auf; er kämpfte mit des Todes Mattigkeit, aber er erlag ihr nicht.

Als er an den Kilchstalden kam, da sah er Hans, den gottvergessenen Vater, von dem man nicht wußte, wo er geblieben, mitten im Wege auf dem Rücken liegen. Hochgeschwollen und brandschwarz war sein Gesicht, und mitten auf demselben saß groß und schwarz und grausig die Spinne. Als der Pfarrer kam, blähte sie sich auf, giftig bäumten sich die Haare auf ihrem Rücken, giftig und sprühend glotzten ihre Augen ihn an; sie tat wie die Katze, wenn sie sich rüstet zu einem Sprung in ihres Todfeindes Gesicht. Da begann der Priester einen guten Spruch und hob die heiligen Waffen, und die Spinne schrak zusammen, kroch langbeinig vom schwarzen Gesichte, verlor sich in zischendem Grase. Darauf ging der Pfarrer vollends heim, stellte das Allerheiligste an seinen Ort, und während wilde Schmerzen den Leib zum Tode rissen, harrte in süßem Frieden seine Seele ihres Gottes, für den sie recht gestritten in kühnem Gotteskampfe, und lange ließ Gott sie nicht harren.

Aber solch süßer Friede, der still des Herren harrt, war hinten im Tale, war oben auf den Bergen nicht. Von dem Augenblicke an, als Christine mit dem geraubten Kinde den Berg hinuntergefahren war dem Teufel zu, war heilloser Schreck in alle Herzen gefahren. Während dem fürchterlichen Ungewitter bebten die Menschen in den Schrecken des Todes, denn ihre Herzen wußten wohl, wenn Gottes Hand vernichtend über sie komme, so sei es mehr als wohlverdient. Als das Gewitter vorüber war, lief die Kunde von Haus zu Haus, wie der Pfarrer das Kindlein zurückgebracht und getauft, aber kein Hans, keine Christine gesehen worden.

Der grauende Morgen fand lauter bleiche Gesichter, und die schöne Sonne färbte sie nicht, denn alle wußten wohl, daß nun erst das Schrecklichste kommen werde. Da hörte man, daß mit schwarzen Beulen der Pfarrer gestorben, man fand Hans mit schrecklichem Gesichte, und von der gräßlichen Spinne, in die Christine verwandelt worden, hörte man seltsam verwirrte Worte.

Es war ein schöner Erntetag, aber keine Hand rührte sich zur Arbeit; die Leute liefen zusammen, wie man es pflegt am Tage nach dem Tage, an welchem ein großes Unglück begegnet ist. Sie fühlten erst jetzt in ihren bebenden Seelen so recht, was es heiße, von irdischer Not und Plage mit einer unsterblichen Seele sich loskaufen zu wollen, fühlten, daß ein Gott im Himmel sei, der alles Unrecht, das armen Kindern, die sich nicht wehren können, angetan wird, fürchterlich räche. So stunden sie bebend zusammen und jammerten, und wer bei den andern war, der durfte nicht mehr heim; und doch war Zank und Streit unter ihnen, und einer gab den andern schuld, und jeder wollte abgemahnet und gewarnet haben, und jeder hatte nichts darwider, daß Strafe die Schuldigen treffe, sich und sein Haus wollte aber jeder ohne Strafe. Und wenn sie in diesem schrecklichen Harren und Streiten ein neu unschuldig Opfer gewußt hätten, es wäre keiner gewesen, der nicht an demselben gefrevelt, in der Hoffnung, sich selbst zu retten.

Da schrie mitten im Haufen einer entsetzlich auf; es war ihm, als sei er in einen glühenden Dorn getreten, als nagle man mit glühendem Nagel den Fuß an den Boden, als ströme Feuer durch das Mark seiner Gebeine. Der Haufe fuhr auseinander, und alle Augen sahen nach dem Fuße, gegen den die Hand des Schreienden fuhr. Auf dem Fuße aber saß schwarz und groß die Spinne und glotzte giftig und schadenfroh in die Runde. Da starrte allen zuerst das Blut in den Adern, der Atem in der Brust, der Blick im Auge, und ruhig und schadenfroh glotzte die Spinne umher, und der Fuß ward schwarz, und im Leibe wars, als kämpfe zischend und wütend Feuer mit Wasser; die Angst sprengte die Fesseln des Schreckens, der Haufe stob auseinander. Aber in wunderbarer Schnelle hatte die Spinne ihren ersten Sitz verlassen und kroch diesem über den Fuß und jenem an die Ferse, und Glut fuhr durch ihren Leib, und ihr gräßlich Geschrei jagte die Fliehenden noch heftiger. In Windeseile, in Todesschrecken, wie das gespenstige Wild vor der wilden Jagd, stoben sie ihren Hütten zu, und jeder meinte hinter sich die Spinne, verrammelte die Türe und hörte doch nicht auf zu beben in unsäglicher Angst.

Und einen Tag war die Spinne verschwunden, kein neues Todesgeschrei hörte man; die Leute mußten die verrammelten Häuser verlassen, mußten Speise suchen fürs Vieh und sich, sie taten es mit Todesangst. Denn wo war jetzt die Spinne, und konnte sie nicht hier sein und unversehens auf den Fuß sich setzen? Und wer am vorsichtigsten niedertrat und mit den Augen am schärfsten spähte, der sah die Spinne plötzlich sitzend auf Hand oder Fuß, sie lief ihm übers Gesicht, saß schwarz und groß ihm auf der Nase und glotzte ihm in die Augen, feurige Stacheln wühlten sich in sein Gebein, der Brand der Hölle schlug über ihm zusammen, bis der Tod ihn streckte.

So war die Spinne bald nirgends, bald hier, bald dort, bald im Tale unten, bald auf den Bergen oben; sie zischte durchs Gras, sie fiel von der Decke, sie tauchte aus dem Boden auf. An hellem Mittage, wenn die Leute um ihr Habermus saßen, erschien sie glotzend unten am Tisch, und ehe die Menschen den Schrecken gesprengt, war sie allen über die Hände gelaufen, saß oben am Tisch auf des Hausvaters Haupte und glotzte über den Tisch, die schwarz werdenden Hände weg. Sie fiel des Nachts den Leuten ins Gesicht, begegnete ihnen im Walde, suchte sie heim im Stalle. Die Menschen konnten sie nicht meiden, sie war nirgends und allenthalben, konnten im Wachen vor ihr sich nicht schützen, waren schlafend vor ihr nicht sicher. Wenn sie am sichersten sich wähnten unterem freien Himmel, auf eines Baumes Gipfel, so kroch Feuer ihnen den Rücken auf, der Spinne feurige Füße fühlten sie im Nacken, sie glotzte ihnen über die Achsel. Das Kind in der Wiege, den Greis auf dem Sterbebette schonte sie nicht; es war ein Sterbet, wie man noch von keinem wußte und das Sterben daran war schrecklicher, als man es je erfahren, und schrecklicher noch als das Sterben war die namenlose Angst vor der Spinne, die allenthalben war und nirgends, die, wenn man am sichersten sich wähnte, einem todbringend plötzlich in die Augen glotzte.

Die Kunde von diesem Schrecken war natürlich alsobald ins Schloß gedrungen und hatte auch dorthin Schreck und Streit gebracht, soweit er bei den Regeln des Ordens stattfinden konnte. Dem von Stoffeln machte es bange, daß auch sie ebenso heimgesucht werden möchten wie früher ihr Vieh, und der verstorbene Priester hatte manches geäußert, welches ihm jetzt die Seele aufrührte. Er hatte ihm manchmal gesagt, daß alles Leid, welches er den Bauren antue, auf ihn zurückfahre; aber er hatte es nie geglaubt, weil er meinte, Gott werde einen Unterschied zu machen wissen zwischen einem Ritter und einem Bauer, hätte er sie doch sonst nicht so verschieden erschaffen. Aber jetzt ward ihm doch angst, es gehe nach des Priesters Wort, gab harte Worte seinen Rittern und meinte, es käme jetzt schwere Strafe ihrer leichtfertigen Worte wegen. Die Ritter aber wollten auch nicht schuld sein, und einer schob es dem andern zu, und wenns auch keiner sagte, so meintens doch alle, das gehe eigentlich nur den von Stoffeln an, denn wenn man es recht nehme, so sei der an allem schuld. Und neben diesem sahen sie einen jungen Polenritter an, der hatte eigentlich die meisten leichtfertigen Worte über das Schloß gesprochen und den von Stoffeln am meisten gereizt zum neuen Bau und vermessenen Schattengange. Der war noch sehr jung, aber der Wildeste von allen, und wenns eine vermessene Tat galt, so war er voran; er war wie eine Heide und fürchtete weder Gott noch Teufel.

Der merkte wohl, was die andern meinten, aber ihm nicht sagen durften, merkte auch ihre heimliche Angst. Darum höhnte er sie und sagte, wenn sie vor einer Spinne sich fürchteten, was sie dann gegen Drachen machen wollten? Dann wappnete er sich gut und ritt ins Tal hinauf, sich vermessend, nicht zurückkehren zu wollen, bis sein Roß die Spinne zertreten, seine Faust sie zerdrückt. Wilde Hunde sprangen um ihn her, der Falke saß ihm auf der Faust, am Sattel hing die Lanze, lustig bäumte sich das Pferd; halb schadenfroh, halb ängstlich sah man ihn aus dem Schlosse reiten und gedachte der nächtlichen Wache auf Bärhegen, wo die Kraft der weltlichen Waffen gegen diesen Feind so schlecht sich bewährt hatte.

Er ritt am Saume eines Tannenwaldes dem nächsten Gehöfte zu, scharfen Auges spähend um und über sich. Als er das Haus erblickte, Leute darum, rief er den Hunden, machte das Haupt des Falken frei, lose klirrte in der Scheide der Dolch. Wie der Falke die geblendeten Augen zum Ritter kehrte, seines Winkes gewärtig, prallte er ab der Faust und schoß in die Luft, die hergesprungenen Hunde heulten auf und suchten mit dem Schweife zwischen den Beinen das Weite. Vergebens ritt und rief der Ritter, seine Tiere sah er nicht wieder. Da ritt er den Menschen zu, wollte Kunde einziehen; sie stunden ihm, bis er nahe kam. Da schrien sie gräßlich auf und flohen in Wald und Schlucht, denn auf des Ritters Helm saß schwarz, in übernatürlicher Größe die Spinne und glotzte giftig und schadenfroh ins Land.

Was er suchte, das trug der Ritter und wußte es nicht; in glühendem Zorne rief und ritt er den Menschen nach, rief immer wütender, ritt immer toller, brüllte immer entsetzlicher, bis er und sein Roß über eine Fluh hinab zu Tale stürzten. Dort fand man Helm und Leib, und durch den Helm hindurch hatten die Füße der Spinne sich gebrannt dem Ritter bis ins Gehirn hinein, den schrecklichsten Brand ihm dort entzündet, bis er den Tod gefunden.

Da kehrte der Schreck erst recht ein ins Schloß; sie schlossen sich ein und fühlten sich doch nicht sicher; sie suchten nach geistigen Waffen, fanden aber lange niemand, der sie zu führen wußte und zu führen wagte. Endlich ließ sich ein ferner Pfaffe locken mit Geld und Wort; er kam und wollte ausziehen mit heiligem Wasser und heiligen Sprüchen gegen den bösen Feind. Dazu aber stärkte er sich nicht mit Gebet und Fasten, sondern er tafelte des Morgens früh mit den Rittern und zählte die Becher nicht und lebte wohl an Hirsch und Bär. Dazwischen redete er viel von seinen geistigen Heldentaten und die Ritter von ihren weltlichen, und die Becher zählte man sich nicht nach, und die Spinne vergaß man. Da löschte auf einmal alles Leben aus, die Hände hielten erstarrt Becher oder Gabel, der Mund blieb offen, stier waren alle Augen auf einen Punkt gerichtet, nur der von Stoffeln trank den Becher leer und erzählte an einer Heldentat im Heidenlande. Aber auf seinem Kopfe saß groß die Spinne und glotzte um den Rittertisch, aber der Ritter fühlte sie nicht. Da begann die Glut zu strömen durch Gehirn und Blut, gräßlich schrie er auf, fuhr mit der Hand nach dem

Kopfe, aber die Spinne war nicht mehr dort, war in ihrer schrecklichen Schnelle den Rittern allen über ihre Gesichter gelaufen, keiner konnte es wehren; einer nach dem andern schrie auf, von Glut verzehrt, und von des Pfaffen Glatze nieder glotzte sie in den Greuel hinein, und mit dem Becher, der nicht aus seiner Hand wollte, sollte der Pfaffe den Brand löschen, der loderte vom Kopfe herab durch Mark und Bein. Aber der Waffe trotzte die Spinne und glotzte von ihrem Throne herab in den Greuel, bis der letzte Ritter den letzten Schrei ausgestoßen, am letzten Atemzuge geendet.

Im Schlosse blieben nur wenige Diener verschont, die nie Hohn mit den Bauren getrieben; sie erzählten, wie schrecklich es gegangen. Das Gefühl, daß den Rittern ihr Recht geschehen, tröstete aber die Bauren nicht; der Schreck ward immer größer, gräßlicher. Mancher suchte zu fliehen. Die einen wollten das Tal verlassen, aber gerade die fielen der Spinne zu. Auf dem Wege fand man ihre Leichname. Andere flohen auf die hohen Berge, aber droben vor ihnen war die Spinne, und wenn sie sich gerettet glaubten, so saß ihnen die Spinne im Nacken oder im Gesicht. Das Untier ward immer boshafter, immer teuflischer. Es überraschte nicht mehr unerwartet, brannte nicht mehr unversehens den Tod ein; es saß vor dem Menschen im Grase, hing über ihm am Baume, glotzte giftig ihn an. Dann floh der Mensch, so weit seine Füße ihn trugen, und stund er atemlos stille, so saß die Spinne vor ihm und glotzte giftig ihn an. Floh er abermal und mußte er abermals die Schritte hemmen, so saß sie wieder vor ihm, und konnte er nicht mehr fliehen, dann erst kroch sie langsam an ihn heran und gab ihm den Tod.

Da versuchte wohl mancher in der Verzweiflung Widerstand und ob die Spinne nicht zu töten sei, warf zentnerige Steine auf sie, wenn sie vor ihm im Grase saß, schlug mit Keulen, mit Beilen nach ihr, aber alles umsonst; der schwerste Stein erdrückte sie nicht, das schärfste Beil verletzte sie nicht, unversehens saß sie dem Menschen im Gesicht, unversehrt kroch sie an ihn heran. Flucht, Widerstand, alles war eitel. Da ging alles Hoffen aus, und Verzweiflung füllte das Tal, saß auf den Bergen.

Ein einziges Haus hatte das Untier bis dahin verschont und war nie in demselben erschienen; es war das Haus, in welchem Christine gewohnt, aus welchem sie das Kindlein geraubet. Ihren eigenen Mann hatte sie auf einsamer Weide angefallen, dort fand man seinen Leichnam gräßlich zugerichtet wie keinen andern, seine Züge zerrissen in unaussprechlichem Schmerze; an ihm hatte sie ihren gräßlichsten Zorn ausgelassen, das gräßlichste Wiedersehn dem Ehemanne bereitet. Aber wie es zuging, hat niemand gesehen. Zum Hause war sie noch nicht gekommen; ob sie es bis zuletzt sparen wollte oder ob sie sich scheute davor, das erriet man nicht. Aber nicht weniger als an andern Orten war die Angst eingekehrt.

Das fromme Weibchen war genesen, und es zagte nicht für sich, aber fast sehr um sein treues Bübchen und dessen Schwesterchen und wachte über sie Tag und Nacht, und die treue Großmutter teilte seine Sorgen und Wachen. Und gemeinsam beteten sie zu Gott, daß er ihnen ihre Augen offenhalten möchte zur Wache, daß er sie erleuchten und stärken möchte zur Rettung der unschuldigen Kindlein.

Oft war es ihnen, wenn sie so wachten lange Nächte durch, als sähen sie die Spinne glimmen und glitzern in dunkelm Winkel, als glotze sie zum Fenster herein; dann ward ihre Angst groß, denn sie wußten keinen Rat, wie vor der Spinne die Kindlein schützen, und um so brünstiger baten sie Gott um seinen Rat und Beistand. Sie hatten allerlei Waffen zur Hand gelegt, aber wie sie hörten, daß der Stein seine Schwere, das Beil seine Schärfe verliere, sie wieder beiseite gelegt. Da kam es der Mutter immer deutlicher vor, immer lebendiger in den Sinn: wenn jemand es wagen würde, die Spinne mit der Hand zu fassen, so vermöchte man sie zu überwältigen. Sie hörte auch von Leuten, die, als der Stein nichts half, mit der Hand sie zu erdrücken versuchten, allein vergeblich. Ein gräßlicher Glutstrom, der durch Hand und Arm zuckte, tilgte jede Kraft und brachte den Tod ins Herz. Es kam ihr auch vor, zu erdrücken vermöchte sie die Spinne nicht, aber sie erfassen dürfte sie wohl, und so viel Kraft würde ihr Gott verleihen, dieselbe irgendwohin zu tun, sie unschädlich zu machen. Sie hatte schon oft gehört, wie kundige Männer Geister eingesperrt hätten in ein Loch in Felsen oder Holz, welches sie mit einem Nagel zugeschlagen, und solange den Nagel niemand ausziehe, müsse der Geist gebannt im Loche sein.

Gleiches zu versuchen, drängte der Geist sie immer mehr. Sie bohrte ein Loch in das Bystal, das ihr am nächsten lag zur rechten Hand, wenn sie bei der Wiege saß, rüstete einen Zapfen, der scharf ins Loch paßte, weihte ihn mit geheiligtem Wasser, legte einen Hammer zurecht und betete nun Tag und Nacht zu Gott um Kraft zur Tat. Aber manchmal war das Fleisch stärker als der Geist, und schwerer Schlaf drückte ihr die Augen zu; dann sah sie im Traume die Spinne, glotzend auf ihres Bübchens goldenen Locken, dann fuhr sie aus dem Traume, fuhr nach des Bübchens Locken. Dort war aber keine Spinne, ein Lächeln saß auf seinem Gesichtchen, wie Kindlein lächeln, wenn sie ihren Engel im Traume sehen; der Mutter aber glitzerten in allen Ecken der Spinne giftige Augen, und auf lange wich der Schlaf von ihr.

So hatte sie auch einmal nach strengem Wachen der Schlaf überwältigt, und dicht umnachtete er sie. Da war es ihr, als stürze der fromme Priester, der in der Rettung ihres Kindleins gestorben, herbei aus weiten Räumen und rufe aus der Ferne her: ›Weib, wache auf, der Feind ist da!‹ Dreimal rief er so, und erst beim dritten Mal rang sie sich los aus des Schlafes engen Banden; aber wie sie die schweren Augenlider mühsam hob, sah sie langsam, giftgeschwollen die Spinne schreiten übers Bettlein hinauf, dem Gesichte ihres Bübchens zu. Da dachte sie an Gott und griff mit rascher Hand die Spinne. Da fuhren Feuerströme von derselben aus, der treuen Mutter durch Hand und Arm bis ins Herz hinein; aber Muttertreue und Mutterliebe drückten die Hand ihr zu, und zum Aushalten gab Gott die Kraft. Unter tausendfachen Todesschmerzen drückte sie mit der einen Hand die Spinne ins bereitete

Loch, mit der andern den Zapfen davor und schlug mit dem Hammer ihn fest.

Drinnen sauste und brauste es, wie wenn mit dem Meere die Wirbelwinde streiten; das Haus wankte in seinen Grundfesten, aber fest saß der Zapfen, gefangen blieb die Spinne. Die treue Mutter aber freute sich noch, daß sie ihre Kindlein gerettet, dankte Gott für seine Gnade, dann starb sie auch den gleichen Tod wie alle; aber ihre Muttertreue löschte die Schmerzen aus, und die Engel geleiteten ihre Seele zu Gottes Thron, wo alle Helden sind, die ihr Leben eingesetzt für andere, die für Gott und die Ihren alles gewagt.

Nun war der schwarze Tod zu Ende. Ruhe und Leben kehrten ins Tal zurück. Die schwarze Spinne ward nicht mehr gesehen zur selben Zeit, denn sie saß in jenem Loche gefangen, wo sie jetzt noch sitzt.«

»Was, dort im schwarzen Holz?« schrie die Gotte und fuhr eines Satzes vom Boden auf, als ob sie in einem Ameisenhaufen gesessen wäre. An jenem Holze war sie gesessen in der Stube. Und jetzt brannte sie ihr Rücken, sie drehte sich, sie schaute hinter sich, fuhr mit der Hand auf und ab und kam nicht aus der Angst, die schwarze Spinne sitze ihr im Nacken.

Auch den andern waren die Herzen zugeklemmt, als der Großvater schwieg. Es war ein großes Schweigen über sie gekommen. Spott mochte niemand wagen, der Sache beistimmen auch nicht gerne; es hörte jeder lieber auf das erste Wort des andern, um darnach die eigene Rede richten zu können, so verfehlt man sich am wenigsten. Da kam die Hebamme, die schon mehrere Male gerufen, ohne Antwort zu bekommen, hergelaufen; ihr Gesicht brannte hochrot, es war, als ob die Spinne auf demselben herumgekrochen wäre. Sie begann zu schmälen, daß niemand kommen wolle, wie laut sie auch rufe. Das sei ihr doch auch eine wunderliche Sache; wenn man gekochet habe, so wolle niemand zum Tisch, und wenn dann alles nicht mehr gut sei, so solle sie schuld sein an allem, sie wisse wohl, wie es gehe. So fettes Fleisch, wie drinnen stehe, könne niemand mehr essen, wenn es kalt geworden; dazu sei es noch gar ungesund.

Nun kamen die Leute wohl, aber gar langsam, und keines wollte das erste bei der Tür sein, der Großvater mußte der erste sein. Es war diesmal nicht sowohl die übliche Sitte, nicht den Schein haben zu wollen, als möge man nicht warten, bis man zum Essen komme; es war das Zögern, das alle befällt, wenn sie am Eingang stehen eines schauerlichen Ortes, und doch war drinnen nichts Schauerliches. Hell glänzten auf dem Tische, frisch gefüllt, die schönen Weinflaschen, zwei glänzende Schinken prangten, gewaltige Kalbs- und Schafbraten dampften, frische Züpfen lagen dazwischen, Teller mit Tateren, Teller mit dreierlei Küchlene waren dazwischengezwängt, und auch die Kännchen mit dem süßen Tee fehlten nicht. So wars ein schönes Schauen, und doch achteten sich alle desselben wenig; aber alle sahen sich um mit ängstlichen Augen, ob nicht die Spinne aus irgendeiner Ecke glitzere oder gar vom prangenden Schinken herab sie anglotze mit ihren giftigen Augen. Man sah sie nirgends, und doch machte niemand die üblichen Komplimente: was man doch sinne, noch soviel aufzustellen, wer das doch essen solle, man habe bereits mehr als zuviel; sondern alle drängten sich an die untern Ecken des Tisches, niemand wollte hinauf.

Umsonst mahnte man die Gäste nach oben und zeigte auf die leeren Plätze, sie stunden unten wie angenagelt; vergebens schenkte der Kindbettimann ein und rief, sie sollten doch kommen und Gesundheit machen, es sei eingeschenkt. Da nahm derselbe die Gotte beim Arme und sagte: »Sei du das Witzigste und gib das Exempel.« Aber mit aller Kraft, und die war nicht klein, sperrte sich die Gotte und rief: »Nicht um tausend Pfund sitze ich mehr da oben! Es gramselt mir den Rücken auf und nieder, als führe man mir mit Nesseln daran herum. Und säße ich dort vor dem Bystal, so fühlte ich die schreckliche Spinne sonder Unterlaß im Nacken.« »Daran bist du schuld, Großvater«, sagte die Großmutter, »warum bringst du solche Dinge aufs Tapet! So etwas trägt heutzutag nichts mehr ab und kann dem ganzen Hause schaden. Und wenn einst die Kinder aus der Schule kommen und weinen und klagen, die andern Kinder hielten ihnen vor, ihre Großmutter sei eine Hexe gewesen und ins Bystal gebannt, so hast du es dann.«

»Sei ruhig, Großmutter!« sagte der Großvater, »man hat heutzutag alles bald wieder vergessen und behält nichts mehr lange im Gedächtnis wie ehedem. Man hat die Sache von mir haben wollen, und es ist besser, die Leute vernehmen Punktum die Wahrheit, als daß sie selbst etwas ersinnen; die Wahrheit bringt unserem Hause keine Unehre. Aber kommt und sitzet! Seht, vor den Zapfen will ich selbsten sitzen. Bin ich doch schon viel tausend Tage da gesessen ohne Furcht und ohne Zagen und darum auch ohne Gefährde. Nur wenn böse Gedanken in mir aufstiegen, die dem Teufel zur Handhabe werden konnten, so war es mir, als schnurre es hinter mir, wie eine Katze schnurret, wenn man sich mit ihr anläßt, ihr den Balg streicht, ihr behaglich wird, und mir fuhr es den Rücken auf seltsam und absonderlich. Sonst aber hält sie sich mäusestill da innen, und solange man hier außen Gott nicht vergißt, muß sie warten da innen.«

Da faßten die Gäste Mut und setzten sich, aber ganz nahe zum Großvater rückte niemand. Jetzt endlich konnte der Kindbettimann vorlegen, legte ein mächtiges Stück Braten seiner Nachbarin auf den Teller; diese schnitt ein Stückchen ab und legte den Rest auf des Nachbars Teller, ihn mit dem Daumen von der Gabel streifend. So ging das Stück um, bis einer sagte, er denke, er behalte es, es sei noch mehr, wo das gewesen sei; ein neues Stück begann die Runde. Während der Kindbettimann einschenkte und vorlegte und die Gäste ihm sagten, er hätte heute einen strengen Tag, ging die Hebamme herum mit dem süßen Tee, stark gewürzt mit Safran und Zimmet, bot allen an und fragte: wer ihn liebe, solle es nur sagen, er sei für alle da. Und wer sagte, er sei Liebhaber, dem schenkte sie Tee in den Wein und sagte: sie liebe ihn auch, man möge den Wein viel besser ertragen, er mache einem nicht Kopfweh. Man aß und trank. Aber kaum war der Lärm vorbei, der allemal entsteht, wenn man hinter neue Gerichte geht, so ward man wieder stille, und ernst wurden die Gesichter; man merkte wohl, alle

Gedanken waren bei der Spinne. Scheu und verstohlen blickten die Augen nach dem Zapfen hinter des Großvaters Rücken, und doch scheute jeder sich, wieder davon anzufangen.

Da schrie laut auf die Gotte und wäre fast vom Stuhle gefallen. Eine Fliege war über den Zapfen gelaufen; sie hatte geglaubt, der Spinne schwarze Beine gramselten zum Loche heraus, und zitterte vor Schreck am ganzen Leibe. Kaum ward sie ausgelacht, ihr Schreck war willkommener Anlaß, von neuem von der Spinne anzufangen; denn wenn einmal eine Sache unsere Seele recht berührt hat, so kommt dieselbe nicht so schnell davon los.

»Aber hör mal, Vetter«, sagte der ältere Götti, »ist die Spinne seither nie aus dem Loche gekommen, sondern immer darin geblieben seit so vielen hundert Jahren?« »Eh«, sagte die Großmutter, »es wäre besser, man schwiege von der ganzen Sache, man hätte ja den ganzen Nachmittag davon geredet.« »Eh, Mutter«, sagte der Vetter, »laß deinen Alten reden, er hat uns recht kurze Zeit gemacht, und vorhalten wird euch das Ding niemand, stammet ihr ja nicht von Christine ab. Und du bringst unsere Gedanken doch nicht von der Sache ab, und wenn wir nicht von ihr reden dürfen, so reden wir auch von nichts anderem, dann gibts keine kurze Zeit mehr. Nun, Großvater, rede, deine Alte wird es uns nicht vergönnen!« »He, wenn ihr es zwingen wollet, so zwinget es meinethalben, aber gescheuter wäre es gewesen, man hätte jetzt von etwas anderm angefangen, und besonders jetzt auf die Nacht hin«, sagte die Großmutter.

Da begann der Großvater, und alle Gesichter spannten sich wieder: »Was ich weiß, ist nicht mehr viel, aber was ich weiß, will ich sagen; es kann sich vielleicht in der heutigen Zeit jemand ein Exempel daran nehmen, schaden würde es wahrhaftig vielen nichts.

Als die Leute die Spinne eingesperrt wußten, sie ihres Lebens wieder sicher waren, da soll es ihnen gewesen sein, als seien sie im Himmel und der liebe Gott mit seiner Seligkeit mitten unter ihnen, und lange ging es gut. Sie hielten sich zu Gott und flohen den Teufel, und auch die Ritter, die frisch eingezogen waren ins Schloß, hatten Respekt vor Gottes Hand und hielten milde die Menschen und halfen ihnen auf.

Dieses Haus aber betrachteten alle mit Ehrfurcht, fast wie eine Kirche. Anfangs schauderte es sie freilich, wenn sie es ansahen, den Kerker der schrecklichen Spinne sahen und dachten, wie leicht sie da losbrechen und das Elend von vornen anfangen könnte mit des Teufels Gewalt. Aber sie sahen bald, daß da Gottes Gewalt stärker sei als die des Teufels, und aus Dank gegen die Mutter, die für alle gestorben, halfen sie den Kindern und bauten ihnen unentgeltlich den Hof, bis sie ihn selbsten arbeiten konnten. Die Ritter wollten ihnen bewilligen, ein neues Haus zu bauen, damit sie vor der Spinne sich nicht zu fürchten hätten oder diese durch Zufall im bewohnten Hause loskomme, und viele Nachbaren wollten ihnen helfen, die der Scheu vor dem Untier, vor dem sie so schrecklich gezittert, nicht loswerden konnten. Aber die alte Großmutter wollte es nicht tun. Sie lehrte ihre Enkel: hier sei die Spinne gebannt durch Gott Vater, Sohn und Heiligen

Geist; solange diese drei heiligen Namen gelten in diesem Hause, solange in diesen drei heiligen Namen an diesem Tische gegessen und getrunken werde, so lange seien sie vor der Spinne sicher und diese fest im Loche, und kein Zufall mache etwas an der Sache. Hier an diesem Tische, hinter ihnen die Spinne, werden sie nie vergessen, wie nötig ihnen Gott und wie mächtig er sei; so mahne sie die Spinne an Gott und müsse, dem Teufel zum Trotz, ihnen zum Heil werden. Ließen sie aber von Gott, und wäre es hundert Stunden von da, so könnte die Spinne sie finden oder der Teufel selbst. Das faßten die Kinder, blieben im Hause, wuchsen gottesfürchtig auf, und über dem Hause war der Segen Gottes.

Das Bübchen, welches so treu an der Mutter gewesen, so treu die Mutter an ihm, wuchs auf zu einem stattlichen Manne, der lieb war Gott und Menschen und Gnade bei den Rittern fand. Darum ward er auch gesegnet mit zeitlichem Gut und vergaß Gott nie darob, ward nie geizig damit; er half andern in ihren Nöten, wie er wünschte, daß ihm geholfen werde in der letzten Not, und wo er zu schwach zu eigener Hülfe war, da ward er ein um so kräftigerer Fürsprecher bei Gott und Menschen. Er ward gesegnet mit einem weisen Weibe, und zwischen ihnen war ein unergründlicher Friede; darum blühten fromm ihre Kinder auf, und beide fanden spät einen sanften Tod. Seine Familie blühte fort in Gottesfurcht und Rechttun.

Ja, über dem ganzen Tale lag der Segen Gottes, und Glück war in Feld und Stall und Friede unter den Menschen. Die schreckliche Lehre war den Menschen zu Herzen gegangen, sie hielten fest an Gott; was sie taten, taten sie in seinem Namen, und wo einer dem andern helfen konnte, da säumte er nicht. Vom Schlosse her ward ihnen kein Übel, aber viel Gutes. Immer weniger Ritter wohnten dort, denn immer härter ward der Streit im Heidenlande und immer nöter jede Hand, die fechten konnte; die aber, welche im Schlosse waren, mahnte täglich die große Totenhalle, in der die Spinne an Rittern wie an den Bauren ihre Macht geübt, daß Gott mit gleicher Kraft über jedem sei, der von ihm abfalle, sei er Bauer oder Ritter.

So schwanden viele Jahre in Glück und Segen, und das Tal ward berühmt vor allen andern. Stattlich waren ihre Häuser, groß ihre Vorräte, manch Geldstück ruhte im Kasten, ihr Vieh war das schönste zu Berg und Tal, und ihre Töchter waren berühmt landauf, landab und ihre Söhne gerne gesehen überall. Und dieser Ruhm welkte nicht über Nacht wie dem Jonas seine Schattenstaude, sondern er dauerte von Geschlecht zu Geschlecht; denn in der gleichen Gottesfurcht und Ehrbarkeit wie die Väter lebten auch die Söhne von Geschlecht zu Geschlecht. Aber wie gerade in den Birnbaum, der am flüssigsten genähret wird, am stärksten treibt, der Wurm sich bohrt, ihn umfrißt, welken läßt und tötet, so geschieht es, daß, wo Gottes Segenstrom am reichsten über die Menschen fließt, der Wurm in den Segen kömmt, die Menschen bläht und blind macht, daß sie ob dem Segen Gott vergessen, ob dem Reichtum den, der ihn gegeben hat, daß sie werden wie die Israeliten, die, wenn Gott ihnen geholfen, ob goldenen Kälbern ihn vergaßen.

So wurden, nachdem viele Geschlechter dahingegangen, Hochmut und Hoffart heimisch im Tale, fremde Weiber brachten und mehrten beides. Die Kleider wurden hoffärtiger, Kleinode sah man glänzen, ja selbst an die heiligen Zeichen wagte die Hoffart sich, und statt daß ihre Herzen während dem Beten inbrünstig bei Gott gewesen wären, hingen ihre Augen hoffärtig an den goldenen Kugeln ihres Rosenkranzes. So ward ihr Gottesdienst Pracht und Hoffart, ihre Herzen aber hart gegen Gott und Menschen. Um Gottes Gebote bekümmerte man sich nicht, seines Dienstes, seiner Diener spottete man; denn wo viel Hoffart ist oder viel Geld, da kömmt gerne der Wahn, daß man seine Gelüsten für Weisheit hält und diese Weisheit höher als Gottes Weisheit. Wie sie früher von den Rittern geplagt worden waren, so wurden sie jetzt hart gegen das Gesinde und plagten dieses, und je weniger sie selbst arbeiteten, um so mehr muteten sie diesem zu, und je mehr sie Arbeit von Knechten und Mägden forderten, um so mehr behandelten sie dieselben wie unvernünftiges Vieh, und daß diese auch Seelen hätten, die zu wahren seien, dachten sie nicht. Wo viel Geld oder viel Hoffart ist, da fängt das Bauen an, einer schöner als der andere, und wie früher die Ritter bauten, so bauten jetzt sie, und wie früher die Ritter sie plagten, so schonten sie jetzt weder Gesinde noch Vieh, wenn der Bauteufel über sie kam. Dieser Wandel war auch über dieses Haus gekommen, während der alte Reichtum geblieben war.

Fast zweihundert Jahre waren verflossen, seit die Spinne im Loche gefangen saß, da war ein schlau und kräftig Weib hier Meister; sie war keine Lindauerin, aber doch glich sie Christine in vielen Stücken. Sie war auch aus der Fremde, der Hoffart, dem Hochmute ergeben, und hatte einen einzigen Sohn; der Mann war unter ihrer Meisterschaft gestorben. Dieser Sohn war ein schöner Bube, hatte eine gutes Gemüt und war freundlich mit Mensch und Vieh; sie hatte ihn auch gar lieb, aber sie ließ es ihn nicht merken. Sie meisterte ihn jeden Schritt und Tritt, und keiner war ihr recht, den sie ihm nicht erlaubt, und längst war er erwachsen und durfte nicht zur Kameradschaft und an keine Kilbi ohne der Mutter Begleit. Als sie ihn endlich alt genug glaubte, gab sie ihm ein Weib aus ihrer Verwandtschaft, eins nach ihrem Sinn. Jetzt hatte er zwei Meister statt nur einen, und beide waren gleich hoffärtig und hochmütig, und weil sie es waren, so sollte auch Christen es sein, und wenn er freundlich war und demütig, wie es ihm so wohl anstund, so erfuhr er, wer Meister war.

Schon lange war das alte Haus ihnen ein Dorn im Auge, und sie schämten sich seiner, da die Nachbaren neue Häuser hatten und doch kaum so reich als sie waren. Die Sage von der Spinne, und was die Großmutter gesagt, war damals noch in jedermanns Gedächtnis, sonst wäre das alte Haus längst schon eingerissen worden, aber alle wehrten es ihnen. Sie nahmen aber dieses Wehren immer mehr für Neid, der ihnen kein neues Haus gönne. Zudem ward es ihnen immer unheimeliger im alten Hause. Wenn sie hier am Tische saßen, so war es ihnen, entweder als schnurre hinter ihnen behaglich die Katze oder als ginge leise das Loch auf und die Spinne ziele nach ihrem Nacken.

Ihnen fehlte der Sinn, der das Loch vermachte, darum fürchteten sie sich immer mehr, das Loch möchte sich öffnen. Darum fanden sie einen guten Grund, ein neues Haus zu bauen, in dem sie die Spinne nicht zu fürchten hätten, wie sie meinten. Das alte wollten sie dem Gesinde überlassen, das ihrer Hoffart oft im Wege war; so wurden sie rätig.

Christen tat es sehr ungerne, er wußte, was die alte Großmutter gesagt, und glaubte, daß der Familiensegen an das Familienhaus geknüpfet sei, und vor der Spinne fürchtete er sich nicht, und wenn er hier oben am Tische saß, so schien es ihm, er könne am andächtigsten beten. Er sagte, wie er es meinte, aber seine Weiber hießen ihn schweigen, und weil er ihr Knecht war, so schwieg er auch, weinte aber oft bitterlich, wenn sie es nicht sahen.

Dort, oberhalb des Baumes, unter welchem wir gesessen, sollte ein Haus gebaut werden, wie keiner eins hätte in der ganzen Gegend. In hoffärtiger Ungeduld, weil sie keinen Verstand vom Bauen hatten und nicht warten mochten, bis sie mit dem neuen Hause hochmütig tun konnten, plagten sie beim Bauen Gesinde und Vieh übel, schonten selbst die heiligen Feiertage nicht und gönnten ihnen auch des Nachts nicht Ruhe, und kein Nachbar war, der ihnen helfen konnte, daß sie zufrieden waren, dem sie nicht Böses nachgewünscht, wenn er nach unentgeltlicher Hülfe, wie man sie schon damals einander leistete, wieder heimging, um auch zu seiner Sache zu sehen.

Als man aufrichtete und den ersten Zapfen in die Schwelle schlug, so rauchte es aus dem Loche herauf wie nasses Stroh, wenn man es anbrennen will; da schüttelten die Werkleute bedenklich die Köpfe und sagten es heimlich und laut, daß der neue Bau nicht alt werden werde, aber die Weiber lachten darüber und achteten des Zeichens sich nicht. Als endlich das Haus erbauet war, zogen sie hinüber, richteten sich ein mit unerhörter Pracht und gaben als sogenannte Hausräuki eine Kilbi, die drei Tage lang dauerte, und Kind und Kindeskinder noch davon erzählten im ganzen Emmental.

Aber während allen dreien Tagen soll man im ganzen Hause ein seltsam Surren gehört haben wie das einer Katze, welcher es behaglich wird, weil man ihr den Balg streicht. Doch die Katze, von welcher es kam, konnte man trotz alles Suchens nicht finden; da ward manchem unheimlich, und trotz aller Herrlichkeit lief er mitten aus dem Feste. Nur die Weiber hörten nichts oder achteten sich dessen nicht, mit dem neuen Hause meinten sie alles gewonnen.

Ja, wer blind ist, sieht auch die Sonne nicht, und wer taub ist, hört auch den Donner nicht. Darum freuten die Weiber des neuen Hauses sich, wurden alle Tage hoffärtiger, dachten an die Spinne nicht, sondern führten im neuen Hause ein üppiges, arbeitsloses Leben mit Putzen und Essen; kein Mensch konnte es ihnen treffen, und an Gott dachten sie nicht.

Im alten Hause blieb das Gesinde alleine, lebte, wie es wollte, und wenn Christen dasselbe auch unter seiner Aufsicht haben wollte, so duldeten die Weiber es nicht und schalten ihn, die Mutter aus Hochmut hauptsächlich, das Weib aus Eifersucht zumeist. Daher war drunten keine Ordnung und bald auch keine Gottesfurcht, und wo kein Meister ist, geht es so durchweg. Wenn kein Meister oben am Tische sitzt, kein Meister im Hause die Ohren spitzt, kein Meister draußen und drinnen die Zügel hält, so meint sich bald der der Größte, welcher am wüstesten tut, und der der Beste, welcher die ruchlosesten Reden führt.

So ging es zu im Hause drunten, und das sämtliche Gesinde glich bald einem Rudel Katzen, wenn sie am wüstesten tun. Von Beten wußte man nichts mehr, hatte darum weder vor Gottes Willen noch vor seinen Gaben Respekt. Wie die Hoffart der Meisterweiber keine Grenzen mehr kannte, so hatte der tierische Übermut des Gesindes keine Schranken mehr. Man schändete ungescheut das Brot, trieb das Habermus über den Tisch weg mit den Löffeln sich an die Köpfe, ja verunreinigte viehisch die Speise, um boshaft den andern die Lust am Essen zu vertreiben. Sie neckten die Nachbaren, quälten das Vieh, höhnten jeden Gottesdienst, leugneten alle höhere Gewalt und plagten auf alle Weise den Priester, der strafend zu ihnen geredet hatte; kurz, sie hatten keine Furcht mehr vor Gott und Menschen und taten alle Tage wüster. Das wüsteste Leben führten Knechte und Mägde, und doch plagten sie einander wie nur möglich, und als die Knechte nicht mehr wußten, wie sie auf neue Art die Mägde quälen konnten, da fiel es einem ein, mit der Spinne im Loche die Mägde zu schrecken oder zahm zu machen. Er schmiß Löffel voll Habermus oder Milch an den Zapfen und schrie, die drinnen werde wohl hungrig sein, weil sie so viel hundert Jahre nichts gehabt. Da schrien die Mägde gräßlich auf und versprachen alles, was sie konnten, und selbst den andern Knechten graute es.

Da das Spiel sich ungestraft wiederholte, so wirkte es nicht mehr; die Mägde schrien nicht mehr, versprachen nichts mehr, und die andern Knechte begannen es auch zu treiben. Nun fing der an, mit dem Messer gegen das Loch zu fahren, mit den gräßlichsten Flüchen sich zu vermessen, er mache den Zapfen los und wolle sehen, was drinnen sei, und sie müßten einmal auch was Neues sehn. Das weckte neues Entsetzen, und der Bursche, der das tat, ward allen Meister und konnte zwingen, was er wollte, besonders bei den Mägden.

Das soll aber auch ein seltsamer Mensch gewesen sein, man wußte nicht, woher er kam. Er konnte sanft tun wie ein Lamm und reißend wie ein Wolf; war er alleine bei einem Weibsbilde, so war er ein sanftes Lamm, vor der Gesellschaft aber war er wie ein reißender Wolf und tat, als ob er alle haßte, als ob er über alles aus wolle mit wüsten Taten und Worten; solche sollen den Weibsbildern aber gerade die liebsten sein. Darum entsetzten sich die Mägde öffentlich vor ihm, sollen ihn aber doch, wenn sie alleine waren, am liebsten von allen gehabt haben. Er hatte ungleiche Augen, aber man wußte nicht, von welcher Farbe, und beide haßten einander, sahen nie den gleichen Weg; aber unter langem Augenhaar und demütigem Niedersehn wußte er es zu verbergen. Sein Haar war schön gelockt, aber man wußte nicht, war es rot oder falb; im Schatten war es das schönste Flachshaar, schien aber die Sonne darauf, so hatte kein Eichhörnchen einen rötern Pelz. Er quälte wie keiner das Vieh. Dasselbe haßte ihn auch darnach. Von den Knechten meinte ein jeder, er sei sein Freund, und gegen jeden wies er die andern auf. Den Meisterweibern war er unter allen alleine recht, er alleine war oft im obern Hause, dann taten unten die Mägde wüst; sobald er es merkte, steckte er sein Messer an den Zapfen und begann sein Drohen, bis die Mägde zum Kreuze krochen. Doch behielt dieses Spiel auch nicht lange seine Wirkung. Die Mägde wurden dessen gewohnt und sagten endlich: ›Tue es doch, wenn du darfst, aber du darfst nicht!‹

Es nahte Weihnacht, die Heilige Nacht. An das, was dieselbe uns weihet, dachten sie nicht, ein lustiges Leben hatten sie abgeraten in derselben. Im Schlosse drunten hauste ein alter Ritter nur, und der bekümmerte sich wenig mehr ums Zeitliche; ein schelmischer Vogt verwaltete alles zu seinem Vorteil. Um ein Schelmenstück hatten sie diesem edlen Ungarwein abgehandelt, neben welchem Lande die Ritter in großem Streite lagen; des edlen Weines Kraft und Feuer kannten sie nicht. Ein fürchterliches Unwetter kam herauf, mit Blitz und Sturm wie selten sonst um diese Zeit, keinen Hund hätte man unter dem Ofen hervorgejagt. Zur Kirche zu gehen, hielt es sie nicht ab, sie wären bei schönem Wetter auch nicht gegangen, hätten den Meister alleine gehen lassen; aber es hielt andere ab, sie zu besuchen; sie blieben allein im alten Hause beim edlen Weine.

Sie begannen den Heiligen Abend mit Fluchen und Tanzen, mit wüstern und ärgern Dingen; dann setzten sie sich zum Mahle, wozu die Mägde Fleisch gekocht hatten, weißen Brei und was sie sonst Gutes stehlen konnten. Da ward die Roheit immer gräßlicher, sie schändeten alle Speisen, lästerten alles Heilige; der genannte Knecht spottete des Priesters, teilte Brot aus und trank seinen Wein, als ob er die Messe verwaltete, taufte den Hund unterem Ofen, trieb es, bis es angst und bange den andern wurde, wie ruchlos sie sonst auch waren. Da stach er mit dem Messer ins Loch und fluchte, er wolle ihnen noch ganz andere Dinge zeigen. Als sie darob nicht erschrecken wollten, weil er das gleiche schon manchmal getrieben, und mit dem Messer gegen den Zapfen kaum viel abzubringen war, so griff er in halber Raserei nach einem Bohrer, vermaß sich aufs schrecklichste, sie sollten es erfahren, was er könne, büßen ihr Lachen, daß ihnen die Haare zu Berge ständen, und drehte mit wildem Stoße den Bohrer in den Zapfen hinein. Laut aufschreiend stürzten alle auf ihn zu, aber ehe jemand es hindern konnte, lachte er wie der Teufel selbst, tat einen kräftigen Ruck am Bohrer.

Da bebte von ungeheurem Donnerschlag das ganze Haus, der Missetäter stürzte rücklings nieder; ein roter Glutstrom brach aus dem Loche hervor, und mittendrin saß groß und schwarz, aufgeschwollen im Gifte von Jahrhunderten, die Spinne und glotzte in giftiger Lust über die Frevler hin, die versteinert in tödlicher Angst kein Glied bewegen konnten, dem schrecklichen Untiere zu entrinnen, das langsam und schadenfroh ihnen über die Gesichter kroch, ihnen einimpfte den feurigen Tod.

Da erbebte das Haus von schrecklichem Wehgeheul, wie hundert Wölfe es nicht auszustoßen vermögen, wenn der Hunger sie peinigt. Und bald erscholl ein ähnliches Wehgeschrei aus dem neuen Hause, und Christen, der eben den Berg aufkam von der heiligen Messe, meinte, es seien Räuber eingebrochen, und seinem starken Arme trauend, stürzte er den Seinen zu Hülfe. Er fand keine Räuber, aber den Tod; mit diesem rangen Weib und Mutter und hatten schon keine Stimme mehr in den hoch aufgelaufenen schwarzen Gesichtern; ruhig schlummerten seine Kinder, und gesund und rot waren ihre munteren Gesichter. Es stieg in Christen die schreckliche Ahnung dessen auf, was geschehen war; er stürzte ins untere Haus, dort sah er die Diensten alle verendet, die Stube zur Totenkammer geworden, geöffnet das schauerliche Loch im Bystal, in des scheußlich entstellten Knechtes Hand den Bohrer und auf des Bohrers Spitze den schrecklichen Zapfen. Jetzt wußte er, was da geschehen war, schlug die Hände über dem Kopf zusammen, und wenn die Erde ihn verschlungen hätte, so wäre es ihm recht gewesen. Da kroch etwas hinterem Ofen hervor, schmiegte sich ihm an; entsetzt fuhr er zusammen, aber es war nicht die Spinne, es war ein armes Bübchen, das er um Gottes willen ins Haus genommen und unter dem ruchlosen Gesinde gelassen hatte, wie es ja auch jetzt viel geschieht, daß man Kinder um Gottes willen nimmt und sie dem Teufel in die Hände spielt. Das hatte keinen Teil genommen an den Greueln des Gesindes, war erschreckt hinter den Ofen geflohn; ihns allein hatte die Spinne verschont, es konnte nun den Hergang erzählen.

Aber noch während das Bübchen erzählte, scholl durch Wind und Wetter Angstgeschrei von andern Häusern her. Wie in hundertjähriger, aufgeschwellter Lust flog die Spinne durch die Talschaft, las zuerst die üppigsten Häuser sich aus, wo man am wenigsten an Gott dachte, aber am meisten an die Welt, daher von dem Tod am wenigsten wissen mochte.

Noch war es nicht Tag geworden, so war die Kunde in jeglichem Hause: die alte Spinne sei losgebrochen, gehe aufs neue todbringend um in der Gemeinde; schon lägen viele tot, und hinten im Tale fahre Schrei um Schrei zum Himmel auf von den Gezeichneten, die sterben müßten. Da kann man sich denken, welch Jammer im Lande war, welche Angst in allen Herzen, was das für eine Weihnacht war in Sumiswald. An die Freude, die sie sonst bringt, konnte keine Seele denken, und solcher Jammer kam vom Frevel der Menschen. Der Jammer aber ward alle Tage größer, denn schneller, giftiger als das frühere Mal war die Spinne jetzt. Bald war sie zuvorderst, bald zuhinderst in der Gemeinde; auf den Bergen, im Tale erschien sie zu gleicher Zeit. Wie sie früher meist hier einen, dort einen gezeichnet hatte zum Tode, so verließ sie jetzt selten ein Haus, ehe sie alle vergiftet; erst wenn alle im Tode sich wanden, setzte sie sich auf die Schwelle und glotzte schadenfroh in die Vergiftung, als ob sie sagen wollte: sie sei es und sei doch wieder da, wie lange man sie auch eingesperrt.

Es schien, als ob sie wüßte, ihr sei wenig Zeit vergönnt, oder als ob sie sich viele Mühe sparen wollte; sie tat, wo sie konnte, viele auf einmal ab. Darum lauerte sie am liebsten auf die Züge, welche die Toten zur Kirche geleiten wollten. Bald hier, bald dort, am liebsten unten am Kilchstalden tauchte sie mitten in den Haufen auf oder glotzte plötzlich vom Sarge herab auf die Begleitenden. Da fuhr dann ein schreckliches Wehgeschrei aus dem begleitenden Zuge zum Himmel auf; Mann um Mann fiel nieder, bis der ganze Zug der Begleitenden am Wege lag, und rang mit dem Tode, bis kein Leben mehr unter ihnen war und um den Sarg ein Haufen Tote lag, wie tapfere Krieger um ihre Fahne liegen, von der Übermacht erfaßt. Da wurden keine Toten mehr zur Kirche gebracht, niemand wollte sie tragen, niemand geleiten; wo der Tod sie streckte, da ließ man sie liegen.

Verzweiflung lag überem ganzen Tale. Wut kochte in allen Herzen, strömte in schrecklichen Verwünschungen gegen den armen Christen aus; an allem sollte jetzt er schuld sein. Jetzt auf einmal wußten alle, daß Christen das alte Haus nicht hätte verlassen, das Gesinde nicht sich selbst überlassen sollen. Auf einmal wußten alle, daß der Meister für sein Gesinde mehr oder minder verantwortlich sei, daß er wachen solle über Beten und Essen, wehren solle gottlosem Leben, gottlosen Reden und gottlosem Schänden der Gaben Gottes. Jetzt war allen auf einmal Hoffart und Hochmut vergangen, sie taten diese Laster in die unterste Hölle hinunter und hätten es kaum Gott geglaubt, daß sie dieselben noch vor wenig Tagen so schmählich an sich getragen; sie waren alle wieder fromm, hatten die schlechtesten Kleider an und die alten verachteten Rosenkränze wieder in den Händen und überredeten sich selbst, sie seien immer gleich fromm gewesen, und an ihnen fehlte es nicht, daß sie Gott nicht das gleiche überredeten. Christen allein unter ihnen allen sollte gottlos sein, und Flüche wie Berge kamen von allen Seiten auf ihn her. Und war er doch vielleicht unter allen der Beste, aber sein Wille lag gebunden in seiner Weiber Willen, und dieses Gebundensein ist allerdings eine schwere Schuld für jeden Mann, und schwerer Verantwortung entrinnt er nicht, weil er anders ist, als Gott ihn will. Das sah Christen auch ein, darum war er nicht trotzig, pochte nicht, gab sich schuldiger dar, als er war; aber damit versöhnte er die Leute nicht, erst jetzt schrien sie einander zu, wie groß seine Schuld sein müsse, da er so viel auf sich nehme, so weit sich unterziehe, es ja selbst bekenne, er sei nichts wert.

Er aber betete Tag und Nacht zu Gott, daß er das Übel wende; aber es ward schrecklicher von Tag zu Tag. Er ward es inne, daß er gutmachen müsse, was er gefehlt, daß er sich selbst zum Opfer geben müsse, daß an ihm liege die Tat, die seine Ahnfrau getan. Er betete zu Gott, bis ihm so recht feurig im Herzen der Entschluß emporwuchs, die Talschaft zu retten, das Übel zu sühnen, und zum Entschluß kam der standhafte Mut, der nicht wankt, immer bereit ist zur gleichen Tat, am Morgen wie am Abend.

Da zog er herab mit seinen Kindern aus dem neuen Haus ins alte Haus, schnitt zum Loch einen neuen Zapfen, ließ ihn weihen mit heiligem Wasser und heiligen Sprüchen, legte zum Zapfen den Hammer, setzte zu den Betten der Kinder sich und harrte der Spinne. Da saß er, betete und wachte und rang mit dem schweren Schlaf festen Mutes und wankte nicht; aber die Spinne kam nicht, ob sie sonst allenthalben war; denn immer größer ward der Sterbet, immer wilder die Wut der Überlebenden.

Mitten in diesen Schrecken sollte ein wildes Weib ein Kind gebären. Da kam den Leuten die alte Angst, ungetauft möchte die Spinne das Kindlein holen, das Pfand ihrer alten Pacht. Das Weib gebärdete sich wie unsinnig, hatte kein Gottvertrauen, desto mehr Haß und Rache im Herzen.

Man wußte, wie die Alten gegen den Grünen sich geschützt vor Zeiten, wenn ein Kind geboren werden sollte, wie der Priester der Schild war, den sie zwischen sich und den ewigen Feind gestellt. Man wollte auch nach dem Priester senden, aber wer sollte der Bote sein? Die unbegrabenen Toten, welche die Spinne bei den Leichenzügen erfaßt, sperrten die Wege, und würde wohl ein Bote über die wilden Höhen der Spinne, die alles zu wissen schien, entgehen können, wenn er den Priester holen wollte? Es zagten alle. Da dachte endlich der Mann des Weibes: wenn die Spinne ihn haben wolle, so könne sie ihn daheim fassen wie auf dem Wege; wenn ihm der Tod bestimmt sei, so entrinne er ihm hier nicht und dort nicht.

Er machte sich auf den Weg; aber Stunde um Stunde rann vorüber, kein Bote kam wieder. Wut und Jammer wurde immer entsetzlicher, die Geburt rückte immer näher. Da riß das Weib in der Wut der Verzweiflung vom Lager sich auf, stürzte hin nach Christens Haus, dem tausendfach Verwünschten, der betend bei seinen Kindern saß, des Kampfes mit der Spinne gewärtig. Weither schon tönte ihr Geschrei, ihre Verwünschungen donnerten an Christens Tür, lange ehe sie dieselbe aufriß und den Donner in die Stube ihm brachte. Als sie hereinstürzte so schrecklichen Angesichtes, da fuhr er auf; er wußte erst nicht, war es Christine in ihrer ursprünglichen Gestalt. Aber unter der Türe hemmte der Schmerz ihren Lauf, an den Türpfosten wand sie sich, die Flut ihrer Verwünschungen ausgießend über den armen Christen. Er sollte der Bote sein, wenn er nicht verflucht sein wolle mit Kind und Kindeskindern in Zeit und Ewigkeit. Da überwallete der Schmerz ihr Fluchen, und ein Söhnlein ward geboren vom wilden Weibe auf Christens Schwelle, und alle, die ihr gefolget waren, stoben ins Weite, des Schrecklichsten gewärtig. Das unschuldige Kindlein hielt Christen in den Armen; stechend und wild, giftig starrten aus des Weibes verzerrten Zügen dessen Augen ihn an, und es ward ihm immer mehr, als trete die Spinne aus ihnen heraus, als sei sie es selbst. Da kam eine Kraft Gottes in ihn, und ein übermenschlicher Wille ward in ihm mächtig; einen innigen Blick warf er auf seine Kinder, hüllte das neugeborne Kind in sein warm Gewand, sprang über das glotzende Weib den Berg hinunter das Tal entlang, Sumiswald zu. Zur heiligen Weihe wollte er das Kindlein selbsten tragen zur Sühne der Schuld, die auf ihm lag, dem Haupte seines Hauses; das übrige überließ er Gott. Tote hemmten seinen Lauf, vorsichtig mußte er seine Tritte setzen. Da ereilte ihn ein leichter Fuß, es war das arme Bübchen, dem es graute bei dem wilden Weibe, das ein kindlicher Trieb dem Meister nachgetrieben. Wie

Stacheln fuhr es durch Christens Herz, daß seine Kinder alleine bei dem wütenden Weibe seien. Aber sein Fuß stund nicht stille, strebte dem heiligen Ziele zu.

Schon war er unten am Kilchstalden, hatte die Kapelle im Auge, da glühte es plötzlich vor ihm mitten im Wege, es regte sich im Busche; im Wege saß die Spinne, im Busche wankte rot ein Federbusch, und hoch hob sich die Spinne als wie zum Sprunge. Da rief Christen mit lauter Stimme zum dreieinigen Gott, und aus dem Busche tönte ein wilder Schrei, es schwand die rote Feder; in des Bübchens Arme legte er das Kind und griff, dem Herren seinen Geist empfehlend, mit starker Hand die Spinne, die, wie gebannt durch die heiligen Worte, am gleichen Flecke sitzen blieb. Glut strömte durch sein Gebein, aber er hielt fest; der Weg war frei, und das Bübchen, verständigen Sinnes, eilte dem Priester zu mit dem Kinde. Christen aber, Feuer in der starken Hand, eilte geflügelten Laufes seinem Hause zu. Schrecklich war der Brand in seiner Hand, der Spinne Gift drang durch alle Glieder. Zu Glut ward sein Blut. Die Kraft wollte erstarren, der Atem stocken, aber er betete fort und fort, hielt Gott fest vor Augen, hielt aus in der Hölle Glut. Schon sah er sein Haus, mit dem Schmerz wuchs sein Hoffen, unter der Türe war das Weib. Als dasselbe ihn kommen sah ohne Kind, stürzte es sich ihm entgegen einer Tigerin gleich, der man die Jungen geraubt, es glaubte an den schändlichsten Verrat. Es achtete sich seines Winkens nicht, hörte nicht die Worte aus seiner keuchenden Brust, stürzte in seine vorgestreckten Hände, klammerte an sie sich an; in Todesangst mußte er die

Wütende schleppen zum Hause herein, muß frei die Arme kämpfen, ehe es ihm gelingt, ins alte Loch die Spinne zu drängen, mit sterbenden Händen den Zapfen vorzuschlagen. Er vermags mit Gottes Hülfe. Den sterbenden Blick wirft er auf die Kinder, hold lächeln sie im Schlafe. Da wird es ihm leicht, eine höhere Hand scheint seine Glut zu löschen, und laut betend schließt er zum Tode seine Augen, und Frieden und Freude fanden die auf seinem Gesichte, die vorsichtig und angstvoll kamen, zu schauen, wo das Weib geblieben. Erstaunt sahen sie das Loch verschlagen, aber das Weib fanden sie versengt und verzerrt im Tode liegen; an Christens Hand hatte sie den feurigen Tod geholt. Noch standen sie und wußten nicht, was geschehen war, als mit dem Kinde das Bübchen wiederkehrte, vom Priester begleitet, der das Kind schnell getauft nach damaliger Sitte und wohlgerüstet und mutvoll dem gleichen Kampfe entgegengehen wollte, in dem sein Vorgänger siegreich das Leben gelassen. Aber ein solch Opfer forderte Gott nicht von ihm, den Kampf hatte schon ein anderer bestanden.

Lange faßten die Leute nicht, welch große Tat Christen vollbracht. Als ihnen endlich Glaube und Erkenntnis kam, da beteten sie freudig mit dem Priester, dankten Gott für das neu geschenkte Leben und für die Kraft, die er Christen gegeben. Diesem aber baten sie im Tode noch ihr Unrecht ab und beschlossen, mit hohen Ehren ihn zu begraben, und sein Andenken stellte sich glorreich wie das eines Heiligen in aller Seelen.

Sie wußten nicht, wie ihnen war, als der so schreckliche Schreck, der fort und fort durch ihre Glieder zitterte, auf einmal geschwunden war und sie mit Freuden wieder in den blauen Himmel hinaufsehen konnten ohne Angst, die Spinne krieche unterdessen auf ihre Füße. Sie beschlossen viele Messen und einen allgemeinen Kirchgang; vor allem wollten sie die beiden Leichen bestatten, Christen und seine Drängerin, dann sollten auch die andern eine Stätte finden, soweit es möglich war.

Es war ein feierlicher Tag, als das ganze Tal zur Kirche wanderte, und auch in manchem Herzen war es feierlich; manche Sünde ward erkannt, manch Gelübde ward getan, und von dem Tage an wurde viel übertriebenes Wesen auf den Gesichtern und in den Kleidern nicht mehr gesehen.

Als in der Kirche und auf dem Kirchhofe viele Tränen geflossen, viele Gebete geschehen waren, gingen alle aus der ganzen Talschaft, welche zur Begräbnis gekommen waren — und gekommen waren alle, die ihrer Glieder mächtig waren —, zum üblichen Imbiß ins Wirtshaus. Da geschah es nun, daß, wie üblich, Weiber und Kinder an einem eigenen Tische saßen, die sämtliche erwachsene Mannschaft aber Platz hatte an dem berühmten Scheibentische, der jetzt noch im ›Bären‹ zu Sumiswald zu sehen ist. Er ward aufbewahret zum Andenken, daß einst nur noch zwei Dutzend Männer waren, wo jetzt an zwei Tausende wohnen, zum Angedenken, daß auch das Leben der Zweitausende in der Hand dessen stehe, der die zwei Dutzend gerettet. Damals säumte man sich nicht lange an der Gräbt; es waren die Herzen zu voll, als daß viel Speise und Trank Platz gehabt hätte. Als sie aus dem Dorfe hervor auf die freie Höhe kamen, sahen sie eine Röte am Himmel, und als sie heimkamen, fanden sie das neue Haus niedergebrannt bis auf den Boden; wie es zugegangen, erfuhr man nie.

Aber was Christen an ihnen getan, vergaßen die Leute nicht, an seinen Kindern vergalten sie es. Fromm und wacker erzogen sie dieselben in den frömmsten Häusern; an ihrem Gute vergriff sich keine Hand, obgleich keine Rechnung zu sehen war. Es wurde gemehret und wohl besorgt, und als die Kinder auferwachsen waren, so waren sie nicht nur nicht um ihr Gut betrogen, sondern noch viel weniger um ihre Seelen. Es wurden rechtschaffene, gottesfürchtige Menschen, die Gnade bei Gott hatten und Wohlgefallen bei den Menschen, die Segen im Leben fanden und im Himmel noch mehr. Und so blieb es in der Familie, und man fürchtete die Spinne nicht, denn man fürchtete Gott; und wie es gewesen war, so soll es, so Gott will, auch bleiben, solange hier ein Haus steht, solange Kinder den Eltern folgen in Wegen und Gedanken.«

Hier schwieg der Großvater, und lange schwiegen alle, und die einen sannen dem Gehörten nach, und die andern meinten, er schöpfe Atem und fahre dann weiters fort.

Endlich sagte der ältere Götti: »An dem Scheibentisch bin ich manchmal gesessen und habe von dem Sterbet gehört und daß nach demselben sämtliche Mannschaft in der Gemeinde daran Platz gehabt. Aber wie Punktum alles zugegangen, das konnte mir niemand sagen. Die einen stürmten dies und andere anders. Aber sage mir, wo hast du denn alles das vernommen?«

»He«, sagte der Großvater, »das erbte sich bei uns vom Vater auf den Sohn, und als das Andenken davon bei den andern Leuten im Tale sich verlor, hielt man es in der Familie sehr heimlich und scheuete sich, etwas davon unter die Menschen zu lassen. Nur in der Familie redete man davon, damit kein Glied derselben vergesse, was ein Haus bauet und ein Haus zerstört, was Segen bringt und Segen vertreibt. Du hörst es meiner Alten wohl noch an, wie ungern sie es hat, wenn man so öffentlich davon redet. Aber mich dünkt, es täte je länger, je nöter, davon zu reden, wie weit man es mit Hochmut und Hoffart bringen kann. Darum tue ich auch nicht mehr so geheim mit der Sache, und es ist nicht das erste Mal, daß ich unter guten Freunden sie erzählet. Ich denke immer, was unsere Familie so viele Jahre im Glücke erhalten, das werde andern auch nicht schaden, und recht sei es nicht, ein Geheimnis mit dem zu machen, was Glück und Gottes Segen bringt.«

»Du hast recht, Vettermann«, antwortete der Götti, »aber fragen muß ich dich doch noch: War denn das Haus, welches du vor sieben Jahren einrissest, das uralte? Ich kann das fast nicht glauben.«

»Nein«, sagte der Großvater. »Das uralte Haus war gar baufällig geworden schon vor fast dreihundert Jahren, und der Segen Gottes in Feldern und Matten hatte schon lange nicht mehr Platz darin. Und doch wollte es die Familie nicht verlassen, und ein neues bauen durfte sie nicht; sie hatte nicht vergessen, wie es dem früheren ergangen. So kam sie in große Verlegenheit und fragte endlich einen weisen Mann, der zu Haslebach gewohnt haben soll, um Rat. Der soll geantwortet haben: ein neues Haus könnten sie wohl bauen an die Stelle des alten und nicht anderswo; aber zwei Dinge müßten sie wohl bewahren: das alte Holz, worin die Spinne sei, den alten Sinn, der ins alte Holz die Spinne geschlossen, dann werde der alte Segen auch im neuen Hause sein.

Sie bauten das neue Haus und fügten ihm ein mit Gebet und Sorgfalt das alte Holz, und die Spinne rührte sich nicht, Sinn und Segen änderten sich nicht.

Aber auch das neue Haus ward wiederum alt und klein, wurmstichig und faul sein Holz; nur der Posten hier blieb fest und eisenhart. Mein Vater hätte schon bauen sollen, er konnte es erwehren, es kam an mich. Nach langem Zögern wagte ich es. Ich tat wie die Frühern, fügte das alte Holz dem neuen Hause bei, und die Spinne regte sich nicht. Aber gestehen will ich es: mein Lebtag betete ich nie so inbrünstig wie damals, als ich das verhängnisvolle Holz in Händen hatte; die Hand, der ganze Leib brannte mich, unwillkürlich mußte ich sehen, ob mir nicht schwarze Flecken wüchsen an Hand und Leib, und ein Berg fiel mir von der Seele, als endlich alles an seinem Orte stund. Da ward meine Überzeugung noch fester, daß weder ich noch meine Kinder und Kindeskinder etwas von der Spinne zu fürchten hätten, solange wir uns fürchten vor Gott.«

Da schwieg der Großvater, und noch war der Schauer nicht verflogen, der ihnen den Rücken heraufgekrochen, als sie hörten, der Großvater hätte das Holz in Händen gehabt, und sie dachten, wie es ihnen wäre, wenn sie es auch darein nehmen müßten.

Endlich sagte der Vetter: »Es ist nur schade, daß man nicht weiß, was an solchen Dingen wahr ist. Alles kann man kaum glauben, und etwas muß doch an der Sache sein, sonst wäre das alte Holz nicht da.« Sei jetzt daran wahr, was da wolle, so könne man viel daraus lernen, sagte der jüngere Götti, und dazu hätten sie noch kurze Zeit gehabt; es dünke ihn, er sei erst aus der Kirche gekommen.

Sie sollten nicht zu viel sagen, sagte die Großmutter, sonst fange ihr Alter ihnen eine neue Geschichte an; sie sollten jetzt auch einmal essen und trinken, es sei ja eine Schande, wie niemand esse und trinke. Es sollte doch nicht alles schlecht sein, sie hätten angewendet, so gut sie es verstanden.

Nun ward viel gegessen, viel getrunken und zwischendurch gewechselt manche verständige Rede, bis groß und golden am Himmel der Mond stund, die Sterne aus ihren Kammern traten, zu mahnen die Menschen, daß es Zeit sei, schlafen zu gehn in ihre Kämmerlein. Die Menschen sahen die geheimnisvollen Mahner wohl, aber sie saßen da so heimelig, und jedem klopfte es unheimlich unterem Brusttuch, wenn er ans Heimgehn dachte; und wenn es schon keiner sagte, so wollte doch keiner der erste sein.

Endlich stund die Gotte auf und schickte mit zitterndem Herzen zum Weggehn sich an; doch es fehlte ihr an sicheren Begleitern nicht, und miteinander verließ die ganze Gesellschaft das gastliche Haus mit vielem Dank und guten Wünschen, allen Bitten an einzelne, an die Gesamtheit, doch noch länger zu bleiben, es werde ja nicht finster, zum Trotz.

Bald war es still ums Haus, bald auch still in demselben. Friedlich lag es da, rein und schön glänzte es in des Mondes Schein das Tal entlang; sorglich und freundlich barg es brave Leute in süßem Schlummer, wie die schlummern, welche Gottesfurcht und gute Gewissen im Busen tragen, welche nie die schwarze Spinne, sondern nur die freundliche Sonne aus dem Schlummer wecken wird. Denn wo solcher Sinn wohnet, darf sich die Spinne nicht regen, weder bei Tage noch bei Nacht. Was ihr aber für eine Macht wird, wenn der Sinn ändert, das weiß der, der alles weiß und jedem seine Kräfte zuteilt, den Spinnen wie den Menschen.

WILHELM HAUFF

Das kalte Herz

Erste Abteilung

Wer durch Schwaben reist, der sollte nie vergessen, auch ein wenig in den Schwarzwald hineinzuschauen; nicht der Bäume wegen, obgleich man nicht überall solch unermeßliche Menge herrlich aufgeschossener Tannen findet, sondern wegen der Leute, die sich von andern Menschen ringsumher merkwürdig unterscheiden. Sie sind größer als gewöhnliche Menschen, breitschultrig, von starken Gliedern, und es ist, als ob der stärkende Duft, der morgens durch die Tannen strömt, ihnen von Jugend auf einen freieren Atem, ein klareres Auge und einen festeren, wenn auch rauheren Mut als den Bewohnern der Stromtäler und Ebenen gegeben hätte. Und nicht nur durch Haltung und Wuchs, auch durch ihre Sitten und Trachten sondern sie sich von den Leuten, die außerhalb des Waldes wohnen, streng ab. Am schönsten kleiden sich die Bewohner des badischen Schwarzwaldes; die Männer lassen den Bart wachsen, wie er von Natur dem Mann ums Kinn gegeben ist; ihre schwarzen Wämser, ihre ungeheuren, enggefalteten Pluderhosen, ihre roten Strümpfe und die spitzen Hüte, von einer weiten Scheibe umgeben, verleihen ihnen etwas Fremdartiges, aber etwas Ernstes, Ehrwürdiges. Dort beschäftigen sich die Leute gewöhnlich mit Glasmachen; auch verfertigen sie Uhren und tragen sie in der halben Welt umher.

Auf der andern Seite des Waldes wohnt ein Teil desselben Stammes; aber ihre Arbeiten haben ihnen andere Sitten und Gewohnheiten gegeben als den Glasmachern. Sie handeln mit ihrem Wald; sie fällen und behauen ihre Tannen, flößen sie durch die Nagold in den Neckar und von dem obern Neckar den Rhein hinab bis weit hinein nach Holland, und am Meer kennt man die Schwarzwälder und ihre langen Flöße; sie halten an jeder Stadt, die am Strom liegt, an und erwarten stolz, ob man ihnen Balken und Bretter abkaufen werde; ihre stärksten und längsten Balken aber verhandeln sie um schweres Geld an die Mynheers, welche Schiffe daraus bauen. Diese Menschen nun sind an ein rauhes, wanderndes Leben gewöhnt. Ihre Freude ist, auf ihrem Holz die Ströme hinabzufahren, ihr Leid, am Ufer wieder heraufzuwandeln. Darum ist auch ihr Prachtanzug so verschieden von dem der Glasmänner im andern Teil des Schwarzwaldes. Sie tragen Wämser von dunkler Leinwand, einen handbreiten grünen Hosenträger über die breite Brust, Beinkleider von schwarzem Leder, aus deren Tasche ein Zollstab von Messing wie ein Ehrenzeichen hervorschaut; ihr Stolz und ihre Freude aber sind die Stiefel, die größten wahrscheinlich, welche auf irgendeinem Teil der Erde Mode sind; denn sie können zwei Spannen weit über das Knie hinaufgezogen werden, und die ›Flözer‹ können damit in drei Schuh tiefem Wasser umherwandeln, ohne sich die Füße naß zu machen.

Noch vor kurzer Zeit glaubten die Bewohner dieses Waldes an Waldgeister, und erst in neuerer Zeit hat man ihnen diesen törichten Aberglauben benehmen können. Sonderbar ist es aber, daß auch die Waldgeister, die der Sage nach im Schwarzwalde hausen, in diese verschiedenen Trachten sich geteilt haben. So hat man versichert, daß das ›Glasmännlein‹, ein gutes Geistchen von dreieinhalb Fuß Höhe, sich nie anders zeige als in einem spitzen Hütlein mit großem Rand, mit Wams und Pluderhöschen und roten Strümpfchen. Der ›Holländer-Michel‹ aber, der auf der andern Seite des Waldes umgeht, soll ein riesengroßer, breitschultriger Kerl in der Kleidung der Flözer sein, und mehrere, die ihn gesehen haben wollen, versichern, daß sie die Kälber nicht aus ihrem Beutel bezahlen möchten, deren Felle man zu seinen Stiefeln brauchen würde. »So groß, daß ein gewöhnlicher Mann bis an den Hals hineinstehen könnte«, sagten sie und wollten nichts übertrieben haben.

Mit diesen Waldgeistern soll einmal ein junger Schwarzwälder eine sonderbare Geschichte gehabt haben, die ich erzählen will. Es lebte nämlich im Schwarzwald eine Witwe, Frau Barbara Munkin; ihr Gatte war Kohlenbrenner gewesen, und nach seinem Tod hielt sie ihren sechzehnjährigen Knaben nach und nach zu demselben Geschäft an.

Der junge Peter Munk, ein schlauer Bursche, ließ es sich gefallen, weil er es bei seinem Vater auch nicht anders gesehen hatte, die ganze Woche über am rauchenden Meiler zu sitzen oder, schwarz und berußt und den Leuten ein Abscheu, hinab in die Städte zu fahren und seine Kohlen zu verkaufen. Aber ein Köhler hat viel Zeit zum Nachdenken über sich und andere, und wenn Peter Munk an seinem Meiler saß, stimmten die dunkeln Bäume umher und die tiefe Waldesstille sein Herz zu Tränen und unbewußter Sehnsucht. Es betrübte ihn etwas, es ärgerte ihn etwas, er wußte nicht recht, was. Endlich merkte er sich ab, was ihn ärgerte, und das war — sein Stand. »Ein schwarzer, einsamer Kohlenbrenner!« sagte er sich, »es ist ein elend Leben. Wie angesehen sind die Glasmänner, die Uhrmacher, selbst die Musikanten am Sonntag abends! Und wenn Peter Munk, rein gewaschen und geputzt, in des Vaters Ehrenwams mit silbernen Knöpfen und mit nagelneuen roten Strümpfen erscheint und wenn dann einer hinter mir hergeht und denkt, wer ist wohl der schlanke Bursche? und lobt bei sich die Strümpfe und meinen stattlichen Gang — sieh, wenn er vorübergeht und schaut sich um, sagt er gewiß: ›Ach, es ist nur der Kohlenmunk-Peter.‹« —

Auch die Flözer auf der andern Seite waren ein Gegenstand seines Neides. Wenn diese Waldriesen herüberkamen, mit stattlichen Kleidern, und an Knöpfen, Schnallen und Ketten einen halben Zentner Silber auf dem Leib trugen, wenn sie mit ausgespreizten Beinen und vornehmen Gesichtern dem Tanz zuschauten, holländisch fluchten und wie die vornehmsten Mynheers aus ellenlangen kölnischen Pfeifen rauchten, da stellte er sich als das vollendetste Bild eines glücklichen Menschen solch einen Flözer vor. Und wenn diese Glücklichen dann erst in die Taschen fuhren, ganze Hände voll großer Taler herauslangten und um Sechsbätzner würfelten, fünf Gulden hin, zehen her, so wollten ihm die Sinne vergehen, und er schlich trübselig nach seiner Hütte; denn an manchem Feiertagabend hatte er einen oder den andern dieser ›Holzherren‹ mehr verspielen sehen, als der arme Vater Munk in einem Jahr verdiente. Es waren vorzüglich drei dieser Männer, von welchen er nicht wußte, welchen er am meisten bewundern sollte. Der eine war ein dicker, großer Mann mit rotem Gesicht und galt für den reichsten Mann in der Runde. Man hieß ihn den ›dicken Ezechiel‹. Er reiste alle Jahre zweimal mit Bauholz nach Amsterdam und hatte das Glück, es immer um so viel teurer als andere zu verkaufen, daß er, wenn die übrigen zu Fuß heimgingen, stattlich herauffahren konnte. Der andere war der längste und magerste Mensch im ganzen Wald, man nannte ihn den ›langen Schlurker‹, und diesen beneidete Munk wegen seiner ausnehmenden Kühnheit; er widersprach den angesehensten Leuten, brauchte, wenn man noch so gedrängt im Wirtshaus saß, mehr Platz als vier der Dicksten; denn er stützte entweder beide Ellbogen auf den Tisch oder zog eines seiner langen Beine zu sich auf die Bank, und doch wagte ihm keiner zu widersprechen, denn er hatte unmenschlich viel Geld. Der dritte war ein schöner junger Mann, der am besten tanzte weit und breit und daher den Namen ›Tanzbodenkönig‹ hatte. Er war ein armer Mensch gewesen und hatte bei einem Holzherren als Knecht gedient; da wurde er auf einmal steinreich; die einen sagten, er habe unter einer alten Tanne einen Topf voll Geld gefunden, die andern behaupteten, er habe unweit

Bingen im Rhein mit der Stechstange, womit die Flözer zuweilen nach den Fischen stechen, einen Pack mit Goldstücken heraufgefischt, und der Pack gehöre zu dem großen Nibelungenhort, der dort vergraben liegt; kurz, er war auf einmal reich geworden und wurde von jung und alt angesehen wie ein Prinz.

An diese drei Männer dachte Kohlenmunk-Peter oft, wenn er einsam im Tannenwald saß. Zwar hatten alle drei einen Hauptfehler, der sie bei den Leuten verhaßt machte; es war dies ihr unmenschlicher Geiz, ihre Gefühllosigkeit gegen Schuldner und Arme; denn die Schwarzwälder sind ein gutmütiges Völklein. Aber man weiß, wie es mit solchen Dingen geht; waren sie auch wegen ihres Geizes verhaßt, so standen sie doch wegen ihres Geldes in Ansehen; denn wer konnte Taler wegwerfen wie sie, als ob man das Geld von den Tannen schüttelte?

»So geht es nicht mehr weiter«, sagte Peter eines Tages schmerzlich betrübt zu sich; denn tags zuvor war Feiertag gewesen und alles Volk in der Schenke; »wenn ich nicht bald auf den grünen Zweig komme, so tu ich mir etwas zuleid; wär ich doch nur so angesehen und reich wie der dicke Ezechiel oder so kühn und so gewaltig wie der lange Schlurker oder so berühmt und könnte den Musikanten Taler statt Kreuzer zuwerfen wie der Tanzbodenkönig! Wo nur der Bursche das Geld her hat?« Allerlei Mittel ging er durch, wie man sich Geld erwerben könne, aber keines wollte ihm gefallen; endlich fielen ihm auch die Sagen von Leuten bei, die vor alten Zeiten durch den Holländer-Michel und durch das Glasmännlein reich geworden waren.

Solang sein Vater noch lebte, kamen oft andere arme Leute zu Besuch, und da wurde oft lang und breit von reichen Menschen gesprochen, und wie sie reich geworden; da spielte nun oft das Glasmännlein eine Rolle; ja, wenn er recht nachsann, konnte er sich beinahe noch des Versleins erinnern, das man am Tannenbühl in der Mitte des Waldes sprechen mußte, wenn es erscheinen sollte. Es fing an:

Schatzhauser im grünen Tannenwald,
Bist schon viel hundert Jahre alt;
Dir gehört all Land, wo Tannen stehn —

Aber er mochte sein Gedächtnis anstrengen, wie er wollte, weiter konnte er sich keines Verses mehr entsinnen. Er dachte oft, ob er nicht diesen oder jenen alten Mann fragen sollte, wie das Sprüchlein heiße; aber immer hielt ihn eine gewisse Scheu, seine Gedanken zu verraten, ab; auch schloß er, es müsse die Sage vom Glasmännlein nicht sehr bekannt sein und den Spruch müssen nur wenige wissen; denn es gab nicht viele reiche Leute im Wald, und — warum hatten denn nicht sein Vater und die andern armen Leute ihr Glück versucht? Er brachte endlich einmal seine Mutter auf das Männlein zu sprechen, und diese erzählte ihm, was er schon wußte, kannte auch nur noch die erste Zeile von dem Spruch und sagte ihm endlich, nur Leuten, die an einem Sonntag zwischen elf und zwei Uhr geboren seien, zeige sich das Geistchen. Er selbst würde wohl dazu passen, wenn er nur das Sprüchlein wüßte; denn er sei Sonntag mittags zwölf Uhr geboren.

Als dies der Kohlenmunk-Peter hörte, war er vor Freude und vor Begierde, dies Abenteuer zu unternehmen, beinahe außer sich. Es schien ihm hinlänglich, einen Teil des Sprüchleins zu wissen und am Sonntag geboren zu sein, und Glasmännlein mußte sich ihm zeigen. Als er daher eines Tages seine Kohlen verkauft hatte, zündete er keinen neuen Meiler an, sondern zog seines Vaters Staatswams und neue rote Strümpfe an, setzte den Sonntagshut auf, faßte seinen fünf Fuß hohen Schwarzdornstock in die Hand und nahm von der Mutter Abschied: »Ich muß aufs Amt in die Stadt; denn wir werden bald spielen müssen, wer Soldat wird, und da will ich dem Amtmann nur noch einmal einschärfen, daß Ihr Witwe seid und ich Euer einziger Sohn.« Die Mutter lobte seinen Entschluß, er aber machte sich auf nach dem Tannenbühl. Der Tannenbühl liegt auf der höchsten Höhe des Schwarzwaldes, und auf zwei Stunden im Umkreis stand damals kein Dorf, ja nicht einmal eine Hütte, denn die abergläubischen Leute meinten, es sei dort ›unsicher‹. Man schlug auch, so hoch und so prachtvoll dort die Tannen standen, ungern Holz in jenem Revier; denn oft waren den Holzhauern, wenn sie dort arbeiteten, die Äxte vom Stiel gesprungen und in den Fuß gefahren, oder die Bäume waren schnell umgestürzt und hatten die Männer mit umgerissen und beschädigt oder gar getötet; auch hätte man die schönsten Bäume von dorther nur zu Brennholz brauchen können, denn die Floßherren nahmen nie einen Stamm aus dem Tannenbühl unter ein Floß auf, weil die Sage ging, daß Mann und Holz verunglücke, wenn ein Tannenbühler mit im

Wasser sei. Daher kam es, daß im Tannenbühl die Bäume so dicht und so hoch standen, daß es am hellen Tage beinahe Nacht war, und Peter Munk wurde es ganz schaurig dort zumute; denn er hörte keine Stimme, keinen Tritt als den seinigen, keine Axt; selbst die Vögel schienen diese dichte Tannennacht zu vermeiden.

Kohlenmunk-Peter hatte jetzt den höchsten Punkt des Tannenbühls erreicht und stand vor einer Tanne von ungeheurem Umfang, um die ein holländischer Schiffsherr an Ort und Stelle viele hundert Gulden gegeben hätte. ›Hier‹, dachte er, ›wird wohl der Schatzhauser wohnen‹, zog seinen großen Sonntagshut, machte vor dem Baum eine tiefe Verbeugung, räusperte sich und sprach mit zitternder Stimme: »Wünsche glückseligen Abend, Herr Glasmann.« Aber es erfolgte keine Antwort, und alles umher war so still wie zuvor. ›Vielleicht muß ich doch das Verslein sprechen‹, dachte er weiter und murmelte:

Schatzhauser im grünen Tannenwald,
Bist schon viel hundert Jahre alt;
Dir gehört all Land, wo Tannen stehn —

Indem er diese Worte sprach, sah er zu seinem großen Schrecken eine ganz kleine, sonderbare Gestalt hinter der dicken Tanne hervorschauen; es war ihm, als habe er das Glasmännlein gesehen, wie man es beschrieben, das schwarze Wämschen, die roten Strümpfchen, das Hütchen, alles war so, selbst das blasse, aber feine und kluge Gesichtchen, wovon man erzählte, glaubte er gesehen zu haben. Aber ach, so schnell es hervorgeschaut hatte, das Glasmännlein, so schnell war es auch wieder verschwunden! »Herr Glasmann«, rief nach einigem Zögern Peter Munk, »seid so gütig und haltet mich nicht für Narren. — Herr Glasmann, wenn Ihr meint, ich habe Euch nicht gesehen, so täuschet Ihr Euch sehr, ich sah Euch wohl hinter dem Baum hervorgucken.« — Immer keine Antwort, nur zuweilen glaubte er ein leises, heiseres Kichern hinter dem Baum zu vernehmen. Endlich überwand seine Ungeduld die Furcht, die ihn bis jetzt noch abgehalten hatte. »Warte, du kleiner Bursche«, rief er, »dich will ich bald haben!«, sprang mit einem Satz hinter die Tanne, aber da war kein Schatzhauser im grünen Tannenwald, und nur ein kleines, zierliches Eichhörnchen jagte an dem Baum hinauf.

Peter Munk schüttelte den Kopf; er sah ein, daß er die Beschwörung bis auf einen gewissen Grad gebracht habe und daß ihm vielleicht nur noch ein Reim zu dem Sprüchlein fehle, so könne er das Glasmännlein hervorlocken; aber er sann hin, er sann her und fand nichts. Das Eichhörnchen zeigte sich an den untersten Ästen der Tanne und schien ihn aufzumuntern oder zu verspotten. Es putzte sich, es rollte den schönen Schweif, es schaute ihn mit klugen Augen an; aber endlich fürchtete er sich doch beinahe, mit diesem Tier allein zu sein, denn bald schien das Eichhörnchen einen Menschenkopf zu haben und einen dreispitzigen Hut zu tragen, bald war es ganz wie ein anderes Eichhörnchen und hatte nur an den Hinterfüßen rote Strümpfe und schwarze Schuhe. Kurz, es war ein lustiges Tier; aber dennoch graute Kohlenpeter, denn er meinte, es ginge nicht mit rechten Dingen zu. Mit schnelleren Schritten, als er gekommen war, zog Peter wieder ab. Das Dunkel des Tannenwaldes schien immer schwärzer zu werden, die Bäume standen immer dichter, und ihm fing an so zu grauen, daß er im Trab davonjagte, und erst, als er in der Ferne Hunde bellen hörte und bald darauf zwischen den Bäumen den Rauch einer Hütte erblickte, wurde er wieder ruhiger. Aber als er näher kam und die Tracht der Leute in der Hütte erblickte, fand er, daß er aus Angst gerade die entgegengesetzte Richtung genommen und statt zu den Glasleuten zu den Flözern gekommen sei. Die Leute, die in der Hütte wohnten, waren Holzfäller; ein alter Mann, sein Sohn, der Hauswirt, und einige erwachsene Enkel. Sie nahmen Kohlenmunk-Peter, der um ein Nachtlager bat, gut auf, ohne nach seinem Namen oder Wohnort zu fragen, gaben ihm Apfelwein zu trinken, und abends wurde ein großer Auerhahn, die beste Schwarzwaldspeise, aufgesetzt.

Nach dem Nachtessen setzten sich die Hausfrau und ihre Töchter mit ihren Kunkeln um den großen Lichtspan, den die Jungen mit dem feinsten Tannenharz unterhielten, der Großvater, der Gast und der Hauswirt rauchten und schauten den Weibern zu; die Burschen aber waren beschäftigt, Löffel und Gabeln aus Holz zu schnitzeln. Draußen im Wald heulte der Sturm und raste in den Tannen, man hörte da und dort sehr heftige Schläge, und es schien oft, als ob ganze Bäume abgeknickt würden und zusammenkrachten. Die furchtlosen Jungen wollten hinaus in den Wald laufen und dieses furchtbar schöne Schauspiel mit ansehen; ihr Großvater aber hielt sie mit strengem

Wort und Blick zurück. »Ich will keinem raten, daß er jetzt von der Tür geht«, rief er ihnen zu, »bei Gott, der kommt nimmermehr wieder; denn der Holländer-Michel haut sich heute nacht ein neues G'stair (Floßgelenke) im Wald.«

Die Kleinen staunten ihn an; sie mochten von dem Holländer-Michel schon gehört haben, aber sie baten jetzt den Ehni einmal recht schön, von jenem zu erzählen. Auch Peter Munk, der vom Holländer-Michel auf der andern Seite des Waldes nur undeutlich hatte sprechen hören, stimmte mit ein und fragte den Alten, wer und wo er sei. »Er ist der Herr dieses Waldes, und nach dem zu schließen, daß Ihr in Eurem Alter dies noch nicht erfahren, müßt Ihr drüben über dem Tannenbühl oder wohl gar noch weiter zu Hause sein. Vom Holländer-Michel will ich Euch aber erzählen, was ich weiß und wie die Sage von ihm geht. Vor etwa hundert Jahren, so erzählte es wenigstens mein Ehni, war weit und breit kein ehrlicher Volk auf Erden als die Schwarzwälder. Jetzt, seit so viel Geld im Land ist, sind die Menschen unredlich und schlecht. Die jungen Burschen tanzen und johlen am Sonntag und fluchen, daß es ein Schrecken ist; damals war es aber anders, und wenn er jetzt zum Fenster dort hereinschaute, so sag ichs und hab es oft gesagt, der Holländer-Michel ist schuld an all dieser Verderbnis. Es lebte also vor hundert Jahr und drüber ein reicher Holzherr, der viel Gesind hatte; er handelte bis weit in den Rhein hinab, und sein Geschäft war gesegnet, denn er war ein frommer Mann. Kommt eines Abends ein Mann an seine Türe, dergleichen er noch nie gesehen. Seine Kleidung war wie der Schwarzwälder Bursche, aber er war einen guten Kopf höher als alle, und man hatte noch nie geglaubt, daß es einen solchen Riesen geben könne. Dieser bittet um Arbeit bei dem Holzherrn, und der Holzherr, der ihm ansah, daß er stark und zu großen Lasten tüchtig sei, rechnet mit ihm seinen Lohn, und sie schlagen ein. Der Michel war ein Arbeiter, wie selbiger Holzherr noch keinen gehabt. Beim Baumschlagen galt er für drei, und wenn sechs an einem End schleppten, trug er allein das andere. Als er aber ein halb Jahr Holz geschlagen, trat er eines Tags vor seinen Herrn und begehrte von ihm: ›Hab jetzt lange genug hier Holz gehackt, und so möcht ich auch sehen, wohin meine Stämme kommen, und wie wär es, wenn Ihr mich auch mal auf den Floß ließet?‹

Der Holzherr antwortete: ›Ich will dir nicht im Weg sein, Michel, wenn du ein wenig hinaus willst in die Welt; und zwar beim Holzfällen brauche ich starke Leute, wie du bist, auf dem Floß aber kommt es auf Geschicklichkeit an; aber es sei für diesmal!‹

Und so war es; der Floß, mit dem er abgehen sollte, hatte acht Glaich (Glieder), und waren im letzten von den größten Zimmerbalken. Aber was geschah? Am Abend zuvor bringt der lange Michel noch acht Balken ans Wasser, so dick und lang, als man keinen je sah, und jeden trug er so leicht auf der Schulter wie eine Flözerstange, so daß sich alles entsetzte. Wo er sie gehauen, weiß bis heute noch niemand. Dem Holzherrn lachte das Herz, als er dies sah, denn er berechnete, was diese Balken kosten könnten; Michel aber sagte: ›So, die sind für mich zum Fahren; auf den kleinen Spänen dort kann ich nicht fortkommen.‹ Sein Herr wollte ihm zum Dank ein Paar Flözerstiefel schenken; aber er warf sie auf die Seite und brachte ein Paar hervor, wie es sonst noch keine gab; mein Großvater hat versichert, sie haben hundert Pfund gewogen und seien fünf Fuß lang gewesen.

Der Floß fuhr ab, und hatte der Michel früher die Holzhauer in Verwunderung gesetzt, so staunten jetzt die Flözer; denn statt daß der Floß, wie man wegen der ungeheuren Balken geglaubt hatte, langsamer auf dem Fluß ging, flog er, sobald sie in den Neckar kamen, wie ein Pfeil; machte der Neckar eine Wendung und hatten sonst die Flözer Mühe gehabt, den Floß in der Mitte zu halten, um nicht auf Kies oder Sand zu stoßen, so sprang jetzt Michel allemal ins Wasser, rückte mit einem Zug den Floß links oder rechts, so daß er ohne Gefahr vorüberglitt, und kam dann eine gerade Stelle, so lief er aufs erste G'stair (Gelenk) vor, ließ alle ihre Stangen beisetzen, steckte seinen ungeheuren Weberbaum ins Kies, und mit *einem* Druck flog der Floß dahin, daß das Land und Bäume und Dörfer vorbeizujagen schienen. So waren sie in der Hälfte der Zeit, die man sonst brauchte, nach Köln am Rhein gekommen, wo sie sonst ihre Ladung verkauft hatten; aber hier sprach Michel: ›Ihr seid mir rechte Kaufleute und versteht euren Nutzen! Meinet ihr denn, die Kölner brauchen all dies Holz, das aus dem Schwarzwald kömmt, für sich? Nein, um den halben Wert kaufen sie es euch ab und verhandeln es teuer nach Holland. Lasset uns die kleinen Balken hier verkaufen und mit den großen nach Holland gehen; was wir über den gewöhlichen Preis lösen, ist unser eigener Profit.‹

So sprach der arglistige Michel, und die andern waren es zufrieden; die einen, weil sie gerne nach Holland gezogen wären, es zu sehen, die andern des Geldes wegen. Nur ein einziger war redlich und mahnte sie ab, das Gut ihres Herrn der Gefahr auszusetzen oder ihn um den höheren Preis zu betrügen; aber sie hörten nicht auf ihn und vergaßen seine Worte, aber der Holländer-Michel vergaß sie nicht. Sie fuhren auch mit dem Holz den Rhein hinab, Michel leitete den Floß und brachte sie schnell bis nach Rotterdam. Dort bot man ihnen das Vierfache von dem früheren Preis, und besonders die ungeheuren Balken des Michel wurden mit schwerem Geld bezahlt. Als die Schwarzwälder so viel Geld sahen, wußten sie sich vor Freude nicht zu fassen. Michel teilte ab, einen Teil dem Holzherrn, die drei andern unter die Männer. Und nun setzten sie sich mit Matrosen und anderem schlechten Gesindel in die Wirtshäuser, verschlemmten und verspielten ihr Geld; den braven Mann aber, der ihnen abgeraten, verkaufte der Holländer-Michel an einen Seelenverkäufer, und man hat nichts mehr von ihm gehört. Von da an war den Burschen im Schwarzwald Holland das Paradies und Holländer-Michel ihr König; die Holzherren erfuhren lange nichts von dem Handel, und unvermerkt kam Geld, Flüche, schlechte Sitten, Trunk und Spiel aus Holland herauf.

Der Holländer-Michel war aber, als die Geschichte herauskam, nirgends zu finden, aber tot ist er auch nicht; seit hundert Jahren treibt er seinen Spuk im

Wald, und man sagt, daß er schon vielen behilflich gewesen sei, reich zu werden, aber — auf Kosten ihrer armen Seele, und mehr will ich nicht sagen. Aber so viel ist gewiß, daß er noch jetzt in solchen Sturmnächten im Tannenbühl, wo man nicht hauen soll, überall die schönsten Tannen aussucht, und mein Vater hat ihn eine vier Schuh dicke umbrechen sehen wie ein Rohr. Mit diesen beschenkt er die, welche sich vom Rechten abwenden und zu ihm gehen; um Mitternacht bringen sie dann die G'stair ins Wasser, und er rudert mit ihnen nach Holland. Aber wäre ich Herr und König in Holland, ich ließe ihn mit Kartätschen in den Boden schmettern; denn alle Schiffe, die von dem Holländer-Michel auch nur *einen* Balken haben, müssen untergehen. Daher kommt es, daß man so viel von Schiffbrüchen hört; wie könnte denn sonst ein schönes, starkes Schiff, so groß als eine Kirche, zugrund gehen auf dem Wasser? Aber sooft Holländer-Michel in einer Sturmnacht im Schwarzwald eine Tanne fällt, springt eine seiner alten aus den Fugen des Schiffes; das Wasser dringt ein, und das Schiff ist mit Mann und Maus verloren. Das ist die Sage vom Holländer-Michel, und wahr ist es, alles Böse im Schwarzwald schreibt sich von ihm her; oh! er kann einen reich machen«, setzte der Greis geheimnisvoll hinzu, »aber ich möchte nichts von ihm haben, ich möchte um keinen Preis in der Haut des dicken Ezechiel und des langen Schlurkers stecken; auch der Tanzbodenkönig soll sich ihm ergeben haben!«

Der Sturm hatte sich während der Erzählung des Alten gelegt; die Mädchen zündeten schüchtern die

Lampen an und gingen weg; die Männer aber legten Peter Munk einen Sack voll Laub als Kopfkissen auf die Ofenbank und wünschten ihm gute Nacht.

Kohlenmunk-Peter hatte noch nie so schwere Träume gehabt wie in dieser Nacht; bald glaubte er, der finstere, riesige Holländer-Michel reiße die Stubenfenster auf und reiche mit seinem ungeheuer langen Arm einen Beutel voll Goldstücke herein, die er untereinanderschüttelte, daß es hell und lieblich klang; bald sah er wieder das kleine, freundliche Glasmännlein auf einer ungeheuren grünen Flasche im Zimmer umherreiten, und er meinte das heisere Lachen wieder zu hören wie im Tannenbühl; dann brummte es ihm wieder ins linke Ohr:

In Holland gibts Gold,
Könnets haben, wenn Ihr wollt,
Um geringen Sold
Gold, Gold!

Dann hörte er wieder in sein rechtes Ohr das Liedchen vom Schatzhauser im grünen Tannenwald, und eine zarte Stimme flüsterte: »Dummer Kohlenpeter, dummer Peter Munk, kannst kein Sprüchlein reimen auf *stehen* und bist doch am Sonntag geboren Schlag zwölf Uhr. Reime, dummer Peter, reime!«

Er ächzte, er stöhnte im Schlaf, er mühte sich ab, einen Reim zu finden; aber da er in seinem Leben noch keinen gemacht hatte, war seine Mühe im Traum vergebens. Als er aber mit dem ersten Frührot erwachte, kam ihm doch sein Traum sonderbar vor; er setzte sich mit verschränkten Armen hinter den Tisch und dachte über die Einflüsterungen nach, die ihm noch immer im Ohr lagen; »Reime, dummer Kohlenmunk-Peter, reime«, sprach er zu sich und pochte mit dem Finger an seine Stirne, aber es wollte kein Reim hervorkommen. Als er noch so dasaß und trübe vor sich hinschaute und an den Reim auf *stehen* dachte, da zogen drei Bursche vor dem Haus vorbei in den Wald, und einer sang im Vorübergehn:

Am Berge tat ich stehen
Und schaute ins Tal,
Da hab ich sie gesehen
Zum allerletzten Mal.

Das fuhr wie ein leuchtender Blitz durch Peters Ohr, und hastig raffte er sich auf, stürzte aus dem Haus, weil er meinte, nicht recht gehört zu haben, sprang den drei Burschen nach und packte den Sänger hastig und unsaft beim Arm. »Halt, Freund!« rief er, »was habt Ihr da auf *stehen* gereimt? Tut mir die Liebe und sprecht, was Ihr gesungen!«

»Was fichts dich an, Bursche?« entgegnete der Schwarzwälder. »Ich kann singen, was ich will, und laß gleich meinen Arm los, oder —«

»Nein, sagen sollst du, was du gesungen hast!« schrie Peter beinahe außer sich und packte ihn noch fester an; die zwei andern aber, als sie dies sahen, zögerten nicht lange, sondern fielen mit derben Fäusten über den armen Peter her und walkten ihn derb, bis er vor Schmerzen das Gewand des dritten ließ und erschöpft in die Knie sank. »Jetzt hast du dein Teil«, sprachen sie lachend, »und merk dir, toller Bursche, daß du Leute, wie wir sind, nimmer anfällst auf offenem Wege.«

»Ach, ich will mir es gewißlich merken!« erwiderte Kohlenpeter seufzend; »aber so ich die Schläge habe, seid so gut und saget deutlich, was jener gesungen!«

Da lachten sie aufs neue und spotteten ihn aus; aber der das Lied gesungen, sagte es ihm vor, und lachend und singend zogen sie weiter.

»Also *sehen*«, sprach der arme Geschlagene, indem er sich mühsam aufrichtete, »*sehen* auf *stehen* — jetzt, Glasmännlein, wollen wir wieder ein Wort zusammen sprechen.« Er ging in die Hütte, holte seinen Hut und den langen Stock, nahm Abschied von den Bewohnern der Hütte und trat seinen Rückweg nach dem Tannenbühl an. Er ging langsam und sinnend seine Straße, denn er mußte ja einen Vers ersinnen; endlich, als er schon in dem Bereich des Tannenbühls ging und die Tannen höher und dichter wurden, hatte er auch seinen Vers gefunden und machte vor Freuden einen Sprung in die Höhe. Da trat ein riesengroßer Mann in Flözerkleidung und eine Stange so lang wie ein Mastbaum in der Hand hinter den Tannen hervor. Peter Munk sank beinahe in die Knie, als er jenen langsamen Schrittes neben sich wandeln sah; denn er dachte, das ist der Holländer-Michel und kein anderer. Noch immer schwieg die furchtbare Gestalt, und Peter schielte zuweilen furchtsam nach ihm hin. Er war wohl einen Kopf größer als der längste Mann, den Peter je gesehen; sein Gesicht war nicht mehr jung, doch auch nicht alt, aber voller Furchen und Falten; er trug ein

Wams von Leinwand, und die ungeheuren Stiefel, über die Lederbeinkleider heraufgezogen, waren Peter aus der Sage wohlbekannt.

»Peter Munk, was tust du im Tannenbühl?« fragte der Waldkönig endlich mit tiefer, dröhnender Stimme.

»Guten Morgen, Landsmann«, antwortete Peter, indem er sich unerschrocken zeigen wollte, aber heftig zitterte, »ich will durch den Tannenbühl nach Haus zurück.«

»Peter Munk«, erwiderte jener und warf einen stechenden, furchtbaren Blick nach ihm herüber, »dein Weg geht nicht durch diesen Hain.«

»Nun, so gerade just nicht«, sagte jener, »aber es macht heute warm, da dachte ich, es wird hier kühler sein.«

»Lüge nicht, du Kohlenpeter!« rief der Holländer-Michel mit donnernder Stimme, »oder ich schlag dich mit der Stange zu Boden; meinst, ich hab dich nicht betteln sehen bei dem Kleinen?« setzte er sanft hinzu. »Geh, geh, das war ein dummer Streich, und gut ist es, daß du das Sprüchlein nicht wußtest; er ist ein Knauser, der kleine Kerl, und gibt nicht viel, und wem er gibt, der wird seines Lebens nicht froh. — Peter, du bist ein armer Tropf und dauerst mich in der Seele; so ein munterer, schöner Bursche, der in der Welt was anfangen könnte, und sollst Kohlen brennen! Wenn andere große Taler oder Dukaten aus dem Ärmel schütteln, kannst du kaum ein paar Sechser aufwenden; 's ist ein ärmliches Leben!«

»Wahr ist's und recht habt Ihr, ein elendes Leben.«

»Na, mir solls nicht drauf ankommen«, fuhr der schreckliche Michel fort; »hab schon manchem braven

Kerl aus der Not geholfen, und du wärst nicht der erste. Sag einmal, wieviel hundert Taler brauchst du fürs erste?«

Bei diesen Worten schüttelte er das Geld in seiner ungeheuren Tasche untereinander, und es klang wieder wie diese Nacht im Traum. Aber Peters Herz zuckte ängstlich und schmerzhaft bei diesen Worten, es wurde ihm kalt und warm, und der Holländer-Michel sah nicht aus, wie wenn er aus Mitleid Geld wegschenkte, ohne etwas dafür zu verlangen. Es fielen ihm die geheimnisvollen Worte des alten Mannes über die reichen Menschen ein, und von unerklärlicher Angst und Bangigkeit gejagt, rief er: »Schön Dank, Herr! Aber mit Euch will ich nichts zu schaffen haben, und ich kenn Euch schon«, und lief, was er laufen konnte. — Aber der Waldgeist schritt mit ungeheuren Schritten neben ihm her und murmelte dumpf und drohend: »Wirsts noch bereuen, Peter, wirst noch zu mir kommen; auf deiner Stirne stehts geschrieben, in deinem Auge ists zu lesen, du entgehst mir nicht. — Lauf nicht so schnell, höre nur noch ein vernünftig Wort, dort ist schon meine Grenze!«

Aber als Peter dies hörte und unweit vor ihm einen kleinen Graben sah, beeilte er sich nur noch mehr, über die Grenze zu kommen, so daß Michel am Ende schneller laufen mußte und unter Flüchen und Drohungen ihn verfolgte. Der junge Mann setzte mit einem verzweifelten Sprung über den Graben; denn er sah, wie der Waldgeist mit seiner Stange ausholte und sie auf ihn niederschmettern lassen wollte; er kam glücklich jenseits an, und die Stange zersplitterte in der

Luft wie an einer unsichtbaren Mauer, und ein langes Stück fiel zu Peter herüber.

Triumphierend hob er es auf, um es dem groben Holländer-Michel zuzuwerfen; aber in diesem Augenblick fühlte er das Stück Holz in seiner Hand sich bewegen, und zu seinem Entsetzen sah er, daß es eine ungeheure Schlange sei, was er in der Hand hielt, die sich schon mit geifernder Zunge und blitzenden Augen an ihm hinaufbäumte. Er ließ sie los; aber sie hatte sich schon fest um seinen Arm gewickelt und kam mit schwankendem Kopfe seinem Gesicht immer näher; da rauschte auf einmal ein ungeheurer Auerhahn nieder, packte den Kopf der Schlange mit dem Schnabel, erhob sich mit ihr in die Lüfte, und Holländer-Michel, der dies alles von dem Graben aus gesehen hatte, heulte und schrie und raste, als die Schlange von einem Gewaltigern entführt ward.

Erschöpft und zitternd setzte Peter seinen Weg fort; der Pfad wurde steiler, die Gegend wilder, und bald fand er sich wieder an der ungeheuren Tanne. Er machte wieder wie gestern seine Verbeugungen gegen das unsichtbare Glasmännlein und hub dann an:

Schatzhauser im grünen Tannenwald,
Bist schon viel hundert Jahre alt;
Dein ist all Land, wo Tannen stehn,
Läßt dich nur Sonntagskindern sehn.

»Hasts zwar nicht ganz getroffen; aber weil du es bist, Kohlenmunk-Peter, so soll es hingehen«, sprach eine zarte, feine Stimme neben ihm. Erstaunt sah er sich um, und unter einer schönen Tanne saß ein kleines, altes Männlein in schwarzem Wams und roten Strümpfen und den großen Hut auf dem Kopf. Er hatte ein feines, freundliches Gesichtchen und ein Bärtchen so zart wie aus Spinnweben; er rauchte, was sonderbar anzusehen war, aus einer Pfeife von blauem Glas, und als Peter näher trat, sah er zu seinem Erstaunen, daß auch Kleider, Schuhe und Hut des Kleinen aus gefärbtem Glas bestanden; aber es war geschmeidig, als ob es noch heiß wäre, denn es schmiegte sich wie Tuch nach jeder Bewegung des Männleins.

»Du hast dem Flegel begegnet, dem Holländer-Michel?« sagte der Kleine, indem er zwischen jedem Wort sonderbar hüstelte; »er hat dich recht ängstigen wollen, aber seinen Kunstprügel habe ich ihm abgejagt, den soll er nimmer wiederkriegen.«

»Ja, Herr Schatzhauser«, erwiderte Peter mit einer tiefen Verbeugung, »es war mir recht bange. Aber Ihr seid wohl der Herr Auerhahn gewesen, der die Schlange totgebissen? Da bedanke ich mich schönstens. — Ich komme aber, um mich Rats zu erholen bei Euch; es geht mir gar schlecht und hinderlich; ein Kohlenbrenner bringt es nicht weit, und da ich noch jung bin, dächte ich doch, es könnte noch was Besseres aus mir werden; und wenn ich oft andere sehe, wie weit die es in kurzer Zeit gebracht haben — wenn ich nur den Ezechiel nehme und den Tanzbodenkönig, die haben Geld wie Heu.«

»Peter«, sagte der Kleine sehr ernst und blies den Rauch aus seiner Pfeife weit hinweg, »Peter, sag mir nichts von diesen. Was haben sie davon, wenn sie hier ein paar Jahre dem Schein nach glücklich und dann nachher desto unglücklicher sind? Du mußt dein Handwerk nicht verachten; dein Vater und Großvater waren Ehrenleute und haben es auch getrieben, Peter Munk! Ich will nicht hoffen, daß es Liebe zum Müßiggang ist, was dich zu mir führt.«

Peter erschrak vor dem Ernst des Männleins und errötete. »Nein«, sagte er, »Müßiggang, weiß ich wohl, Herr Schatzhauser im Tannenwald, Müßiggang ist aller Laster Anfang; aber das könnt Ihr mir nicht übelnehmen, wenn mir ein anderer Stand besser gefällt als der meinige. Ein Kohlenbrenner ist halt so gar etwas Geringes auf der Welt, und die Glasleute und Flözer und Uhrmacher und alle sind angesehener.«

»Hochmut kommt oft vor dem Fall«, erwiderte der kleine Herr vom Tannenwald etwas freundlicher; »ihr seid ein sonderbar Geschlecht, ihr Menschen! Selten ist einer mit dem Stand ganz zufrieden, in dem er geboren und erzogen ist, und was gilts, wenn du ein Glasmann wärest, möchtest du gern ein Holzherr sein, und wärest du Holzherr, so stünde dir des Försters Dienst oder des Amtmanns Wohnung an. Aber es sei! Wenn du versprichst, brav zu arbeiten, so will ich dir zu etwas Besserem verhelfen, Peter. Ich pflege jedem Sonntagskind, das sich zu mir zu finden weiß, drei Wünsche zu gewähren. Die ersten zwei sind frei, den dritten kann ich verweigern, wenn er töricht ist. So wünsche dir also jetzt etwas, aber — Peter, etwas Gutes und Nützliches!«

»Heisa! Ihr seid ein treffliches Glasmännlein, und mit Recht nennt man Euch Schatzhauser, denn bei

Euch sind die Schätze zu Hause. Nu — und also darf ich wünschen, wornach mein Herz begehrt, so will ich denn fürs erste, daß ich noch besser tanzen könne als der Tanzbodenkönig und jedesmal noch einmal so viel Geld ins Wirtshaus bringe als er.«

»Du Tor!« erwiderte der Kleine zürnend. »Welch ein erbärmlicher Wunsch ist dies, gut tanzen zu können und Geld zum Spiel zu haben! Schämst du dich nicht, dummer Peter, dich selbst so um dein Glück zu betrügen? Was nützt es dir und deiner armen Mutter, wenn du tanzen kannst? Was nützt dir dein Geld, das nach deinem Wunsch nur für das Wirtshaus ist und wie das des elenden Tanzbodenkönigs dort bleibt? Dann hast du wieder die ganze Woche nichts und darbst wie zuvor. Noch einen Wunsch gebe ich dir frei; aber sieh dich vor, daß du vernünftiger wünschest!«

Peter kratzte sich hinter den Ohren und sprach nach einigem Zögern: »Nun, so wünsche ich mir die schönste und reichste Glashütte im ganzen Schwarzwald mit allem Zugehör und Geld, sie zu leiten.«

»Sonst nichts?« fragte der Kleine mit besorglicher Miene. »Peter, sonst nichts?«

»Nu — Ihr könnet noch ein Pferd dazutun und ein Wägelchen —«

»O du dummer Kohlenmunk-Peter!« rief der Kleine und warf seine gläserne Pfeife im Unmut an eine dicke Tanne, daß sie in hundert Stücke sprang. »Pferde? Wägelchen? Verstand, sag ich dir, Verstand, gesunden Menschenverstand und Einsicht hättest du wünschen sollen, aber nicht Pferdchen und Wägelchen. Nun, werde nur nicht so traurig, wir wollen sehen, daß es auch so nicht zu deinem Schaden ist; denn der zweite Wunsch war im ganzen nicht töricht. Eine gute Glashütte nährt auch ihren Mann und Meister; nur hättest du Einsicht und Verstand dazu mitnehmen können, Wagen und Pferde wären dann wohl von selbst gekommen.«

»Aber, Herr Schatzhauser«, erwiderte Peter, »ich habe ja noch einen Wunsch übrig. Da könnte ich ja Verstand wünschen, wenn er mir so überaus nötig ist, wie Ihr meinet.«

»Nichts da! Du wirst noch in manche Verlegenheit kommen, wo du froh sein wirst, wenn du noch einen Wunsch frei hast. Und nun mache dich auf den Weg nach Hause! Hier sind«, sprach der kleine Tannengeist, indem er ein kleines Beutelein aus der Tasche zog, »hier sind zweitausend Gulden, und damit genug, und komm mir nicht wieder, um Geld zu fordern; denn dann müßte ich dich an die höchste Tanne aufhängen! So hab ichs gehalten, seit ich in dem Wald wohne. Vor drei Tagen aber ist der alte Winkfritz gestorben, der die große Glashütte gehabt hat im Unterwald. Dorthin gehe morgen frühe und mach ein Bot auf das Gewerbe, wie es recht ist. Halt dich wohl, sei fleißig, und ich will dich zuweilen besuchen und dir mit Rat und Tat an die Hand gehen, weil du dir doch keinen Verstand erbeten. Aber, das sag ich dir ernstlich, dein erster Wunsch war böse. Nimm dich in acht vor dem Wirtshauslaufen, Peter! 's hat noch bei keinem lange gutgetan.« Das Männlein hatte, während es dies sprach, eine neue Pfeife vom schönsten Beinglas hervorgezogen, sie mit gedörrten Tannenzapfen gestopft und in den kleinen, zahnlosen Mund gesteckt. Dann zog es ein ungeheures Brennglas hervor, trat in die Sonne und zündete seine Pfeife an. Als es damit fertig war, bot es dem Peter freundlich die Hand, gab ihm noch ein paar gute Lehren auf den Weg, rauchte und blies immer schneller und verschwand endlich in einer Rauchwolke, die nach echtem holländischem Tabak roch und, langsam sich kräuselnd, in den Tannenwipfeln verschwebte.

Als Peter nach Haus kam, fand er seine Mutter sehr in Sorgen um ihn; denn die gute Frau glaubte nicht anders, als ihr Sohn sei zum Soldaten ausgehoben worden. Er aber war fröhlich und guter Dinge und erzählte ihr, wie er im Wald einen guten Freund getroffen, der ihm Geld vorgeschossen habe, um ein anderes Geschäft als Kohlenbrennen anzufangen. Obgleich seine Mutter schon seit dreißig Jahren in der Köhlerhütte wohnte und an den Anblick berußter Leute so gewöhnt war als jede Müllerin an das Mehlgesicht ihres Mannes, so war sie doch eitel genug, sobald ihr Peter ein glänzenderes Los zeigte, ihren früheren Stand zu verachten, und sprach: »Ja, als Mutter eines Mannes, der eine Glashütte besitzt, bin ich doch was anderes als Nachbarin Grete und Bete und setze mich in Zukunft vornehin in der Kirche, wo rechte Leute sitzen.« Ihr Sohn aber wurde mit den Erben der Glashütte bald handelseinig. Er behielt die Arbeiter, die er vorfand, bei sich und ließ nun Tag und Nacht Glas machen. Anfangs gefiel ihm das Handwerk wohl; er pflegte gemächlich in die Glashütte hinabzusteigen, ging dort mit vornehmen Schritten, die Hände in die Taschen gesteckt, hin und her, guckte dahin, guckte dorthin, sprach dies und jenes, worüber seine Arbeiter oft nicht wenig lachten, und seine größte Freude war, das Glas blasen zu sehen, und oft machte er sich selbst an die Arbeit und formte aus der noch weichen Masse die sonderbarsten Figuren. Bald aber war ihm die Arbeit entleidet, und er kam zuerst nur noch eine Stunde des Tages in die Hütte, dann nur alle zwei Tage, endlich die Woche nur einmal, und seine Gesellen machten, was sie wollten. Das alles kam aber nur vom Wirtshauslaufen; den Sonntag, nachdem er vom Tannenbühl zurückgekommen war, ging er ins Wirtshaus, und wer schon auf dem Tanzboden sprang, war der Tanzbodenkönig, und der dicke Ezechiel saß auch schon hinter der Maßkanne und knöchelte um Kronentaler. Da fuhr Peter schnell in die Tasche, zu sehen, ob ihm das Glasmännlein Wort gehalten, und siehe, seine Tasche strotzte von Silber und Gold. Auch in seinen Beinen zuckte und drückte es, wie wenn sie tanzen und springen wollten, und als der erste Tanz zu Ende war, stellte er sich mit seiner Tänzerin obenan neben den Tanzbodenkönig, und sprang dieser drei Schuh hoch, so flog Peter vier, und machte dieser wunderliche und zierliche Schritte, so verschlang und drehte Peter seine Füße, daß alle Zuschauer vor Lust und Verwunderung beinahe außer sich kamen. Als man aber auf dem Tanzboden vernahm, daß Peter eine Glashütte gekauft habe, als man sah, daß er, sooft er an den Musikanten vorbeitanzte, ihnen einen Sechsbätzner zuwarf, da war des Staunens kein Ende. Die einen glaubten, er habe einen Schatz im Wald gefunden, die andern meinten, er habe eine Erbschaft getan, aber alle verehrten ihn jetzt und hielten ihn für einen gemachten Mann, nur weil er Geld hatte. Verspielte er doch noch an demselben Abend zwanzig Gulden, und nichtsdestominder rasselte und klang es in seiner Tasche, wie wenn noch hundert Taler darin wären.

Als Peter sah, wie angesehen er war, wußte er sich vor Freude und Stolz nicht zu fassen. Er warf das Geld mit vollen Händen weg und teilte es den Armen reichlich mit, wußte er doch, wie ihn selbst einst die Armut gedrückt hatte. Des Tanzbodenkönigs Künste wurden vor den übernatürlichen Künsten des neuen Tänzers zuschanden, und Peter führte jetzt den Namen Tanzkaiser. Die unternehmendsten Spieler am Sonntag wagten nicht so viel wie er, aber sie verloren auch nicht so viel. Und je mehr er verlor, desto mehr gewann er. Das verhielt sich aber ganz so, wie er es vom kleinen Glasmännlein verlangt hatte. Er hatte sich gewünscht, immer so viel Geld in der Tasche zu haben wie der dicke Ezechiel, und gerade dieser war es, an welchen er sein Geld verspielte, und wenn er zwanzig, dreißig Gulden auf einmal verlor, so hatte er sie alsobald wieder in der Tasche, wenn sie Ezechiel einstrich. Nach und nach brachte er es aber im Schlemmen und Spielen weiter als die schlechtesten Gesellen im Schwarzwald, und man nannte ihn öfter Spielpeter als Tanzkaiser, denn er spielte jetzt auch beinahe an allen Werktagen. Darüber kam aber seine Glashütte nach und nach in Verfall, und daran war Peters Unverstand schuld. Glas ließ er machen, so viel man immer machen konnte; aber er hatte mit der Hütte nicht zugleich das Geheimnis gekauft, wohin man es am besten verschleißen könne. Er wußte am Ende mit der Menge Glas nichts anzufangen und verkaufte es um den halben Preis an herumziehende Händler, nur um seine Arbeiter bezahlen zu können.

Eines Abends ging er auch wieder vom Wirtshaus heim und dachte trotz des vielen Weines, den er getrunken, um sich fröhlich zu machen, mit Schrecken und Gram an den Verfall seines Vermögens. Da bemerkte er auf einmal, daß jemand neben ihm gehe; er sah sich um, und siehe da — es war das Glasmännlein. Da geriet er in Zorn und Eifer, vermaß sich hoch und teuer und schwur, der Kleine sei an all seinem Unglück schuld. »Was tu ich nun mit Pferd und Wägelchen?« rief er, »was nutzt mich die Hütte und all mein Glas? Selbst als ich noch ein elender Köhlersbursch war, lebte ich froher und hatte keine Sorgen. Jetzt weiß ich nicht, wann der Amtmann kommt und meine Habe schätzt und mir vergantet der Schulden wegen!«

»So?« entgegnete das Glasmännlein; »so? Ich also soll schuld daran sein, wenn du unglücklich bist? Ist dies der Dank für meine Wohltaten? Wer hieß dich so töricht wünschen? Ein Glasmann wolltest du sein und wußtest nicht, wohin dein Glas verkaufen? Sagte ich dir nicht, du solltest behutsam wünschen? Verstand, Peter, Klugheit hat dir gefehlt.« »Was Verstand und Klugheit!« rief jener. »Ich bin ein so kluger Bursche als irgendeiner und will es dir zeigen, Glasmännlein«, und bei diesen Worten faßte er das Männlein unsanft am Kragen und schrie: »Hab ich dich jetzt, Schatzhauser im grünen Tannenwald? Und den dritten Wunsch will ich jetzt tun, den sollst du mir gewähren; und so will ich hier auf der Stelle zweimalhunderttausend harte Taler und ein Haus und — o weh!« schrie er und schüttelte die Hand; denn das Waldmännlein hatte sich in glühendes Glas verwandelt und brannte in seiner Hand wie sprühendes Feuer. Aber von dem Männlein war nichts mehr zu sehen.

Mehrere Tage lang erinnerte ihn seine geschwollene Hand an seine Undankbarkeit und Torheit. Dann aber übertäubte er sein Gewissen und sprach: »Und wenn sie mir die Glashütte und alles verkaufen, so bleibt mir doch noch immer der dicke Ezechiel. Solange der Geld hat am Sonntag, kann es mir nicht fehlen.«

Ja, Peter! Aber wenn er keines hat? — Und so geschah es eines Tages, und war ein wunderliches Rechenexempel. Denn eines Sonntags kam er angefahren ans Wirtshaus, und die Leute streckten die Köpfe durch die Fenster, und der eine sagte, da kommt der Spielpeter, und der andere, ja, der Tanzkaiser, der reiche Glasmann, und ein dritter schüttelte den Kopf und sprach: »Mit dem Reichtum kann man es machen, man sagt allerlei von seinen Schulden, und in der Stadt hat einer gesagt, der Amtmann werde nicht mehr lang säumen zum Auspfänden.« Indessen grüßte der reiche Peter die Gäste am Fenster vornehm und gravitätisch, stieg vom Wagen und schrie: »Sonnenwirt, guten Abend, ist der dicke Ezechiel schon da?« Und eine tiefe Stimme rief: »Nur herein, Peter! Dein Platz ist dir aufbehalten, wir sind schon da und bei den Karten.« So trat Peter Munk in die Wirtsstube und fuhr gleich in die Tasche und merkte, daß Ezechiel gut versehen sein müsse, denn seine Tasche war bis oben angefüllt.

Er setzte sich hinter den Tisch zu den andern und spielte und gewann und verlor hin und her, und so spielten sie, bis andere ehrliche Leute, als es Abend wurde, nach Hause gingen, und spielten bei Licht, bis zwei andere Spieler sagten: »Jetzt ists genug, und wir müssen heim zu Frau und Kind.« Aber Spielpeter forderte den dicken Ezechiel auf zu bleiben. Dieser wollte lange nicht, endlich aber rief er: »Gut, jetzt will ich mein Geld zählen, und dann wollen wir knöcheln, den Satz um fünf Gulden; denn niederer ist es doch nur Kinderspiel.« Er zog den Beutel und zählte und fand hundert Gulden bar, und Spielpeter wußte nun, wieviel er selbst habe, und brauchte es nicht erst zu zählen. Aber hatte Ezechiel vorher gewonnen, so verlor er jetzt Satz für Satz und fluchte greulich dabei. Warf er einen Pasch, gleich warf Spielpeter auch einen und immer zwei Augen höher. Da setzte er endlich die letzten fünf Gulden auf den Tisch und rief: »Noch einmal, und wenn ich auch den noch verliere, so höre ich doch nicht auf; dann leihst du mir von deinem Gewinn, Peter, ein ehrlicher Kerl hilft dem andern.«

»Soviel du willst, und wenn es hundert Gulden sein sollten«, sprach der Tanzkaiser, fröhlich über seinen Gewinn, und der dicke Ezechiel schüttelte die Würfel und warf fünfzehn. »Pasch!« rief er, »jetzt wollen wir sehen!« Peter aber warf achtzehn, und eine heisere bekannte Stimme hinter ihm sprach: »So, das war der letzte.«

Er sah sich um, und riesengroß stand der Holländer-Michel hinter ihm. Erschrocken ließ er das Geld fallen, das er schon eingezogen hatte. Aber der dicke Ezechiel sah den Waldmann nicht, sondern verlangte, der Spielpeter solle ihm zehn Gulden vorstrecken zum Spiel. Halb im Traum fuhr dieser mit der Hand in die Tasche, aber da war kein Geld; er suchte in der andern Tasche, aber auch da fand sich nichts; er kehrte den Rock um, aber es fiel kein roter Heller heraus, und jetzt erst gedachte er seines eigenen ersten Wunsches, immer so viel Geld zu haben als der dicke Ezechiel. Wie Rauch war alles verschwunden.

Der Wirt und Ezechiel sahen ihn staunend an, als er immer suchte und sein Geld nicht finden konnte, sie wollten ihm nicht glauben, daß er keines mehr habe; aber als sie endlich selbst in seinen Taschen suchten, wurden sie zornig und schwuren, der Spielpeter sei ein böser Zauberer und habe all das gewonnene Geld und sein eigenes nach Hause gewünscht. Peter verteidigte sich standhaft, aber der Schein war gegen ihn. Ezechiel sagte, er wolle die schreckliche Geschichte allen Leuten im Schwarzwald erzählen, und der Wirt versprach ihm, morgen mit dem frühesten in die Stadt zu gehen und Peter Munk als Zauberer anzuklagen, und er wolle es erleben, setzte er hinzu, daß man ihn verbrenne. Dann fielen sie wütend über ihn her, rissen ihm das Wams vom Leib und warfen ihn zur Tür hinaus.

Kein Stern schien am Himmel, als Peter trübselig seiner Wohnung zuschlich; aber dennoch konnte er eine dunkle Gestalt erkennen, die neben ihm herschritt und endlich sprach: »Mit dir ists aus, Peter Munk, all deine Herrlichkeit ist zu Ende, und das hätt ich dir schon damals sagen können, als du nichts von mir hören wolltest und zu dem dummen Glaszwerg liefst. Da siehst du jetzt, was man davon hat, wenn man meinen Rat verachtet. Aber versuch es einmal mit mir, ich habe Mitleiden mit deinem Schicksal. Noch keinen hat es gereut, der sich an mich wandte, und wenn du den Weg nicht scheust, morgen den ganzen Tag bin ich am Tannenbühl zu sprechen, wenn du mich rufst.« Peter merkte wohl, wer so zu ihm spreche, aber es kam ihn ein Grauen an; er antwortete nichts, sondern lief seinem Haus zu.

Zweite Abteilung

Als Peter am Montagmorgen in seine Glashütte ging, da waren nicht nur seine Arbeiter da, sondern auch andere Leute, die man nicht gerne sieht, nämlich der Amtmann und drei Gerichtsdiener. Der Amtmann wünschte Peter einen guten Morgen, fragte, wie er geschlafen, und zog dann ein langes Register heraus, und darauf waren Peters Gläubiger verzeichnet. »Könnt Ihr zahlen oder nicht?« fragte der Amtmann mit strengem Blick, »und macht es nur kurz, denn ich habe nicht viel Zeit zu versäumen, und in den Turm ist es drei gute Stunden.« Da verzagte Peter, gestand, daß er nichts mehr habe, und überließ es dem Amtmann,

Haus und Hof, Hütte und Stall, Wagen und Pferde zu schätzen; und als die Gerichtsdiener und der Amtmann umhergingen und prüften und schätzten, dachte er, bis zum Tannenbühl ists nicht weit; hat mir der *Kleine* nicht geholfen, so will ich es einmal mit dem *Großen* versuchen. Er lief dem Tannenbühl zu, so schnell, als ob die Gerichtsdiener ihm auf den Fersen wären; es war ihm, als er an dem Platz vorbeirannte, wo er das Glasmännlein zuerst gesprochen, als halte ihn eine unsichtbare Hand auf, aber er riß sich los und lief weiter bis an die Grenze, die er sich früher wohl gemerkt hatte, und kaum hatte er, beinahe atemlos, »Holländer-Michel! Herr Holländer-Michel!« gerufen, als auch schon der riesengroße Flözer mit seiner Stange vor ihm stand.

»Kommst du?« sprach dieser lachend. »Haben sie dir die Haut abziehen und deinen Gläubigern verkaufen wollen? Nu, sei ruhig! Dein ganzer Jammer kommt, wie gesagt, von dem kleinen Glasmännlein, von dem Separatisten und Frömmler her. Wenn man schenkt, muß man gleich recht schenken, und nicht wie dieser Knauser. Doch komm«, fuhr er fort und wandte sich gegen den Wald, »folge mir in mein Haus; dort wollen wir sehen, ob wir handelseinig werden.«

»Handelseinig!« dachte Peter. »Was kann er denn von mir verlangen, was kann ich an ihn verhandeln? Soll ich ihm etwa dienen, oder was will er?«

Sie gingen zuerst über einen steilen Waldsteig hinan und standen dann mit einem Mal an einer dunkeln, tiefen, abschüssigen Schlucht; Holländer-Michel sprang den Felsen hinab, wie wenn es eine sanfte Marmortreppe wäre; aber bald wäre Peter in Ohnmacht gesunken, denn als jener unten angekommen war, machte er sich so groß wie ein Kirchturm und reichte ihm einen Arm, so lang als ein Weberbaum, und eine Hand daran, so breit als der Tisch im Wirtshaus, und rief mit einer Stimme, die heraufschallte wie eine tiefe Totenglocke: »Setz dich nur auf meine Hand und halte dich an den Fingern, so wirst du nicht fallen.« Peter tat zitternd, wie jener befohlen, nahm Platz auf der Hand und hielt sich am Daumen des Riesen.

Es ging weit und tief hinab, aber dennoch ward es zu Peters Verwunderung nicht dunkler; im Gegenteil, die Tageshelle schien sogar zuzunehmen in der Schlucht, aber er konnte sie lange in den Augen nicht ertragen. Der Holländer-Michel hatte sich, je weiter Peter herabkam, wieder kleiner gemacht und stand nun in seiner früheren Gestalt vor einem Haus, so gering oder gut, als es reiche Bauern auf dem Schwarzwald haben. Die Stube, worein Peter geführt wurde, unterschied sich durch nichts von den Stuben anderer Leute als dadurch, daß sie einsam schien.

Die hölzerne Wanduhr, der ungeheure Kachelofen, die breiten Bänke, die Gerätschaften auf den Gesimsen waren hier wie überall. Michel wies ihm einen Platz hinter dem großen Tisch an, ging dann hinaus und kam bald mit einem Krug Wein und Gläsern wieder. Er goß ein, und nun schwatzten sie, und Holländer-Michel erzählte von den Freuden der Welt, von fremden Ländern, schönen Städten und Flüssen, daß Peter, am Ende große Sehnsucht darnach bekommend, dies auch offen dem Holländer erzählte.

»Wenn du im ganzen Körper Mut und Kraft, etwas zu unternehmen, hattest, da konnten ein paar Schläge des dummen Herzens dich zittern machen; und dann die Kränkungen der Ehre, das Unglück, für was soll sich ein vernünftiger Kerl um dergleichen bekümmern? Hast du's im Kopf empfunden, als dich letzthin einer einen Betrüger und schlechten Kerl nannte? Hat es dir im Magen wehe getan, als der Amtmann kam, dich aus dem Haus zu werfen? Was, sag an, was hat dir wehe getan?«

»Mein Herz«, sprach Peter, indem er die Hand auf die pochende Brust preßte, denn es war ihm, als ob sein Herz sich ängstlich hin und her wendete.

»Du hast, nimm mir es nicht übel, du hast viele hundert Gulden an schlechte Bettler und anderes Gesindel weggeworfen; was hat es dich genützt? Sie haben dir dafür Segen und einen gesunden Leib gewünscht; ja, bist du deswegen gesünder geworden? Um die Hälfte des verschleuderten Geldes hättest du einen Arzt gehalten. Segen, ja ein schöner Segen, wenn man ausgepfändet und ausgestoßen wird! Und was war es, das dich getrieben, in die Tasche zu fahren, sooft ein Bettelmann seinen zerlumpten Hut hinstreckte? — Dein Herz, auch wieder dein Herz, und weder deine Augen noch deine Zunge, deine Arme noch deine Beine, sondern dein Herz; du hast dir es, wie man richtig sagt, zu sehr zu Herzen genommen.«

»Aber wie kann man sich denn angewöhnen, daß es nicht mehr so ist? Ich gebe mir jetzt alle Mühe, es zu unterdrücken, und dennoch pocht mein Herz und tut mir wehe.«

»Du freilich«, rief jener mit Lachen, »du armer Schelm, kannst nichts dagegen tun; aber gib mir das kaum pochende Ding, und du wirst sehen, wie gut du es dann hast.«

»Euch, mein Herz?« schrie Peter mit Entsetzen, »da müßte ich ja sterben auf der Stelle! Nimmermehr!«

»Ja, wenn dir einer eurer Herren Chirurgen das Herz aus dem Leib operieren wollte, da müßtest du wohl sterben; bei mir ist dies ein anderes Ding; doch komm herein und überzeuge dich selbst!« Er stand bei diesen Worten auf, öffnete eine Kammertür und führte Peter hinein. Sein Herz zog sich krampfhaft zusammen, als er über die Schwelle trat, aber er achtete es nicht, denn der Anblick, der sich ihm bot, war sonderbar und überraschend. Auf mehreren Gesimsen von Holz standen Gläser, mit durchsichtiger Flüssigkeit gefüllt, und in jedem dieser Gläser lag ein Herz; auch waren an den Gläsern Zettel angeklebt und Namen darauf geschrieben, die Peter neugierig las; da war das Herz des Amtmanns in F., das Herz des dicken Ezechiel, das Herz des Tanzbodenkönigs, das Herz des Oberförsters; da waren sechs Herzen von Kornwucherern, acht von Werbeoffizieren, drei von Geldmäklern — kurz, es war eine Sammlung der angesehensten Herzen in der Umgegend von zwanzig Stunden.

»Schau!« sprach Holländer-Michel, »diese alle haben des Lebens Ängste und Sorgen weggeworfen; keines dieser Herzen schlägt mehr ängstlich und besorgt, und ihre ehemaligen Besitzer befinden sich wohl dabei, daß sie den unruhigen Gast aus dem Hause haben.«

»Aber was tragen sie denn jetzt dafür in der Brust?« fragte Peter, den dies alles, was er gesehen, beinahe schwindeln machte.

»Dies«, antwortete jener und reichte ihm aus einem Schubfach — ein steinernes Herz.

»So?« erwiderte er und konnte sich eines Schauers, der ihm über die Haut ging, nicht erwehren. »Ein Herz von Marmelstein? Aber, horch einmal, Herr Holländer-Michel, das muß doch gar kalt sein in der Brust.«

»Freilich, aber ganz angenehm kühl. Warum soll denn ein Herz warm sein? Im Winter nützt dir die Wärme nichts, da hilft ein guter Kirschgeist mehr als ein warmes Herz, und im Sommer, wenn alles schwül und heiß ist — du glaubst nicht, wie dann ein solches Herz abkühlt. Und wie gesagt, weder Angst noch Schrecken, weder törichtes Mitleiden noch anderer Jammer pocht an solch ein Herz.«

»Und das ist alles, was Ihr mir geben könnet?« fragte Peter unmutig; »ich hoff auf Geld, und Ihr wollet mir einen Stein geben!«

»Nun, ich denke, an hunderttausend Gulden hättest du fürs erste genug. Wenn du es geschickt umtreibst, kannst du bald ein Millionär werden.«

»Hunderttausend?« rief der arme Köhler freudig. »Nun, so poche doch nicht so ungestüm in meiner Brust, wir werden bald fertig sein miteinander. Gut, Michel; gebt mir den Stein und das Geld, und die Unruh könnet Ihr aus dem Gehäuse nehmen!«

»Ich dachte es doch, daß du ein vernünftiger Bursche seist«, antwortete der Holländer freundlich lächelnd; »komm, laß uns noch eins trinken, und dann will ich das Geld auszahlen.« So setzten sie sich wieder in die Stube zum Wein, tranken und tranken wieder, bis Peter in einen tiefen Schlaf verfiel.

Kohlenmunk-Peter erwachte beim fröhlichen Schmettern eines Posthorns, und siehe da, er saß in einem schönen Wagen, fuhr auf einer breiten Straße dahin, und als er sich aus dem Wagen bog, sah er in blauer Ferne hinter sich den Schwarzwald liegen. Anfänglich wollte er gar nicht glauben, daß er es selbst sei, der in diesem Wagen sitze. Denn auch seine Kleider waren gar nicht mehr dieselben, die er gestern getragen; aber er erinnerte sich doch an alles so deutlich, daß er endlich sein Nachsinnen aufgab und rief: »Der Kohlenmunk-Peter bin ich, das ist ausgemacht, und kein anderer.« Er wunderte sich über sich selbst, daß er gar nicht wehmütig werden konnte, als er jetzt zum ersten Mal aus der stillen Heimat, aus den Wäldern, wo er so lange gelebt, auszog; selbst nicht, als er an seine Mutter dachte, die jetzt wohl hilflos und im Elend saß, konnte er eine Träne aus dem Auge pressen oder nur seufzen, denn es war ihm alles so gleichgültig. »Ach freilich«, sagte er dann, »Tränen und Seufzer, Heimweh und Wehmut kommen ja aus dem Herzen, und dank dem Holländer-Michel — das meine ist kalt und von Stein.«

Er legte seine Hand auf die Brust, und es war ganz ruhig dort und rührte sich nichts. »Wenn er mit den Hunderttausenden so gut Wort hielt wie mit dem Herz, so soll es mich freuen«, sprach er und fing an, seinen Wagen zu untersuchen. Er fand Kleidungsstücke von aller Art, wie er sie nur wünschen konnte, aber kein Geld. Endlich stieß er auf eine Tasche und fand viele tausend Taler in Gold und Scheinen auf Handlungshäuser in allen großen Städten. »Jetzt hab ichs, wie ichs wollte«, dachte er, setzte sich bequem in die Ecke des Wagens und fuhr in die weite Welt.

Er fuhr zwei Jahre in der Welt umher und schaute aus seinem Wagen links und rechts an den Häusern hinauf, schaute, wenn er anhielt, nichts als den Schild seines Wirtshauses an, lief dann in der Stadt umher und ließ sich die schönsten Merkwürdigkeiten zeigen. Aber es freute ihn nichts, kein Bild, kein Haus, keine Musik, kein Tanz; sein Herz von Stein nahm an nichts Anteil, und seine Augen, seine Ohren waren abgestumpft für alles Schöne. Nichts war ihm mehr geblieben als die Freude an Essen und Trinken und der Schlaf, und so lebte er, indem er ohne Zweck durch die Welt reiste, zu seiner Unterhaltung speiste und aus Langerweile schlief. Hie und da erinnerte er sich zwar, daß er fröhlicher, glücklicher gewesen sei, als er noch arm war und arbeiten mußte, um sein Leben zu fristen. Da hatte ihn jede schöne Aussicht ins Tal, Musik und Gesang hatten ihn ergötzt, da hatte er sich stundenlang auf die einfache Kost, die ihm die Mutter zu dem Meiler bringen sollte, gefreut. Wenn er so über die Vergangenheit nachdachte, so kam es ihm ganz sonderbar vor, daß er jetzt nicht einmal lachen konnte, und sonst hatte er über den kleinsten Scherz gelacht. Wenn andere lachten, so verzog er nur aus Höflichkeit den Mund, aber sein Herz — lächelte nicht mit. Er fühlte dann, daß er zwar überaus ruhig sei — aber zufrieden fühlte er sich doch nicht. Es was nicht Heimweh oder Wehmut, sondern Öde, Überdruß, freudenloses Leben, was ihn endlich wieder zur Heimat trieb.

Als er von Straßburg herüberfuhr und den dunklen Wald seiner Heimat erblickte, als er zum ersten Mal wieder jene kräftigen Gestalten, jene freundlichen, treuen Gesichter der Schwarzwälder sah, als sein Ohr die heimatlichen Klänge, stark, tief, aber wohltönend, vernahm, da fühlte er schnell an sein Herz; denn sein Blut wallte stärker, und er glaubte, er müsse sich freuen und müsse weinen zugleich, aber — wie konnte er nur so töricht sein, er hatte ja ein Herz von Stein; und Steine sind tot und lächeln und weinen nicht.

Sein erster Gang war zum Holländer-Michel, der ihn mit alter Freundlichkeit aufnahm. »Michel«, sagte er zu ihm, »gereist bin ich nun und habe alles gesehen, ist aber alles dummes Zeug, und ich hatte nur Langeweile. Überhaupt, Euer steinernes Ding, das ich in der Brust trage, schützt mich zwar vor manchem; ich erzürne mich nie, bin nie traurig, aber ich freue mich auch nie, und es ist mir, als wenn ich nur halb lebte. Könnet Ihr das Steinherz nicht ein wenig beweglicher machen, oder — gebt mir lieber mein altes Herz! Ich hatte mich in fünfundzwanzig Jahren daran gewöhnt, und wenn es zuweilen auch einen dummen Streich machte, so war es doch munter und ein fröhliches Herz.«

Der Waldgeist lachte grimmig und bitter. »Wenn du einmal tot bist, Peter Munk«, antwortete er, »dann soll es dir nicht fehlen; dann sollst du dein weiches, rührbares Herz wiederhaben, und du kannst dann fühlen, was kommt, Freud oder Leid; aber hier oben kann es nicht mehr dein werden! Doch, Peter! gereist bist du wohl, aber so, wie du lebtest, konnte es dir nichts nützen. Setze dich jetzt hier irgendwo im Wald, bau ein Haus, heirate, treibe dein Vermögen um, es hat dir nur an Arbeit gefehlt; weil du müßig warst, hattest du Langeweile und schiebst jetzt alles auf dieses unschuldige Herz.« Peter sah ein, daß Michel recht habe, was den Müßiggang beträfe, und nahm sich vor, reich und immer reicher zu werden. Michel schenkte ihm noch einmal hunderttausend Gulden und entließ ihn als seinen guten Freund.

Bald vernahm man im Schwarzwald die Märe, der Kohlenmunk-Peter oder Spielpeter sei wieder da und noch viel reicher als zuvor. Es ging auch jetzt wie immer; als er am Bettelstab war, wurde er in der ›Sonne‹ zur Türe hinausgeworfen, und als er jetzt an einem Sonntagnachmittag seinen ersten Einzug dort hielt, schüttelten sie ihm die Hand, lobten sein Pferd, fragten nach seiner Reise, und als er wieder mit dem dicken Ezechiel um harte Taler spielte, stand er in der Achtung so hoch als je. Er trieb jetzt aber nicht mehr das Glashandwerk, sondern den Holzhandel, aber nur zum Schein. Sein Hauptgeschäft war, mit Korn und Geld zu handeln. Der halbe Schwarzwald wurde ihm nach und nach schuldig; aber er lieh Geld nur auf zehen Prozente aus oder verkaufte Korn an die Armen, die nicht gleich zahlen konnten, um den dreifachen Wert. Mit dem Amtmann stand er jetzt in enger Freundschaft, und wenn einer Herrn Peter Munk nicht auf den Tag bezahlte, so ritt der Amtmann mit seinen Schergen hinaus, schätzte Haus und Hof, verkaufte es flugs und trieb Vater, Mutter und Kind in den Wald. Anfangs machte dies dem reichen Peter einige Unlust, denn die armen Ausgepfändeten belagerten dann haufenweise seine Türe, die Männer flehten um Nachsicht, die Weiber suchten das steinerne Herz zu erweichen, und die Kinder winselten um ein Stücklein Brot. Aber als er sich ein paar tüchtige Fleischerhunde angeschafft hatte, hörte diese Katzenmusik, wie er es nannte, bald auf; er pfiff und hetzte, und die Bettelleute flogen schreiend auseinander. Am meisten Beschwerde machte ihm das ›alte Weib‹. Das war aber niemand anders als Frau Munkin, Peters Mutter. Sie war in Not und Elend geraten, als man ihr Haus und Hof verkauft hatte, und ihr Sohn, als er reich zurückgekehrt war, hatte sich nicht mehr nach ihr umgesehen; da kam sie nun zuweilen, alt, schwach und gebrechlich, an einem Stock vor das Haus. Hinein wagte sie sich nimmer, denn er hatte sie einmal weggejagt, aber es tat ihr wehe, von den Guttaten anderer Menschen leben zu müssen, da der eigene Sohn ihr ein sorgenloses Alter hätte bereiten können. Aber das kalte Herz wurde nimmer gerührt von dem Anblicke der bleichen, wohlbekannten Züge, von den bittenden Blicken, von der welken, ausgestreckten Hand, von der hinfälligen Gestalt. Mürrisch zog er, wenn sie sonnabends an die Türe pochte, einen Sechsbätzner hervor, schlug ihn in ein Papier und ließ ihn hinausreichen durch einen Knecht. Er vernahm ihre zitternde Stimme, wenn sie dankte und wünschte, es möge ihm wohlgehen auf Erden; er hörte sie hüstelnd von der

Türe schleichen, aber er dachte weiter nicht mehr daran, als daß er wieder sechs Batzen umsonst ausgegeben. Endlich kam Peter auf den Gedanken zu heiraten. Er wußte, daß im ganzen Schwarzwald jeder Vater ihm gerne seine Tochter geben werde; aber er war schwierig in seiner Wahl, denn er wollte, daß man auch hierin sein Glück und seinen Verstand preisen sollte; daher ritt er umher im ganzen Wald, schaute hier, schaute dort, und keine der schönen Schwarzwälderinnen deuchte ihm schön genug. Endlich, nachdem er auf allen Tanzböden umsonst nach der Schönsten ausgeschaut hatte, hörte er eines Tages, die Schönste und Tugendsamste im ganzen Wald sei eines armen Holzhauers Tochter. Sie lebe still und für sich, besorge geschickt und emsig ihres Vaters Haus und lasse sich nie auf dem Tanzboden sehen, nicht einmal zu Pfingsten oder Kirmes. Als Peter von diesem Wunder des Schwarzwalds hörte, beschloß er, um sie zu werben, und ritt nach der Hütte, die man ihm bezeichnet hatte. Der Vater der schönen Lisbeth empfing den vornehmen Herrn mit Staunen, und er staunte noch mehr, als er hörte, es sei dies der reiche Herr Peter und er wolle sein Schwiegersohn werden. Er besann sich auch nicht lange, denn er meinte, all seine Sorge und Armut werde nun ein Ende haben, sagte zu, ohne die schöne Lisbeth zu fragen, und das gute Kind war so folgsam, daß sie ohne Widerrede Frau Peter Munkin wurde.

Aber es wurde der Armen nicht so gut, als sie sich geträumt hatte. Sie glaubte ihr Hauswesen wohl zu verstehen, aber sie konnte Herrn Peter nichts zu Dank machen; sie hatte Mitleiden mit armen Leuten, und da ihr Eheherr reich war, dachte sie, es sei keine Sünde, einem armen Bettelweib einen Pfennig oder einem alten Mann einen Schnaps zu reichen; aber als Herr Peter dies eines Tages merkte, sprach er mit zürnenden Blicken und rauher Stimme: »Warum verschleuderst du mein Vermögen an Lumpen und Straßenläufer? Hast du was mitgebracht ins Haus, das du wegschenken könntest? Mit deines Vaters Bettelstab kann man keine Suppe wärmen, und wirfst das Geld aus wie eine Fürstin? Noch einmal laß dich betreten, so sollst du meine Hand fühlen!« Die schöne Lisbeth weinte in ihrer Kammer über den harten Sinn ihres Mannes, und sie wünschte oft, lieber heim zu sein in ihres Vaters ärmlicher Hütte, als bei dem reichen, aber geizigen, hartherzigen Peter zu hausen. Ach, hätte sie gewußt, daß er ein Herz von Marmor habe und weder sie noch irgendeinen Menschen lieben könnte, so hätte sie sich wohl nicht gewundert. Sooft sie aber jetzt unter der Türe saß und es ging ein Bettelmann vorüber und zog den Hut und hub an seinen Spruch, so drückte sie die Augen zu, das Elend nicht zu schauen, sie ballte die Hand fester, damit sie nicht unwillkürlich in die Tasche fahre, ein Kreuzerlein herauszulangen. So kam es, daß die schöne Lisbeth im ganzen Wald verschrien wurde und es hieß, sie sei noch geiziger als Peter Munk. Aber eines Tages saß Frau Lisbeth wieder vor dem Haus und spann und murmelte ein Liedchen dazu; denn sie war munter, weil es schön Wetter und Herr Peter ausgeritten war über Feld. Da kömmt ein altes Männlein des Weges daher, das trägt einen großen, schweren Sack, und sie hört es schon von weitem keuchen. Teilnehmend sieht ihm Frau Lisbeth zu und denkt, einem so alten, kleinen Mann sollte man nicht mehr so schwer aufladen.

Indessen keucht und wankt das Männlein heran, und als es gegenüber von Frau Lisbeth war, brach es unter dem Sack beinahe zusammen. »Ach, habt die Barmherzigkeit, Frau, und reichet mir nur einen Trunk Wasser!« sprach das Männlein; »ich kann nicht weiter, muß elend verschmachten.«

»Aber Ihr solltet in Eurem Alter nicht mehr so schwer tragen«, sagte Frau Lisbeth.

»Ja, wenn ich nicht Boten gehen müßte, der Armut halber und um mein Leben zu fristen«, antwortete er; »ach, so eine reiche Frau wie Ihr weiß nicht, wie wehe Armut tut und wie wohl ein frischer Trunk bei solcher Hitze.«

Als sie dies hörte, eilte sie ins Haus, nahm einen Krug vom Gesims und füllte ihn mit Wasser; doch als sie zurückkehrte und nur noch wenige Schritte von ihm war und das Männlein sah, wie es so elend und verkümmert auf dem Sack saß, da fühlte sie inniges Mitleid, bedachte, daß ja ihr Mann nicht zu Hause sei, und so stellte sie den Wasserkrug beiseite, nahm einen Becher und füllte ihn mit Wein, legte ein gutes Roggenbrot darauf und brachte es dem Alten. »So, und ein Schluck Wein mag Euch besser frommen als Wasser, da Ihr schon so gar alt seid«, sprach sie; »aber trinket nicht so hastig und esset auch Brot dazu!«

Das Männlein sah sie staunend an, bis große Tränen in seinen alten Augen standen; er trank und sprach dann:

»Ich bin alt geworden, aber ich hab wenige Menschen gesehen, die so mitleidig wären und ihre Gaben so schön und herzig zu spenden wüßten wie Ihr, Frau Lisbeth. Aber es wird Euch dafür auch recht wohlgehen auf Erden; solch ein Herz bleibt nicht unbelohnt.«

»Nein, und den Lohn soll sie zur Stelle haben«, schrie eine schreckliche Stimme, und als sie sich umsahen, war es Herr Peter mit blutrotem Gesicht.

»Und sogar meinen Ehrenwein gießest du aus an Bettelleute, und meinen Mundbecher gibst du an die Lippen der Straßenläufer? Da, nimm deinen Lohn!« Frau Lisbeth stürzte zu seinen Füßen und bat um Verzeihung; aber das steinerne Herz kannte kein Mitleid, er drehte die Peitsche um, die er in der Hand hielt, und schlug sie mit dem Handgriff von Ebenholz so heftig vor die schöne Stirne, daß sie leblos dem alten Mann in die Arme sank. Als er dies sah, war es doch, als reuete ihn die Tat auf der Stelle; er bückte sich herab, zu schauen, ob noch Leben in ihr sei, aber das Männlein sprach mit wohlbekannter Stimme: »Gib dir keine Mühe, Kohlenpeter; es war die schönste und lieblichste Blume im Schwarzwald, aber du hast sie zertreten, und nie mehr wird sie wieder blühen.«

Da wich alles Blut aus Peters Wangen, und er sprach: »Also Ihr seid es, Herr Schatzhauser? Nun, was geschehen ist, ist geschehen, und es hat wohl so kommen müssen. Ich hoffe aber, Ihr werdet mich nicht bei dem Gericht anzeigen als Mörder.«

»Elender!« erwiderte das Glasmännlein. »Was würde es mir frommen, wenn ich deine sterbliche Hülle an den Galgen brächte? Nicht irdische Gerichte sind es, die du zu fürchten hast, sondern andere und strengere; denn du hast deine Seele an den Bösen verkauft.«

»Und hab ich mein Herz verkauft«, schrie Peter, »so ist niemand daran schuld als du und deine betrügerischen Schätze; du tückischer Geist hast mich ins Verderben geführt, mich getrieben, daß ich bei einem andern Hilfe suchte, und auf dir liegt die ganze Verantwortung.« Aber kaum hatte er dies gesagt, so wuchs und schwoll das Glasmännlein und wurde hoch und breit, und seine Augen sollen so groß gewesen sein wie Suppenteller, und sein Mund war wie ein geheizter Backofen, und Flammen blitzten daraus hervor. Peter warf sich auf die Knie, und sein steinernes Herz schützte ihn nicht, daß nicht seine Glieder zitterten wie eine Espe. Mit Geierskrallen packte ihn der Waldgeist im Nacken, drehte ihn um, wie ein Wirbelwind dürres Laub, und warf ihn dann zu Boden, daß ihm alle Rippen knackten. »Erdenwurm!« rief er mit einer Stimme, die wie der Donner rollte, »ich könnte dich zerschmettern, wenn ich wollte, denn du hast gegen den Herrn des Waldes gefrevelt. Aber um dieses toten Weibes willen, die mich gespeist und getränkt hat, gebe ich dir acht Tage Frist. Bekehrst du dich nicht zum Guten, so komme ich und zermalme dein Gebein, und du fährst hin in deinen Sünden.«

Es war schon Abend, als einige Männer, die vorbeigingen, den reichen Peter Munk an der Erde liegen sahen. Sie wandten ihn hin und her und suchten, ob noch Atem in ihm sei; aber lange war ihr Suchen vergebens. Endlich ging einer in das Haus und brachte Wasser herbei und besprengte ihn. Da holte Peter tief Atem, stöhnte und schlug die Augen auf, schaute lange um sich her und fragte dann nach Frau Lisbeth; aber keiner hatte sie gesehen. Er dankte den Männern für ihre Hilfe, schlich in sein Haus und schaute sich um, aber Frau Lisbeth war weder im Keller noch auf dem Boden, und das, was er für einen schrecklichen Traum gehalten, war bittere Wahrheit. Wie er nun so ganz allein war, da kamen ihm sonderbare Gedanken; er fürchtete sich vor nichts, denn sein Herz war ja kalt, aber wenn er an den Tod seiner Frau dachte — kam ihm sein eigenes Hinscheiden in den Sinn und wie belastet er dahinfahren werde, schwer belastet mit Tränen der Armen, mit tausend ihrer Flüche, die sein Herz nicht erweichen konnten, mit dem Jammer der Elenden, auf die er seine Hunde gehetzt, belastet mit der stillen Verzweiflung seiner Mutter, mit dem Blut der schönen, guten Lisbeth; und konnte er doch nicht einmal dem alten Mann, ihrem Vater, Rechenschaft geben, wann er käme und fragte: »Wo ist meine Tochter, dein Weib?« Wie wollte er einem andern Frage stehen, dem alle Wälder, alle Seen, alle Berge gehören und — die Leben der Menschen?

Es quälte ihn auch nachts im Traume, und alle Augenblicke wachte er auf an einer süßen Stimme, die ihm zurief: »Peter, schaff dir ein wärmeres Herz!« Und wenn er erwacht war, schloß er doch schnell wieder die Augen, denn der Stimme nach mußte es Frau Lisbeth sein, die ihm diese Warnung zurief. Den andern Tag ging er ins Wirtshaus, um seine Gedanken zu zerstreuen, und dort traf er den dicken Ezechiel. Er setzte sich zu ihm, sie sprachen dies und jenes, vom schönen Wetter, vom Krieg, von den Steuern und endlich auch vom Tod und wie da und dort einer so schnell gestorben sei. Da fragte Peter den Dicken, was er denn vom Tode halte und wie es nachher sein werde. Ezechiel antwortete ihm, daß man den Leib begrabe, die Seele aber fahre entweder auf zum Himmel oder hinab in die Hölle.

»Also begrabt man das Herz auch?« fragte der Peter gespannt.

»Ei, freilich, das wird auch begraben.«

»Wenn aber einer sein Herz nicht mehr hat?« fuhr Peter fort.

Ezechiel sah ihn bei diesen Worten schrecklich an. »Was willst du damit sagen? Willst du mich foppen? Meinst du, ich habe kein Herz?«

»Oh, Herz genug, so fest wie Stein«, erwiderte Peter.

Ezechiel sah ihn verwundert an, schaute sich um, ob es niemand gehört habe, und sprach dann: »Woher weißt du es? Oder pocht vielleicht das deinige auch nicht mehr?«

»Pocht nicht mehr, wenigstens nicht hier in meiner Brust!« antwortete Peter Munk. »Aber sag mir, da du jetzt weißt, was ich meine, wie wird es gehen mit unseren Herzen?«

»Was kümmert dich dies, Gesell?« fragte Ezechiel lachend. »Hast ja auf Erden vollauf zu leben, und damit genug. Das ist ja gerade das Bequeme in unsern kalten Herzen, daß uns keine Furcht befällt vor solchen Gedanken.«

»Wohl wahr; aber man denkt doch daran, und wenn ich auch jetzt keine Furcht mehr kenne, so weiß ich doch wohl noch, wie sehr ich mich vor der Hölle gefürchtet, als ich noch ein kleiner, unschuldiger Knabe war.«

»Nun — gut wird es uns gerade nicht gehen«, sagte Ezechiel. »Hab mal einen Schulmeister darüber befragt; der sagte mir, daß nach dem Tod die Herzen gewogen werden, wie schwer sie sich versündiget hätten. Die leichten steigen auf, die schweren sinken hinab, und ich denke, unsere Steine werden ein gutes Gewicht haben.«

»Ach, freilich«, erwiderte Peter, »und es ist mir oft selbst unbequem, daß mein Herz so teilnahmslos und ganz gleichgültig ist, wenn ich an solche Dinge denke.«

So sprachen sie; aber in der nächsten Nacht hörte er fünf- oder sechsmal die bekannte Stimme in sein Ohr lispeln: »Peter, schaff dir ein wärmeres Herz!« Er empfand keine Reue, daß er sie getötet, aber wenn er dem Gesinde sagte, seine Frau sei verreist, so dachte er immer dabei: »Wohin mag sie wohl gereist sein?« Sechs Tage hatte er es so getrieben, und immer hörte er nachts diese Stimme, und immer dachte er an den Waldgeist und seine schreckliche Drohung; aber am siebenten Morgen sprang er auf von seinem Lager und rief: »Nun ja, will sehen, ob ich mir ein wärmeres schaffen kann, denn der gleichgültige Stein in meiner Brust macht mir das Leben nur langweilig und öde.« Er zog schnell seinen Sonntagsstaat an und setzte sich auf sein Pferd und ritt dem Tannenbühl zu.

Im Tannenbühl, wo die Bäume dichter standen, saß er ab, band sein Pferd an und ging schnellen Schrittes dem Gipfel des Hügels zu, und als er vor der dicken Tanne stand, hub er seinen Spruch an:

Schatzhauser im grünen Tannenwald,
Bist viele hundert Jahre alt;
Dein ist all Land, wo Tannen stehn,
Läßt dich nur Sonntagskindern sehn.

Da kam das Glasmännlein hervor, aber nicht freundlich und traulich wie sonst, sondern düster und traurig; es hatte ein Röcklein an von schwarzem Glas, und ein langer Trauerflor flatterte herab vom Hut, und Peter wußte wohl, um wen es traure.

»Was willst du von mir, Peter Munk?« fragte es mit dumpfer Stimme.

»Ich hab noch einen Wunsch, Herr Schatzhauser«, antwortete Peter mit niedergeschlagenen Augen.

»Können Steinherzen noch wünschen?« sagte jener. »Du hast alles, was du für deinen schlechten Sinn bedarfst, und ich werde schwerlich deinen Wunsch erfüllen.«

»Aber Ihr habt mir doch drei Wünsche zugesagt; einen hab ich immer noch übrig.«

»Doch kann ich ihn versagen, wenn er töricht ist«, fuhr der Waldgeist fort; »aber wohlan, ich will hören, was du willst!«

»So nehmet mir den toten Stein heraus und gebet mir mein lebendiges Herz!« sprach Peter.

»Hab ich den Handel mit dir gemacht?« fragte das Glasmännlein; »bin ich der Holländer-Michel, der Reichtum und kalte Herzen schenkt? Dort, bei ihm mußt du dein Herz suchen.«

»Ach, er gibt es nimmer zurück«, antwortete Peter.

»Du dauerst mich, so schlecht du auch bist«, sprach das Männlein nach einigem Nachdenken. »Aber weil dein Wunsch nicht töricht ist, so kann ich dir wenigstens meine Hilfe nicht abschlagen. So höre, dein Herz kannst du mit keiner Gewalt mehr bekommen, wohl aber durch List, und es wird vielleicht nicht schwer halten; denn Michel bleibt doch nur der dumme Michel, obgleich er sich ungemein klug dünkt. So gehe denn geraden Weges zu ihm hin und tue, wie ich dir heiße!« Und nun unterrichtete er ihn in allem und gab ihm ein Kreuzlein aus reinem Glas: »Am Leben kann er dir nicht schaden, und er wird dich freilassen, wenn du ihm dies vorhalten und dazu beten wirst. Und hast du denn, was du verlangt hast, erhalten, so komm wieder zu mir an diesen Ort!«

Peter Munk nahm das Kreuzlein, prägte sich alle Worte ins Gedächtnis und ging weiter nach Holländer-Michels Behausung. Er rief dreimal seinen Namen, und alsobald stand der Riese vor ihm. »Du hast dein Weib erschlagen?« fragte er ihn mit schrecklichem Lachen, »hätt es auch so gemacht; sie hat dein Vermögen an das Bettelvolk gebracht. Aber du wirst auf einige Zeit außer Landes gehen müssen, denn es wird Lärm machen, wenn man sie nicht findet, und du brauchst wohl Geld und kommst, um es zu holen?«

»Du hasts erraten«, erwiderte Peter, »und nur recht viel diesmal, denn nach Amerika ists weit.«

Michel ging voran und brachte ihn in seine Hütte; dort schloß er eine Truhe auf, worin viel Geld lag, und langte ganze Rollen Gold heraus. Während er es so auf den Tisch hinzählte, sprach Peter: »Du bist ein loser Vogel, Michel, daß du mich belogen hast, ich hätte einen Stein in der Brust und du habest mein Herz!«

»Und ist es denn nicht so?« fragte Michel staunend; »fühlst du denn dein Herz? Ist es nicht kalt wie Eis? Hast du Furcht oder Gram, kann dich etwas reuen?«

»Du hast mein Herz nur stillestehen lassen, aber ich hab es noch wie sonst in meiner Brust, und Ezechiel auch, der hat es mir gesagt, daß du uns angelogen hast; du bist nicht der Mann dazu, der einem das Herz so unbemerkt und ohne Gefahr aus der Brust reißen könnte; da müßtest du zaubern können.«

»Aber ich versichere dich«, rief Michel unmutig, »du und Ezechiel und alle reichen Leute, die es mit mir gehalten, haben solche kalte Herzen wie du, und ihre rechten Herzen habe ich hier in meiner Kammer.«

»Ei, wie dir das Lügen von der Zunge geht!« lachte Peter. »Das mach du einem andern weis! Meinst du, ich hab auf meinen Reisen nicht solche Kunststücke zu Dutzenden gesehen? Aus Wachs nachgeahmt sind deine Herzen hier in der Kammer. Du bist ein reicher Kerl, das geb ich zu; aber zaubern kannst du nicht.«

Da ergrimmte der Riese und riß die Kammertüre auf. »Komm herein und lies die Zettel alle, und jenes dort, schau, das ist Peter Munks Herz; siehst du, wie es zuckt? Kann man das auch aus Wachs machen?«

»Und doch ist es aus Wachs«, antwortete Peter. »So schlägt ein rechtes Herz nicht; ich habe das meinige noch in der Brust. Nein, zaubern kannst du nicht!«

»Aber ich will es dir beweisen!« rief jener ärgerlich; »du sollst es selbst fühlen, daß dies dein Herz ist.« Er nahm es, riß Peters Wams auf und nahm einen Stein aus seiner Brust und zeigte ihn vor. Dann nahm er das Herz, hauchte es an und setzte es behutsam an seine Stelle, und alsobald fühlte Peter, wie es pochte, und er konnte sich wieder darüber freuen.

»Wie ist es dir jetzt?« fragte Michel lächelnd.

»Wahrhaftig, du hast doch recht gehabt«, antwortete Peter, indem er behutsam sein Kreuzlein aus der Tasche zog. »Hätt ich doch nicht geglaubt, daß man dergleichen tun könne!«

»Nicht wahr? Und zaubern kann ich, das siehst du; aber komm, jetzt will ich dir den Stein wieder hineinsetzen.«

»Gemach, Herr Michel!« rief Peter, trat einen Schritt zurück und hielt ihm das Kreuzlein entgegen. »Mit Speck fängt man Mäuse, und diesmal bist du der Betrogene.« Und zugleich fing er an zu beten, was ihm nur beifiel. Da wurde Michel kleiner und immer kleiner, fiel nieder und wand sich hin und her wie ein Wurm und ächzte und stöhnte, und alle Herzen umher fingen an zu zucken und zu pochen, daß es tönte wie in der Werkstatt eines Uhrenmachers. Peter aber fürchtete sich, es wurde ihm ganz unheimlich zumut, er rannte zur Kammer und zum Haus hinaus und klimmte, von Angst getrieben, die Felswand hinan; denn er hörte, daß Michel sich aufraffte, stampfte und tobte und ihm schreckliche Flüche nachschickte. Als er oben war, lief er dem Tannenbühl zu; ein schreckliches Gewitter zog auf, Blitze fielen links und rechts an ihm nieder und zerschmetterten die Bäume, aber er kam wohlbehalten in dem Revier des Glasmännleins an.

Sein Herz pochte freudig, und nur darum, weil es pochte. Dann aber sah er mit Entsetzen auf sein Leben zurück wie auf das Gewitter, das hinter ihm rechts und links den schönen Wald zersplitterte. Er dachte an Frau Lisbeth, sein schönes, gutes Weib, das er aus Geiz gemordet; er kam sich selbst wie der Auswurf der Menschen vor, und er weinte heftig, als er an Glasmännleins Hügel kam.

Schatzhauser saß schon unter dem Tannenbaum und rauchte aus einer kleinen Pfeife, doch sah er munterer aus als zuvor. »Warum weinst du, Kohlenpeter?« fragte er. »Hast du dein Herz nicht erhalten? Liegt noch das kalte in deiner Brust?«

»Ach, Herr!« seufzte Peter, »als ich noch das kalte Steinherz trug, da weinte ich nie, meine Augen waren so trocken als das Land im Juli; jetzt aber will es mir beinahe das alte Herz zerbrechen, was ich getan! Meine Schuldner hab ich ins Elend gejagt, auf Arme und Kranke die Hunde gehetzt, und Ihr wißt es ja selbst — wie meine Peitsche auf ihre schöne Stirne fiel!«

»Peter! Du warst ein großer Sünder!« sprach das Männlein. »Das Geld und der Müßiggang haben dich verderbt, bis dein Herz zu Stein wurde, nicht Freud, nicht Leid, keine Reue, kein Mitleid mehr kannte. Aber Reue versöhnt, und wenn ich nur wüßte, daß dir dein Leben recht leid tut, so könnte ich schon noch was für dich tun.«

»Will nichts mehr«, antwortete Peter und ließ traurig sein Haupt sinken. »Mit mir ist es aus, kann mich mein Lebtag nicht mehr freuen; was soll ich so allein auf der Welt tun? Meine Mutter verzeiht mir nimmer, was ich ihr getan, und vielleicht hab ich sie unter den Boden gebracht, ich Ungeheuer! Und Lisbeth, meine Frau! Schlaget mich lieber auch tot, Herr Schatzhauser, dann hat mein elend Leben mit einmal ein Ende.«

»Gut«, erwiderte das Männlein, »wenn du nicht anders willst, so kannst du es haben; meine Axt hab ich bei der Hand.« Er nahm ganz ruhig sein Pfeiflein aus dem Mund, klopfte es aus und steckte es ein. Dann stand er langsam auf und ging hinter die Tannen. Peter aber setzte sich weinend ins Gras, sein Leben war ihm nichts mehr, und er erwartete geduldig den Todesstreich. Nach einiger Zeit hörte er leise Tritte hinter sich und dachte: »Jetzt wird er kommen.«

»Schau dich noch einmal um, Peter Munk!« rief das Männlein. Er wischte sich die Tränen aus den Augen und schaute sich um und sah — seine Mutter und Lisbeth, seine Frau, die ihn freundlich anblickten. Da sprang er freudig auf: »So bist du nicht tot, Lisbeth? Und auch Ihr seid da, Mutter, und habt mir vergeben?«

»Sie wollen dir verzeihen«, sprach das Glasmännlein, »weil du wahre Reue fühlst, und alles soll vergessen sein. Zieh jetzt heim in deines Vaters Hütte und sei ein Köhler wie zuvor; bist du brav und bieder, so wirst du dein Handwerk ehren, und deine Nachbarn werden dich mehr lieben und achten, als wenn du zehen Tonnen Goldes hättest.« So sprach das Glasmännlein und nahm Abschied von ihnen.

Die drei lobten und segneten es und gingen heim.

Das prachtvolle Haus des reichen Peters stand nicht mehr, der Blitz hatte es angezündet und mit all seinen

Schätzen niedergebrannt; aber nach der väterlichen Hütte war es nicht weit; dorthin ging jetzt ihr Weg, und der große Verlust bekümmerte sie nicht.

Aber wie staunten sie, als sie an die Hütte kamen! Sie war zu einem schönen Bauernhaus geworden, und alles darin war einfach, aber gut und reinlich.

»Das hat das gute Glasmännlein getan!« rief Peter.

»Wie schön!« sagte Frau Lisbeth, »und hier ist mir viel heimischer als in dem großen Haus mit dem vielen Gesinde.«

Von jetzt an wurde Peter Munk ein fleißiger und wackerer Mann. Er war zufrieden mit dem, was er hatte, trieb sein Handwerk unverdrossen, und so kam es, daß er durch eigene Kraft wohlhabend wurde und angesehen und beliebt im ganzen Wald. Er zankte nie mehr mit Frau Lisbeth, ehrte seine Mutter und gab den Armen, die an seine Türe pochten. Als nach Jahr und Tag Frau Lisbeth von einem schönen Knaben genas, ging Peter nach dem Tannenbühl und sagte sein Sprüchlein. Aber das Glasmännlein zeigte sich nicht. »Herr Schatzhauser!« rief er laut, »hört mich doch; ich will ja nichts anderes als Euch zu Gevatter bitten bei meinem Söhnlein!«

Aber er gab keine Antwort; nur ein kurzer Windstoß sauste durch die Tannen und warf einige Tannenzapfen herab ins Gras. »So will ich dies zum Andenken mitnehmen, weil Ihr Euch doch nicht sehen lassen wollet«, rief Peter, steckte die Zapfen in die Tasche und ging nach Hause; aber als er zu Hause das Sonntagswams auszog und seine Mutter die Taschen umwandte und das Wams in den Kasten legen wollte, da fielen vier stattliche Geldrollen heraus, und als man sie öffnete, waren es lauter gute, neue badische Taler, und kein einziger falscher darunter. Und das war das Patengeschenk des Männleins im Tannenwald für den kleinen Peter.

So lebten sie still und unverdrossen fort, und noch oft nachher, als Peter Munk schon graue Haare hatte, sagte er: »Es ist doch besser, zufrieden zu sein mit wenigem, als Gold und Güter haben und ein kaltes Herz.«

EDUARD MÖRIKE

Mozart auf der Reise nach Prag

Im Herbst des Jahres 1787 unternahm Mozart in Begleitung seiner Frau eine Reise nach Prag, um »Don Juan« daselbst zur Aufführung zu bringen.

Am dritten Reisetag, den vierzehnten September, gegen elf Uhr morgens fuhr das wohlgelaunte Ehepaar, noch nicht viel über dreißig Stunden Wegs von Wien entfernt, in nordwestlicher Richtung jenseits vom Mannhardsberg und der deutschen Thaya bei Schrems, wo man das schöne Mährische Gebirg bald vollends überstiegen hat.

»Das mit drei Postpferden bespannte Fuhrwerk«, schreibt die Baronesse von T. an ihre Freundin, »eine stattliche, gelbrote Kutsche, war Eigentum einer gewissen alten Frau Generalin Volkstett, die sich auf ihren Umgang mit dem Mozartischen Hause und ihre ihm erwiesenen Gefälligkeiten von jeher scheint etwas zugut getan zu haben.« — Die ungenaue Beschreibung des fraglichen Gefährts wird sich ein Kenner des Geschmacks der achtziger Jahre noch etwa durch einige Züge ergänzen. Der gelbrote Wagen ist hüben und drüben am Schlage mit Blumenbuketts, in ihren natürlichen Farben gemalt, die Ränder mit schmalen Goldleisten verziert, der Anstrich aber noch keineswegs von jenem spiegelglatten Lack der heutigen Wiener Werkstätten glänzend, der Kasten auch nicht völlig ausgebaucht, obwohl nach unten zu kokett mit einer kühnen Schweifung eingezogen; dazu kommt ein hohes Gedeck mit starrenden Ledervorhängen, die gegenwärtig zurückgestreift sind.

Von dem Kostüm der beiden Passagiere sei überdies so viel bemerkt. Mit Schonung für die neuen, im Koffer eingepackten Staatsgewänder war der Anzug des Gemahls bescheidentlich von Frau Konstanzen ausgewählt; zu der gestickten Weste von etwas verschossenem Blau sein gewohnter brauner Überrock mit einer Reihe großer und dergestalt fassonierter Knöpfe, daß eine Lage rötliches Rauschgold durch ihr sternartiges Gewebe schimmerte, schwarzseidene Beinkleider, Strümpfe und auf den Schuhen vergoldete Schnallen. Seit einer halben Stunde hat er wegen der für diesen Monat außerordentlichen Hitze sich des Rocks entledigt und sitzt, vergnüglich plaudernd, barhaupt, in Hemdärmeln da. Madame Mozart trägt ein bequemes Reisehabit, hellgrün und weiß gestreift; halb aufgebunden fällt der Überfluß ihrer schönen, lichtbraunen Locken auf Schulter und Nacken herunter; sie waren zeit ihres Lebens noch niemals von Puder entstellt, während der starke, in einen Zopf gefaßte Haarwuchs ihres Gemahls für heute nur nachlässiger als gewöhnlich damit versehen ist.

Man war eine sanft ansteigende Höhe zwischen fruchtbaren Feldern, welche hie und da die ausgedehnte Waldung unterbrachen, gemachsam hinauf und jetzt am Waldsaum angekommen.

»Durch wieviel Wälder«, sagte Mozart, »sind wir nicht heute, gestern und ehegestern schon passiert!

— Ich dachte nichts dabei, geschweige daß mir eingefallen wäre, den Fuß hineinzusetzen. Wir steigen einmal aus da, Herzenskind, und holen von den blauen Glocken, die dort so hübsch im Schatten stehn. Deine Tiere, Schwager, mögen ein bißchen verschnaufen.«

Indem sie sich beide erhoben, kam ein kleines Unheil an den Tag, welches dem Meister einen Zank zuzog. Durch seine Achtlosigkeit war ein Flakon mit kostbarem Riechwasser aufgegangen und hatte seinen Inhalt unvermerkt in die Kleider und Polster ergossen. »Ich hätt es denken können«, klagte sie; »es duftete schon lang so stark. O weh, ein volles Fläschchen echte Rosée d'Aurore rein ausgeleert! Ich sparte sie wie Gold.« — »Ei, Närrchen«, gab er ihr zum Trost zurück, »begreife doch, auf solche Weise ganz allein war uns dein Götter-Riechschnaps etwas nütze. Erst saß man in einem Backofen, und all dein Gefächel half nichts, bald aber schien der ganze Wagen gleichsam ausgekühlt; du schriebst es den paar Tropfen zu, die ich mir auf den Jabot goß; wir waren neu belebt, und das Gespräch floß munter fort, statt daß wir sonst die Köpfe hätten hängen lassen wie die Hämmel auf des Fleischers Karren, und diese Wohltat wird uns auf dem ganzen Weg begleiten. Jetzt aber laß uns doch einmal zwei wienerische Nos'n recht expreß hier in die grüne Wildnis stecken!«

Sie stiegen Arm in Arm über den Graben an der Straße und sofort tiefer in die Tannendunkelheit hinein, die, sehr bald bis zur Finsternis verdichtet, nur hin und wieder von einem Streifen Sonne auf sammetnem

Moosboden grell durchbrochen ward. Die erquickliche Frische, im plötzlichen Wechsel gegen die außerhalb herrschende Glut, hätte dem sorglosen Mann ohne die Vorsicht der Begleiterin gefährlich werden können. Mit Mühe drang sie ihm das in Bereitschaft gehaltene Kleidungsstück auf. — »Gott, welche Herrlichkeit!« rief er, an den hohen Stämmen hinaufblickend, aus, »man ist als wie in einer Kirche. Mir deucht, ich war niemals in einem Wald, und besinne mich jetzt erst, was es doch heißt, ein ganzes Volk von Bäumen beieinander! Keine Menschenhand hat sie gepflanzt, sind alle selbst gekommen und stehen so, nur eben weil es lustig ist beisammen wohnen und wirtschaften. Siehst du, mit jungen Jahren fuhr ich doch in halb Europa hin und her, habe die Alpen gesehen und das Meer, das Größeste und Schönste, was erschaffen ist: jetzt steht von ungefähr der Gimpel in einem ordinären Tannenwald an der böhmischen Grenze, verwundert und verzückt, daß solches Wesen irgend existiert, nicht etwa nur so una finzione di poeti ist, wie ihre Nymphen, Faune und dergleichen mehr, auch kein Komödienwald, nein, aus dem Erdboden herausgewachsen, von Feuchtigkeit und Wärmelicht der Sonne großgezogen! Hier ist zu Hause der Hirsch mit seinem wundersamen zackigen Gestäude auf der Stirn, das possierliche Eichhorn, der Auerhahn, der Häher.« — Er bückte sich, brach einen Pilz und pries die prächtige hochrote Farbe des Schirms, die zarten weißlichen Lamellen an dessen unterer Seite, auch steckte er verschiedene Tannenzapfen ein. — »Man könnte denken«, sagte die Frau, »du habest noch nicht zwanzig Schritte hinein in den Prater gesehen, der solche Raritäten doch auch wohl aufzuweisen hat.«

»Was Prater! Sapperlot, wie du nur das Wort hier nennen magst! Vor lauter Karossen, Staatsdegen, Roben und Fächern, Musik und allem Spektakel der Welt, wer sieht denn da noch sonst etwas? Und selbst die Bäume dort, so breit sie sich auch machen, ich weiß nicht — Bucheckern und Eicheln, am Boden verstreut, sehn halter aus als wie Geschwisterkind mit der Unzahl verbrauchter Korkstöpsel darunter. Zwei Stunden weit riecht das Gehölz nach Kellnern und nach Saucen.«

»O unerhört!« rief sie, »so redet nun der Mann, dem gar nichts über das Vergnügen geht, Backhähnl im Prater zu speisen!«

Als beide wieder in dem Wagen saßen und sich die Straße jetzt nach einer kurzen Strecke ebenen Wegs allmählich abwärts senkte, wo eine lachende Gegend sich bis an die entfernteren Berge verlor, fing unser Meister, nachdem er eine Zeitlang still gewesen, wieder an: »Die Erde ist wahrhaftig schön und keinem zu verdenken, wenn er so lange wie möglich darauf bleiben will. Gott sei's gedankt, ich fühle mich so frisch und wohl wie je und wäre bald zu tausend Dingen aufgelegt, die denn auch alle nacheinander an die Reihe kommen sollen, wie nur mein neues Werk vollendet und aufgeführt sein wird. Wie viel ist draußen in der Welt und wie viel daheim, Merkwürdiges und Schönes, das ich noch gar nicht kenne, an Wunderwerken der Natur, an Wissenschaften, Künsten und nützlichen Gewerben! Der schwarze Köhlerbube dort bei seinem

Meiler weiß dir von manchen Sachen auf ein Haar so viel Bescheid wie ich, da doch ein Sinn und ein Verlangen in mir wäre, auch einen Blick in dies und jen's zu tun, das eben nicht zu meinem nächsten Kram gehört.«

»Mir kam«, versetzte sie, »in diesen Tagen dein alter Sackkalender in die Hände von Anno fünfundachtzig; da hast du hinten angemerkt drei bis vier Notabene. Zum ersten steht: ›Mitte Oktober gießet man die großen Löwen in kaiserlicher Erzgießerei‹; fürs zweite, doppelt angestrichen: ›Professor Gattner zu besuchen!‹ Wer ist der!?«

»O recht, ich weiß — auf dem Observatorio der gute alte Herr, der mich von Zeit zu Zeit dahin einlädt. Ich wollte längst einmal den Mond und 's Mandl drin mit dir betrachten. Sie haben jetzt ein mächtig großes Fernrohr oben; da soll man auf der ungeheuern Scheibe, hell und deutlich bis zum Greifen, Gebirge, Täler, Klüfte sehen und von der Seite, wo die Sonne nicht hinfällt, den Schatten, den die Berge werfen. Schon seit zwei Jahren schlag ich's an, den Gang zu tun, und komme nicht dazu, elender- und schändlicherweise!«

»Nun«, sagte sie, »der Mond entläuft uns nicht. Wir holen manches nach.«

Nach einer Pause fuhr er fort: »Und geht es nicht mit allem so? O pfui, ich darf nicht daran denken, was man verpaßt, verschiebt und hängenläßt! — von Pflichten gegen Gott und Menschen nicht zu reden — ich sage, von purem Genuß, von den kleinen unschuldigen Freuden, die einem jeden täglich vor den Füßen liegen.«

Madame Mozart konnte oder wollte von der Richtung, die sein leichtbewegliches Gefühl hier mehr und mehr nahm, auf keine Weise ablenken, und leider konnte sie ihm nur von ganzem Herzen recht geben, indem er mit steigendem Eifer fortfuhr: »Ward ich denn je nur meiner Kinder ein volles Stündchen froh? Wie halb ist das bei mir und immer en passant! Die Buben einmal rittlings auf das Knie gesetzt, mich zwei Minuten mit ihnen durchs Zimmer gejagt, und damit basta, wieder abgeschüttelt! Es denkt mir nicht, daß wir uns auf dem Lande zusammen einen schönen Tag gemacht hätten, an Ostern oder Pfingsten, in einem Garten oder Wäldel, auf der Wiese, wir unter uns allein, bei Kinderscherz und Blumenspiel, um selber einmal wieder Kind zu werden. Allmittelst geht und rennt und saust das Leben hin — Herr Gott! bedenkt man's recht, es möcht einem der Angstschweiß ausbrechen!«

Mit der soeben ausgesprochenen Selbstanklage war unerwartet ein sehr ernsthaftes Gespräch in aller Traulichkeit und Güte zwischen beiden eröffnet. Wir teilen dasselbe nicht ausführlich mit und werfen lieber einen allgemeinen Blick auf die Verhältnisse, die teils ausdrücklich und unmittelbar den Stoff, teils auch nur den bewußten Hintergrund der Unterredung ausmachten.

Hier drängt sich uns voraus die schmerzliche Betrachtung auf, daß dieser feurige, für jeden Reiz der Welt und für das Höchste, was dem ahnenden Gemüt erreichbar ist, unglaublich empfängliche Mensch, soviel er auch in seiner kurzen Spanne Zeit erlebt, genossen und aus sich hervorgebracht, ein stetiges und rein befriedigtes Gefühl seiner selbst doch lebenslang entbehrte.

Wer die Ursachen dieser Erscheinung nicht etwa tiefer suchen will, als sie vermutlich liegen, wird sie zunächst einfach in jenen, wie es scheint, unüberwindlich eingewohnten Schwächen finden, die wir so gern und nicht ganz ohne Grund mit alle dem, was an Mozart der Gegenstand unsrer Bewunderung ist, in eine Art notwendiger Verbindung bringen.

Des Mannes Bedürfnisse waren sehr vielfach, seine Neigung zumal für gesellige Freuden außerordentlich groß. Von den vornehmsten Häusern der Stadt als unvergleichliches Talent gewürdigt und gesucht, verschmähte er Einladungen zu Festen, Zirkeln und Partien selten oder nie. Dabei tat er der eigenen Gastfreundschaft innerhalb seiner näheren Kreise gleichfalls genug. Einen längst hergebrachten musikalischen Abend am Sonntag bei ihm, ein ungezwungenes Mittagsmahl an seinem wohlbestellten Tisch mit ein paar Freunden und Bekannten, zwei-, dreimal in der Woche, das wollte er nicht missen. Bisweilen brachte er die Gäste, zum Schrecken der Frau, unangekündigt von der Straße weg ins Haus, Leute von sehr ungleichem Wert, Liebhaber, Kunstgenossen, Sänger und Poeten. Der müßige Schmarotzer, dessen ganzes Verdienst in einer immer aufgeweckten Laune, in Witz und Spaß, und zwar vom gröbern Korn, bestand, kam so gut wie der geistvolle Kenner und der treffliche Spieler erwünscht. Den größten Teil seiner Erholung indes pflegte Mozart außer dem eigenen Hause zu suchen. Man konnte ihn nach Tisch einen Tag wie den andern am Billard im Kaffeehaus und so auch manchen Abend im Gasthof finden. Er fuhr und ritt sehr gerne in Gesellschaft über Land, besuchte als ein ausgemachter Tänzer Bälle und Redouten und machte sich des Jahrs einige Male einen Hauptspaß an Volksfesten, vor allen am Brigitten-Kirchtag im Freien, wo er als Pierrot maskiert erschien.

Diese Vergnügungen, bald bunt und ausgelassen, bald einer ruhigeren Stimmung zusagend, waren bestimmt, dem lang gespannten Geist nach ungeheurem Kraftaufwand die nötige Rast zu gewähren; auch verfehlten sie nicht, demselben nebenher auf den geheimnisvollen Wegen, auf welchen das Genie sein Spiel bewußtlos treibt, die feinen flüchtigen Eindrücke mitzuteilen, wodurch es sich gelegentlich befruchtet. Doch leider kam in solchen Stunden, weil es dann immer galt, den glücklichen Moment bis auf die Neige auszuschöpfen, eine andere Rücksicht, es sei nun der Klugheit oder der Pflicht, der Selbsterhaltung wie der Häuslichkeit, nicht in Betracht. Genießend oder schaffend, kannte Mozart gleich wenig Maß und Ziel. Ein Teil der Nacht war stets der Komposition gewidmet. Morgens früh, oft lange noch im Bett, ward ausgearbeitet. Dann machte er von zehn Uhr an, zu Fuß oder im Wagen abgeholt, die Runde seiner Lektionen, die in der Regel noch einige Nachmittagsstunden wegnahmen. »Wir plagen uns wohl auch rechtschaffen«, so schreibt er selber einmal einem Gönner, »und es hält öfter schwer, nicht die Geduld zu verlieren. Da halst man sich als wohlakkreditierter Cembalist und Musiklehrmeister ein Dutzend Schüler auf und immer wieder einen neuen, unangesehn, was weiter an ihm ist, wenn er nur seinen Taler per marca bezahlt. Ein jeder ungrische Schnurrbart vom Geniekorps ist willkommen, den der Satan plagt, für nichts und wieder nichts Generalbaß und Kontrapunkt zu studieren; das übermütigste Komteßchen, das mich, wie Meister Coquerel, den Haarkräusler, mit einem roten Kopf empfängt, wenn ich einmal nicht auf den Glockenschlag bei ihr anklopfe usw.« Und wenn er nun, durch diese und andere Berufsarbeiten, Akademien, Proben und dergleichen abgemüdet, nach frischem Atem schmachtete, war den erschlafften Nerven häufig nur in neuer Aufregung eine scheinbare Stärkung vergönnt. Seine Gesundheit wurde heimlich angegriffen, ein je und je wiederkehrender Zustand von Schwermut wurde, wo nicht erzeugt, doch sicherlich genährt an eben diesem Punkt und so die Ahnung eines frühzeitigen Todes, die ihn zuletzt auf Schritt und Tritt begleitete, unvermeidlich erfüllt. Gram aller Art und Farbe, das Gefühl der Reue nicht ausgenommen, war er als eine herbe Würze jeder Lust auf seinen Teil gewöhnt. Doch wissen wir, auch diese Schmerzen rannen abgeklärt und rein in jenem tiefen Quell zusammen, der, aus hundert goldenen Röhren springend, im Wechsel seiner Melodien unerschöpflich, alle Qual und alle Seligkeit der Menschenbrust ausströmte.

Am offenbarsten zeigten sich die bösen Wirkungen der Lebensweise Mozarts in seiner häuslichen Verfassung. Der Vorwurf törichter, leichtsinniger Verschwendung lag sehr nahe; er mußte sich sogar an einen seiner schönsten Herzenszüge hängen. Kam einer, in dringender Not ihm eine Summe abzuborgen, sich seine Bürgschaft zu erbitten, so war meist schon darauf gerechnet, daß er sich nicht erst lang nach Pfand und Sicherheit erkundigte; dergleichen hätte ihm auch in der Tat so wenig als einem Kinde angestanden. Am liebsten schenkte er gleich hin und immer mit lachender Großmut, besonders wenn er meinte, gerade Überfluß zu haben.

Die Mittel, die ein solcher Aufwand neben dem ordentlichen Hausbedarf erheischte, standen allerdings in keinem Verhältnis mit den Einkünften. Was von Theatern und Konzerten, von Verlegern und Schülern einging, zusamt der kaiserlichen Pension, genügte um so weniger, da der Geschmack des Publikums noch weit davon entfernt war, sich entschieden für Mozarts Musik zu erklären. Diese lauterste Schönheit, Fülle und Tiefe befremdete gemeinhin gegenüber der bisher beliebten, leicht faßlichen Kost. Zwar hatten sich die Wiener an »Belmonte und Konstanze« — dank den populären Elementen dieses Stücks — seinerzeit kaum ersättigen können, hingegen tat, einige Jahre später, »Figaro«, und sicher nicht allein durch die Intrigen des Direktors, im Wettstreit mit der lieblichen, doch weit geringeren »Cosa rara« einen unerwarteten, kläglichen Fall; derselbe »Figaro«, den gleich darauf die gebildetern oder unbefangenern Prager mit solchem Enthusiasmus aufnahmen, daß der Meister in dankbarer Rührung darüber seine nächste große Oper eigens für sie zu schreiben beschloß. — Trotz der Ungunst der Zeit und dem Einfluß der Feinde hätte Mozart mit etwas mehr Umsicht und Klugheit noch immer einen sehr ansehnlichen Gewinn von seiner Kunst gezogen: so aber kam er selbst bei jenen Unternehmungen zu kurz, wo auch der große Haufen ihm Beifall zujauchzen mußte. Genug, es wirkte eben alles, Schicksal und Naturell und eigene Schuld, zusammen, den einzigen Mann nicht gedeihen zu lassen.

Welch einen schlimmen Stand nun aber eine Hausfrau, sofern sie ihre Aufgabe kannte, unter solchen Umständen gehabt haben müsse, begreifen wir leicht. Obgleich selbst jung und lebensfroh, als Tochter eines Musikers ein ganzes Künstlerblut, von Hause aus übrigens schon an Entbehrung gewöhnt, bewies Konstanze allen guten Willen, dem Unheil an der Quelle zu steuern, manches Verkehrte abzuschneiden und den Verlust im Großen durch Sparsamkeit im Kleinen zu ersetzen. Nur eben in letzterer Hinsicht vielleicht ermangelte sie des rechten Geschicks und der frühern Erfahrung. Sie hatte die Kasse und führte das Hausbuch; jede Forderung, jede Schuldmahnung, und was es Verdrießliches gab, ging ausschließlich an sie. Da stieg ihr wohl mitunter das Wasser an die Kehle, zumal wenn oft zu dieser Bedrängnis, zu Mangel, peinlicher Verlegenheit und Furcht vor offenbarer Unehre, noch gar der Trübsinn ihres Mannes kam, worin er tagelang verharrte, untätig, keinem Trost zugänglich, indem er mit Seufzen und Klagen neben der Frau oder stumm in einem Winkel vor sich hin den *einen* traurigen Gedanken, zu sterben, wie eine endlose Schraube verfolgte. Ihr guter Mut verließ sie dennoch selten, ihr heller Blick fand meist, wenn auch nur auf einige Zeit, Rat und Hülfe. Im wesentlichen wurde wenig oder nichts gebessert. Gewann sie ihm mit Ernst und Scherz, mit Bitten und Schmeicheln für heute so viel ab, daß er den Tee an ihrer Seite trank, sich seinen Abendbraten daheim bei der Familie schmecken ließ, um nachher nicht mehr auszugehen, was war damit erreicht? Er konnte wohl einmal, durch ein verweintes Auge seiner Frau plötzlich betroffen und bewegt, eine schlimme Gewohnheit aufrichtig verwünschen, das Beste versprechen, mehr als sie verlangte — umsonst, er fand sich unversehens im alten Fahrgeleise wieder. Man war versucht zu glauben, es habe anders nicht in seiner Macht gestanden, und eine völlig veränderte Ordnung nach unsern Begriffen von dem, was allen Menschen ziemt und frommt, *ihm* irgendwie gewaltsam aufgedrungen, müßte das wunderbare Wesen geradezu selbst aufgehoben haben.

Einen günstigen Umschwung der Dinge hoffte Konstanze doch stets insoweit, als derselbe von außen her möglich war: durch eine gründliche Verbesserung ihrer ökonomischen Lage, wie solche bei dem wachsenden Ruf ihres Mannes nicht ausbleiben könne. Wenn erst, so meinte sie, der stete Druck wegfiel, der sich auch ihm, bald näher, bald entfernter, von dieser Seite fühlbar machte, wenn er, anstatt die Hälfte seiner Kraft und Zeit dem bloßen Gelderwerb zu opfern, ungeteilt seiner wahren Bestimmung nachleben dürfe, wenn endlich der Genuß, nach dem er nicht mehr jagen, den er mit ungleich besserem Gewissen haben würde, ihm noch einmal so wohl an Leib und Seele gedeihe, dann sollte bald sein ganzer Zustand leichter, natürlicher, ruhiger werden. Sie dachte gar an einen gelegentlichen

Wechsel ihres Wohnorts, da seine unbedingte Vorliebe für Wien, wo nun einmal nach ihrer Überzeugung kein rechter Segen für ihn sei, am Ende zu überwinden wäre.

Den nächsten entscheidenden Vorschub aber zu Verwirklichung ihrer Gedanken und Wünsche versprach sich Madame Mozart vom Erfolg der neuen Oper, um die es sich bei dieser Reise handelte.

Die Komposition war weit über die Hälfte vorgeschritten. Vertraute, urteilsfähige Freunde, die, als Zeugen der Entstehung des außerordentlichen Werks, einen hinreichenden Begriff von seiner Art und Wirkungsweise haben mußten, sprachen überall davon in einem Tone, daß viele selber von den Gegnern darauf gefaßt sein konnten, es werde dieser »Don Juan«, bevor ein halbes Jahr verginge, die gesamte musikalische Welt von einem Ende Deutschlands bis zum andern erschüttert, auf den Kopf gestellt, im Sturm erobert haben. Vorsichtiger und bedingter waren die wohlwollenden Stimmen anderer, die, von dem heutigen Standpunkt der Musik ausgehend, einen allgemeinen und raschen Succeß kaum hofften. Der Meister selber teilte im stillen ihre nur zu wohl begründeten Zweifel.

Konstanze ihrerseits, wie die Frauen immer, wo ihr Gefühl einmal lebhaft bestimmt und noch dazu vom Eifer eines höchst gerechten Wunsches eingenommen ist, durch spätere Bedenklichkeiten von da- und dorther sich viel seltener als die Männer irremachen lassen, hielt fest an ihrem guten Glauben und hatte eben jetzt im Wagen wiederum Veranlassung, denselben zu verfechten. Sie tat's, in ihrer fröhlichen und blühenden

Manier, mit doppelter Geflissenheit, da Mozarts Stimmung im Verlauf des vorigen Gesprächs, das weiter zu nichts führen konnte und deshalb äußerst unbefriedigend abbrach, bereits merklich gesunken war. Sie setzte ihrem Gatten sofort mit gleicher Heiterkeit umständlich auseinander, wie sie nach ihrer Heimkehr die mit dem Prager Unternehmer als Kaufpreis für die Partitur akkordierten hundert Dukaten zu Deckung der dringendsten Posten und sonst zu verwenden gedenke, auch wie sie zufolge ihres Etats den kommenden Winter hindurch bis zum Frühjahr gut auszureichen hoffe.

»Dein Herr Bondini wird sein Schäfchen an der Oper scheren, glaub es nur; und ist er halb der Ehrenmann, den du ihn immer rühmst, so läßt er dir nachträglich noch ein artiges Prozentchen von den Summen ab, die ihm die Bühnen nacheinander für die Abschrift zahlen; wo nicht, nun ja, gottlob, so stehen uns noch andere Chancen in Aussicht, und zwar noch tausendmal solidere. Mir ahnet allerlei.«

»Heraus damit!«

»Ich hörte unlängst ein Vögelchen pfeifen, der König von Preußen hab einen Kapellmeister nötig.«

»Oho!«

»Generalmusikdirektor, wollt ich sagen. Laß mich ein wenig phantasieren! Die Schwachheit habe ich von meiner Mutter.«

»Nur zu! je toller, je besser.«

»Nein, alles ganz natürlich. — Vornweg nimm also an: übers Jahr um diese Zeit —«

»Wenn der Papst die Grete freit —«

»Still doch, Hanswurst! Ich sage, aufs Jahr um Sankt Ägidi muß schon längst kein kaiserlicher Kammerkomponist mit Namen Wolf Mozart in Wien mehr weit und breit zu finden sein.«

»Beiß dich der Fuchs dafür!«

»Ich höre schon im Geist, wie unsere alten Freunde von uns plaudern, was sie sich alles zu erzählen wissen.«

»Zum Exempel?«

»Da kommt zum Beispiel eines Morgens früh nach neune schon unsere alte Schwärmerin, die Volkstett, in ihrem feurigsten Besuchssturmschritt quer übern Kohlmarkt hergesegelt. Sie war drei Monat fort, die große Reise zum Schwager in Sachsen, ihr tägliches Gespräch, solang wir sie kennen, kam endlich zustand; seit gestern nacht ist sie zurück, und jetzt mit ihrem übervollen Herzen — es schwattelt ganz von Reiseglück und Freundschaftsungeduld und allerliebsten Neuigkeiten — stracks hin zur Oberstin damit! die Trepp hinauf und angeklopft und das Herein nicht abgewartet: stell dir den Jubel selber vor und das Embrassement beiderseits! — ›Nun, liebste, beste Oberstin‹, hebt sie nach einigem Vorgängigen mit frischem Odem an, ›ich bringe Ihnen ein Schock Grüße mit, ob Sie erraten von wem? Ich komme nicht so geradenwegs von Stendal her, es wurde ein kleiner Abstecher gemacht, linkshin, nach Brandenburg zu.‹ — ›Wie? wär es möglich . . . Sie kamen nach Berlin? sind bei Mozarts gewesen?‹ — ›Zehn himmlische Tage!‹ — ›O liebe, süße, einzige Generalin, erzählen Sie, beschreiben Sie! Wie geht es unsern guten Leutchen? Gefallen sie sich immer noch so gut wie anfangs dort?

Es ist mir fabelhaft, undenkbar, heute noch, und jetzt nur desto mehr, da Sie von ihm herkommen — Mozart als Berliner! Wie benimmt er sich doch? wie sieht er denn aus?‹ — ›O der! Sie sollten ihn nur sehen. Diesen Sommer hat ihn der König ins Karlsbad geschickt. Wann wäre seinem herzgeliebten Kaiser Joseph so etwas eingefallen, he? Sie waren beide kaum erst wieder da, als ich ankam. Er glänzt von Gesundheit und Leben, ist rund und beleibt und vif wie Quecksilber; das Glück sieht ihm und die Behaglichkeit recht aus den Augen.‹«

Und nun begann die Sprecherin in ihrer angenommenen Rolle die neue Lage mit den hellsten Farben auszumalen. Von seiner Wohnung Unter den Linden, von seinem Garten und Landhaus an bis zu den glänzenden Schauplätzen seiner öffentlichen Wirksamkeit und den engeren Zirkeln des Hofs, wo er die Königin auf dem Piano zu begleiten hatte, wurde alles durch ihre Schilderung gleichsam zur Wirklichkeit und Gegenwart. Ganze Gespräche, die schönsten Anekdoten schüttelte sie aus dem Ärmel. Sie schien fürwahr mit jener Residenz, mit Potsdam und mit Sanssouci bekannter als im Schlosse zu Schönbrunn und auf der kaiserlichen Burg. Nebenbei war sie schalkhaft genug, die Person unsres Helden mit einer Anzahl völlig neuer hausväterlicher Eigenschaften auszustatten, die sich auf dem soliden Boden der preußischen Existenz entwickelt hatten und unter welchen die besagte Volkstett als höchstes Phänomen und zum Beweis, wie die Extreme sich manchmal berühren, den Ansatz eines ordentlichen Geizchens wahrgenommen hatte, das ihn unendlich liebenswürdig kleide. »›Ja, nehmen's nur, er hat seine dreitausend Taler fix, und das wofür? Daß er die Woche einmal ein Kammerkonzert, zweimal die große Oper dirigiert — Ach, Oberstin, ich habe ihn gesehen, unsern lieben, kleinen goldenen Mann inmitten seiner trefflichen Kapelle, die er sich zugeschult, die ihn anbetet! saß mit der Mozartin in ihrer Loge, schräg gegen den höchsten Herrschaften über! Und was stand auf dem Zettel, bitte Sie — ich nahm ihn mit für Sie — ein kleines Reis'präsent von mir und Mozarts dreingewickelt — hier schauen Sie, hier lesen Sie, da steht's mit ellenlangen Buchstaben gedruckt!‹ — ›Hilf Himmel! was? ‚Tarar'!‹ — ›Ja, gelten's, Freundin, was man erleben kann! Vor zwei Jahren, wie Mozart den ‚Don Juan' schrieb und der verwünschte giftige, schwarzgelbe Salieri auch schon im stillen Anstalt machte, den Triumph, den er mit seinem Stück davontrug in Paris, demnächst auf seinem eigenen Territorio zu begehen und unserem guten, Schnepfen liebenden, allzeit in ‚Cosa rara' vergnügten Publikum nun doch auch mal so eine Gattung Falken sehen zu lassen, und er und seine Helfershelfer bereits zusammen munkelten und raffinierten, daß sie den ‚Don Juan' so schön gerupft wie jenesmal den ‚Figaro', nicht tot und nicht lebendig, auf das Theater stellen wollten — wissen's, da tat ich ein Gelübd, wenn das infame Stück gegeben wird, ich geh nicht hin, um keine Welt! Und hielt auch Wort. Als alles lief und rannte — und, Oberstin, Sie mit —, blieb ich an meinem Ofen sitzen, nahm meine Katze auf den Schoß und aß meine Kaldausche; und so die folgenden paar Male auch.

Jetzt aber, stellen Sie sich vor, ‚Tarar' auf der Berliner Opernbühne, das Werk seines Todfeinds, von Mozart dirigiert! — ‚Da müssen Sie schon drein!' rief er gleich in der ersten Viertelstunde, ‚und wär's auch nur, daß Sie den Wienern sagen können, ob ich dem Knaben Absalon ein Härchen krümmen ließ. Ich wünschte, er wär selbst dabei, der Erzneidhammel sollte sehen, daß ich nicht nötig hab, einem andern sein Zeug zu verhunzen, damit ich immerfort der bleiben möge, der ich bin!'«

»Brava! bravissima!« rief Mozart überlaut und nahm sein Weibchen bei den Ohren, verküßte, herzte, kitzelte sie, so daß sich dieses Spiel mit bunten Seifenblasen einer erträumten Zukunft, die leider niemals, auch nicht im bescheidensten Maße, erfüllt werden sollte, zuletzt in hellen Mutwillen, Lärm und Gelächter auflöste.

Sie waren unterdessen längst ins Tal herabgekommen und näherten sich einem Dorf, das ihnen bereits auf der Höhe bemerklich gewesen und hinter welchem sich unmittelbar ein kleines Schloß von modernem Ansehen, der Wohnsitz eines Grafen von Schinzberg, in der freundlichen Ebene zeigte. Es sollte in dem Ort gefüttert, gerastet und Mittag gehalten werden. Der Gasthof, wo sie hielten, lag vereinzelt am Ende des Dorfs bei der Straße, von welcher seitwärts eine Pappelallee von nicht sechshundert Schritten zum herrschaftlichen Garten führte.

Mozart, nachdem man ausgestiegen, überließ wie gewöhnlich der Frau die Bestellung des Essens. Inzwischen befahl er für sich ein Glas Wein in die untere

Stube, während sie nächst einem Trunke frischen Wassers nur irgendeinen stillen Winkel, um ein Stündchen zu schlafen, verlangte. Man führte sie eine Treppe hinauf, der Gatte folgte, ganz munter vor sich hin singend und pfeifend. In einem rein geweißten und schnell gelüfteten Zimmer befand sich unter andern veralteten Möbeln von edlerer Herkunft — sie waren ohne Zweifel aus den gräflichen Gemächern seinerzeit hierher gewandert — ein sauberes, leichtes Bett mit gemaltem Himmel auf dünnen, grün lackierten Säulen, dessen seidene Vorhänge längst durch einen gewöhnlichern Stoff ersetzt waren. Konstanze machte sich's bequem, er versprach, sie rechtzeitig zu wecken, sie riegelte die Tür hinter ihm zu, und er suchte nunmehr Unterhaltung für sich in der allgemeinen Schenkstube. Hier war jedoch außer dem Wirt keine Seele, und weil dessen Gespräch dem Gast sowenig wie sein Wein behagte, so bezeugte er Lust, bis der Tisch bereit wäre, noch einen Spaziergang nach dem Schloßgarten zu machen. Der Zutritt, hörte er, sei anständigen Fremden wohl gestattet und die Familie überdies heut ausgefahren.

Er ging und hatte bald den kurzen Weg bis zu dem offenen Gattertor zurückgelegt, dann langsam einen hohen alten Lindengang durchmessen, an dessen Ende linker Hand er in geringer Entfernung das Schloß von seiner Fronte auf einmal vor sich hatte. Es war von italienischer Bauart, hell getüncht, mit weit vorliegender Doppeltreppe; das Schieferdach verzierten einige Statuen in üblicher Manier, Götter und Göttinnen, samt einer Balustrade.

Von der Mitte zweier großen, noch reichlich blühenden Blumenparterre ging unser Meister nach den buschigen Teilen der Anlagen zu, berührte ein paar schöne dunkle Piniengruppen und lenkte seine Schritte auf vielfach gewundenen Pfaden, indem er sich allmählich den lichteren Partien wieder näherte, dem lebhaften Rauschen eines Springbrunnens nach, den er sofort erreichte.

Das ansehnlich weite, ovale Bassin war rings von einer sorgfältig gehaltenen Orangerie in Kübeln, abwechselnd mit Lorbeeren und Oleandern, umstellt; ein weicher Sandweg, gegen den sich eine schmale Gitterlaube öffnete, lief rund umher. Die Laube bot das angenehmste Ruheplätzchen dar; ein kleiner Tisch stand vor der Bank, und Mozart ließ sich vorn am Eingang nieder.

Das Ohr behaglich dem Geplätscher des Wassers hingegeben, das Aug auf einen Pomeranzenbaum von mittlerer Größe geheftet, der außerhalb der Reihe, einzeln, ganz dicht an seiner Seite auf dem Boden stand und voll der schönsten Früchte hing, ward unser Freund durch diese Anschauung des Südens alsbald auf eine liebliche Erinnerung aus seiner Knabenzeit geführt. Nachdenklich lächelnd reicht er hinüber nach der nächsten Frucht, als wie um ihre herrliche Ründe, ihre saftige Kühle in hohler Hand zu fühlen. Ganz im Zusammenhang mit jener Jugendszene aber, die wieder vor ihm aufgetaucht, stand eine längst verwischte musikalische Reminiszenz, auf deren unbestimmter Spur er sich ein Weilchen träumerisch erging. Jetzt glänzen seine Blicke, sie irren da und dort umher, er ist von einem Gedanken ergriffen, den er sogleich eifrig verfolgt. Zerstreut hat er zum zweitenmal die Pomeranze angefaßt, sie geht vom Zweige los und bleibt ihm in der Hand. Er sieht und sieht es nicht; ja so weit geht die künstlerische Geistesabwesenheit, daß er, die duftige Frucht beständig unter der Nase hin und her wirbelnd und bald den Anfang, bald die Mitte einer Weise unhörbar zwischen den Lippen bewegend, zuletzt instinktmäßig ein emailliertes Etui aus der Seitentasche des Rocks hervorbringt, ein kleines Messer mit silbernem Heft daraus nimmt und die gelbe kugelige Masse von oben nach unten langsam durchschneidet. Es mochte ihn dabei entfernt ein dunkles Durstgefühl geleitet haben, jedoch begnügten sich die angeregten Sinne mit Einatmung des köstlichen Geruchs. Er starrt minutenlang die beiden innern Flächen an, fügt sie sachte wieder zusammen, ganz sachte, trennt und vereinigt sie wieder.

Da hört er Tritte in der Nähe, er erschrickt, und das Bewußtsein, wo er ist, was er getan, stellt sich urplötzlich bei ihm ein. Schon im Begriff, die Pomeranze zu verbergen, hält er doch gleich damit inne, sei es aus Stolz, sei's, weil es zu spät dazu war. Ein großer breitschulteriger Mann in Livree, der Gärtner des Hauses, stand vor ihm. Derselbe hatte wohl die letzte verdächtige Bewegung noch gesehen und schwieg betroffen einige Sekunden. Mozart, gleichfalls sprachlos, auf seinem Sitz wie angenagelt, schaute ihm halb lachend, unter sichtbarem Erröten, doch gewissermaßen keck und groß mit seinen blauen Augen ins Gesicht; dann setzte er — für einen Dritten wäre es höchst komisch anzusehn gewesen — die scheinbar unverletzte Pomeranze mit einer Art von trotzig couragiertem Nachdruck in die Mitte des Tisches.

»Um Vergebung«, fing jetzt der Gärtner, nachdem er den wenig versprechenden Anzug des Fremden gemustert, mit unterdrücktem Unwillen an, »ich weiß nicht, wen ich hier —«

»Kapellmeister Mozart aus Wien.«

»Sind ohne Zweifel bekannt im Schloß?«

»Ich bin hier fremd und auf der Durchreise. Ist der Herr Graf anwesend?«

»Nein.«

»Seine Gemahlin?«

»Sind beschäftigt und schwerlich zu sprechen.«

Mozart stand auf und machte Miene zu gehen.

»Mit Erlaubnis, mein Herr — wie kommen Sie dazu, an diesem Ort auf solche Weise zuzugreifen?«

»Was?« rief Mozart, »zugreifen? Zum Teufel, glaubt Er denn, ich wollte stehlen und das Ding da fressen?«

»Mein Herr, ich glaube, was ich sehe. Diese Früchte sind gezählt, ich bin dafür verantwortlich. Der Baum ist vom Herrn Grafen zu einem Fest bestimmt, soeben soll er weggebracht werden. Ich lasse Sie nicht fort, ehbevor ich die Sache gemeldet und Sie mir selbst bezeugten, wie das da zugegangen ist.«

»Sei's drum. Ich werde hier so lange warten. Verlaß Er sich darauf!«

Der Gärtner sah sich zögernd um, und Mozart, in der Meinung, es sei vielleicht nur auf ein Trinkgeld abgesehen, griff in die Tasche, allein er hatte das geringste nicht bei sich.

Zwei Gartenknechte kamen nun wirklich herbei, luden den Baum auf eine Bahre und trugen ihn hinweg. Inzwischen hatte unser Meister seine Brieftasche gezogen, ein weißes Blatt herausgenommen und, während daß der Gärtner nicht von der Stelle wich, mit Bleistift angefangen zu schreiben:

»Gnädigste Frau! Hier sitze ich Unseliger in Ihrem Paradiese, wie weiland Adam, nachdem er den Apfel gekostet. Das Unglück ist geschehen, und ich kann nicht einmal die Schuld auf eine gute Eva schieben, die eben jetzt, von Grazie und Amoretten eines Himmelbetts umgaukelt, im Gasthof sich des unschuldigsten Schlafes erfreut. Befehlen Sie, und ich stehe persönlich Ihro Gnaden Rede über meinen mir selbst unfaßlichen Frevel. Mit aufrichtiger Beschämung

Hochdero untertänigster Diener
W. A. *Mozart,*
auf dem Wege nach Prag«

Er übergab das Billett, ziemlich ungeschickt zusammengefaltet, dem peinlich wartenden Diener mit der nötigen Weisung.

Der Unhold hatte sich nicht sobald entfernt, als man an der hinteren Seite des Schlosses ein Gefährt in den Hof rollen hörte. Es war der Graf, der eine Nichte und ihren Bräutigam, einen jungen reichen Baron, vom benachbarten Gut herüberbrachte. Da die Mutter des letztern seit Jahren das Haus nicht mehr verließ, war die Verlobung heute bei ihr gehalten worden; nun sollte das Fest in einer fröhlichen Nachfeier mit einigen Verwandten auch hier begangen werden, wo Eugenie gleich einer eigenen Tochter seit ihrer Kindheit eine zweite Heimat fand. Die Gräfin war mit ihrem Sohne Max, dem Leutnant, etwas früher nach Hause gefahren, um noch verschiedene Anordnungen zu treffen. Nun sah man in dem Schlosse alles, auf Gängen und Treppen, in voller Bewegung, und nur mit Mühe gelang es dem Gärtner, im Vorzimmer endlich den Zettel der Frau Gräfin einzuhändigen, die ihn jedoch nicht auf der Stelle öffnete, sondern, ohne genau auf die Worte des Überbringers zu achten, geschäftig weitereilte. Er wartete und wartete, sie kam nicht wieder. Eins um das andere von der Dienerschaft, Aufwärter, Zofe, Kammerdiener, rannte an ihm vorbei; er fragte nach dem Herrn — der kleidete sich um; er suchte nun und fand den Grafen Max auf seinem Zimmer, der aber unterhielt sich angelegentlich mit dem Baron und schnitt ihm, wie in Sorge, er wolle etwas melden oder fragen, wovon noch nichts verlauten sollte, das Wort vom Munde ab: »Ich komme schon — geht nur!« Es stand noch eine gute Weile an, bis endlich Vater und Sohn zugleich herauskamen und die fatale Nachricht empfingen.

»Das wär ja höllenmäßig!« rief der dicke, gutmütige, doch etwas jähe Mann; »das geht ja über alle Begriffe! Ein Wiener Musikus, sagt Ihr? Vermutlich irgend solch ein Lump, der um ein Viatikum läuft und mitnimmt, was er findet?«

»Verzeihen Ew. Gnaden, darnach sieht er grad nicht aus. Er deucht mir nicht richtig im Kopf; auch ist er sehr hochmütig. Moser nennt er sich. Er wartet unten auf Bescheid; ich hieß den Franz um den Weg bleiben und ein Aug auf ihn haben.«

»Was hilft es hintendrein, zum Henker? Wenn ich den Narren auch einstecken lasse, der Schaden ist nicht mehr zu reparieren! Ich sagt Euch tausendmal, das vordere Tor soll allezeit geschlossen bleiben. Der Streich wär aber jedenfalls verhütet worden, hättet Ihr zur rechten Zeit Eure Zurüstungen gemacht.«

Hier trat die Gräfin hastig und mit freudiger Aufregung, das offene Billett in der Hand, aus dem anstoßenden Kabinett. »Wißt ihr«, rief sie, »wer unten ist? Um Gottes willen, lest den Brief — Mozart aus Wien, der Komponist! Man muß gleich gehen, ihn heraufzubitten — ich fürchte nur, er ist schon fort! was wird er von mir denken! Ihr, Velten, seid ihm doch höflich begegnet? Was ist denn eigentlich geschehen?«

»Geschehn?« versetzte der Gemahl, dem die Aussicht auf den Besuch eines berühmten Mannes unmöglich allen Ärger auf der Stelle niederschlagen konnte, »der tolle Mensch hat von dem Baum, den ich Eugenien bestimmte, eine der neun Orangen abgerissen, hm! das Ungeheuer! Somit ist unserem Spaß geradezu die Spitze abgebrochen, und Max mag sein Gedicht nur gleich kassieren.«

»O nicht doch!« sagte die dringende Dame. »Die Lücke läßt sich leicht ausfüllen, überlaßt es nur mir. Geht beide jetzt, erlöst, empfangt den guten Mann, so freundlich und so schmeichelhaft ihr immer könnt. Er soll, wenn wir ihn irgend halten können, heut nicht weiter. Trefft ihr ihn nicht im Garten mehr, sucht ihn im Wirtshaus auf und bringt ihn mit seiner Frau. Ein größeres Geschenk, eine schönere Überraschung für

Eugenien hätte der Zufall uns an diesem Tag nicht machen können.«

»Gewiß!« erwiderte Max, »dies war auch mein erster Gedanke. Geschwinde, kommen Sie, Papa! Und« — sagte er, indem sie eilends nach der Treppe liefen — »der Verse wegen seien Sie ganz ruhig. Die neunte Muse soll nicht zu kurz kommen; im Gegenteil, ich werde aus dem Unglück noch besondern Vorteil ziehen.« — »Das ist unmöglich.« — »Ganz gewiß.« — »Nun, wenn das ist — allein ich nehme dich beim Wort —, so wollen wir dem Querkopf alle erdenkliche Ehre erzeigen!«

Solange dies im Schloß vorging, hatte sich unser Quasi-Gefangener, ziemlich unbesorgt über den Ausgang der Sache, geraume Zeit schreibend beschäftigt. Weil sich jedoch gar niemand sehen ließ, fing er an, unruhig hin und her zu gehen; darüber kam dringliche Botschaft vom Wirtshaus, der Tisch sei schon lange bereit, er möchte ja gleich kommen, der Postillion pressiere. So suchte er denn seine Sachen zusammen und wollte ohne weiteres aufbrechen, als beide Herrn vor der Laube erschienen.

Der Graf begrüßte ihn, beinah wie einen früheren Bekannten, lebhaft mit seinem kräftig schallenden Organ, ließ ihn zu gar keiner Entschuldigung kommen, sondern erklärte sogleich seinen Wunsch, das Ehepaar zum wenigsten für diesen Mittag und Abend im Kreise seiner Familie zu haben. »Sie sind uns, mein liebster Maestro, so wenig fremd, daß ich wohl sagen kann, der Name Mozart wird schwerlich anderswo mit mehr Begeisterung und häufiger genannt als hier. Meine

Nichte singt und spielt, sie bringt fast ihren ganzen Tag am Flügel zu, kennt Ihre Werke auswendig und hat das größte Verlangen, Sie einmal in mehrerer Nähe zu sehen, als es vorigen Winter in einem Ihrer Konzerte anging. Da wir demnächst auf einige Wochen nach Wien gehen werden, so war ihr eine Einladung beim Fürsten Gallizin, wo man Sie öfter findet, von den Verwandten versprochen. Jetzt aber reisen Sie nach Prag, werden so bald nicht wiederkehren, und Gott weiß, ob Sie der Rückweg zu uns führt. Machen Sie heute und morgen Rasttag! Das Fuhrwerk schikken wir sogleich nach Hause, und mir erlauben Sie die Sorge für Ihr Weiterkommen.«

Der Komponist, welcher in solchen Fällen der Freundschaft oder dem Vergnügen leicht zehnmal mehr, als hier gefordert war, zum Opfer brachte, besann sich nicht lange; er sagte diesen einen halben Tag mit Freuden zu, dagegen sollte morgen mit dem frühesten die Reise fortgesetzt werden. Graf Max erbat sich das Vergnügen, Madame Mozart abzuholen und alles Nötige im Wirtshaus abzumachen. Er ging, ein Wagen sollte ihm gleich auf dem Fuße nachfolgen.

Von diesem jungen Mann bemerken wir beiläufig, daß er mit einem von Vater und Mutter angeerbten heitern Sinn Talent und Liebe für schöne Wissenschaften verband und ohne wahre Neigung zum Soldatenstand sich doch als Offizier durch Kenntnisse und gute Sitten hervortat. Er kannte die französische Literatur und erwarb sich, zu einer Zeit, wo deutsche Verse in der höheren Gesellschaft wenig galten, Lob und Gunst durch eine nicht gemeine Leichtigkeit der poetischen

Form in der Muttersprache nach guten Mustern, wie er sie in Hagedorn, in Götz und andern fand. Für heute war ihm nun, wie wir bereits vernahmen, ein besonders erfreulicher Anlaß geworden, seine Gabe zu nutzen.

Er traf Madame Mozart, mit der Wirtstochter plaudernd, vor dem gedeckten Tisch, wo sie sich einen Teller Suppe voraus genommen hatte. Sie war an außerordentliche Zwischenfälle, an kecke Stegreifsprünge ihres Mannes zu sehr gewöhnt, als daß sie über die Erscheinung und den Auftrag des jungen Offiziers mehr als billig hätte betreten sein können. Mit unverstellter Heiterkeit, besonnen und gewandt, besprach und ordnete sie ungesäumt alles Erforderliche selbst. Es wurde umgepackt, bezahlt, der Postillion entlassen, sie machte sich, ohne zu große Ängstlichkeit in Herstellung ihrer Toilette, fertig und fuhr mit dem Begleiter wohlgemut dem Schlosse zu, nicht ahnend, auf welche sonderbare Weise ihr Gemahl sich dort eingeführt hatte.

Der befand sich inzwischen bereits sehr behaglich daselbst und auf das beste unterhalten. Nach kurzer Zeit sah er Eugenien mit ihrem Verlobten; ein blühendes, höchst anmutiges, inniges Wesen. Sie war blond, ihre schlanke Gestalt in karmoisinrote, leuchtende Seide mit kostbaren Spitzen festlich gekleidet, um ihre Stirn ein weißes Band mit edlen Perlen. Der Baron, nur wenig älter als sie, von sanftem, offenem Charakter, schien ihrer wert in jeder Rücksicht.

Den ersten Aufwand des Gesprächs bestritt, fast nur zu freigebig, der gute launige Hausherr vermöge seiner etwas lauten, mit Späßen und Histörchen sattsam gespickten Unterhaltungsweise. Es wurden Erfrischungen gereicht, die unser Reisender im mindesten nicht schonte.

Eines hatte den Flügel geöffnet, »Figaros Hochzeit« lag aufgeschlagen, und das Fräulein schickte sich an, von dem Baron akkompagniert, die Arie Susannas in jener Gartenszene zu singen, wo wir den Geist der süßen Leidenschaft stromweise, wie die gewürzte sommerliche Abendluft, einatmen. Die feine Röte auf Eugeniens Wangen wich zwei Atemzüge lang der äußersten Blässe; doch mit dem ersten Ton, der klangvoll über ihre Lippen kam, fiel ihr jede beklemmende Fessel vom Busen. Sie hielt sich lächelnd, sicher auf der hohen Woge, und das Gefühl dieses Moments, des einzigen in seiner Art vielleicht für alle Tage ihres Lebens, begeisterte sie billig.

Mozart war offenbar überrascht. Als sie geendigt hatte, trat er zu ihr und fing mit seinem ungezierten Herzensausdruck an: »Was soll man sagen, liebes Kind, hier, wo es ist wie mit der lieben Sonne, die sich am besten selber lobt, indem es gleich jedermann wohl in ihr wird! Bei solchem Gesang ist einem in der Seele zumut wie dem Kindchen im Bad: es lacht und wundert sich und weiß sich in der Welt nichts Besseres. Übrigens glauben Sie mir, unsereinem in Wien begegnet es nicht jeden Tag, daß er so lauter, ungeschminkt und warm, ja so komplett sich selber zu hören bekommt.« — Damit erfaßte er ihre Hand und küßte sie herzlich. Des Mannes hohe Liebenswürdigkeit und Güte nicht minder als das ehrenvolle Zeugnis, wodurch er ihr Talent auszeichnete, ergriff Eugenien mit jener unwiderstehlichen Rührung, die einem leichten Schwindel gleicht, und ihre Augen wollten sich plötzlich mit Tränen anfüllen.

Hier trat Madame Mozart zur Tür herein, und gleich darauf erschienen neue Gäste, die man erwartet hatte: eine dem Haus sehr eng verwandte freiherrliche Familie aus der Nähe, mit einer Tochter, Franziska, die seit den Kinderjahren mit der Braut durch die zärtlichste Freundschaft verbunden und hier wie daheim war.

Man hatte sich allerseits begrüßt, umarmt, beglückwünscht, die beiden Wiener Gäste vorgestellt, und Mozart setzte sich an den Flügel. Er spielte einen Teil eines Konzerts von seiner Komposition, welches Eugenie soeben einstudierte.

Die Wirkung eines solchen Vortrags in einem kleinen Kreis wie der gegenwärtige unterscheidet sich natürlicherweise von jedem ähnlichen an einem öffentlichen Orte durch die unendliche Befriedigung, die in der unmittelbaren Berührung mit der Person des Künstlers und seinem Genius innerhalb der häuslichen bekannten Wände liegt.

Es war eines jener glänzenden Stücke, worin die reine Schönheit sich einmal, wie aus Laune, freiwillig in den Dienst der Eleganz begibt, so aber, daß sie, gleichsam nur verhüllt in diese mehr willkürlich spielenden Formen und hinter eine Menge blendender Lichter versteckt, doch in jeder Bewegung ihren eigensten Adel verrät und ein herrliches Pathos verschwenderisch ausgießt.

Die Gräfin machte für sich die Bemerkung, daß die meisten Zuhörer, vielleicht Eugenie selbst nicht ausgenommen, trotz der gespanntesten Aufmerksamkeit und aller feierlichen Stille während eines bezaubernden Spiels, doch zwischen Auge und Ohr gar sehr geteilt waren. In unwillkürlicher Beobachtung des Komponisten, seiner schlichten, beinahe steifen Körperhaltung, seines gutmütigen Gesichts, der rundlichen Bewegung dieser kleinen Hände, war es gewiß auch nicht leicht möglich, dem Zudrang tausendfacher Kreuz- und Quergedanken über den Wundermann zu widerstehen.

Zu Madame Mozart gewendet, sagte der Graf, nachdem der Meister aufgestanden war: »Einem berühmten Künstler gegenüber, wenn es ein Kennerlob zu spitzen gilt, das halt nicht eines jeden Sache ist, wie haben es die Könige und Kaiser gut! Es nimmt sich eben alles einzig und außerordentlich in einem solchen Munde aus. Was dürfen sie sich nicht erlauben, und wie bequem ist es zum Beispiel, dicht hinterm Stuhl Ihres Herrn Gemahls, beim Schlußakkord einer brillanten Phantasie dem bescheidenen klassischen Mann auf die Schulter zu klopfen und zu sagen: ›Sie sind ein Tausendsasa, lieber Mozart!‹ Kaum ist das Wort heraus, so geht's wie ein Lauffeuer durch den Saal: ›Was hat er ihm gesagt?‹ — ›Er sei ein Tausendsasa, hat er zu ihm gesagt!‹ Und alles, was da geigt und fistuliert und komponiert, ist außer sich von diesem *einen* Wort; kurzum, es ist der große Stil, der familiäre Kaiserstil, der unnachahmliche, um welchen ich die Josephs und die Friedrichs von je beneidet habe, und das nie mehr als eben jetzt, wo ich ganz in Verzweiflung bin, von anderweitiger geistreicher Münze zufällig keinen Deut in allen meinen Taschen anzutreffen.«

Die Art, wie der Schäker dergleichen vorbrachte, bestach immerhin und rief unausbleiblich ein Lachen hervor.

Nun aber, auf die Einladung der Hausfrau, verfügte die Gesellschaft sich nach dem geschmückten runden Speisesalon, aus welchem den Eintretenden ein festlicher Blumengeruch und eine kühlere, dem Appetit willkommene Luft entgegenwehte.

Man nahm die schicklich ausgeteilten Plätze ein, und zwar der distinguierte Gast den seinigen dem Brautpaar gegenüber. Von einer Seite hatte er eine kleine ältliche Dame, eine unverheiratete Tante Franziskas, von der andern die junge reizende Nichte selbst zur Nebensitzerin, die sich durch Geist und Munterkeit ihm bald besonders zu empfehlen wußte. Frau Konstanze kam zwischen den Hauswirt und ihren freundlichen Geleitsmann, den Leutnant; die übrigen reihten sich ein, und so saß man zu elfen nach Möglichkeit bunt an der Tafel, deren unteres Ende leer blieb. Auf ihr erhoben sich mitten zwei mächtig große Porzellanaufsätze mit gemalten Figuren, breite Schalen, gehäuft voll natürlicher Früchte und Blumen, über sich haltend. An den Wänden des Saals hingen reiche Festons. Was sonst da war oder nach und nach folgte, schien einen ausgedehnten Schmaus zu verkünden. Teils auf der Tafel, zwischen Schüsseln und Platten, teils vom Serviertisch herüber im Hintergrund blinkte verschiedenes edle Getränk vom schwärzesten Rot bis hinauf zu dem gelblichen Weiß, dessen lustiger

Schaum herkömmlich erst die zweite Hälfte eines Festes krönt.

Bis gegen diesen Zeitpunkt hin bewegte sich die Unterhaltung, von mehreren Seiten gleich lebhaft genährt, in allen Richtungen. Weil aber der Graf gleich anfangs einigemal von weitem und jetzt nur immer näher und mutwilliger auf Mozarts Gartenabenteuer anspielte, so daß die einen heimlich lächelten, die andern sich umsonst den Kopf zerbrachen, was er denn meine, so ging unser Freund mit der Sprache heraus.

»Ich will in Gottes Namen beichten«, fing er an, »auf was Art mir eigentlich die Ehre der Bekanntschaft mit diesem edlen Haus geworden ist. Ich spiele dabei nicht die würdigste Rolle, und um ein Haar, so säß ich jetzt, statt hier vergnügt zu tafeln, in einem abgelegenen Arrestantenwinkel des gräflichen Schlosses und könnte mir mit leerem Magen die Spinneweben an der Wand herum betrachten.«

»Nun ja«, rief Madame Mozart, »da werd ich schöne Dinge hören!«

Ausführlich nun beschrieb er erst, wie er im »Weißen Roß« seine Frau zurückgelassen, die Promenade in den Park, den Unstern in der Laube, den Handel mit der Gartenpolizei, kurz, ungefähr was wir schon wissen, gab er alles mit größter Treuherzigkeit und zum höchsten Ergötzen der Zuhörer preis. Das Lachen wollte fast kein Ende nehmen; selbst die gemäßigte Eugenie enthielt sich nicht, es schüttelte sie ordentlich.

»Nun«, fuhr er fort, »das Sprichwort sagt: Hat einer den Nutzen, dem Spott mag er trutzen! Ich hab meinen kleinen Profit von der Sache, Sie werden schon sehen. Vor allem aber hören Sie, wie's eigentlich geschah, daß sich ein alter Kindskopf so vergessen konnte. Eine Jugenderinnerung war mit im Spiele.

Im Frühling 1770 reiste ich als dreizehnjähriges Bürschchen mit meinem Vater nach Italien. Wir gingen von Rom nach Neapel. Ich hatte zweimal im Konservatorium und sonst zu verschiedenen Malen gespielt. Adel und Geistlichkeit erzeigten uns manches Angenehme, vornehmlich attachierte sich ein Abbate an uns, der sich als Kenner schmeichelte und übrigens am Hofe etwas galt. Den Tag vor unserer Abreise führte er uns in Begleitung einiger anderen Herrn in einen königlichen Garten, die Villa reale, bei der prachtvollen Straße geradhin am Meer gelegen, wo eine Bande sizilianischer commedianti sich produzierte — figli di Nettuno, wie sie sich neben andern schönen Titeln auch nannten. Mit vielen vornehmen Zuschauern, worunter selbst die junge liebenswürdige Königin Karolina samt zwei Prinzessen, saßen wir auf einer langen Reihe von Bänken im Schatten einer zeltartig bedeckten, niedern Galerie, an deren Mauer unten die Wellen plätscherten. Das Meer mit seiner vielfarbigen Streifung strahlte den blauen Sonnenhimmel herrlich wider. Gerade vor sich hat man den Vesuv, links schimmert, sanft geschwungen, eine reizende Küste herein.

Die erste Abteilung der Spiele war vorüber; sie wurde auf dem trockenen Bretterboden einer Art von Flöße ausgeführt, die auf dem Wasser stand, und hatte nichts Besonderes; der zweite aber und der schönste Teil bestand aus lauter Schiffer-, Schwimm- und Taucherstücken und blieb mir stets mit allen Einzelheiten frisch im Gedächtnis eingeprägt.

Von entgegengesetzten Seiten her näherten sich einander zwei zierliche, sehr leicht gebaute Barken, beide, wie es schien, auf einer Lustfahrt begriffen. Die eine, etwas größere, war mit einem Halbverdeck versehen und nebst den Ruderbänken mit einem dünnen Mast und einem Segel ausgerüstet, auch prächtig bemalt, der Schnabel vergoldet. Fünf Jünglinge von idealischem Aussehen, kaum bekleidet, Arme, Brust und Beine dem Anschein nach nackt, waren teils an dem Ruder beschäftigt, teils ergötzten sie sich mit einer gleichen Anzahl artiger Mädchen, ihren Geliebten. Eine darunter, welche mitten auf dem Verdecke saß und Blumenkränze wand, zeichnete sich durch Wuchs und Schönheit sowie durch ihren Putz vor allen übrigen aus. Diese dienten ihr willig, spannten gegen die Sonne ein Tuch über sie und reichten ihr die Blumen aus dem Korb. Eine Flötenspielerin saß zu ihren Füßen, die den Gesang der andern mit ihren hellen Tönen unterstützte. Auch jener vorzüglichen Schönen fehlte es nicht an einem eigenen Beschützer; doch verhielten sich beide ziemlich gleichgültig gegeneinander, und der Liebhaber deuchte mir fast etwas roh.

Inzwischen war das andere, einfachere Fahrzeug näher gekommen. Hier sah man bloß männliche Jugend. Wie jene Jünglinge Hochrot trugen, so war die Farbe der letztern Seegrün. Sie stutzten beim Anblick der lieblichen Kinder, winkten Grüße herüber und gaben ihr Verlangen nach näherer Bekanntschaft zu erkennen. Die munterste hierauf nahm eine Rose vom Busen und hielt sie schelmisch in die Höhe, gleichsam fragend, ob solche Gaben bei ihnen wohl angebracht wären, worauf von drüben allerseits mit unzweideutigen Gebärden geantwortet wurde. Die Roten sahen verächtlich und finster darein, konnten aber nichts machen, als mehrere der Mädchen einig wurden, den armen Teufeln wenigstens doch etwas für den Hunger und Durst zuzuwerfen. Es stand ein Korb voll Orangen am Boden; wahrscheinlich waren es nur gelbe Bälle, den Früchten ähnlich nachgemacht. Und jetzt begann ein entzückendes Schauspiel, unter Mitwirkung der Musik, die auf dem Uferdamm aufgestellt war.

Eine der Jungfrauen machte den Anfang und schickte fürs erste ein paar Pomeranzen aus leichter Hand hinüber, die, dort mit gleicher Leichtigkeit aufgefangen, alsbald zurückkehrten; so ging es hin und her, und weil nach und nach immer mehr Mädchen zuhalfen, so flog's mit Pomeranzen bald dem Dutzend nach in immer schnellerem Tempo hin und wider. Die Schöne in der Mitte nahm an dem Kampfe keinen Anteil, als daß sie höchst begierig von ihrem Schemel aus zusah. Wir konnten die Geschicklichkeit auf beiden Seiten nicht genug bewundern. Die Schiffe drehten sich auf etwa dreißig Schritte in langsamer Bewegung umeinander, kehrten sich bald die ganze Flanke zu, bald schief das halbe Vorderteil; es waren gegen vierundzwanzig Bälle unaufhörlich in der Luft, doch glaubte man in der Verwirrung ihrer viel mehr zu sehen. Manchmal entstand ein förmliches Kreuzfeuer, oft stiegen sie und fielen in einem hohen Bogen; kaum ging einmal einer und der andere fehl, es war, als stürzten sie von selbst durch eine Kraft der Anziehung in die geöffneten Finger.

So angenehm jedoch das Auge beschäftigt wurde, so lieblich gingen fürs Gehör die Melodien nebenher: sizilianische Weisen, Tänze, Saltarelli, Canzoni a ballo, ein ganzes Quodlibet, auf Girlandenart leicht aneinandergehängt. Die jüngere Prinzeß, ein holdes unbefangenes Geschöpf, etwa von meinem Alter, begleitete den Takt gar artig mit Kopfnicken; ihr Lächeln und die langen Wimpern ihrer Augen kann ich noch heute vor mir sehen.

Nun lassen Sie mich kürzlich den Verlauf der Posse noch erzählen, obschon er weiter nichts zu meiner Sache tut! Man kann sich nicht leicht etwas Hübscheres denken. Währenddem das Scharmützel allmählich ausging und nur noch einzelne Würfe gewechselt wurden, die Mädchen ihre goldenen Äpfel sammelten und in den Korb zurückbrachten, hatte drüben ein Knabe, wie spielenderweis, ein breites, grüngestricktes Netz ergriffen und kurze Zeit unter dem Wasser gehalten; er hob es auf, und zum Erstaunen aller fand sich ein großer, blau, grün und gold schimmernder Fisch in demselben. Die Nächsten sprangen eifrig zu, um ihn herauszuholen, da glitt er ihnen aus den Händen, als wär es wirklich ein lebendiger, und fiel in die See. Das war nun eine abgeredte Kriegslist, die Roten zu betören und aus dem Schiff zu locken. Diese, gleichsam bezaubert von dem Wunder, sobald sie merkten, daß das Tier nicht untertauchen wollte, nur immer auf der Oberfläche spielte, besannen sich nicht einen Augenblick, stürzten sich alle ins Meer, die Grünen ebenfalls, und also sah man zwölf gewandte, wohlgestalte Schwimmer den fliehenden Fisch zu erhaschen bemüht, indem er auf den Wellen gaukelte, minutenlang unter denselben verschwand, bald da, bald dort, dem einen zwischen den Beinen, dem andern zwischen Brust und Kinn herauf wieder zum Vorschein kam. Auf einmal, wie die Roten eben am hitzigsten auf ihren Fang aus waren, ersah die andere Partei ihren Vorteil und erstieg schnell wie der Blitz das fremde, ganz den Mädchen überlassene Schiff unter großem Gekreische der letztern. Der nobelste der Burschen, wie ein Merkur gewachsen, flog mit freudestrahlendem Gesicht auf die Schönste zu, umfaßte, küßte sie, die, weit entfernt, in das Geschrei der andern einzustimmen, ihre Arme gleichfalls feurig um den ihr wohlbekannten Jüngling schlang. Die betrogene Schar schwamm zwar eilends herbei, wurde aber mit Rudern und Waffen vom Bord abgetrieben. Ihre unnütze Wut, das Angstgeschrei der Mädchen, der gewaltsame Widerstand einiger von ihnen, ihr Bitten und Flehen, fast erstickt vom übrigen Alarm, des Wassers, der Musik, die plötzlich einen andern Charakter angenommen hatte — es war schön über alle Beschreibung, und die Zuschauer brachen darüber in einen Sturm von Begeisterung aus.

In diesem Moment nun entwickelte sich das bisher locker eingebundene Segel: daraus ging ein rosiger Knabe hervor mit silbernen Schwingen, mit Bogen, Pfeil und Köcher, und in anmutvoller Stellung schwebte er frei auf der Stange. Schon sind die Ruder alle in voller Tätigkeit, das Segel blähte sich auf: allein gewaltiger als beides schien die Gegenwart des Gottes und seine heftig vorwärtseilende Gebärde das Fahrzeug fortzutreiben, dergestalt, daß die fast atemlos nachsetzenden Schwimmer, deren einer den goldenen Fisch hoch mit der Linken über seinem Haupte hielt, die Hoffnung bald aufgaben und bei erschöpften Kräften notgedrungen ihre Zuflucht zu dem verlassenen Schiffe nahmen. Derweil haben die Grünen eine kleine bebuschte Halbinsel erreicht, wo sich unerwartet ein stattliches Boot mit bewaffneten Kameraden im Hinterhalt zeigte. Im Angesicht so drohender Umstände pflanzte das Häufchen eine weiße Flagge auf, zum Zeichen, daß man gütlich unterhandeln wolle. Durch ein gleiches Signal von jenseits ermuntert, fuhren sie auf jenen Haltort zu, und bald sah man daselbst die guten Mädchen alle bis auf die eine, die mit Willen blieb, vergnügt mit ihren Liebhabern das eigene Schiff besteigen. — Hiermit war die Komödie beendigt.«

»Mir deucht«, so flüsterte Eugenie mit leuchtenden Augen dem Baron in einer Pause zu, worin sich jedermann beifällig über das eben Gehörte aussprach, »wir haben hier eine gemalte Symphonie von Anfang bis zu Ende gehabt und ein vollkommenes Gleichnis überdies des Mozartischen Geistes selbst in seiner ganzen Heiterkeit! Hab ich nicht recht? ist nicht die ganze Anmut ›Figaros‹ darin?«

Der Bräutigam war im Begriff, ihre Bemerkung dem Komponisten mitzuteilen, als dieser zu reden fortfuhr.

»Es sind nun siebzehn Jahre her, daß ich Italien sah. Wer, der es einmal sah, insonderheit Neapel, denkt nicht sein Leben lang daran? und wär er auch, wie ich, noch halb in Kinderschuhen gesteckt! So lebhaft aber wie heut in Ihrem Garten war mir der letzte schöne Abend am Golf kaum jemals wieder aufgegangen. Wenn ich die Augen schloß — ganz deutlich, klar und hell, den letzten Schleier von sich hauchend, lag die himmlische Gegend vor mir verbreitet! Meer und Gestade, Berg und Stadt, die bunte Menschenmenge an dem Ufer hin und dann das wundersame Spiel der Bälle durcheinander! Ich glaubte wieder dieselbe Musik in den Ohren zu haben, ein ganzer Rosenkranz von fröhlichen Melodien zog innerlich an mir vorbei, fremdes und eigenes, Krethi und Plethi, eines immer das andre ablösend. Von ungefähr springt ein Tanzliedchen hervor, Sechsachtelstakt, mir völlig neu. — Halt, dacht ich, was gibt's hier? Das scheint ein ganz verteufelt niedliches Ding! Ich sehe näher zu — alle Wetter! das ist ja Masetto, das ist ja Zerlina!« — Er lachte gegen Madame Mozart hin, die ihn sogleich erriet.

»Die Sache«, fuhr er fort, »ist einfach diese. In meinem ersten Akt blieb eine kleine leichte Nummer unerledigt, Duett und Chor einer ländlichen Hochzeit. Vor zwei Monaten nämlich, als ich dieses Stück der Ordnung nach vornehmen wollte, da fand sich auf den ersten Wurf das Rechte nicht alsbald. Eine Weise, einfältig und kindlich und sprützend von Fröhlichkeit über und über, ein frischer Busenstrauß mit Flatterband dem Mädel angesteckt, so mußte es sein. Weil man nun im geringsten nichts erzwingen soll und weil dergleichen Kleinigkeiten sich oft gelegentlich von selber machen, ging ich darüber weg und sah mich im Verfolg der größeren Arbeit kaum wieder danach um. Ganz flüchtig kam mir heut im Wagen, kurz eh wir ins

Dorf hereinfuhren, der Text in den Sinn; da spann sich denn weiter nichts an, zum wenigsten nicht, daß ich's wüßte. Genug, ein Stündchen später, in der Laube beim Brunnen, erwisch ich ein Motiv, wie ich es glücklicher und besser zu keiner andern Zeit, auf keinem andern Weg erfunden haben würde. Man macht bisweilen in der Kunst besondere Erfahrungen, ein ähnlicher Streich ist mir nie vorgekommen. Denn eine Melodie, dem Vers wie auf den Leib gegossen — doch, um nicht vorzugreifen, so weit sind wir noch nicht, der Vogel hatte nur den Kopf erst aus dem Ei, und auf der Stelle fing ich an, ihn vollends rein herauszuschälen. Dabei schwebte mir lebhaft der Tanz der Zerline vor Augen, und wunderlich spielte zugleich die lachende Landschaft am Golf von Neapel herein. Ich hörte die wechselnden Stimmen des Brautpaars, die Dirnen und Burschen im Chor.«

Hier trällerte Mozart ganz lustig den Anfang des Liedchens:

Giovinette, che fatte all' amore, che fatte all' amore,
Non lasciate, che passi l'età, che passi l'età!
Se nel seno vi bulica il core, vi bulica il core,
Il remedio vedete lo quà! La la la! La la la!
Che piacer, che piacer che sarà!
  Ah la la! Ah la la u. s. f.*

* Liebe Schwestern, zur Liebe geboren,
Nützt der Jugend schön blühende Zeit!
Hängt ihr's Köpfchen in Sehnsucht verloren,
Amor ist euch zu helfen bereit.
  Tra la la!
Welch Vergnügen erwartet euch da! usw.

»Mittlerweile hatten meine Hände das große Unheil angerichtet. Die Nemesis lauerte schon an der Hecke und trat jetzt hervor in Gestalt des entsetzlichen Mannes im galonierten blauen Rock. Ein Ausbruch des Vesuvio, wenn er in Wirklichkeit damals an dem göttlichen Abend am Meer Zuschauer und Akteurs, die ganze Herrlichkeit Parthenopes mit einem schwarzen Aschenregen urplötzlich verschüttet und zugedeckt hätte, bei Gott, die Katastrophe wäre mir nicht unerwarteter und schrecklicher gewesen. Der Satan der! so heiß hat mir nicht leicht jemand gemacht. Ein Gesicht wie aus Erz — einigermaßen dem grausamen römischen Kaiser Tiberius ähnlich! Sieht so der Diener aus, dacht ich, nachdem er weggegangen, wie mag erst Seine Gnaden selbst dreinsehen! Jedoch, die Wahrheit zu gestehn, ich rechnete schon ziemlich auf den Schutz der Damen, und das nicht ohne Grund. Denn diese Stanzel da, mein Weibchen, etwas neugierig von Natur, ließ sich im Wirtshaus von der dicken Frau das Wissenswürdigste von denen sämtlichen Persönlichkeiten der gnädigen Herrschaft in meinem Beisein erzählen, ich stand dabei und hörte so —«

Hier konnte Madame Mozart nicht umhin, ihm in das Wort zu fallen und auf das angelegentlichste zu versichern, daß im Gegenteil er der Ausfrager gewesen; es kam zu heitern Kontestationen zwischen Mann und Frau, die viel zu lachen gaben. »Dem sei nun, wie ihm wolle«, sagte er, »kurzum, ich hörte so entfernt etwas von einer lieben Pflegetochter, welche Braut, sehr schön, dazu die Güte selber sei und singe wie ein Engel. Per Dio! fiel mir jetzt ein, das hilft dir aus der Lauge! Du setz'st dich auf der Stelle hin, schreibst's Liedchen auf, soweit es geht, erklärst die Sottise der Wahrheit gemäß, und es gibt einen trefflichen Spaß. Gedacht, getan. Ich hatte Zeit genug, auch fand sich noch ein sauberes Bögchen grün liniert Papier. — Und hier ist das Produkt! Ich lege es in diese schönen Hände, ein Brautlied aus dem Stegreif, wenn Sie es dafür gelten lassen.«

So reichte er sein reinlichst geschriebenes Notenblatt Eugenien über den Tisch, des Onkels Hand kam aber der ihrigen zuvor, er haschte es hinweg und rief: »Geduld noch einen Augenblick, mein Kind!«

Auf seinen Wink tat sich die Flügeltüre des Salons weit auf, und es erschienen Diener, die den verhängnisvollen Pomeranzenbaum anständig, ohne Geräusch in den Saal hereintrugen und an der Tafel unten auf eine Bank niedersetzten; gleichzeitig wurden rechts und links zwei schlanke Myrtenbäumchen aufgestellt. Eine am Stamm des Orangenbaums befestigte Inschrift bezeichnete ihn als Eigentum der Braut; vorn aber, auf dem Moosgrund, stand, mit einer Serviette bedeckt, ein Porzellanteller, der, als man das Tuch hinwegnahm, eine zerschnittene Orange zeigte, neben welche der Oheim mit listigem Blick des Meisters Autographon steckte. Allgemeiner unendlicher Jubel erhob sich darüber.

»Ich glaube gar«, sagte die Gräfin, »Eugenie weiß noch nicht einmal, was eigentlich da vor ihr steht? Sie kennt wahrhaftig ihren alten Liebling in seinem neuen Flor und Früchteschmuck nicht mehr!«

Bestürzt, ungläubig sah das Fräulein bald den Baum, bald ihren Oheim an. »Es ist nicht möglich«, sagte sie. »Ich weiß ja wohl, er war nicht mehr zu retten.«

»Du meinst also«, versetzte jener, »man habe dir nur irgend ungefähr so ein Ersatzstück ausgesucht? Das wär was Recht's! Nein, sieh nur her — ich muß es machen, wie's in der Komödie der Brauch ist, wo sich die totgeglaubten Söhne oder Brüder durch ihre Muttermäler und Narben legitimieren. Schau diesen Auswuchs da! und hier die Schrunde übers Kreuz, du mußt sie hundertmal bemerkt haben. Nun, ist er's, oder ist er's nicht?« — Sie konnte nicht mehr zweifeln; ihr Staunen, ihre Rührung und Freude war unbeschreiblich.

Es knüpfte sich an diesen Baum für die Familie das mehr als hundertjährige Gedächtnis einer ausgezeichneten Frau, welche wohl verdient, daß wir ihrer mit wenigem hier gedenken.

Des Oheims Großvater, durch seine diplomatischen Verdienste im Wiener Kabinett rühmlich bekannt, von zwei Regenten nacheinander mit gleichem Vertrauen beehrt, war innerhalb seines eigenen Hauses nicht minder glücklich im Besitz einer vortrefflichen Gemahlin, Renate Leonore. Ihr wiederholter Aufenthalt in Frankreich brachte sie vielfach mit dem glänzenden Hofe Ludwigs XIV. und mit den bedeutendsten Männern und Frauen dieser merkwürdigen Epoche in Berührung. Bei ihrer unbefangenen Teilnahme an jenem steten Wechsel des geistreichsten Lebensgenusses verleugnete sie auf keinerlei Art in Worten und Werken die angestammte deutsche Ehrenfestigkeit und sittliche Strenge, die sich in den kräftigen Zügen des noch vorhandenen Bildnisses der Gräfin unverkennbar ausprägt. Vermöge eben dieser Denkweise übte sie in der gedachten Sozietät eine eigentümliche naive Opposition, und ihre hinterlassene Korrespondenz weist eine Menge Spuren davon auf, mit wieviel Freimut und herzhafter Schlagfertigkeit, es mochte nun von Glaubenssachen, von Literatur und Politik oder von was immer die Rede sein, die originelle Frau ihre gesunden Grundsätze und Ansichten zu verteidigen, die Blößen der Gesellschaft anzugreifen wußte, ohne doch dieser im mindesten sich lästig zu machen. Ihr reges Interesse für sämtliche Personen, die man im Hause einer Ninon, dem eigentlichen Herd der feinsten Geistesbildung, treffen konnte, war demnach so beschaffen und geregelt, daß es sich mit dem höheren Freundschaftsverhältnis zu einer der edelsten Damen jener Zeit, der Frau von Sévigné, vollkommen wohl vertrug. Neben manchen mutwilligen Scherzen Chapelles an sie, vom Dichter eigenhändig auf Blätter mit silberblumigem Rande gekritzelt, fanden sich die liebevollsten Briefe der Marquisin und ihrer Tochter an die ehrliche Freundin aus Österreich nach ihrem Tod in einem Ebenholzschränkchen der Großmutter vor.

Frau von Sévigné war es denn auch, aus deren Hand sie eines Tages, bei einem Feste zu Trianon, auf der Terrasse des Gartens den blühenden Orangenzweig empfing, den sie sofort auf das Geratewohl in einen Topf setzte und glücklich angewurzelt mit nach Deutschland nahm.

Wohl fünfundzwanzig Jahre wuchs das Bäumchen unter ihren Augen allgemach heran und wurde später von Kindern und Enkeln mit äußerster Sorgfalt gepflegt. Es konnte nächst seinem persönlichen Werte zugleich als lebendes Symbol der feingeistigen Reize eines beinahe vergötterten Zeitalters gelten, worin wir heutzutage freilich des wahrhaft Preisenswerten wenig finden können, und das schon eine unheilvolle Zukunft in sich trug, deren welterschütternder Eintritt dem Zeitpunkt unserer harmlosen Erzählung bereits nicht ferne mehr lag.

Die meiste Liebe widmete Eugenie dem Vermächtnis der würdigen Ahnfrau, weshalb der Oheim öfters merken ließ, es dürfte wohl einst eigens in ihre Hände übergehen. Desto schmerzlicher war es dem Fräulein denn auch, als der Baum im Frühling des vorigen Jahres, den sie nicht hier zubrachte, zu trauern begann, die Blätter gelb wurden und viele Zweige abstarben. In Betracht, daß irgendeine besondere Ursache seines Verkommens durchaus nicht zu entdecken war und keinerlei Mittel anschlug, gab ihn der Gärtner bald verloren, obwohl er seiner natürlichen Ordnung nach leicht zwei- und dreimal älter werden konnte. Der Graf hingegen, von einem benachbarten Kenner beraten, ließ ihn nach einer sonderbaren, selbst rätselhaften Vorschrift, wie sie das Landvolk häufig hat, in einem abgesonderten Raume ganz insgeheim behandeln, und seine Hoffnung, die geliebte Nichte eines Tages mit dem zu neuer Kraft und voller Fruchtbarkeit gelangten alten Freund zu überraschen, ward über alles Erwarten erfüllt. Mit Überwindung seiner Ungeduld und nicht ohne Sorge, ob denn wohl auch die Früchte, von denen etliche zuletzt den höchsten Grad der Reife hatten, so lange am Zweige halten würden, verschob er die Freude um mehrere Wochen auf das heutige Fest, und es bedarf nun weiter keines Worts darüber, mit welcher Empfindung der gute Herr ein solches Glück noch im letzten Moment durch einen Unbekannten sich verkümmert sehen mußte.

Der Leutnant hatte schon vor Tische Gelegenheit und Zeit gefunden, seinen dichterischen Beitrag zu der feierlichen Übergabe ins reine zu bringen und seine vielleicht ohnehin etwas zu ernst gehaltenen Verse durch einen veränderten Schluß den Umständen möglichst anzupassen. Er zog nunmehr sein Blatt hervor, das er, vom Stuhle sich erhebend und an die Cousine gewendet, vorlas. Der Inhalt der Strophen war kurz gefaßt dieser:

Ein Nachkömmling des vielgepriesnen Baums der Hesperiden, der vor alters, auf einer westlichen Insel, im Garten der Juno, als eine Hochzeitsgabe für sie von Mutter Erde, hervorgesproßt war und welchen die drei melodischen Nymphen bewachten, hat eine ähnliche Bestimmung von jeher gewünscht und gehofft, da der Gebrauch, eine herrliche Braut mit seinesgleichen zu beschenken, von den Göttern vorlängst auch unter die Sterblichen kam.

Nach langem vergeblichen Warten scheint endlich die Jungfrau gefunden, auf die er seine Blicke richten darf. Sie erzeigt sich ihm günstig und verweilt oft bei ihm. Doch der musische Lorbeer, sein stolzer Nachbar am Bord der Quelle, hat seine Eifersucht erregt, indem er droht, der kunstbegabten Schönen Herz und Sinn für die Liebe der Männer zu rauben. Die Myrte tröstet ihn umsonst und lehrt ihn Geduld durch ihr eigenes

Beispiel; zuletzt jedoch ist es die andauernde Abwesenheit der Liebsten, was seinen Gram vermehrt und ihm nach kurzem Siechtum tödlich wird.

Der Sommer bringt die Entfernte und bringt sie mit glücklich umgewandtem Herzen zurück. Das Dorf, das Schloß, der Garten, alles empfängt sie mit tausend Freuden. Rosen und Lilien, in erhöhtem Schimmer, sehen entzückt und beschämt zu ihr auf, Glück winken ihr Sträucher und Bäume: für *einen,* ach, den edelsten, kommt sie zu spät. Sie findet seine Krone verdorrt, ihre Finger betasten den leblosen Stamm und die klirrenden Spitzen seines Gezweiges. Er kennt und sieht seine Pflegerin nimmer. Wie weint sie, wie strömt ihre zärtliche Klage!

Apollo von weitem vernimmt die Stimme der Tochter. Er kommt, er tritt herzu und schaut mitfühlend ihren Jammer. Alsbald mit seinen allheilenden Händen berührt er den Baum, daß er in sich erbebt, der vertrocknete Saft in der Rinde gewaltsam anschwillt, schon junges Laub ausbricht, schon weiße Blumen da und dort in ambrosischer Fülle aufgehen. Ja — denn was vermöchten die Himmlischen nicht? — schön runde Früchte setzen an, dreimal drei, nach der Zahl der neun Schwestern; sie wachsen und wachsen, ihr kindliches Grün zusehends mit der Farbe des Goldes vertauschend. Phöbus — so schloß sich das Gedicht —

Phöbus überzählt die Stücke,
Weidet selbsten sich daran,
Ja, es fängt im Augenblicke
Ihm der Mund zu wässern an.

Lächelnd nimmt der Gott der Töne
Von der saftigsten Besitz:
»Laß uns teilen, holde Schöne,
Und für Amorn — diesen Schnitz!«

Der Dichter erntete rauschenden Beifall, und gern verzieh man die barocke Wendung, durch welche der Eindruck des wirklich gefühlvollen Ganzen so völlig aufgehoben wurde.

Franziska, deren froher Mutterwitz schon zu verschiedenen Malen bald durch den Hauswirt, bald durch Mozart in Bewegung gesetzt worden war, lief jetzt geschwinde, wie von ungefähr an etwas erinnert, hinweg und kam zurück mit einem braunen englischen Kupferstich größten Formats, welcher wenig beachtet in einem ganz entfernten Kabinett unter Glas und Rahmen hing.

»Es muß doch wahr sein, was ich immer hörte«, rief sie aus, indem sie das Bild am Ende der Tafel aufstellte, »daß sich unter der Sonne nichts Neues begibt! Hier eine Szene aus dem goldenen Weltalter — und haben wir sie nicht erst heute erlebt? Ich hoffe doch, Apollo werde sich in dieser Situation erkennen.«

»Vortrefflich!« triumphierte Max, »da hätten wir ihn ja, den schönen Gott, wie er sich just gedankenvoll über den heiligen Quell hinbeugt. Und damit nicht genug — dort, seht nur, einen alten Satyr hinten im Gebüsch, der ihn belauscht! Man möchte darauf schwören, Apoll besinnt sich eben auf ein lange vergessenes arkadisches Tänzchen, das ihn in seiner Kindheit der alte Chiron zu der Zither lehrte.«

»So ist's! nicht anders!« applaudierte Franziska, die hinter Mozart stand. »Und«, fuhr sie gegen diesen fort, »bemerken Sie auch wohl den fruchtbeschwerten Ast, der sich zum Gott heruntersenkt?«

»Ganz recht; es ist der ihm geweihte Ölbaum.«

»Keineswegs! die schönsten Apfelsinen sind's! Gleich wird er sich in der Zerstreuung eine herunterholen.«

»Vielmehr«, rief Mozart, »er wird gleich diesen Schelmenmund mit tausend Küssen schließen!« Damit erwischte er sie am Arm und schwur, sie nicht mehr loszulassen, bis sie ihm ihre Lippen reiche, was sie denn auch ohne vieles Sträuben tat.

»Erkläre uns doch, Max«, sagte die Gräfin, »was unter dem Bilde hier steht!«

»Es sind Verse aus einer berühmten Horazischen Ode. Der Dichter Ramler in Berlin hat uns das Stück vor kurzem unübertrefflich deutsch gegeben. Es ist vom höchsten Schwung. Wie prächtig eben diese *eine* Stelle:

— — — hier, der auf der Schulter
  Keinen untätigen Bogen führet!

Der seines Delos grünenden Mutterhain
Und Pataras beschatteten Strand bewohnt,
  Der seines Hauptes goldne Locken
    In die kastalischen Fluten tauchet.«

»Schön! wirklich schön!« sagte der Graf, »nur hie und da bedarf es der Erläuterung. So zum Beispiel ›der keinen untätigen Bogen führet‹ hieße natürlich schlechtweg: der allezeit einer der fleißigsten Geiger gewesen.

Doch, was ich sagen wollte: bester Mozart, Sie säen Unkraut zwischen zwei zärtliche Herzen.«

»Ich will nicht hoffen — wieso?«

»Eugenie beneidet ihre Freundin und hat auch allen Grund.«

»Aha, Sie haben mir schon meine schwache Seite abgemerkt. Aber was sagt der Bräutigam dazu?« — »Ein- oder zweimal will ich durch die Finger sehen.«

»Sehr gut; wir werden der Gelegenheit wahrnehmen. Indes fürchten Sie nichts, Herr Baron; es hat keine Gefahr, solang mir nicht der Gott hier sein Gesicht und seine langen gelben Haare borgt. Ich wünsche wohl, er tät's! er sollte auf der Stelle Mozarts Zopf mitsamt seinem schönsten Bandl dafür haben.«

»Apollo möge aber dann zusehen«, lachte Franziska, »wie er es anfängt künftig, seinen neuen französischen Haarschmuck mit Anstand in die kastalische Flut zu tauchen!«

Unter diesen und ähnlichen Scherzen stieg Lustigkeit und Mutwillen immer mehr. Die Männer spürten nach und nach den Wein, es wurden eine Menge Gesundheiten getrunken, und Mozart kam in den Zug, nach seiner Gewohnheit in Versen zu sprechen, wobei ihm der Leutnant das Gleichgewicht hielt und auch der Papa nicht zurückbleiben wollte; es glückte ihm ein paarmal zum Verwundern. Doch solche Dinge lassen sich für die Erzählung kaum festhalten, sie wollen eigentlich nicht wiederholt sein, weil eben das, was sie an ihrem Ort unwiderstehlich macht, die allgemein erhöhte Stimmung, der Glanz, die Jovialität des persönlichen Ausdrucks in Wort und Blick, fehlt.

Unter andern wurde von dem alten Fräulein zu Ehren des Meisters ein Toast ausgebracht, der ihm noch eine ganze lange Reihe unsterblicher Werke verhieß. — »À la bonne heure! ich bin dabei!« rief Mozart und stieß sein Kelchglas kräftig an. Der Graf begann hierauf mit großer Macht und Sicherheit der Intonation, kraft eigener Eingebung, zu singen:

»Mögen ihn die Götter stärken
Zu den angenehmen Werken —«
Max (fortfahrend):
»Wovon der da Ponte weder
Noch der große Schikaneder —«
Mozart:
»Noch bi Gott der Komponist
's mindest weiß zu dieser Frist!«
Graf:
»Alle, alle soll sie jener
Hauptspitzbub von Italiener
Noch erleben, wünsch ich sehr,
Unser Signor Bonbonnière*!«
Max:
»Gut, ich geb ihm hundert Jahre —«
Mozart:
»Wenn ihn nicht samt seiner Ware —«
Alle drei con forza:
»Noch der Teufel holt vorher,
Unsern Monsieur Bonbonnière.«

* So nannte Mozart unter Freunden seinen Kollegen Salieri, der, wo er ging und stand, Zuckerwerk naschte, zugleich mit Anspielung auf das Zierliche seiner Person.

Durch des Grafen ausnehmende Singlust schweifte das zufällig entstandene Terzett mit Wiederaufnahme der letzten vier Zeilen in einen sogenannten endlichen Kanon aus, und die Fräulein Tante besaß Humor oder Selbstvertrauen genug, ihren verfallenen Soprano mit allerhand Verzierungen zweckdienlich einzumischen. Mozart gab nachher das Versprechen, bei guter Muße diesen Spaß nach den Regeln der Kunst expreß für die Gesellschaft auszuführen, das er auch später von Wien aus erfüllte.

Eugenie hatte sich im stillen längst mit ihrem Kleinod aus der Laube des Tiberius vertraut gemacht: allgemein verlangte man jetzt, das Duett vom Komponisten und ihr gesungen zu hören, und der Oheim war glücklich, im Chor seine Stimme abermals geltend zu machen. Also erhob man sich und eilte zum Klavier ins große Zimmer nebenan.

Ein so reines Entzücken nun auch das köstliche Stück bei allen erregte, so führte doch sein Inhalt selbst, mit einem raschen Übergang, auf den Gipfel geselliger Lust, wo die Musik an und für sich nicht weiter in Betracht mehr kommt, und zwar gab zuerst unser Freund das Signal, indem er vom Klavier aufsprang, auf Franziska zuging und sie, während Max bereitwilligst die Violine ergriff, zu einem Schleifer persuadierte. Der Hauswirt säumte nicht, Madame Mozart aufzufordern. Im Nu waren alle beweglichen Möbel, den Raum zu erweitern, durch geschäftige Diener entfernt. Es mußte nach und nach ein jedes an die Tour, und Fräulein Tante nahm es keineswegs übel, daß der galante Leutnant sie zu einer Menuett abholte, worin sie sich völlig verjüngte. Schließlich, als Mozart mit der Braut den Kehraus tanzte, nahm er sein versichertes Recht auf ihren schönen Mund in bester Form dahin.

Der Abend war herbeigekommen, die Sonne nah am Untergehen, es wurde nun erst angenehm im Freien, daher die Gräfin den Damen vorschlug, sich im Garten noch ein wenig zu erholen. Der Graf dagegen lud die Herrn auf das Billardzimmer, da Mozart bekanntlich dies Spiel sehr liebte. So teilte man sich denn in zwei Partien, und wir unsererseits folgen den Frauen.

Nachdem sie den Hauptweg einigemal gemächlich auf und ab gegangen, erstiegen sie einen runden, von einem hohen Rebengeländer zur Hälfte umgebenen Hügel, von wo man in das offene Feld, auf das Dorf und die Landstraße sah. Die letzten Strahlen der herbstlichen Sonne funkelten rötlich durch das Weinlaub herein.

»Wäre hier nicht vertraulich zu sitzen«, sagte die Gräfin, »wenn Madame Mozart uns etwas von sich und dem Gemahl erzählen wollte?«

Sie war ganz gerne bereit, und alle nahmen höchst behaglich auf den im Kreis herbeigerückten Stühlen Platz.

»Ich will etwas zum besten geben, das Sie auf alle Fälle hätten hören müssen, da sich ein kleiner Scherz darauf bezieht, den ich im Schilde führe! Ich habe mir in den Kopf gesetzt, der Gräfin Braut zur fröhlichen Erinnerung an diesen Tag ein Angebind von sonderlicher Qualität zu verehren. Dasselbe ist so wenig Gegenstand des Luxus und der Mode, daß es lediglich nur durch seine Geschichte einigermaßen interessieren kann.«

»Was mag das sein, Eugenie?« sagte Franziska.

»Zum wenigsten das Tintenfaß eines berühmten Mannes.«

»Nicht allzuweit gefehlt! Sie sollen es noch diese Stunde sehen; im Reisekoffer liegt der Schatz. Ich fange an und werde mit Ihrer Erlaubnis ein wenig weiter ausholen.

Vorletzten Winter wollte mir Mozarts Gesundheitszustand, durch vermehrte Reizbarkeit und häufige Verstimmung, ein fieberhaftes Wesen, nachgerade bange machen. In Gesellschaft noch zuweilen lustig, oft mehr als recht natürlich, war er zu Haus meist trüb in sich hinein, seufzte und klagte. Der Arzt empfahl ihm Diät, Pyrmonter und Bewegung außerhalb der Stadt. Der Patient gab nicht viel auf den guten Rat; die Kur war unbequem, zeitraubend, seinem Taglauf schnurstracks entgegen. Nun machte ihm der Doktor die Hölle etwas heiß, er mußte eine lange Vorlesung anhören von der Beschaffenheit des menschlichen Geblüts, von denen Kügelgens darin, vom Atemholen und vom Phlogiston — halt unerhörte Dinge; auch wie es eigentlich gemeint sei von der Natur mit Essen, Trinken und Verdauen, das eine Sache ist, worüber Mozart bis dahin ganz ebenso unschuldig dachte wie sein Junge von fünf Jahren. Die Lektion, in der Tat, machte merklichen Eindruck. Der Doktor war noch keine halbe Stunde weg, so find ich meinen Mann nachdenklich, aber mit aufgeheitertem Gesicht auf seinem Zimmer über der Betrachtung eines Stocks, den er in einem Schrank mit alten Sachen suchte und auch glücklich fand; ich hätte nicht gemeint, daß er sich dessen nur erinnerte. Er stammte noch von meinem Vater, ein schönes Rohr mit hohem Knopf von Lapislazuli. Nie sah man einen Stock in Mozarts Hand, ich mußte lachen.

›Du siehst‹, rief er, ›ich bin daran, mit meiner Kur mich völlig ins Geschirr zu werfen. Ich will das Wasser trinken, mir alle Tage Motion im Freien machen und mich dabei dieses Stabes bedienen. Da sind mir nun verschiedene Gedanken beigegangen. Es ist doch nicht umsonst, dacht ich, daß andere Leute, was da gesetzte Männer sind, den Stock nicht missen können. Der Kommerzienrat, unser Nachbar, geht niemals über die Straße, seinen Gevatter zu besuchen, der Stock muß mit. Professionisten und Beamte, Kanzleiherrn, Krämer und Chalanten, wenn sie am Sonntag mit Familie vor die Stadt spazieren, ein jeder führt sein wohlgedientes, rechtschaffenes Rohr mit sich. Vornehmlich hab ich oft bemerkt, wie auf dem Stephansplatz, ein Viertelstündchen vor der Predigt und dem Amt, ehrsame Bürger da und dort truppweis beisammenstehen im Gespräch: hier kann man so recht sehen, wie eine jede ihrer stillen Tugenden, ihr Fleiß und Ordnungsgeist, gelaßner Mut, Zufriedenheit, sich auf die wackern Stöcke gleichsam als eine gute Stütze lehnt und stemmt. Mit *einem* Wort, es muß ein Segen und besonderer Trost in der altväterischen und immerhin etwas geschmacklosen Gewohnheit liegen. Du magst es glauben oder nicht, ich kann es kaum erwarten, bis ich mit diesem guten Freund das erstemal im Gesundheitspaß über die Brücke nach dem Rennweg promeniere! Wir kennen uns bereits ein wenig, und ich hoffe, daß unsere Verbindung für alle Zeit geschlossen ist.‹

Die Verbindung war von kurzer Dauer: das drittemal, daß beide miteinander aus waren, kam der Begleiter nicht mehr mit zurück. Ein anderer wurde angeschafft, der etwas länger Treue hielt, und jedenfalls schrieb ich der Stockliebhaberei ein gut Teil von der Ausdauer zu, womit Mozart drei Wochen lang der Vorschrift seines Arztes ganz erträglich nachkam. Auch blieben die guten Folgen nicht aus; wir sahen ihn fast nie so frisch, so hell und von so gleichmäßiger Laune. Doch machte er sich leider in kurzem wieder allzu grün, und täglich hatt ich deshalb meine Not mit ihm. Damals geschah es nun, daß er, ermüdet von der Arbeit eines anstrengenden Tages, noch spät, ein paar neugieriger Reisenden wegen zu einer musikalischen Soiree ging — auf eine Stunde bloß, versprach er mir heilig und teuer; doch das sind immer die Gelegenheiten, wo die Leute, wenn er nur erst am Flügel festsitzt und im Feuer ist, seine Gutherzigkeit am mehrsten mißbrauchen; denn da sitzt er alsdann wie das Männchen in einer Montgolfiere, sechs Meilen hoch über dem Erdboden schwebend, wo man die Glocken nicht mehr schlagen hört. Ich schickte den Bedienten zweimal mitten in der Nacht dahin, umsonst; er konnte nicht zu seinem Herrn gelangen. Um drei Uhr früh kam dieser denn endlich nach Haus. Ich nahm mir vor, den ganzen Tag ernstlich mit ihm zu schmollen.«

Hier überging Madame Mozart einige Umstände mit Stillschweigen. Es war, muß man wissen, nicht unwahrscheinlich, daß zu gedachter Abendunterhaltung auch eine junge Sängerin, Signora Malerbi, kommen würde, an welcher Frau Konstanze mit allem Recht Ärgernis nahm. Diese Römerin war durch Mozarts Verwendung bei der Oper angestellt worden, und ohne Zweifel hatten ihre koketten Künste nicht geringen Anteil an der Gunst des Meisters. Sogar wollten einige wissen, sie habe ihn mehrere Monate lang eingezogen und heiß genug auf ihrem Rost gehalten. Ob dies nun völlig wahr sei oder sehr übertrieben, gewiß ist, sie benahm sich nachher frech und undankbar und erlaubte sich selbst Spöttereien über ihren Wohltäter. So war es ganz in ihrer Art, daß sie ihn einst gegenüber einem ihrer glücklichern Verehrer kurzweg un piccolo grifo raso (ein kleines rasiertes Schweinsrüsselchen) nannte. Der Einfall, einer Circe würdig, war um so empfindlicher, weil er, wie man gestehen muß, immerhin ein Körnchen Wahrheit enthielt.*

Beim Nachhausegehen von jener Gesellschaft, bei welcher übrigens die Sängerin zufällig nicht erschienen war, beging ein Freund im Übermut des Weins die Indiskretion, dem Meister dies boshafte Wort zu verraten. Er wurde schlecht davon erbaut, denn eigentlich war es für ihn der erste unzweideutige Beweis von der gänzlichen Herzlosigkeit seines Schützlings. Vor Entrüstung darüber empfand er nicht einmal sogleich den frostigen Empfang am Bette seiner Frau. In *einem*

* Man hat hier ein älteres kleines Profilbild im Auge, das, gut gezeichnet und gestochen, sich auf dem Titelblatt eines Mozartschen Klavierwerks befindet, unstreitig das ähnlichste von allen Porträts.

Atem teilte er ihr die Beleidigung mit, und diese Ehrlichkeit läßt wohl auf einen mindern Grad von Schuldbewußtsein schließen. Fast machte er ihr Mitleid rege. Doch hielt sie geflissentlich an sich, es sollte ihm nicht so leicht hingehen. Als er von einem schweren Schlaf kurz nach Mittag erwachte, fand er das Weibchen samt den beiden Knaben nicht zu Hause, vielmehr säuberlich den Tisch für ihn allein gedeckt.

Von jeher gab es wenige Dinge, welche Mozart so unglücklich machten, als wenn nicht alles hübsch eben und heiter zwischen ihm und seiner guten Hälfte stand. Und hätte er nun erst gewußt, welche weitere Sorge sie schon seit mehreren Tagen mit sich herumtrug! — eine der schlimmsten in der Tat, mit deren Eröffnung sie ihn nach alter Gewohnheit so lange wie möglich verschonte. Ihre Barschaft war ehestens alle und keine Aussicht auf baldige Einnahme da. Ohne Ahnung von dieser häuslichen Extremität war gleichwohl sein Herz auf eine Art beklommen, die mit jenem verlegenen, hülflosen Zustand eine gewisse Ähnlichkeit hatte. Er mochte nicht essen, er konnte nicht bleiben. Geschwind zog er sich vollends an, um nur aus der Stickluft des Hauses zu kommen. Auf einem offenen Zettel hinterließ er ein paar Zeilen italienisch: »Du hast mir's redlich eingetränkt, und geschieht mir schon recht. Sei aber wieder gut, ich bitte dich, und lache wieder, bis ich heimkomme. Mir ist zumut, als möcht ich ein Kartäuser und Trappiste werden, ein rechter Heulochs, sag ich dir.« — Sofort nahm er den Hut, nicht aber auch den Stock zugleich; der hatte seine Epoche passiert.

Haben wir Frau Konstanze bis hieher in der Erzählung abgelöst, so können wir auch wohl noch eine kleine Strecke weiter fortfahren.

Von seiner Wohnung bei der Schranne rechts gegen das Zeughaus einbiegend, schlenderte der teure Mann — es war ein warmer, etwas umwölkter Sommernachmittag — nachdenklich lässig über den sogenannten Hof und weiter an der Pfarre Zu Unsrer Lieben Frau vorbei, dem Schottentor entgegen, wo er seitwärts zur Linken auf die Mölkerbastei stieg und dadurch der Ansprache mehrerer Bekannten, die eben zur Stadt hereinkamen, entging. Nur kurze Zeit genoß er hier, obwohl von einer stumm bei den Kanonen auf und nieder gehenden Schildwache nicht belästigt, der vortrefflichen Aussicht über die grüne Ebene des Glacis und die Vorstädte hin nach dem Kahlenberg und südlich nach den Steierischen Alpen. Die schöne Ruhe der äußern Natur widersprach seinem innern Zustand. Mit einem Seufzer setzte er seinen Gang über die Esplanade und sodann durch die Alser-Vorstadt ohne bestimmten Zielpunkt fort.

Am Ende der Währinger Gasse lag eine Schenke mit Kegelbahn, deren Eigentümer, ein Seilermeister, durch seine gute Ware wie durch die Reinheit seines Getränks den Nachbarn und Landleuten, die ihr Weg vorüberführte, gar wohl bekannt war. Man hörte Kegelschieben, und übrigens ging es bei einer Anzahl von höchstens einem Dutzend Gästen mäßig zu. Ein kaum bewußter Trieb, sich unter anspruchslosen, natürlichen Menschen in etwas zu vergessen, bewog den Musiker zur Einkehr. Er setzte sich an einen der sparsam von

Bäumen beschatteten Tische zu einem Wiener Brunnen-Obermeister und zwei andern Spießbürgern, ließ sich ein Schöppchen kommen und nahm an ihrem sehr alltäglichen Diskurs eingehend teil, ging dazwischen umher oder schaute dem Spiel auf der Kegelbahn zu.

Unweit von der letztern, an der Seite des Hauses, befand sich der offene Laden des Seilers, ein schmaler, mit Fabrikaten vollgepfropfter Raum, weil außer dem, was das Handwerk zunächst lieferte, auch allerlei hölzernes Küchen-, Keller- und landwirtschaftliches Gerät, ingleichem Tran und Wagensalbe, auch weniges von Sämereien, Dill und Kümmel zum Verkauf umherstand oder -hing. Ein Mädchen, das als Kellnerin die Gäste zu bedienen und nebenbei den Laden zu besorgen hatte, war eben mit einem Bauern beschäftigt, welcher, sein Söhnlein an der Hand, herzugetreten war, um einiges zu kaufen, ein Fruchtmaß, eine Bürste, eine Geißel. Er suchte unter vielen Stücken eines heraus, prüfte es, legte es weg, ergriff ein zweites und drittes und kehrte unschlüssig zum ersten zurück; es war kein Fertigwerden. Das Mädchen entfernte sich mehrmals der Aufwartung wegen, kam wieder und war unermüdlich, ihm seine Wahl zu erleichtern und annehmlich zu machen, ohne daß sie zu viel darum schwatzte.

Mozart sah und hörte auf einem Bänkchen bei der Kegelbahn diesem allen mit Vergnügen zu. Sosehr ihm auch das gute verständige Betragen des Mädchens, die Ruhe und der Ernst in ihren ansprechenden Zügen gefiel, noch mehr interessierte ihn für jetzt der Bauer, welcher ihm, nachdem er ganz befriedigt abgezogen, noch viel zu denken gab. Er hatte sich vollkommen in den Mann hineinversetzt, gefühlt, wie wichtig die geringe Angelegenheit von ihm behandelt, wie ängstlich und gewissenhaft die Preise, bei einem Unterschied von wenig Kreuzern, hin und her erwogen wurden. Und, dachte er, wenn nun der Mann zu seinem Weibe heimkommt, ihr seinen Handel rühmt, die Kinder alle passen, bis der Zwerchsack aufgeht, darin auch was für sie sein mag; sie aber eilt, ihm einen Imbiß und einen frischen Trunk selbstgekelterten Obstmost zu holen, darauf er seinen ganzen Appetit verspart hat!

Wer auch so glücklich wäre, so unabhängig von den Menschen! ganz nur auf die Natur gestellt und ihren Segen, wie sauer auch dieser erworben sein will!

Ist aber mir mit meiner Kunst ein anderes Tagwerk anbefohlen, das ich am Ende doch mit keinem in der Welt vertauschen würde: warum muß ich dabei in Verhältnissen leben, die das gerade Widerspiel von solch unschuldiger, einfacher Existenz ausmachen? Ein Gütchen wenn du hättest, ein kleines Haus bei einem Dorf in schöner Gegend, du solltest wahrlich neu aufleben! Den Morgen über fleißig bei deinen Partituren, die ganze übrige Zeit bei der Familie; Bäume pflanzen, deinen Acker besuchen, im Herbst mit den Buben die Äpfel und die Birn' heruntertun; bisweilen eine Reise in die Stadt zu einer Aufführung und sonst, von Zeit zu Zeit ein Freund und mehrere bei dir — welch eine Seligkeit! Nun ja, wer weiß, was noch geschieht.

Er trat vor den Laden, sprach freundlich mit dem Mädchen und fing an, ihren Kram genauer zu betrachten. Bei der unmittelbaren Verwandtschaft, welche die meisten dieser Dinge zu jenem idyllischen Anfluge hatten, zog ihn die Sauberkeit, das Helle, Glatte, selbst der Geruch der mancherlei Holzarbeiten an. Es fiel ihm plötzlich ein, verschiedenes für seine Frau, was ihr nach seiner Meinung angenehm und nutzbar wäre, auszuwählen. Sein Augenmerk ging zuvörderst auf Gartenwerkzeug. Konstanze hatte nämlich vor Jahr und Tag auf seinen Antrieb ein Stückchen Land vor dem Kärntner Tor gepachtet und etwas Gemüse darauf gebaut; daher ihm jetzt fürs erste ein neuer großer Rechen, ein kleinerer dito samt Spaten ganz zweckmäßig schien. Dann weiteres anlangend, so macht es seinen ökonomischen Begriffen alle Ehre, daß er einem ihn sehr appetitlich anlachenden Butterfaß nach kurzer Überlegung, wiewohl ungern, entsagte; dagegen ihm ein hohes, mit Deckel und schön geschnitztem Henkel versehenes Geschirr zu unmaßgeblichem Gebrauch einleuchtete. Es war aus schmalen Stäben von zweierlei Holz, abwechselnd hell und dunkel, zusammengesetzt, unten weiter als oben und innen trefflich ausgepicht. Entschieden für die Küche empfahl sich eine schöne Auswahl Rührlöffel, Wellhölzer, Schneidbretter und Teller von allen Größen sowie ein Salzbehälter einfachster Konstruktion zum Aufhängen.

Zuletzt besah er sich noch einen derben Stock, dessen Handhabe mit Leder und runden Messingnägeln gehörig beschlagen war. Da der sonderbare Kunde auch hier in einiger Versuchung schien, bemerkte die Verkäuferin mit Lächeln, das sei just kein Tragen für Herrn. »Du hast recht, mein Kind«, versetzte er, »mir deucht, die Metzger auf der Reise haben solche; weg damit, ich will ihn nicht. Das übrige hingegen alles, was wir da ausgelesen haben, bringst du mir heute oder morgen ins Haus.« Dabei nannte er ihr seinen Namen und die Straße. Er ging hierauf, um auszutrinken, an seinen Tisch, wo von den dreien nur noch einer, ein Klempnermeister, saß.

»Die Kellnerin hat heut mal einen guten Tag«, bemerkte der Mann. »Ihr Vetter läßt ihr vom Erlös im Laden am Gulden einen Batzen.«

Mozart freute sich nun seines Einkaufs doppelt; gleich aber sollte seine Teilnahme an der Person noch größer werden. Denn als sie wieder in die Nähe kam, rief ihr derselbe Bürger zu: »Wie steht's, Kreszenz? Was macht der Schlosser? Feilt er nicht bald sein eigen Eisen?«

»O was!« erwiderte sie im Weitereilen, »selbiges Eisen, schätz ich, wächst noch im Berg, zuhinterst.«

»Es ist ein guter Tropf«, sagte der Klempner. »Sie hat lang ihrem Stiefvater hausgehalten und ihn in der Krankheit verpflegt, und da er tot war, kam's heraus, daß er ihr Eigenes aufgezehrt hatte; zeither dient sie da ihrem Verwandten, ist alles und alles im Geschäft, in der Wirtschaft und bei den Kindern. Sie hat mit einem braven Gesellen Bekanntschaft und würde ihn je eher, je lieber heiraten; das aber hat so seine Haken.«

»Was für? Er ist wohl auch ohne Vermögen?«

»Sie ersparten sich beide etwas, doch langt es nicht gar. Jetzt kommt mit nächstem drinnen ein halber Hausteil samt Werkstatt in Gant; dem Seiler wär's ein leichtes, ihnen vorzuschießen, was noch zum Kaufschilling fehlt, allein er läßt die Dirne natürlich nicht gern fahren. Er hat gute Freunde im Rat und bei der Zunft, da findet der Geselle nun allenthalben Schwierigkeiten.«

»Verflucht!« fuhr Mozart auf, so daß der andere erschrak und sich umsah, ob man nicht horche. »Und da ist niemand, der ein Wort nach dem Recht dareinspräche? den Herrn eine Faust vorhielte? Die Schufte, die! Wart nur, man kriegt euch noch beim Wickel!«

Der Klempner saß wie auf Kohlen. Er suchte das Gesagte auf eine ungeschickte Art zu mildern, beinahe nahm er es völlig zurück. Doch Mozart hörte ihn nicht an. »Schämt Euch, wie Ihr nun schwatzt. So macht's ihr Lumpen allemal, sobald es gilt, mit etwas einzustehen.« — Und hiemit kehrte er dem Hasenfuß ohne Abschied den Rücken. Der Kellnerin, die alle Hände voll zu tun hatte mit neuen Gästen, raunte er nur im Vorbeigehen zu: »Komme morgen beizeiten, grüße mir deinen Liebsten; ich hoffe, daß eure Sache gut geht.« Sie stutzte nur und hatte weder Zeit noch Fassung, ihm zu danken.

Geschwinder als gewöhnlich, weil der Auftritt ihm das Blut etwas in Wallung brachte, ging er vorerst denselben Weg, den er gekommen war, bis an das Glacis, auf welchem er dann langsamer, mit einem Umweg, im weiten Halbkreis um die Wälle wandelte. Ganz mit der Angelegenheit des armen Liebespaars beschäftigt, durchlief er in Gedanken eine Reihe seiner Bekannten und Gönner, die auf die eine oder andere Weise in diesem Fall etwas vermochten. Da indessen, bevor er sich irgend zu einem Schritt bestimmte, noch nähere Erklärungen von seiten des Mädchens erforderlich waren, beschloß er, diese ruhig abzuwarten, und war nunmehr, mit Herz und Sinn den Füßen vorauseilend, bei seiner Frau zu Hause.

Mit innerer Gewißheit zählte er auf einen freundlichen, ja fröhlichen Willkommen, Kuß und Umarmung schon auf der Schwelle, und Sehnsucht verdoppelte seine Schritte beim Eintritt in das Kärntner Tor. Nicht weit davon ruft ihn der Postträger an, der ihm ein kleines, doch gewichtiges Paket übergibt, worauf er eine ehrliche und akkurate Hand augenblicklich erkennt. Er tritt mit dem Boten, um ihn zu quittieren, in den nächsten Kaufladen; dann, wieder auf der Straße, kann er sich nicht bis in sein Haus gedulden; er reißt die Siegel auf, halb gehend, halb stehend, verschlingt er den Brief.

»Ich saß«, fuhr Madame Mozart hier in der Erzählung bei den Damen fort, »am Nähtisch, hörte meinen Mann die Stiege heraufkommen und den Bedienten nach mir fragen. Sein Tritt und seine Stimme kam mir beherzter, aufgeräumter vor, als ich erwartete und als mir wahrhaftig angenehm war. Erst ging er auf sein Zimmer, kam aber gleich herüber. ›Guten Abend!‹ sagt' er; ich, ohne aufzusehen, erwiderte ihm kleinlaut. Nachdem er die Stube ein paarmal stillschweigend gemessen, nahm er unter erzwungenem Gähnen die Fliegenklatsche hinter der Tür, was ihm noch niemals eingefallen war, und murmelte vor sich: ›Wo nur die Fliegen gleich wieder herkommen!‹ — fing an zu patschen da und dort, und zwar so stark wie möglich. Dies war ihm stets der unleidlichste Ton, den ich in seiner Gegenwart nie hören lassen durfte. Hm, dacht ich, daß doch, was man selber tut, zumal die Männer, ganz etwas anderes ist! Übrigens hatte ich so viele Fliegen gar nicht wahrgenommen. Sein seltsames Betragen verdroß mich wirklich sehr. — ›Sechse auf *einen* Schlag!‹ rief er; ›willst du sehen?‹ — Keine Antwort. — Da legte er mir etwas aufs Nähkissen hin, daß ich es sehen mußte, ohne ein Auge von meiner Arbeit zu verwenden. Es war nichts Schlechteres als ein Häufchen Gold, so viel man Dukaten zwischen zwei Finger nimmt. Er setzte seine Possen hinter meinem Rücken fort, tat hin und wieder einen Streich und sprach dabei für sich: ›Das fatale, unnütze, schamlose Gezücht! Zu was Zweck es nur eigentlich auf der Welt ist — Patsch! — offenbar bloß, daß man's totschlage — Pitsch — darauf verstehe ich mich einigermaßen, darf ich behaupten. — Die Naturgeschichte belehrt uns über die erstaunliche Vermehrung dieser Geschöpfe — Pitsch Patsch —: in meinem Hause wird immer sogleich damit aufgeräumt. Ah maledette! disperate! — Hier wieder ein Stück zwanzig. Magst du sie?‹ — Er kam und tat wie vorhin. Hatte ich bisher mit Mühe das Lachen unterdrückt, länger war es unmöglich, ich platzte heraus, er fiel mir um den Hals, und beide kicherten und lachten wir um die Wette.

›Woher kommt dir denn aber das Geld?‹ frag ich, während daß er den Rest aus dem Röllelchen schüttelt. — ›Vom Fürsten Esterhazy! durch den Haydn! Lies nur den Brief.‹ — Ich las:

›Eisenstadt usw. Teuerster Freund! Seine Durchlaucht, mein gnädigster Herr, hat mich zu meinem größesten Vergnügen damit betraut, Ihnen beifolgende sechzig Dukaten zu übermachen. Wir haben letzt Ihre Quartetten wieder ausgeführt, und Seine Durchlaucht waren solchermaßen davon eingenommen und befriedigt, als bei dem erstenmal, vor einem Vierteljahre, kaum der Fall gewesen. Der Fürst bemerkte mir (ich muß es wörtlich schreiben): als Mozart Ihnen diese Arbeit dedizierte, hat er geglaubt, nur Sie zu ehren, doch kann's ihm nichts verschlagen, wenn ich zugleich ein Kompliment für mich darin erblicke. Sagen Sie ihm, ich denke von seinem Genie bald so groß wie Sie selbst, und mehr könn' er in Ewigkeit nicht verlangen. — Amen! setz ich hinzu. Sind Sie zufrieden?

Postskript. Der lieben Frau ins Ohr: Sorgen Sie gütigst, daß die Danksagung nicht aufgeschoben werde. Am besten geschäh es persönlich. Wir müssen so guten Wind fein erhalten.‹

›Du Engelsmann! o himmlische Seele!‹ rief Mozart ein übers andere Mal, und es ist schwer zu sagen, was ihn am meisten freute, der Brief oder des Fürsten Beifall oder das Geld. Was mich betrifft, aufrichtig gestanden, mir kam das letztere gerade damals höchst gelegen. Wir feierten noch einen sehr vergnügten Abend.

Von der Affäre in der Vorstadt erfuhr ich jenen Tag noch nichts, die folgenden ebensowenig, die ganze nächste Woche verstrich, keine Kreszenz erschien, und mein Mann, in einem Strudel von Geschäften, vergaß die Sache bald. Wir hatten an einem Sonnabend Gesellschaft; Hauptmann Wesselt, Graf Hardegg und andere musizierten. In einer Pause werde ich hinausgerufen — da war nun die Bescherung! Ich geh hinein und frage: ›Hast du Bestellung in der Alservorstadt auf allerlei Holzware gemacht?‹ — ›Potz Hagel, ja! Ein Mädchen wird da sein? Laß sie nur hereinkommen.‹ — So trat sie denn in größter Freundlichkeit, einen vollen Korb am Arm, mit Rechen und Spaten ins Zimmer, entschuldigte ihr langes Ausbleiben, sie habe den Namen der Gasse nicht mehr gewußt und sich erst heut zurechtgefragt. Mozart nahm ihr die Sachen nacheinander ab, die er sofort mit Selbstzufriedenheit mir überreichte. Ich ließ mir herzlich dankbar alles und jedes wohl gefallen, belobte und pries, nur nahm es mich wunder, wozu er das Gartengeräte gekauft. — ›Natürlich‹, sagt' er, ›für dein Stückchen an der Wien.‹ — ›Mein Gott, das haben wir ja aber lange abgegeben! weil uns das Wasser immer soviel Schaden tat und überhaupt gar nichts dabei herauskam. Ich sagte dir's, du hattest nichts dawider.‹ — ›Was? Und also die Spargeln, die wir dies Frühjahr speisten‹ — ›Waren immer vom Markt.‹ — ›Seht!‹ sagt' er, ›hätt ich das gewußt! Ich lobte sie dir so aus bloßer Artigkeit, weil du mich wirklich dauertest mit deiner Gärtnerei; es waren Dingerl wie die Federspulen.‹

Die Herrn belustigte der Spaß überaus; ich mußte einigen sogleich das Überflüssige zum Andenken lassen. Als aber Mozart nun das Mädchen über ihr Heiratsanliegen ausforschte, sie ermunterte, hier nur ganz frei zu sprechen, da das, was man für sie und ihren Liebsten tun würde, in der Stille, glimpflich und ohne jemandes Anklagen solle ausgerichtet werden, so äußerte sie sich gleichwohl mit so viel Bescheidenheit,

Vorsicht und Schonung, daß sie alle Anwesenden völlig gewann und man sie endlich mit den besten Versprechungen entließ.

›Den Leuten muß geholfen werden!‹ sagte der Hauptmann. ›Die Innungskniffe sind das wenigste dabei; hier weiß ich einen, der das bald in Ordnung bringen wird. Es handelt sich um einen Beitrag für das Haus, Einrichtungskosten und dergleichen. Wie, wenn wir ein Konzert für Freunde im Trattnerischen Saal mit Entrée ad libitum ankündigten?‹ — Der Gedanke fand lebhaften Anklang. Einer der Herrn ergriff das Salzfaß und sagte: ›Es müßte jemand zur Einleitung einen hübschen historischen Vortrag tun, Herrn Mozarts Einkauf schildern, seine menschenfreundliche Absicht erklären, und hier das Prachtgefäß stellt man auf einem Tisch als Opferbüchse auf, die beiden Rechen als Dekoration rechts und links dahinter gekreuzt.‹

Dies nun geschah zwar nicht, hingegen das Konzert kam zustande; es warf ein Erkleckliches ab, verschiedene Beiträge folgten noch, daß das beglückte Paar noch Überschuß hatte, und auch die andern Hindernisse waren schnell beseitigt. Duscheks in Prag, unsre genausten Freunde dort, bei denen wir logieren, vernahmen die Geschichte, und *sie,* eine gar gemütliche herzige Frau, verlangte von dem Kram aus Kuriosität auch etwas zu haben; so legt ich denn das Passendste für sie zurück und nahm es bei dieser Gelegenheit mit. Da wir inzwischen unverhofft eine neue liebe Kunstverwandte finden sollten, die nah daran ist, sich den eigenen Herd einzurichten, und ein Stück gemeinen

Hausrat, welches Mozart ausgewählt, gewißlich nicht verschmähen wird, will ich mein Mitbringen halbieren, und Sie haben die Wahl zwischen einem schön durchbrochenen Schokoladequirl und mehrgedachter Salzbüchse, an welcher sich der Künstler mit einer geschmackvollen Tulpe verunköstigt hat. Ich würde unbedingt zu diesem Stück raten; das edle Salz, soviel ich weiß, ist ein Symbol der Häuslichkeit und Gastlichkeit, wozu wir alle guten Wünsche für Sie legen wollen.«

So weit Madame Mozart. Wie dankbar und wie heiter alles von den Damen auf- und angenommen wurde, kann man denken. Der Jubel erneuerte sich, als gleich darauf bei den Männern oben die Gegenstände vorgelegt und das Muster patriarchalischer Simplizität nun förmlich übergeben ward, welchem der Oheim in dem Silberschranke seiner nunmehrigen Besitzerin und ihrer spätesten Nachkommen keinen geringern Platz versprach, als jenes berühmte Kunstwerk des florentinischen Meisters in der Ambraser Sammlung einnehme.

Es war schon fast acht Uhr; man nahm den Tee. Bald aber sah sich unser Musiker an sein schon am Mittag gegebenes Wort, die Gesellschaft näher mit dem »Höllenbrand« bekannt zu machen, der unter Schloß und Riegel, doch zum Glück nicht allzutief im Reisekoffer lag, dringend erinnert. Er war ohne Zögern bereit. Die Auseinandersetzung der Fabel des Stücks hielt nicht lange auf, das Textbuch wurde aufgeschlagen, und schon brannten die Lichter am Fortepiano.

Wir wünschten wohl, unsere Leser streifte hier zum wenigsten etwas von jener eigentümlichen Empfindung an, womit oft schon ein einzeln abgerissener, aus einem Fenster beim Vorübergehen an unser Ohr getragener Akkord, der nur von *dorther* kommen kann, uns wie elektrisch trifft und wie gebannt festhält; etwas von jener süßen Bangigkeit, wenn wir in dem Theater, solange das Orchester stimmt, dem Vorhang gegenübersitzen. Oder ist es nicht so? Wenn auf der Schwelle jedes erhabenen tragischen Kunstwerks, es heiße »Macbeth«, »Ödipus« oder wie sonst, ein Schauer der ewigen Schönheit schwebt, wo träfe dies in höherem, auch nur in gleichem Maße zu, als eben hier? Der Mensch verlangt und scheut zugleich, aus seinem gewöhnlichen Selbst vertrieben zu werden, er fühlt, das Unendliche wird ihn berühren, das seine Brust zusammenzieht, indem es sie ausdehnen und den Geist gewaltsam an sich reißen will. Die Ehrfurcht vor der vollendeten Kunst tritt hinzu; der Gedanke, ein göttliches Wunder genießen, es als ein Verwandtes in sich aufnehmen zu dürfen, zu können, führt eine Art von Rührung, ja von Stolz mit sich, vielleicht den glücklichsten und reinsten, dessen wir fähig sind.

Unsre Gesellschaft aber hatte damit, daß sie ein uns von Jugend auf völlig zu eigen gewordenes Werk jetzt erstmals kennenlernen sollte, einen von unserem Verhältnis unendlich verschiedenen Stand und, wenn man das beneidenswerte Glück der persönlichen Vermittlung durch den Urheber abrechnet, bei weitem nicht den günstigen wie wir, da eine reine und vollkommene Auffassung eigentlich niemand möglich war, auch in mehr als *einem* Betracht selbst dann nicht möglich gewesen sein würde, wenn das Ganze unverkürzt hätte mitgeteilt werden können.

Von achtzehn fertig ausgearbeiteten Nummern* gab der Komponist vermutlich nicht die Hälfte (wir finden in dem unserer Darstellung zugrunde liegenden Bericht nur das letzte Stück dieser Reihe, das Sextett, ausdrücklich angeführt) — er gab sie meistens, wie es scheint, in einem freien Auszug, bloß auf dem Klavier, und sang stellenweise darein, wie es kam und sich schickte. Von der Frau ist gleichfalls nur bemerkt, daß sie zwei Arien vorgetragen habe. Wir möchten uns, da ihre Stimme so stark als lieblich gewesen sein soll, die erste der Donna Anna (»Du kennst den Verräter«) und eine von den beiden der Zerline dabei denken.

Genaugenommen waren, dem Geist, der Einsicht, dem Geschmacke nach, Eugenie und ihr Verlobter die einzigen Zuhörer, wie der Meister sie sich wünschen mußte, und jene war es sicher ungleich mehr als dieser. Sie saßen beide tief im Grunde des Zimmers; das Fräulein regungslos, wie eine Bildsäule, und in die Sache aufgelöst auf einen solchen Grad, daß sie auch in den kurzen Zwischenräumen, wo sich die Teilnahme der übrigen bescheiden äußerte oder die innere Bewegung sich unwillkürlich mit einem Ausruf der Bewunderung Luft machte, die von dem Bräutigam an sie gerichteten Worte immer nur ungenügend zu erwidern vermochte.

* Bei dieser Zählung ist zu wissen, daß Elviras Arie mit dem Rezitativ und Leporellos »Hab's verstanden« nicht ursprünglich in der Oper enthalten gewesen.

Als Mozart mit dem überschwenglich schönen Sextett geschlossen hatte und nach und nach ein Gespräch aufkam, schien er vornehmlich einzelne Bemerkungen des Barons mit Interesse und Wohlgefallen aufzunehmen. Es wurde vom Schlusse der Oper die Rede sowie von der vorläufig auf den Anfang Novembers anberaumten Aufführung, und da jemand meinte, gewisse Teile des Finales möchten noch eine Riesenaufgabe sein, so lächelte der Meister mit einiger Zurückhaltung; Konstanze aber sagte zu der Gräfin hin, daß er es hören mußte: »Er hat noch was in petto, womit er geheimtut, auch vor mir.«

»Du fällst«, versetzte er, »aus deiner Rolle, Schatz, daß du das jetzt zur Sprache bringst; wenn ich nun Lust bekäme, von neuem anzufangen? und in der Tat, es juckt mich schon.«

»Leporello!« rief der Graf, lustig aufspringend, und winkte einem Diener: »Wein! Sillery, drei Flaschen!«

»Nicht doch! damit ist es vorbei — mein Junker hat sein Letztes im Glase.«

»Wohl bekomm's ihm — und jedem das Seine!«

»Mein Gott, was hab ich da gemacht!« lamentierte Konstanze, mit einem Blick auf die Uhr, »gleich ist es elfe, und morgen früh soll's fort — wie wird das gehen?« — »Es geht halt gar nicht, Beste! nur schlechterdings gar nicht.«

»Manchmal«, fing Mozart an, »kann sich doch ein Ding sonderbar fügen. Was wird denn meine Stanzl sagen, wenn sie erfährt, daß eben das Stück Arbeit, was sie nun hören soll, um eben diese Stunde in der

Nacht, und zwar gleichfalls vor einer angesetzten Reise, zur Welt geboren ist?«

»Wär's möglich? Wann? Gewiß vor drei Wochen, wie du nach Eisenstadt wolltest?«

»Getroffen! Und das begab sich so. Ich kam nach zehne, du schliefst schon fest, von Richters Essen heim und wollte versprochenermaßen auch bälder zu Bett, um morgens beizeiten heraus und in den Wagen zu steigen. Inzwischen hatte Veit, wie gewöhnlich, die Lichter auf dem Schreibtisch angezündet, ich zog mechanisch den Schlafrock an, und fiel mir ein, geschwind mein letztes Pensum noch einmal anzusehen. Allein, o Mißgeschick! verwünschte, ganz unzeitige Geschäftigkeit der Weiber! du hattest aufg'räumt, die Noten eingepackt — die mußten nämlich mit: der Fürst verlangte eine Probe von dem Opus —; ich suchte, brummte, schalt, umsonst! Darüber fällt mein Blick auf ein versiegeltes Kuvert: vom Abbate, den greulichen Haken nach auf der Adresse — ja wahrlich! und schickt mir den umgearbeiteten Rest seines Texts, den ich vor Monatsfrist noch nicht zu sehen hoffte. Sogleich sitz ich begierig hin und lese und bin entzückt, wie gut der Kauz verstand, was ich wollte. Es war alles weit simpler, gedrängter und reicher zugleich. Sowohl die Kirchhofsszene wie das Finale, bis zum Untergang des Helden, hat in jedem Betracht sehr gewonnen. (Du sollst mir aber auch, dacht ich, vortrefflicher Poet, Himmel und Hölle nicht unbedankt zum zweitenmal beschworen haben!) Nun ist es sonst meine Gewohnheit nicht, in der Komposition etwas vorauszunehmen, und wenn es noch so lockend wäre; das bleibt eine Unart, die sich sehr übel bestrafen kann. Doch gibt es Ausnahmen, und kurz, der Auftritt bei der Reiterstatue des Gouverneurs, die Drohung, die vom Grabe des Erschlagenen her urplötzlich das Gelächter des Nachtschwärmers haarsträubend unterbricht, war mir bereits in die Krone gefahren. Ich griff einen Akkord und fühlte, ich hatte an der rechten Pforte angeklopft, dahinter schon die ganze Legion von Schrecken beieinander liege, die im Finale loszulassen sind. So kam fürs erste ein Adagio heraus: d-Moll, vier Takte nur, darauf ein zweiter Satz mit fünfen — es wird, bild ich mir ein, auf dem Theater etwas Ungewöhnliches geben, wo die stärksten Blasinstrumente die Stimme begleiten. Einstweilen hören Sie's, so gut es sich hier machen läßt.«

Er löschte ohne weiteres die Kerzen der beiden neben ihm stehenden Armleuchter aus, und jener furchtbare Choral »Dein Lachen endet vor der Morgenröte!« erklang durch die Totenstille des Zimmers. Wie von entlegenen Sternenkreisen fallen die Töne aus silbernen Posaunen, eiskalt, Mark und Seele durchschneidend, herunter durch die blaue Nacht.

»Wer ist hier? Antwort!« hört man Don Juan fragen. Da hebt es wieder an, eintönig wie zuvor, und gebietet dem ruchlosen Jüngling, die Toten in Ruhe zu lassen.

Nachdem diese dröhnenden Klänge bis auf die letzte Schwingung in der Luft verhallt waren, fuhr Mozart fort: »Jetzt gab es für mich begreiflicherweise kein Aufhören mehr. Wenn erst das Eis einmal an *einer* Uferstelle bricht, gleich kracht der ganze See und klingt bis an den entferntesten Winkel hinunter. Ich ergriff unwillkürlich denselben Faden weiter unten bei Don Juans Nachtmahl wieder, wo Donna Elvira sich eben entfernt hat und das Gespenst, der Einladung gemäß, erscheint. — Hören Sie an.«

Es folgte nun der ganze lange, entsetzenvolle Dialog, durch welchen auch der Nüchternste bis an die Grenze menschlichen Vorstellens, ja über sie hinaus gerissen wird, wo wir das Übersinnliche schauen und hören und innerhalb der eigenen Brust von einem Äußersten zum andern willenlos uns hin und her geschleudert fühlen.

Menschlichen Sprachen schon entfremdet, bequemt sich das unsterbliche Organ des Abgeschiedenen, noch einmal zu reden. Bald nach der ersten fürchterlichen Begrüßung, als der Halbverklärte die ihm gebotene irdische Nahrung verschmäht, wie seltsam schauerlich wandelt seine Stimme auf den Sprossen einer luftgewebten Leiter unregelmäßig auf und nieder! Er fordert schleunigen Entschluß zur Buße: kurz ist dem Geist die Zeit gemessen; weit, weit ist der Weg! Und wenn nun Don Juan, im ungeheuren Eigenwillen den ewigen Ordnungen trotzend, unter dem wachsenden Andrang der höllischen Mächte ratlos ringt, sich sträubt und windet und endlich untergeht, noch mit dem vollen Ausdruck der Erhabenheit in jeder Gebärde — wem zitterten nicht Herz und Nieren vor Lust und Angst zugleich? Es ist ein Gefühl, ähnlich dem, womit man das prächtige Schauspiel einer unbändigen Naturkraft, den Brand eines herrlichen Schiffes anstaunt. Wir nehmen wider Willen gleichsam Partei für diese blinde

Größe und teilen knirschend ihren Schmerz im reißenden Verlauf ihrer Selbstvernichtung.

Der Komponist war am Ziele. Eine Zeitlang wagte niemand, das allgemeine Schweigen zuerst zu brechen.

»Geben Sie uns«, fing endlich, mit noch beklemmtem Atem, die Gräfin an, »geben Sie uns, ich bitte Sie, einen Begriff, wie Ihnen war, da Sie in jener Nacht die Feder weglegten!«

Er blickte, wie aus einer stillen Träumerei ermuntert, helle zu ihr auf, besann sich schnell und sagte, halb zu der Dame, halb zu seiner Frau: »Nun ja, mir schwankte wohl zuletzt der Kopf. Ich hatte dies verzweifelte Dibattimento bis zu dem Chor der Geister, in *einer* Hitze fort, beim offenen Fenster, zu Ende geschrieben und stand nach einer kurzen Rast vom Stuhl auf, im Begriff, nach deinem Kabinett zu gehen, damit wir noch ein bißchen plaudern und sich mein Blut ausgleiche. Da machte ein überquerer Gedanke mich mitten im Zimmer stillstehen.« (Hier sah er zwei Sekunden lang zu Boden, und sein Ton verriet beim Folgenden eine kaum merkbare Bewegung.) »Ich sagte zu mir selbst: wenn du noch diese Nacht wegstürbest und müßtest deine Partitur an diesem Punkt verlassen: ob dir's auch Ruh im Grabe ließ'? — Mein Auge hing am Docht des Lichts in meiner Hand und auf den Bergen von abgetropftem Wachs. Ein Schmerz bei dieser Vorstellung durchzückte mich einen Moment; dann dacht ich weiter: wenn denn hernach über kurz oder lang ein anderer, vielleicht gar so ein Welscher, die Oper zu vollenden bekäme und fände von der Introduktion bis Numero siebzehn, mit Ausnahme *einer* Piece, alles sauber beisammen, lauter gesunde, reife Früchte ins hohe Gras geschüttelt, daß er sie nur auflesen dürfte; ihm graute aber doch ein wenig hier vor der Mitte des Finales, und er fände alsdann unverhofft den tüchtigen Felsbrocken da insoweit schon beiseite gebracht: er möchte drum nicht übel in das Fäustchen lachen!

Vielleicht wär er versucht, mich um die Ehre zu betrügen. Er sollte aber wohl die Finger dran verbrennen; da wär noch immerhin ein Häuflein guter Freunde, die meinen Stempel kennen und mir, was mein ist, redlich sichern würden. — Nun ging ich, dankte Gott mit einem vollen Blick hinauf und dankte, liebes Weibchen, deinem Genius, der dir so lange seine beiden Hände sanft über die Stirne gehalten, daß du fortschliefst wie eine Ratze und mich kein einzig Mal anrufen konntest. Wie ich dann aber endlich kam und du mich um die Uhr befrugst, log ich dich frischweg ein paar Stunden jünger, als du warst, denn es ging stark auf viere. Und nun wirst du begreifen, warum du mich um sechse nicht aus den Federn brachtest, der Kutscher wieder heimgeschickt und auf den andern Tag bestellt werden mußte.«

»Natürlich!« versetzte Konstanze, »nur bilde sich der schlaue Mann nicht ein, man sei so dumm gewesen, nichts zu merken! Deswegen brauchtest du mir deinen schönen Vorsprung fürwahr nicht zu verheimlichen!«

»Auch war es nicht deshalb.«

»Weiß schon — du wolltest deinen Schatz vorerst noch unbeschrien haben.«

»Mich freut nur«, rief der gutmütige Wirt, »daß wir morgen nicht nötig haben, ein edles Wiener Kutscherherz zu kränken, wenn Herr Mozart partout nicht aufstehen kann. Die Ordre ›Hans, spann wieder aus!‹ tut jederzeit sehr weh.«

Diese indirekte Bitte um längeres Bleiben, mit der sich die übrigen Stimmen im herzlichsten Zuspruch verbanden, gab den Reisenden Anlaß zu Auseinandersetzung sehr triftiger Gründe dagegen; doch verglich man sich gerne dahin, daß nicht zu zeitig aufgebrochen und noch vergnügt zusammen gefrühstückt werden solle.

Man stand und drehte sich noch eine Zeitlang in Gruppen schwatzend umeinander. Mozart sah sich nach jemandem um, augenscheinlich nach der Braut; da sie jedoch gerade nicht zugegen war, so richtete er naiverweise die ihr bestimmte Frage unmittelbar an die ihm nahe stehende Franziska: »Was denken Sie denn nun im ganzen von unserm ›Don Giovanni‹? Was können Sie ihm Gutes prophezeien?«

»Ich will«, versetzte sie mit Lachen, »im Namen meiner Base so gut antworten, als ich kann: Meine einfältige Meinung ist, daß, wenn ›Don Giovanni‹ nicht aller Welt den Kopf verrückt, so schlägt der liebe Gott seinen Musikkasten gar zu, auf unbestimmte Zeit, heißt das, und gibt der Menschheit zu verstehen —«

— »Und gibt der Menschheit«, fiel der Onkel verbessernd ein, »den Dudelsack in die Hand und verstocket die Herzen der Leute, daß sie anbeten Baalim.«

»Behüt uns Gott!« lachte Mozart. »Je nun, im Laufe der nächsten sechzig, siebzig Jahre, nachdem ich lang fort bin, wird mancher falsche Prophet aufstehen.«

Eugenie trat mit dem Baron und Max herbei, die Unterhaltung hob sich unversehens auf ein neues, ward nochmals ernsthaft und bedeutend, so daß der Komponist, eh die Gesellschaft auseinanderging, sich noch gar mancher schönen, bezeichnenden Äußerung erfreute, die seiner Hoffnung schmeichelte.

Erst lange nach Mitternacht trennte man sich; keines empfand bis jetzt, wie sehr es der Ruhe bedurfte.

Den andern Tag (das Wetter gab dem gestrigen nichts nach) um zehn Uhr sah man einen hübschen Reisewagen, mit den Effekten beider Wiener Gäste bepackt, im Schloßhof stehen. Der Graf stand mit Mozart davor, kurz ehe die Pferde herausgeführt wurden, und fragte, wie er ihm gefalle.

»Sehr gut; er scheint äußerst bequem.«

»Wohlan, so machen Sie mir das Vergnügen und behalten Sie ihn zu meinem Andenken.«

»Wie? ist das Ernst?»

»Was wär es sonst?«

»Heiliger Sixtus und Calixtus — Konstanze! du!« rief er zum Fenster hinauf, wo sie mit den andern heraussah. »Der Wagen soll mein sein! Du fährst künftig in deinem eigenen Wagen!«

Er umarmte den schmunzelnden Geber, betrachtete und umging sein neues Besitztum von allen Seiten, öffnete den Schlag, warf sich hinein und rief heraus: »Ich dünke mich so vornehm und so reich wie Ritter Gluck! Was werden sie in Wien für Augen machen!« — »Ich hoffe«, sagte die Gräfin, »Ihr Fuhrwerk wiederzusehn bei der Rückkehr von Prag, mit Kränzen um und um behangen!«

Nicht lang nach diesem letzten fröhlichen Auftritt setzte sich der vielbelobte Wagen mit dem scheidenden

Paare wirklich in Bewegung und fuhr im raschen Trab nach der Landstraße zu. Der Graf ließ sie bis Wittingau fahren, wo Postpferde genommen werden sollten.

Wenn gute, vortreffliche Menschen durch ihre Gegenwart vorübergehend unser Haus belebten, durch ihren frischen Geistesodem auch unser Wesen in neuen raschen Schwung versetzten und uns den Segen der Gastfreundschaft in vollem Maße zu empfinden gaben, so läßt ihr Abschied immer eine unbehagliche Stockung, zum mindesten für den Rest des Tags, bei uns zurück, wofern wir wieder ganz nur auf uns selber angewiesen sind.

Bei unsern Schloßbewohnern traf wenigstens das letztere nicht zu. Franziskas Eltern nebst der alten Tante fuhren zwar alsbald auch weg; die Freundin selbst indes, der Bräutigam, Max ohnehin, verblieben noch. Eugenien, von welcher vorzugsweise hier die Rede ist, weil sie das unschätzbare Erlebnis tiefer als alle ergriff, ihr, sollte man denken, konnte nichts fehlen, nichts genommen oder getrübt sein; ihr reines Glück in dem wahrhaft geliebten Mann, das erst soeben seine förmliche Bestätigung erhielt, mußte alles andre verschlingen, vielmehr, das Edelste und Schönste, wovon ihr Herz bewegt sein konnte, mußte sich notwendig mit jener seligen Fülle in *eines* verschmelzen. So wäre es auch wohl gekommen, hätte sie gestern und heute der bloßen Gegenwart, jetzt nur dem reinen Nachgenuß derselben leben können. Allein am Abend schon, bei den Erzählungen der Frau, war sie von leiser Furcht für ihn, an dessen liebenswertem Bild sie sich ergötzte, geheim beschlichen worden; diese Ahnung wirkte nachher, die ganze Zeit als Mozart spielte, hinter allem unsäglichen Reiz, durch all das geheimnisvolle Grauen der Musik hindurch, im Grund ihres Bewußtseins fort, und endlich überraschte, erschütterte sie das, was er selbst in der nämlichen Richtung gelegenheitlich von sich erzählte. Es ward ihr so gewiß, so ganz gewiß, daß dieser Mann sich schnell und unaufhaltsam in seiner eigenen Glut verzehre, daß er nur eine flüchtige Erscheinung auf der Erde sein könne, weil sie den Überfluß, den er verströmen würde, in Wahrheit nicht ertrüge.

Dies, neben vielem andern, ging, nachdem sie sich gestern niedergelegt, in ihrem Busen auf und ab, während der Nachhall »Don Juans« verworren noch lange fort ihr inneres Gehör einnahm. Erst gegen Tag schlief sie ermüdet ein.

Die drei Damen hatten sich nunmehr mit ihren Arbeiten in den Garten gesetzt, die Männer leisteten ihnen Gesellschaft, und da das Gespräch natürlich zunächst nur Mozart betraf, so verschwieg auch Eugenie ihre Befürchtungen nicht. Keins wollte dieselben im mindesten teilen, wiewohl der Baron sie vollkommen begriff. Zur guten Stunde, in recht menschlich reiner, dankbarer Stimmung pflegt man sich jeder Unglücksidee, die einen gerade nicht unmittelbar angeht, aus allen Kräften zu erwehren. Die sprechendsten, lachendsten Gegenbeweise wurden, besonders vom Oheim, vorgebracht, und wie gerne hörte nicht Eugenie alles an! Es fehlte nicht viel, so glaubte sie wirklich, zu schwarz gesehen zu haben.

Einige Augenblicke später, als sie durchs große Zimmer oben ging, das eben gereinigt und wieder in Ordnung gebracht worden war und dessen vorgezogene, gründamastene Fenstergardinen nur ein sanftes Dämmerlicht zuließen, stand sie wehmütig vor dem Klaviere still. Durchaus war es ihr wie ein Traum, zu denken, wer noch vor wenigen Stunden davor gesessen habe. Lang blickte sie gedankenvoll die Tasten an, die *er* zuletzt berührt, dann drückte sie leise den Deckel zu und zog den Schlüssel ab, in eifersüchtiger Sorge, daß so bald keine andere Hand wieder öffne. Im Weggehen stellte sie beiläufig einige Liederhefte an ihren Ort zurück; es fiel ein älteres Blatt heraus, die Abschrift eines böhmischen Volksliedchens, das Franziska früher, auch wohl sie selbst, manchmal gesungen. Sie nahm es auf, nicht ohne darüber betreten zu sein. In einer Stimmung wie die ihrige wird der natürlichste Zufall leicht zum Orakel. Wie sie es aber auch verstehen wollte, der Inhalt war der Art, daß ihr, indem sie die einfachen Verse wieder durchlas, heiße Tränen entfielen.

Ein Tännlein grünet wo,
Wer weiß, im Walde;
Ein Rosenstrauch, wer sagt,
In welchem Garten?
Sie sind erlesen schon,
Denk es, o Seele,
Auf deinem Grab zu wurzeln
Und zu wachsen.

Zwei schwarze Rößlein weiden
Auf der Wiese,

Sie kehren heim zur Stadt
In muntern Sprüngen.
Sie werden schrittweis gehn
Mit deiner Leiche;
Vielleicht, vielleicht noch eh
An ihren Hufen
Das Eisen los wird,
Das ich blitzen sehe!

ADALBERT STIFTER

Brigitta

1

Steppenwanderung

Es gibt oft Dinge und Beziehungen in dem menschlichen Leben, die uns nicht sogleich klar sind und deren Grund wir nicht in Schnelligkeit hervorzuziehen vermögen. Sie wirken dann meistens mit einem gewissen schönen und sanften Reize des Geheimnisvollen auf unsere Seele. In dem Angesichte eines Häßlichen ist für uns oft eine innere Schönheit, die wir nicht auf der Stelle von seinem Werte herzuleiten vermögen, während uns oft die Züge eines andern kalt und leer sind, von denen alle sagen, daß sie die größte Schönheit besitzen. Ebenso fühlen wir uns manchmal zu einem hingezogen, den wir eigentlich gar nicht kennen, es gefallen uns seine Bewegungen, es gefällt uns seine Art, wir trauern, wenn er uns verlassen hat, und haben eine gewisse Sehnsucht, ja eine Liebe zu ihm, wenn wir oft noch in späteren Jahren seiner gedenken: während wir mit einem andern, dessen Wert in vielen Taten vor uns liegt, nicht ins reine kommen können, wenn wir auch jahrelang mit ihm umgegangen sind. Daß zuletzt sittliche Gründe vorhanden sind, die das Herz herausfühlt, ist kein Zweifel, allein wir können sie nicht immer mit der Waage des Bewußtseins und der Rechnung hervorheben und anschauen. Die Seelenkunde hat manches beleuchtet und erklärt, aber vieles ist ihr dunkel und in großer Entfernung geblieben. Wir glauben daher, daß es nicht zuviel ist, wenn wir sagen, es sei für uns noch ein heiterer, unermeßlicher Abgrund, in dem Gott und die Geister wandeln. Die Seele in Augenblicken der Entzückung überfliegt ihn oft, die Dichtkunst in kindlicher Unbewußtheit lüftet ihn zuweilen; aber die Wissenschaft mit ihrem Hammer und Richtscheite steht häufig erst an dem Rande und mag in vielen Fällen noch gar nicht einmal Hand angelegt haben.

Zu diesen Bemerkungen bin ich durch eine Begebenheit veranlaßt worden, die ich einmal in sehr jungen Jahren auf dem Gute eines alten Majors erlebte, da ich noch eine sehr große Wanderlust hatte, die mich bald hier, bald dort ein Stück in die Welt hineintrieb, weil ich noch weiß Gott was zu erleben und zu erforschen verhoffte.

Ich hatte den Major auf einer Reise kennengelernt, und schon damals lud er mich wiederholt ein, ihn einmal in seiner Heimat zu besuchen. Allein ich hielt dies für eine bloße Redeformel und Artigkeit, wie Reisende wohl oft zu wechseln pflegen, und hätte der Sache wahrscheinlich keine weitere Folge gegeben, wenn nicht im zweiten Jahre unserer Trennung ein Brief von ihm gekommen wäre, in welchem er sich angelegentlich um mein Befinden erkundigte und zuletzt wieder die alte Bitte hinzufügte, doch einmal zu ihm zu kommen und einen Sommer, ein Jahr oder fünf oder zehn Jahre bei ihm zuzubringen, wie es mir gefällig wäre; denn er sei jetzt endlich gesonnen, auf einem einzigen winzigen Punkte dieser Erdkugel kleben zu bleiben und kein anderes Stäubchen mehr auf seinen Fuß gelangen zu lassen als das der Heimat, in welcher er nunmehr ein Ziel gefunden habe, das er sonst vergeblich auf der ganzen Welt gesucht hatte.

Da es nun eben Frühling war, da ich neugierig war, sein Ziel kennenzulernen, da ich eben nicht wußte, wo ich hinreisen sollte, beschloß ich, seiner Bitte nachzugeben und seiner Einladung zu folgen.

Er hatte sein Gut im östlichen Ungarn — zwei Tage schlug ich mich mit Plänen herum, wie ich die Reise am geschicktesten machen sollte, am dritten Tage saß ich im Postwagen und rollte nach Osten, während ich mich, da ich das Land nie gesehen hatte, bereits mit Bildern von Heiden und Wäldern trug — und am achten wandelte ich bereits auf einer Pußta, so prachtvoll und öde, als sie nur immer Ungarn aufzuweisen haben mag.

Anfangs war meine ganze Seele von der Größe des Bildes gefaßt: wie die endlose Luft um mich schmeichelte, wie die Steppe duftete und ein Glanz der Einsamkeit überall und allüberall hinaus webte: — aber wie das morgen wieder so wurde, übermorgen wieder — immer gar nichts als der feine Ring, in dem sich Himmel und Erde küßten, gewöhnte sich der Geist daran, das Auge begann zu erliegen und von dem Nichts so übersättigt zu werden, als hätte es Massen von Stoff auf sich geladen — es kehrte in sich zurück, und wie die Sonnenstrahlen spielten, die Gräser glänzten, zogen verschiedene einsame Gedanken durch die Seele, alte Erinnerungen kamen wimmelnd über die Heide, und darunter war auch das Bild des Mannes, zu dem ich eben auf der Wanderung war — ich griff es gerne auf, und in der Öde hatte ich Zeit genug, alle Züge, die ich von ihm erfahren hatte, in meinem Gedächtnisse zusammenzusuchen und ihnen neue Frische zu geben.

In Unteritalien, beinahe in einer ebenso feierlichen Öde, wie die war, durch die ich heute wandelte, hatte ich ihn zum ersten Male gesehen. Er war damals in allen Gesellschaften gefeiert und, obwohl schon fast fünfzig Jahre alt, doch noch das Ziel von manchen schönen Augen; denn nie hat man einen Mann gesehen, dessen Bau und Antlitz schöner genannt werden konnte, noch einen, der dieses Äußere edler zu tragen verstand. Ich möchte sagen, es war eine sanfte Hoheit, die um alle seine Bewegungen floß, so einfach und so siegend, daß er mehr als einmal auch Männer betörte. Auf Frauenherzen aber, ging die Sage, soll er einst wahrhaft sinnverwirrend gewirkt haben. Man trug sich mit Geschichten von Siegen und Eroberungen, die er gemacht haben soll und die wunderbar genug waren. Aber ein Fehler, sagte man, hänge ihm an, der ihn erst recht gefährlich mache; nämlich, es sei noch niemandem, selbst der größten Schönheit, die diese Erde trage, gelungen, ihn länger zu fesseln, als es ihm eben beliebte. Mit aller Lieblichkeit, die ihm jedes Herz gewann und das der Erkornen mit siegreicher Wonne füllte, benahm er sich bis zu Ende, dann nahm er Abschied, machte eine Reise, und kam nicht wieder. —

Aber dieser Fehler, statt sie abzuschrecken, gewann ihm die Weiber nur noch mehr, und manche rasche Südländerin mochte glühen, ihr Herz und ihr Glück, so bald als nur immer möglich, an seine Brust zu werfen. Auch reizte es sehr, daß man nicht wußte, woher er sei und welche Stellung er unter den Menschen einnehme. Obwohl sie sagten, daß die Grazien um seinen Mund spielen, setzten sie doch hinzu, daß auf seiner Stirne eine Art Trauer wohne, die der Zeiger einer bedeutenden Vergangenheit sei — aber das war am Ende das Lockendste, daß niemand diese Vergangenheit wußte. Er soll in Staatsbegebenheiten verwickelt gewesen sein, er soll sich unglücklich vermählt, er soll seinen Bruder erschossen haben — und was dieser Dinge mehr waren. Das aber wußten alle, daß er sich jetzt sehr stark mit Wissenschaften beschäftigte.

Ich hatte schon sehr viel von ihm gehört und erkannte ihn augenblicklich, als ich ihn einmal auf dem Vesuv Steine herabschlagen und dann zu dem neuen Krater hinzugehen und freundlich auf das blaue Ringeln des Rauches schauen sah, der noch sparsam aus der Öffnung und aus den Ritzen quoll. Ich ging über die gelb glänzenden Knollen zu ihm hin und redete ihn an. Er antwortete gerne, und ein Wort gab das andere. Wirklich war damals eine furchtbar zerworfene, dunkle Öde um uns, die um so schroffer wurde, als der unsäglich anmutige, tiefblaue Südhimmel gerade über ihr stand, zu dem die Rauchwölkchen traulich seitwärts zogen. Wir sprachen damals lange miteinander, gingen dann aber jeder allein von dem Berge.

Später fand sich wieder Gelegenheit, daß wir zusammenkamen, wir besuchten uns dann öfter und waren endlich bis zu meiner Heimreise fast unzertrennt beieinander. Ich fand, daß er an den Wirkungen, die sein Äußeres machen sollte, ziemlich unschuldig war. Aus seinem Innern brach oft so etwas Ursprüngliches und Anfangsmäßiges, gleichsam als hätte er sich, obwohl er schon gegen die fünfzig Jahre ging, seine Seele bis jetzt aufgehoben, weil sie das Rechte nicht hatte finden können. Dabei erkannte ich, als ich länger mit ihm umging, daß diese Seele das Glühendste und Dichterischste sei, was mir bis dahin vorgekommen ist, daher es auch kommen mochte, daß sie das Kindliche, Unbewußte, Einfache, Einsame, ja oft Einfältige an sich hatte. Er war sich dieser Gaben nicht bewußt und sagte in Natürlichkeit die schönsten Worte, die ich je aus einem Munde gehört habe, und nie in meinem Leben, selbst später nicht, als ich Gelegenheit hatte, mit Dichtern und Künstlern umzugehen, habe ich einen so empfindlichen Schönheitssinn angetroffen, der durch Ungestalt und Roheit bis zur Ungeduld gereizt werden konnte, als an ihm. Diese unbewußten Gaben mochten es auch sein, die ihm alle Herzen des andern Geschlechtes zufliegen machten, weil dieses Spielen und Glänzen an Männern in vorgerückten Jahren gar so selten ist. Eben daher mochte es auch kommen, daß er mit mir als einem ganz jungen Menschen so gerne umging, so wie ich meinerseits in jenen Zeiten eigentlich auch noch nicht recht diese Dinge zu würdigen vermochte, und mir dieselben erst recht einleuchtend wurden, da ich älter war und daranging, die Erzählung seines Lebens zusammenzustellen. Wie weit es mit seinem sagenhaften Glücke bei Weibern ging, habe ich nie erfahren können, da er niemals über diese Dinge sprach und sich auch nie Gelegenheit zu Beobachtungen vorfand. Von jener Trauer, die auf seiner Stirne sitzen sollte, konnte ich ebenfalls nichts wahrnehmen, so wie ich auch von seinen früheren Schicksalen damals nichts erfuhr, als daß er einst beständige Reisen gemacht habe, jetzt aber schon jahrelang in Neapel sei und Lava und Altertümer sammle. Daß er in Ungarn Besitzungen habe, erzählte er mir selber und lud mich, wie ich oben sagte, wiederholt dahin ein.

Wir lebten ziemlich lange nebeneinander und trennten uns zuletzt, da ich fortging, nicht ohne Teilnahme. Aber mancherlei Gestalten von Ländern und Menschen drangen nachher noch durch mein Gedächtnis, so daß es mir endlich nicht im Traume beigekommen wäre, daß ich einmal auf einer ungarischen Heide zu diesem Manne unterwegs sein würde, wie ich es nun wirklich war. Ich malte mir sein Bild in Gedanken immer mehr aus und senkte mich so hinein, daß ich oft Mühe hatte, nicht zu glauben, ich sei in Italien; denn so heiß, so schweigsam war es, und die blaue Dunstschicht der Ferne spiegelte sich mir auf der Ebene, auf der ich wandelte, wie dort zum Trugbilde der Pontinischen Sümpfe.

Ich ging aber doch nicht in gerader Richtung auf das mir in dem Briefe bezeichnete Gut des Majors los, sondern ich machte mehrere Kreuz- und Querzüge, um mir das Land zu besehen. So wie mir das Bild desselben früher immer meines Freundes wegen mit Italein zusammengeflossen war, so webte es sich nun immer mehr und immer eigentümlicher als Selbständiges und Ganzes heraus. Ich war über hundert Bächlein, Bäche und Flüsse gegangen, ich hatte oft bei Hirten und ihren zottigen Hunden geschlafen, ich hatte aus jenen einsamen Heidebrunnen getrunken, die mit dem furchtbar hohen Stangenwinkel zum Himmel sehen, und ich hatte unter manchem tief herabgehenden Rohrdache gegessen — dort lehnte der Sackpfeifer, dort flog der schnelle Fuhrmann über die Heide, dort glänzte der weiße Mantel des Roßhirten — — oft dachte ich mir, wie denn mein Freund in diesem Lande aussehen werde; denn ich hatte ihn nur in Gesellschaft gesehen und in dem Getriebe, wo sich alle Menschen wie die Bachkiesel gleichen. Dort war er im Äußern der glatte, feine Mann gewesen — hier aber war alles anders, und oft, wenn ich ganze Tage nichts sah als das ferne, rötlich blaue Dämmern der Steppe und die tausend kleinen weißen Punkte darinnen, die Rinder des Landes, wenn zu meinen Füßen die tiefschwarze Erde war, und so viel Wildheit, so viel Üppigkeit, trotz der uralten Geschichte so viel Anfang und Ursprünglichkeit, dachte ich, wie wird er sich denn hier benehmen. Ich ging in dem Lande herum, ich lebte mich immer mehr in seine Art und Weise und in seine Eigentümlichkeiten hinein, und es war mir, als hörte ich den Hammer schallen, womit die Zukunft dieses Volkes geschmiedet wird. Jedes in dem Lande zeigt auf kommende Zeiten, alles Vergehende ist müde, alles Werdende feurig, darum sah ich recht gerne seine endlosen

Dörfer, sah seine Weinhügel aufstreben, sah seine Sümpfe und Röhrichte und weit draußen seine sanftblauen Berge ziehen.

Nach monatlangem Herumwandern glaubte ich endlich eines Tages, ich müsse mich nun in sehr großer Nähe bei dem Gute meines Freundes befinden, und des vielen Schauens doch etwas müde, beschloß ich, dem Pilgern ein Ziel zu setzen und gerade auf die Besitzung meines künftigen Beherbergers zuzulenken. Ich war den ganzen Nachmittag durch ein heißes Steinfeld gegangen; links stiegen fernblaue Berghäupter am Himmel auf — ich hielt sie für die Karpaten —, rechts stand zerrissenes Land mit jener eigentümlich rötlichen Färbung, wie sie so oft der Hauch der Steppe gibt: beide aber vereinigten sich nicht, und zwischen beiden ging das endlose Bild der Ebenen fort. Endlich, wie ich eben aus einer Mulde, in der das Bette eines ausgetrockneten Baches lief, emporstieg, sprang rechts ein Kastanienwald und ein weißes Haus herüber — eine Sandwehe hatte mir beides bisher gedeckt. — Drei Meilen, drei Meilen — so hatte ich fast den ganzen Nachmittag gehört, wenn ich nach Uwar fragte — so hieß das Schloß des Majors —, drei Meilen: aber da ich die ungarischen Meilen aus Erfahrung kannte, so war ich gewiß ihrer fünfe gegangen und wünschte daher sehnlich, das Haus möchte Uwar heißen. In nicht großer Ferne stiegen Felder gegen einen Erddamm empor, auf denen ich Menschen sah. Diese wollte ich fragen und durchschritt zu dem Zwecke einen Flügel des Kastanienwaldes. Hier sah ich nun, was ich, durch die vielen Gesichtstäuschungen dieses Landes belehrt, sogleich geahnet, nämlich, daß das Haus nicht an dem Walde liege, sondern erst hinter einer Ebene, die von den Kastanien weg lief, und daß es ein sehr großes Gebäude sein müsse. Über die Ebene aber sah ich eine Gestalt herübersprengen, gerade auf jene Felder zu, auf denen die Leute arbeiteten. Auch sammelten sich alle Arbeiter um die Gestalt, da sie bei ihnen angekommen war, wie um einen Herrn — aber meinem Major sah das Wesen ganz und gar nicht ähnlich. Ich ging langsam gegen die Erdlehne empor, die auch weiter entfernt war, als ich dachte, und kam eben an, als bereits die ganze Glut der Abendröte um die dunkeln, wogenden Maisfelder und die Gruppen bärtiger Knechte und um den Reiter loderte. Dieser aber war nichts anderes als ein Weib, etwa vierzig Jahre alt, welches sonderbar genug die weiten landesmäßigen Beinkleider anhatte und auch wie ein Mann zu Pferde saß. Da die Knechte schon auseinandergingen und sie fast allein auf dem Flecke war, richtete ich mein Anliegen an sie. Meinen Wanderstab unter das Ränzlein stützend, zu ihr emporschauend und mir gleichsam die Strahlen der Abendröte, die schief hereinkamen, aus dem Gesichte streichend, sagte ich deutsch zu ihr: »Guten Abend, Mutter.«

»Guten Abend«, antwortete sie in derselben Sprache.

»Gewährt mir eine Bitte und sagt: heißt jenes Gebäude Uwar?«

»Jenes Gebäude heißt nicht Uwar. Seid Ihr nach Uwar bestellt?«

»Allerdings. Ich habe dort meinen Reisefreund, den Major, zu besuchen, der mich dahin eingeladen hat.«

»So geht nur ein wenig neben meinem Rosse her.«

Mit diesen Worten setzte sie ihr Pferd in Schritt und ritt langsam, damit ich ihr folgen konnte, zwischen den hohen grünen Maisbüscheln den Abhang hinan. Ich ging hinter ihr her und hatte Gelegenheit, meine Blicke auf die Umgebung richten zu können — und in der Tat, ich bekam immer mehr Ursache, mich zu verwundern. Wie wir höher kamen, öffnete sich zusehends das Tal hinter uns, ein ganzer, ungeheurer Gartenwald lief von dem Schlosse in die Berge hinein, die hinter ihm begannen, Alleen streckten sich gegen die Felder, ein Wirtschaftsstück nach dem andern legte sich bloß und schien in trefflichem Stande. Ich habe nie dieses lange, fette, frische Blatt des Maises gesehen, und nicht ein Gräschen war zwischen seinen Stengeln. Der Weinberg, an dessen Ende wir eben ankamen, erinnerte mich an die des Rheins, nur habe ich am Rheine nicht dieses derbe Trotzen und Strotzen von Blatt und Reben gesehen wie hier. Die Ebene zwischen den Kastanien und dem Schlosse war eine Wiese, so rein und sanft, als wäre Sammet gebreitet, sie war mit eingehegten Wegen durchschnitten, in denen die weißen Rinder des Landes wandelten, aber glatt und schlank wie Hirsche. Das Ganze hob sich wunderbar von dem Steinfelde ab, das ich heute durchwandelt hatte und das jetzt in der Abendluft draußen lag und in den rötlich spinnenden Strahlen heiß und trocken hereinsah zu dieser kühlen, grünen Frische.

Indessen waren wir zu einem jener weißen Häuschen gelangt, wie ich mehrere im Grün der Rebengelände zerstreut wahrgenommen hatte, und das Weib sagte zu einem jungen Manne, der trotz des heißen Juniabends in seinem zottigen Pelze stak und vor der Tür des Häuschens allerlei hantierte: »Milosch, der Herr will heute noch nach Uwar, wenn du etwa die zwei Weidebraunen nähmest, ihm einen gäbest und ihn bis zum Galgen geleitetest.«

»Ja«, erwiderte der Bursche und stand auf.

»Jetzt geht nur mit ihm, er wird Euch schon richtig führen«, sagte das Weib und wendete ihr Pferd, um des Weges zurückzureiten, den sie mit mir gekommen war.

Ich hielt sie für eine Art Schaffnerin und wollte ihr ein namhaftes Geldstück für den Dienst geben, den sie mir soeben geleistet hatte. Sie aber lachte nur und zeigte hiebei eine Reihe sehr schöner Zähne. Durch den Weinberg ritt sie langsam hinab, dann hörten wir aber bald darauf die schnellen Hufschläge ihres Pferdes, wie sie über die Ebene flog.

Ich steckte mein Geld wieder ein und wendete mich zu Milosch. Dieser hatte einstweilen zu seinem Pelze einen breiten Hut aufgesetzt und führte mich um eine Strecke in den Weinpflanzungen fort, bis wir in eine Talkrümme stiegen und auf Wirtschaftsgebäude stießen, aus denen er zwei jener kleinen Rosse zog, wie man sie auf den Heiden dieses Landes antrifft. Meines sattelte er, seines bestieg er, wie es war, und sofort ritten wir in die Abenddämmerung hinein, dem dunkeln Osthimmel entgegen. Es mochte ein sonderbarer Anblick gewesen sein: der deutsche Wandersmann samt Ränzlein, Knotenstock und Kappe zu Pferde sitzend, neben ihm der schlanke Ungar mit rundem Hute, Schnurrbart, Zottelpelz und flatternden weißen

Beinkleidern — beide in Nacht und Wüste reitend. In der Tat war es eine Wüste, in die wir jenseits der Weinberge gerieten, und die Ansiedelung war wie eine Fabel darinnen. Eigentlich war die Wüste wieder mein altes Steinfeld, und zwar sich selber so gleich geblieben, daß ich wähnte, wir reiten denselben Weg zurück, den ich gekommen bin, wenn mich nicht das schmutzige Rot, das noch hinter meinem Rücken am Himmel glühte, belehrt hätte, daß wir wirklich gegen Morgen reiten.

»Wie weit ist noch nach Uwar?« fragte ich.

»Es sind noch anderthalb Meilen«, antwortete Milosch.

Ich fügte mich in die Antwort und ritt hinter ihm her, so gut ich konnte. Wir ritten an denselben unzähligen grauen Steinen vorbei, wie ich sie heute den ganzen Tag zu Tausenden gezählt habe. Sie glitten mit falschem Lichte auf dem dunklen Boden hinter mich, und weil wir eigentlich auf trocknem, sehr festem Moore ritten, hörte ich keinen Hufschlag unserer Pferde, außer wenn zufällig das Eisen auf einen der Steine schlug, die sonst diese Tiere, an derlei Wege gewöhnt, sehr gut zu vermeiden wissen. Der Boden war immer eben, nur daß wir wieder zwei oder drei Mulden hinab- und hinangestiegen waren, in deren jeder ein starrer Strom von Kieselgerölle lag.

»Wem gehört denn das Anwesen, das wir verlassen haben?« fragte ich meinen Begleiter.

»Maroshely«, antwortete er.

Ich wußte nicht, weil er die Worte schnell vor mir reitend gesprochen hatte, ob dies der Name des Besitzers sei oder ob ich überhaupt recht verstanden habe; denn die Bewegung erschwerte das Sprechen und Hören.

Endlich ging ein blutrotes Stück Mond auf, und in seinem schwachen Lichte stand auch schon das schlanke Gerüste auf der Heide, das ich für das Ziel meiner Begleitung hielt.

»Hier ist der Galgen«, sagte Milosch, »dort unten, wo es glänzt, rinnt ein Bach, daneben ist ein schwarzer Haufen, auf den geht zu, es ist eine Eiche, auf der sonst die Übeltäter aufgehängt worden sind. Jetzt darf das nicht mehr sein, weil ein Galgen ist. Von der Eiche beginnt ein gemachter Weg, an welchem junge Bäume zu beiden Seiten stehen. Auf dem Wege geht etwas weniger als eine Stunde fort, dann zieht an der Glokkenstange des Gitters. Hört, wenn auch nicht zugesperrt ist, geht doch nicht hinein; es ist wegen der Hunde. Zieht nur an der Glockenstange. So, jetzt steigt ab, und macht den Rock besser zu, daß Ihr nicht das Fieber bekommt.«

Ich stieg ab, und obwohl ich mit meiner Belohnung bei der Schaffnerin nicht gut angekommen war, bot ich Milosch doch auch wieder eine. Er nahm sie an und steckte sie in den Pelz. Dann haschte er nach dem Zügel meines Pferdes, wandte sich und flog eilends davon, ehe ich nur sagen konnte, er möge dem Herrn der Pferde meinen Dank melden, daß ich so unbedingt auf einem in der Nacht fortreiten durfte. Offenbar hatte er von dem Orte weg getrachtet. Ich blickte hin. Es standen zwei Säulen, und darauf war ein Querbalken. So ragte es in das gelbe Mondlicht empor. Oben lag etwas wie ein Kopf. In der Tat aber mochte es irgendeine Erhöhung sein. Ich ging weiter, gleichsam als ob das Gras der Heide hinter mir lispelte und sich etwas am Fuße des Galgens rührte. Von Milosch war nicht mehr das geringste zu vernehmen, als sei er gar nie dagewesen. Ich kam sogleich zu der Todeseiche. Der Bach schillerte und glänzte und ringelte sich um Binsen, wie eine tote Schlange. Daneben war der schwarze Bau des Baumes. Ich ging um ihn herum, und jenseits war ein gerader weißer Weg, von dem Monde beschienen. Der Weg war gestampft und hatte Gräben und eine Allee junger Pappeln. Es tat mir wohl, daß ich wieder meine Schritte schallen hörte, wie es daheim in unserem Lande auf den Wegen der Fall ist.

Ich ging langsam dahin. Der Mond hob sich mehr und mehr und stand endlich klar an dem warmen Sommerhimmel. Die Heide lief wie eine fahle Scheibe unter ihm weg. Endlich, da eine gute Stunde vergangen sein mochte, hoben sich vor mir schwarze Klumpen, wie ein Wald oder ein Garten, und in kurzer Frist stieß der Weg an ein Gitter, das in einer Mauer stand, die außer dem Walde hinlief und hinter sich riesengroße Wipfel hatte, die todesstille in dem Silber der Nachtluft emporstanden. An dem Gitter war ein Glockengriff, ich zog, und es schellte von innen. Gleich darauf ertönte nicht etwa ein Bellen, sondern zwei Stöße jenes tiefen, entschloßnen und neugierigen Schnaufens edler Hunde — ein dumpfer Sprung — und der größte, schönste Hund, den ich in meinem Leben gesehen habe, stand von innen an dem Gitter. Er stellte sich auf die Hinterfüße, faßte mit den vorderen die eisernen Stangen und sah auf mich heraus, ohne nur den geringsten Laut zu geben, wie es die ernste Art dieser Tiere ist. Bald kamen murrend und jagend noch zwei kleinere und jüngere derselben Gattung, glatte Bulldoggen, und alle schauten unverwandt auf mich. Nach einer Weile hörte ich auch nahende Menschentritte, und ein Mann im zottigen Pelze kam und fragte um mein Begehren. Ich entgegnete, ob ich in Uwar sei, und nannte meinen Namen. Er mußte Weisung haben, denn sofort beschwichtigte er mit ungarischen Worten die Hunde und öffnete dann das Gitter.

»Der Herr hat Briefe von Euch und erwartet Euch schon lange«, sagte der Mann, als wir weitergingen.

»Ich habe ihm ja geschrieben, daß ich mir Euer Land ansehen wolle«, antwortete ich.

»Und das habt Ihr lange angesehen«, sagte er.

»Freilich«, antwortete ich. »Ist der Herr Major noch wach?«

»Er ist gar nicht zu Hause, sondern in der Sitzung, morgen früh wird er herüberreiten. Für Euch hat er drei Zimmer richten lassen und gesagt, daß wir Euch hineinführen sollen, wenn Ihr in seiner Abwesenheit kämet.«

»Nun so führt mich hinein.«

»Wohl.«

Diese Worte waren die einzigen, die wir auf dem langen Wege wechselten, den wir meiner Meinung nach eher durch einen Urwald als durch einen Garten machten. Riesige Tannen streckten sich gegen den Himmel, und mannsdicke Eichenäste griffen herum.

Der größere Hund ging ruhig neben uns, die andern schnoberten in meinen Kleidern und jagten sich dann gelegentlich. Als wir so den Hain durchschritten hatten, kamen wir zu einer baumlosen Erhöhung, auf welcher das Schloß stand — soviel ich jetzt erkennen konnte — ein großes viereckiges Gebäude. Aber die Erhöhung führte eine breite Steintreppe empor, auf der das schönste Mondlicht starrte. Hinter der Treppe war ein etwas ebener Platz, und dann ein großes Gitter, das statt des Tores des Hauses diente. Als wir an dem Gitter angekommen waren, sprach mein Begleiter einige Worte zu den Hunden, worauf sie in den Garten zurückschossen. Nun schloß er das Gitter auf und führte mich in das Gebäude.

Auf der Treppe brannte noch Licht und beglänzte hohe, seltsame Steinbilder mit weiten Stiefeln und schleppenden Gewändern. Es mochten ungarische Könige sein. Dann empfing uns im ersten Geschosse ein langer, mit Rohrmatten belegter Gang. Wir gingen ihn entlang und stiegen dann noch eine Treppe hoch. Hier war wieder ein solcher Gang, und einen der Türflügel, die in demselben waren, öffnend, sagte mein Begleiter, hier seien meine Zimmer. Wir gingen hinein. Nachdem er in jedem mehrere Kerzen angezündet hatte, wünschte er mir gute Nacht und ging fort. In einer Weile wurde von einem anderen Wein, Brot und kalter Braten gebracht, worauf mir von ihm, wie von seinem Vorgänger, gute Nacht geboten wurde. Ich erkannte hieraus und aus der völligen Einrichtung der Zimmer, daß ich nun allein bleiben würde, und ging daher an die Türen und schloß mich ab.

Hierauf aß ich und musterte dabei meine Wohnung. Das erste Zimmer, in welchem die Speisen auf einen großen Tisch gestellt wurden, war sehr geräumig. Die Kerzen strahlten hell und beleuchteten alles. Die Geräte waren anders, als sie bei uns gebräuchlich sind. In der Mitte stand eine lange Tafel, an deren einem Ende ich aß. Um die Tafel waren Bänke von Eichenholz gestellt, nicht eigentlich wohnlich aussehend, sondern wie zu Sitzungen bestimmt. Sonst war nur noch hie und da ein Stuhl zu sehen. An den Wänden hingen Waffen aus verschiedenen Zeiten der Geschichte. Sie mochten einst der ungarischen angehören. Es waren noch viele Bogen und Pfeile darunter. Außer den Waffen hingen auch Kleider da, ungarische, die man aus früheren Zeiten aufgehoben hatte, und dann jene schlotternden seidenen, die entweder Türken oder gar Tartaren angehört haben mochten.

Als ich mit meinem Nachtmahle fertig war, ging ich in die zwei Nebenzimmer, die auf diesen Saal folgten. Sie waren kleiner und, wie ich gleich bei dem ersten Blicke, da ich eingeführt wurde, bemerkt hatte, wohnlicher eingerichtet als der Saal. Es waren Stühle, Tische, Schränke, Waschgeräte, Schreibzeug und alles da, was ein einsamer Wanderer in seiner Wohnung nur immer wünschen kann. Selbst Bücher lagen auf dem Nachttische, und sie waren sämtlich in deutscher Sprache. In jedem der zwei Zimmer stand ein Bett, aber statt der Decke war auf ein jedes das weite volkstümliche Kleidungsstück gebreitet, welches sie Bunda heißen. Es ist dies gewöhnlich ein Mantel aus Fellen, wobei die rauhe Seite nach innen, die glatte weiße nach außen gekehrt ist. Letztere hat häufig allerlei farbiges Riemzeug und ist mit aufgenähten farbigen Zeichnungen von Leder verziert.

Ehe ich mich schlafen legte, ging ich noch, wie es immer an fremden Orten meine Gewohnheit ist, an das Fenster, um zu schauen, wie es draußen aussähe. Es war nicht viel zu sehen. Das aber erkannte ich im Mondlichte, daß die Landschaft nicht deutsch sei. Wie eine andere, nur riesengroße Bunda lag der dunkle Fleck des Waldes oder Gartens unten auf die Steppe gebreitet — draußen schillerte das Grau der Heide —, dann waren allerlei Streifen, ich wußte nicht, waren es Gegenstände dieser Erde oder Schichten von Wolken.

Nachdem ich meine Augen eine Weile über diese Dinge hatte gehen lassen, wendete ich mich wieder ab, schloß die Fenster, entkleidete mich, ging zu dem nächstbesten Bette und legte mich nieder.

Als ich das weiche Pelzwerk der Bunda über meine ermüdeten Glieder zog und als ich schon fast die Augen zutat, dachte ich noch: So bin ich nun begierig, was ich in dieser Wohnung Freundliches oder Häßliches erleben werde.

Dann entschlummerte ich, und alles war tot, was schon in meinem Leben gewesen ist und was ich sehnlichst wünschte, daß noch in dasselbe eintreten möchte.

2

Steppenhaus

Wie lange ich geschlafen habe, weiß ich nicht, aber daß es nicht fest und gut war, das wußte ich. Es mußte die allzu große Müdigkeit daran schuld sein. Die ganze Nacht ging ich auf dem Vesuv herum und sah den Major bald in einem Pilgeranzuge in Pompeji sitzen, bald im Fracke zwischen den Schlacken stehen und Steine suchen. In meinen Morgentraum tönte Pferdegewieher und Hundegebell, dann schlief ich einige Zeit fest, und als ich erwachte, war heller Tag in dem Zimmer, und ich sah hinaus in den Saal, in dem die Waffen und Kleider von der Sonne beschienen hingen. Unten erbrauste der dunkle Park von dem Lärmen der Vögel, und als ich aufgestanden und an eines der Fenster getreten war, funkelte die Heide draußen in einem Netze von Sonnenstrahlen. Da ich noch kaum angekleidet war, klopfte es an meine Tür, ich öffnete, und es trat mein Reisefreund herein. Ich war immer die Tage her begierig gewesen, wie er aussehen möge, und er sah nicht anders aus, als er eben aussehen konnte, nämlich so zu der ganzen Umgebung stimmend, daß es schien, ich hätte ihn immer so gesehen. Auf der Oberlippe hatte er den gebräuchlichen Bart, der die Augen noch funkelnder machte, das Haupt deckte ein breiter, runder Hut, und von den Lenden fiel das weite, weiße Beinkleid hinab. Es war ganz natürlich, daß er so sein mußte, ich konnte plötzlich nicht mehr denken, wie ihm der Frack stehe, seine Tracht schien mir so reizend, daß mir mein deutscher Flaus, der bestaubt und herabgeschunden auf einer Bank unter dem verschossenen Seidenkleide eines Tartaren lag, fast erbärmlich vorkam. Sein Rock war kürzer, als sie gewöhnlich in Deutschland sind, stand aber sehr gut zu dem Ganzen. Mein Freund schien zwar gealtert; denn seine Haare mischten sich mit Grau, und sein Antlitz war voll von jenen feinen und kurzen Linien, die bei wohlgebildeten Menschen, die sich lange erhalten, doch endlich die wachsende Zahl der Jahre anzeigen; aber er erschien mir so angenehm und einnehmend wie immer.

Er grüßte mich sehr freundlich, sehr herzlich, ja fast innig — und als wir eine halbe Stunde geplaudert hatten, waren wir schon wieder so bekannt wie zuvor. Es schien, als hätten wir uns seit unserer italienischen Reise gar nicht getrennt. Da ich mich ankleidete und dazu bemerkte, daß ein Koffer mit meinen andern Sachen ankommen werde, schlug er vor, ich möchte bis dahin, oder wenn ich wollte, in der Zeit meines ganzen Hierseins, ungarische Kleider anziehen. Ich ging in die Sache ein, und die nötigen Bestandstücke waren bald herbeigeschafft, wobei er bemerkte, daß er in den nächsten Tagen schon für Abwechslung sorgen werde. Wie wir nun so in den Hof hinunterkamen zu den mit uns gleich gekleideten Knechten und wie diese aus den finstern Schnurrbärten und den buschigen Augenbraunen so beifällig auf uns blickten und uns die Pferde zu einem Morgenritte zuführten, war etwas so Edles und Beruhigendes in dem Schauspiele, daß ich mich innerlichst recht davon erquickt fühlte.

Wir ritten, von der großen, sanften Dogge begleitet, in den Besitzungen des Majors herum. Er zeigte mir alles und gab gelegentlich Befehle und Lobsprüche. Der Park, durch den wir zuerst ritten, war eine freundliche Wildnis, sehr gut gehegt, rein gehalten und von Wegen durchschnitten. Als wir hinaus auf die Felder kamen, wogten sie im dunkelsten Grün. Nur in England habe ich ein gleiches gesehen; aber dort, schien es mir, war es zarter und weichlicher, während dieses hier kräftiger und sonnedurchdrungener erschien. Wir ritten hinter dem Parke sacht bergan, und an dem Kamme dieser sanften Höhe, die gegen die Heide ging, zogen sich die Weinpflanzungen dahin. Überall war ein dunkles, breites Blatt, die Pflanzungen nahmen einen großen Strich ein, an allen Stellen waren Pfirsichbäume eingestreut, und von den gehörigen Orten blickten, wie in Maroshely, die weißen, leuchtenden Punkte der Wächterhäuschen herüber. Auf die Heide gekommen, sahen wir seine Rinder, eine große, zerstreute, fast unübersehbare Herde. Eine Stunde Reitens führte uns dann zu den Gestüten und Schäfereien. Da wir über die Heide kamen, zeigte er auf einen schmalen, schwarzen Streifen, der sehr weit im Westen das hingehende Grau der Steppe schnitt, und sagte: »Das sind die Weinberge von Maroshely, von wo Ihr gestern die Pferde hattet.«

Den Rückweg nahmen wir auf einer andern Seite, und hier zeigte er mir seine Gärten, seine Obstanlagen und seine Glashäuser. Ehe wir dazu kamen, ritten wir an einem sehr unansehnlichen Landstriche vorbei, auf dem bedeutend viele Menschen beschäftigt waren. Auf meine Frage sagte er, dies seien Bettler, Herumstreicher, selbst Gesindel, die er durch pünkliche Bezahlung gewonnen habe, daß sie ihm arbeiten. Sie trocknen eben einen sumpfigen Strich und legen eine Straße an.

Zu Mittage, da wir nach Hause gekommen waren, aßen wir mit allen Knechten und Mägden in einer Art Vorhalle, oder vielmehr unter einem ungeheuren Vordache, an dem ein riesiger Nußbaum stand. An dem hölzernen Brunnengerüste musizierten eben durchziehende Zigeuner. — Es war zu Tische auch ein Fremder gekommen, ein Jüngling in frühesten Jahren. Er fiel mir durch seine außerordentliche Schönheit auf. Er hatte Briefe aus der Nachbarschaft gebracht und war nach dem Essen wieder fortgeritten. Von dem Major war er sehr achtungsvoll, fast zärtlich behandelt worden.

Den heißen Nachmittag verbrachten wir in den kühlen Zimmern. Abends zeigte mir mein Gastfreund das Abendrot der Heide. Wir ritten eigens zu dem Zwecke hinaus, nachdem er mir geraten hatte, so wie er, gegen die Fieberluft der Ebene einen Pelz umzutun, wenn ihn auch die noch warme Luft entbehrlich zu machen scheint. Wir warteten, da wir hinausgekommen waren, an dem von ihm angegebenen Punkte, bis die Sonne untergegangen war. Und in der Tat, es war ein prachtvoller Anblick, der nun folgte: auf der ganzen schwarzen Scheibe der Heide war die Riesenglocke des brennend gelben, flammenden Himmels gestellt, so sehr in die Augen wogend und sie beherrschend, daß jedes Ding der Erde schwarz und fremd wird. Ein Grashalm der Heide steht wie ein Balken gegen die Glut, ein gelegentlich vorübergehendes Tier zeichnet ein schwarzes Ungeheuer auf den Goldgrund, und arme Wacholder- und Schlehenbüsche malen ferne Dome und Paläste. Im Osten fängt dann nach wenigen Augenblicken das feuchte, kalte Blau der Nacht heraufzusteigen an und schneidet mit trübem und undurchsichtigem Dunste den eigentlichen Glanz der Kuppel des Himmels.

Die Erscheinung dauert vorzüglich in den Junitagen, wo die Sonne hoch steht, sehr lange. Als wir schon zu Hause waren, als wir schon das Abendmahl eingenommen und einige Zeit miteinander verplaudert hatten, als ich dann in meinem Schlafzimmer war, an dem Fenster stand und bereits fast die Mitternacht herankam, stand noch ein trübgelbes Stückchen Licht im Westen, während schon im blauen Osten die rote Scheibe des Halbmondes glühte.

Ich nahm mir an diesem Abende vor, morgen oder übermorgen, oder wenn sich immer in den nächstfolgenden Tagen eine Gelegenheit ergäbe, den Major um das Ziel zu fragen, von dem er mir geschrieben hatte, daß er es endlich gefunden habe und daß es ihn auf immerwährende Zeiten an die Heimat binde.

Des andern Morgens weckte er mich vor Sonnenaufgang und fragte, ob ich den Tag für mich zubringen oder ob ich ihn mit ihm teilen wolle. Beides stehe mir auch in der Zukunft frei. Wenn ich an den Geschäften und Bestrebungen des Hauses teilnehmen wollte, so dürfe ich nur an dem Tage, an dem ich solches im Sinne habe, beim Klange der Hofglocke, die jeden Morgen geläutet werde, aufstehen und mich zu dem gemeinschaftlichen Frühmahle einfinden. Hätte ich aber an einem Tage abgesonderte Pläne, so seien schon seine Leute, falls er selber nicht da wäre, angewiesen, mir mit Pferden, mit Begleitung oder mit anderm Nötigen an der Hand zu sein. Lieb wäre es ihm, wenn ich ihn von solchen Dingen, vorzüglich, wenn sie weitere Entfernungen von Hause beträfen, immer vorher in Kenntnis setzte, damit er mich vor Umwegen, Schwierigkeiten und vielleicht auch vor kleinen Gefahren, die eintreten könnten, bewahre. Ich war ihm für seine Bereitwilligkeit dankbar und erklärte, daß ich heute und morgen und überhaupt so lange, bis es mir anders einfiele, seine Zeit teilen wolle.

Ich stand daher auf, kleidete mich an und begab mich unter das Vordach zu dem Frühmahle. Die Leute waren schon fast fertig und trennten sich, um zu ihren verschiedenen Arbeiten zu gehen. Der Major hatte meiner geharrt, und wartete, bis ich mit der Einnahme meines Frühstückes fertig war. Dann wurden die gesattelten Pferde vorgeführt. Ich fragte nicht, was er tun werde, sondern folgte ihm, wohin er ritt.

Wir ritten heute nicht mehr so im allgemeinen herum, daß er mir überhaupt seine Besitzungen und Beschäftigungen zeige, sondern er sagte, er wolle das, was der heutige Tag von ihm fordere, tun, und ich möge ihm zusehen, falls es mir nicht Langeweile mache.

Wir kamen zu gedehntem Wiesenlande, auf dem Heu gemacht wurde. Der schöne ungarische Braune, den der Major ritt, trug ihn tanzend auf dem schönen, weichen, geschorenen Rasengrün hin. Er stieg ab, während ein Knecht das Pferd hielt, und besah an verschiedenen Schobern das Heu. Es wurde von dem Knechte bemerkt, daß es auf den Nachmittag zum Einführen bestimmt sei. Der Major ordnete, solange die Wiese geschoren sei, das Schlagen mehrerer Gräben an, damit überflüssiges Wasser abgehe, und an andern Stellen, damit es gesammelt werde. Von der Wiese schlug er den Weg zu den Gewächshäusern ein, die nicht, wie es sonst gewöhnlich ist, in der Nähe des Wohnhauses waren, sondern auf einem geeigneten Platze, wo ein sanfter Erdhang seine Dachung gegen Aufgang und Mittag zeigte. Es war an diesen Häusern ein kleiner, reiner Stall angebracht, wohin der Major und seine Begleitung, wenn zufällig eine da war, ihre Pferde tun konnten; denn es war nicht selten der Fall, daß er sich hier lange aufhalten mußte, und wenn Besuch da war, der die Gewächsanlagen besehen wollte, geschah es wohl auch, daß mehrere Stunden darüber hingingen. Wir taten unsere Pferde gesattelt in den Stall, und er ging zuerst daran, mehrere Gewächsstücke und Pflanzen, die auf Begehren zu Versendungen geordnet wurden, zu besichtigen, dann ging er in die Gärtnerstube, wo Schreibereien lagen, und brachte ziemlich lange Zeit an dem Tische bei denselben zu. Ich sah indessen die Dinge um mich an, von denen ich aber gerade so viel und so wenig verstand, als ein unaufhörlich Reisender, welcher unzählige Gewächshäuser besah, verstehen kann. Als ich aber später in seinem Bücherzimmer die Werke und Abbildungen über diesen Zweig ein wenig durchging, erkannte ich, wie wenig ich eigentlich von dem Kerne dieser Sache wußte.

»Wenn man von diesen reizenden Dingen«, sagte der Major zu einer andern Zeit einmal, »die so gerne vom Hundertsten ins Tausendste führen, wirklich Früchte haben soll, so muß man sie vom Grunde aus betreiben und die andern, die darin arbeiten, bedeutend zu übertreffen suchen.«

Von der Gärtnerstube herauskommend, sah er eine Weile mehreren Weibern zu, die mit Abstauben und Reinigen der grünen Kamelienblätter beschäftiget waren. Diese Pflanze war damals noch selten und teuer. Er untersuchte auch die gereinigten und machte seine Bemerkungen. Von da kamen wir an den vielen reinen, weißen Sandbeeten der Glashäuser vorüber, in denen die ganz jungen Pflänzchen standen, dann an all den Blumen und Gewächsen, deren Zucht er sich zur Aufgabe gemacht hatte. An dem entgegengesetzten Ausgange der Anlagen warteten unsere Pferde, die ein Gärtnerbursche indessen hintenherum geführt hatte. Hier waren die Stellen zur Bereitung und Mischung der Erden, die von Eseln in Körben aus verschiedenen Gegenden und oft von weit entfernten Nadelwaldungen das ganze Jahr hindurch herbeigebracht werden. Selbst zum Brennen der Erde waren bestimmte Orte, und in der Nähe war das Eichenholz aufgeschichtet, das im Winter zur Erwärmung dient.

Da, wie ich schon gestern bemerkt hatte, von den Gewächsanlagen nicht weit auf die Heide war, so ritten wir nun auf dieselbe hinaus. Der gute Lauf unserer schlanken Pferde trug uns bald so weit auf die einförmige, morgenduftige Ebene hinaus, daß wir das Schloß und den Park nur mehr als einen dunklen Fleck in der Ferne liegen sahen. Hier stießen wir zu seinen Hirten. Einige Stangen, so mager, daß von ihnen als Schutzwerken gar keine Rede sein kann, bildeten eine Hütte, oder vielleicht gar nur ein Zeichen, welches in der Steppe leicht gesehen und gefunden werden kann. Unter diesen Stangen brannte oder glimmte vielmehr ein Feuer, das von den zähen Ästen oder den Wurzeln der Wacholder- und Schlehen- und anderer Krüppelsträuche unterhalten wurde. Hier bereiteten die Hirten, die um elf Uhr schon Mittag hielten, ihr Mahl. Braune Gestalten, deren Pelze auf der Erde umherlagen, standen in schmutzigweißen Beinkleidern und Hemdärmeln um den Major herum und antworteten auf seine Fragen. Andere, da sie seine Ankunft auf der weithin gedehnten Fläche wahrgenommen hatten, jagten auf kleinen, unscheinbaren Rossen herbei, die weder Sattel noch Decke und statt Zügel und Halfter oft nur einen Strick hatten. Sie stiegen ab, hielten ihre Tiere an der Hand und umringten den Major, der ebenfalls abgestiegen war und sein Pferd zu halten gab. Sie sprachen nicht bloß von ihrer Beschäftigung mit ihm, sondern auch von andern Dingen, und er kannte sie fast alle mit Namen. Er war so leutselig mit ihnen, als wäre er einer aus ihrer Mitte, und dies, wie ich glaubte, erweckte eine Art Begeisterung unter den Menschen. Wie bei uns in den Bergen, so waren auch hier die Tiere den ganzen Sommer über im Freien. Es waren jene weißen, langgehörnten Rinder, welche in dem Lande vorkommen und sich von den Kräutern der Steppe nähren, die eine Würze und einen Blumengeruch haben, die wir Alpenländler ihnen kaum zutrauen sollten. Bei diesen Tieren bleiben die Menschen, die ihnen zugegeben sind, ebenfalls im Freien und haben oft gar nichts über sich als den Himmel und die Sterne der Heide, oft nur, wie wir eben gesehen hatten, einige Stangen oder eine gegrabene Hütte von Erde. Sie standen vor dem Major, dem Grundherrn, wie sie ihn hier hießen, und hörten seinen Anordnungen zu. Als er wieder aufstieg, hielt ihm einer, der blitzende Augen aus dem Schwarz seines Gesichtes und seiner Braunen herauszeigte, das Pferd, während sich ein anderer mit langen Haaren und dichtem Schnurrbarte bückte und ihm die Steigbügel hielt.

»Lebt wohl, Kinder«, sagte er beim Fortreiten, »ich werde euch bald wieder besuchen, und wenn die Nachbarn herüberkommen, werden wir einen Nachmittag auf der Heide liegen und bei euch essen.«

Er hatte diese Worte auf ungarisch gesagt und sie mir auf meine Bitte verdeutscht.

Im Fortreiten sagte er zu mir: »Wenn es Euch ergötzt, diese Heidewirtschaft einmal im einzelnen genau anzuschauen, und Ihr etwa einmal allein herauskommen wolltet, um mit diesen Leuten gleichsam zu leben, müßt Ihr auf die Hunde achten, die sie haben. Sie sind nicht immer so zahm und geduldig, wie Ihr sie heute gesehen habt, sondern sie würden Euch strenge mitfahren. Ihr müßt es mir vorher sagen, daß ich Euch hingeleite, oder wenn ich nicht kann, daß ich Euch einen bekannten Hirten mitgebe, der Euch führe und den die Hunde lieben.«

Ich hatte in der Tat, da wir bei dem Hirtenfeuer waren, die ungemein großen, schlanken, zottigen Hunde bewundert, derlei ich auf meiner ganzen Wanderung nicht angetroffen habe, und die so sittsam neben und unter uns am Feuer herumsaßen, als verstünden sie etwas von der Verhandlung und nähmen daran teil.

Wir wendeten uns, da wir fortritten, dem Schlosse wieder zu, da bereits die Zeit zum Mittagessen heranrückte. Als wir, so wie gestern, in der Nähe der Strecke vorüberkamen, auf der die Leute arbeiteten, um den Sumpf zu trocknen und die Grundrisse einer Straße zu ziehen, sagte er, indem er auf ein Weizenfeld zeigte, an dem wir ziemlich nahe vorbeiritten und auf welchem die Frucht außerordentlich schön stand: »Diese guten Schollen, wenn sie ihre Schuldigkeit tun, müssen uns das Geld herbeischaffen, daß wir auch an andern Stellen etwas verrichten können. Die Leute arbeiten da drüben in der Öde das ganze Jahr. Sie haben ihren Taglohn und kochen gleich neben ihren Geschäften im Freien. Zum Schlafen gehen sie in jene hölzernen Hütten, die Ihr seht. Im Winter, wenn sich Eis bildet, gehen wir den tiefern Stellen zu, denen wir jetzt wegen zu großer Weiche des Bodens nicht ankönnen, und füllen Gerölle der Heide und Steine, die wir von den Weinpflanzungen nehmen, hinein.«

Wirklich erblickte ich, da ich auf die eigentümliche Anlage hinüberschaute, die hölzernen Hütten, von denen er gesprochen hatte, und sah an verschiedenen Stellen des Heiderückens schwachen Rauch aufgehen, der die kunstlosen Herde anzeigen mochte, auf denen die Leute ihr Mittagessen kochten.

Als wir in den Park einritten, umsprungen von den großen und kleinen Doggen, läutete in dem Herrenhause eben die Glocke, die uns und die anderen Leute zum Mahle rief.

Ich fragte an dem Abende dieses Tages meinen Reisefreund nicht um sein Ziel, wie ich mir tags vorher beim Schlafengehen so fest vorgenommen hatte.

Der Nachmittag verging, wie gewöhnlich, zu Hause, nur daß der Major gegen fünf Uhr auf dem gebahnten Wege mit der Pappelallee, auf dem ich in der Nacht gekommen war, ich weiß nicht wohin fuhr, während ich die Bücher musterte, die er mir in immer größerer Anzahl aus seinem Bücherzimmer auf meine Stube bringen ließ.

Des folgenden Tages hatte der Major viel zu schreiben, und ich brachte schier den ganzen Tag damit zu, seine Pferde, die er zu Hause hatte, zu besehen und mit seinen Leuten Bekanntschaft zu machen.

An dem Tage, der nachher folgte, war ich mit ihm in der Schäferei, die zwei Stunden Reitens entfernt ist und in welcher wir den ganzen Tag zubrachten. Er hat einige Leute dort, die bedeutende Bildung verraten und mit ihm in das Wesen der Sache, die sie lieben, einzugehen scheinen. Hier sah ich auch, daß alle Zweige seiner Tätigkeit ihre eigene Geldverwaltung haben, indem er den Schäfereien eine Summe vorstreckte, die aus einem andern Bereiche genommen war. Die Sache wurde sehr genau und richtig in die Papiere aufgenommen und verbrieft. Die Anlagen sind sehr weitschichtig und die Zuchten nach ihrem Bedürfnis geordnet.

Ein anderes Mal sah ich die Gestüte, und wir waren auf der Weide, auf welcher seine Füllen und die jüngeren Pferde gewöhnlichen Schlages unter Hirten stehen, wie anderswo die Rinder.

Auf diese Weise lernte ich nach und nach den ganzen Kreis seiner Tätigkeit kennen, welcher wahrhaftig nicht geringfügig war. Ich wunderte mich, daß er diesen Sachen eine solche Aufmerksamkeit und Umsicht zuwendete, da ich ihn doch früher mehr als träumend und in Wissenschaften herumdichtend und forschend gekannt habe.

»Ich glaube«, sagte er einmal, »daß man es so mit dem Boden eines Landes beginnen müsse. Unsere Verfassung, unsere Geschichte ist sehr alt, aber noch vieles ist zu tun; wir sind in ihr, gleichsam wie eine Blume in einem Gedenkbuche, aufgehoben worden. Dieses weite Land ist ein größeres Kleinod, als man denken mag, aber es muß noch immer mehr gefaßt werden. Die ganze Welt kommt in ein Ringen, sich nutzbar zu machen, und wir müssen mit. Welcher Blüte und Schönheit ist vorerst noch der Körper dieses Landes fähig, und beide müssen hervorgezogen werden. Ihr müßt es ja gesehen haben, da Ihr zu mir kamt. Diese Heiden sind der feinste schwarze Ackergrund, in diesen Anhöhen voll glitzernden Gesteins bis zu jenen blauen Bergen hin, die Ihr im Norden sehet, schläft der feurige Fluß des Weines und dämmert von Erde umflort der Glanzblick des Metalles. Zwei sehr edle Ströme ziehen durch unser Land, über ihnen ist, sozusagen, die Luft noch tot und harret, daß unzählige bunte Wimpel in ihr flattern. Vielerlei Volk ist in dem Lande, manches ist ein Kind, dem man vormachen muß, was es beginnen soll. Seit ich in der Mitte meiner Leute lebe, über die ich eigentlich mehr Recht habe, als Ihr Euch denket, seit ich mit ihnen in ihrer Kleidung gehe, ihre Sitten teile und mir ihre Achtung erworben habe, ist es mir eigentlich, als hätte ich dieses und jenes Glück errungen, das ich sonst immer in der einen oder der andern Entfernung gesucht habe.«

Ich fragte den Mann nun gar nicht mehr um sein Ziel, dessen er in seinem Briefe an mich erwähnt hatte.

Vorzugsweise waren es die Getreidearten, denen er seine Aufmerksamkeit zugewendet hatte. Und sie standen aber auch in einer Fülle und Schönheit, daß ich schon neugierig war, wenn sich diese Ähren der Reife zuwenden und wenn wir sie heimführen würden.

Die Einsamkeit und Kraft dieser Beschäftigungen erinnerte mich häufig an die alten starken Römer, die den Landbau auch so sehr geliebt hatten, und die wenigstens in ihrer früheren Zeit auch gerne einsam und kräftig waren.

Wie schön und ursprünglich, dachte ich, ist die Bestimmung des Landmannes, wenn er sie versteht und veredelt. In ihrer Einfalt und Mannigfaltigkeit, in dem ersten Zusammenleben mit der Natur, die leidenschaftlos ist, grenzt sie zunächst an die Sage von dem Paradiese.

Da ich einmal längere Zeit auf der Besitzung des Majors war, da ich die Teile derselben übersah und verstehen lernte, da die Dinge vor mir wuchsen und ich an dem Gedeihen derselben Anteil nahm: hatte mich das gleichförmig sanfte Abfließen dieser Tage und Geschäfte so eingesponnen, daß ich mich wohl und ebenmäßig angeregt fühlte und auf unsere Städte vergaß, gleichsam als wäre das ein Kleines, was in ihnen bewegt wird.

Da wir wieder einmal unter den Pferden gewesen waren, die auf der Heide sind, und da sich zu den Hirten derselben auch die gesellt hatten, die das Geschäft der Rinder über sich haben, so daß zufällig eine größere Menge dieser Menschen auf der Heide beisammen und bei uns waren, sagte der Major im Nachhausefahren zu mir — denn dieses Mal hatte er ein schönes Heidegespann mit Riemengeschirr vor einem Wagen gespannt, der mit großer Spurweite sicher auf dem Grase der Heide dahinrollte: »Diese würde ich sogar zum Blutvergießen führen können, sobald ich mich nur an ihre Spitze stellte. Sie sind mir unbedingt zugetan. Auch die andern, die Knechte und die Arbeiter, die ich zu Hause habe, würden sich eher ihre Glieder zerschlagen lassen, ehe einer zugäbe, daß mir ein Haar gekrümmt würde. Wenn ich nun die dazurechne, die mir wegen dem Verhältnisse der Grundherrlichkeit untertan sind und die mir, wie ich bei vielen Gelegenheiten erfahren konnte, vom Grunde des Herzens zugetan sind, so würde ich, wie ich glaube, eine ziemlich große Zahl von Menschen zusammenbringen, die mich lieben. – – Seht nur, und ich bin erst zu ihnen gekommen, als mein Haupt schon grau geworden war und als ich viele Jahre auf sie vergessen hatte. Wie müßte es sein, so Hunderttausende zu leiten und sie zum Guten zu führen; denn meistens, wenn sie vertrauen, sind sie wie Kinder und folgen zum Guten wie zum Bösen.«

»Einmal«, fuhr er nach einer Weile fort, »habe ich geglaubt, ich werde ein Künstler oder Gelehrter werden. Ich habe aber eingesehen, daß diese ein tiefes, ernstes Wort zu der Menschheit sagen müssen, das sie begeistert und edler und größer macht — oder daß wenigstens der Gelehrte Dinge zutage schaffe und erfinde, welche die Menschen in dem irdischen Gute, in den Mitteln fördern und weiterbringen. In beiden Fällen aber ist es notwendig, daß ein solcher Mann zuerst selber ein einfaches und großes Herz habe. Aber da ich dies nicht besitze, so ließ ich alles wieder fahren, und es ist nun vorbei.«

Mir war es, da er diese Worte sagte, als ginge ein sanfter Schatten über sein Auge und als blicke es in diesem Augenblicke noch immer mit jener Schwärmerei in die Luft hinaus, wie einstens, wenn wir manchmal müßig auf dem Epomeo saßen, ein ganzes Meer von Himmelsbläue um uns feierte, unten die See glänzte und er von allerlei Wünschen und Träumen junger Herzen redete. Darum kam mir auch plötzlich der Gedanke, ob etwa das Glück, von dem er mir sagte, daß er es gefunden habe, doch noch nicht ganz da sei.

Das war das einzige Mal gewesen, daß er seit unserer Bekanntschaft auf seine Vergangenheit angespielt hatte, vorher in unserem ganzen Umgange nie. Ich habe auch nie gefragt, so wie ich später nicht fragte. Wer viel reiset, lernt schon die Menschen schonen und läßt sie in dem inneren Haushalte ihres Lebens gewähren, der sich nicht aufschließt, wenn es nicht freiwillig ist. Ich war nun schon ziemlich lange auf Uwar und war gerne da, weil ich an den Beschäftigungen des Ortes mit Aufmerksamkeit und öfter auch mit wirklicher Tätigkeit Anteil nahm und weil ich zu andern Zeiten an dem Tagebuche meiner Reisen und Erfahrungen weiterschrieb: aber das glaubte ich zu erkennen, daß in dem reinen, beschäftigten Leben des Majors irgendein Bodensatz liege, der es nicht zur völligen Abklärung kommen ließ, und mir war, als sei doch irgendeine Art Trauer da, die sich natürlich bei einem Manne nur durch Ruhe und Ernst ausdrückt.

Sonst war er in seinem Leben und in seinem Umgange mit mir sehr einfach, und von einer Zurückhaltung oder Verstellung war nicht im geringsten die Rede. So stand auf dem Tische seines Schreibzimmers, in das ich sehr oft kam und an dem wir an heißen Nachmittagen oder abends bei der Kerze, wenn wir noch nicht schlafen gingen, von verschiedenen Dingen plauderten, ein Bild — es war in schönem Goldrahmen das verkleinerte Bild eines Mädchens von vielleicht zwanzig — zweiundzwanzig Jahren —, aber sonderbar war es, wie auch der Maler die Sache verschleiert haben mochte, es war nicht das Bild eines schönen, sondern eines häßlichen Mädchens — die dunkle Farbe des Angesichtes und der Bau der Stirne waren seltsam, aber es lag etwas wie Stärke und Kraft darinnen, und der Blick war wild, wie bei einem entschlossenen Wesen. Daß dieses Mädchen etwa in seinem früheren Leben eine Rolle gespielt habe, wurde mir klar, und mir fiel der Gedanke ein, warum sich denn dieser Mensch nicht vermählt habe, so wie mir dieser Gedanke auch schon bei unserer italienischen Bekanntschaft gekommen war; aber nach meinen Grundsätzen hatte ich damals nicht gefragt, und fragte auch jetzt nicht. Er durfte freilich das Bild ruhig auf dem Tische stehen lassen; denn es kam niemand von seinen Leuten in das Schreibgemach, sondern sie mußten im

Vorzimmer, wo ein Glöcklein beim Eintritte läutete, stehenbleiben, wenn ihm einer etwas zu sagen hatte. Auch von seinen Bekannten und von Besuchenden kam niemand in das Zimmer, da er sie immer in seiner anderen Wohnung empfing. Es war also schon ein Grad Vertraulichkeit, daß ich da hineindurfte und alles besehen konnte, was da stand und lag. Diese Vertraulichkeit mochte ich wohl dem Umstande zu verdanken haben, daß ich nie forschte und grübelte.

Mittlerweile war die Ernte gekommen, und nie werde ich jener heitern, vergnüglichen Zeit vergessen.

Der Major mußte unterdessen auch einige Male kleine Reisen in die Nachbarschaft machen und lud mich dazu ein. In keinem Lande sind die Entfernungen zwischen den bewohnten Punkten oft so groß wie hier, aber mit den schnellen Rossen legt man sie reitend, oder mit den leichten Wägen über die Heide fahrend, in verhältnismäßig kurzer Zeit zurück. Einmal hatte der Major das enganliegende ungarische Volkskleid an, er war in großem Schmucke, mit dem Säbel an der Seite. Es stand ihm sehr wohl. Er hielt in einer Versammlung seiner Gespanschaft über gemeinsame Angelegenheiten eine ungarische Rede. Da es von jeher meine Gewohnheit war, in jedem Lande, in das ich kam, schnell so viel von der Sprache zu lernen, als mir nur immer möglich war, so hatte ich auch bereits von den Leuten des Majors und allen, die mich umgaben, etwas Ungarisch gelernt, daher verstand ich manches von der Rede, die bei einem Teile heftige Bewunderung, bei dem andern heftigen Tadel hervorrief; im Nachhausefahren übersetzte er sie mir vollständig ins

Deutsche. Nachmittag bei Tische sah ich ihn in jenem Tage im Fracke, wie einstens in Italien, so wie die meisten der Anwesenden ihre Volkskleidung abgelegt hatten und in dem gemeinschaftlichen europäischen Fracke waren.

Auch zu anderen Besuchen, die er in der Nachbarschaft machte, hatte ich ihn begleitet. Hier erfuhr ich nun, daß vier solcher Sitze bestehen, wie der Major einen hatte. Man hatte vor einigen Jahren einen Bund geschlossen, den Landbau und die Hervorrufung der ursprünglichen Erzeugnisse dadurch zu heben, daß man dies zuerst in dem besten Maßstabe auf den eigenen Besitzungen tue, und so den andern mit einem Beispiele vorangehe, namentlich wenn sie sehen, daß Wohlhabenheit und besseres Leben sich aus dem Dinge entwickle. Der Bund hatte auch seine Gesetze, und die Beigetretenen hielten landwirtschaftliche Versammlungen. Außer diesen vier großen Musterhöfen, die eigentlich bis jetzt nur die einzigen Mitglieder des Bundes waren, hatten schon einige kleinere Besitzer angefangen, das Verfahren ihrer größeren Nachbarn nachzuahmen, ohne daß sie deswegen eigentlich Glieder des Bundes waren. Zur Sitzung, aber nur als Zuhörer oder gelegentlich als Ratfrager, durften alle Landwirte und andere Menschen kommen, wenn sie sich nur vorher angemeldet hatten. Und sie nahmen nicht sparsam teil, wie ich aus einer Versammlung abnahm, die vier Stunden Reitens von Uwar entfernt bei dem Mitgliede Gömör abgehalten wurde, wo von Mitgliedern nur der Major und Gömör, aber von Zuhörern eine ziemliche Menge war.

Ich bin nachderhand noch zweimal ganz allein bei Gömör gewesen und habe das letzte Mal sogar mehrere Tage bei ihm zugebracht.

Da die Ernte sich zu ihrem Ende neigte und die Arbeiten etwas weniger wurden, sagte der Major eines Tages zu mir: »Weil wir jetzt ein wenig Muße bekommen werden, werden wir in der nächsten Woche zu meiner Nachbarin Brigitta Maroshely hinüberreiten und ihr einen Besuch machen. Sie werden in meiner Nachbarin Maroshely das herrlichste Weib auf dieser Erde kennenlernen.«

Zwei Tage nach diesem Ausspruche stellte er mir Brigittas Sohn vor, der zufällig herübergekommen war. Es war dies derselbe junge Mann, der am ersten Tage meines Aufenthaltes in Uwar mit uns zu Mittag gespeist hatte und der mir wegen seiner außerordentlichen Schönheit damals aufgefallen war. Er blieb schier den ganzen Tag bei uns und war mit uns auf verschiedenen Punkten der Besitzungen. Er war, wie ich schon das erste Mal bemerkte, in den frühesten Jahren des Jünglings, kaum bei dem Übergang vom Knaben zum Jünglinge, und er gefiel mir sehr wohl. Sein dunkles, sanftes Auge sprach so schön zu mir, und wenn er zu Pferde saß, so kraftvoll und so demütig, neigte sich mein ganzes Wesen zu ihm. Ich hatte einen Freund, der so war, und in den frühesten Jahren seiner Jugend in das kalte Grab mußte. Gustav, so hieß der Sohn Brigittas, erinnerte mich lebhaft an ihn.

Seit der Major den Ausspruch über Brigitta getan hatte und seit ich ihren Sohn kannte, war ich sehr neugierig, sie nun auch persönlich zu sehen.

Über die Vergangenheit meines Gastfreundes, des Majors, hatte ich ein weniges von Gömör, als ich bei ihm war, erfahren. Gömör ist, wie mancher seiner Freunde, die ich bei ihm kennengelernt hatte, von offener, freundlicher Zunge und sagte mir unaufgefordert, was er wußte. Der Major sei nicht in der Gegend geboren. Er stamme von einer sehr reichen Familie. Er sei seit seiner Jugend fast immer auf Reisen gewesen, man wisse eigentlich nicht recht, wo, so wie man auch nicht wisse, in welchen Diensten er sich den Majorsrang verdient habe. Auf seiner Besitzung Uwar ist er in seinem ganzen früheren Leben nicht gewesen. Vor einigen Jahren kam er, machte sich in Uwar ansässig und schloß sich dem Bunde der Landwirtschaftsfreunde an. Damals waren nur erst zwei Glieder des Bundes: er, Gömör, selber und Brigitta Maroshely. Eigentlich war es kein Bund; denn die Zusammenkünfte und die Gesetze kamen erst später auf, sondern die zwei Nachbarn, er und Brigitta, haben einstimmig die bessere Bewirtschaftung ihrer Güter in dieser öden Gegend begonnen. Im Grunde sei es Brigitta gewesen, welche den Anfang gemacht habe. Weil sie eher unschön als angenehm zu nennen sei, so habe sie ihr Gatte, ein junger, leichtsinniger Mensch, dem sie in jüngeren Jahren angetraut worden war, verlassen und sei nicht wiedergekommen. Damals erschien sie mit ihrem Kinde auf ihrem Sitze Maroshely, habe wie ein Mann umzuändern und zu wirtschaften begonnen und sei bis jetzt noch gekleidet und reite wie ein Mann. Sie halte ihre Dienerschaft zusammen, sei tätig und wirtschafte vom Morgen bis in die Nacht. Man könne hier sehen, was unausgesetzte Arbeit vermöge; denn sie habe auf dem Steinfelde fast Wunder gewirkt. Er sei, als er sie kennengelernt habe, ihr Nachahmer geworden und habe ihre Art und Weise auf seiner Besitzung eingeführt. Bis jetzt habe er es nicht bereut. Der Major sei anfangs, da er sich in Uwar niedergelassen hatte, mehrere Jahre nicht zu ihr hinübergekommen. Dann sei sie einmal todkrank geworden: da sei er zu ihr über die Heide geritten und habe sie gesund gemacht. Von der Zeit an kam er dann immer zu ihr. Die Leute sagten damals, er habe die Heilkräfte des Magnetismus angewendet, deren er teilhaftig sei, aber niemand weiß eigentlich in der Sache etwas Rechtes zu sagen. Es hat sich ein ungewöhnlich inniges und freundschaftliches Band entwickelt — der höchsten Freundschaft sei das Weib auch würdig —, aber ob die Leidenschaft, die der Major zu der häßlichen und bereits auch alternden Brigitta gefaßt habe, natürlich sei, das sei eine andere Frage — und Leidenschaft sei es ganz gewiß, das erkenne ein jeder, der hinüberkomme. Der Major würde gewiß Brigitta heiraten, wenn er könnte — er gräme sich offenbar tief, daß er es nicht könne; aber weil man von ihrem angetrauten Manne nichts wisse, so könne kein Totenschein und kein Trennungsschein herbeigebracht werden. Es spreche diese Tatsache recht sehr zu Gunsten Brigittas und verurteile ihren Gemahl, der einst so leichtsinnig von ihr gegangen sei, während nun ein so ernster Mann sich sehne, sie zu besitzen.

Diese Dinge hatte mir Gömör über den Major und Brigitta gesagt, und ich kam noch ein paar Male mit

Gustav, ihrem Sohne, bei Gelegenheit eines Besuches, den wir bei Nachbarn machten, zusammen, ehe der Tag erschien, der bestimmt war, daß wir zu seiner Mutter hinüberreiten sollten.

Am Vorabende dieses Tages, da schon das tausendstimmige Zirpen der abendlichen Heidegrillen in meine schlaftrunkenen Ohren fiel, dachte ich noch an sie. Dann träumte mir allerlei von ihr, vorzüglich kam ich von dem Traume nicht los, daß ich auf der Heide vor der seltsamen Reiterin stehe, die mir damals die Pferde mitgegeben hatte, daß sie mich mit schönen Augen banne, daß ich immer stehen müsse, daß ich keinen Fuß heben könne und daß ich alle Tage meines Lebens nicht mehr von dem Flecke der Heide wegzukommen vermöge. Dann schlief ich fest ein, erwachte des andern Tages frisch und gestärkt, die Pferde wurden vorgeführt, und ich freute mich, nun die auch von Angesicht zu Angesicht zu sehen, die heute so vielfach im Traume bei mir gewesen war.

3

Steppenvergangenheit

Ehe ich entwickle, wie wir nach Maroshely geritten sind, wie ich Brigitta kennengelernt habe und wie ich noch recht oft auf ihrem Gute gewesen bin, ist es nötig, daß ich einen Teil ihres früheren Lebens erzähle, ohne den das Folgende nicht verständlich wäre. Wie ich zu so tiefgehender Kenntnis der Zustände, die hier geschildert werden, gelangen konnte, wird sich aus meinen Verhältnissen zu dem Major und zu Brigitta ergeben und am Ende dieser Geschichte von selbst klar werden, ohne daß ich nötig hätte, vor der Zeit zu enthüllen, was ich auch nicht vor der Zeit, sondern durch die natürliche Entwicklung der Dinge erfuhr.

Es liegt im menschlichen Geschlechte das wundervolle Ding der Schönheit. Wir alle sind gezogen von der Süßigkeit der Erscheinung und können nicht immer sagen, wo das Holde liegt. Es ist im Weltall, es ist in einem Auge, dann ist es wieder nicht in Zügen, die nach jeder Regel der Verständigen gebildet sind. Oft wird die Schönheit nicht gesehen, weil sie in der Wüste ist oder weil das rechte Auge nicht gekommen ist — oft wird sie angebetet und vergöttert, und ist nicht da: aber fehlen darf sie nirgends, wo ein Herz in Inbrunst und Entzücken schlägt oder wo zwei Seelen aneinander glühen; denn sonst steht das Herz stille, und die Liebe der Seelen ist tot. Aus welchem Boden aber diese Blume bricht, ist in tausend Fällen tausendmal anders; wenn sie aber da ist, darf man ihr jede Stelle des Keimens nehmen, und sie bricht doch an einer andern hervor, wo man es gar nicht geahnet hatte. Es ist nur dem Menschen eigen, und adelt nur den Menschen, daß er vor ihr kniet — und alles, was sich in dem Leben lohnt und preiset, gießt sie allein in das zitternde, beseligte Herz. Es ist traurig für einen, der sie nicht hat oder nicht kennt, oder an dem sie kein fremdes Auge finden kann. Selbst das Herz der Mutter wendet sich von dem Kinde ab, wenn sie nicht mehr, ob auch nur einen einzigen Schimmer dieses Strahles an ihm zu entdecken vermag.

So war es mit dem Kinde Brigitta geschehen. Als es geboren ward, zeigte es sich nicht als der schöne Engel, als der das Kind gewöhnlich der Mutter erscheint. Später lag es in dem schönen goldenen Prunkbettchen in den schneeweißen Linnen mit einem nicht angenehm verdüsterten Gesichtchen, gleichsam als hätte es ein Dämon angehaucht. Die Mutter wandte, von sich selber unbemerkt, das Auge ab und heftete es auf zwei kleine, schöne Engel, die auf dem reichen Teppiche des Bodens spielten. Wenn fremde Leute kamen, tadelten sie das Kind nicht, lobten es nicht, und fragten nach den Schwestern. So wurde es immer größer. Der Vater ging öfter durch das Zimmer nach seinen Geschäften, und wenn die Mutter wohl manchmal gleichsam aus verzweiflungsvoller Brünstigkeit die andern Kinder herzte, sah sie nicht das starre, schwarze Auge Brigittas, das sich hinheftete, als verstünde das winzige Kind schon die Kränkung. Wenn sie weinte, half man ihrem Bedürfnisse ab; weinte sie nicht, ließ man sie ruhig liegen, alle hatten für sich zu tun, und sie richtete die großen Augen auf die Vergoldung des Bettchens oder auf die Schnörkel der Wandtapeten. Da die Glieder stark geworden waren und ihre Wohnung nicht mehr in dem engen Bettchen bestand, saß sie in einem Winkel, spielte mit Steinchen und sagte Laute, die sie von niemandem gehört hatte. Als sie in ihren Spielen vorrückte und behender ward, verdrehte sie oft die großen, wilden Augen, wie Knaben tun, die innerlich bereits dunkle Taten spielen. Auf die Schwestern schlug sie, wenn sie sich in ihre Spiele einmischen wollten — und wenn jetzt die Mutter in einer Anwandlung verspäteter Liebe und Barmherzigkeit das kleine Wesen in die Arme schloß und mit Tränen benetzte, so zeigte dasselbe keineswegs Freude, sondern weinte und wand sich aus den umfassenden Händen. Die Mutter aber wurde dadurch noch mehr zugleich liebend und erbittert, weil sie nicht wußte, daß die kleinen Würzlein, als sie einst den warmen Boden der Mutterliebe suchten und nicht fanden, in den Fels des eigenen Herzens schlagen mußten und da trotzen.

So ward die Wüste immer größer.

Als die Kinder emporwuchsen und schöne Kleider ins Haus kamen, waren jene Brigittas immer recht, die der Schwestern wurden mannigfach geändert, bis sie paßten. Die andern bekamen Verhaltungsregeln und Lob, sie nicht einmal Tadel, wenn sie auch ihr Kleidchen beschmutzt oder zerdrückt hatte. Da das Lernen kam und die Stunden des Vormittags ausgefüllt waren, saß sie unten an und starrte mit dem einzigen Schönen, das sie hatte, mit den in der Tat schönen, düstern Augen auf die Ecke des fernen Buches oder der Landkarte; und wenn der Lehrer eine seltene, rasche Frage an sie tat, erschrak sie und wußte keine Antwort. Aber an langen Abenden oder sonst, wenn man im Gesellschaftszimmer saß und sie nicht vermißte, lag sie auf der Erde über durcheinandergeworfenen Büchern oder über Bildern und zerrissenen Karten, die die andern nicht mehr brauchten. Sie mochte eine phantastische, verstümmelte Welt in ihr Herz hineinbrüten. Sie hatte von den Büchern ihres Vaters, da der Schlüssel immer stak, beinahe die Hälfte gelesen, ohne daß man es ahnte. Darunter waren die meisten, die sie nicht verstehen konnte. In der Wohnung fand man oft Papiere, auf denen seltsame, wilde Dinge gezeichnet waren, die von ihr sein mußten.

Als die Mädchen in das Jungfrauenalter getreten waren, stand sie wie eine fremde Pflanze unter ihnen. Die Schwestern waren weich und schön geworden, sie bloß schlank und stark. In ihrem Körper war fast Manneskraft, was sich dadurch erwies, daß sie eine Schwester, wenn sie ihr Tändeleien sagen oder sie liebkosen wollte, mit dem schlanken Arme bloß ruhig wegbog oder daß sie, wie sie gerne tat, Hand an knechtliche Arbeit legte, bis ihr die Tropfen auf der Stirne standen. Musik machen lernte sie nicht, aber sie ritt gut und kühn wie ein Mann, lag oft mit dem schönsten Kleide auf dem Rasen des Gartens und tat halbe Reden und Ausrufungen in das Laub der Büsche. Nun kam es auch, daß der Vater begann, ihr Ermahnungen über ihr störriges und stummes Wesen zu geben. Dann, wenn sie auch eben redete, hörte sie plötzlich auf, wurde noch stummer und noch störriger. Es half nichts, daß ihr die Mutter Zeichen gab und zur Kundgebung ihres Unmutes in bittrer Ratlosigkeit die Hände rang. Das Mädchen redete nicht. Als sich der Vater einmal so weit vergaß, daß er sie, die Erwachsene, weil sie durchaus nicht in das Gesellschaftszimmer gehen wollte, körperlich strafte, sah sie ihn bloß mit den heißen, trockenen Augen an, und ging doch nicht hinüber, er hätte ihr tun können, was er wollte.

Wenn nur einer gewesen wäre, für die verhüllte Seele ein Auge zu haben und ihre Schönheit zu sehen, daß sie sich nicht verachte. — Aber es war keiner: die andern konnten es nicht, und sie konnte es auch nicht.

Ihr Vater lebte in der Hauptstadt, wie es überhaupt seine Gewohnheit war, und gab sich einem glänzenden Wohlleben hin. Als seine Mädchen herangewachsen waren, verbreitete sich der Ruf ihrer Schönheit durch das Land, viele kamen herbei, sie zu sehen, und die Versammlungen und Gesellschaften in dem Hause wurden noch zahlreicher und belebter, als sie es bisher gewesen waren. Manches Herz schlug heftig und trachtete nach dem Besitze der Kleinode, welche dieses Haus beherbergte — aber die Kleinode achteten nicht darauf, oder sie waren noch zu jung, solche Huldigungen zu verstehen. Desto mehr gaben sie sich den Vergnügungen hin, die solche Gesellschaften mit sich führten, und ein Putzkleid oder die Anordnung eines Festes konnte sie tagelang auf das ergreifendste und innigste beschäftigen. Brigitta, als die jüngste, wurde nicht gefragt, als verstünde sie die Sache nicht. Sie war manchmal in den Versammlungen gegenwärtig, und dann trug sie immer ein weites, schwarzseidenes Kleid, das sie sich selber zusammengemacht hatte — oder sie mied dieselben, saß indessen auf ihrem Zimmer, und man wußte nicht, was sie dort tat.

So gingen ein paar Jahre hin.

Gegen Ende derselben erschien ein Mann in der Hauptstadt, der in den verschiedenen Kreisen derselben Aufsehen erregte. Er hieß Stephan Murai. Sein Vater hatte ihn auf dem Lande auferzogen, um ihn für das Leben vorzubereiten. Als seine Erziehung vollendet war, mußte er zuerst Reisen machen, und dann sollte er die gewählte Gesellschaft seines Vaterlandes kennenlernen. Dies war die Ursache, daß er in die Hauptstadt kam. Hier wurde er bald der fast einzige Gegenstand der Gespräche. Einige rühmten seinen Verstand, andere sein Benehmen und seine Bescheidenheit, wieder andere sagten, daß sie nie etwas so Schönes gesehen hätten als diesen Mann. Mehrere behaupteten, er sei ein Genie, und wie es an Verleumdungen und Nachreden auch nicht fehlte, sagten manche, daß er etwas Wildes und Scheues an sich habe, und daß man es ihm ansehe, daß er in dem Walde auferzogen worden sei. Einige meinten auch, er besitze Stolz, und wenn es darauf ankomme, gewiß auch Falschheit. Manches Mädchenherz war im mindesten doch neugierig, ihn einmal erblicken zu können. Brigittas Vater kannte die Familie des neuen Ankömmlings sehr gut, er war in früheren Jahren, da er noch Ausflüge machte, öfter auf ihre Besitzungen gekommen und war nur später, da er immer in der Hauptstadt lebte, und sie nie, mit ihr außer Berührung geraten. Da er sich um den Stand der Güter, der einst ein vortrefflicher gewesen war, erkundigte und erfuhr, daß derselbe jetzt noch bedeutend besser sei und bei der einfachen Lebensweise der Familie sich noch immer verbessere: dachte er, wenn der Mann sonst auch noch in seinem Wesen nach seinem Sinne wäre, so könnte er einen erwünschten Bräutigam für eine seiner Töchter abgeben. Da aber dasselbe mehrere Väter und Mütter dachten, so beeilte sich Brigittas Vater, ihnen den Vorsprung abzugewinnen. Er lud den jungen Mann in sein Haus, dieser sagte zu, und war schon mehrere Male in einer Abendgesellschaft desselben gewesen. Brigitta hatte ihn nicht gesehen, weil sie gerade in jener Zeit schon seit länger her nicht in das Gesellschaftszimmer gekommen war.

Einmal ging sie zu ihrem Oheime, der eine Art Fest veranstaltete und sie dazu geladen hatte. Sie war auch schon in früheren Zeiten manchmal nicht ungern zu der Familie des Oheims gegangen. An jenem Abende saß sie in ihrem gewöhnlichen schwarzseidenen Kleide da. Um das Haupt hatte sie einen Kopfputz, den sie selber gemacht hatte, und den ihre Schwestern häßlich nannten. Wenigstens war es in der ganzen Stadt nicht Sitte, einen solchen zu tragen, aber er stand zu ihrer dunklen Farbe sehr gut.

Es waren viele Menschen zugegen, und da sie einmal durch eine Gruppe derselben hindurchblickte, sah sie zwei dunkle, sanfte Jünglingsaugen auf sie geheftet. Sie blickte gleich wieder weg. Da sie später noch einmal hinschaute, sah sie, daß die Augen wieder gegen sie gerichtet gewesen seien. Es war Stephan Murai, der sie angeblickt hatte.

Ungefähr acht Tage darnach wurde bei ihrem Vater getanzt. Murai war auch geladen, und kam, da schon die meisten zugegen waren und der Tanz bereits begonnen hatte. Er schaute zu, und da man sich zum zweiten Tanze zusammengestellt hatte, ging er gegen Brigitta hin und bat sie mit bescheidener Stimme um einen Tanz. Sie sagte, daß sie nie tanzen gelernt habe. Er verbeugte sich und mischte sich wieder unter die

Zuschauer. Später sah man ihn tanzen. Brigitta setzte sich hinter einem Tische auf ein Sofa und sah dem Treiben zu. Murai sprach mit verschiedenen Mädchen, tanzte und scherzte mit ihnen. Er war an diesem Abende besonders lieb und verbindlich gewesen. Endlich war die Unterhaltung aus, man zerstreute sich nach allen Richtungen, um seine Behausung zu suchen. Als Brigitta in ihr Schlafgemach gekommen war, das sie mit vielen Bitten und Trotzen ihren Eltern abgerungen hatte, daß sie es allein bewohnen durfte, und als sie sich dort entkleidete, schoß sie im Vorbeistreifen einen Blick in den Spiegel, und sah die braune Stirne durch denselben gleiten, und die rabenschwarze Locke, die sich um die Stirne schlang. Dann ging sie, da sie weder beim Anziehen noch beim Ausziehen ein Dienstmädchen um sich litt, gegen ihr Bett, deckte es selber ab, schlug die schneeweißen Linnen von ihrem Lager, das sie sich immer sehr hart machen ließ, zurück, legte sich darauf, tat den schlanken Arm unter ihr Haupt und schaute mit den schlaflosen Augen gegen die Decke des Zimmers.

Als nun in der Folge öfters Gesellschaften waren und Brigitta denselben beiwohnte, wurde sie wieder von Murai bemerkt, sie wurde von ihm sehr ehrfurchtsvoll gegrüßt, und wenn sie ging, brachte er ihr das Tuch, und wenn sie fort war, hörte man auch gleich darauf seinen Wagen unten rollen, der ihn nach Hause führte.

Dies dauerte längere Zeit.

Einmal war sie wieder bei dem Oheime, und da sie wegen der großen Hitze, die in dem Saale herrschte, auf den Balkon, dessen Türen immer offenstanden, hinausgetreten war und dichte Nacht um sie lag: vernahm sie seinen Tritt zu ihr, und sah dann auch in der Dunkelheit, daß er sich neben sie stellte. Er sprach nichts als gewöhnliche Dinge, aber wenn man auf seine Stimme horchte, so war es, als sei etwas Furchtsames in derselben. Er lobte die Nacht, und sagte, daß man ihr unrecht tue, wenn man sie schelte, da sie doch so schön und milde sei; sie allein umhülle, sänftige und beruhige das Herz. Dann schwieg er, und sie schwieg auch. Als sie wieder in das Zimmer getreten war, ging er auch hinein, und stand lange an einem Fenster.

Da Brigitta in dieser Nacht zu Hause angelangt war, da sie sich in ihr Zimmer begeben hatte und den Putzflitter Stück um Stück von dem Leibe nahm, trat sie im Nachtgewande vor den Spiegel und sah lange, lange hinein. Es kamen ihr Tränen in die Augen, die nicht versiegten, sondern mehreren Platz machten, die hervordrangen und herabrannen. Es waren die ersten Seelentränen in ihrem ganzen Leben gewesen. Sie weinte immer mehr und immer heftiger, es war, als müßte sie das ganze versäumte Leben nachholen und als müßte ihr um vieles leichter werden, wenn sie das Herz herausgeweint hätte. Sie war in die Knie gesunken, wie sie es öfters zu tun gewohnt war, und saß auf ihren eigenen Füßen. Auf dem Boden neben ihr lag zufällig ein Bildchen, es war ein Kinderbildchen, auf dem dargestellt war, wie sich ein Bruder für den andern opfere. Dieses Bildchen drückte sie an ihre Lippen, daß es zerknittert und naß wurde.

Da endlich die Quellen nachgelassen hatten und die Kerzen herabgebrannt waren, saß sie noch auf der

Erde vor dem Spiegeltische, gleichsam wie ein ausgeweintes Kind, und sann. Es lagen die Hände in dem Schoße, die Schleifen und Krausen des Nachtgewandes waren feucht und hingen ohne Schönheit um den keuschen Busen. Sie ward stiller und unbeweglicher. Endlich schöpfte sie ein paar Mal frischen Atem, fuhr mit der flachen Hand über die Augenwimpern und ging zu Bette. Als sie lag und die Nachtlampe, die sie nach ausgelöschten Kerzen hinter einen kleinen Schirm gestellt hatte, düster brannte, sagte sie noch die Worte: »Es ist ja nicht möglich, es ist ja nicht möglich!«

Dann entschlummerte sie.

Als sie in der Zukunft wieder mit Murai zusammenkam, war es wie früher: er zeichnete sie nur noch mehr aus, aber sonst war sein Benehmen scheu, fast zaghaft. Er redete beinahe nichts mit ihr. Sie selber tat ihm keinen einzigen, auch nicht den kleinsten Schritt entgegen.

Als sich nach einiger Zeit wieder einmal eine Gelegenheit ergab, mit ihr allein zu sprechen, deren manche früher schon ungenützt vorübergegangen waren, nahm er sich den Mut, er redete sie an und sagte, daß ihm erscheine, daß sie ihm abgeneigt sei — und wenn dies so wäre, so habe er die einzige Bitte, sie möchte ihn doch kennenlernen, vielleicht sei er doch ihrer Aufmerksamkeit nicht ganz unwert, vielleicht habe er Eigenschaften, oder könne sich dieselben erwerben, die ihm ihre Hochachtung gewännen, wenn auch nichts, das er noch heiliger wünschte.

»Nicht abgeneigt, Murai«, antwortete sie, »o nein, nicht abgeneigt; aber ich habe auch eine Bitte an Sie:

tun Sie es nicht, tun Sie es nicht, werben Sie nicht um mich, Sie würden es bereuen.«

»Warum denn, Brigitta, warum denn?«

»Weil ich«, antwortete sie leise, »keine andere Liebe fordern kann als die allerhöchste. Ich weiß, daß ich häßlich bin, darum würde ich eine höhere Liebe fordern als das schönste Mädchen dieser Erde. Ich weiß es nicht, wie hoch, aber mir ist, als sollte sie ohne Maß und Ende sein. Sehn Sie — da nun dies unmöglich ist, so werben Sie nicht um mich. Sie sind der einzige, der darnach fragte, ob ich auch ein Herz habe, gegen Sie kann ich nicht falsch sein.«

Sie hätte vielleicht noch mehr gesagt, wenn nicht Leute herzugekommen wären; aber ihre Lippe bebte vor Schmerz.

Daß Murais Herz durch diese Worte nicht beschwichtigt, sondern nur noch mehr entflammt wurde, begreift sich. Wie einen Engel des Lichtes verehrte er sie, er blieb zurückgezogen, sein Auge ging an den größten Schönheiten, die ihn umringten, vorüber, das ihre mit sanfter Bitte zu suchen. So war es unabänderlich fort. Auch an ihr begann nun die dunkle Macht und die Größe des Gefühles in der verarmten Seele zu zittern. An beiden erschien es offen. Die Umgebungen begannen das Unglaubliche zu ahnen, und man erstaunte unverholen. Murai legte seine Seele entschieden vor dem Angesichte aller Welt dar. Eines Tages, in einem einsamen Zimmer, da die Musik, zu deren Anhörung man zusammengekommen war, von ferne her erscholl, da er vor ihr stand und nichts redete, da er ihre Hand faßte, sie sanft gegen sich ziehend, widerstand sie nicht, und da er sein Angesicht immer mehr gegen sie neigte und sie seine Lippen plötzlich auf den ihrigen empfand, drückte sie süß entgegen. Sie hatte noch nie einen Kuß gefühlt, da sie selbst von ihrer Mutter und ihren Schwestern nie geküßt worden war — und Murai hat nach vielen Jahren einmal gesagt, daß er nie mehr eine solche reine Freude erlebt habe als damals, da er zum ersten Male diese vereinsamten, unberührten Lippen auf seinem Munde empfand.

Der Vorhang zwischen den beiden war nun zerrissen, und das Schicksal ging seine Wege. In wenigen Tagen war Brigitta die erklärte Braut des gefeierten Mannes, die Eltern beider Teile hatten eingewilligt. Es wurde nun ein freundlicher Umgang. Aus dem tiefen Herzen des bisher unbekannten Mädchens ging ein warmes Dasein hervor, anfangs unscheinbar und unbedeutend, dann in reicher, heiterer Entwickelung. Der Instinkt, der den Mann an dieses Weib gezogen, hatte ihn nicht getäuscht. Sie war stark und keusch, wie kein anderes Weib. Weil sie ihr Herz nicht durch Liebesgedanken und Liebesbilder vor der Zeit entkräftet hatte, wehte der Odem eines ungeschwächten Lebens in seine Seele. Auch ihr Umgang war reizend. Weil sie stets allein gewesen war, hatte sie auch allein ihre Welt gebaut, und er wurde in ein neues, merkwürdiges, nur ihr angehörendes Reich eingeführt. Wie sich dann ihr Wesen vor ihm entfaltete, erkannte er zu allem dem noch ihr inniges und heißes Lieben, das wie ein goldner Strom in vollen Ufern quoll, in vollen, aber auch in einsamen; denn wie das Herz der andern Menschen zwischen eine halbe Welt geteilt ist, war das ihre beisammengeblieben, und da es nur ein einziger erkannt hat, war es nun auch Eigentum dieses einzigen. Er lebte so in Freude und Gehobenheit die Tage des Brautstandes durch. Es ging die Zeit mit rosenfarbnen Flügeln, und in ihr das Geschick mit seinen dunkeln Schwingen.

Der Vermählungstag war endlich gekommen. Murai hatte seine schweigende Braut, da die heilige Handlung vorüber war, auf der Schwelle der Kirche in die Arme geschlossen, sie dann in seinen Wagen gehoben und in seine Wohnung geführt, die er, da die jungen Leute beschlossen hatten, in der Stadt zu bleiben, aus dem Reichtum seines Vaters, der ihm alles Ersparte zur Verfügung stellte, auf das schönste und glänzendste hatte einrichten lassen. Murais Vater war zur Vermählung von seinem Landsitze, den er zum bleibenden Aufenthaltsorte gewählt hatte, hereingekommen. Seine Mutter konnte leider die Freude nicht teilen; denn sie war schon längst gestorben. Von Seite der Braut waren Vater und Mutter, dann die Schwestern, der Oheim und mehrere nahe Verwandte zugegen. Murai, so wie Brigittas Vater, hatte gewollt, daß der Tag öffentlich und mit großem Glanze gefeiert werde, und so war er auch vorübergegangen.

Als sich endlich die letzten Gäste entfernt hatten, führte Murai seine Gattin durch eine Reihe beleuchteter Zimmer, da sie sich bisher immer mit einem hatte begnügen müssen, bis in das Wohngemach zurück. Dort saßen sie noch, und er sagte die Worte: »Wie gut und herrlich ist alles abgegangen, und wie schön hat es sich erfüllt. Brigitta! Ich habe dich erkannt. Da ich dich das erste Mal sah, wußte ich schon, daß mir dieses Weib nicht gleichgültig bleiben werde; aber ich erkannte noch nicht, werde ich dich unendlich lieben oder unendlich hassen müssen. Wie glücklich ist es gekommen, daß es die Liebe ward!«

Brigitta sagte nichts, sie hielt ihn an der Hand und ließ die glänzenden Augen in sanfter Ruhe durch das Zimmer blicken.

Dann befahlen sie, daß die Reste des Festes weggeräumt würden, daß die Menge der überflüssigen Lichter ausgetan und die Festgemächer eine gewöhnliche Wohnung würden. Dies geschah; die Diener begaben sich in ihre Zimmer, und auf die neue Wohnung und auf die neue Familie, die aus zweien bestand und erst einige Stunden alt war, senkte sich die erste Nacht hernieder.

Von nun an lebten sie in ihrer Wohnung fort. So wie sie, da sie sich kennengelernt hatten, nur in Gesellschaften zusammengetroffen waren, und so wie sie im Brautstande nur immer öffentlich erschienen waren, so blieben sie nun immer zu Hause. Sie dachten nicht, daß etwas Äußerliches zu ihrem Glücke erforderlich sei. Obgleich die Wohnung im allgemeinen mit allem versehen war, was ihr nur immer not tat, so blieb doch im einzelnen noch so vieles zu verbessern und zu verschönern übrig. Sie klügelten dieses heraus, sie überlegten, was man dort und da noch anbringen könnte, gingen einander mit Rat und Tat an die Hand, daß sich der Raum immer mehr und mehr und reiner ordnete und die Eintretenden mit klarer Wohnlichkeit und einfacher Schönheit empfing.

Über Jahresfrist gebar sie ihm einen Sohn, und dieses neue Wunder hielt sie wieder und noch mehr zu Hause. Brigitta pflegte ihr Kind, Murai versah seine Geschäfte; denn der Vater hatte ihm einen Teil der Güter abgetreten, und diese verwaltete er von der Stadt aus. Dies machte manche Umwege nötig und häufte manche Dinge, die sonst zu entraten gewesen wären.

Als der Knabe so weit entwickelt war, daß unmittelbare Pflege nicht gar so sehr mehr not tat, als Murai seine Geschäfte schon geordnet und in einen gleichen Gang gebracht hatte, fing er an, seine Gattin häufiger auf öffentliche Plätze, in Gesellschaften, auf Spaziergänge, in das Schauspiel zu führen, als er es sonst zu tun gewohnt war. Hiebei bemerkte sie, daß er sie vor Leuten noch zarter und noch aufmerksamer behandle als selber zu Hause.

Sie dachte: ›Jetzt weiß er, was mir fehlt‹, und hielt das erstickende Herz an sich.

Im nächsten Frühling nahm er sie und sein Kind auf eine Reise mit, und da sie gegen den Herbst zurückkamen, schlug er vor, lieber für beständig auf dem Lande, auf einem seiner Güter zu wohnen; denn auf dem Lande sei es doch viel schöner und viel annehmlicher als in der Stadt. Brigitta folgte ihm auf das Landgut.

Hier fing er an zu wirtschaften und umzuändern, und den Rest der Zeit, der ihm übrig war, zum Jagen zu verwenden. Und hier führte ihm das Schicksal ein ganz anderes Weib entgegen, als er es immer zu sehen gewohnt war. Auf einer der einsamen Jagden, die er jetzt häufig tat, wo er nämlich mit seiner Büchse allein durch die Gegend ging oder ritt, hatte er sie erblickt. Als er einmal sein Pferd langsam durch einen Weidebruch ein wenig abwärts leitete, hatte er plötzlich durch das dichte Gebüsch her zwei Augen gegenüber, erschrocken und schön, wie die einer fremdländischen Gazelle, und neben den grünen Blättern hatte das süßeste Morgenrot der Wangen geglüht. Es war nur ein Augenblick; denn ehe er recht hinsehen konnte, hatte das Wesen, das ebenfalls zu Pferde war und in dem Gebüsche stand, das Pferd gewendet und flog über die Ebene zwischen den leichten Büschen davon.

Es war Gabriele gewesen, die Tochter eines greisen Grafen, der in der Nachbarschaft wohnte, ein wildes Geschöpf, das ihr Vater auf dem Lande erzog, wo er ihr alle und jede Freiheit ließ, weil er meinte, daß sie sich nur so am naturgemäßesten entfalte und nicht zu einer Puppe gerate, wie er sie nicht leiden konnte. Die Schönheit dieser Gabriele war schon weithin berühmt geworden, nur zu Murais Ohren war der Ruf noch nicht gedrungen, weil er bisher nie auf diesem seinem Landgute gewesen war und in letzter Zeit sich auf seiner großen Reise befunden hatte.

Nach mehreren Tagen trafen die beiden schier auf derselben Stelle wieder zusammen, und dann öfter und öfter. Sie fragten nicht, wer und woher sie seien, sondern das Mädchen, gleichsam ein Abgrund von Unbefangenheit, scherzte, lachte, neckte ihn, und trieb ihn meistens zu kühnen, übermütigen Wettreiten an, wo sie wie ein himmlisches, tolles, glühendes Rätsel neben ihm herflog. Er scherzte mit und ließ sie meistens siegen. Eines Tages aber, als sie, vor Erschöpfung atemlos, nur durch wiederholtes Haschen nach seinem Zügel andeuten konnte, daß sie wolle, daß er halten solle, und als sie beim Herabheben vom Pferde schmachtend geflüstert hatte, sie sei besiegt — damals, nachdem er ihren Steigbügelriemen, an dem etwas gebrochen war, wiederhergestellt hatte und sie nun verglühend an einem Baumstamme stehen sah —, riß er sie plötzlich an sich, preßte sie an sein Herz, und ehe er sehen konnte, ob sie zürne oder frohlocke, sprang er auf sein Pferd und jagte davon. — Es war Übermut gewesen, aber ein Taumel unbeschreiblichen Entzückens war in jenem Augenblicke in ihm, und vor seiner Seele, wie er heimritt, hing das Bild der sanften Wange, des süßen Atems und der spiegelnden Augen.

Sie hatten sich von da an nicht mehr gesucht, aber da sie sich einmal zufällig auf einen Augenblick in dem Saale eines Nachbars sahen, wurden beider Wangen von einem tiefen Scharlache übergossen.

Murai ging dann auf eine seiner ferneren Besitzungen und änderte dort alle Verhältnisse um, die er vorfand.

Brigittas Herz aber war zu Ende. Es war ein Weltball von Scham in ihrem Busen emporgewachsen, wie sie so schwieg und wie eine schattende Wolke in den Räumen des Hauses herumging. Aber endlich nahm sie das aufgequollne, schreiende Herz gleichsam in ihre Hand, und zerdrückte es.

Als er von seinen Umänderungen auf dem entfernten Landgute zurückkam, ging sie in sein Zimmer und trug ihm mit sanften Worten die Scheidung an. Da er heftig erschrak, da er sie bat, da er ihr Vorstellungen machte, sie aber immer dieselben Worte sagte: »Ich habe es dir gesagt, daß es dich reuen wird, ich habe es dir gesagt, daß es dich reuen wird« — sprang er auf, nahm sie bei der Hand und sagte mit inniger Stimme: »Weib, ich hasse dich unaussprechlich, ich hasse dich unaussprechlich!«

Sie sagte kein Wort, sondern sah ihn bloß mit den trockenen, entzündeten Augen an — aber als er nach drei Tagen seine Reisekoffer gepackt und fortgeschickt hatte — als er nun selber in Reisekleidern gegen Abend fortgeritten war: so lag sie, wie einst, da sie die Dichtungen ihres Herzens den Büschen des Gartens zugerufen hatte, auch jetzt vor Schmerz auf dem Teppiche ihres Zimmerbodens, und so heiße Tropfen rannen aus ihren Augen, als müßten sie ihr Gewand, den Teppich und das Getäfel des Bodens durchbrennen — es waren die letzten, die sie dem noch immer Heißgeliebten nachsandte, dann keine mehr. Er ritt indessen auf der finstern Ebene, und hatte hundertmal im Sinne, sich mit der Sattelpistole das siedende Gehirn zu zerschmettern. Er war bei seinem Ritte, da es noch Tag war, an Gabrielen vorübergekommen, sie stand auf dem Balkon ihres Schlosses, aber er hatte nicht hinaufgesehen und war weitergeritten.

Nach einem halben Jahre sandte er die Einwilligung zur Scheidung, und trat ihr auch den Knaben ab, war es nun, daß er ihn in ihren Händen besser aufgehoben meinte, war es noch die alte Liebe, die ihr nicht alles rauben wollte, ihr, die nun ganz allein sei, während ihm die weite Welt vor Augen lag. In bezug auf das

Vermögen hatte er für sie und den Knaben am günstigsten gesorgt, wie es nur immer möglich war. Er sandte Papiere, die diese Sache enthielten, mit. Dies war das erste und letzte Zeichen, das Murai von seinem Dasein gegeben hatte, nachher kam keines mehr, und er erschien auch nicht wieder. Die Summen, die er brauchte, waren an ein Antwerpner Haus angewiesen. Dies sagte später sein Verwalter, mehr wußte der auch nicht.

Um diese Zeit waren kurz nacheinander Brigittas Vater, ihre Mutter und die beiden Schwestern gestorben. Murais Vater, der ohnedem schon sehr alt war, starb kurze Zeit darnach.

So war Brigitta im strengen Sinne des Wortes ganz allein mit ihrem Kinde.

Sie hatte sehr weit von der Hauptstadt ein Haus auf einer öden Heide, wo sie niemand kannte. Das Gut hieß Maroshely, woher auch der Name der Familie stammte. Nach der Scheidung nahm sie ihren ursprünglichen Namen Maroshely wieder an und begab sich in das Heidehaus, um sich dort zu verbergen.

So wie sie einstens, wenn man ihr wohl aus Mitleiden eine schöne Puppe gegeben hatte, dieselbe nach kurzer Freude wieder wegwarf und schlechte Dinge in ihr Bettchen trug, als Steine, Hölzchen und dergleichen; so nahm sie jetzt auch ihr größtes Gut, das sie hatte, nach Maroshely mit, ihren Sohn, pflegte und hütete ihn, und ihr Auge hing einzig und allein über dem Bettchen desselben.

Wie er größer wurde und sein kleines Auge und sein Herz sich erweiterte, tat es auch das ihre mit; sie begann die Heide um sich zu sehen, und ihr Geist fing an, die Öde rings um sich zu bearbeiten. Sie nahm Männerkleider, stieg wieder, wie einst in ihrer Jugend, zu Pferde und erschien unter ihrem Gesinde. Wie der Knabe sich nur auf einem Pferde halten konnte, war er überall mit, und die tätige, schaffende, heischende Seele seiner Mutter floß allgemach in ihn. Diese Seele griff immer weiter um sich, der Himmel des Erschaffens senkte sich in sie; grüne Hügel schwellten sich, Quellen rannen, Reben flüsterten, und in das öde Steinfeld ward ein kraftvoll weiterschreitend Heldenlied gedichtet. Und die Dichtung trug, wie sie tut, auch ihren Segen. Manche ahmten nach, es erhob sich der Verein, Entferntere wurden begeistert, und hie und da auf der öden, blinden Heide schlug sich ein menschlich freies Walten wie ein schönes Auge auf.

Nach fünfzehn Jahren, während welchen Brigitta auf Maroshely hauste, kam der Major, indem er seinen Landsitz Uwar, wo er sonst nie gewesen war, bezog. Von diesem Weibe lernte er, wie er mir selber sagte, Tätigkeit und Wirken — und zu diesem Weibe faßte er jene tiefe und verspätete Neigung, von der wir oben erzählt haben.

Nachdem nun, wie am Eingange des Abschnittes erwähnt wurde, dieser Teil aus Brigittas früherem Leben erzählt ist, gehen wir wieder in der Entwicklung der Zustände weiter, wo wir sie gelassen.

4

Steppengegenwart

Wir ritten nach Maroshely. Brigitta ist wirklich jenes reitende Weib gewesen, das mir die Pferde mitgegeben hatte. Sie erinnerte sich mit freundlichem Lächeln an unsere alte Bekanntschaft. Meine Wangen wurden rot, weil ich auf das Trinkgeld dachte. Es war niemand anderer zum Besuche da als der Major und ich. Er stellte mich als einen Reisebekannten vor, mit dem er einmal viel zusammengewesen sei, und von dem er sich schmeichle, daß er nun von einem Bekannten in einen Freund überzugehen im Begriffe sei. Ich erlebte die Freude — und es war mir wirklich keine unbedeutende —, daß sie fast alle Dinge wußte, die sich auf mein früheres Zusammensein mit ihm bezogen, daß er ihr also viel von mir erzählt haben mußte, daß er noch mit Vorliebe bei jenen Tagen verweile, und daß sie es der Mühe wert hielt, sich diese Sache zu merken.

Sie sagte, sie wolle mich nicht in ihrem Schlosse und in ihren Feldern herumführen, ich werde das gelegentlich sehen, wenn wir spazierengehen, und wenn ich oft genug von Uwar werde herübergekommen sein, wozu sie mich höflich einlade.

Dem Major machte sie einen Vorwurf, warum er denn so lange nicht herübergekommen sei. Er entschuldigte sich mit den vielen Geschäften und hauptsächlich damit, daß er ohne mich nicht herüberreiten wollte, und daß er doch vorher erst sehen wollte, wie sehr oder wie wenig ich zu seiner Freundin passe.

Wir gingen in einen großen Saal, in dem wir ein wenig ausruhten. Der Major zog eine Schreibtafel hervor und fragte sie um mehrere Dinge, die sie klar und einfach beantwortete und von denen er sich manche aufzeichnete. Auch sie fragte dann um Verschiedenes, was sich auf manchen Nachbar, auf die Geschäfte des Augenblickes oder auf den künftigen Landtag bezog. Ich sah bei dieser Gelegenheit, mit welch tiefem Ernste sie die Dinge behandelten und welche Aufmerksamkeit der Major auf ihre Meinungen legte. Wo sie in etwas unsicher war, gestand sie ihre Unwissenheit und bat den Major um Berichtigung.

Als wir ausgeruht hatten und der Major die Schreibtafel einsteckte, standen wir auf, um in den Besitzungen einen Spaziergang zu machen. Hier redete man häufig von den Veränderungen, die erst jüngst in ihrem Hause entstanden waren. Wenn sie hiebei auf Dinge seines Hauses kam, war es mir, als läge eine Art Zärtlichkeit darinnen, wie sie sich um dieselben bekümmerte. Sie zeigte ihm den neuen hölzernen Säulengang am Gartengeschosse des Hauses und fragte, ob sie Reben hinanziehen solle; an seinen Hoffenstern, meinte sie, ließe sich auch so ein Ding anbringen, wo es sich in der Spätherbstsonne recht angenehm sitze. Sie führte uns in den Park, der vor zehn Jahren ein wüster Eichenwald gewesen war; jetzt gingen Wege durch, flossen eingehegte Quellen und wandelten Rehe. Sie hatte durch unsägliche Ausdauer um den ungeheuren Umfang desselben eine hohe Mauer gegen die Wölfe aufführen lassen. Das Geld hiezu zog sie langsam aus ihrem Viehstande und aus den Maisfeldern, deren Pflege sie sehr emporgebracht hatte. Als die Einhegung fertig war, ging man in einem geschlossenen Jagen Schritt für Schritt durch jede Stelle des Parkes, um zu sehen, ob man nicht etwa einen Wolf zu künftiger Brut mit eingemauert habe. Aber es war keiner zugegen. Dann erst wurden Rehe in die Einhegung gesetzt und für anderes Vorkehrungen gemacht. Die Rehe, schien es, wußten das alles und dankten ihr dafür; denn wenn wir manches bei unserem Gange sahen, war es nicht scheu und blickte mit den dunkeln, glänzenden Augen gegen uns herüber. Brigitta führte ihre Gäste und Freunde recht gerne durch den Park, weil sie ihn liebte. Wir kamen oben auch zur Anlage der Fasanen. Wie wir so durch die Wege gingen und weiße Wolken durch die Eichenwipfel hereinschauten, gewann ich Gelegenheit, Brigitta zu betrachten. Ihre Augen, schien es mir, waren noch schwärzer und glänzender als die der Rehe, und mochten heute besonders hell strahlen, weil der Mann an ihrer Seite ging, der ihr Wirken und Schaffen zu würdigen verstand. Ihre Zähne waren schneeweiß, und der für ihre Jahre noch geschmeidige Wuchs zeugte von unverwüstlicher Kraft. Da sie den Major erwartet hatte, war sie in Frauenkleidern und hatte ihre Geschäfte beiseite gesetzt, weil sie den Tag für uns widmete.

Unter Gesprächen der verschiedensten Art, von der Zukunft des Landes, von Hebung und Verbesserung des gemeinen Mannes, von Bearbeitung und Benützung des Bodens, von Ordnung und Einschränkung des Donaustromes, von ausgezeichneten Persönlichkeiten der Vaterlandsfreunde, kamen wir durch den größten Teil des Parkes, da sie uns, wie ich schon oben sagte, nicht durch ihre Besitzungen herumführen, sondern uns nur Gesellschaft leisten wollte. Da wir zu dem Hause zurückkehrten, war es Essenszeit. Zum Mahle kam auch Gustav, der Sohn Brigittas, mit ziemlich verbrannten Wangen, ein lieblich schlanker Jüngling, eine Blume von Gesundheit. Er hatte heute an der Stelle der Mutter die Felder besucht und die Arbeiten eingeteilt und berichtete ihr jetzt manches mit kurzen Worten. Bei Tische saß er horchend und bescheiden unten an; in seinen schönen Augen lag Begeisterung für die Zukunft und unendliche Güte für die Gegenwart. Da auch, wie bei dem Major, das Gesinde mit an dem Tische saß, so bemerkte ich meinen Freund Milosch, der mich zum Zeichen alter Bekanntschaft grüßte.

Der größte Teil des Nachmittages verging mit Besichtigung mehrerer Veränderungen, die dem Major neu waren, mit einer Runde im Garten und mit einem Gange durch den Weinberg.

Gegen Abend nahmen wir Abschied. Da wir unsere Kleider zusammensuchten, machte Brigitta dem Major einen Vorwurf, daß er neulich in der Nachtluft von Gömör weg in leichten Kleidern nach Hause geritten sei — ob er denn nicht wisse, wie tückisch die Tauluft dieser Ebene sei, daß er sich so aussetze?! Er verteidigte sich nicht und sagte, er werde in Zukunft schon vorsichtiger sein. Ich aber wußte recht gut, daß er damals seine Bunda Gustav aufgenötigt hatte, der ohne eine gekommen war, und dem er vorgelogen hatte, daß er noch eine andere im Stalle liegen habe. Dieses Mal aber schieden wir mit allem hinlänglich versorgt und verwahrt. Brigitta selbst bekümmerte sich um jedes und ging erst in das Haus zurück, als wir schon in unsern dichten Oberkleidern zu Pferde saßen und der Mond aufging. Sie hatte dem Major noch ein paar Aufträge gegeben und beurlaubte sich dann mit einfacher, edler Freundlichkeit.

Die Gespräche der zwei Menschen waren den ganzen Tag über ruhig und heiter gewesen, aber mir schien es, als zitterte eine heimliche Innigkeit durch, der sich beide schämten Raum zu geben, wahrscheinlich, weil sie sich für zu alt hielten. Auf dem Rückwege aber sagte der Major zu mir, als ich mich einiger wahrhafter, aufrichtiger Lobesworte auf diese Frau nicht enthalten konnte: »Freund! ich bin oft in meinem Leben heiß begehrt worden, ob auch so geliebt, weiß ich nicht; aber die Gesellschaft und die Achtung dieser Frau ist mir ein größeres Glück auf dieser Welt geworden als jedes andere in meinem Leben, das ich für eines gehalten habe.«

Er hatte diese Worte ohne alle Leidenschaft gesagt, aber mit einer solchen Ruhe der Gewißheit, daß ich in meinem Herzen von der Wahrheit derselben vollständig überzeugt war. Mir geschah es in diesem Augenblicke beinahe, was sonst nicht meine Art ist, daß ich den Major um diese Freundschaft und um sein häusliches Wirken beneidete; denn ich hatte damals recht auf der ganzen Welt nichts Festes, um mich daran zu halten, als etwa meinen Wanderstab, den ich wohl in Bewegung setzte, dieses und jenes Land zu sehen, der aber doch nicht recht nachhalten wollte.

Als wir nach Hause kamen, trug mir der Major an, daß ich noch den Sommer und Winter bei ihm zubringen möchte. Er hatte begonnen, mich mit größter Vertraulichkeit zu behandeln und mich tiefer in sein Leben und sein Herz blicken zu lassen, daß ich eine große Liebe und Neigung zu dem Manne faßte. Ich sagte also zu. Und da ich dieses nun einmal getan hätte, sagte er, so wolle er mir auch sogleich einen Geschäftszweig seines Hauses auftragen, den ich ständig besorgen sollte — es würde mich nicht reuen, sagte er, und würde mir gewiß in der Zukunft von Nutzen sein. Ich willigte ebenfalls ein, und in der Tat, es war mir von Nutzen. Daß ich nun einen Hausstand habe, daß ich eine liebe Gattin habe, für die ich wirke, daß ich nun Gut um Gut, Tat um Tat in unsern Kreis hereinziehe, verdanke ich dem Major. Als ich einmal ein Teil jenes einträchtigen Wirkens war, das er entfaltete, wollte ich doch die Sache so gut machen, als ich konnte, und da ich mich übte, machte ich sie immer besser, ich war nütze und achtete mich — und da ich die Süßigkeit des Schaffens kennenlernte, erkannte ich auch, um wieviel mehr wert sei, was ein gegenwärtig Gutes setzt, als das bisherige Hinschlendern, das ich Erfahrungen sammeln nannte, und ich gewöhnte mich an Tätigkeit.

So ging die Zeit nach und nach hin, und ich war unendlich gerne in Uwar und seiner Umgebung.

Ich kam in diesen Verhältnissen öfter nach Maroshely. Man achtete mich, und ich war fast wie ein Glied der Familien und lernte die Sachlage immer besser kennen. Von einer unheimlichen Leidenschaft, von einem fieberhaften Begehren oder gar von Magnetismus, wie ich gehört hatte, war keine Spur. Dagegen war das Verhältnis zwischen dem Major und Brigitta von ganz merkwürdiger Art, daß ich nie ein ähnliches erlebt habe. Es war ohne Widerrede das, was wir zwischen Personen verschiedenen Geschlechtes Liebe nennen würden, aber es erschien nicht als solches. Mit einer Zartheit, mit einer Verehrung, die wie an die Hinneigung zu einem höheren Wesen erinnerte, behandelte der Major das alternde Weib; sie war mit sichtlicher innerlicher Freude darüber erfüllt, und diese Freude, wie eine späte Blume, blühte auf ihrem Antlitze und legte einen Hauch von Schönheit darüber, wie man es kaum glauben sollte, aber auch die feste Rose der Heiterkeit und Gesundheit. Sie gab dem Freunde dieselbe Achtung und Verehrung zurück, nur daß sich zuweilen ein Zug von Besorgnis um seine Gesundheit, um seine kleinen Lebensbedürfnisse und dergleichen einmischte, der doch wieder dem Weibe und der Liebe angehörte. Über dieses hinaus ging das Benehmen beider nicht um ein Haar — und so lebten sie nebeneinander fort.

Der Major sagte einmal zu mir, daß sie in einer Stunde, wo sie, wie es selten zwischen Menschen geschieht, miteinander inniger über sich selber sprachen, festgesetzt haben, daß Freundschaft der schönsten Art, daß Aufrichtigkeit, daß gleiches Streben und Mitteilung zwischen ihnen herrschen sollte, aber weiter nichts; an diesem sittlich festen Altare wollten sie stehenbleiben, vielleicht glücklich bis zum Lebensende — sie wollen keine Frage weiter an das Schicksal tun, daß es keinen Stachel habe und nicht wieder tückisch sein möge. Dies sei nun schon mehrere Jahre so, und werde so bleiben.

Das hatte der Major zu mir gesagt — allein in einiger Zeit darauf tat das ungefragte Schicksal von selber eine Antwort, die alles schnell und auf unerwartete Art lösete.

Es war schon sehr spät im Herbste, man könnte sagen, zu Anfang Winters, ein dichter Nebel lag eines Tages auf der bereits festgefrornen Heide, und ich ritt eben mit dem Major auf jenem neugebauten Wege mit der jungen Pappelallee, wir hatten vor, vielleicht ein wenig zu jagen, als wir plötzlich durch den Nebel herüber zwei dumpfe Schüsse fallen hörten.

»Das sind meine Pistolen und keine andern«, rief der Major.

Ehe ich etwas begreifen und fragen konnte, sprengte er schon die Allee entlang, so furchtbar, wie ich nie ein Pferd habe laufen gesehen, ich folgte ihm nach, weil ich ein Unglück ahnete, und als ich wieder zu ihm kam, traf ich auf ein Schauspiel, so gräßlich und so herrlich, daß noch jetzt meine Seele schaudert und jauchzt: an der Stelle, wo der Galgen steht und der Binsenbach schillert, hatte der Major den Knaben Gustav gefunden, der sich nur noch matt gegen ein Rudel Wölfe wehrte. Zwei hatte er erschossen, einen, der vorne an sein Pferd gesprungen war, wehrte er mit seinem Eisen, die andern bannte er für den Augenblick mit der Wut seiner vor Angst und Wildheit leuchtenden Augen, die er auf sie bohrte; aber harrend und lechzend umstanden sie ihn, daß eine Wendung, ein Augenzucken, ein Nichts Grund werden könne, mit eins auf ihn zu fallen — da, im Augenblicke der höchsten Not, erschien der Major. Als ich ankam, war er schon wie ein verderblich Wunder, wie ein Meteor, mitten unter ihnen — der Mann war fast entsetzlich anzuschauen, ohne Rücksicht auf sich, fast selber wie ein Raubtier warf er sich ihnen entgegen. Wie er von dem Pferde gekommen war, hatte ich nicht gesehen, da ich später ankam; den Knall seiner Doppelpistole hatte ich gehört, und wie ich auf dem Schauplatze erschien, glänzte sein Hirschfänger gegen die Wölfe, und er war zu Fuß. Drei — vier Sekunden mochte es gedauert haben, ich hatte bloß Zeit, mein Jagdgewehr unter sie abzudrücken, und die unheimlichen Tiere waren in den Nebeln zerstoben, als wären sie von ihm eingetrunken worden.

»Ladet«, schrie der Major, »sie werden gleich wieder hier sein.«

Er hatte die weggeschleuderten Pistolen aufgerafft und stieß die Patronen hinein. Wir luden auch, und in dem Augenblicke, da wir ein wenig still waren, vernahmen wir den unheimlichen Trab um die Galgeneiche herum. Es war klar, die hungrigen, geängsteten Tiere umkreisten uns, bis ihnen wieder etwa der Mut zum Angriffe gewachsen sein würde. Eigentlich sind diese Tiere, wenn sie nicht von dem Hunger gespornt werden, feig. Wir waren zu einer Wolfsjagd nicht gerüstet, der unselige Nebel lag dicht vor unsern Augen, daher schlugen wir den Weg zu dem Schlosse ein. Die Pferde schossen in Todesangst dahin, und da wir so ritten, sah ich es mehr als einmal wie einen jagenden Schatten neben mir, grau im grauen Nebel. In unsäglicher

Geduld eilte die Herde neben uns. Wir mußten in steter Bereitschaft sein. Von dem Major fiel einmal links ein Schuß, aber wir erkannten nichts, zum Reden war keine Zeit, und so langten wir an dem Parkgitter an, und wie wir hineindrangen, brachen die edlen, schönen, dahinter harrenden Doggen neben uns heraus, und in demselben Augenblicke scholl auch schon aus dem Nebel ihr wütendes Heulen, hinter den Wölfen heidewärts schweifend.

»Sitzt alle auf«, rief der Major den entgegeneilenden Knechten zu, »laßt alle Wolfshunde los, daß meine armen Doggen nichts leiden. Bietet die Nachbarn auf und jagt, soviel Tage ihr wollt. Ich gebe für jeden toten Wolf das doppelte Schußgeld, die ausgenommen, die an der Galgeneiche liegen; denn die haben wir selbst getötet. An der Eiche liegt vielleicht auch eine der Pistolen, die ich voriges Jahr an Gustav geschenkt habe, denn ich sehe nur eine in seiner Hand, und das Sattelfach der andern ist leer; seht zu, ob es so ist.«

»Seit fünf Jahren«, sagte er zu mir gewendet, da wir im Parke weiterritten, »hat sich kein Wolf so nahe zu uns gewagt, und es war sonst ganz sicher hier. Es muß einen harten Winter geben, und er muß in den nördlichen Ländern schon begonnen haben, daß sie sich bereits so weit herabdrücken.«

Die Knechte hatten den Befehl des Herrn vernommen, und in weniger Zeit, als es mir glaublich schien, war ein Haufen Jäger ausgerüstet, und das Geschlecht jener schönen zottigen Hunde war neben ihnen, das den ungarischen Heiden eigen und für sie so unentbehrlich ist. Man beredete sich, wie man die Nachbarn abholen wolle, und dann gingen sie fort, um eine Jagd einzuleiten, von der sie erst in acht, vierzehn oder noch mehreren Tagen zurückkehren würden.

Wir hatten alle drei, ohne von den Pferden zu steigen, dem größten Teil dieser Anstalten zugeschaut. Als wir uns aber von den Wirtschaftsgebäuden dem Schlosse zuwendeten, sahen wir, daß Gustav doch verwundet sei. Als wir nämlich unter dem Torbogen anlangten, von wo wir in unsere Zimmer wollten, wandelte ihn eine Übelkeit an, und er drohte von dem Pferde zu sinken. Einer von den Leuten fing ihn auf und hob ihn herunter, da sahen wir, daß die Lenden des Tieres von Blut gefärbt waren. Wir brachten ihn in eine Wohnung des Erdgeschosses, die gegen den Garten hinausging, der Major befahl sogleich, Feuer in dem Kamin zu machen und das Bett zu bereiten. Als indessen die schmerzende Stelle entblößt worden war, untersuchte er selber die Wunde. Es war ein leichter Biß im Schenkel, ohne Gefahr, nur der Blutverlust und die vorhergegangene Aufregung ließ jetzt den Jüngling mit Ohnmachten kämpfen. Er ward in das Bett gebracht und sofort ein Bote an den Arzt und einer an Brigitta abgefertigt. Der Major blieb bei dem Bette und sorgte, daß keine der Ohnmachten überhand nehmen könnte. Als der Arzt kam, gab er ein stärkendes Mittel, erklärte die Sache für durchaus ungefährlich und sagte, daß der Blutverlust selber ein Heilmittel gewesen sei, da er die Heftigkeit der Entzündung mindere, die sonst solchen Bißwunden gerne folge. Das einzige Krankheitsübel sei die Gewalt der Gemütsbewegung, und ein paar Tage Ruhe werde das Fieber und die Abspannung gänzlich heben. Man war beruhigt und erfreut, und der Arzt schied unter den Danksagungen aller; denn es war keiner, der den Knaben nicht liebte. Gegen Abend erschien Brigitta, und nach ihrer entschlossenen Art ruhte sie nicht eher, als bis sie den Körper ihres Sohnes Glied um Glied geprüft und sich überzeugt hatte, daß außer der Bißwunde nichts vorhanden sei, das ein Übel drohen könnte. Als die Untersuchung vorüber war, blieb sie doch noch an dem Bette sitzen und reichte nach der Vorschrift des Arztes die Arznei. Für die Nacht mußte ihr ein schnell zusammengerafftes Bette in dem Krankenzimmer gemacht werden. Am andern Morgen saß sie wieder neben dem Jünglinge und horchte auf seinen Atem, da er schlief und so süß und erquickend schlief, als wolle er nie mehr erwachen. — Da geschah ein herzerschütternder Auftritt. Ich sehe den Tag noch vor Augen. Ich war hinabgegangen, um mich nach dem Befinden Gustavs zu erkundigen, und trat in das Zimmer, das neben dem Krankengemache befindlich war, ein. Ich habe schon gesagt, daß die Fenster gegen den Garten hinausgingen: die Nebel hatten sich gehoben, und eine rote Wintersonne schaute durch die entlaubten Zweige in das Zimmer herein. Der Major war schon zugegen, er stand an dem Fenster, das Angesicht gegen das Glas gekehrt, als sähe er hinaus. Im Krankengemache, durch dessen Tür ich hineinschaute und dessen Fenster durch ganz leichte Vorhänge etwas verdunkelt war, saß Brigitta und sah auf ihren Sohn. Plötzlich entrang sich ihren Lippen ein freudiger Seufzer, ich blickte genauer hin und sah, daß ihr Auge mit Süßigkeit an dem Antlitze des Knaben hänge, der die seinigen offen hatte; denn er war nach langem Schlafe aufgewacht und schaute heiter um sich. Aber auch auf der Stelle, wo der Major gestanden war, hatte ich ein leichtes Geräusch vernommen, und wie ich hinblickte, sah ich, daß er sich halb umgewendet hatte und daß an seinen Wimpern zwei harte Tropfen hingen. Ich ging gegen ihn und fragte ihn, was ihm sei. Er antwortete leise:

»Ich habe kein Kind.«

Brigitta mußte mit ihrem scharfen Gehöre die Worte vernommen haben; denn sie erschien in diesem Augenblicke unter der Tür des Zimmers, sah sehr scheu auf meinen Freund, und mit einem Blicke, den ich nicht beschreiben kann und der sich gleichsam in der zaghaftesten Angst nicht getraute, eine Bitte auszusprechen, sagte sie nichts als das einzige Wort: »Stephan.«

Der Major wendete sich vollends herum — beide starrten sich eine Sekunde an — nur eine Sekunde —, dann aber vorwärtstretend lag er eines Sturzes in ihren Armen, die sich mit maßloser Heftigkeit um ihn schlossen. Ich hörte nichts als das tiefe, leise Schluchzen des Mannes, wobei das Weib ihn immer fester umschlang und immer fester an sich drückte.

»Nun keine Trennung mehr, Brigitta, für hier und die Ewigkeit.«

»Keine, mein teurer Freund!«

Ich war in höchster Verlegenheit und wollte stille hinausgehen; aber sie hob ihr Haupt und sagte: »Bleiben Sie, bleiben Sie.«

Das Weib, das ich immer ernst und strenge gesehen hatte, hatte an seinem Halse geweint. Nun hob sie, noch in Tränen schimmernd, die Augen — und so herrlich ist das Schönste, was der arme, fehlende Mensch hienieden vermag, das Verzeihen — daß mir ihre Züge wie in unnachahmlicher Schönheit strahlten und mein Gemüt in tiefer Rührung schwamm.

»Arme, arme Gattin«, sagte er beklommen, »fünfzehn Jahre mußte ich dich entbehren, und fünfzehn Jahre warst du geopfert.«

Sie aber faltete die Hände und sagte bittend in sein Antlitz blickend: »Ich habe gefehlt, verzeihe mir, Stephan, die Sünde des Stolzes — ich habe nicht geahnt, wie gut du seist —, es war ja bloß natürlich, es ist ein sanftes Gesetz der Schönheit, das uns ziehet.« — —

Er hielt ihr den Mund zu und sagte: »Wie kannst du nur so reden, Brigitta — ja, es zieht uns das Gesetz der Schönheit, aber ich mußte die ganze Welt durchziehen, bis ich lernte, daß sie im Herzen liegt, und daß ich sie daheimgelassen in einem Herzen, das es einzig gut mit mir gemeint hat, das fest und treu ist, das ich verloren glaubte und das doch durch alle Jahre und Länder mit mir gezogen. — O Brigitta, Mutter meines Kindes! Du standest Tag und Nacht vor meinen Augen.«

»Ich war dir nicht verloren«, antwortete sie, »ich habe traurige, reuevolle Jahre verlebt! — Wie bist du gut geworden, jetzt kenne ich dich, wie bist du gut geworden, Stephan!«

Und wieder stürzten sie sich in die Arme, als könnten sie sich nicht ersättigen, als könnten sie an das gewonnene Glück nicht glauben. Sie waren wie zwei Menschen, von denen eine große Last genommen ist. Die Welt stand wieder offen. Eine Freude, wie man sie nur an Kindern findet, war an ihnen — in dem Augenblicke waren sie auch unschuldig wie die Kinder; denn die reinigendste, die allerschönste Blume der Liebe, aber nur der höchsten Liebe, ist das Verzeihen, darum wird es auch immer an Gott gefunden und an Müttern. Schöne Herzen tun es öfter — schlechte nie.

Die zwei Gatten hatten mich wieder vergessen und wandten sich in das Krankenzimmer, wo Gustav, der das Ganze dunkel ahnte, wie eine glühende, blühende Rose lag und ihnen atemlos entgegenharrte.

»Gustav, Gustav, er ist dein Vater, und du hast es nicht gewußt«, rief Brigitta, als sie über die Schwelle in das verdunkelte Zimmer traten.

Ich aber ging in den Garten hinaus und dachte: O wie heilig, o wie heilig muß die Gattenliebe sein, und wie arm bist du, der du von ihr bisher nichts erkanntest und das Herz nur höchstens von der trüben Lohe der Leidenschaft ergreifen ließest.

Erst spät ging ich in das Schloß zurück, und fand alles gelöset und gelüftet. Geschäftige Freude, wie heiterer Sonnenschein, wehte durch alle Zimmer. Man empfing mich mit offenen Armen als Zeugen des schönsten Auftrittes. Man hatte mich schon allenthalben suchen lassen, da ich ihnen, als sie zu sehr mit sich beschäftigt waren, aus den Augen gekommen war. Sie erzählten mir teils gleich in abgebrochenen Sätzen, teils die folgenden Tage im Zusammenhange alles, was sich zugetragen hatte, und was ich oben angemerkt habe.

Mein Reisefreund war also Stephan Murai gewesen. Er war unter dem Namen Bathori, der einem seiner weiblichen Vorfahren gehörte, gereiset. So hatte ich ihn auch gekannt, aber er ließ sich immer Major nennen, welchen Rang er in Spanien erworben hatte, und alle Welt nannte ihn auch den Major. Da er in der ganzen Welt gewesen war, ging er, von seinem Innern gezogen, unter demselben Namen nach dem wüsten Sitze Uwar, wo er nie gewesen war, wo ihn niemand kannte und wo er, wie er recht gut wußte, der Nachbar seines getrennten Weibes werden würde. Gleichwohl kam er nicht zu ihr hinüber, die schon so schön auf Maroshely waltete, bis der Ruf die Kunde ihrer Todeskrankheit zu ihm trug. Da machte er sich auf, ritt hinüber, trat zu ihr, die ihn vor Fieber nicht kannte, blieb Tag und Nacht bei ihrem Bette, wachte über sie und pflegte sie, bis sie genas. Damals, durch den gegenseitigen Anblick gerührt und von leiser Liebe getrieben, aber dennoch ängstlich vor der Zukunft, weil sie sich nicht kannten und weil sich wieder etwas Fürchterliches zutragen könnte, schlossen sie jenen seltsamen Vertrag der bloßen Freundschaft, den sie jahrelang hielten, und den bisher keines zuerst anzurühren wagte, bis ihn das Geschick durch einen scharfen Schnitt, den es in beider Herzen tat, trennte und zu dem schöneren, natürlicheren Bunde wieder zusammenfügte.

Alles war nun gut. Nach vierzehn Tagen wurde es in der Gegend kundgetan, und die lästigen Glückwünscher kamen von nahe und von ferne.

Ich aber blieb noch den ganzen Winter bei den Leuten, und zwar auf Maroshely, wo vorläufig alles wohnte, und von wo der Major im Sinne hatte Brigitta nie fortzuziehen, weil sie da in Mitte ihrer Schöpfung sei. Am freudigsten war schier Gustav, der immer so an dem Major gehangen war, der ihn immer leidenschaftlich und einseitig den herrlichsten Mann dieser Erde nannte, und der ihn nun als Vater verehren durfte, ihn, an dem sein Auge wie an einer Gottheit hing.

Ich habe jenes Winters zwei Herzen kennengelernt, die sich nun erst recht zu einer vollen, wenn auch verspäteten Blume des Glückes aufschlossen.

Ich werde diese Herzen nie, nie vergessen! — —

Im Frühjahr nahm ich wieder mein deutsches Gewand, meinen deutschen Stab und wanderte dem deutschen Vaterlande zu. Ich sah auf dem Rückwege Gabrielens Grabmal, die schon vor zwölf Jahren im Gipfel ihrer jugendlichen Schönheit gestorben war. Auf dem Marmor standen zwei große weiße Lilien.

Mit trüben, sanften Gedanken zog ich weiter, bis die Leitha überschritten war und die lieblichen blauen Berge des Vaterlandes vor meinen Augen dämmerten.

GEORG BÜCHNER

Lenz

Den 20. Jänner ging Lenz durchs Gebirg. Die Gipfel und hohen Bergflächen im Schnee, die Täler hinunter graues Gestein, grüne Flächen, Felsen und Tannen. Es war naßkalt, das Wasser rieselte die Felsen hinunter und sprang über den Weg. Die Äste der Tannen hingen schwer herab in die feuchte Luft. Am Himmel zogen graue Wolken, aber alles so dicht, und dann dampfte der Nebel herauf und strich schwer und feucht durch das Gesträuch, so träg, so plump.

Er ging gleichgültig weiter, es lag ihm nichts am Weg, bald auf-, bald abwärts. Müdigkeit spürte er keine, nur war es ihm manchmal unangenehm, daß er nicht auf dem Kopf gehn konnte. Anfangs drängte es ihm in der Brust, wenn das Gestein so wegsprang, der graue Wald sich unter ihm schüttelte und der Nebel die Formen bald verschlang, bald die gewaltigen Glieder halb enthüllte; es drängte in ihm, er suchte nach etwas, wie nach verlornen Träumen, aber er fand nichts. Es war ihm alles so klein, so nahe, so naß, er hätte die Erde hinter den Ofen setzen mögen, er begriff nicht, daß er so viel Zeit brauchte, um einen Abhang hinunterzuklimmen, einen fernen Punkt zu erreichen; er meinte, er müsse alles mit ein paar Schritten ausmessen können. Nur manchmal, wenn der Sturm das

Gewölk in die Täler warf und es den Wald herauf dampfte und die Stimmen an den Felsen wach wurden, bald wie fern verhallende Donner und dann gewaltig heranbrausten, in Tönen, als wollten sie in ihrem wilden Jubel die Erde besingen, und die Wolken wie wilde, wiehernde Rosse heransprengten und der Sonnenschein dazwischen durchging und kam und sein blitzendes Schwert an den Schneeflächen zog, so daß ein helles, blendendes Licht über die Gipfel in die Täler schnitt; oder wenn der Sturm das Gewölk abwärts trieb und einen lichtblauen See hineinriß und dann der Wind verhallte und tief unten aus den Schluchten, aus den Wipfeln der Tannen wie ein Wiegenlied und Glokkengeläute heraufsummte und am tiefen Blau ein leises Rot hinaufklomm und kleine Wölkchen auf silbernen Flügeln durchzogen und alle Berggipfel, scharf und fest, weit über das Land hin glänzten und blitzten, riß es ihm in der Brust, er stand, keuchend, den Leib vorwärts gebogen, Augen und Mund weit offen, er meinte, er müsse den Sturm in sich ziehen, alles in sich fassen, er dehnte sich aus und lag über der Erde, er wühlte sich in das All hinein, es war eine Lust, die ihm wehe tat; oder er stand still und legte das Haupt ins Moos und schloß die Augen halb, und dann zog es weit von ihm, die Erde wich unter ihm, sie wurde klein wie ein wandelnder Stern und tauchte sich in einen brausenden Strom, der seine klare Flut unter ihm zog. Aber es waren nur Augenblicke, und dann erhob er sich nüchtern, fest, ruhig, als wäre ein Schattenspiel vor ihm vorübergezogen, er wußte von nichts mehr.

Gegen Abend kam er auf die Höhe des Gebirgs, auf das Schneefeld, von wo man wieder hinabstieg in die Ebene nach Westen. Er setzte sich oben nieder. Es war gegen Abend ruhiger geworden; das Gewölk lag fest und unbeweglich am Himmel, so weit der Blick reichte, nichts als Gipfel, von denen sich breite Flächen hinabzogen, und alles so still, grau, dämmernd; es wurde ihm entsetzlich einsam, er war allein, ganz allein, er wollte mit sich sprechen, aber er konnte nicht, er wagte kaum zu atmen; das Biegen seines Fußes tönte wie Donner unter ihm, er mußte sich niedersetzen, es faßte ihn eine namenlose Angst in diesem Nichts, er war im Leeren, er riß sich auf und flog den Abhang hinunter.

Es war finster geworden, Himmel und Erde verschmolzen in eins. Es war, als ginge ihm was nach und als müsse ihn was Entsetzliches erreichen, etwas, das Menschen nicht ertragen können, als jage der Wahnsinn auf Rossen hinter ihm. Endlich hörte er Stimmen, er sah Lichter, es wurde ihm leichter, man sagte ihm, er hätte noch eine halbe Stunde nach Waldbach.

Er ging durch das Dorf, die Lichter schienen durch die Fenster, er sah hinein im Vorbeigehen, Kinder am Tische, alte Weiber, Mädchen, alles ruhige, stille Gesichter, es war ihm, als müsse das Licht von ihnen ausstrahlen, es war ihm leicht, er war bald in Waldbach im Pfarrhause. Man saß am Tische, er hinein; die blonden Locken hingen ihm um das bleiche Gesicht, es zuckte ihm in den Augen und um den Mund, seine Kleider waren zerrissen.

Oberlin hieß ihn willkommen, er hielt ihn für einen Handwerker. »Sein Sie mir willkommen, obschon Sie mir unbekannt.« — »Ich bin ein Freund von Kaufmann und bringe Ihnen Grüße von ihm.« — »Der Name, wenn's beliebt?« — »Lenz.« —»Ha, ha, ha, ist er nicht gedruckt? Habe ich nicht einige Dramen gelesen, die einem Herrn dieses Namens zugeschrieben werden?« — »Ja, aber belieben Sie, mich nicht darnach zu beurteilen.« Man sprach weiter, er suchte nach Worten und erzählte rasch, aber auf der Folter; nach und nach wurde er ruhig, das heimliche Zimmer und die stillen Gesichter, die aus dem Schatten hervortraten, das helle Kindergesicht, auf dem alles Licht zu ruhen schien und das neugierig, vertraulich aufschaute, bis zur Mutter, die hinten im Schatten engelgleich stille saß. Er fing an zu erzählen, von seiner Heimat; er zeichnete allerhand Trachten, man drängte sich teilnehmend um ihn, er war gleich zu Haus, sein blasses Kindergesicht, das jetzt lächelte, sein lebendiges Erzählen, er wurde ruhig, es war ihm, als träten alte Gestalten, vergessene Gesichter wieder aus dem Dunkeln, alte Lieder wachten auf, er war weg, weit weg.

Endlich war es Zeit zum Gehen, man führte ihn über die Straße, das Pfarrhaus war zu eng, man gab ihm ein Zimmer im Schulhause. Er ging hinauf, es war kalt oben, eine weite Stube, leer, ein hohes Bett im Hintergrund, er stellte das Licht auf den Tisch und ging auf und ab, er besann sich wieder auf den Tag, wie er hergekommen, wo er war, das Zimmer im Pfarrhause mit seinen Lichtern und lieben Gesichtern, es war ihm wie ein Schatten, ein Traum, und es wurde ihm leer, wieder wie auf dem Berg, aber er konnte es mit nichts mehr ausfüllen, das Licht war erloschen, die

Finsternis verschlang alles, eine unnennbare Angst erfaßte ihn, er sprang auf, er lief durchs Zimmer, die Treppe hinunter, vors Haus; aber umsonst, alles finster, nichts, er war sich selbst ein Traum, einzelne Gedanken huschten auf, er hielt sie fest, es war ihm, als müsse er immer ›Vater unser‹ sagen. Er konnte sich nicht mehr finden; ein dunkler Instinkt trieb ihn, sich zu retten, er stieß an die Steine, er riß sich mit den Nägeln; der Schmerz fing an, ihm das Bewußtsein wiederzugeben, er stürzte sich in den Brunnstein, aber das Wasser war nicht tief, er patschte darin. Da kamen Leute, man hatte es gehört, man rief ihm zu. Oberlin kam gelaufen, Lenz war wieder zu sich gekommen, das ganze Bewußtsein seiner Lage stand vor ihm, es war ihm wieder leicht, jetzt schämte er sich und war betrübt, daß er den guten Leuten Angst gemacht, er sagte ihnen, daß er gewohnt sei, kalt zu baden, und ging wieder hinauf; die Erschöpfung ließ ihn endlich ruhen.

Den andern Tag ging es gut. Mit Oberlin zu Pferde durch das Tal; breite Bergflächen, die aus großer Höhe sich in ein schmales, gewundnes Tal zusammenzogen, das in mannigfachen Richtungen sich hoch an den Bergen hinaufzog; große Felsenmassen, die sich nach unten ausbreiteten; wenig Wald, aber alles im grauen, ernsten Anflug, eine Aussicht nach Westen in das Land hinein und auf die Bergkette, die sich grad hinunter nach Süden und Norden zog und deren Gipfel gewaltig, ernsthaft oder schweigend still, wie ein dämmernder Traum, standen. Gewaltige Lichtmassen, die manchmal aus den Tälern, wie ein goldner Strom, schwollen, dann wieder Gewölk, das an dem höchsten Gipfel lag und dann langsam den Wald herab in das Tal klomm oder in den Sonnenblitzen sich wie ein fliegendes silbernes Gespinst herabsenkte und hob; kein Lärm, keine Bewegung, kein Vogel, nichts als das bald nahe, bald ferne Wehn des Windes. Auch erschienen Punkte, Gerippe von Hütten, Bretter mit Stroh gedeckt, von schwarzer, ernster Farbe. Die Leute, schweigend und ernst, als wagten sie die Ruhe ihres Tales nicht zu stören, grüßten ruhig, wie sie vorbeiritten.

In den Hütten war es lebendig, man drängte sich um Oberlin, er wies zurecht, gab Rat, tröstete; überall zutrauensvolle Blicke, Gebet. Die Leute erzählten Träume, Ahnungen. Dann rasch ins praktische Leben, Wege angelegt, Kanäle gegraben, die Schule besucht. Oberlin war unermüdlich, Lenz fortwährend sein Begleiter, bald in Gespräch, bald tätig am Geschäft, bald in die Natur versunken. Es wirkte alles wohltätig und beruhigend auf ihn, er mußte Oberlin oft in die Augen sehen, und die mächtige Ruhe, die uns über der ruhenden Natur, im tiefen Wald, in mondhellen schmelzenden Sommernächten überfällt, schien ihm noch näher, in diesem ruhigen Auge, diesem ehrwürdigen ernsten Gesicht. Er war schüchtern, aber er machte Bemerkungen, er sprach, Oberlin war sein Gespräch sehr angenehm, und das anmutige Kindergesicht Lenzens machte ihm große Freude.

Aber nur solange das Licht im Tale lag, war es ihm erträglich; gegen Abend befiel ihn eine sonderbare Angst, er hätte der Sonne nachlaufen mögen; wie die

Gegenstände nach und nach schattiger wurden, kam ihm alles so traumartig, so zuwider vor, es kam ihm die Angst an wie Kindern, die im Dunkeln schlafen; es war ihm, als sei er blind; jetzt wuchs sie, der Alp des Wahnsinns setzte sich zu seinen Füßen, der rettungslose Gedanke, als sei alles nur sein Traum, öffnete sich vor ihm, er klammerte sich an alle Gegenstände, Gestalten zogen rasch an ihm vorbei, er drängte sich an sie, es waren Schatten, das Leben wich aus ihm, und seine Glieder waren ganz starr. Er sprach, er sang, er rezitierte Stellen aus Shakespeare, er griff nach allem, was sein Blut sonst hatte rascher fließen machen, er versuchte alles, aber kalt, kalt. Er mußte dann hinaus ins Freie, das wenige, durch die Nacht zerstreute Licht, wenn seine Augen an die Dunkelheit gewöhnt waren, machte ihm besser, er stürzte sich in den Brunnen, die grelle Wirkung des Wassers machte ihm besser, auch hatte er eine geheime Hoffnung auf eine Krankheit — er verrichtete sein Bad jetzt mit weniger Geräusch.

Doch je mehr er sich in das Leben hineinlebte, ward er ruhiger, er unterstützte Oberlin, zeichnete, las die Bibel; alte, vergangne Hoffnungen gingen in ihm auf; das Neue Testament trat ihm hier so entgegen und . . . Wie Oberlin ihm erzählte, wie ihn eine unsichtbare Hand auf der Brücke gehalten hätte, wie auf der Höhe ein Glanz seine Augen geblendet hätte, wie er eine Stimme gehört hätte, wie es in der Nacht mit ihm gesprochen, und wie Gott so ganz bei ihm eingekehrt, daß er kindlich seine Lose aus der Tasche holte, um zu wissen, was er tun sollte, dieser Glaube, dieser ewige Himmel im Leben, dieses Sein in Gott; jetzt erst ging ihm die Heilige Schrift auf. Wie den Leuten die Natur so nah trat, alles in himmlischen Mysterien; aber nicht gewaltsam majestätisch, sondern noch vertraut.

Eines Morgens ging er hinaus. Die Nacht war Schnee gefallen, im Tal lag heller Sonnenschein, aber weiterhin die Landschaft halb im Nebel. Er kam bald vom Weg ab und eine sanfte Höhe hinauf, keine Spur von Fußtritten mehr, neben einem Tannenwald hin, die Sonne schnitt Kristalle, der Schnee war leicht und flockig, hie und da Spur von Wild leicht auf dem Schnee, die sich ins Gebirg hinzog. Keine Regung in der Luft als ein leises Wehen, als das Rauschen eines Vogels, der die Flocken leicht vom Schwanze stäubte. Alles so still, und die Bäume weithin mit schwankenden weißen Federn in der tiefblauen Luft. Es wurde ihm heimlich nach und nach, die einförmigen gewaltigen Flächen und Linien, vor denen es ihm manchmal war, als ob sie ihn mit gewaltigen Tönen anredeten, waren verhüllt, ein heimliches Weihnachtsgefühl beschlich ihn, er meinte manchmal, seine Mutter müsse hinter einem Baume hervortreten, groß, und ihm sagen, sie hätte ihm dies alles beschert; wie er hinunterging, sah er, daß um seinen Schatten sich ein Regenbogen von Strahlen legte, es wurde ihm, als hätte ihn was an der Stirn berührt, das Wesen sprach ihn an.

Er kam hinunter. Oberlin war im Zimmer, Lenz kam heiter auf ihn zu und sagte ihm, er möge wohl einmal predigen. — »Sind Sie Theologe?« — »Ja!« — »Gut, nächsten Sonntag.«

Lenz ging vergnügt auf sein Zimmer. Er dachte auf einen Text zum Predigen und verfiel in Sinnen, und seine Nächte wurden ruhig. Der Sonntagmorgen kam, es war Tauwetter eingefallen. Vorüberstreifende Wolken, Blau dazwischen, die Kirche lag neben am Berg hinauf, auf einem Vorsprung, der Kirchhof drumherum. Lenz stand oben, wie die Glocke läutete und die Kirchengänger, die Weiber und Mädchen in ihrer ernsten schwarzen Tracht, das weiße gefaltete Schnupftuch auf dem Gesangbuch und den Rosmarinzweig, von den verschiedenen Seiten die schmalen Pfade zwischen den Felsen herauf- und herabkamen. Ein Sonnenblick lag manchmal über dem Tal, die laue Luft regte sich langsam, die Landschaft schwamm im Duft, fernes Geläute, es war, als löste sich alles in eine harmonische Welle auf.

Auf dem kleinen Kirchhof war der Schnee weg, dunkles Moos unter den schwarzen Kreuzen, ein verspäteter Rosenstrauch lehnte an der Kirchhofmauer, verspätete Blumen dazu unter dem Moos hervor, manchmal Sonne, dann wieder dunkel. Die Kirche fing an, die Menschenstimmen begegneten sich im reinen hellen Klang; ein Eindruck, als schaue man in reines durchsichtiges Bergwasser. Der Gesang verhallte, Lenz sprach, er war schüchtern, unter den Tönen hatte sein Starrkrampf sich ganz gelegt, sein ganzer Schmerz wachte jetzt auf und legte sich in sein Herz. Ein süßes Gefühl unendlichen Wohls beschlich ihn. Er sprach einfach mit den Leuten, sie litten alle mit ihm, und es war ihm ein Trost, wenn er über einige müdgeweinte Augen Schlaf und gequälten Herzen Ruhe bringen, wenn er über dieses von materiellen Bedürfnissen gequälte Sein diese dumpfen Leiden gen Himmel leiten konnte. Er war fester geworden, wie er schloß, da fingen die Stimmen wieder an:

Laß in mir die heil'gen Schmerzen
tiefe Bronnen ganz aufbrechen;
Leiden sei all mein Gewinst,
Leiden sei mein Gottesdienst.

Das Drängen in ihm, die Musik, der Schmerz, erschütterte ihn. Das All war für ihn in Wunden; er fühlte tiefen unnennbaren Schmerz davon. Jetzt ein anderes Sein, göttliche, zuckende Lippen bückten sich über ihm nieder und sogen sich an seine Lippen; er ging auf sein einsames Zimmer. Er war allein, allein! Da rauschte die Quelle, Ströme brachen aus seinen Augen, er krümmte sich in sich, es zuckten seine Glieder, es war ihm, als müsse er sich auflösen, er konnte kein Ende finden der Wollust, endlich dämmerte es in ihm, er empfand ein leises tiefes Mitleid mit sich selbst, er weinte über sich, sein Haupt sank auf die Brust, er schlief ein, der Vollmond stand am Himmel; die Locken fielen ihm über die Schläfen und das Gesicht, die Tränen hingen ihm an den Wimpern und trockneten auf den Wangen, so lag er nun da allein, und alles war ruhig und still und kalt, und der Mond schien die ganze Nacht und stand über den Bergen.

Am folgenden Morgen kam er herunter, er erzählte Oberlin ganz ruhig, wie ihm die Nacht seine Mutter erschienen sei; sie sei in einem weißen Kleid aus der dunkeln Kirchhofmauer hervorgetreten und habe eine weiße und eine rote Rose an der Brust stecken gehabt;

sie sei dann in eine Ecke gesunken, und die Rosen seien langsam über sie gewachsen, sie sei gewiß tot; er sei ganz ruhig darüber. Oberlin versetzte ihm nun, wie er bei dem Tod seines Vaters allein auf dem Felde gewesen sei und er dann eine Stimme gehört habe, so daß er wußte, daß sein Vater tot sei, und wie er heimgekommen, sei es so gewesen. Das führte sie weiter, Oberlin sprach noch von den Leuten im Gebirge, von Mädchen, die das Wasser und Metall unter der Erde fühlten, von Männern, die auf manchen Berghöhen angefaßt würden und mit einem Geiste rängen; er sagte ihm auch, wie er einmal im Gebirg durch das Schauen in ein leeres tiefes Bergwasser in eine Art von Somnambulismus versetzt worden sei. Lenz sagte, daß der Geist des Wassers über ihn gekommen sei, daß er dann etwas von seinem eigentümlichen Sein empfunden hätte. Er fuhr weiter fort: Die einfachste, reinste Natur hinge am nächsten mit der elementarischen zusammen; je feiner der Mensch geistig fühlt und lebt, um so abgestumpfter würde dieser elementarische Sinn; er halte ihn nicht für einen hohen Zustand, er sei nicht selbständig genug, aber er meine, es müsse ein unendliches Wonnegefühl sein, so von dem eigentümlichen Leben jeder Form berührt zu werden, für Gesteine, Metalle, Wasser und Pflanzen eine Seele zu haben, so traumartig jedes Wesen in der Natur in sich aufzunehmen, wie die Blumen mit dem Zu- und Abnehmen des Mondes die Luft.

Er sprach sich selbst weiter aus, wie in allem eine unaussprechliche Harmonie, ein Ton, eine Seligkeit sei, die in den höhern Formen mit mehr Organen aus sich herausgriffe, tönte, auffaßte und dafür aber auch um so tiefer affiziert würde, wie in den niedrigen Formen alles zurückgedrängter, beschränkter, dafür aber auch die Ruhe in sich größer sei. Er verfolgte das noch weiter. Oberlin brach es ab, es führte ihn zu weit von seiner einfachen Art ab. Ein ander Mal zeigte ihm Oberlin Farbentäfelchen, er setzte ihm auseinander, in welcher Beziehung jede Farbe mit dem Menschen stände, er brachte zwölf Apostel heraus, deren jeder durch eine Farbe repräsentiert würde. Lenz faßte das auf, er spann die Sache weiter, kam in ängstliche Träume und fing an, wie Stilling, die Apokalypse zu lesen, und las viel in der Bibel.

Um diese Zeit kam Kaufmann mit seiner Braut ins Steintal. Lenzen war anfangs das Zusammentreffen unangenehm, er hatte sich so ein Plätzchen zurechtgemacht, das bißchen Ruhe war ihm so kostbar, und jetzt kam ihm jemand entgegen, der ihn an so vieles erinnerte, mit dem er sprechen, reden mußte, der seine Verhältnisse kannte. Oberlin wußte von allem nichts; er hatte ihn aufgenommen, gepflegt; er sah es als eine Schickung Gottes, der den Unglücklichen ihm zugesandt hätte, er liebte ihn herzlich. Auch war es allen notwendig, daß er da war; er gehörte zu ihnen, als wäre er schon längst da, und niemand frug, woher er gekommen und wohin er gehen werde.

Über Tisch war Lenz wieder in guter Stimmung: man sprach von Literatur, er war auf seinem Gebiete. Die idealistische Periode fing damals an, Kaufmann war ein Anhänger davon, Lenz widersprach heftig. Er sagte: Die Dichter, von denen man sage, sie geben die

Wirklichkeit, hätten auch keine Ahnung davon, doch seien sie immer noch erträglicher als die, welche die Wirklichkeit verklären wollten. Er sagte: Der liebe Gott hat die Welt wohl gemacht, wie sie sein soll, und wir können wohl nicht was Besseres klecksen; unser einziges Bestreben soll sein, ihm ein wenig nachzuschaffen. Ich verlange in allem — Leben, Möglichkeit des Daseins, und dann ist's gut; wir haben dann nicht zu fragen, ob es schön, ob es häßlich ist. Das Gefühl, daß, was geschaffen sei, Leben habe, stehe über diesen beiden und sei das einzige Kriterium in Kunstsachen. Übrigens begegne es uns nur selten: in Shakespeare finden wir es, und in den Volksliedern tönt es einem ganz, in Goethe manchmal entgegen: alles übrige kann man ins Feuer werfen. Die Leute können auch keinen Hundsstall zeichnen. Da wolle man idealistische Gestalten, aber alles, was ich davon gesehen, sind Holzpuppen. Dieser Idealismus ist die schmählichste Verachtung der menschlichen Natur. Man versuche es einmal und senke sich in das Leben des Geringsten und gebe es wieder, in den Zuckungen, den Andeutungen, dem ganzen feinen, kaum bemerkten Mienenspiel; er hätte dergleichen versucht im ›Hofmeister‹ und den ›Soldaten‹. Es sind die prosaischsten Menschen unter der Sonne; aber die Gefühlsader ist in fast allen Menschen gleich, nur ist die Hülle mehr oder weniger dicht, durch die sie brechen muß. Man muß nur Aug und Ohren dafür haben. Wie ich gestern neben am Tal hinaufging, sah ich auf einem Steine zwei Mädchen sitzen: die eine band ihre Haare auf, die andre half ihr; und das goldne Haar hing herab, und ein ernstes bleiches Gesicht, und doch so jung, und die schwarze Tracht, und die andre so sorgsam bemüht. Die schönsten, innigsten Bilder der altdeutschen Schule geben kaum eine Ahnung davon. Man möchte manchmal ein Medusenhaupt sein, um so eine Gruppe in Stein verwandeln zu können, und den Leuten zurufen. Sie standen auf, die schöne Gruppe war zerstört; aber wie sie so hinabstiegen, zwischen den Felsen, war es wieder ein anderes Bild. Die schönsten Bilder, die schwellendsten Töne gruppieren, lösen sich auf. Nur eins bleibt: eine unendliche Schönheit, die aus einer Form in die andre tritt, ewig aufgeblättert, verändert, man kann sie aber freilich nicht immer festhalten und in Museen stellen und auf Noten ziehen und dann alt und jung herbeirufen und die Buben und Alten darüber radotieren und sich entzücken lassen. Man muß die Menschheit lieben, um in das eigentümliche Wesen jedes einzudringen, es darf einem keiner zu gering, keiner zu häßlich sein, erst dann kann man sie verstehen; das unbedeutendste Gesicht macht einen tiefern Eindruck als die bloße Empfindung des Schönen, und man kann die Gestalten aus sich heraustreten lassen, ohne etwas vom Äußern hineinzukopieren, wo einem kein Leben, keine Muskeln, kein Puls entgegenschwillt und pocht.

Kaufmann warf ihm vor, daß er in der Wirklichkeit doch keine Typen für einen Apoll von Belvedere oder eine Raffaelische Madonna finden würde. Was liegt daran, versetzte er, ich muß gestehen, ich fühle mich dabei sehr tot. Wenn ich in mir arbeite, kann ich auch wohl was dabei fühlen, aber ich tue das Beste daran.

Der Dichter und Bildende ist mir der liebste, der mir die Natur am wirklichsten gibt, so daß ich über seinem Gebild fühle; alles übrige stört mich. Die holländischen Maler sind mir lieber als die italienischen, sie sind auch die einzigen faßlichen, ich kenne nur zwei Bilder, und zwar von Niederländern, die mir einen Eindruck gemacht hätten wie das Neue Testament, das eine ist, ich weiß nicht von wem, Christus und die Jünger von Emmaus. Wenn man so liest, wie die Jünger hinausgingen, es liegt gleich die ganze Natur in den paar Worten. Es ist ein trüber, dämmernder Abend, ein einförmiger roter Streifen am Horizont, halbfinster auf der Straße, da kommt ein Unbekannter zu ihnen, sie sprechen, er bricht das Brot, da erkennen sie ihn, in einfach-menschlicher Art, und die göttlich-leidenden Züge reden ihnen deutlich, und sie erschrecken, denn es ist finster geworden, und es tritt sie etwas Unbegreifliches an; aber es ist kein gespenstisches Grauen; es ist, wie wenn einem ein geliebter Toter in der Dämmerung in der alten Art entgegenträte: so ist das Bild mit dem einförmigen, bräunlichen Ton darüber, dem trüben stillen Abend. Dann ein anderes: Eine Frau sitzt in ihrer Kammer, das Gebetbuch in der Hand. Es ist sonntäglich aufgeputzt, der Sand gestreut, so heimlich rein und warm. Die Frau hat nicht zur Kirche gekonnt, und sie verrichtet die Andacht zu Haus; das Fenster ist offen, sie sitzt darnach hingewandt, und es ist, als schwebten zu dem Fenster über die weite ebne Landschaft die Glockentöne von dem Dorfe herein und verhallet der Sang der nahen Gemeinde aus der Kirche her, und die Frau liest den Text nach.

— In *der* Art sprach er weiter, man horchte auf, es traf vieles, er war rot geworden über dem Reden, und bald lächelnd, bald ernst schüttelte er die blonden Locken. Er hatte sich ganz vergessen.

Nach dem Essen nahm ihn Kaufmann beiseite. Er hatte Briefe von Lenzens Vater erhalten, sein Sohn sollte zurück, ihn unterstützen. Kaufmann sagte ihm, wie er sein Leben hier verschleudre, unnütz verliere, er solle sich ein Ziel stecken, und dergleichen mehr. Lenz fuhr ihn an: »Hier weg, weg! nach Haus? Toll werden dort? Du weißt, ich kann es nirgends aushalten als da herum, in der Gegend. Wenn ich nicht manchmal auf einen Berg könnte und die Gegend sehen könnte, und dann wieder herunter ins Haus, durch den Garten gehn und zum Fenster hineinsehn — ich würde toll! toll! Laßt mich doch in Ruhe! Nur ein bißchen Ruhe, jetzt, wo es mir ein wenig wohl wird! Hier weg? Ich verstehe das nicht, mit den zwei Worten ist die Welt verhunzt. Jeder hat was nötig; wenn er ruhen kann, was könnt' er mehr haben! Immer steigen, ringen und so in Ewigkeit alles, was der Augenblick gibt, wegwerfen und immer darben, um einmal zu genießen, dürsten, während einem helle Quellen über den Weg springen! Es ist mir jetzt erträglich, und da will ich bleiben, warum? warum? Eben weil es mir wohl ist. Was will mein Vater? Kann er mehr geben? Unmöglich! Laßt mich in Ruhe.« Er wurde heftig, Kaufmann ging, Lenz war verstimmt.

Am folgenden Tag wollte Kaufmann weg, er beredete Oberlin, mit ihm in die Schweiz zu gehen. Der Wunsch, Lavater, den er längst durch Briefe kannte, auch persönlich kennenzulernen, bestimmte ihn. Er sagte es zu. Man mußte einen Tag länger wegen der Zurüstungen warten. Lenz fiel das aufs Herz, er hatte, um seiner unendlichen Qual loszuwerden, sich ängstlich an alles geklammert; er fühlte in einzelnen Augenblicken tief, wie er sich alles nur zurechtmache; er ging mit sich um wie mit einem kranken Kinde, manche Gedanken, mächtige Gefühle wurde er nur mit der größten Angst los, da trieb es ihn wieder mit unendlicher Gewalt darauf, er zitterte, das Haar sträubte ihm fast, bis er es in der ungeheuersten Anspannung erschöpfte. Er rettete sich in eine Gestalt, die ihm immer vor Augen schwebte, und in Oberlin; seine Worte, sein Gesicht taten ihm unendlich wohl. So sah er mit Angst seiner Abreise entgegen.

Es war Lenzen unheimlich, jetzt allein im Hause zu bleiben. Das Wetter war milde geworden: er beschloß, Oberlin zu begleiten, ins Gebirg. Auf der andern Seite, wo die Täler sich in die Ebne ausliefen, trennten sie sich. Er ging allein zurück. Er durchstrich das Gebirg in verschiedenen Richtungen. Breite Flächen zogen sich in die Täler herab, wenig Wald, nichts als gewaltige Linien und weiter hinaus die weite, rauchende Ebne; in der Luft ein gewaltiges Wehen, nirgends eine Spur von Menschen als hie und da eine verlassene Hütte, wo die Hirten den Sommer zubrachten, an den Abhängen gelehnt. Er wurde still, vielleicht fast träumend, es verschmolz ihm alles in eine Linie, wie eine steigende und sinkende Welle, zwischen Himmel und Erde, es war ihm, als läge er an einem unendlichen Meer, das leise auf und ab wogte. Manchmal saß er;

dann ging er wieder, aber langsam träumend. Er suchte keinen Weg.

Es war finstrer Abend, als er an eine bewohnte Hütte kam, im Abhang nach dem Steintal. Die Türe war verschlossen; er ging ans Fenster, durch das ein Lichtschimmer fiel. Eine Lampe erhellte fast nur einen Punkt, ihr Licht fiel auf das bleiche Gesicht eines Mädchens, das mit halbgeöffneten Augen, leise die Lippen bewegend, dahinter ruhte. Weiter weg im Dunkel saß ein altes Weib, das mit schnarrender Stimme aus einem Gesangbuch sang. Nach langem Klopfen öffnete sie; sie war halb taub, sie trug Lenz einiges Essen auf und wies ihm eine Schlafstelle an, wobei sie beständig ihr Lied fortsang. Das Mädchen hatte sich nicht gerührt. Einige Zeit darauf kam ein Mann herein; er war lang und hager, Spuren von grauen Haaren, mit unruhigem, verwirrtem Gesicht. Er trat zum Mädchen, sie zuckte auf und wurde unruhig. Er nahm ein getrocknetes Kraut von der Wand und legte ihr die Blätter auf die Hand, so daß sie ruhiger wurde und verständliche Worte in langsam ziehenden, durchschneidenden Tönen summte. Er erzählte, wie er eine Stimme im Gebirge gehört und dann über den Tälern ein Wetterleuchten gesehen habe, auch habe es ihn angefaßt, und er habe damit gerungen wie Jakob. Er warf sich nieder und betete leise mit Inbrunst, während die Kranke in einem langsam ziehenden, leise verhallenden Ton sang. Dann gab er sich zur Ruhe.

Lenz schlummerte träumend ein, und dann hörte er im Schlaf, wie die Uhr pickte. Durch das leise Singen des Mädchens und die Stimme der Alten zugleich tönte das Sausen des Windes bald näher, bald ferner, und der bald helle, bald verhüllte Mond warf sein wechselndes Licht traumartig in die Stube. Einmal wurden die Töne lauter, das Mädchen redete deutlich und bestimmt, sie sagte, wie auf der Klippe gegenüber eine Kirche stehe. Lenz sah auf, und sie saß mit weitgeöffneten Augen aufrecht hinter dem Tisch, und der Mond warf sein stilles Licht auf ihre Züge, von denen ein unheimlicher Glanz zu strahlen schien, zugleich schnarrte die Alte, und über diesem Wechseln und Sinken des Lichts, den Tönen und Stimmen schlief endlich Lenz tief ein.

Er erwachte früh, in der dämmernden Stube schlief alles, auch das Mädchen war ruhig geworden, sie lag zurückgelehnt, die Hände gefaltet unter der linken Wange; das Geisterhafte aus ihren Zügen war verschwunden, sie hatte jetzt einen Ausdruck unbeschreiblichen Leidens. Er trat ans Fenster und öffnete es, die kalte Morgenluft schlug ihm entgegen. Das Haus lag am Ende eines schmalen, tiefen Tales, das sich nach Osten öffnete; rote Strahlen schossen durch den grauen Morgenhimmel in das dämmernde Tal, das im weißen Rauch lag, und funkelten am grauen Gestein und trafen in die Fenster der Hütten. Der Mann erwachte, seine Augen trafen auf ein erleuchtet Bild an der Wand, sie richteten sich fest und starr darauf; nun fing er an, die Lippen zu bewegen, und betete leise, dann laut und immer lauter. Indem kamen Leute zur Hütte herein, sie warfen sich schweigend nieder. Das Mädchen lag in Zuckungen, die Alte schnarrte ihr Lied und plauderte mit den Nachbarn. Die Leute erzählten Lenzen, der Mann sei vor langer Zeit in die Gegend gekommen, man wisse nicht, woher; er stehe im Rufe eines Heiligen, er sehe das Wasser unter der Erde und könne Geister beschwören, und man wallfahre zu ihm. Lenz erfuhr zugleich, daß er weiter vom Steintal abgekommen, er ging weg mit einigen Holzhauern, die in die Gegend gingen. Es tat ihm wohl, Gesellschaft zu finden; es war ihm jetzt unheimlich mit dem gewaltigen Menschen, von dem es ihm manchmal war, als rede er in entsetzlichen Tönen. Auch fürchtete er sich vor sich selbst in der Einsamkeit.

Er kam heim. Doch hatte die verflossene Nacht einen gewaltigen Eindruck auf ihn gemacht. Die Welt war ihm helle gewesen, und er spürte an sich ein Regen und Wimmeln nach einem Abgrund, zu dem ihn eine unerbittliche Gewalt hinriß. Er wühlte jetzt in sich. Er aß wenig; halbe Nächte im Gebet und fieberhaften Träumen. Ein gewaltsames Drängen, und dann erschöpft zurückgeschlagen; er lag in den heißesten Tränen, und dann bekam er plötzlich eine Stärke und erhob sich kalt und gleichgültig, seine Tränen waren ihm dann wie Eis, er mußte lachen. Je höher er sich aufriß, desto tiefer stürzte er hinunter. Alles strömte wieder zusammen. Ahnungen von seinem alten Zustande durchzuckten ihn und warfen Streiflichter in das wüste Chaos seines Geistes. Des Tags saß er gewöhnlich unten im Zimmer, Madame Oberlin ging ab und zu, er zeichnete, malte, las, griff nach jeder Zerstreuung, alles hastig von einem zum andern. Doch schloß er sich jetzt besonders an Madame Oberlin an, wenn sie so dasaß, das schwarze Gesangbuch vor sich, neben einer Pflanze, im Zimmer gezogen, das jüngste Kind zwischen den Knien; auch machte er sich viel mit dem Kinde zu tun. So saß er einmal, da wurde ihm ängstlich, er sprang auf, ging auf und ab. Die Türe halboffen — da hörte er die Magd singen, erst unverständlich, dann kamen die Worte:

Auf dieser Welt hab ich kein Freud,
ich hab mein Schatz, und der ist weit.

Das fiel auf ihn, er verging fast unter den Tönen. Madame Oberlin sah ihn an. Er faßte sich ein Herz, er konnte nicht mehr schweigen, er mußte davon sprechen. »Beste Madame Oberlin, können Sie mir nicht sagen, was das Frauenzimmer macht, dessen Schicksal mir so zentnerschwer auf dem Herzen liegt?« — »Aber Herr Lenz, ich weiß von nichts.«

Er schwieg dann wieder und ging hastig im Zimmer auf und ab; dann fing er wieder an: »Sehen Sie, ich will gehn; Gott, Sie sind noch die einzigen Menschen, wo ich's aushalten könnte, und doch — doch, ich muß weg, zu *ihr* — aber ich kann nicht, ich darf nicht.« — Er war heftig bewegt und ging hinaus.

Gegen Abend kam Lenz wieder, es dämmerte in der Stube; er setzte sich neben Madame Oberlin. »Sehn Sie«, fing er wieder an, »wenn sie so durchs Zimmer ging und so halb für sich allein sang, und jeder Tritt war eine Musik, es war so eine Glückseligkeit in ihr, und das strömte in mich über; ich war immer ruhig, wenn ich sie ansah oder sie so den Kopf an mich lehnte und Gott! Gott — Ich war schon lange nicht mehr ruhig . . . Ganz Kind; es war, als wär ihr die Welt zu weit, sie zog sich so in sich zurück, sie suchte das engste Plätzchen im ganzen Haus, und da saß sie, als wäre ihre ganze Seligkeit nur in einem kleinen Punkt, und dann war mir's auch so; wie ein Kind hätte ich dann spielen können. Jetzt ist es mir so eng, so eng, sehn Sie, es ist mir manchmal, als stieß' ich mit den Händen an den Himmel; o ich ersticke! Es ist mir dabei oft, als fühlt' ich physischen Schmerz, da in der linken Seite, im Arm, womit ich sie sonst faßte. Doch kann ich sie mir nicht mehr vorstellen, das Bild läuft mir fort, und dies martert mich, nur wenn es mir manchmal ganz hell wird, so ist mir wieder recht wohl.« — Er sprach später noch oft mit Madame Oberlin davon, aber meist in abgebrochenen Sätzen; sie wußte wenig zu antworten, doch tat es ihm wohl.

Unterdessen ging es fort mit seinen religiösen Quälereien. Je leerer, je kälter, je sterbender er sich innerlich fühlte, desto mehr drängte es ihn, eine Glut in sich zu wecken, es kamen ihm Erinnerungen an die Zeiten, wo alles in ihm sich drängte, wo er unter all seinen Empfindungen keuchte; und jetzt so tot. Er verzweifelte an sich selbst, dann warf er sich nieder, er rang die Hände, er rührte alles in sich auf; aber tot! tot! Dann flehte er, Gott möge ein Zeichen an ihm tun, dann wühlte er in sich, fastete, lag träumend am Boden. Am dritten Hornung hörte er, ein Kind in Fouday sei gestorben (das Friederike hieß); er faßte es auf wie eine fixe Idee. Er zog sich in sein Zimmer und fastete einen Tag. Am vierten trat er plötzlich ins Zimmer zu Madame Oberlin, er hatte sich das Gesicht mit Asche beschmiert und forderte einen alten Sack; sie erschrak, man gab ihm, was er verlangte. Er wickelte den Sack um sich, wie ein Büßender, und schlug den Weg nach Fouday ein. Die Leute im Tale waren ihn schon gewohnt; man erzählte sich allerlei Seltsames von ihm. Er kam ins Haus, wo das Kind lag. Die Leute gingen gleichgültig ihrem Geschäfte nach; man wies ihm eine Kammer, das Kind lag im Hemde auf Stroh, auf einem Holztisch.

Lenz schauderte, wie er die kalten Glieder berührte und die halbgeöffneten gläsernen Augen sah. Das Kind kam ihm so verlassen vor, und er sich so allein und einsam. Er warf sich über die Leiche nieder; der Tod erschreckte ihn, ein heftiger Schmerz faßte ihn an, diese Züge, dieses stille Gesicht sollte verwesen, er warf sich nieder, er betete mit allem Jammer der Verzweiflung, wie er schwach und unglücklich sei, daß Gott ein Zeichen an ihm tue und das Kind beleben möge; dann sank er ganz in sich und wühlte all seinen Willen auf einen Punkt, so saß er lange starr. Dann erhob er sich und faßte die Hände des Kindes und sprach laut und fest: »Stehe auf und wandle!« Aber die Wände hallten ihm nüchtern den Ton nach, daß es zu spotten schien, und die Leiche blieb kalt. Da stürzte er halb wahnsinnig nieder; dann jagte es ihn auf, hinaus ins Gebirg.

Wolken zogen rasch über den Mond; bald alles im Finstern, bald zeigten sie die nebelhaft verschwindende Landschaft im Mondschein. Er rannte auf und ab. In seiner Brust war ein Triumphgesang der Hölle. Der Wind klang wie ein Titanenlied, es war ihm, als könnte er eine ungeheure Faust hinauf in den Himmel ballen und Gott herbeireißen und zwischen seinen Wolken schleifen; als könnte er die Welt mit den Zähnen zermalmen und sie dem Schöpfer ins Gesicht speien; er schwur, er lästerte. So kam er auf die Höhe des Gebirges, und das ungewisse Licht dehnte sich hinunter, wo die weißen Steinmassen lagen, und der Himmel war ein dummes blaues Aug, und der Mond stand ganz lächerlich drin, einfältig. Lenz mußte laut lachen, und mit dem Lachen griff der Atheismus in ihn und faßte ihn ganz sicher und ruhig und fest. Er wußte nicht mehr, was ihn vorhin so bewegt hatte, es fror ihn, er dachte, er wolle jetzt zu Bette gehn, und er ging kalt und unerschütterlich durch das unheimliche Dunkel — es war ihm alles leer und hohl, er mußte laufen und ging zu Bette.

Am folgenden Tag befiel ihn ein großes Grauen vor seinem gestrigen Zustand, er stand nun am Abgrund, wo eine wahnsinnige Lust ihn trieb, immer wieder hineinzuschauen und sich diese Qual zu wiederholen. Dann steigerte sich seine Angst, die Sünde wider den Heiligen Geist stand vor ihm.

Einige Tage darauf kam Oberlin aus der Schweiz zurück, viel früher, als man es erwartet hatte. Lenz war darüber betroffen. Doch wurde er heiter, als Oberlin ihm von seinen Freunden im Elsaß erzählte. Oberlin ging dabei im Zimmer hin und her und packte aus, legte hin. Dabei erzählte er von Pfeffel, das Leben eines Landgeistlichen glücklich preisend. Dabei ermahnte er ihn, sich in den Wunsch seines Vaters zu fügen, seinem Berufe gemäß zu leben, heimzukehren. Er sagte ihm: »Ehre Vater und Mutter!« und dergleichen mehr. Über dem Gespräch geriet Lenz in heftige Unruhe; er stieß tiefe Seufzer aus, Tränen drangen ihm aus den Augen, er sprach abgebrochen. »Ja, ich halt es aber nicht aus; wollen Sie mich verstoßen? Nur in Ihnen ist der Weg zu Gott. Doch mit mir ist's aus! Ich bin abgefallen, verdammt in Ewigkeit, ich bin der Ewige Jude.« Oberlin sagte ihm, dafür sei Jesus gestorben; er möge sich brünstig an ihn wenden, und er würde teilhaben an seiner Gnade.

Lenz erhob das Haupt, rang die Hände und sagte: »Ach! ach! göttlicher Trost.« Dann frug er plötzlich freundlich, was das Frauenzimmer mache. Oberlin sagte, er wisse von nichts, er wolle ihm aber in allem helfen und raten, er müsse ihm aber Ort, Umstände und Person angeben. Er antwortete nichts wie gebrochene Worte: »Ach sie ist tot! Lebt sie noch? du Engel, sie liebte mich — ich liebte sie, sie war's würdig — o du Engel! Verfluchte Eifersucht, ich habe sie aufgeopfert — sie liebte noch einen andern — ich liebte sie, sie war's würdig — o gute Mutter, auch die liebte mich. Ich bin ein Mörder.« Oberlin versetzte: vielleicht lebten alle diese Personen noch, vielleicht vergnügt; es möge sein, wie es wolle, so könne und werde Gott, wenn er sich zu ihm bekehrt haben würde, diesen Personen auf sein Gebet und Tränen so viel Gutes erweisen, daß der Nutzen, den sie alsdann von ihm hätten, den Schaden, den er ihnen zugefügt, vielleicht weit überwiegen würde. Er wurde darauf nach und nach ruhiger und ging wieder an sein Malen.

Den Nachmittag kam er wieder. Auf der linken Schulter hatte er ein Stück Pelz und in der Hand ein

Bündel Gerten, die man Oberlin nebst einem Briefe für Lenz mitgegeben hatte. Er reichte Oberlin die Gerten mit dem Begehren, er sollte ihn damit schlagen. Oberlin nahm die Gerten aus seiner Hand, drückte ihm einige Küsse auf den Mund und sagte: dies wären die Streiche, die er ihm zu geben hätte, er möchte ruhig sein, seine Sache mit Gott allein ausmachen, alle möglichen Schläge würden keine einzige seiner Sünden tilgen; dafür hätte Jesus gesorgt, zu dem möchte er sich wenden. Er ging.

Beim Nachtessen war er wie gewöhnlich etwas tiefsinnig. Doch sprach er von allerlei, aber mit ängstlicher Hast. Um Mitternacht wurde Oberlin durch ein Geräusch geweckt. Lenz rannte durch den Hof, rief mit hohler, harter Stimme den Namen Friederike, mit äußerster Schnelle, Verwirrung und Verzweiflung ausgesprochen, er stürzte sich dann in den Brunnentrog, patschte darin, wieder heraus und herauf in sein Zimmer, wieder herunter in den Trog, und so einigemal, endlich wurde er still. Die Mägde, die in der Kinderstube unter ihm schliefen, sagten, sie hätten oft, insonderheit aber in selbiger Nacht, ein Brummen gehört, das sie mit nichts als mit dem Tone einer Haberpfeife zu vergleichen wüßten. Vielleicht war es sein Winseln, mit hohler, fürchterlicher, verzweifelnder Stimme.

Am folgenden Morgen kam Lenz lange nicht. Endlich ging Oberlin hinauf in sein Zimmer, er lag im Bett, ruhig und unbeweglich. Oberlin mußte lange fragen, ehe er Antwort bekam; endlich sagte er: »Ja, Herr Pfarrer, sehen Sie, die Langeweile! die Langeweile! o! so langweilig, ich weiß gar nicht mehr, was ich sagen soll; ich habe schon alle Figuren an die Wand gezeichnet.« Oberlin sagte ihm, er möge sich zu Gott wenden; da lachte er und sagte: »Ja, wenn ich so glücklich wäre wie Sie, einen so behaglichen Zeitvertreib aufzufinden, ja, man könnte sich die Zeit schon so ausfüllen. Alles aus Müßiggang. Denn die meisten beten aus Langeweile; die andern verlieben sich aus Langeweile, die dritten sind tugendhaft, die vierten lasterhaft, und ich gar nichts, gar nichts, ich mag mich nicht einmal umbringen: es ist zu langweilig!

O Gott! in deines Lichtes Welle,
in deines glühnden Mittags Helle,
sind meine Augen wund gewacht.
Wird es denn niemals wieder Nacht?«

Oberlin blickte ihn unwillig an und wollte gehen. Lenz huschte ihm nach, und indem er ihn mit unheimlichen Augen ansah: »Sehn Sie, jetzt kommt mir doch was ein, wenn ich nur unterscheiden könnte, ob ich träume oder wache; sehn Sie, das ist sehr wichtig, wir wollen es untersuchen« — er huschte dann wieder ins Bett.

Den Nachmittag wollte Oberlin in der Nähe einen Besuch machen; seine Frau war schon fort; er war im Begriff wegzugehen, als es an seine Türe klopfte und Lenz hereintrat mit vorwärts gebogenem Leib, niederwärts hängendem Haupt, das Gesicht über und über und das Kleid hie und da mit Asche bestreut, mit der rechten Hand den linken Arm haltend. Er bat Oberlin, ihm den Arm zu ziehen, er hätte ihn verrenkt, er hätte sich zum Fenster heruntergestürzt, weil es aber niemand gesehen, wollte er es auch niemand sagen. Oberlin erschrak heftig, doch sagte er nichts, er tat, was Lenz begehrte. Zugleich schrieb er an den Schulmeister Sebastian Scheidecker von Bellefosse, er möge herunterkommen, und gab ihm Instruktionen. Dann ritt er weg.

Der Mann kam. Lenz hatte ihn schon oft gesehen und hatte sich an ihn attachiert. Er tat, als hätte er mit Oberlin etwas reden wollen, wollte dann wieder weg. Lenz bat ihn zu bleiben, und so blieben sie beisammen. Lenz schlug noch einen Spaziergang nach Fouday vor. Er besuchte das Grab des Kindes, das er hatte erwekken wollen, kniete zu verschiedenen Malen nieder, küßte die Erde des Grabes, schien betend, doch mit großer Verwirrung, riß etwas von der auf dem Grab stehenden Blume ab, als ein Andenken, ging wieder zurück nach Waldbach, kehrte wieder um, und Sebastian mit. Bald ging er langsam und klagte über große Schwäche in den Gliedern, dann ging er mit verzweifelnder Schnelligkeit; die Landschaft beängstigte ihn, sie war so eng, daß er an alles zu stoßen fürchtete. Ein unbeschreibliches Gefühl des Mißbehagens befiel ihn, sein Begleiter ward ihm endlich lästig, auch mochte er seine Absicht erraten und suchte Mittel, ihn zu entfernen. Sebastian schien ihm nachzugeben, fand aber heimlich Mittel, seinen Bruder von der Gefahr zu benachrichtigen, und nun hatte Lenz zwei Aufseher statt einen. Er zog sie wacker herum; endlich ging er nach Waldbach zurück, und da sie nahe am Dorfe waren, kehrte er wie ein Blitz wieder um und sprang wie ein Hirsch gen Fouday zurück. Die Männer setzten ihm nach. Indem sie ihn in Fouday suchten, kamen zwei Krämer und erzählten ihnen, man hätte in einem Hause einen Fremden gebunden, der sich für einen Mörder ausgäbe, der aber gewiß kein Mörder sein könne. Sie liefen in dies Haus und fanden es so. Ein junger Mensch hatte ihn, auf sein ungestümes Dringen, in der Angst gebunden. Sie banden ihn los und brachten ihn glücklich nach Waldbach, wohin Oberlin indessen mit seiner Frau zurückgekommen war. Er sah verwirrt aus, da er aber merkte, daß er liebreich und freundlich empfangen wurde, bekam er wieder Mut, sein Gesicht veränderte sich vorteilhaft, er dankte seinen beiden Begleitern freundlich und zärtlich, und der Abend ging ruhig herum. Oberlin bat ihn inständig, nicht mehr zu baden, die Nacht ruhig im Bette zu bleiben und, wenn er nicht schlafen könne, sich mit Gott zu unterhalten. Er versprach's und tat es so die folgende Nacht; die Mägde hörten ihn fast die ganze Nacht hindurch beten. — Den folgenden Morgen kam er mit vergnügter Miene auf Oberlins Zimmer. Nachdem sie verschiedenes gesprochen hatten, sagte er mit ausnehmender Freundlichkeit: »Liebster Herr Pfarrer, das Frauenzimmer, wovon ich Ihnen sagte, ist gestorben, ja, gestorben, der Engel!« — »Woher wissen Sie das?« — »Hieroglyphen, Hieroglyphen!« und dann zum Himmel geschaut und wieder: »Ja, gestorben — Hieroglyphen!« Es war dann nichts weiter aus ihm zu bringen. Er setzte sich und schrieb einige Briefe, gab sie sodann Oberlin mit der Bitte, einige Zeilen dazuzusetzen.

Sein Zustand war indessen immer trostloser geworden, alles, was er an Ruhe aus der Nähe Oberlins und aus der Stille des Tals geschöpft hatte, war weg; die Welt, die er hatte nutzen wollen, hatte einen ungeheuern Riß, er hatte keinen Haß, keine Liebe, keine Hoffnung — eine schreckliche Leere, und doch eine folternde Unruhe, sie auszufüllen. Er hatte *nichts.* Was er tat, tat er mit Bewußtsein, und doch zwang ihn ein innerlicher Instinkt. Wenn er allein war, war es ihm so entsetzlich einsam, daß er beständig laut mit sich redete, rief, und dann erschrak er wieder, und es war ihm, als hätte eine fremde Stimme mit ihm gesprochen. Im Gespräch stockte er oft, eine unbeschreibliche Angst befiel ihn, er hatte das Ende seines Satzes verloren; dann meinte er, er müsse das zuletzt gesprochene Wort behalten und immer sprechen, nur mit großer Anstrengung unterdrückte er diese Gelüste. Es bekümmerte die guten Leute tief, wenn er manchmal in ruhigen Augenblicken bei ihnen saß und unbefangen sprach und er dann stockte und eine unaussprechliche Angst sich in seinen Zügen malte, er die Personen, die ihm zunächst saßen, krampfhaft am Arm faßte und erst nach und nach wieder zu sich kam. War er allein oder las er, war's noch ärger; all seine geistige Tätigkeit blieb manchmal in einem Gedanken hängen; dachte er an eine fremde Person oder stellte er sie sich lebhaft vor, so war es ihm, als würde er sie selbst, er verwirrte sich ganz, und dabei hatte er einen unendlichen Trieb, mit allem um ihn im Geist willkürlich umzugehen; die Natur, Menschen, nur Oberlin ausgenommen, alles traumartig, kalt; er amüsierte sich, die Häuser auf die Dächer zu stellen, die Menschen an- und auszukleiden, die wahnwitzigsten Possen auszusinnen. Manchmal fühlte er einen unwiderstehlichen Drang, das Ding, das er gerade im Sinne hatte, auszuführen, und dann schnitt er entsetzliche Fratzen. Einst saß er neben Oberlin, die Katze lag gegenüber auf einem Stuhl, plötzlich wurden seine Augen starr, er hielt sie unverrückt auf das Tier gerichtet, dann glitt er langsam den Stuhl herunter, die Katze ebenfalls; sie war wie bezaubert von seinem Blick, sie geriet in ungeheure Angst, sie sträubte sich scheu, Lenz mit den nämlichen Tönen, mit fürchterlich entstelltem Gesicht; wie in Verzweiflung stürzten beide aufeinander los, da endlich erhob sich Madame Oberlin, um sie zu trennen. Dann war er wieder tief beschämt. Die Zufälle des Nachts steigerten sich aufs schrecklichste. Nur mit der größten Mühe schlief er ein, während er zuvor noch die schreckliche Leere zu füllen versucht hatte. Dann geriet er zwischen Schlaf und Wachen in einen entsetzlichen Zustand; er stieß an etwas Grauenhaftes, Entsetzliches, der Wahnsinn packte ihn; er fuhr mit fürchterlichem Schreien, in Schweiß gebadet, auf, und erst nach und nach fand er sich wieder. Er mußte dann mit den einfachsten Dingen anfangen, um wieder zu sich zu kommen. Eigentlich nicht er selbst tat es, sondern ein mächtiger Erhaltungstrieb, es war, als sei er doppelt, und der eine Teil sucht den andern zu retten und rief sich selbst zu; er erzählte, er sagte in der heftigsten Angst Gedichte her, bis er wieder zu sich kam.

Auch bei Tage bekam er diese Zufälle, sie waren dann noch schrecklicher; denn sonst hatte ihn die Helle davor bewahrt. Es war ihm dann, als existiere er allein, als bestünde die Welt nur in seiner Einbildung, als sei nichts als er; er sei das ewig Verdammte, der Satan, allein mit seinen folternden Vorstellungen. Er jagte mit rasender Schnelligkeit sein Leben durch, und dann sagte er: »Konsequent, konsequent«; wenn jemand was sprach: »Inkonsequent, inkonsequent«; es war die Kluft unrettbaren Wahnsinns, eines Wahnsinns durch die Ewigkeit. Der Trieb der geistigen Erhaltung jagte ihn auf: er stürzte sich in Oberlins Arme, er klammerte sich an ihn, als wolle er sich in ihn drängen; er war das einzige Wesen, das für ihn lebte und durch den ihm wieder das Leben offenbart wurde. Allmählich brachten ihn Oberlins Worte dann zu sich; er lag auf den Knien vor Oberlin, seine Hände in den Händen Oberlins, sein mit kaltem Schweiß bedecktes Gesicht auf dessen Schoß, am ganzen Leibe bebend und zitternd. Oberlin empfand unendliches Mitleid, die Familie lag auf den Knien und betete für den Unglücklichen, die Mägde flohen und hielten ihn für einen Besessenen. Und wenn er ruhiger wurde, war es wie der Jammer eines Kindes, er schluchzte, er empfand ein tiefes, tiefes Mitleid mit sich selbst; das waren auch seine seligsten Augenblicke. Oberlin sprach ihm von Gott. Lenz wand sich ruhig los und sah ihn mit einem Ausdruck unendlichen Leidens an und sagte endlich: »Aber ich, wär ich allmächtig, sehen Sie, wenn ich so wäre, ich könnte das Leiden nicht ertragen, ich würde retten, retten; ich will ja nichts als Ruhe, Ruhe, nur ein wenig Ruhe und schlafen können.« Oberlin sagte, dies sei eine Profanation. Lenz schüttelte trostlos mit dem Kopfe. Die halben Versuche zum Entleiben, die er indes fortwährend machte, waren nicht ganz ernst, es war weniger der Wunsch des Todes — für ihn war ja keine Ruhe und Hoffnung im Tode —, es war mehr in Augenblicken der fürchterlichsten Angst oder der dumpfen, ans Nichtsein grenzenden Ruhe ein Versuch, sich zu sich selbst zu bringen durch physischen Schmerz. Augenblicke, wenn sein Geist sonst auf irgendeiner wahnwitzigen Idee zu reiten schien, waren noch die glücklichsten. Es war doch ein wenig Ruhe, und sein wirrer Blick war nicht so entsetzlich als die nach Rettung dürstende Angst, die ewige Qual der Unruhe! Oft schlug er sich den Kopf an die Wand oder versetzte sich sonst einen heftigen physischen Schmerz.

Den 8. morgens blieb er im Bette, Oberlin ging hinauf; er lag fast nackt auf dem Bette und war heftig bewegt. Oberlin wollte ihn zudecken, er klagte aber sehr, wie schwer alles sei, so schwer, er glaube gar nicht, daß er gehen könne, jetzt endlich empfände er die ungeheure Schwere der Luft. Oberlin sprach ihm Mut zu. Er blieb aber in seiner frühern Lage und blieb den größten Teil des Tages so, auch nahm er keine Nahrung zu sich. Gegen Abend wurde Oberlin zu einem Kranken nach Bellefosse gerufen. Es war gelindes Wetter und Mondschein. Auf dem Rückweg begegnete ihm Lenz. Er schien ganz vernünftig und sprach ruhig und freundlich mit Oberlin. Der bat ihn, nicht zu weit zu gehen; er versprach's; im Weggehn wandte er sich plötzlich um und trat wieder ganz nah zu Oberlin und sagte rasch: »Sehn Sie, Herr Pfarrer, wenn ich das nur nicht mehr hören müßte, mir wäre geholfen.«

— »Was denn, mein Lieber?« — »Hören Sie denn nichts, hören Sie denn nicht die entsetzliche Stimme, die um den ganzen Horizont schreit und die man gewöhnlich die Stille heißt? Seit ich in dem stillen Tal bin, hör ich's immer, es läßt mich nicht schlafen; ja, Herr Pfarrer, wenn ich wieder einmal schlafen könnte.« Er ging dann kopfschüttelnd weiter. Oberlin ging zurück nach Waldbach und wollte ihm jemand nachschicken, als er ihn die Stiege herauf in sein Zimmer gehen hörte. Einen Augenblick darauf platzte etwas im Hof mit so starkem Schall, daß es Oberlin unmöglich von dem Fall eines Menschen herkommen zu können schien. Die Kindsmagd kam todblaß und ganz zitternd ...

Er saß mit kalter Resignation im Wagen, wie sie das Tal hervor nach Westen fuhren. Es war ihm einerlei, wohin man ihn führte; mehrmals, wo der Wagen bei dem schlechten Wege in Gefahr geriet, blieb er ganz ruhig sitzen; er war vollkommen gleichgültig. In diesem Zustand legte er den Weg durchs Gebirg zurück. Gegen Abend waren sie im Rheintale. Sie entfernten sich allmählich vom Gebirg, das nun wie eine tiefblaue Kristallwelle sich in das Abendrot hob und auf deren warmer Flut die roten Strahlen des Abends spielten; über die Ebene hin am Fuße des Gebirges lag ein schimmerndes, bläuliches Gespinst. Es wurde finster, je mehr sie sich Straßburg näherten; hoher Vollmond, alle fernen Gegenstände dunkel, nur der Berg neben bildete eine scharfe Linie, die Erde war wie ein goldner Pokal, über den schäumend die Goldwellen des Mondes liefen. Lenz starrte ruhig hinaus, keine Ahnung, kein Drang; nur wuchs eine dumpfe Angst in ihm, je mehr die Gegenstände sich in der Finsternis verloren. Sie mußten einkehren. Da machte er wieder mehrere Versuche, Hand an sich zu legen, war aber zu scharf bewacht. Am folgenden Morgen, bei trübem, regnerischem Wetter, traf er in Straßburg ein. Er schien ganz vernünftig, sprach mit den Leuten; er tat alles, wie es die andern taten, es war aber eine entsetzliche Leere in ihm, er fühlte keine Angst mehr, kein Verlangen, sein Dasein war ihm eine notwendige Last. — So lebte er hin.

FRIEDRICH HEBBEL

Eine Nacht im Jägerhause

»Kommen wir denn nicht bald nach D.?« rief Otto ungeduldig seinem Freunde Adolf zu und fuhr heftig mit der Hand nach seiner linken Wange, weil er sich an einem Zweig geritzt hatte, — »die Sonne ist längst hinunter, die Finsternis kann kaum noch größer werden, und die Beine wollen mich nicht mehr tragen.« — »Ich glaube, daß wir uns verirrt haben«, entgegnete Adolf kleinmütig, »wir müssen uns wohl darauf gefaßt machen, die Nacht im Walde zuzubringen!« — »Das habe ich längst gedacht«, versetzte Otto ärgerlich, »aber du weißt allenthalben Bescheid, auch da, wo du nie gewesen bist. Hungrig bin ich auch wie der Wolf, wenn er ein Schaf blöken hört.« — »Ich habe noch eine Semmel in der Tasche!« erwiderte Adolf, indem er darnach zu suchen begann, »doch nein«, setzte er sogleich hinzu, »ich habe sie dem ausgehungerten Schäferhunde zugeworfen, der uns im letzten Dorf vorüberschlich.«

Eine lange Pause, wie sie nur dann unter Studenten möglich ist, wenn sie bis aufs Blut ermüdet sind, trat ein. Die Freunde wanderten, sich beide gereizt fühlend und sich beide dieser Kleinlichkeit schämend, bald stumm, bald pfeifend nebeneinander hin. »Nun fängt's auch noch zu regnen an!« begann Otto endlich wieder.

»Wer eine Haut hat, fühlt es«, versetzte Adolf, »aber wenn mich mein Auge nicht täuscht, so seh ich drüben ein Licht schimmern!« — »Ein Irrlicht, was wohl anders!« sagte Otto halblaut, »es wird hier an Sümpfen nicht fehlen!« Dessenungeachtet verdoppelte er seine Schritte. »Wer da?« rief Adolf und stand auf einmal still. Es erfolgte keine Antwort. »Ich meinte Fußtritte hinter uns zu hören!« sagte er dann. »Man verhört sich leicht!« entgegnete Otto.

Währenddessen waren sie an ein einsam gelegenes Haus gelangt. Sie traten unter die Fenster und schauten hinein. Ein weites, ödes Zimmer zeigte sich ihren Blicken; die schlechten Lehmwände hatten ihre ehemalige Kalkbesetzung zum Teil verloren, einige Strohstühle standen umher, und über dem halb niedergebrochnen Ofen hingen zwei Pistolen nebst einem Hirschfänger. Im Hintergrund saß an einem Tisch ein altes Weib, zahnlos und einäugig; zu ihren Füßen lag ein großer Hund, der sich mit seinen ungeschlachten Pfoten zuweilen kratzte.

»Ich denke«, begann Adolf nach vollbrachter Musterung, »wir nehmen unser Quartier lieber unter einem Busch als in dieser Höhle. Es sieht ja ganz verflucht darin aus!« Otto hatte dieselbe Äußerung auf der Zunge gehabt. Wie aber in solchen Stunden des äußersten Mißbehagens der Mensch sich zu beständigem Widerspruch aufgelegt fühlt, setzt sich seine Meinung schnell in ihr Gegenteil um, und er erwiderte spöttisch, daß er ein altes Weib nicht eben furchtbar fände und in der Tat nicht wisse, warum sie nicht hineingehen sollten. »Es beliebt dir«, versetzte Adolf scharf, »mich mißzuverstehen. Die Alte sitzt gewiß nicht unsertwegen da, sie wartet auf Gäste, und welcher Art diese sind, ist schwer zu sagen. Sieh nur, wie sie sich das Auge, das ihr von der letzten Schlägerei her übrigblieb, reibt, um den Schlaf, der sie beschleicht, zu verscheuchen, und wie sie das zahnlose Maul verzieht! Eine Schenke ist's ohnehin, denn drüben in der Ecke stehen Flaschen und Gläser. Aber wie du, so ich.«

Bevor Otto etwas erwidern konnte, erscholl hinter beiden ein scharfes »Guten Abend!«, und eine Mannsgestalt wurde in dem schwachen Lichtschimmer, der durchs Fenster drang, sichtbar; kurz, gedrungen, mit Augen, die verschlagen und listig von dem einen zum andern wanderten, den Jägerhut tief in die Stirn hinabgedrückt. »Sie haben sich ohne Zweifel verirrt«, fuhr der Unbekannte fort, »und suchen ein Unterkommen für die Nacht. Danken Sie dem Himmel, daß ich gerade von meiner Streiferei zurückkehre, meine alte Mutter hätte Sie nicht aufgenommen. Wenn Sie vorliebnehmen wollen, so folgen Sie mir! Etwas besser als hier draußen werden Sie's in der Bodenkammer finden, die ich Ihnen einräumen kann. Bier und Brot steht zu Diensten, und eine Streu zum Schlafen läßt sich aufschütten!«

Der Hund schlug an, und die Alte stand auf und schleppte sich mit schweren Schritten zum Fenster. »Ich bin's!« rief der Jäger. »Du, mein Sohn?« erwiderte sie in näselndem Ton und öffnete langsam die inwendig verschlossene Tür. »Nur immer herein!« sagte der Jäger mit zudringlicher Höflichkeit zu den Freunden. Sie folgten seiner Einladung nicht ohne

Widerwillen, Otto zuerst. Sobald sie die Schwelle überschritten hatten, schloß der Jäger mit sonderbarer Hastigkeit die Tür hinter ihnen ab, während die Alte, ihre Brille zurechtrückend, sie unfreundlich betrachtete. »Noch nicht da?« fragte der Jäger, indem er sie ins Zimmer hineinnötigte, seine Mutter; aber so leise, daß nicht sie, die schwerhörig sein mochte, nur Otto ihn verstand. Flüsternd trat er nun mit der Alten in eine Ecke, und mehr als einmal flog ein häßliches Lachen über sein Gesicht. Die Alte ging, einen seltsamen Blick auf die späten Gäste werfend, hinaus und kehrte bald darauf mit Bier, Brot und Käse zurück. Der Jäger schob zwei Stühle an den Tisch; sie lud, sich umsonst zur Freundlichkeit zwingend, mit stummen Gebärden zum Zulangen ein. Hungrig, wie sie waren, ließen die Freunde es sich schmecken; mittlerweile nahm der Jäger die über dem Ofen hängenden Pistolen herab, lud sie, ohne sich an das Befremden seiner Gäste zu kehren, mit großer Förmlichkeit, schüttete sogar Pulver auf die Pfanne und steckte sie zu sich. Stillschweigend ergriff er nun die Lampe und führte die Freunde eine Leiter hinauf in eine alte Bodenkammer hinein, wo sie bereits ein Strohlager vorfanden. Mit einem kurzen »Gute Nacht!« wollte er sich jetzt wieder mit der Lampe entfernen; beide erklärten ihm aber gleichzeitig ihren Wunsch, mit Licht versehen zu werden. »Mit Licht?« fragte er verwundert, »es tut mir leid, aber Sie werden bei mir schlafen müssen, wie man im Grabe schläft, nämlich im Dunkeln. Meine Mutter hat selten eine Kerze zu Hause, und der Lampe bedürfen wir selbst, um ... um ...« — »Um?« fragte Otto, da er stockte. »Um den Abendsegen zu lesen, natürlich«, versetzte er, »nur die Gelehrten wissen ihn auswendig. Doch wer weiß, vielleicht ist das Glück günstig, und wenn sich nur noch ein Stümpfchen Licht auftreiben läßt, so bringe ich Ihnen die Lampe wieder herauf.«

Der Jäger ging und ließ die Freunde im Dunkeln. »Was meinst du?« sagte Otto zu Adolf. »Wir werden entweder gar nicht oder sehr lange schlafen!« versetzte dieser ernst. »Ist dort nicht ein Fenster im Dach?« fragte Otto. »So scheint's«, erwiderte Adolf, »ich will doch untersuchen, ob man's öffnen kann.« Er tappte zum Fenster und bemühte sich, es aufzumachen. In demselben Augenblick trat der Jäger wieder mit der Lampe ein. Mit finstrem Gesicht rief er Adolf zu: »Das Fenster hat die Klinke nur zum Staat, es ist von außen vernagelt, auch sind eiserne Stangen angebracht, wie ich glaube; an frischer Luft wird's dennoch nicht fehlen, denn drei Scheiben sind entzwei!« Er ging zur Tür zurück, kehrte sich aber noch einmal um und sagte: »Wenn unten auch noch dies und das vorfällt, so lassen Sie sich nur nicht stören, Sie wird niemand beunruhigen!« — »Was gibt's denn noch so spät?« fragte Adolf heftig. »Ei nun«, versetzte der Jäger spöttisch, »eine Waldschenke hat bei Nacht den meisten Zuspruch!« — »Aber sicher ist man doch?« rief Adolf ergrimmt aus. »Jedenfalls sind wir mit Waffen versehen!« bemerkte Otto mit erkünstelter Ruhe. »Das freut mich!« entgegnete der Jäger laut lachend und warf die Tür hinter sich zu, daß die Pfosten bebten und das Fenster krachte. »Harras!« rief er draußen, »paß auf!« Der Hund lagerte sich knurrend, dann gähnend hart vor der Tür. »Abgeriegelt!« sagte Otto zu Adolf. Dies ward, da die Tür wirklich mit einem Schubriegel versehen war, leicht vollbracht. »Gottlob, daß die Lampe einen hinreichenden Vorrat Öl enthält«, sprach Adolf und leuchtete in der Kammer umher, »nun wollen wir sehen, ob sich unter all dem Gerümpel, das hier wüst durcheinanderliegt, nicht ein Knüttel, oder was es sei, finden läßt, der uns zur Verteidigung dienen kann.«

Jetzt begannen sie die Musterung der vielen in der Kammer aufgeschichteten Sachen. Otto fiel ein alter Kalender in die Hände, den er nur aufnahm, um ihn gleich wieder von sich zu schleudern. Adolf griff nach ihm und durchblätterte ihn. Nach einigen Minuten ließ er ihn mit leichenblassem Gesicht zur Erde fallen und sagte: »Nun weiß ich, wo wir sind. Dies ist das Mordloch des . . .« — er nannte einen in ganz Deutschland berüchtigten Missetäter, der erst vor einem halben Jahre in der Universitätsstadt, wo die Freunde ihren Studien oblagen, wegen vielfacher Mordtaten enthauptet worden war — »sein Name ist in den Kalender eingeschrieben, und vermutlich sind wir die Gäste seines Sohns.« — Sich den Tod mit allen seinen Schrecken und Geheimnissen lebhaft denken ist schon der halbe Tod. In voller Glut des jugendlich überschäumenden Daseinsgefühls, das, kaum entfesselt, ungestüm durch alle Adern braust und für die Ewigkeit auszureichen scheint, plötzlich und ohne vorbereitenden Übergang am Rande des vom Meuchelmord aufgeworfenen Grabes stehen ist gewiß des Entsetzlichen Entsetzlichstes. Die Seele zieht sich zusammen, wie ein Wurm sich zusammenzieht im Schatten des schon erhobenen Fußes, der ihn zu zertreten droht; von allen ihren feurigen Wünschen bleibt ihr nur der einzige, noch einmal, dem Wurm gleich, tierisch und ohnmächtig wütend, ihre Lebenskraft und Lebensfähigkeit durch eine letzte Äußerung derselben, durch einen Stich oder Schlag am Mörder selbst darzutun. Laut auf jubelten die Freunde, als sie, hinter Brettern versteckt, ein rostiges Beil erblickten; im Triumph zogen sie es hervor und schwangen es, einer nach dem andern, ums Haupt.

»Siehst du«, sagte Adolf, »es ist mit Blut befleckt!« — »Bespritzt«, entgegnete Otto schaudernd, »wie eine Schlächteraxt! Adolf, an eine solche Nacht dachten wir nicht, als wir heute morgen ausgingen, um uns einen vergnügten Tag zu machen. Die Sonne schien so hell und freundlich, ein frischer Wind spielte mit unsern Locken, und wir sprachen von dem, was wir nach drei Jahren tun wollten!« — »Wer pocht?« fuhr Adolf auf und ging, das Beil zum Schlage emporhaltend, zur Tür. »Es ist der Hund, der sich kratzt!« bemerkte Otto. »Du hast recht«, versetzte Adolf, »das Tier schnarcht schon wieder laut. Komm, wir wollen uns auf unser Lager setzen und die Lampe auf jenen Block stellen!« Sie taten dies stillschweigend. Otto blätterte in dem Kalender und las eine Heiligenlegende, die er enthielt; Adolf sah mit unverwandtem Gesichte in den hellen Schein der Lampe hinein. »Es ist doch schauerlich«, sprach er nach einem langen Stillschweigen, »an einer Stelle zu sitzen, wo der Mord vielleicht mehr als einmal an einem harmlosen Schläfer sein fürchterliches Geschäft verrichtete, während unten wahrscheinlich das Messer geschliffen wird, das uns in der nächsten Stunde die eigene Brust durchbohren soll. Ging nicht die Haustür?« — »Offenbar«, entgegnete Otto, gespannt aufhorchend, »auch höre ich ein Geräusch wie von verhaltnen Fußtritten; die Helfershelfer stellen sich ein!« — »Mir lieb!« sagte Adolf und sprang rasch auf, »ich mag auf nichts warten, und am wenigsten auf den Tod!« — »Wir sind unsrer zwei«, versetzte Otto, »und sie sollen erst die Leiter hinauf. Ich denke, alles geht noch gut. Freilich, gegen Schießgewehr ... die Leiter knarrt, sie kommen, auf, ihnen entgegen!«

Mit schnellem Rucke schob Otto den Riegel der Tür zurück und wollte hinaustreten. Der Hund fletschte grimmig die Zähne und trieb ihn wieder hinein. Da ertönte die Stimme des Jägers. »Pfui, Harras!« rief er hämisch, »laß die Herren; wenn sie deinen Schutz zurückweisen, so dränge du ihn nicht auf!« Der Hund ließ die Ohren hängen und schlich gehorsam auf die Seite; Adolf ergriff die Lampe und trat an die Leiter. »Noch nicht eingeschlafen?« fragte der Jäger. »Was wollt Ihr noch?« entgegnete Adolf. »Ja, was nur gleich?« versetzte anscheinend verlegen der Jäger, »irgend etwas war's doch!« — »Ihr seid mir verdächtig!« rief Adolf, und sein Gesicht sprühte Flammen. »Dann sind Sie wohl irgendwo Amtmann?« erwiderte der Jäger, »die Herren Amtleute können meine Nase nicht ausstehen, sie sagen, sie sei schief; finden Sie's auch?« — »Kerl!« rief Adolf, trat so weit vor, als er konnte, und setzte die Lampe auf den Boden. »Kein Schimpfwort!« versetzte der Jäger heftig, »ich glaube es Ihnen auch so, daß Sie von dem Holz sind, aus dem man Geheimräte schnitzt. Aber«, fuhr er, den alten Ton wieder annehmend, fort, »schieben Sie die Lampe etwas weiter weg! Ich habe Husten, und wenn ich die Flamme aushustete, so wäre es so schlimm, als hätte ich sie ausgeblasen. Sie sehen mich, wie es scheint, nicht gern oben? Nun, dann tun Sie mir den Gefallen und füllen Sie mir dies Maß aus der Kiste, die neben dem Schornsteine steht, mit Hafer für meinen kranken Gaul. Ei, da haben Sie ja ein Beil! Wenn Sie das in der Tasche als Waffe bei sich führten, so muß sie geräumig sein!« Otto tat an Adolfs Statt, was der Jäger begehrte. Er zog sich hierauf zurück, die Freunde gingen wieder in die Kammer, auch der Hund nahm seinen alten Platz aufs neue ein.

»Eine wunderliche Nacht!« sagte Otto zu Adolf, »am Ende ist der Gauner doch allein im Hause, die Spießgesellen sind ausgeblieben, und er leistet, da die Überrumpelung ihm mißlang, auf die Ausführung des Bubenstücks Verzicht.« — »Möglich«, erwiderte Adolf und sah nach seiner Uhr, »aber noch ist's früh.« Ein Schuß fiel. Gleich darauf entstand ein sonderbares Geräusch vor dem Dachfenster. »Wer da?« rief Adolf und leuchtete mit der Lampe hin. Er brach in lautes Lachen aus; denn er erblickte das philisterhaft-vernünftige Gesicht eines Katers, der, wahrscheinlich durch den Schuß erschreckt und vom Licht angezogen, emporgekrochen war und ihn anfangs, von dem hellen Schein der ihm so nah gebrachten Lampe geblendet, unter possierlichen Gebärden anstierte, dann davonsprang. Bald hernach hörten sie unten einen schweren Fall, wie von einem lebendigen Körper, den plötzlich ein Messerstich hinwirft. Dröhnende Schritte ließen sich vernehmen, dazwischen die näselnde Stimme des alten Weibes. »Wie steht's?« fragte sie. »Tot!« antwortete der Jäger dumpf und stieß einen Fluch aus. »Jesus Christus!« rief die Alte rauh und gellend. Es wurde wieder still. Die Freunde wußten nicht, was sie aus dem Vorgang machen sollten.

Sie setzten sich aufs Bett. Jeder hing seinen Gedanken nach. Endlich verfielen sie, da alles stumm und lautlos blieb, in einen unruhigen Schlummer. In diesem Zustand halben Wachens und halben Träumens kam es Otto zuletzt vor, als ob er die Lampe erlöschen sähe. Hastig fuhr er auf, glaubte sich aber getäuscht zu haben, da er das von der Lampe verbreitete Dämmerlicht noch fortdauern sah. Da bemerkte er mit unaussprechlicher Freude, daß die Morgensonne rot und golden ins Fenster schien, und weckte den finster aussehenden, schlafenden Freund, der, das Beil noch fest umklammernd, auf die Streu zurückgesunken war. »Was gibt's?« rief Adolf und sprang auf. »Sieh, sieh!« sagte Otto und führte ihn zum Fenster. »Gelobt sei Gott!« sprach Adolf, »ich hatte einen häßlichen Traum. Ich glaubte schon in Italien zu sein und ging durch einen Wald. Da sprang ein Trupp zerlumpter Gesellen aus dichtem Gebüsch hervor und drang unter wildem Geschrei zu Raub und Mord auf mich ein. Ich, in der Todesgefahr, rufe: ›Hackt denn eine Krähe der andern die Augen aus? Ich bin euresgleichen, seht hier den Beweis!‹ Dabei zieh ich den kleinen, biegsamen Dolch, den ich, wie du weißt, auf der Frankfurter Messe von einem jüdischen Trödler gekauft habe. Die

Räuber schenken meiner Rede keinen Glauben und lachen mich aus. Nun kommt plötzlich auf stattlichem Roß ein zweiter Reisender daher, und einer aus dem Trupp tritt vor mich hin uns spricht: ›Du bist, was wir sind? Gut, wir nehmen dich unter uns auf; nun geh und mach an jenem dort dein Probestück!‹ In dem Augenblicke wecktest du mich, und jetzt erinnere ich mich, daß dies die alberne Geschichte ist, die mein verstorbener Oheim so oft, als ihm begegnet, erzählte und die ich ihm niemals glaubte, weil die Frage nach dem Ausgang des verwickelten Handels ihn immer in Verwirrung brachte.«

»Wir wollen diese Nacht und ihre Träume vergessen«, sagte Otto, »und uns dem vollen, frischen Gefühl des Lebens hingeben, ohne Maß, wie einem Rausch! Zum ersten Mal dürfen wir es als ein wenn nicht erworbenes, so doch durch Wachsamkeit und Vorsorge erhaltenes kostbares Gut betrachten, nicht mehr als bloßes Geschenk!« Adolf drückte ihm warm und kräftig die Hand. Jetzt erscholl die Stimme der Alten, die mit Andacht ihr Morgenlied absang. Deutlich vernahm man die fromme Gellertsche Strophe:

Wach auf, mein Herz, und singe
dem Schöpfer aller Dinge,
dem Geber aller Güter,
dem treuen Menschenhüter!

Unwillkürlich stimmten die Freunde mit ein und stiegen die Leiter hinunter. Am Fuß derselben trat ihnen, freundlich grüßend, der Jäger entgegen. Sein Gesicht kam ihnen bei weitem nicht mehr so unangenehm vor wie am Abend vorher und in der Nacht. Sie waren schon geneigt, ihm in ihrem Herzen Abbitte zu tun, da bemerkten sie aufs neue jenen boshaften Zug um den Mund und jenes verdächtige Lächeln, und der Mensch wurde ihnen widerlicher wie je. Er entschuldigte sich, daß er sie noch spät habe stören müssen. »Freilich«, setzte er hinzu, »konnte ich nicht wissen, daß Sie mit offenen Augen schliefen wie die Hasen und mich, so leise ich auftrat, hören würden.« Dann führte er sie in das Wohnzimmer, wo die Alte bereits mit Bereitung eines Kaffees beschäftigt war, dessen aromatischer Duft ihnen kräftig und stärkend entgegendrang. Schweigend, wie sie es der Klugheit gemäß erachten mußten, genossen sie diesen. Hierauf erkundigten sie sich bei dem Jäger, der seinen Hund wusch und kämmte, nach ihrer Schuldigkeit. Lakonisch und ohne aufzusehen, versetzte er, er habe sich schon bezahlt gemacht. »Fehlt dir etwas von deinen Sachen?« fragte Adolf, der sich nicht länger halten konnte, seinen Freund mit Spott. Als Otto dies verneinte, sagte er zu dem Jäger: »Auch ich habe das Meinige beisammen, darum nennt die Zeche!« — »Meine Herren!« rief der Jäger und leerte, an den Tisch tretend, ein Glas Bier, »ich will nicht länger Versteckens mit Ihnen spielen. Sie lagen die Nacht hindurch auf der Folter, und die Folter hat man umsonst!« — »Eine Aufrichtigkeit sondergleichen!« versetzte Adolf und sah Otto an. »Nicht wahr«, fuhr der Jäger fort, »ich irrte mich nicht? Ich bin in Ihren Augen, was der Blutmann in den Augen der Kinder ist?« — »Ganz recht, mein Freund«, sagte Adolf und klopfte ihm mit unterdrücktem Grimm auf die Schulter, »Ihr seid der rechte Sohn Eures Vaters!« — »Das versteh ich nicht«, entgegnete der Jäger und erglühte über und über, »aber dies versprech ich mir, nicht ohne Schamröte sollen Sie mein schlechtes Haus verlassen. Sehen Sie die alte Frau dort, die Ihnen gestern abend Brot und Bier brachte und heut morgen den Kaffee? Es ist meine Mutter. Sie hat keine Zähne mehr; auch von den Ihrigen werden Sie zweiunddreißig vermissen, wenn Sie einmal siebzig Jahre zählen. Sie ist einäugig, aber nur, weil die Hand eines bösen Buben ihr das linke Auge ausschlug, als sie in ihrer einsamen Hütte überfallen wurde und ihres Mannes sauer verdienten Sparpfennig nicht gutwillig hergeben wollte. Und nun hören Sie! Ich stand gestern abend schon hinter Ihnen, als Sie, ins Fenster schauend, meine arme Wohnung betrachteten, und wollte Sie eben zuvorkommend, wie es sich geziemt, zum gastlichen Eintritt einladen, da begannen Sie Ihre schnöden Bemerkungen über meine Mutter, die mich um so mehr verdrossen, je besser ich es mit Ihnen im Sinne gehabt hatte. Hitzig, wie ich bin, hätte ich auf der Stelle — verzeihen Sie, daß ich es sage — mit meinem derben Eichenstock dreinschlagen mögen; aber ich ließ den bereits erhobenen Arm wieder sinken, denn mir kam der Gedanke einer gründlicheren Rache. Ich nahm mir vor, Sie zur Strafe für Ihren ungerechten Verdacht in der Phantasie alles Schreckliche durchempfinden zu lassen, das Sie in Wirklichkeit bei mir getroffen hätten, wenn ich gewesen wäre, wofür Sie mich halten zu dürfen glaubten. So trat ich denn mit meiner Einladung zu Ihnen heran, suchte Sie aber, sobald ich Sie im Bereich meiner vier

Pfähle sah, durch Zweideutigkeiten aller Art zu den schlimmsten Vermutungen aufzuregen und konnte dies um so eher die halbe Nacht hindurch fortsetzen, als mich ohnehin die Pflege meines kranken Gauls, der leider um ein Uhr tot hinfiel, nicht ans Bett denken ließ.« — »Also war es«, unterbrach Otto den Jäger, »der Tod des Gauls, den Ihr Eurer Mutter auf ihre Frage, wie's stünde, verkündetet?« — »Auch das haben Sie gehört?« versetzte jener, »nun, der Zufall hat mir besser gedient, als ich ahnen konnte! Wahrlich, daran dachte ich nicht; aller Mutwille verging mir, als ich das schöne, treue Tier, das ich erst vor wenigen Wochen um teuren Preis erstand, zusammenbrechen und die vier Füße von sich strecken sah. Ich schüttete den Hafer über den toten Körper aus und warf das Maß an die Wand, daß es zerbrach!« — »Seid Ihr«, fragte Adolf, »nicht der Sohn des . . . ?« Er nannte den Namen des schon erwähnten, berüchtigten Mörders, den er mit eigenen Augen hatte köpfen sehen. »Heiliger Gott, nein«, erwiderte der Jäger entsetzt, »wie kommen Sie zu einer solchen Frage?« — »Ein alter Kalender«, warf Otto ein, »den wir oben fanden, veranlaßte diesen Irrtum, der uns in der Nacht mit Grauen erfüllte und ohne den Euer Plan gewiß nicht so gut geglückt wäre.« — »Was in der Kammer alles liegen mag«, versetzte der Jäger, »weiß ich nicht; ich habe mich noch nicht darum kümmern können, denn ich bin erst seit kurzem im hiesigen Revier angestellt und habe bis auf weiters in dieser Mordhöhle, die nächstens eingerissen und an deren Stelle ein ordentliches Haus aufgeführt werden soll, Quartier nehmen müssen.« —

»Ihr seid ein braver Mann«, rief Adolf aus und legte seine Börse auf den Tisch, »nehmt das als Beisteuer zu einem neuen Gaul!« Otto wollte in studentischer Unbekümmertheit um den nächsten Tag dasselbe tun, doch der Jäger schob das Geld zurück und sagte: »Ich nehme keinen Pfennig; es ist genug, wenn wir uns gegenseitig vergeben!«

THEODOR STORM

Pole Poppenspäler

Ich hatte in meiner Jugend einige Fertigkeit im Drechseln und beschäftigte mich sogar wohl etwas mehr damit, als meinen gelehrten Studien zuträglich war; wenigstens geschah es, daß mich eines Tags der Subrektor bei Rückgabe eines nicht eben fehlerlosen Exerzitiums seltsamerweise fragte, ob ich vielleicht wieder eine Nähschraube zu meiner Schwester Geburtstag gedrechselt hätte. Solch kleine Nachteile wurden indessen mehr als aufgewogen durch die Bekanntschaft mit einem trefflichen Manne, die mir infolge jener Beschäftigung zuteil wurde. Dieser Mann war der Kunstdrechsler und Mechanikus Paul Paulsen, auch deputierter Bürger unserer Stadt. Auf die Bitte meines Vaters, der für alles, was er mich unternehmen sah, eine gewisse Gründlichkeit forderte, verstand er sich dazu, mir die für meine kleinen Arbeiten erforderlichen Handgriffe beizubringen.

Paulsen besaß mannigfache Kenntnisse und war dabei nicht nur von anerkannter Tüchtigkeit in seinem eignen Handwerk, sondern er hatte auch eine Einsicht in die künftige Entwicklung der Gewerke überhaupt, so daß bei manchem, was jetzt als neue Wahrheit verkündigt wird, mir plötzlich einfällt: das hat dein alter Paulsen ja schon vor vierzig Jahren gesagt. — Es gelang mir bald, seine Zuneigung zu erwerben, und er sah es gern, wenn ich noch außer den festgesetzten Stunden am Feierabend einmal zu ihm kam. Dann saßen wir entweder in der Werkstätte oder sommers — denn unser Verkehr hat jahrelang gedauert — auf der Bank unter der großen Linde seines Gärtchens. In den Gesprächen, die wir dabei führten, oder vielmehr, welche mein älterer Freund dabei mit mir führte, lernte ich Dinge kennen und auf Dinge meine Gedanken richten, von denen, so wichtig sie im Leben sind, ich später selbst in meinen Primaner-Schulbüchern keine Spur gefunden habe.

Paulsen war seiner Abkunft nach ein Friese und der Charakter dieses Volksstammes aufs schönste in seinem Antlitz ausgeprägt; unter dem schlichten blonden Haar die denkende Stirn und die blauen sinnenden Augen; dabei hatte, vom Vater ererbt, seine Stimme noch etwas von dem weichen Gesang seiner Heimatsprache.

Die Frau dieses nordischen Mannes war braun und von zartem Gliederbau, ihre Sprache von unverkennbar süddeutschem Klange. Meine Mutter pflegte von ihr zu sagen, ihre schwarzen Augen könnten einen See ausbrennen, in ihrer Jugend aber sei sie von seltener Anmut gewesen. — Trotz der silbernen Fädchen, die schon ihr Haar durchzogen, war auch jetzt die Lieblichkeit dieser Züge noch nicht verschwunden, und das der Jugend angeborene Gefühl für Schönheit veranlaßte mich bald, ihr, wo ich immer konnte, mit kleinen Diensten und Gefälligkeiten an die Hand zu gehen.

»Da schau mir nur das Buberl«, sagte sie dann wohl zu ihrem Mann; »wirst doch nit eifersüchtig werden, Paul?«

Dann lächelte Paul. Und aus ihren Scherzworten und aus seinem Lächeln sprach das Bewußtsein innigsten Zusammengehörens.

Sie hatten außer einem Sohne, der damals in der Fremde war, keine Kinder, und vielleicht war ich den beiden zum Teil deshalb so willkommen, zumal Frau Paulsen mir wiederholt versicherte, ich habe grad ein so lustigs Naserl wie ihr Joseph. Nicht verschweigen will ich, daß letztere auch eine mir sehr zusagende, in unserer Stadt aber sonst gänzlich unbekannte Mehlspeise zu bereiten verstand und auch nicht unterließ, mich dann und wann zu Gast zu bitten. — So waren denn dort der Anziehungskräfte für mich genug. Von meinem Vater aber wurde mein Verkehr in dem tüchtigen Bürgerhause gern gesehen. »Sorge nur, daß du nicht lästig fällst!« war das einzige, woran er in dieser Beziehung zuweilen mich erinnerte. Ich glaube indessen nicht, daß ich meinen Freunden je zu oft gekommen bin.

Da geschah es eines Tages, daß in meinem elterlichen Hause einem alten Herrn aus unserer Stadt das neueste und wirklich ziemlich gelungene Werk meiner Hände vorgezeigt wurde.

Als dieser seine Bewunderung zu erkennen gab, bemerkte mein Vater dagegen, daß ich ja aber auch schon seit fast einem Jahr bei Meister Paulsen in der Lehre sei.

»So, so«, erwiderte der alte Herr; »bei Pole Poppenspäler!«

Ich hatte nie gehört, daß mein Freund einen solchen Beinamen führe, und fragte, vielleicht ein wenig naseweis, was das bedeuten solle.

Aber der alte Herr lächelte nur ganz hinterhältig und wollte keine weitere Auskunft geben. —

Zum kommenden Sonntag war ich von den Paulsenschen Eheleuten auf den Abend eingeladen, um ihnen ihren Hochzeitstag feiern zu helfen. Es war im Spätsommer, und da ich mich frühzeitig auf den Weg gemacht und die Hausfrau noch in der Küche zu wirtschaften hatte, so ging Paulsen mit mir in den Garten, wo wir uns zusammen unter der großen Linde auf die Bank setzten. Mir war das »Pole Poppenspäler« wieder eingefallen, und es ging mir so im Kopf herum, daß ich kaum auf seine Reden Antwort gab; endlich, da er mich fast ein wenig ernst wegen meiner Zerstreutheit zurechtgewiesen hatte, fragte ich ihn gradezu, was jener Beiname zu bedeuten habe.

Er wurde sehr zornig. »Wer hat dich das dumme Wort gelehrt?« rief er, indem er von seinem Sitze aufsprang. Aber bevor ich noch zu antworten vermochte, saß er schon wieder neben mir. »Laß, laß!« sagte er, sich besinnend, »es bedeutet ja eigentlich das Beste, was das Leben mir gegeben hat. — Ich will es dir erzählen; wir haben wohl noch Zeit dazu.« —

In diesem Haus und Garten bin ich aufgewachsen, meine braven Eltern wohnten hier, und hoffentlich wird einst mein Sohn hier wohnen! — Daß ich ein Knabe war, ist nun schon lange her; aber gewisse Dinge aus jener Zeit stehen noch, wie mit farbigem Stift gezeichnet, vor meinen Augen.

Neben unserer Haustür stand damals eine kleine weiße Bank mit grünen Stäben in den Rück- und Seitenlehnen, von der man nach der einen Seite die lange Straße hinab bis an die Kirche, nach der andern aus der Stadt hinaus bis in die Felder sehen konnte. An Sommerabenden saßen meine Eltern hier, der Ruhe nach der Arbeit pflegend; in den Stunden vorher aber pflegte ich sie in Beschlag zu nehmen und hier in der freien Luft und unter erquickendem Ausblick nach Ost und West meine Schularbeiten anzufertigen.

So saß ich auch eines Nachmittags — ich weiß noch gar wohl, es war im September, eben nach unserem Michaelis-Jahrmarkte — und schrieb für den Rechenmeister meine Algebra-Exempel auf die Tafel, als ich unten von der Straße ein seltsames Gefährt heraufkommen sah. Es war ein zweirädriger Karren, der von einem kleinen rauhen Pferde gezogen wurde. Zwischen zwei ziemlich hohen Kisten, mit denen er beladen war, saß eine große blonde Frau mit steifen hölzernen Gesichtszügen und ein etwa neunjähriges Mädchen, das sein schwarzhaariges Köpfchen lebhaft von einer Seite nach der andern drehte; nebenher ging, den Zügel in der Hand, ein kleiner, lustig blickender Mann, dem unter seiner grünen Schirmmütze die kurzen schwarzen Haare wie Spieße vom Kopfe abstanden.

So, unter dem Gebimmel eines Glöckchens, das unter dem Halse des Pferdes hing, kamen sie heran. Als sie die Straße vor unserem Hause erreicht hatten, machte der Karren halt. »Du Bub«, rief die Frau zu mir herüber, »wo ist denn die Schneiderherberg?«

Mein Griffel hatte schon lange geruht; nun sprang ich eilfertig auf und trat an den Wagen. »Ihr seid grad davor«, sagte ich und wies auf das alte Haus mit der viereckig geschorenen Linde, das, wie du weißt, noch jetzt hier gegenüber liegt.

Das feine Dirnchen war zwischen den Kisten aufgestanden, streckte das Köpfchen aus der Kapuze ihres verschossenen Mäntelchens und sah mit ihren großen Augen auf mich herab; der Mann aber, mit einem »Sitz ruhig, Diendl!« und »Schönen Dank, Bub!« peitschte auf den kleinen Gaul und fuhr vor die Tür des bezeichneten Hauses, aus dem auch schon der dicke Herbergsvater in seiner grünen Schürze ihm entgegentrat.

Daß die Ankömmlinge nicht zu den zunftberechtigten Gästen des Hauses gehörten, mußte mir freilich klar sein; aber es pflegten dort — was mir jetzt, wenn ich es bedenke, mit der Reputation des wohlehrsamen Handwerks sich keineswegs reimen will — auch andere, mir viel angenehmere Leute einzukehren. Droben im zweiten Stock, wo noch heute statt der Fenster nur einfache Holzluken auf die Straße gehen, war das hergebrachte Quartier aller fahrenden Musikanten, Seiltänzer oder Tierbändiger, welche in unserer Stadt ihre Kunst zum besten gaben.

Und richtig, als ich am andern Morgen oben in meiner Kammer vor dem Fenster stand und meinen Schulsack schnürte, wurde drüben eine der Luken aufgestoßen; der kleine Mann mit den schwarzen Haarspießen steckte seinen Kopf ins Freie und dehnte sich mit beiden Armen in die frische Luft hinaus; dann wandte er den Kopf hinter sich nach dem dunkeln Raum zurück, und ich hörte ihn »Lisei! Lisei!« rufen. — Da drängte sich unter seinem Arm ein rosiges Gesichtlein vor, um das wie eine Mähne das schwarze Haar herabfiel. Der Vater wies mit dem Finger nach mir herüber, lachte und zupfte sie ein paarmal an ihren seidenen Strähnen. Was er zu ihr sprach, habe ich nicht verstehen können; aber es mag wohl ungefähr gelautet haben: »Schau dir ihn an, Lisei! Kennst ihn noch, den Bubn von gestern? — Der arme Narr, da muß er nun gleich mit dem Ranzen in die Schule traben! — Was du für ein glückliches Diendl bist, die du allweg nur mit unserem Braunen landab, landauf zu fahren brauchst!« — Wenigstens sah die Kleine ganz mitleidig zu mir herüber; und als ich es wagte, ihr freundlich zuzunicken, nickte sie sehr ernsthaft wieder.

Bald aber zog der Vater seinen Kopf zurück und verschwand im Hintergrund seines Bodenraumes. Statt seiner trat jetzt die große blonde Frau zu dem Kinde; sie bemächtigte sich ihres Kopfes und begann ihr das Haar zu strählen. Das Geschäft schien schweigend vollzogen zu werden, und das Lisei durfte offenbar nicht mucksen, obgleich es mehrmals, wenn ihr der Kamm so in den Nacken hinabfuhr, die eckigsten Figuren mit ihrem roten Mäulchen bildete. Nur einmal hob sie den Arm und ließ ein langes Haar über die Linde draußen in die Morgenluft hinausfliegen. Ich konnte von meinem Fester aus es glänzen sehen; denn die Sonne war eben durch den Herbstnebel gedrungen und schien drüben auf den oberen Teil des Herbergshauses.

Auch in den vorhin undurchdringlich dunkeln Bodenraum konnte ich jetzt hineinsehen. Ganz deutlich erblickte ich in einem dämmerigen Winkel den Mann an einem Tische sitzen; in seiner Hand blinkte etwas wie Gold oder Silber; dann wieder war's wie ein Gesicht mit einer ungeheueren Nase; aber sosehr ich meine Augen anstrengte, ich vermochte nicht klug daraus zu werden. Plötzlich hörte ich, als wenn etwas Hölzernes in einen Kasten geworfen würde, und nun stand der Mann auf und lehnte aus einer zweiten Luke sich wieder auf die Straße hinaus.

Die Frau hatte indessen der kleinen schwarzen Dirne ein verschossenes rotes Kleidchen angezogen und ihr die Haarflechten wie einen Kranz um das runde Köpfchen gelegt.

Ich sah noch immer hinüber. ›Einmal‹, dachte ich, ›könnte sie doch wieder nicken.‹

— — »Paul, Paul!« hörte ich plötzlich unten aus unserem Hause die Stimme meiner Mutter rufen.

»Ja, ja, Mutter!«

Es war mir ordentlich wie ein Schrecken in die Glieder geschlagen.

»Nun«, rief sie wieder, »der Rechenmeister wird dir schön die Zeit verdeutschen! Weißt du denn nicht, daß es lang schon sieben geschlagen hat?«

Wie rasch polterte ich die Treppe hinunter!

Aber ich hatte Glück; der Rechenmeister war grad dabei, seine Bergamotten abzunehmen, und die halbe Schule befand sich in seinem Garten, um mit Händen und Mäulern ihm dabei zu helfen. Erst um neun Uhr saßen wir alle mit heißen Backen und lustigen Gesichtern an Tafel und Rechenbuch auf unseren Bänken.

Als ich um elf, die Taschen noch von Birnen starrend, aus dem Schulhofe trat, kam eben der dicke

Stadtausrufer die Straße herauf. Er schlug mit dem Schlüssel an sein blankes Messingbecken und rief mit seiner Bierstimme:

»Der Mechanikus und Puppenspieler Herr Joseph Tendler aus der Residenzstadt München ist gestern hier angekommen und wird heute abend im Schützenhofsaale seine erste Vorstellung geben. Vorgestellt wird: Pfalzgraf Siegfried und die heilige Genoveva, Puppenspiel mit Gesang in vier Aufzügen.«

Dann räusperte er sich und schritt würdevoll in der meinem Heimwege entgegengesetzten Richtung weiter. Ich folgte ihm von Straße zu Straße, um wieder und wieder die entzückende Verkündigung zu hören; denn niemals hatte ich eine Komödie, geschweige denn ein Puppenspiel gesehen. — Als ich endlich umkehrte, sah ich ein rotes Kleidchen mir entgegenkommen; und wirklich, es war die kleine Puppenspielerin; trotz ihres verschossenen Anzugs schien sie mir von einem Märchenglanz umgeben.

Ich faßte mir ein Herz und redete sie an: »Willst du spazierengehen, Lisei?«

Sie sah mich mißtrauisch aus ihren schwarzen Augen an. »Spazieren?« wiederholte sie gedehnt. »Ach du — du bist g'scheit!«

»Wohin willst du denn?«

— »Zum Ellenkramer will i!«

»Willst du dir ein neues Kleid kaufen?« fragte ich tölpelhaft genug.

Sie lachte laut auf. »Geh! laß mi aus! — Nein; nur so Fetz'ln!«

»Fetz'ln, Lisei?«

— »Freili! Halt nur so Resteln zu G'wandl für die Pupp'n; 's kost't immer nit viel!«

Ein glücklicher Gedanke fuhr mir durch den Kopf. Ein alter Onkel von mir hatte damals am Markte hier eine Ellenwarenhandlung, und sein alter Ladendiener war mein guter Freund. »Komm mit mir«, sagte ich kühn, »es soll dir gar nichts kosten, Lisei!«

»Meinst?« fragte sie noch; dann liefen wir beide nach dem Markt und in das Haus des Onkels. Der alte Gabriel stand wie immer in seinem pfeffer- und salzfarbenen Rock hinter dem Ladentisch, und als ich ihm unser Anliegen deutlich gemacht hatte, kramte er gutmütig einen Haufen »Rester« auf den Tisch zusammen.

»Schau, das hübsch Brinnrot!« sagte Lisei und nickte begehrlich nach einem Stückchen französischen Kattuns hinüber.

»Kannst es brauchen?« fragte Gabriel. — Ob sie es brauchen konnte! Der Ritter Siegfried sollte ja auf den Abend noch eine neue Weste geschneidert bekommen.

»Aber da gehören auch die Tressen noch dazu«, sagte der Alte und brachte allerlei Endchen Gold- und Silberflitter. Bald kamen noch grüne und gelbe Seidenläppchen und Bänder, endlich ein ziemlich großes Stück braunen Plüsches. »Nimm's nur, Kind!« sagte Gabriel. »Das gibt ein Tierfell für euere Genoveva, wenn das alte vielleicht verschossen wäre!« Dann packte er die ganze Herrlichkeit zusammen und legte sie der Kleinen in den Arm.

»Und es kost't nix?« fragte sie beklommen.

Nein, es kostete nichts. Ihre Augen leuchteten. »Schön' Dank, guter Mann! Ach, wird der Vater schauen!«

Hand in Hand, Lisei mit ihrem Päckchen unter dem Arm, verließen wir den Laden; als wir aber in die Nähe unserer Wohnung kamen, ließ sie mich los und rannte über die Straße nach der Schneiderherberge, daß ihr die schwarzen Flechten in den Nacken flogen.

— — Nach dem Mittagessen stand ich vor unserer Haustür und erwog unter Herzklopfen das Wagnis, schon heute zur ersten Vorstellung meinen Vater um das Eintrittsgeld anzugehen; ich war ja mit der Galerie zufrieden, und sie sollte für uns Jungens nur einen Doppeltschilling kosten. Da, bevor ich's noch bei mir ins reine gebracht hatte, kam das Lisei über die Straße zu mir hergeflogen. »Der Vater schickt's!« sagte sie, und eh ich mich's versah, war sie wieder fort; aber in meiner Hand hielt ich eine rote Karte, darauf stand mit großen Buchstaben: Erster Platz.

Als ich aufblickte, winkte auch von drüben der kleine schwarze Mann mit beiden Armen aus der Bodenluke zu mir herüber. Ich nickte ihm zu; was mußten das für nette Leute sein, diese Puppenspieler! »Also heute abend«, sagte ich zu mir selber, »heute abend und — Erster Platz!«

— — Du kennst unsern Schützenhof in der Süderstraße; auf der Haustür sah man damals noch einen schön gemalten Schützen in Lebensgröße, mit Federhut und Büchse; im übrigen war aber der alte Kasten damals noch baufälliger, als er heute ist. Die Gesellschaft war bis auf drei Mitglieder herabgesunken; die vor Jahrhunderten von den alten Landesherzögen geschenkten silbernen Pokale, Pulverhörner und Ehrenketten waren nach und nach verschleudert; den großen Garten, der, wie du weißt, auf den Bürgersteig hinausläuft, hatte man zur Schaf- und Ziegengräsung verpachtet. Das alte zweistöckige Haus wurde von niemandem weder bewohnt noch gebraucht; windrissig und verfallen stand es da zwischen den munteren Nachbarhäusern; nur in dem öden weißgekalkten Saale, der fast das ganze obere Stockwerk einnahm, produzierten mitunter starke Männer oder durchreisende Taschenspieler ihre Künste. Dann wurde unten die große Haustür mit dem gemalten Schützenbruder knarrend aufgeschlossen.

— — Langsam war es Abend geworden; und — das Ende trug die Last, denn mein Vater wollte mich erst fünf Minuten vor dem angesetzten Glockenschlage laufen lassen; er meinte, eine Übung in der Geduld sei sehr vonnöten, damit ich im Theater stillesitze.

Endlich war ich an Ort und Stelle. Die große Tür stand offen, und allerlei Leute wanderten hinein; denn derzeit ging man noch gern zu solchen Vergnügungen; nach Hamburg war eine weite Reise, und nur wenige hatten sich die kleinen Dinge zu Hause durch die dort zu schauenden Herrlichkeiten leid machen können. — Als ich die eichene Wendeltreppe hinaufgestiegen war, fand ich Liseis Mutter am Eingange des Saales an der Kasse sitzen. Ich näherte mich ihr ganz vertraulich und dachte, sie würde mich so recht als einen alten Bekannten begrüßen; aber sie saß stumm und starr und nahm meine Karte ab, als wenn ich nicht die geringste Beziehung zu ihrer Familie hätte. — Etwas gedemütigt trat ich in den Saal; der kommenden Dinge harrend, plauderte alles mit halber Stimme durcheinander; dazu fiedelte unser Stadtmusikus mit drei seiner Gesellen. Das erste, worauf meine Augen fielen, war in der Tiefe des Saales ein roter Vorhang oberhalb der Musikantenplätze. Die Malerei in der Mitte desselben stellte zwei lange Trompeten vor, die kreuzweise über einer goldenen Leier lagen; und, was mir damals sehr sonderbar erschien, an dem Mundstück einer jeden hing, wie mit den leeren Augen daraufgeschoben, hier eine finster, dort eine lachend ausgeprägte Maske. — Die drei vordersten Plätze waren schon besetzt; ich drängte mich in die vierte Bank, wo ich einen Schulkameraden bemerkt hatte, der dort neben seinen Eltern saß. Hinter uns bauten sich die Plätze schräg ansteigend in die Höhe, so daß der letzte, die sogenannte Galerie, welche nur zum Stehen war, sich fast mannshoch über dem Fußboden befinden mochte. Auch dort schien es wohlgefüllt zu sein; genau vermochte ich es nicht zu sehen, denn die wenigen Talglichter, welche in Blechlampetten an den beiden Seitenwänden brannten, verbreiteten nur eine schwache Helligkeit; auch dunkelte die schwere Balkendecke des Saales. Mein Nachbar wollte mir eine Schulgeschichte erzählen; ich begriff nicht, wie er an so etwas denken konnte, ich schaute nur auf den Vorhang, der von den Lampen des Podiums und der Musikantenpulte feierlich beleuchtet war. Und jetzt ging ein Wehen über seine Fläche, die geheimnisvolle Welt hinter ihm begann sich schon zu regen; noch einen Augenblick, da erscholl das Läuten eines Glöckchens, und während unter den Zuschauern das summende Geplauder wie mit einem Schlage verstummte, flog der Vorhang in die Höhe. — Ein Blick auf die Bühne versetzte mich um tausend Jahre rückwärts. Ich sah in einen mittelalterlichen Burghof mit Turm und Zugbrücke; zwei kleine ellenlange Leute standen in der Mitte und redeten lebhaft miteinander. Der eine mit dem schwarzen Barte, dem silbernen Federhelm und dem goldgestickten Mantel über dem roten Unterkleide war der Pfalzgraf Siegfried; er wollte gegen die heidnischen Mohren in den Krieg reiten und befahl seinem jungen Hausmeister Golo, der in blauem, silbergesticktem Wamse neben ihm stand, zum Schutze der Pfalzgräfin Genoveva in der Burg zurückzubleiben. Der treulose Golo aber tat gewaltig wild, daß er seinen guten Herrn so allein in das grimme Schwerterspiel sollte reiten lassen. Sie drehten bei diesen Wechselreden die Köpfe hin und her und fochten heftig und ruckweise mit den Armen. — Da tönten kleine langgezogene Trompetentöne von draußen hinter der Zugbrücke, und zugleich kam auch die schöne Genoveva in himmelblauem Schleppkleide hinter dem Turm hervorgestürzt und schlug beide Arme über des Gemahls Schultern: »Oh, mein herzallerliebster Siegfried, wenn dich die grausamen Heiden nur nicht massakrieren!« Aber es half ihr nichts; noch einmal ertönten die Trompeten, und der Graf schritt steif und würdevoll über die Zugbrücke aus dem Hofe; man hörte deutlich draußen den Abzug des gewappneten Trupps. Der böse Golo war jetzt Herr der Burg. —

Und nun spielte das Stück sich weiter, wie es in deinem Lesebuch gedruckt steht. — Ich war auf meiner Bank ganz wie verzaubert; diese seltsamen Bewegungen, diese feinen oder schnarrenden Puppenstimmchen, die denn doch wirklich aus ihrem Munde kamen — es war ein unheimliches Leben in diesen kleinen Figuren, das gleichwohl meine Augen wie magnetisch auf sich zog.

Im zweiten Aufzuge aber sollte es noch besser kommen. — Da war unter den Dienern auf der Burg einer im gelben Nankinganzug, der hieß Kasperl. Wenn dieser Bursche nicht lebendig war, so war noch niemals etwas lebendig gewesen; er machte die ungeheuersten Witze, so daß der ganze Saal vor Lachen bebte; in seiner Nase, die so groß wie eine Wurst war, mußte er jedenfalls ein Gelenk haben; denn wenn er so sein dumm-pfiffiges Lachen herausschüttelte, so schlenkerte der Nasenzipfel hin und her, als wenn auch er sich vor Lustigkeit nicht zu lassen wüßte; dabei riß der Kerl seinen großen Mund auf und knackte, wie eine alte Eule, mit den Kinnbacksknochen. »Pardauz!« schrie es; so kam er immer auf die Bühne gesprungen; dann stellte er sich hin und sprach erst bloß mit seinem großen Daumen; den konnte er so ausdrucksvoll hin und wider drehen, daß es ordentlich ging wie »Hier nix und da nix! Kriegst du nix, so hast du nix!« Und dann sein Schielen; — das war so verführerisch, daß im Augenblick dem ganzen Publikum die Augen verquer im Kopfe standen. Ich war ganz vernarrt in den lieben Kerl!

Endlich war das Spiel zu Ende, und ich saß wieder zu Hause in unserer Wohnstube und verzehrte schweigend das Aufgebratene, das meine gute Mutter mir warm gestellt hatte. Mein Vater saß im Lehnstuhl und rauchte seine Abendpfeife. »Nun, Junge«, rief er, »waren sie lebendig?«

»Ich weiß nicht, Vater«, sagte ich und arbeitete weiter in meiner Schüssel; mir war noch ganz verwirrt zu Sinne.

Er sah mir eine Weile mit seinem klugen Lächeln zu. »Höre, Paul«, sagte er dann, »du darfst nicht zu oft in diesen Puppenkasten; die Dinger könnten dir am Ende in die Schule nachlaufen.«

Mein Vater hatte nicht unrecht. Die Algebraaufgaben gerieten mir in den beiden nächsten Tagen so mäßig, daß der Rechenmeister mich von meinem ersten Platz herabzusetzen drohte. — Wenn ich in meinem Kopfe rechnen wollte: »a + b gleich x — c«, so hörte ich statt dessen vor meinen Ohren die feine Vogelstimme der schönen Genoveva: »Ach, mein herzallerliebster Siegfried, wenn dich die bösen Heiden nur nicht massakrieren!« Einmal — aber es hat niemand gesehen — schrieb ich sogar »x + Genoveva« auf die Tafel. — Des Nachts in meiner Schlafkammer rief es einmal ganz laut »Pardauz«, und mit einem Satz kam der liebe Kasperl in seinem Nankinganzug zu mir ins Bett gesprungen, stemmte seine Arme zu beiden Seiten meines Kopfes in das Kissen und rief, grinsend auf mich herabnickend: »Ach du, liebs Brüderl! Ach, du herztausig liebs Brüderl!« Dabei hackte er mir mit seiner langen roten Nase in die meine, daß ich davon erwachte. Da sah ich denn freilich, daß es nur ein Traum gewesen war.

Ich verschloß das alles in meinem Herzen und wagte zu Hause kaum den Mund aufzutun von der Puppenkomödie. Als aber am nächsten Sonntag der Ausrufer wieder durch die Straßen ging, an sein Becken schlug und laut verkündigte: »Heute abend auf dem Schützenhof: Doktor Fausts Höllenfahrt, Puppenspiel in vier Aufzügen!« — da war es doch nicht länger auszuhalten. Wie die Katze um den heißen Brei, so schlich ich um meinen Vater herum, und endlich hatte er meinen stummen Blick verstanden. — »Pole«, sagte er, »es könnte dir ein Tropfen Blut vom Herzen gehen; vielleicht ist's die beste Kur, dich einmal gründlich satt zu machen.« Damit langte er in die Westentasche und gab mir einen Doppeltschilling.

Ich rannte sofort aus dem Hause; erst auf der Straße wurde es mir klar, daß ja noch acht lange Stunden bis zum Anfang der Komödie abzuleben waren. So lief ich denn hinter den Gärten auf den Bürgersteig. Als ich an den offenen Grasgarten des Schützenhofs gekommen war, zog es mich unwillkürlich hinein; vielleicht, daß gar einige Puppen dort oben aus den Fenstern guckten; denn die Bühne lag ja an der Rückseite des Hauses. Aber ich mußte dann erst durch den oberen Teil des Gartens, der mit Linden- und Kastanienbäumen dicht bestanden war. Mir wurde etwas zag zumute; ich wagte doch nicht weiter vorzudringen. Plötzlich erhielt ich von einem großen, hier angepflockten Ziegenbock einen Stoß in den Rükken, daß ich um zwanzig Schritte weiter flog. Das half; als ich mich umsah, stand ich schon unter den Bäumen.

Es war ein trüber Herbsttag; einzelne gelbe Blätter sanken schon zur Erde; über mir in der Luft schrien ein paar Strandvögel, die ans Haff hinausflogen; kein Mensch war zu sehen noch zu hören. Langsam schritt ich durch das Unkraut, das auf den Steigen wucherte, bis ich einen schmalen Steinhof erreicht hatte, der den Garten von dem Hause trennte. — Richtig! Dort von oben schauten zwei große Fenster in den Hof herab; aber hinter den kleinen in Blei gefaßten Scheiben war es schwarz und leer, keine Puppe war zu sehen. Ich stand eine Weile, mir wurde ganz unheimlich in der mich rings umgebenden Stille.

Da sah ich, wie unten die schwere Hoftür von innen eine Handbreit geöffnet wurde, und zugleich lugte auch ein schwarzes Köpfchen daraus hervor.

»Lisei!« rief ich.

Sie sah mich groß mit ihren dunkeln Augen an. »B'hüt Gott!« sagte sie, »hab i doch nit gewußt, was da außa rumkraxln tät! Wo kommst denn du daher?«

»Ich? — Ich geh spazieren, Lisei! — Aber sag mir, spielt ihr denn schon jetzt Komödie?«

Sie schüttelte lachend den Kopf.

»Aber, was machst du denn hier?« fragte ich weiter, indem ich über den Steinhof zu ihr trat.

»I wart auf den Vater«, sagte sie, »er ist ins Quartier, um Band und Nagel zu holen, er macht's halt firti für heut abend.«

»Bist du denn ganz allein hier, Lisei?«

— »O nei; du bist ja aa no da!«

»Ich meine«, sagte ich, »ob nicht deine Mutter oben auf dem Saal ist?«

Nein, die Mutter saß in der Herberge und besserte die Puppenkleider aus; das Lisei war hier ganz allein.

»Hör«, begann ich wieder, »du könntest mir einen Gefallen tun; es ist unter eueren Puppen einer, der heißt Kasperl; den möcht ich gar zu gern einmal in der Nähe sehen.«

»Den Wurstl meinst?« sagte Lisei und schien sich eine Weile zu bedenken. »Nu, es ging scho; aber g'schwind mußt sein, eh denn der Vater wieder da ist!«

Mit diesen Worten waren wir schon ins Haus getreten und liefen eilig die steile Wendeltreppe hinauf. — Es war fast dunkel in dem großen Saale; denn die Fenster, welche sämtlich nach dem Hofe hinaus lagen, waren von der Bühne verdeckt; nur einzelne Lichtstreifen fielen durch die Spalten des Vorhangs.

»Komm!« sagte Lisei und hob seitwärts an der Wand die dort aus einem Teppich bestehende Verkleidung in die Höhe; wir schlüpften hindurch, und da stand ich in dem Wundertempel. — Aber von der Rückseite betrachtet und hier in der Tageshelle sah er ziemlich kläglich aus; ein Gerüst aus Latten und Brettern, worüber einige buntbekleckste Leinwandstücke hingen; das war der Schauplatz, auf welchem das Leben der heiligen Genoveva so täuschend an mir vorübergegangen war.

Doch ich hatte mich zu früh beklagt; dort, an einem Eisendrahte, der von einer Kulisse nach der Wand hinübergespannt war, sah ich zwei der wunderbaren Puppen schweben; aber sie hingen mit dem Rücken gegen mich, so daß ich sie nicht erkennen konnte.

»Wo sind die andern, Lisei?« fragte ich; denn ich hätte gern die ganze Gesellschaft auf einmal mir besehen.

»Hier im Kast'l«, sagte Lisei und klopfte mit ihrer kleinen Faust auf eine im Winkel stehende Kiste; »die zwei da sind schon zug'richt; aber geh nur her dazu und schau's dir a; er is scho dabei, dei Freund, der Kasperl!«

Und wirklich, er war es selber. »Spielt denn der heute abend auch wieder mit?« fragte ich.

»Freili, der is allimal dabei!«

Mit untergeschlagenen Armen stand ich und betrachtete meinen lieben lustigen Allerweltskerl. Da baumelte er, an sieben Schnüren aufgehängt; sein Kopf war vornübergesunken, daß seine großen Augen auf den Fußboden stierten und ihm die rote Nase wie ein breiter Schnabel auf der Brust lag. ›Kasperle, Kasperle‹, sagte ich bei mir selber, ›wie hängst du da elendiglich.‹ Da antwortete es ebenso: ›Wart nur, liebs Brüderl, wart nur bis heut abend!‹ — War das auch nur so in meinen Gedanken, oder hatte Kasperl selbst zu mir gesprochen? —

Ich sah mich um. Das Lisei war fort; sie war wohl vor die Haustür, um die Rückkehr ihres Vaters zu überwachen. — Da hörte ich sie eben noch von dem Ausgang des Saales rufen: »Daß d' mir aber nit an die Puppen rührst!« — — Ja — nun konnte ich es aber doch nicht lassen. Leise stieg ich auf eine neben mir stehende Bank und begann erst an der einen, dann an der andern Schnur zu ziehen; die Kinnladen fingen an zu klappen, die Arme hoben sich, und jetzt fing auch der wunderbare Daumen an, ruckweise hin und her zu schießen. Die Sache machte gar keine Schwierigkeit; ich hatte mir die Puppenspielerei doch kaum so leicht gedacht. — Aber die Arme bewegten sich nur nach vorn und hinten aus; und es war doch gewiß, daß Kasperle sie in dem neulichen Stück auch seitwärts ausgestreckt, ja, daß er sie sogar über dem Kopf zusammengeschlagen hatte! Ich zog an allen Drähten, ich versuchte mit der Hand die Arme abzubiegen; aber es wollte nicht gelingen. Auf einmal tat es einen leisen Krach im Innern der Figur. ›Halt!‹ dachte ich, ›Hand vom Brett! Da hättst du können Unheil anrichten!‹

Leise stieg ich wieder von meiner Bank herab, und zugleich hörte ich auch Lisei von außen in den Saal treten.

»G'schwind, g'schwind!« rief sie und zog mich durch das Dunkel an die Wendeltreppe hinaus; »'s is eigentli nit recht«, fuhr sie fort, »daß i di eilass'n hab; aber, gel, du hast doch dei Gaudi g'habt!«

Ich dachte an den leisen Krach von vorhin. ›Ach, es wird ja nichts gewesen sein!‹ Mit dieser Selbsttröstung lief ich die Treppe hinab und durch die Hintertür ins Freie.

Soviel stand fest, der Kaspar war doch nur eine richtige Holzpuppe; aber das Lisei — was das für eine allerliebste Sprache führte! und wie freundlich sie mich gleich zu den Puppen mit hinaufgenommen hatte! — Freilich, und sie hatte es ja auch selbst gesagt, daß sie es so heimlich vor ihrem Vater getan, das war nicht völlig in der Ordnung. Unlieb — zu meiner Schande muß ich's gestehen — war diese Heimlichkeit mir grade nicht; im Gegenteil, die Sache bekam für mich dadurch noch einen würzigen Beigeschmack, und es muß ein recht selbstgefälliges Lächeln auf meinem Gesicht gestanden haben, als ich durch die Linden- und Kastanienbäume des Gartens wieder nach dem Bürgersteig hinabschlenderte.

Allein zwischen solchen schmeichelnden Gedanken hörte ich von Zeit zu Zeit vor meinem inneren Ohre immer jenen leisen Krach im Körper der Puppe; was ich auch vornahm, den ganzen Tag über konnte ich diesen jetzt aus meiner eigenen Seele herauftönenden unbequemen Laut nicht zum Schweigen bringen.

Es hatte sieben Uhr geschlagen; im Schützenhofe war heute, am Sonntagabend, alles besetzt; ich stand diesmal hinten, fünf Schuh hoch über dem Fußboden, auf dem Doppeltschillingsplatze. Die Talglichter brannten in den Blechlampetten, der Stadtmusikus und seine Gesellen fiedelten; der Vorhang rollte in die Höhe.

Ein hochgewölbtes gotisches Zimmer zeigte sich. Vor einem aufgeschlagenen Folianten saß im langen schwarzen Talar der Doktor Faust und klagte bitter, daß ihm all seine Gelehrsamkeit so wenig einbringe; keinen heilen Rock habe er mehr am Leibe, und vor Schulden wisse er sich nicht zu lassen; so wolle er denn jetzo mit der Hölle sich verbinden. — »Wer ruft nach mir?« ertönte zu seiner Linken eine furchtbare Stimme von der Wölbung des Gemaches herab. — »Faust, Faust, folge nicht!« kam eine andere, feine Stimme von der Rechten. — Aber Faust verschwor sich den höllischen Gewalten. — »Weh, weh deiner armen Seele!« Wie ein seufzender Windeshauch klang es von der Stimme des Engels; von der Linken schallte eine gellende Lache durchs Gemach. — — Da klopfte es an die Tür. »Verzeihung, Euere Magnifizenz?« Fausts Famulus Wagner war eingetreten. Er bat, ihm für die grobe Hausarbeit die Annahme eines Gehülfen zu gestatten, damit er sich besser aufs Studieren legen könne. »Es hat sich«, sagte er, »ein junger Mann bei mir gemeldet, welcher Kasperl heißt und gar fürtreffliche Qualitäten zu besitzen scheint.« — Faust nickte gnädig mit dem Kopfe und sagte: »Sehr wohl, lieber Wagner, diese Bitte sei Euch gewährt.« Dann gingen beide miteinander fort. — —

»Pardauz!« rief es; und da war er. Mit einem Satz kam er auf die Bühne gesprungen, daß ihm das Felleisen auf dem Buckel hüpfte.

— — ›Gott sei gelobt!‹ dachte ich; ›er ist noch ganz gesund; er springt noch ebenso wie vorigen Sonntag in der Burg der schönen Genoveva!‹ Und seltsam, sosehr ich ihn am Vormittage in meinen Gedanken nur für eine schmähliche Holzpuppe erklärt hatte, mit seinem ersten Worte war der ganze Zauber wieder da.

Emsig spazierte er im Zimmer auf und ab. »Wenn mich jetzt mein Vater Papa sehen tät«, rief er, »der würd sich was Rechts freuen. Immer pflegt er zu sagen: ›Kasperl, mach, daß du dein Sach in Schwung bringst!‹ — Oh, jetzund hab ich's in Schwung; denn ich kann mein Sach haushoch werfen!« — Damit machte er Miene, sein Felleisen in die Höhe zu schleudern; und es flog auch wirklich, da es am Draht gezogen wurde, bis an die Deckenwölbung hinauf; aber — Kasperls Arme waren an seinem Leibe klebengeblieben; es ruckte und ruckte, aber sie kamen um keine Handbreit in die Höhe.

Kasperl sprach und tat nichts weiter. — Hinter der Bühne entstand eine Unruhe, man hörte leise, aber heftig sprechen, der Fortgang des Stückes war augenscheinlich unterbrochen.

Mir stand das Herz still; da hatten wir die Bescherung! Ich wäre gern fortgelaufen, aber ich schämte mich. Und wenn gar dem Lisei meinetwegen etwas geschähe!

Da begann Kasperl auf der Bühne plötzlich ein klägliches Geheule, wobei ihm Kopf und Arme schlaff herunterhingen, und der Famulus Wagner erschien wieder und fragte ihn, warum er denn so lamentiere.

»Ach, mei Zahnerl, mei Zahnerl!« schrie Kasperl.

»Guter Freund«, sagte Wagner, »so laß Er sich einmal in das Maul sehen!« — Als er ihn hierauf bei der großen Nase packte und ihm zwischen die Kinnladen hineinschaute, trat auch der Doktor Faust wieder in das Zimmer. — »Verzeihen Euere Magnifizenz«, sagte Wagner, »ich werde diesen jungen Mann in meinem Dienst nicht gebrauchen können; er muß sofort in das Lazarett geschafft werden!«

»Is das a Wirtshaus?« fragte Kasperle.

»Nein, guter Freund«, erwiderte Wagner, »das ist ein Schlachthaus. Man wird Ihm dort einen Weisheitszahn aus der Haut schneiden, und dann wird Er seiner Schmerzen ledig sein.«

»Ach, du liebs Hergottl«, jammerte Kasperl, »muß mi arms Viecherl so ein Unglück treffen! Ein Weisheitszahnerl, sagt Ihr, Herr Famulus? Das hat noch keiner in der Famili gehabt! Da geht's wohl auch mit meiner Kasperlschaft zu End?«

»Allerdings, mein Freund«, sagte Wagner; »eines Dieners mit Weisheitszähnen bin ich baß entraten; die Dinger sind nur für uns gelehrte Leute. Aber Er hat ja noch einen Bruderssohn, der sich auch bei mir zum Dienst gemeldet hat. Vielleicht«, und er wandte sich gegen den Doktor Faust, »erlauben Euere Magnifizenz!«

Der Doktor Faust machte eine würdige Drehung mit dem Kopfe.

»Tut, was Euch beliebt, mein lieber Wagner«, sagte er; »aber stört mich nicht weiter mit Eueren Lappalien in meinem Studium der Magie!«

— — »Heere, mei Gutester«, sagte ein Schneidergesell, der vor mir auf der Brüstung lehnte, zu seinem Nachbar, »das geheert ja nicht zum Stück, ich kenn's, ich hab es vor ä Weilchen erst in Seifersdorf gesehn.« — Der andere aber sagte nur: »Halt's Maul, Leipziger!« und gab ihm einen Rippenstoß.

— — Auf der Bühne war indessen Kasperle, der zweite, aufgetreten. Er hatte eine unverkennbare Ähnlichkeit mit seinem kranken Onkel, auch sprach er ganz genau wie dieser; nur fehlte ihm der bewegliche Daumen, und in seiner großen Nase schien er kein Gelenk zu haben.

Mir war ein Stein vom Herzen gefallen, als das Stück nun ruhig weiterspielte, und bald hatte ich alles um mich her vergessen. Der teuflische Mephistopheles erschien in einem feuerfarbenen Mantel, das Hörnchen vor der Stirn, und Faust unterzeichnete mit seinem Blute den höllischen Vertrag:

»Vierundzwanzig Jahre sollst du mir dienen; dann will ich dein sein mit Leib und Seele.«

Hierauf fuhren beide in des Teufels Zaubermantel durch die Luft davon. Für Kasperle kam eine ungeheuere Kröte mit Fledermausflügeln aus der Luft herab. »Auf dem höllischen Sperling soll ich nach Parma reiten?« rief er, und als das Ding wackelnd mit dem Kopfe nickte, stieg er auf und flog den beiden nach.

— — Ich hatte mich ganz hinten an die Wand gestellt, wo ich besser über alle die Köpfe vor mir hinwegsehen konnte. Und jetzt rollte der Vorhang zum letzten Aufzug in die Höhe.

Endlich ist die Frist verstrichen. Faust und Kasper sind beide wieder in ihrer Vaterstadt. Kasper ist Nachtwächter geworden; er geht durch die dunkeln Straßen und ruft die Stunden ab:

Hört, ihr Herrn, und laßt euch sagen,
Meine Frau hat mich geschlagen;
Hüt't euch vor dem Weiberrock!
Zwölf ist der Klock! Zwölf ist der Klock!

Von fern hört man eine Glocke Mitternacht schlagen. Da wankt Faust auf die Bühne; er versucht zu beten, aber nur Heulen und Zähneklappern tönt aus seinem Halse. Von oben ruft eine Donnerstimme:

Fauste, Fauste, in aeternum damnatus es!

Eben fuhren im Feuerregen drei schwarzhaarige Teufel herab, um sich des Armen zu bemächtigen, da fühlte ich eins der Bretter zu meinen Füßen sich verschieben. Als ich mich bückte, um es zurechtzubringen, glaubte ich aus dem dunkeln Raume unter mir ein Geräusch zu hören; ich horchte näher hin; es klang wie das Schluchzen einer Kinderstimme. — ›Lisei!‹ dachte ich, ›wenn es Lisei wäre!‹ Wie ein Stein fiel meine ganze Untat mir wieder aufs Gewissen; was kümmerte mich jetzt der Doktor Faust und seine Höllenfahrt!

Unter heftigem Herzklopfen drängte ich mich durch die Zuschauer und ließ mich seitwärts an dem Brettergerüst herabgleiten. Rasch schlüpfte ich in den darunter befindlichen Raum, in welchem ich an der Wand entlang ganz aufrecht gehen konnte; aber es war fast dunkel, so daß ich mich an den überall untergestellten Latten und Balken stieß. »Lisei!« rief ich. Das Schluchzen, das ich eben noch gehört hatte, wurde plötzlich still; aber dort in dem tiefsten Winkel sah ich etwas sich bewegen. Ich tastete mich weiter bis an das Ende des Raumes, und — da saß sie, zusammengekauert, das Köpfchen in den Schoß gedrückt.

Ich zupfte sie am Kleide. »Lisei!« sagte ich leise, »bist du es? Was machst du hier?«

Sie antwortete nicht, sondern begann wieder vor sich hin zu schluchzen.

»Lisei«, fragte ich wieder, »was fehlt dir? So sprich doch nur ein einziges Wort!«

Sie hob den Kopf ein wenig. »Was soll i da red'n!« sagte sie, »du weißt's ja von selber, daß du den Wurstl hast verdreht.«

»Ja, Lisei«, antwortete ich kleinlaut; »ich glaub es selber, daß ich das getan habe.«

— »Ja, du! — Und i hab dir's doch g'sagt!«

»Lisei, was soll ich tun?«

— »Nu, halt nix!«

»Aber was soll denn daraus werden?«

— »Nu, halt aa nix! Sie begann wieder laut zu weinen. »Aber i — wenn i z'Haus komm — da krieg i die Peitsch'n!«

»Du die Peitsche, Lisei!« — Ich fühlte mich ganz vernichtet. »Aber ist dein Vater denn so strenge?«

»Ach, mei guts Vaterl!« schluchzte Lisei.

Also die Mutter! Oh, wie ich, außer mir selber, diese Frau haßte, die immer mit ihrem Holzgesichte an der Kasse saß!

Von der Bühne hörte ich Kasperl, den zweiten, rufen: »Das Stück ist aus! Komm, Gret'l, laß uns Kehraus tanzen!« Und in demselben Augenblick begann auch über unsern Köpfen das Scharren und Trappeln mit den Füßen, und bald polterte alles von den Bänken herunter und drängte sich dem Ausgange zu; zuletzt kam der Stadtmusikus mit seinen Gesellen, wie ich aus dem Tönen des Brummbasses hörte, mit dem sie beim Fortgehen an den Wänden anstießen. Dann allmählich wurde es still, nur hinten auf der Bühne hörte man noch die Tendlerschen Eheleute miteinander reden und wirtschaften. Nach einer Weile kamen auch sie in den Zuschauerraum; sie schienen erst an den Musikantenpulten, dann an den Wänden die Lichter auszuputzen; denn es wurde allmählich immer finsterer.

»Wenn i nur wüßt, wo die Lisei abblieben ist!« hörte ich Herrn Tendler zu seiner an der gegenüberliegenden Wand beschäftigten Frau hinüberrufen.

»Wo sollt sie sein!« rief diese wieder; »'s ist 'n störrig Ding; ins Quartier wird sie gelaufen sein!«

»Frau«, antwortete der Mann, »du bist auch zu wüst mit dem Kind gewesen; sie hat doch halt so a weichs Gemüt!«

»Ei was«, rief die Frau; »ihr' Straf muß sie hab'n; sie weiß recht gut, daß die schöne Marionett noch von mei'm Vater selig ist! Du wirst sie nit wieder kurieren, und der zweit' Kasper ist doch halt nur ein Notknecht!«

Die lauten Wechselreden hallten in dem leeren Saale wider. Ich hatte mich neben Lisei hingekauert; wir hatten uns bei den Händen gefaßt und saßen mäuschenstille.

»G'schieht mir aber schon recht«, begann wieder die Frau, die eben gerade über unsern Köpfen stand, »warum hab ich's gelitten, daß du das gotteslästerlich Stück heute wieder aufgeführt hast! Mein Vater selig hat's nimmer wollen in seinen letzten Jahren!«

»Nu, nu, Resel!« rief Herr Tendler von der andern Wand; »dein Vater war ein b'sondrer Mann. Das Stück gibt doch allfort eine gute Cassa; und ich mein', es ist doch auch a Lehr und Beispiel für die vielen Gottlosen in der Welt!«

»Ist aber bei uns zum letztenmal heut geb'n. Und nu red mir nit mehr davon!« erwiderte die Frau.

Herr Tendler schwieg. — Es schien jetzt nur noch ein Licht zu brennen, und die beiden Eheleute näherten sich dem Ausgang.

»Lisei«, flüstere ich, »wir werden eingeschlossen.«

»Laß!« sagte sie, »i kann nit; i geh nit furt!«

»Dann bleib ich auch!«

— »Aber dei Vater und Mutter!«

»Ich bleib doch bei dir!«

Jetzt wurde die Tür des Saales zugeschlagen; — dann ging's die Treppe hinab, und dann hörten wir, wie draußen auf der Straße die große Haustür abgeschlossen wurde.

Da saßen wir denn. Wohl eine Viertelstunde saßen wir so, ohne auch nur ein Wort miteinander zu reden. Zum Glück fiel mir ein, daß sich noch zwei Heißewecken in meiner Tasche befanden, die ich für einen meiner Mutter abgebettelten Schilling auf dem Herwege gekauft und über all dem Schauen ganz vergessen hatte. Ich steckte Lisei den einen in ihre kleinen Hände; sie nahm ihn schweigend, als verstehe es sich von selbst, daß ich das Abendbrot besorge, und wir schmausten eine Weile. Dann war auch das zu Ende. — Ich stand auf und sagte: »Laß uns hinter die Bühne gehen; da wird's heller sein; ich glaub, der Mond scheint draußen!« Und Lisei ließ sich geduldig durch die kreuz und quer stehenden Latten von mir in den Saal hinausleiten.

Als wir hinter der Verkleidung in den Bühnenraum geschlüpft waren, schien dort vom Garten her das helle Mondlicht in die Fenster. An dem Drahtseil, an dem am Vormittage nur die beiden Puppen gehangen hatten, sah ich jetzt alle, die vorhin im Stück aufgetreten waren. Da hing der Doktor Faust mit seinem scharfen blassen Gesicht, der gehörnte Mephistopheles, die drei kleinen schwarzhaarigen Teufelchen, und dort neben der geflügelten Kröte waren auch die beiden Kasperls. Ganz stille hingen sie da in der bleichen Mondscheinbeleuchtung; fast wie Verstorbene kamen sie mir vor. Der Hauptkasperl hatte zum Glück wieder seinen breiten Nasenschnabel auf der Brust liegen, sonst hätte ich geglaubt, daß seine Blicke mich verfolgen müßten.

Nachdem Lisei und ich eine Weile, nicht wissend, was wir beginnen sollten, an dem Theatergerüste umhergestanden und -geklettert waren, lehnten wir uns nebeneinander auf die Fensterbank. — Es war Unwetter geworden; am Himmel, gegen den Mond, stieg eine Wolkenbank empor; drunten im Garten konnte man die Blätter zu Haufen von den Bäumen wehen sehen.

»Guck«, sagte Lisei nachdenklich, »wie's da aufi g'schwomma kimmt! Da kann mei alte gute Bas' nit mehr vom Himm'l abi schaun.«

»Was für eine alte Bas', Lisei?« fragte ich.

— »Nu, wo i g'west bin, bis sie halt g'storb'n ist.«

Dann blickten wir wieder in die Nacht hinaus. — Als der Wind gegen das Haus und auf die kleinen undichten Fensterscheiben stieß, fing hinter mir an dem Drahtseil die stille Gesellschaft mit ihren hölzernen Gliedern an zu klappern. Ich drehte mich unwillkürlich um und sah nun, wie sie, vom Zugwind bewegt, mit den Köpfen wackelten und die steifen Arm' und Beine durcheinanderregten. Als aber plötzlich der kranke Kasperl seinen Kopf zurückschlug und mich mit seinen weißen Augen anstierte, da dachte ich, es sei doch besser, ein wenig an die Seite zu gehen.

Unweit vom Fenster, aber so, daß die Kulissen dort vor dem Anblick dieser schwebenden Tänzer schützen mußten, stand die große Kiste; sie war offen; ein paar wollene Decken, vermutlich zum Verpacken der Puppen bestimmt, lagen nachlässig darüber hingeworfen.

Als ich mich eben dorthin begeben hatte, hörte ich Lisei vom Fenster her so recht aus Herzensgrunde gähnen.

»Bist du müde, Lisei?« fragte ich.

»O nein«, erwiderte sie, indem sie ihre Ärmchen fest zusammenschränkte; »aber i frier halt!«

Und wirklich, es war kalt geworden in dem großen leeren Raume, auch mich fror. »Komm hieher!« sagte ich, »wir wollen uns in die Decken wickeln.«

Gleich darauf stand Lisei bei mir und ließ sich geduldig von mir in die eine Decke wickeln; sie sah aus wie eine Schmetterlingspuppe, nur daß oben noch das allerliebste Gesichtchen herausguckte. »Weißt«, sagte sie und sah mich mit zwei großen müden Augen an, »i steig ins Kistl, da hält's warm!«

Das leuchtete auch mir ein; im Verhältnis zu der wüsten Umgebung winkte hier sogar ein traulicher Raum, fast wie ein dichtes Stübchen. Und bald saßen wir armen törichten Kinder wohlverpackt und dicht aneinandergeschmiegt in der hohen Kiste. Mit Rücken und Füßen hatten wir uns gegen die Seitenwände gestemmt; in der Ferne hörten wir die schwere Saaltür in den Falzen klappen; wir aber saßen ganz sicher und behaglich.

»Friert dich noch, Lisei?« fragte ich.

»Ka bisserl!«

Sie hatte ihr Köpfchen auf meine Schulter sinken lassen; ihre Augen waren schon geschlossen. »Was wird mei guts Vaterl —« lallte sie noch; dann hörte ich an ihren gleichmäßigen Atemzügen, daß sie eingeschlafen war.

Ich konnte von meinem Platze aus durch die oberen Scheiben des einen Fensters sehen. Der Mond war aus seiner Wolkenhülle wieder hervorgeschwommen, in der er eine Zeitlang verborgen gewesen war; die alte Bas' konnte jetzt wieder vom Himmel herunterschauen, und ich denke wohl, sie hat's recht gern getan. Ein Streifen Mondlicht fiel auf das Gesichtchen, das nahe an dem meinen ruhte; die schwarzen Augenwimpern lagen wie seidene Fransen auf den Wangen, der kleine rote Mund atmete leise, nur mitunter zuckte noch ein kurzes Schluchzen aus der Brust herauf; aber auch das verschwand; die alte Bas' schaute gar so mild vom Himmel. — Ich wagte mich nicht zu rühren. ›Wie schön müßte es sein‹, dachte ich, ›wenn das Lisei deine Schwester wäre, wenn sie dann immer bei dir bleiben könnte!‹ Denn ich hatte keine Geschwister, und wenn ich auch nach Brüdern kein Verlangen trug, so hatte ich mir doch oft das Leben mit einer Schwester in meinen Gedanken ausgemalt und konnte es nie begreifen, wenn meine Kameraden mit denen, die sie wirklich besaßen, in Zank und Schlägerei gerieten.

Ich muß über solchen Gedanken doch wohl eingeschlafen sein; denn ich weiß noch, wie mir allerlei wildes Zeug geträumt hat. Mir war, als säße ich mitten in dem Zuschauerraum, die Lichter an den Wänden brannten, aber niemand außer mir saß auf den leeren Bänken. Über meinem Kopfe, unter der Balkendecke des Saales, ritt Kasperl auf dem höllischen Sperling in der Luft herum und rief einmal übers andere: »Schlimms Brüderl! Schlimms Brüderl!« oder auch mit kläglicher Stimme: »Mein Arm! Mein Arm!«

Da wurde ich von einem Lachen aufgeweckt, das über meinem Kopfe erschallte; vielleicht auch von dem Lichtschein, der mir plötzlich in die Augen fiel. »Nun seh mir einer dieses Vogelnest!« hörte ich die Stimme meines Vaters sagen, und dann etwas barscher: »Steig heraus, Junge!«

Das war der Ton, der mich stets mechanisch in die Höhe trieb. Ich riß die Augen auf und sah meinen Vater und das Tendlersche Ehepaar an unserer Kiste stehen; Herr Tendler trug eine brennende Laterne in der Hand. Meine Anstrengung, mich zu erheben, wurde indessen durch Lisei vereitelt, die, noch immer fortschlafend, mit ihrer ganzen kleinen Last mir auf die Brust gesunken war. Als sich aber jetzt zwei knochige Arme ausstreckten, um sie aus der Kiste herauszuheben, und ich das Holzgesicht der Frau Tendler sich auf uns niederbeugen sah, da schlug ich die Arme so ungestüm um meine kleine Freundin, daß ich dabei der guten Frau fast ihren alten italienischen Strohhut vom Kopfe gerissen hätte.

»Nu, nu, Bub!« rief sie und trat einen Schritt zurück; ich aber, aus unserer Kiste heraus, erzählte mit geflügelten Worten, und ohne mich dabei zu schonen, was am Vormittag geschehen war.

»Also, Madame Tendler«, sagte mein Vater, als ich mit meinem Bericht zu Ende war, und machte zugleich eine sehr verständliche Handbewegung, »da könnten Sie es mir ja wohl überlassen, dieses Geschäft allein mit meinem Jungen abzumachen.«

»Ach ja, ach ja!« rief ich eifrig, als wenn mir soeben der angenehmste Zeitvertreib verheißen wäre.

Lisei war indessen auch erwacht und von ihrem Vater auf den Arm genommen worden. Ich sah, wie sie die Arme um seinen Hals schlang und ihm bald eifrig ins Ohr flüsterte, bald ihm zärtlich in die Augen sah oder wie beteuernd mit dem Köpfchen nickte. Gleich darauf ergriff auch der Puppenspieler die Hand meines Vaters. »Lieber Herr«, sagte er, »die Kinder bitten füreinander. Mutter, du bist ja auch nit gar so schlimm! Lassen wir es diesmal halt dabei!«

Madame Tendler sah indes noch immer unbeweglich aus ihrem großen Strohhute. »Du magst selb schauen, wie du ohne den Kasperl fertig wirst!« sagte sie mit einem strengen Blick auf ihren Mann.

In dem Antlitz meines Vaters sah ich ein gewisses lustiges Augenzwinkern, das mir Hoffnung machte, es werde das Unwetter diesmal so an mir vorüberziehen; und als er jetzt sogar versprach, am andern Tage seine Kunst zur Herstellung des Invaliden aufzubieten, und dabei Madame Tendlers italienischer Strohhut in die holdseligste Bewegung geriet, da war ich sicher, daß wir beiderseits im trocknen waren.

Bald marschierten wir unten durch die dunkeln Gassen, Herr Tendler mit der Laterne voran, wir Kinder Hand in Hand den Alten nach. — Dann: »Gut Nacht, Paul! Ach, will i schlaf'n!« Und weg war das Lisei; ich hatte gar nicht gemerkt, daß wir schon bei unseren Wohnungen angekommen waren.

Am andern Vormittage, als ich aus der Schule gekommen war, traf ich Herrn Tendler mit seinem Töchterchen schon in unserer Werkstatt. »Nun, Herr Kollege«, sagte mein Vater, der eben das Innere der Puppe untersuchte, »das sollte denn doch schlimm zugehen, wenn wir zwei Mechanici den Burschen hier nicht wieder auf die Beine brächten.«

»Gel, Vater«, rief das Lisei, »da werd aa die Mutter nit mehr brumm'n.«

Herr Tendler strich zärtlich über das schwarze Haar des Kindes; dann wendete er sich zu meinem Vater, der ihm die Art der beabsichtigten Reparatur auseinandersetzte. »Ach, lieber Herr«, sagte er, »ich bin kein Mechanikus, den Titel hab ich nur so mit den Puppen übernommen; ich bin eigentlich meines Zeichens ein Holzschnitzer aus Berchtesgaden. Aber mein Schwiegervater selig — Sie haben gewiß von ihm gehört —, das war halt einer, und mein Reserl hat noch allweg ihr kleins Gaudi, daß sie die Tochter vom berühmten Puppenspieler Geißelbrecht ist. Der hat auch die Mechanik in dem Kasperl da g'macht; ich hab ihm derzeit nur's G'sichtl ausgeschnitten.«

»Ei nun, Herr Tendler«, erwiderte mein Vater, »das ist ja auch schon eine Kunst. Und dann — sagt mir nur, wie war's denn möglich, daß Ihr Euch gleich zu helfen wußtet, als die Schandtat meines Jungen da so mitten in dem Stück zum Vorschein kam?«

Das Gespräch begann mir etwas unbehaglich zu werden; in Herrn Tendlers gutmütigem Angesicht aber leuchtete plötzlich die ganze Schelmerei des Puppenspielers. »Ja, lieber Herr«, sagte er, »da hat man halt für solch Fäll sein G'spaßerl in der Taschen! Auch ist da noch so ein Brudersöhnerl, ein Wurstl Nummer zwei, der grad 'ne solche Stimm hat wie dieser da!«

Ich hatte indessen die Lisei am Kleide gezupft und war glücklich mit ihr nach unserem Garten entkommen. Hier unter der Linde saßen wir, die auch über uns beide jetzt ihr grünes Dach ausbreitet; nur blühten damals nicht mehr die roten Nelken auf den Beeten dort; aber ich weiß noch wohl, es war ein sonniger Septembernachmittag. Meine Mutter kam aus ihrer Küche und begann ein Gespräch mit dem Puppenspielerkinde; sie hatte denn doch auch so ihre kleine Neugierde.

Wie es denn heiße, fragte sie, und ob es denn schon immer so von Stadt zu Stadt gefahren sei. — — Ja, Lisei heiße es — ich hatte das meiner Mutter auch schon oft genug gesagt —, aber dies sei seine erste Reis'; drum könne es auch das Hochdeutsch noch nit so völlig firti krieg'n. — — Ob es denn auch zur Schule gegangen sei. — — Freili; es sei schon zur Schul gang'n; aber das Nähen und Stricken habe es von seiner alten Bas' gelernt; die habe auch so a Gärtl g'habt, da drin hätten sie zusammen auf dem Bänkerl gesessen; nun lerne es bei der Mutter, aber die sei gar streng!

Meine Mutter nickte beifällig. — Wie lange ihre Eltern denn wohl hier verweilen würden, fragte sie das Lisei wieder. — — Ja, das wüßt es nit, das käme auf die Mutter an; doch pflegten sie so ein vier Wochen am Ort zu bleiben. — — Ja, ob's denn auch ein warmes Mäntelchen für die Weiterreise habe; denn so im Oktober würde es schon kalt auf dem offenen Wägelchen. — — Nun, meinte Lisei, ein Mäntelchen habe sie schon, aber ein dünnes sei es nur; es hab sie auch schon darin gefroren auf der Herreis'.

Und jetzt befand sich meine gute Mutter auf dem Fleck, wonach ich sie schon lange hatte zusteuern sehen. »Hör, kleine Lisei«, sagte sie, »ich hab einen braven Mantel in meinem Schranke hängen, noch von den Zeiten her, da ich ein schlankes Mädchen war; ich bin aber jetzt herausgewachsen und habe keine Tochter, für die ich ihn noch zurechtschneidern könnte. Komm nur morgen wieder, Lisei, da steckt ein warmes Mäntelchen für dich darin.«

Lisei wurde rot vor Freude und hatte im Umsehen meiner Mutter die Hand geküßt, worüber diese ganz verlegen wurde; denn du weißt, hierzulande verstehen wir uns schlecht auf solche Narreteien! — Zum Glück kamen jetzt die beiden Männer aus der Werkstatt. »Für diesmal gerettet«, rief mein Vater; »aber — —!« Der warnend gegen mich geschüttelte Finger war das Ende meiner Buße.

Fröhlich lief ich ins Haus und holte auf Geheiß meiner Mutter deren großes Umschlagetuch; denn um den kaum Genesenen vor dem zwar wohlgemeinten, aber immerhin unbequemen Zujauchzen der Gassenjugend zu bewahren, das ihn auf seinem Herwege begleitet hatte, wurde der Kasperl jetzt sorgsam eingehüllt; dann nahm Lisei ihn auf den Arm, Herr Tendler das Lisei an der Hand, und so, unter Dankesversicherungen, zogen sie vergnügt die Straße nach dem Schützenhof hinab.

Und nun begann eine Zeit des schönsten Kinderglückes. — Nicht nur am andern Vormittage, sondern auch an den folgenden Tagen kam das Lisei; denn sie hatte nicht abgelassen, bis ihr gestattet worden, auch selbst an ihrem neuen Mäntelchen zu nähen. Zwar war's wohl mehr nur eine Scheinarbeit, die meine Mutter in ihre kleinen Hände legte; aber sie meinte doch, das Kind müßte recht ordentlich angehalten sein. Ein paarmal setzte ich mich daneben und las aus einem Bande von Weißens »Kinderfreunde« vor, den mein Vater einmal auf einer Auktion für mich gekauft hatte, zum Entzücken Liseis, der solche Unterhaltungsbücher noch unbekannt waren. »Das is g'schickt!« oder »Ei du, was geit's für Sachan auf der Welt!« Dergleichen Worte rief sie oft dazwischen und legte die Hände mit ihrer Näharbeit in den Schoß. Mitunter sah sie mich auch von unten mit ganz klugen Augen an und sagte: »Ja, wenn's Geschichtl nur nit derlog'n is'!« — Mir ist's, als hörte ich es noch heute.

— — Der Erzähler schwieg, und in seinem schönen männlichen Antlitz sah ich einen Ausdruck stillen Glückes, als sei das alles, was er mir erzählte, zwar vergangen, aber keineswegs verloren. Nach einer Weile begann er wieder:

Meine Schularbeiten machte ich niemals besser als in jener Zeit; denn ich fühlte wohl, daß das Auge meines Vaters mich strenger als je überwachte und daß ich mir den Verkehr mit den Puppenspielerleuten nur um den Preis eines strengen Fleißes erhalten könne. »Es sind reputierliche Leute, die Tendlers«, hörte ich einmal meinen Vater sagen; »der Schneiderwirt drüben hat ihnen auch heute ein ordentliches Stübchen eingeräumt; sie zahlen jeden Morgen ihre Zeche; nur, meinte der Alte, sei es leider blitzwenig, was sie draufgehen ließen. — Und das«, setzte mein Vater hinzu, »gefällt mir besser als dem Herbergsvater; sie mögen an den Notpfennig denken, was sonst nicht die Art solcher Leute ist.« — — Wie gern hörte ich meine Freunde loben! Denn das waren sie jetzt alle; sogar Madame Tendler nickte ganz vertraulich aus ihrem Strohhute, wenn ich — keiner Einlaßkarte mehr bedürftig — abends an ihrer Kasse vorbei in den Saal schlüpfte. — Und wie rannte ich jetzt vormittags aus der Schule! Ich wußte wohl, zu Hause traf ich das Lisei entweder bei meiner Mutter in der Küche, wo sie allerlei kleine Dienste für sie zu verrichten wußte, oder es saß auf der Bank im Garten, mit einem Buche oder mit einer Näharbeit in der Hand. Und bald wußte ich sie auch in meinem Dienste zu beschäftigen; denn nachdem ich mich genügend in den innern Zusammenhang der Sache eingeweiht glaubte, beabsichtigte ich nichts Geringeres, als nun auch meinerseits ein Marionettentheater einzurichten. Vorläufig begann ich mit dem Ausschnitzen der Puppen, wobei Herr Tendler, nicht ohne eine gutmütige Schelmerei in seinen kleinen Augen, mir in der Wahl des Holzes und der Schnitzmesser mit Rat und Hülfe zur Hand ging; und bald ragte auch in der Tat eine mächtige Kasperlenase aus dem Holzblöckchen in die Welt. Da aber andererseits der Nanking des »Wurstls« mir zuwenig interessant erschien, so mußte indessen das Lisei aus »Fetz'ln«, die wiederum der alte Gabriel hatte hergeben müssen, gold- und silberbesetzte Mäntel und Wämser für Gott weiß welche andere künftige Puppen anfertigen. Mitunter trat auch der alte Heinrich mit seiner kurzen Pfeife aus der Werkstatt zu uns, ein Geselle meines Vaters, der, solang ich denken konnte, zur Familie gehörte; er nahm mir dann wohl das Messer aus der Hand und gab durch ein paar Schnitte dem Dinge hie und da den rechten Schick. Aber schon wollte meiner Phantasie selbst der Tendlersche Haupt- und Prinzipalkasperl nicht mehr genügen; ich wollte noch ganz etwas anderes leisten; für den meinigen ersann ich noch drei weitere, nie dagewesene und höchst wirkungsvolle Gelenke, er sollte seitwärts mit dem Kinne wackeln, die Ohren hin und her bewegen und die Unterlippe auf- und abklappen können; und er wäre auch jedenfalls ein ganz unerhörter Prachtkerl geworden, wenn er nur nicht schließlich über all seinen Gelenken schon in der Geburt zugrunde gegangen wäre. Auch sollte leider weder der Pfalzgraf Siegfried noch irgendein anderer Held des Puppenspiels durch meine Hand zu einer fröhlichen Auferstehung gelangen. — Besser glückte es mir mit dem Bau einer unterirdischen Höhle, in der ich an kalten Tagen mit Lisei auf einem Bänkchen zusammensaß und ihr bei dem spärlichen Lichte, das durch eine oben angebrachte Fensterscheibe fiel, die Geschichten aus dem Weißeschen »Kinderfreunde« vorlas, die sie immer von neuem hören konnte. Meine Kameraden neckten mich wohl und schalten mich einen Mädchenknecht, weil ich, statt wie sonst mit ihnen, jetzt mit der Puppenspielertochter meine Zeit zubrachte. Mich kümmerte das wenig; wußte ich doch, es redete nur der Neid aus ihnen, und wo es mir zu arg wurde, da brauchte ich denn auch einmal ganz wacker meine Fäuste.

— — Aber alles im Leben ist nur für eine Spanne Zeit. Die Tendlers hatten ihre Stücke durchgespielt; die Puppenbühne auf dem Schützenhofe wurde abgebrochen; sie rüsteten sich zum Weiterziehen.

Und so stand ich denn an einem stürmischen Oktobernachmittage draußen vor unserer Stadt auf dem hohen Heiderücken, sah bald traurig auf den breiten Sandweg, der nach Osten in die kahle Gegend hinausläuft, bald sehnsüchtig nach der Stadt zurück, die in Dunst und Nebel in der Niederung lag. Und da kam es herangetrabt, das kleine Wägelchen mit den zwei hohen Kisten darauf und dem munteren braunen Pferdchen in der Gabeldeichsel. Herr Tendler saß jetzt vorn auf einem Brettchen, hinter ihm Lisei in dem neuen warmen Mäntelchen neben ihrer Mutter. — Ich hatte schon vor der Herberge von ihnen Abschied genommen; dann aber war ich vorausgelaufen, um sie alle noch einmal zu sehen und um Lisei, wozu ich von meinem Vater die Erlaubnis erhalten hatte, den Band von Weißens »Kinderfreunde« als Angedenken mitzugeben; auch eine Tüte mit Kuchen hatte ich um einige ersparte Sonntagssechslinge für sie eingehandelt. »Halt! Halt!« rief ich jetzt und stürzte von meinem Heidehügel auf das Fuhrwerk zu. — Herr Tendler zog die Zügel an, der Braune stand, und ich reichte Lisei meine kleinen Geschenke in den Wagen, die sie neben sich auf den Stuhl legte. Als wir uns aber, ohne ein Wort zu sagen, an beiden Händen griffen, da brachen wir armen Kinder in ein lautes Weinen aus. Doch in demselben Augenblicke peitschte auch schon Herr Tendler auf sein Pferdchen. »Ade, mein Bub! Bleib brav und dank aa no schön dei'm Vaterl und dei'm Mutterl!«

»Ade! Ade!« rief das Lisei; das Pferdchen zog an, das Glöckchen an seinem Halse bimmelte; ich fühlte die kleinen Hände aus den meinen gleiten, und fort fuhren sie, in die weite Welt hinaus.

Ich war wieder am Rande des Weges emporgestiegen und blickte unverwandt dem Wägelchen nach, wie es durch den stäubenden Sand dahinzog. Immer schwächer hörte ich das Gebimmel des Glöckchens; einmal noch sah ich ein weißes Tüchelchen um die Kisten flattern; dann allmählich verlor es sich mehr und mehr in den grauen Herbstnebeln. — Da fiel es plötzlich wie eine Todesangst mir auf das Herz: du siehst sie nimmer, nimmer wieder! — »Lisei!« schrie ich, »Lisei!« — Als aber dessenungeachtet, vielleicht wegen einer Biegung der Landstraße, der nur noch im Nebel schwimmende Punkt jetzt völlig meinen Augen entschwand, da rannte ich wie unsinnig auf dem Wege hinterdrein. Der Sturm riß mir die Mütze vom Kopf, meine Stiefel füllten sich mit Sand; aber so weit ich laufen mochte, ich sah nichts anderes als die öde baumlose Gegend und den kalten grauen Himmel, der darüberstand. — Als ich endlich bei einbrechender Dunkelheit zu Hause wieder angelangt war, hatte ich ein Gefühl, als sei die ganze Stadt indessen ausgestorben. Es war eben der erste Abschied meines Lebens.

Wenn in den nun folgenden Jahren der Herbst wiederkehrte, wenn die Krammetsvögel durch die Gärten unserer Stadt flogen und drüben vor der Schneiderherberge die ersten gelben Blätter von den Lindenbäumen wehten, dann saß ich wohl manches Mal auf unserer Bank und dachte, ob nicht endlich einmal das Wägelchen mit dem braunen Pferdchen wie damals wieder die Straße heraufgebimmelt kommen würde.

Aber ich wartete umsonst; das Lisei kam nicht wieder.

Es war um zwölf Jahre später. — Ich hatte nach der Rechenmeisterschule, wie es damals manche Handwerkersöhne zu tun pflegten, auch noch die Quarta unserer Gelehrtenschule durchgemacht und war dann bei meinem Vater in die Lehre getreten. Auch diese Zeit, in der ich mich, außer meinem Handwerk, vielfach mit dem Lesen guter Bücher beschäftigte, war vorübergegangen. Jetzt, nach dreijähriger Wanderschaft, befand ich mich in einer mitteldeutschen Stadt. Es war streng katholisch dort, und in dem Punkte verstanden sie keinen Spaß; wenn man vor ihren Prozessionen, die mit Gesang und Heiligenbildern durch die Straßen zogen, nicht selbst den Hut abnahm, so wurde er einem auch wohl heruntergeschlagen; sonst aber waren es gute Leute. — Die Frau Meisterin, bei der ich in Arbeit stand, war eine Witwe, deren Sohn gleich mir in der Fremde arbeitete, um die nach den Zunftgesetzen vorgeschriebenen Wanderjahre bei der späteren Bewerbung um das Meisterrecht nachweisen zu können. Ich hatte es gut in diesem Hause; die Frau tat mir, wovon sie wünschen mochte, daß es in der Ferne andere Leute an ihrem Kinde tun möchten, und bald war unter uns das Vertrauen so gewachsen, daß das Geschäft so gut wie ganz in meinen Händen lag. — Jetzt steht unser Joseph dort bei ihrem Sohn in Arbeit, und die Alte, so hat er oft geschrieben, hätschelt mit ihm, als wäre sie die leibhaftige Großmutter zu dem Jungen.

— — Nun, damals saß ich eines Sonntagnachmittags mit meiner Frau Meisterin in der Wohnstube, deren Fenster der Tür des großen Gefangenhauses gegenüberlagen. Es war im Januar; das Thermometer stand zwanzig Grad unter Null; draußen auf der Gasse war kein Mensch zu sehen; mitunter kam der Wind pfeifend von den nahen Bergen herunter und jagte kleine Eisstücke klingend über das Straßenpflaster.

»Da behagt 'n warmes Stübchen und 'n heißes Schälchen Kaffee«, sagte die Meisterin, indem sie mir die Tasse zum dritten Male vollschenkte.

Ich war ans Fenster getreten. Meine Gedanken gingen in die Heimat; nicht zu lieben Menschen, die hatte ich dort nicht mehr, das Abschiednehmen hatte ich jetzt gründlich gelernt. Meiner Mutter war mir noch vergönnt gewesen selbst die Augen zuzudrücken; vor einigen Wochen hatte ich nun auch den Vater verloren, und bei dem damals noch so langwierigen Reisen hatte ich ihn nicht einmal zu seiner Ruhestatt begleiten können. Aber die väterliche Werkstatt wartete auf den Sohn ihres heimgegangenen Meisters. Indes, der alte Heinrich war noch da und konnte mit Genehmigung der Zunftmeister die Sache schon eine kurze Zeit aufrechterhalten; und so hatte ich denn auch meiner guten Meisterin versprochen, noch ein paar Wochen bis zum Eintreffen ihres Sohnes bei ihr auszuhalten. Aber Ruhe hatte ich nicht mehr, das frische Grab meines Vaters duldete mich nicht länger in der Fremde.

In diesen Gedanken unterbrach mich eine scharfe scheltende Stimme drüben von der Straße her. Als ich aufblickte, sah ich das schwindsüchtige Gesicht des Gefängnisinspektors sich aus der halbgeöffneten Tür des Gefangenhauses hervorrecken; seine erhobene Faust drohte einem jungen Weibe, das, wie es schien, fast mit Gewalt in diese sonst gefürchteten Räume einzudringen strebte.

»Wird wohl was Liebes drinnen haben«, sagte die Meisterin, die von ihrem Lehnstuhle aus ebenfalls dem Vorgange zugesehen hatte, »aber der alte Sünder da drüben hat kein Herz für die Menschheit.«

»Der Mann tut wohl nur seine Pflicht, Frau Meisterin«, sagte ich, noch immer in meinen eigenen Gedanken.

»Ich möcht nicht solche Pflicht zu tun haben«, erwiderte sie und lehnte sich fast zornig in ihren Stuhl zurück.

Drüben war indes die Tür des Gefangenhauses zugeschlagen, und das junge Weib, nur mit einem kurzen wehenden Mäntelchen um die Schultern und einem schwarzen Tüchelchen um den Kopf geknotet, ging langsam die übereiste Straße hinab. — Die Meisterin und ich waren schweigend auf unserem Platz geblieben; ich glaube — denn auch meine Teilnahme war jetzt geweckt —, es war uns beiden, als ob wir helfen müßten und nur nicht wüßten wie.

Als ich eben vom Fenster zurücktreten wollte, kam das Weib wieder die Straße herauf. Vor der Tür des Gefangenhauses blieb sie stehen und setzte zögernd einen Fuß auf den zur Schwelle führenden Treppenstein; dann aber wandte sie den Kopf zurück, und ich sah ein junges Antlitz, dessen dunkle Augen mit dem Ausdruck ratlosester Verlassenheit über die leere Gasse streiften; sie schien doch nicht den Mut zu haben, noch einmal der drohenden Beamtenfaust entgegenzutreten. Langsam und immer wieder nach der geschlossenen Tür zurückblickend, setzte sie ihren Weg fort; man sah es deutlich, sie wußte selbst nicht wohin. Als sie jetzt aber an der Ecke der Gefangenanstalt in das nach der Kirche hinaufführende Gäßchen einbog, riß ich unwillkürlich meine Mütze vom Türhaken, um ihr nachzugehen.

»Ja, ja, Paulsen, das ist das Rechte!« sagte die gute Meisterin; »geht nur, ich werde derweil den Kaffee wieder heiß setzen!«

Es war grimmig kalt, als ich aus dem Hause trat; alles schien wie ausgestorben; von dem Berge, der am Ende der Straße die Stadt überragt, sah fast drohend der schwarze Tannenwald herab; vor den Fensterscheiben der meisten Häuser saßen die weißen Eisgardinen; denn nicht jeder hatte, wie meine Meisterin, die Gerechtigkeit von fünf Klaftern Holz auf seinem Hause. — Ich ging durch das Gäßchen nach dem Kirchenplatz; und dort vor dem großen hölzernen Kruzifixe auf der gefrorenen Erde lag das junge Weib, den Kopf gesenkt, die Hände in den Schoß gefaltet. Ich trat schweigend näher; als sie aber jetzt zu dem blutigen Antlitz des Gekreuzigten aufblickte, sagte ich: »Verzeiht mir, wenn ich Eure Andacht unterbreche, aber Ihr seid wohl fremd in dieser Stadt?«

Sie nickte nur, ohne ihre Stellung zu verändern.

»Ich möchte Euch helfen!« begann ich wieder, »sagt mir nur, wohin Ihr wollt!«

»I weiß nit mehr wohin«, sagte sie tonlos und ließ das Haupt wieder auf ihre Brust sinken.

»Aber in einer Stunde ist es Nacht; in diesem Totenwetter könnt Ihr nicht länger auf der offenen Straße bleiben!«

»Der liebi Gott wird helfen«, hörte ich sie leise sagen.

»Ja, ja«, rief ich, »und ich glaube fast, er hat mich selbst zu Euch geschickt!«

Es war, als habe der stärkere Klang meiner Stimme sie erweckt; denn sie erhob sich und trat zögernd auf mich zu; mit vorgestrecktem Halse näherte sie ihr Gesicht mehr und mehr dem meinen, und ihre Blicke drangen auf mich ein, als ob sie mich damit erfassen wolle. »Paul!« rief sie plötzlich, und wie ein Jubelruf flog das Wort aus ihrer Brust — »Paul! ja di schickt mir der liebe Gott!«

Wo hatte ich meine Augen gehabt! Da hatte ich es ja wieder, mein Kindsgespiel, das kleine Puppenspieler-Lisei! Freilich, eine schöne schlanke Jungfrau war es geworden, und auf dem sonst so lachenden Kindergesicht lag jetzt, nachdem der erste Freudenstrahl darüberhin geflogen, der Ausdruck eines tiefen Kummers.

»Wie kommst du so allein hieher, Lisei?« fragte ich. »Was ist geschehen? Wo ist denn dein Vater?«

»Im Gefängnis, Paul.«

»Dein Vater, der gute Mann! — Aber komm mit mir; ich stehe hier bei einer braven Frau in Arbeit; sie kennt dich, ich habe ihr oft von dir erzählt.«

Und Hand in Hand, wie einst als Kinder, gingen wir nach dem Hause meiner guten Meisterin, die uns schon vom Fenster aus entgegensah. »Das Lisei ist's!« rief ich, als wir in die Stube traten, »denkt Euch, Frau Meisterin, das Lisei!«

Die gute Frau schlug die Hände über ihre Brust zusammen. »Heilige Mutter Gottes, bitt für uns! das Lisei! — also so hat's ausgeschaut! — Aber«, fuhr sie fort, »wie kommst denn du mit dem alten Sünder da zusammen?« — und sie wies mit dem ausgestreckten Finger nach dem Gefangenhause drüben — »der Paulsen hat mir doch gesagt, daß du ehrlicher Leute Kind bist!«

Gleich darauf aber zog sie das Mädchen weiter in die Stube hinein und drückte sie in ihren Lehnstuhl nieder, und als jetzt Lisei ihre Frage zu beantworten anfing, hielt sie ihr schon eine dampfende Tasse Kaffee an die Lippen.

»Nun trink einmal«, sagte sie, »und komm erst wieder zu dir; die Händchen sind dir ja ganz verklommen.«

Und das Lisei mußte trinken, wobei ihr zwei helle Tränen in die Tasse rollten, und dann erst durfte sie erzählen.

Sie sprach jetzt nicht, wie einst und wie vorhin in der Einsamkeit ihres Kummers, in dem Dialekt ihrer Heimat, nur ein leichter Anflug war ihr davon geblieben; denn waren ihre Eltern auch nicht mehr bis an unsere Küste hinabgekommen, so hatten sie sich doch meistens in dem mittleren Deutschland aufgehalten. Schon vor einigen Jahren war die Mutter gestorben.

»Verlaß den Vater nicht!« das hatte sie der Tochter im letzten Augenblicke noch ins Ohr geflüstert, »sein Kindsherz ist zu gut für diese Welt.«

Lisei brach bei dieser Erinnerung in heftiges Weinen aus; sie wollte nicht einmal von der aufs neue vollgeschenkten Tasse trinken, mit der die Meisterin ihre Tränen zu stillen gedachte, und erst nach einer ziemlichen Weile konnte sie weiterberichten.

Gleich nach dem Tode der Mutter war es ihre erste Arbeit gewesen, an deren Stelle sich die Frauenrollen in den Puppenspielen von ihrem Vater einlernen zu lassen. Dazwischen waren die Bestattungsfeierlichkeiten besorgt und die ersten Seelenmessen für die Tote gelesen; dann, das frische Grab hinter sich lassend, waren Vater und Tochter wiederum ins Land hineingefahren und hatten, wie vorhin, ihre Stücke abgespielt: den Verlorenen Sohn, Die heilige Genoveva, und wie sie sonst noch heißen mochten.

So waren sie gestern auf der Reise in ein großes Kirchdorf gekommen, wo sie ihre Mittagsrast gehalten hatten. Auf der harten Bank vor dem Tische, an welchem sie ihr bescheidenes Mahl verzehrten, war Vater Tendler ein halbes Stündchen in einen festen Schlaf gesunken, während Lisei draußen die Fütterung ihres Pferdes besorgt hatte. Kurz darauf, in wollene Decken wohlverpackt, waren sie aufs neue in die grimmige Winterkälte hinausgefahren.

»Aber wir kamen nit weit«, erzählte Lisei; »gleich hinterm Dorf ist ein Landreiter auf uns zugeritten und hat gezetert und gemordiot. Aus dem Tischkasten sollt dem Wirt ein Beutel mit Geld gestohlen sein, und mein unschuldigs Vaterl war doch allein in der Stube dort gewesen! Ach, wir haben kei Heimat, kei Freund, kei Ehr; es kennt uns niemand nit!«

»Kind, Kind«, sagte die Meisterin, indem sie zu mir hinüberwinkte, »versündige dich auch nicht!«

Ich aber schwieg, denn Lisei hatte ja nicht unrecht mit ihrer Klage. — Sie hatten in das Dorf zurückgemußt; das Fuhrwerk mit allem, was darauf geladen, war vom Schulzen dort zurückgehalten worden; der alte Tendler aber hatte die Weisung erhalten, den Weg zur Stadt neben dem Pferde des Landreiters herzutraben. Lisei, von dem letzteren mehrfach zurückgewiesen, war in einiger Entfernung hinterhergegangen, in der Zuversicht, daß sie wenigstens, bis der liebe Gott die Sache aufkläre, das Gefängnis ihres Vaters werde teilen können. Aber — auf ihr ruhte kein Verdacht; mit Recht hatte der Inspektor sie als eine Zudringliche von der Tür gejagt, die auf ein Unterkommen in seinem Hause nicht den geringsten Anspruch habe.

Lisei wollte das zwar noch immer nicht begreifen; sie meinte, das sei ja härter als alle Strafe, die später doch gewiß den wirklichen Spitzbuben noch ereilen würde; aber, fügte sie gleich hinzu, sie wolle ihm auch so harte Strafe nit wünschen, wenn nur die Unschuld von ihrem guten Vaterl an den Tag komme; ach, der werd's gewiß nit überleben!

Ich besann mich plötzlich, daß ich sowohl dem alten Korporal da drüben als auch dem Herrn Kriminalkommissarius eigentlich ein unentbehrlicher Mann sei; denn dem einen hielt ich seine Spinnmaschinen in

Ordnung, dem andern schärfte ich seine kostbaren Federmesser; durch den einen konnte ich wenigstens Zutritt zu dem Gefangenen erhalten, bei dem andern konnte ich ein Leumundszeugnis für Herrn Tendler ablegen und ihn vielleicht zur Beschleunigung der Sache veranlassen. Ich bat Lisei, sich zu gedulden, und ging sofort in das Gefangenhaus hinüber.

Der schwindsüchtige Inspektor schalt auf die unverschämten Weiber, die immer zu ihren spitzbübischen Männern oder Vätern in die Zellen wollten. Ich aber verbat mir in betreff meines alten Freundes solche Titel, solange sie ihm nicht durch das Gericht »von Rechts wegen« beigelegt seien, was, wie ich sicher wisse, nie geschehen werde; und endlich, nach einigem Hin- und Widerreden, stiegen wir zusammen die breite Treppe nach dem Oberbau hinauf.

In dem alten Gefangenhause war auch die Luft gefangen, und ein widerwärtiger Dunst schlug uns entgegen, als wir oben durch den langen Korridor schritten, von welchem aus zu beiden Seiten Tür an Tür in die einzelnen Gefangenzellen führte. An einer derselben, fast zu Ende des Ganges, blieben wir stehen; der Inspektor schüttelte sein großes Schlüsselbund, um den rechten herauszufinden; dann knarrte die Tür, und wir traten ein.

In der Mitte der Zelle, mit dem Rücken gegen uns, stand die Gestalt eines kleinen mageren Mannes, der nach dem Stückchen Himmel hinaufzublicken schien, das grau und trübselig durch ein oben in der Mauer angebrachtes Fenster auf ihn herabdämmerte. An seinem Haupte bemerkte ich sogleich die kleinen abstehenden Haarspieße; nur hatten sie, wie jetzt draußen die Natur, sich in die Farbe des Winters gekleidet. Bei unserem Eintritt wandte der kleine Mann sich um.

»Sie kennen mich wohl nicht mehr, Herr Tendler?« fragte ich.

Er sah flüchtig nach mir hin. »Nein, lieber Herr«, erwiderte er, »hab nicht die Ehre.«

Ich nannte ihm den Namen meiner Vaterstadt und sagte: »Ich bin der unnütze Junge, der Ihnen damals Ihren kunstreichen Kasperl verdrehte!«

»Oh, schad't nichts, gar nichts!« erwiderte er verlegen und machte mir einen Diener; »ist lange schon vergessen.«

Er hatte offenbar nur halb auf mich gehört; denn seine Lippen bewegten sich, als spräche er zu sich selber von ganz anderen Dingen.

Da erzählte ich ihm, wie ich vorhin sein Lisei aufgefunden habe, und jetzt erst sah er mich mit offenen Augen an. »Gott Dank! Gott Dank!« sagte er und faltete die Hände. »Ja, ja, das kleine Lisei und der kleine Paul, die spielten derzeit miteinander! — Der kleine Paul! Seid Ihr der kleine Paul? Oh, i glaub's Euch schon; das herzige G'sichtl von dem frischen Bub'n, das schaut da no heraus!« Er nickte mir so innig zu, daß die weißen Haarspießchen auf seinem Kopfe bebten. »Ja, ja, da drunten an der See bei euch; wir sind nit wieder hingekommen; das war no gute Zeit dermal; da war aa noch mein Weib, die Tochter vom großen Geißelbrecht, dabei! ›Joseph!‹ pflegte sie zu sagen, ›wenn nur die Menschen aa so Dräht an ihre

Köpf hätten, da könntst du aa mit ihne firti werd'n!‹ — Hätt sie nur heute noch gelebt, sie hätten mich nicht eingesperrt. Du lieber Gott; ich bin kein Dieb, Herr Paulsen.«

Der Inspektor, der draußen vor der angelehnten Tür im Gange auf und ab ging, hatte schon ein paarmal mit seinem Schlüsselbund gerasselt. Ich suchte den alten Mann zu beruhigen und bat ihn, sich bei seinem ersten Verhör auf mich zu berufen, der ich hier bekannt und wohlgeachtet sei.

Als ich wieder zu meiner Meisterin in die Stube trat, rief diese mir entgegen: »Das ist ein trotziges Mädel, Paulsen; da helft mir nur gleich ein wenig; ich hab ihr die Kammer zum Nachtquartier geboten; aber sie will fort, in die Bettelherberg oder Gott weiß wohin!«

Ich fragte Lisei, ob sie ihre Pässe bei sich habe.

»Mein Gott, die hat der Schulz im Dorf uns abgenommen!«

»So wird kein Wirt dir seine Tür aufmachen«, sagte ich, »das weißt du selber wohl.«

Sie wußte es freilich, und die Meisterin schüttelte ihr vergnügt die Hände. »Ich denk wohl«, sagte sie, »daß du dein eignes Köpfchen hast; der da hat mir's haarklein erzählt, wie ihr zusammen in der Kiste habt gesessen; aber so leicht wärst du doch nicht von mir fortgekommen!«

Das Lisei sah etwas verlegen vor sich nieder; dann aber fragte sie mich hastig aus nach ihrem Vater. Nachdem ich ihr Bescheid gegeben hatte, erbat ich mir ein paar Bettstücke von der Meisterin, nahm von den meinigen noch etwas hinzu und trug es selbst hinüber in die Zelle des Gefangenen, wozu ich vorhin von dem Inspektor die Erlaubnis erhalten hatte. — So konnten wir, als nun die Nacht herankam, hoffen, daß im warmen Bette und auf dem besten Ruhekissen, das es in der Welt gibt, auch unsern alten Freund in seiner öden Kammer ein sanfter Schlaf erquicken werde.

Am andern Vormittage, als ich eben, um zum Herrn Kriminalkommissarius zu gehen, auf die Straße trat, kam von drüben der Inspektor in seinen Morgenpantoffeln auf mich zugeschritten. »Ihr habt recht gehabt, Paulsen«, sagte er mit seiner gläsernen Stimme, »für diesmal ist's kein Spitzbube gewesen; den Richtigen haben sie soeben eingebracht; Euer Alter wird noch heut entlassen werden.«

Und richtig, nach einigen Stunden öffnete sich die Tür des Gefangenhauses, und der alte Tendler wurde von der kommandierenden Stimme des Inspektors zu uns hinübergewiesen. Da das Mittagessen eben aufgetragen war, so ruhte die Meisterin nicht, bis auch er seinen Platz am Tische eingenommen hatte; aber er berührte die guten Speisen kaum, und wie sie sich auch um ihn bemühen mochte, er blieb wortkarg und in sich gekehrt neben seiner Tochter sitzen; nur mitunter bemerkte ich, wie er deren Hand nahm und sie zärtlich streichelte. Da hörte ich draußen vom Tore her ein Glöckchen bimmeln; ich kannte es ganz genau, aber es läutete mir weither aus meiner Kinderzeit.

»Lisei!« sagte ich leise.

»Ja, Paul, ich hör es wohl.«

Und bald standen wir beide draußen vor der Haustür. Siehe, da kam es die Straße herab, das Wägelchen mit den beiden hohen Kisten, wie ich daheim es mir so oft gewünscht hatte. Ein Bauernbursche ging nebenher mit Zügel und Peitsche in der Hand; aber das Glöckchen bimmelte jetzt am Halse eines kleinen Schimmels.

»Wo ist das Braunchen geblieben?« fragte ich Lisei.

»Das Braunchen«, erwiderte sie, »das ist uns eines Tags vorm Wagen hingefallen; der Vater hat sogleich den Tierarzt aus dem Dorfe geholt; aber es hat nimmer leben können.«

Bei diesen Worten stürzten ihr die Tränen aus den Augen.

»Was fehlt dir, Lisei?« fragte ich, »es ist ja nun doch alles wieder gut!«

Sie schüttelte den Kopf. »Mein Vaterl gefallt mir nit! Er ist so still; die Schand, er verwind't es nit.« —

— — Und Lisei hatte mit ihren treuen Tochteraugen recht gesehen. Als kaum die beiden in einem kleinen Gasthofe untergebracht waren und der Alte schon seine Pläne zur Weiterfahrt entwarf — denn hier wollte er jetzt nicht vor die Leute treten —, da zwang ihn ein Fieber, im Bett zu bleiben. Bald mußten wir einen Arzt holen, und es entwickelte sich ein längeres Krankenlager. In Besorgnis, daß sie dadurch in Not geraten könnten, bot ich Lisei meine Geldmittel zur Hülfe an; aber sie sagte: »I nimm's ja gern von dir; doch sorg nur nit, wir sind nit gar so karg.« Da blieb mir denn nichts anderes zu tun, als in der Nachtwache mit ihr zu wechseln oder, als es dem Kranken besser ging, am Feierabend ein Stündchen an seinem Bett zu plaudern.

So war die Zeit meiner Abreise herangenaht, und mir wurde das Herz immer schwerer. Es tat mir fast weh, das Lisei anzusehen; denn bald fuhr es ja auch mit seinem Vater von hier wieder in die weite Welt hinaus. Wenn sie nur eine Heimat gehabt hätten! Aber wo waren sie zu finden, wenn ich Gruß und Nachricht zu ihnen senden wollte! Ich dachte an die zwölf Jahre seit unserem ersten Abschied; — sollte wieder so lange Zeit vergehen oder am Ende gar das ganze Leben?

»Und grüß mir aa dein Vaterhaus, wenn du heimkommst!« sagte Lisei, da sie am letzten Abend mich an die Haustür begleitet hatte. »I seh's mit mein' Augen, das Bänkerl vor der Tür, die Lind im Gart'l; ach, i vergiß es nimmer; so lieb hab ich's nit wieder g'funden in der Welt!«

Als sie das sagte, war es mir, als leuchte aus dunkler Tiefe meine Heimat zu mir auf; ich sah die zärtlichen Augen meiner Mutter, das feste ehrliche Antlitz meines Vaters. »Ach, Lisei«, sagte ich, »wo ist denn jetzt mein Vaterhaus! Es ist ja alles öd und leer.«

Lisei antwortete nicht; sie gab mir nur die Hand und blickte mich mit ihren guten Augen an.

Da war mir, als hörte ich die Stimme meiner Mutter sagen: ›Halte diese Hand fest und kehr mit ihr zurück, so hast du deine Heimat wieder!‹ — und ich hielt die Hand fest und sagte: »Kehr du mit mir zurück, Lisei, und laß uns zusammen versuchen, ein neues Leben in das leere Haus zu bringen, ein so gutes, wie es die geführt haben, die ja auch dir einst lieb gewesen sind!«

»Paul«, rief sie, »was meinst du? I versteh di nit.«

Aber ihre Hand zitterte heftig in der meinen, und ich bat nur: »Ach, Lisei, versteh mich doch!«

Sie schwieg einen Augenblick. »Paul«, sagte sie dann, »i kann nit von mei'm Vaterl gehen.«

»Der muß ja mit uns, Lisei! Im Hinterhause, die beiden Stübchen, die jetzt leer stehen, da kann er wohnen und wirtschaften; der alte Heinrich hat sein Kämmerchen dicht daneben.«

Lisei nickte. »Aber Paul, wir sind landfahrende Leut. Was werden sie sagen bei dir daheim?«

»Sie werden mächtig reden, Lisei!«

»Und du hast nit Furcht davor?«

Ich lachte nur dazu.

»Nun«, sagte Lisei, und wie ein Glockenlaut schlug es aus ihrer Stimme, »wenn du sie hast — i hab schon die Kuraschi!«

»Aber tust du's denn auch gern?«

»Ja, Paul, wenn i 's nit gern tät« — und sie schüttelte ihr braunes Köpfchen gegen mich —, »gel, da tät i 's nimmermehr!«

»Und, mein Junge«, unterbrach sich hier der Erzähler, »wie einen bei solchen Worten ein Paar schwarze Mädchenaugen ansehen, das sollst du nun noch lernen, wenn du erst ein Stieg Jahre weiter bist!«

›Ja, ja‹, dachte ich, ›zumal so ein Paar Augen, die einen See ausbrennen können!‹

«Und nicht wahr«, begann Paulsen wieder, »nun weißt du auch nachgerade, wer das Lisei ist.«

»Das ist die Frau Paulsen!« erwiderte ich. »Als ob ich das nicht längst gemerkt hätte! Sie sagt ja noch immer ›nit‹ und hat auch noch die schwarzen Augen unter den feingepinselten Augenbrauen.«

Mein Freund lachte, während ich mir im stillen vornahm, die Frau Paulsen, wenn wir ins Haus zurückkämen, doch einmal recht darauf anzusehen, ob noch das Puppenspieler-Lisei in ihr zu erkennen sei. — »Aber«, fragte ich, »wo ist denn der alte Herr Tendler hingekommen?«

»Mein liebes Kind«, erwiderte mein Freund, »wohin wir schließlich alle kommen. Drüben auf dem grünen Kirchhof ruht er neben unserem alten Heinrich; aber es ist noch einer mehr in sein Grab mit hineingekommen; der andre kleine Freund aus meiner Kinderzeit. Ich will dir's wohl erzählen; nur laß uns ein wenig hintenaus gehen; meine Frau könnte nachgerade einmal nach uns sehen wollen, und sie soll die Geschichte doch nicht wieder hören.«

Paulsen stand auf, und wir gingen auf den Spazierweg hinaus, der auch hier hinter den Gärten der Stadt entlangführt. Nur wenige Leute kamen uns entgegen; denn es war schon um die Vesperzeit.

»Siehst du« — begann Paulsen seine Erzählung wieder —, »der alte Tendler war derzeit mit unserem Verspruch gar wohl zufrieden; er gedachte meiner Eltern, die er einst gekannt hatte, und er faßte auch zu mir Vertrauen. Überdies war er des Wanderns müde; ja, seit es ihn in die Gefahr gebracht hatte, mit den verworfensten Vagabunden verwechselt zu werden, war in ihm die Sehnsucht nach einer festen Heimat immer mehr heraufgewachsen. Meine gute Meisterin zwar zeigte sich nicht so einverstanden; sie fürchtete, bei allem guten Willen möge doch das Kind des umherziehenden Puppenspielers nicht die rechte Frau für einen seßhaften Handwerksmann abgeben. — Nun, sie ist seit lange schon bekehrt worden!

— — Und so war ich denn nach kaum acht Tagen wieder hier, von den Bergen an die Nordseeküste, in unserer alten Vaterstadt. Ich nahm mit Heinrich die Geschäfte rüstig in die Hand und richtete zugleich die beiden leerstehenden Zimmer im Hinterhause für den Vater Joseph ein. — Vierzehn Tage weiter — es strichen eben die Düfte der ersten Frühlingsblumen über die Gärten —, da kam es die Straße heraufgebimmelt. »Meister, Meister!« rief der alte Heinrich, »sie kommen, sie kommen!« Und da hielt schon das Wägelchen mit den zwei hohen Kisten vor unserer Tür. Das Lisei war da, der Vater Joseph war da, beide mit muntern Augen und roten Wangen; und auch das ganze Puppenspiel zog mit ihnen ein; denn ausdrückliche Bedingung war es, daß dies den Vater Joseph auf sein Altenteil begleiten solle. Das kleine Fuhrwerk dagegen wurde in den nächsten Tagen schon verkauft.

Dann hielten wir die Hochzeit; ganz in der Stille; denn Blutsfreunde hatten wir weiter nicht am Ort; nur der Hafenmeister, mein alter Schulkamerad, war als Trauzeuge mit zugegen. Lisei war, wie ihre Eltern, katholisch; daß aber das ein Hindernis für unsere Ehe sein könne, ist uns niemals eingefallen. In den ersten Jahren reiste sie wohl zur österlichen Beichte nach unserer Nachbarstadt, wo, wie du weißt, eine katholische Gemeinde ist; nachher hat sie ihre Kümmernisse nur noch ihrem Mann gebeichtet.

Am Hochzeitsmorgen legte Vater Joseph zwei Beutel vor mir auf den Tisch, einen größeren mit alten Harzdritteln, einen kleinen voll Kremnitzer Dukaten.

»Du hast nit danach fragt, Paul!« sagte er. »Aber so völlig arm is doch mein Lisei dir nit zubracht. Nimm's! i brauch's allfurt nit mehr.« —

Das war der Sparpfennig, von dem mein Vater einst gesprochen, und er kam jetzt seinem Sohne beim Neubeginn seines Geschäfts zu ganz gelegener Zeit. Freilich hatte Liseis Vater damit sein ganzes Vermögen hingegeben und sich selbst der Fürsorge seiner Kinder anvertraut; aber er war dabei nicht müßig; er suchte seine Schnitzmesser wieder hervor und wußte sich bei den Arbeiten in der Werkstatt nützlich zu machen.

Die Puppen nebst dem Theater-Apparat waren in einem Verschlage auf dem Boden des Nebenhauses untergebracht. Nur an Sonntagnachmittagen holte er bald die eine, bald die andere in sein Stübchen herunter, revidierte die Drähte und Gelenke und putzte oder besserte dies und jenes an denselben. Der alte Heinrich stand dann mit seiner kurzen Pfeife neben ihm und ließ sich die Schicksale der Puppen erzählen, von denen fast jede ihre eigene Geschichte hatte; ja, wie es jetzt herauskam, der so wirkungsvoll geschnitzte Kasper hatte einst für seinen jungen Verfertiger sogar den Brautwerber um Liseis Mutter abgegeben. Mitunter wurden zur besseren Veranschaulichung der einen oder andern Szene auch wohl die Drähte in Bewegung gesetzt; Lisei und ich haben oftmals draußen an den

Fenstern gestanden, die schon aus grünem Weinlaub gar traulich auf den Hof hinausschauten; aber die alten Kinder drinnen waren meist so in ihr Spiel vertieft, daß ihnen erst durch unser Beifallklatschen die Gegenwart der Zuschauer bemerklich wurde. — — Als das Jahr weiterrückte, fand Vater Joseph eine andere Beschäftigung; er nahm den Garten unter seine Obhut, er pflanzte und erntete, und am Sonntage wandelte er, sauber angetan, zwischen den Rabatten auf und ab, putzte an den Rosenbüschen oder band Nelken und Levkojen an feine selbstgeschnitzte Stäbchen.

So lebten wir einig und zufrieden; mein Geschäft hob sich mehr und mehr. Über meine Heirat hatte unsere gute Stadt sich ein paar Wochen lebhaft ausgesprochen; da aber fast alle über die Unvernunft meiner Handlungsweise einig waren und dem Gespräche so die gedeihliche Nahrung des Widerspruches vorenthalten blieb, so hatte es sich bald selber ausgehungert.

Als es dann abermals Winter wurde, holte Vater Joseph an den Sonntagen auch wieder die Puppen aus ihrem Verschlage herunter, und ich dachte nicht anders, als daß in solchem stillen Wechsel der Beschäftigung ihm auch künftig die Jahre hingehen würden. Da trat er eines Morgens mit gar ernsthaftem Gesichte zu mir in die Wohnstube, wo ich eben allein an meinem Frühstück saß. »Schwiegersohn«, sagte er, nachdem er sich wie verlegen ein paarmal mit der Hand durch seine weißen Haarspießchen gefahren war, »ich kann's doch nit wohl länger ansehn, daß ich alleweil so das Gnadenbrot an euerm Tische soll essen.«

Ich wußte nicht, wo das hinaus sollte, aber ich fragte ihn, wie er auf solche Gedanken komme; er schaffe ja mit in der Werkstatt, und wenn mein Geschäft jetzt einen größeren Gewinn abwerfe, so sei dies wesentlich der Zins seines eigenen Vermögens, das er an unserem Hochzeitsmorgen in meine Hand gelegt habe.

Er schüttelte den Kopf. Das reiche alles nicht; aber jenes kleine Vermögen habe er zum Teil einst in unserer Stadt gewonnen; das Theater sei ja noch vorhanden, und die Stücke habe er auch alle noch im Kopfe.

Da merkte ich's denn wohl, der alte Puppenspieler ließ ihm keine Ruhe; sein Freund, der gute Heinrich, genügte ihm nicht mehr als Publikum, er mußte einmal wieder öffentlich vor versammeltem Volke seine Stücke aufführen.

Ich suchte es ihm auszureden; aber er kam immer wieder darauf zurück. Ich sprach mit Lisei, und am Ende konnten wir nicht umhin, ihm nachzugeben. Am liebsten hätte nun freilich der alte Mann gesehen, wenn Lisei wie vor unserer Verheiratung die Frauenrollen in seinen Stücken gesprochen hätte; aber wir waren übereingekommen, seine dahin zielenden Anspielungen nicht zu verstehen; für die Frau eines Bürgers und Handwerksmeisters wollte sich das denn doch nicht ziemen.

Zum Glück — oder, wie man will, zum Unglück — war derzeit ein ganz reputierliches Frauenzimmer in der Stadt, die einst bei einer Schauspielertruppe als Souffleuse gedient hatte und daher in derlei Dingen nicht unbewandert war. Diese — Kröpel-Lieschen nannten sie die Leute von wegen ihrer Kreuzlahmheit — ging sofort auf unser Anerbieten ein, und bald entwickelte sich am Feierabend und an den Sonntagnachmittagen die lebhafteste Tätigkeit in Vater Josephs Stübchen. Während vor dem einen Fenster der alte Heinrich an den Gerüststücken des Theaters zimmerte, stand vor dem andern zwischen frisch angemalten Kulissen, die von der Zimmerdecke herunterhingen, der alte Puppenspieler und exerzierte mit Kröpel-Lieschen eine Szene nach der andern. Sie sei ein dreimal gewürztes Frauenzimmer, versicherte er stets nach solcher Probe; nicht einmal die Lisei hab es so schnell kapiert; nur mit dem Singen ginge es nit gar so schön; sie grunze mit ihrer Stimme immer in der Tiefe, was für die schöne Susanne, die das Lied zu singen habe, nicht eben harmonierlich sei.

Endlich war der Tag der Aufführung festgesetzt. Es sollte alles möglichst reputierlich vor sich gehen; nicht auf dem Schützenhofe, sondern auf dem Rathaussaale, wo auch die Primaner um Michaelis ihre Redeübungen hielten, sollte jetzt der Schauplatz sein; und als am Sonnabendnachmittage unsere guten Bürger ihr frisches Wochenblättchen auseinanderfalteten, sprang ihnen in breiten Lettern die Anzeige in die Augen: »Morgen Sonntagabend sieben Uhr auf dem Rathaussaale Marionetten-Theater des Mechanikus Joseph Tendler hieselbst. Die schöne Susanna, Schauspiel mit Gesang in vier Aufzügen.«

Es war aber damals in unserer Stadt nicht mehr die harmlose schaulustige Jugend aus meinen Kinderjahren; die Zeiten des Kosakenwinters lagen dazwischen, und namentlich war unter den Handwerkslehrlingen eine arge Zügellosigkeit eingerissen; die früheren Liebhaber unter den Honoratioren aber hatten ihre Gedanken jetzt auf andere Dinge. Dennoch wäre vielleicht alles gutgegangen, wenn nur der schwarze Schmidt und seine Jungen nicht gewesen wären.« — —

Ich fragte Paulsen, wer das sei, denn ich hatte niemals von einem solchen Menschen in unserer Stadt gehört.

»Das glaub ich wohl«, erwiderte er, »der schwarze Schmidt ist schon vor Jahren im Armenhaus verstorben; damals aber war er Meister gleich mir; nicht ungeschickt, aber lüderlich in seiner Arbeit wie im Leben; der sparsame Verdienst des Tages wurde abends in Trunk und Kartenspiel vertan. Schon gegen meinen Vater hatte er einen Haß gehabt, nicht allein, weil dessen Kundschaft die seinige bei weitem überstieg, sondern schon aus der Jugend her, wo er dessen Nebenlehrling gewesen und wegen eines schlechten Streiches gegen ihn vom Meister fortgejagt worden war. Seit dem Sommer hatte er Gelegenheit gefunden, diese Abneigung in erhöhtem Maße auch auf mich auszudehnen; denn bei der damals hier neu errichteten Kattunfabrik war, trotz seiner eifrigen Bemühung um dieselbe, die Arbeit an den Maschinen allein mir übertragen worden, infolgedessen er und seine beiden Söhne, die bei dem Vater in Arbeit standen und diesen an wüstem Treiben womöglich überboten, schon nicht verfehlt hatten, mir ihren Verdruß durch allerlei Nekkereien kundzugeben. Ich hatte indessen jetzt keine Gedanken an diese Menschen.

So war der Abend der Aufführung herangekommen. Ich hatte noch an meinen Büchern zu ordnen und habe, was geschah, erst später durch meine Frau und Heinrich erfahren, welche zugleich mit unserem Vater nach dem Rathaussaale gingen.

Der Erste Platz dort war fast gar nicht, der Zweite nur mäßig besetzt gewesen; auf der Galerie aber hatte es Kopf an Kopf gestanden. — Als man vor diesem Publikum das Spiel begonnen, war anfänglich alles in der Ordnung vorgegangen; die alte Lieschen hatte ihren Part fest und ohne Anstoß hingeredet. — Dann aber kam das unglückselige Lied! Sie bemühte sich vergebens, ihrer Stimme einen zarten Klang zu geben; wie Vater Joseph vorhin gesagt hatte, sie grunzte wirklich in der Tiefe. Plötzlich rief eine Stimme von der Galerie: »Höger up, Kröpel-Lieschen! Höger up!« Und als sie, diesem Rufe gehorsam, die unerreichbaren Diskanttöne zu erklettern strebte, da scholl ein rasendes Gelächter durch den Saal.

Das Spiel auf der Bühne stockte, und zwischen den Kulissen heraus rief die bebende Stimme des alten Puppenspielers: »Meine Herrschaft'n, i bitt g'wogentlich um Ruhe!« Kasperl, den er eben an seinen Drähten in der Hand hielt und der mit der schönen Susanna eine Szene hatte, schlenkerte krampfhaft mit seiner kunstvollen Nase.

Neues Gelächter war die Antwort. »Kasperl soll singen!« — »Russisch! Schöne Minka, ich muß scheiden!« — »Hurra für Kasperl!« — »Nichts doch; Kasperl sein' Tochter soll singen!« — »Jawohl, wischt euch 's Maul! Die ist Frau Meisterin geworden, die tut's halt nimmermehr!«

So ging's noch eine Weile durcheinander. Auf einmal flog, in wohlgezieltem Wurfe, ein großer Pflasterstein auf die Bühne. Er hatte die Drähte des Kasperls getroffen; die Figur entglitt der Hand ihres Meisters und fiel zu Boden.

Vater Joseph ließ sich nicht mehr halten. Trotz Liseis Bitten hat er gleich darauf die Puppenbühne betreten. — Donnerndes Händeklatschen, Gelächter, Fußtrampeln empfing ihn, und es mag sich freilich seltsam genug präsentiert haben, wie der alte Mann, mit dem Kopf oben in den Soffitten, unter lebhaftem Händearbeiten seinem gerechten Zorne Luft zu machen suchte. — Plötzlich, unter allem Tumult, fiel der Vorhang, der alte Heinrich hatte ihn herabgelassen.

— — Mich hatte indes zu Hause bei meinen Büchern eine gewisse Unruhe befallen; ich will nicht sagen, daß mir Unheil ahnte, aber es trieb mich dennoch fort, den Meinigen nach. — Als ich die Treppe zum Rathaussaal hinaufsteigen wollte, drängte eben die ganze Menge von oben mir entgegen. Alles schrie und lachte durcheinander. »Hurra! Kasper is dod! Lott is dod. Die Kamedie ist zu End!« — Als ich aufsah, erblickte ich die schwarzen Gesichter der Schmidt-Jungen über mir. Sie waren augenblicklich still und rannten an mir vorbei zur Tür hinaus; ich aber hatte für mich jetzt die Gewißheit, wo die Quelle dieses Unfugs zu suchen war.

Oben angekommen, fand ich den Saal fast leer. Hinter der Bühne saß mein alter Schwiegervater wie gebrochen auf einem Stuhl und hielt mit beiden Händen sein Gesicht bedeckt. Lisei, die auf den Knien vor ihm lag, richtete sich, da sie mich gewahrte, langsam auf. »Nun, Paul«, fragte sie, mich traurig ansehend, »hast du noch die Kuraschi?«

Aber sie mußte wohl in meinen Augen gelesen haben, daß ich sie noch hatte; denn bevor ich noch antworten konnte, lag sie schon an meinem Halse. »Laß uns nur fest zusammenhalten, Paul!« sagte sie leise.

— — Und siehst du! Damit und mit ehrlicher Arbeit sind wir durchgekommen.

— — Als wir am andern Morgen aufgestanden waren, da fanden wir jenes Schimpfwort »Pole Poppenspäler« — denn ein Schimpfwort sollte es ja sein — mit Kreide auf unsere Haustür geschrieben. Ich aber habe es ruhig ausgewischt, und als es dann später noch ein paarmal an öffentlichen Orten wieder lebendig wurde, da habe ich einen Trumpf daraufgesetzt; und weil man wußte, daß ich nicht spaße, so ist es danach still geworden. — — Wer dir es jetzt gesagt hat, der wird nichts Böses damit gemeint haben; ich will seinen Namen auch nicht wissen.

Unser Vater Joseph aber war seit jenem Abend nicht mehr der alte. Vergebens zeigte ich ihm die unlautere Quelle jenes Unfugs und daß derselbe ja mehr gegen mich als gegen ihn gerichtet gewesen sei. Ohne unser Wissen hatte er bald darauf alle seine Marionetten auf eine öffentliche Auktion gegeben, wo sie zum Jubel der anwesenden Jungen und Trödelweiber um wenige

Schillinge versteigert waren; er wollte sie niemals wiedersehen. — Aber das Mittel dazu war schlecht gewählt; denn als die Frühlingssonne erst wieder in die Gassen schien, kam von den verkauften Puppen eine nach der andern aus den dunkeln Häusern an das Tageslicht. Hier saß ein Mädchen mit der heiligen Genoveva auf der Haustürschwelle, dort ließ ein Junge den Doktor Faust auf seinem schwarzen Kater reiten; in einem Garten in der Nähe des Schützenhofes hing eines Tages der Pfalzgraf Siegfried neben dem höllischen Sperling als Vogelscheuche in einem Kirschbaum. Unserem Vater tat die Entweihung seiner Lieblinge so weh, daß er zuletzt kaum noch Haus und Garten bei uns verlassen mochte. Ich sah es deutlich, daß dieser übereilte Verkauf an seinem Herzen nagte, und es gelang mir, die eine und die andere Puppe zurückzukaufen; aber als ich sie ihm brachte, hatte er keine Freude daran; das Ganze war ja überdies zerstört. Und, seltsam, trotz aller aufgewendeten Mühe konnte ich nicht erfahren, in welchem Winkel sich die wertvollste Figur von allen, der kunstreiche Kasperl, verborgen halte. Und was war ohne ihn die ganze Puppenwelt!

Aber vor einem andern, ernsteren Spiel sollte bald der Vorhang fallen. Ein altes Brustleiden war bei unserem Vater wieder aufgewacht, sein Leben neigte sich augenscheinlich zu Ende. Geduldig und voll Dankbarkeit für jeden kleinen Liebesdienst lag er auf seinem Bette. »Ja, ja«, sagte er lächelnd und hob so heiter seine Augen gegen die Bretterdecke des Zimmers, als sähe er durch dieselbe schon in die ewigen Fernen des

Jenseits, »es is scho richtig g'wesn: mit den Menschen hab' ich nit immer könne firti werd'n; da drobn mit den Engeln wird's halt besser gehn; und — auf alle Fäll, Lisei, i find ja doch die Mutter dort.«

— — Der gute kindliche Mann starb; Lisei und ich, wir haben ihn bitterlich vermißt; auch der alte Heinrich, der ihm nach wenigen Jahren folgte, ging an seinen noch übrigen Sonntagnachmittagen umher, als wisse er mit sich selber nicht wohin, als wolle er zu einem, den er doch nicht finden könne.

Den Sarg unseres Vaters bedeckten wir mit allen Blumen des von ihm selbst gepflegten Gartens; schwer von Kränzen wurde er auf den Kirchhof hinausgetragen, wo unweit von der Umfassungsmauer das Grab bereitet war. Als man den Sarg hinabgelassen hatte, trat unser alter Propst an den Rand der Gruft und sprach ein Wort des Trostes und der Verheißung; er war meinen seligen Eltern stets ein treuer Freund und Rater gewesen; ich war von ihm konfirmiert, Lisei und ich von ihm getraut worden. Ringsum auf dem Kirchhofe war es schwarz von Menschen; man schien von dem Begräbnisse des alten Puppenspielers noch ein ganz besonderes Schauspiel zu erwarten. — Und etwas Besonderes geschah auch wirklich; aber es wurde nur von uns bemerkt, die wir der Gruft zunächst standen. Lisei, die an meinem Arme mit hinausgegangen war, hatte eben krampfhaft meine Hand gefaßt, als jetzt der alte Geistliche dem Brauche gemäß den bereitgestellten Spaten ergriff und die erste Erde auf den Sarg hinabwarf. Dumpf klang es aus der Gruft zurück. »Von der Erden bist du genommen!« erscholl jetzt das Wort des Priesters; aber kaum war es gesprochen, als ich von der Umfassungsmauer her über die Köpfe der Menschen etwas auf uns zufliegen sah. Ich meinte erst, es sei ein großer Vogel; aber es senkte sich und fiel grade in die Gruft hinein. Bei einem flüchtigen Umblick — denn ich stand etwas erhöht auf der aufgeworfenen Erde — hatte ich einen der Schmidt-Jungen sich hinter die Kirchhofmauer ducken und dann davonlaufen sehen, und ich wußte plötzlich, was geschehen war. Lisei hatte einen Schrei an meiner Seite ausgestoßen, unser alter Propst hielt wie unschlüssig den Spaten zum zweiten Wurfe in den Händen. Ein Blick in das Grab bestätigte meine Ahnung: oben auf dem Sarge, zwischen den Blumen und der Erde, die zum Teil sie schon bedeckte, da hatte er sich hingesetzt, der alte Freund aus meiner Kinderzeit, Kasperl, der kleine lustige Allerweltskerl. — Aber er sah jetzt gar nicht lustig aus; seinen großen Nasenschnabel hatte er traurig auf die Brust gesenkt; der eine Arm mit dem kunstreichen Daumen war gegen den Himmel ausgestreckt; als solle er verkünden, daß, nachdem alle Puppenspiele ausgespielt, da droben nun ein anderes Stück beginnen werde.

Ich sah das alles nur auf einen Augenblick, denn schon warf der Propst die zweite Scholle in die Gruft: »Und zur Erde wieder sollst du werden!« — Und wie es von dem Sarg hinabrollte, so fiel auch Kasperl aus seinen Blumen in die Tiefe und wurde von der Erde überdeckt.

Dann mit dem letzten Schaufelwurf erklang die tröstliche Verheißung: »Und von der Erden sollst du auferstehen!«

Als das Vaterunser gesprochen war und die Menschen sich verlaufen hatten, trat der alte Propst zu uns, die wir noch immer in die Grube starrten. »Es hat eine Ruchlosigkeit sein sollen«, sagte er, indem er liebreich unsere Hände faßte. »Laßt uns es anders nehmen! In seiner Jugendzeit, wie ihr es mir erzähltet, hat der selige Mann die kleine Kunstfigur geschnitzt, und sie hat einst sein Eheglück begründet; später, sein ganzes Leben lang, hat er durch sie, am Feierabend nach der Arbeit, gar manches Menschenherz erheitert, auch manches Gott und den Menschen wohlgefällige Wort der Wahrheit dem kleinen Narren in den Mund gelegt; — ich habe selbst der Sache einmal zugeschaut, da ihr noch beide Kinder waret. — Laßt nur das kleine Werk seinem Meister folgen; das stimmt gar wohl zu den Worten unserer Heiligen Schrift! Und seid getrost; denn die Guten werden ruhen von ihrer Arbeit.«

— Und so geschah es. Still und friedlich gingen wir nach Hause; den kunstreichen Kasperl aber, wie unsern guten Vater Joseph, haben wir niemals wiedergesehen.

— — Alles das«, setzte nach einer Weile mein Freund hinzu, »hat uns manches Weh bereitet; aber gestorben sind wir beiden jungen Leute nicht daran. Nicht lange nachher wurde unser Joseph uns geboren, und wir hatten nun alles, was zu einem vollen Menschenglück gehört. An jene Vorgänge aber werde ich noch jetzt Jahr um Jahr durch den ältesten Sohn des schwarzen Schmidt erinnert. Er ist einer jener ewig wandernden Handwerksgesellen geworden, die, verlumpt und verkommen, ihr elendes Leben von den

Geschenken fristen, die nach Zunftgebrauch auf ihre Ansprache die Handwerksmeister ihnen zu verabreichen haben. Auch meinem Hause geht er nie vorbei.«

Mein Freund schwieg und blickte vor sich in das Abendrot, das dort hinter den Bäumen des Kirchhofs stand; ich aber hatte schon eine Zeitlang über der Gartenpforte, der wir uns jetzt wieder näherten, das freundliche Gesicht der Frau Paulsen nach uns ausblicken sehen. »Hab ich's nit denkt!« rief sie, als wir nun zu ihr traten. »Was habt ihr wieder für ein Langes abzuhandeln? Aber nun kommt ins Haus! Die Gottsgab steht auf dem Tisch; der Hafenmeister is auch schon da; und ein Brief vom Joseph und der alt Meisterin! — — Aber was schaust mi denn so an, Bub?«

Der Meister lächelte. »Ich hab ihm was verraten, Mutter. Er will nun sehen, ob du auch richtig noch das kleine Puppenspieler-Lisei bist!«

»Ja, freili!« erwiderte sie, und ein Blick voll Liebe flog zu ihrem Mann hinüber. »Schau nur richti zu, Bub! Und wenn du es nit kannst find'n — der da, der weiß es gar genau!«

Und der Meister legte schweigend seinen Arm um sie. Dann gingen wir ins Haus zur Feier ihres Hochzeitstages. —

Es waren prächtige Leute, der Paulsen und sein Puppenspieler-Lisei.

Gottfried Keller

Pankraz der Schmoller

Auf einem stillen Seitenplätzchen, nahe an der Stadtmauer, lebte die Witwe eines Seldwylers, der schon lange fertig geworden und unter dem Boden lag. Dieser war keiner von den schlimmsten gewesen, vielmehr fühlte er eine so starke Sehnsucht, ein ordentlicher und fester Mann zu sein, daß ihn der herrschende Ton, dem er als junger Mensch nicht entgehen konnte, angriff, und als seine Glanzzeit vorübergegangen und er der Sitte gemäß abtreten mußte von dem Schauplatze der Taten, da erschien ihm alles wie ein wüster Traum und wie ein Betrug um das Leben, und er bekam davon die Auszehrung und starb unverweilt.

Er hinterließ seiner Witwe ein kleines baufälliges Häuschen, einen Kartoffelacker vor dem Tore und zwei Kinder, einen Sohn und eine Tochter. Mit dem Spinnrocken verdiente sie Milch und Butter, um die Kartoffeln zu kochen, die sie pflanzte, und ein kleiner Witwengehalt, den der Armenpfleger jährlich auszahlte, nachdem er ihn jedesmal einige Wochen über den Termin hinaus in seinem Geschäfte benutzt, reichte gerade zu dem Kleiderbedarf und einigen anderen kleinen Ausgaben hin. Dieses Geld wurde immer mit Schmerzen erwartet, indem die ärmlichen Gewänder der Kinder gerade um jene verlängerten Wochen zu früh gänzlich schadhaft waren und der Buttertopf überall seinen Grund durchblicken ließ. Dieses Durchblikken des grünen Topfbodens war eine so regelmäßige jährliche Erscheinung wie irgendeine am Himmel und verwandelte ebenso regelmäßig eine Zeitlang die kühle, kümmerlich-stille Zufriedenheit der Familie in eine wirkliche Unzufriedenheit. Die Kinder plagten die Mutter um besseres und reichlicheres Essen; denn sie hielten sie in ihrem Unverstande für mächtig genug dazu, weil sie ihr ein und alles, ihr einziger Schutz und ihre einzige Oberbehörde war. Die Mutter war unzufrieden, daß die Kinder nicht entweder mehr Verstand oder mehr zu essen oder beides zusammen erhielten.

Besagte Kinder aber zeigten verschiedene Eigenschaften. Der Sohn war ein unansehnlicher Knabe von vierzehn Jahren, mit grauen Augen und ernsthaften Gesichtszügen, welcher des Morgens lang im Bette lag, dann ein wenig in einem zerrissenen Geschichts- und Geographiebuche las und alle Abend, sommers wie winters, auf den Berg lief, um dem Sonnenuntergang beizuwohnen, welches die einzige glänzende und pomphafte Begebenheit war, welche sich für ihn zutrug. Sie schien für ihn etwa das zu sein, was für die Kaufleute der Mittag auf der Börse; wenigstens kam er mit ebenso abwechselnder Stimmung von diesem Vorgang zurück, und wenn es recht rotes und gelbes Gewölk gegeben, welches gleich großen Schlachtheeren in Blut und Feuer gestanden und majestätisch manövriert hatte, so war er eigentlich vergnügt zu nennen.

Dann und wann, jedoch nur selten, beschrieb er ein Blatt Papier mit seltsamen Listen und Zahlen, welches er dann zu einem kleinen Bündel legte, das durch ein Endchen alte Goldtresse zusammengehalten wurde. In diesem Bündelchen stak hauptsächlich ein kleines Heft, aus einem zusammengefalteten Bogen Goldpapier gefertigt, dessen weiße Rückseiten mit allerlei Linien, Figuren und aufgereihten Punkten, dazwischen Rauchwolken und fliegende Bomben, gefüllt und beschrieben waren. Dies Büchlein betrachtete er oft mit großer Befriedigung und brachte neue Zeichnungen darin an, meistens um die Zeit, wenn das Kartoffelfeld in voller Blüte stand. Er lag dann im blühenden Kraut unter dem blauen Himmel, und wenn er eine weiße beschriebene Seite betrachtet hatte, so schaute er dreimal so lange in das gegenüberstehende glänzende Goldblatt, in welchem sich die Sonne brach. Im übrigen war es ein eigensinniger und zum Schmollen geneigter Junge, welcher nie lachte und auf Gottes lieber Welt nichts tat oder lernte.

Seine Schwester war zwölf Jahre alt und ein bildschönes Kind mit langem und dickem braunem Haar, großen braunen Augen und der allerweißesten Hautfarbe. Dies Mädchen war sanft und still, ließ sich vieles gefallen und murrte weit seltener als sein Bruder. Es besaß eine helle Stimme und sang gleich einer Nachtigall; doch obgleich es mit alle diesem freundlicher und lieblicher war als der Knabe, so gab die Mutter doch diesem scheinbar den Vorzug und begünstigte ihn in seinem Wesen, weil sie Erbarmen mit ihm hatte, da er nichts lernen und es ihm wahrscheinlicherweise einmal recht schlecht ergehen konnte, während nach ihrer Ansicht das Mädchen nicht viel brauchte und schon deshalb unterkommen würde.

Dieses mußte daher unaufhörlich spinnen, damit das Söhnlein desto mehr zu essen bekäme und recht mit Muße sein einstiges Unheil erwarten könne. Der Junge nahm dies ohne weiteres an und gebärdete sich wie ein kleiner Indianer, der die Weiber arbeiten läßt, und auch seine Schwester empfand hievon keinen Verdruß und glaubte, das müsse so sein.

Die einzige Entschädigung und Rache nahm sie sich durch eine allerdings arge Unzukömmlichkeit, welche sie sich beim Essen mit List oder Gewalt immer wieder erlaubte. Die Mutter kochte nämlich jeden Mittag einen dicken Kartoffelbrei, über welchen sie eine fette Milch oder eine Brühe von schöner brauner Butter goß. Diesen Kartoffelbrei aßen sie alle zusammen aus der Schüssel mit ihren Blechlöffeln, indem jeder vor sich eine Vertiefung in das feste Kartoffelgebirge hineingrub. Das Söhnlein, welches bei aller Seltsamkeit in Eßangelegenheiten einen strengen Sinn für militärische Regelmäßigkeit beurkundete und streng darauf hielt, daß jeder nicht mehr noch weniger nahm, als was ihm zukomme, sah stets darauf, daß die Milch oder die gelbe Butter, welche am Rande der Schüssel umherfloß, gleichmäßig in die abgeteilten Gruben laufe; das Schwesterchen hingegen, welches viel harmloser war, suchte, sobald ihre Quellen versiegt waren, durch allerhand künstliche Stollen und Abzugsgräben die wohlschmeckenden Bächlein auf ihre Seite zu leiten, und wie sehr sich auch der Bruder dem widersetzte und ebenso künstliche Dämme aufbaute und überall verstopfte, wo sich ein verdächtiges Loch zeigen wollte, so wußte sie doch immer wieder eine geheime Ader des Breies zu eröffnen oder langte kurzweg in offenem Friedensbruch mit ihrem Löffel und mit lachenden Augen in des Bruders gefüllte Grube. Alsdann warf er den Löffel weg, lamentierte und schmollte, bis die gute Mutter die Schüssel zu Seite neigte und ihre eigene Brühe voll in das Labyrinth der Kanäle und Dämme ihrer Kinder strömen ließ.

So lebte die kleine Familie einen Tag wie den andern, und indem dies immer so blieb, während doch die Kinder sich auswuchsen, ohne daß sich eine günstige Gelegenheit zeigte, die Welt zu erfassen und irgend etwas zu werden, fühlten sich alle immer unbehaglicher und kümmerlicher in ihrem Zusammensein. Pankraz, der Sohn, tat und lernte fortwährend nichts als eine sehr ausgebildete und künstliche Art zu schmollen, mit welcher er seine Mutter, seine Schwester und sich selbst quälte. Es war dies eine ordentliche und interessante Beschäftigung für ihn, bei welcher er die müßigen Seelenkräfte fleißig übte im Erfinden von hundert kleinen häuslichen Trauerspielen, die er veranlaßte und in welchen er behende und meisterlich den steten Unrechtleider zu spielen wußte. Estherchen, die Schwester, wurde dadurch zu reichlichem Weinen gebracht, durch welches aber die Sonne ihrer Heiterkeit schnell wieder hervorstrahlte. Diese Oberflächlichkeit ärgerte und kränkte dann den Pankraz so, daß er immer längere Zeiträume hindurch schmollte und aus selbstgeschaffenem Ärger selbst heimlich weinte.

Doch nahm er bei dieser Lebensart merklich zu an Gesundheit und Kräften, und als er diese in seinen Gliedern anwachsen fühlte, erweiterte er seinen Wirkungskreis und strich mit einer tüchtigen Baumwurzel oder einem Besenstiel in der Hand durch Feld und Wald, um zu sehen, wie er irgendwo ein tüchtiges Unrecht auftreiben und erleiden könne. Sobald sich ein solches zur Not dargestellt und entwickelt, prügelte er unverweilt seine Widersacher auf das jämmerlichste durch, und er erwarb sich und bewies in dieser seltsamen Tätigkeit eine solche Gewandtheit, Energie und feine Taktik, sowohl im Ausspüren und Aufbringen des Feindes als im Kampfe, daß er sowohl einzelne ihm an Stärke weit überlegene Jünglinge als ganze Trupps derselben entweder besiegte oder wenigstens einen ungestraften Rückzug ausführte.

War er von einem solchen wohlgelungenen Abenteuer zurückgekommen, so schmeckte ihm das Essen doppelt gut, und die Seinigen erfreuten sich dann einer heiteren Stimmung. Eines Tages aber war es ihm doch begegnet, daß er, statt welche auszuteilen, beträchtliche Schläge selbst geerntet hatte, und als er voll Scham, Verdruß und Wut nach Hause kam, hatte Estherchen, welche den ganzen Tag gesponnen, dem Gelüste nicht widerstehen können und sich noch einmal über das für Pankraz aufgehobene Essen hergemacht und davon einen Teil gegessen, und zwar, wie es ihm vorkam, den besten. Traurig und wehmütig, mit kaum verhaltenen Tränen in den Augen, besah er das unansehnliche, kalt gewordene Restchen, während die schlimme Schwester, welche schon wieder am Spinnrädchen saß, unmäßig lachte.

Das war zuviel, und nun mußte etwas Gründliches geschehen. Ohne zu essen, ging Pankraz hungrig in seine Kammer, und als ihn am Morgen seine Mutter wecken wollte, daß er doch zum Frühstück käme, war er verschwunden und nirgends zu finden. Der Tag verging, ohne daß er kam, und ebenso der zweite und dritte Tag. Die Mutter und Estherchen gerieten in große Angst und Not; sie sahen wohl, daß er vorsätzlich davongegangen, indem er seine Habseligkeiten mitgenommen. Sie weinten und klagten unaufhörlich, wenn alle Bemühungen fruchtlos blieben, eine Spur von ihm zu entdecken, und als nach Verlauf eines halben Jahrs Pankrazius verschwunden war und blieb, ergaben sie sich mit trauriger Seele in ihr Schicksal, das ihnen nun doppelt einsam und arm erschien.

Wie lang wird nicht eine Woche, ja nur ein Tag, wenn man nicht weiß, wo diejenigen, die man liebt, jetzt stehn und gehn, wenn eine solche Stille darüber durch die Welt herrscht, daß allnirgends auch nur der leiseste Hauch von ihrem Namen ergeht, und man weiß doch, sie sind da und atmen irgendwo.

So erging es der Mutter und dem Estherlein fünf Jahre, zehn Jahre und fünfzehn Jahre, einen Tag wie den andern, und sie wußten nicht, ob ihr Pankrazius tot oder lebendig sei. Das war ein langes und gründliches Schmollen, und Estherchen, welches eine schöne Jungfrau geworden, wurde darüber zu einer hübschen und feinen alten Jungfer, welche nicht nur aus Kindestreue bei der alternden Mutter blieb, sondern ebensowohl aus Neugierde, um ja in dem Augenblicke dazusein, wo der Bruder sich endlich zeigen würde, und zu sehen, wie die Sache eigentlich verlaufe. Denn sie war guter Dinge und glaubte fest, daß er eines Tages wiederkäme und daß es dann etwas Rechtes auszulachen gäbe. Übrigens fiel es ihr nicht schwer, ledig zu bleiben, da sie klug war und wohl sah, wie bei den Seldwylern nicht viel dahintersteckte an dauerhaftem Lebensglücke und sie dagegen mit ihrer Mutter unveränderlich in einem kleinen Wohlständchen lebte, ruhig und ohne Sorgen; denn sie hatten ja einen tüchtigen Esser weniger und brauchten für sich fast gar nichts.

Da war es einst ein heller schöner Sommernachmittag, mitten in der Woche, wo man so an gar nichts denkt und die Leute in den kleinen Städten fleißig arbeiten. Der Glanz von Seldwyla befand sich sämtlich mit dem Sonnenschein auf den übergrünten Kegelbahnen vor dem Tore oder auch in kühlen Schenkstuben in der Stadt. Die Falliten und Alten aber hämmerten, näheten, schusterten, klebten, schnitzelten und bastelten gar emsig darauf los, um den langen Tag zu benutzen und einen vergnügten Abend zu erwerben, den sie nunmehr zu würdigen verstanden. Auf dem kleinen Platze, wo die Witwe wohnte, war nichts als die stille Sommersonne auf dem begrasten Pflaster zu sehen; an den offenen Fenstern aber arbeiteten ringsum die alten Leute und spielten die Kinder. Hinter einem blühenden Rosmaringärtchen auf einem Brette saß die Witwe und spann und ihr gegenüber Estherchen und nähete. Es waren schon einige Stunden seit dem

Essen verflossen, und noch hatte niemand eine Zwiesprache gehalten von der ganzen Nachbarschaft. Da fand der Schuhmacher wahrscheinlich, daß es Zeit sei, eine kleine Erholungspause zu eröffnen, und nieste so laut und mutwillig: hupschi! daß alle Fenster zitterten und der Buchbinder gegenüber, der eigentlich kein Buchbinder war, sondern nur so aus dem Stegreif allerhand Pappkästchen zusammenleimte und an der Türe ein verwittertes Glaskästchen hängen hatte, in welchem eine Stange Siegellack an der Sonne krumm wurde, dieser Buchbinder rief: »Zur Gesundheit«, und alle Nachbarsleute lachten. Einer nach dem andern steckte den Kopf durch das Fenster, einige traten sogar vor die Türe und gaben sich Prisen, und so war das Zeichen gegeben zu einer kleinen Nachmittagsunterhaltung und zu einem fröhlichen Gelächter während des Vesperkaffees, der schon aus allen Häusern duftete und zichorierte. Diese hatten endlich gelernt, sich aus wenigem einen Spaß zu machen. Da kam in dies Vergnügen herein ein fremder Leiermann mit einem schön polierten Orgelkasten, was in der Schweiz eine ziemliche Seltenheit ist, da sie keine eingeborene Leiermänner besitzt. Er spielte ein sehnsüchtiges Lied von der Ferne und ihren Dingen, welches die Leute über die Maßen schön dünkte und besonders der Witwe Tränen entlockte, da sie ihres Pankräzchens gedachte, das nun schon viele Jahre verschwunden war. Der Schuhmacher gab dem Manne einen Kreuzer, er zog ab, und das Plätzchen wurde wieder still. Aber nicht lange nachher kam ein anderer Herumtreiber mit einem großen fremden Vogel in einem Käfig, den er unaufhörlich zwischen dem Gitter durch mit einem Stäbchen anstach und erklärte, so daß der traurige Vogel keine Ruhe hatte. Es war ein Adler aus Amerika; und die fernen blauesten Länder, über denen er in seiner Freiheit geschwebt, kamen der Witwe in den Sinn und machten sie um so trauriger, als sie gar nicht wußte, was das für Länder wären noch wo ihr Söhnchen sei. Um den Vogel zu sehen, hatten die Nachbaren auf das Plätzchen hinaustreten müssen, und als er nun fort war, bildeten sie eine Gruppe, steckten die Nasen in die Luft und lauerten auf noch mehr Merkwürdigkeiten, da sie nun doch die Lust ankam, den übrigen Tag zu vertrödeln.

Diese Lust wurde denn auch erfüllt, und es dauerte nicht lange, bis das allergrößte Spektakel sich mit großem Lärm näherte unter dem Zulauf aller Kinder des Städtchens. Denn ein mächtiges Kamel schwankte auf den Platz, von mehreren Affen bewohnt; ein großer Bär wurde an seinem Nasenringe herbeigeführt; zwei oder drei Männer waren dabei, kurz ein ganzer Bärentanz führte sich auf, und der Bär tanzte und machte seine possierlichen Künste, indem er von Zeit zu Zeit unwirsch brummte, daß die friedlichen Leute sich fürchteten und in scheuer Entfernung dem wilden Wesen zuschauten. Estherchen lachte und freute sich unbändig über den Bären, wie er so zierlich umherwatschelte mit seinem Stecken, über das Kamel mit seinem selbstvergnügten Gesicht und über die Affen. Die Mutter dagegen mußte fortwährend weinen; denn der böse Bär erbarmte sie, und sie mußte wiederum ihres verschollenen Sohnes gedenken.

Als endlich auch dieser Aufzug wieder verschwunden und es wieder still geworden, indem die aufgeregten Nachbaren sich mit seinem Gefolge ebenfalls aus dem Staube gemacht, um da oder dort zu einem Abendschöppchen unterzukommen, sagte Estherchen: »Mir ist es nun zumute, als ob der Pankraz ganz gewiß heute noch kommen würde, da schon so viele unerwartete Dinge geschehen und solche Kamele, Affen und Bären dagewesen sind!« Die Mutter ward böse darüber, daß sie den armen Pankraz mit diesen Bestien sozusagen zusammenzählte und auslachte, und hieß sie schweigen, nicht innewerdend, daß sie ja selbst das gleiche getan in ihren Gedanken. Dann sagte sie seufzend: »Ich werde es nicht erleben, daß er wiederkommt!«

Indem sie dies sagte, begab sich die größte Merkwürdigkeit dieses Tages, und ein offener Reisewagen mit einem Extrapostillion fuhr mit Macht auf das stille Plätzchen, das von der Abendsonne noch halb bestreift war. In dem Wagen saß ein Mann, der eine Mütze trug, wie die französischen Offiziere sie tragen, und ebenso trug er einen Schnurr- und Kinnbart und ein gänzlich gebräuntes und ausgedörrtes Gesicht zur Schau, das überdies einige Spuren von Kugeln und Säbelhieben zeigte. Auch war er in einen Burnus gehüllt, alles dies, wie es französische Militärs aus Afrika mitzubringen pflegen, und die Füße stemmte er gegen eine kolossale Löwenhaut, welche auf dem Boden des Wagens lag; auf dem Rücksitze vor ihm lag ein Säbel und eine halblange arabische Pfeife neben andern fremdartigen Gegenständen.

Dieser Mann sperrte ungeachtet des ernsten Gesichtes, das er machte, die Augen weit auf und suchte mit denselben rings auf dem Platze ein Haus, wie einer, der aus einem schweren Traume erwacht. Beinahe taumelnd sprang er aus dem Wagen, der von ungefähr auf der Mitte des Plätzchens stillhielt; doch ergriff er die Löwenhaut und seinen Säbel und ging sogleich sicheren Schrittes in das Häuschen der Witwe, als ob er erst vor einer Stunde aus demselben gegangen wäre. Die Mutter und Estherchen sahen dies voll Verwunderung und Neugierde und horchten auf, ob der Fremde die Treppe heraufkäme; denn obgleich sie kaum noch von Pankrazius gesprochen, hatten sie in diesem Augenblick keine Ahnung, daß er es sein könnte, und ihre Gedanken waren von der überraschten Neugierde himmelweit von ihm weggeführt. Doch urplötzlich erkannten sie ihn an der Art, wie er die obersten Stufen übersprang und über den kurzen Flur weg fast gleichzeitig die Klinke der Stubentür ergriff, nachdem er wie der Blitz vorher den lose steckenden Stubenschlüssel fester ins Schloß gestoßen, was sonst immer die Art des Verschwundenen gewesen, der in seinem Müßiggange eine seltsame Ordnungsliebe bewährt hatte. Sie schrien laut auf und standen festgebannt vor ihren Stühlen, mit offenem Munde nach der aufgehenden Türe sehend. Unter dieser stand der fremde Pankrazius mit dem dürren und harten Ernste eines fremden Kriegsmannes, nur zuckte es ihm seltsam um die Augen, indessen die Mutter erzitterte bei seinem Anblick und sich nicht zu helfen wußte und selbst Estherchen zum ersten Mal gänzlich verblüfft war und sich nicht zu regen wagte. Doch alles dies dauerte nur einen Augenblick; der Herr Oberst, denn nichts Geringeres war der verlorene Sohn, nahm mit der Höflichkeit und Achtung, welche ihn die wilde Not des Lebens gelehrt, sogleich die Mütze ab, was er nie getan, wenn er früher in die Stube getreten; eine unaussprechliche Freundlichkeit, wenigstens wie es den Frauen vorkam, die ihn nie freundlich gesehen noch also denken konnten, verbreitete sich über das gefurchte und doch noch nicht alte Soldatengesicht und ließ schneeweiße Zähne sehen, als er auf sie zueilte und beide mit ausbrechendem Herzensweh in die Arme schloß.

Hatte die Mutter erst vor dem martialischen und vermeintlich immer noch bösen Sohne sonderbar gezittert, so zitterte sie jetzt erst recht in scheuer Seligkeit, da sie sich in den Armen dieses wiedergekehrten Sohnes fühlte, dessen achtungsvolles Mützenabnehmen und dessen aufleuchtende, nie gesehene Anmut, wie sie nur die Rührung und die Reue gibt, sie schon wie mit einem Zauberschlage berührt hatten. Denn noch ehe das Bürschchen sieben Jahre alt gewesen, hatte es schon angefangen, sich ihren Liebkosungen zu entziehen, und seither hatte Pankraz in bitterer Sprödigkeit und Verstockung sich gehütet, seine Mutter auch nur mit der Hand zu berühren, abgesehen davon, daß er unzählige Male schmollend zu Bett gegangen war, ohne Gutenacht zu sagen. Daher bedünkte es sie nun ein unbegreiflicher und wundersamer Augenblick, in welchem ein ganzes Leben lag, als sie jetzt nach wohl dreißig Jahren sozusagen zum ersten Mal sich von dem Sohne umfangen sah. Aber auch Estherchen bedünkte dieses veränderte Wesen so ernsthaft und wichtig, daß sie, die den Schmollenden tausendmal ausgelacht hatte, jetzt nicht im mindesten den bekehrten Freundlichen anzulachen vermochte, sondern mit klaren Tränen in den Augen nach ihrem Sesselchen ging und den Bruder unverwandt anblickte.

Pankraz war der erste, der sich nach mehreren Minuten wieder zusammennahm und als ein guter Soldat einen Übergang und Ausweg dadurch bewerkstelligte, daß er sein Gepäck heraufbeförderte. Die Mutter wollte mit Estherchen helfen: aber er führte sie äußerst holdselig zu ihrem Sitze zurück und duldete nur, daß Estherchen zum Wagen herunterkam und sich mit einigen leichten Sachen belud. Den weitern Verlauf führte indessen Estherchen herbei, welche bald ihren guten Humor wiedergewann und nicht länger unterlassen konnte, die Löwenhaut an dem langen gewaltigen Schwanze zu packen und auf dem Boden herumzuziehen, indem sie sich kranklachen wollte und einmal über das andere rief: »Was ist dies nur für ein Pelz? Was ist dies für ein Ungeheuer?«

»Dies ist«, sagte Pankraz, seinen Fuß auf das Fell stoßend, »vor drei Monaten noch ein lebendiger Löwe gewesen, den ich getötet habe. Dieser Bursche war mein Lehrer und Bekehrer und hat mir zwölf Stunden lang so eindringlich gepredigt, daß ich armer Kerl endlich von allem Schmollen und Bössein für immer geheilt wurde. Zum Andenken soll seine Haut nicht mehr aus meiner Hand kommen. Das war eine schöne Geschichte!« setzte er mit einem Seufzer hinzu.

In der Voraussicht, daß seine Leutchen, im Fall er sie noch lebendig anträfe, jedenfalls nicht viel Kostbares im Hause hätten, hatte er in der letzten größeren Stadt, wo er durchgereist, einen Korb guten Weines eingekauft sowie einen Korb mit verschiedenen guten Speisen, damit in Seldwyla kein Gelaufe entstehen sollte und er in aller Stille mit der Mutter und der Schwester ein Abendbrot einnehmen konnte. So brauchte die Mutter nur den Tisch zu decken, und Pankraz trug auf: einige gebratene Hühner, eine herrliche Sülzpastete und ein Paket feiner kleiner Kuchen; ja noch mehr! Auf dem Wege hatte er bedacht, wie dunkel einst das armselige Tranlämpchen gebrannt und wie oft er sich über die kümmerliche Beleuchtung geärgert, wobei er kaum seine müßigen Siebensachen handhaben gekonnt, ungeachtet die Mutter, die doch ältere Augen hatte, ihm immer das Lämpchen vor die Nase geschoben, wiederum zum großen Ergötzen Estherchens, die bei jeder Gelegenheit ihm die Leuchte wieder wegzupraktizieren verstanden. Ach, einmal hatte er sie zornig weinend ausgelöscht, und als die Mutter sie bekümmert wieder angezündet, blies sie Estherchen lachend wieder aus, worauf er zerrissenen Herzens ins Bett gerannt. Dies und noch anderes war ihm auf dem Wege eingefallen, und indem er schmerzlich und bang kaum erleben mochte, ob er die Verlassenen wiedersehen würde, hatte er auch noch einige Wachskerzen eingekauft und zündete jetzo zwei derselben an, so daß die Frauensleute sich nicht zu lassen wußten vor Verwunderung ob all der Herrlichkeit.

Dergestalt ging es wie auf einer kleinen Hochzeit in dem Häuschen der Witwe, nur viel stiller, und Pankraz benutzte das helle Licht der Kerzen, die gealterten Gesichter seiner Mutter und Schwester zu sehen, und dies Sehen rührte ihn stärker als alle Gefahren, denen er ins Gesicht geschaut. Er verfiel in ein tiefes trauriges Sinnen über die menschliche Art und das menschliche Leben und wie gerade unsere kleineren Eigenschaften, eine freundliche oder herbe Gemütsart, nicht nur unser Schicksal und Glück machen, sondern auch dasjenige der uns Umgebenden und uns zu diesen in ein strenges Schuldverhältnis zu bringen vermögen, ohne daß wir wissen, wie es zugegangen, da wir uns ja unser Gemüt nicht selbst gegeben. In diesen Betrachtungen ward er jedoch gestört durch die Nachbaren, welche jetzt ihre Neugierde nicht länger unterdrücken konnten und einer nach dem andern in die Stube drangen, um das Wundertier zu sehen, da sich schon in der ganzen Stadt das Gerücht verbreitet hatte, der verschollene Pankrazius sei erschienen, und zwar als ein französischer General in einem vierspännigen Wagen.

Dies war nun ein höchst verwickelter Fall für die in ihren Vergnügungslokalen versammelten Seldwyler, sowohl für die Jungen als wie für die Alten, und sie kratzten sich verdutzt hinter den Ohren. Denn dies war gänzlich wider die Ordnung und wider den Strich zu Seldwyl, daß da einer wie vom Himmel geschneit als ein gemachter Mann und General herkommen sollte gerade in dem Alter, wo man zu Seldwyl sonst fertig war. Was wollte der denn nun beginnen? Wollte er wirklich am Orte bleiben, ohne ein Herabgekommener zu sein die übrige Zeit seines Lebens hindurch, besonders wenn er etwa alt würde? Und wie hatte er es angefangen? Was zum Teufel hatte der unbeachtete und unscheinbare junge Mensch betrieben die lange Jugend hindurch, ohne sich aufzubrauchen? Das war die Frage, die alle Gemüter bewegte, und sie fanden durchaus keinen Schlüssel, das Rätsel zu lösen, weil ihre Menschen- oder Seelenkunde zu klein war, um zu wissen, daß gerade die herbe und bittere Gemütsart, welche ihm und seinen Angehörigen so bittere Schmerzen bereitete, sein Wesen im übrigen wohl konserviert, wie der scharfe Essig ein Stück Schöpsenfleisch, und ihm über das gefährliche Seldwyler Glanzalter hinweggeholfen hatte. Um die Frage zu lösen, stellte man überhaupt die Wahrheit des Ereignisses in Frage und bestritt dessen Möglichkeit, und um diese Auffassung zu bestätigen, wurden verschiedene alte Falliten nach dem Plätzchen abgesandt, so daß Pankraz, dessen schon versammelte Nachbaren ohnehin diesem Stande angehörten, sich von einer ganzen Versammlung neugieriger und gemütlicher Falliten umgeben sah, wie ein alter Heros in der Unterwelt von den herbeieilenden Schatten.

Er zündete nun seine türkische Pfeife an und erfüllte das Zimmer mit dem fremden Wohlgeruch des morgenländischen Tabaks; die Schatten oder Falliten witterten immer neugieriger in den blauen Duftwolken umher, und Estherchen und die Mutter bestaunten unaufhörlich die Leutseligkeit und Geschicklichkeit des Pankraz, mit welcher er die Leute unterhielt, und zuletzt die freundliche, aber sichere Gewandtheit, mit welcher er die Versammlung endlich entließ, als es ihm Zeit dazu schien.

Da aber die Freuden, welche auf dem Familienglück und auf frohen Ereignissen unter Blutsverwandten beruhen, auch nach den längsten Leiden die Beteiligten plötzlich immer jung und munter machen, statt sie zu erschöpfen, wie die Aufregungen der weiteren Welt es tun, so verspürte die alte Mutter noch nicht die geringste Müdigkeit und Schlaflust, so wenig als ihre Kinder, und von dem guten Weine erwärmt, den sie mit Zufriedenheit genossen, verlangte sie endlich mit ihrer noch viel ungeduldigeren Tochter etwas Näheres von Pankrazens Schicksal zu wissen.

»Ausführlich«, erwiderte dieser, »kann ich jetzt meine trübselige Geschichte nicht mehr beginnen, und es findet sich wohl die Zeit, wo ich euch nach und nach meine Erlebnisse im einzelnen vorsagen werde. Für heute will ich euch aber nur einige Umrisse angeben, soviel als nötig ist, um auf den Schluß zu kommen, nämlich auf meine Wiederkehr und die Art, wie diese veranlaßt wurde, da sie eigentlich das rechte Seitenstück bildet zu meiner ehemaligen Flucht und aus dem gleichen Grundtone geht. Als ich damals auf so schnöde Weise entwich, war ich von einem unvertilgbaren Groll und Weh erfüllt; doch nicht gegen euch, sondern gegen mich selbst, gegen diese Gegend hier, diese unnütze Stadt, gegen meine ganze Jugend. Dies ist mir seither erst deutlich geworden. Wenn ich hauptsächlich immer des Essens wegen bös wurde und schmollte, so war der geheime Grund hievon das nagende Gefühl, daß ich mein Essen nicht verdiente, weil ich nichts lernte und nichts tat, ja weil mich gar nichts reizte zu irgendeiner Beschäftigung und also keine Hoffnung war, daß es je anders würde; denn alles, was ich andere tun sah, kam mir erbärmlich und albern vor; selbst euer ewiges Spinnen war mir unerträglich und machte mir Kopfweh, obgleich es mich Müßigen erhielt. So rannte ich davon in einer Nacht in der bittersten Herzensqual und lief bis zum Morgen, wohl sieben Stunden weit von hier. Wie die Sonne aufging, sah ich Leute, die auf einer großen Wiese Heu machten; ohne ein Wort zu sagen oder zu fragen, legte ich mein Bündel an den Rand, ergriff einen Rechen oder eine Heugabel und arbeitete wie ein Besessener mit den Leuten und mit der größten Geschicklichkeit; denn ich hatte mir während meines Herumlungerns hier alle Handgriffe und Übungen derjenigen, welche arbeiteten, wohl gemerkt, sogar öfter dabei gedacht, wie sie dies und jenes ungeschickt in die Hand nähmen und wie man eigentlich die Hände ganz anders müßte fliegen lassen, wenn man erst einmal ein Arbeiter heißen wolle.

Die Leute sahen mir erstaunt zu, und niemand hinderte mich an meiner Arbeit; als sie das Morgenbrot aßen, wurde ich dazu eingeladen; dieses hatte ich bezweckt, und so arbeitete ich weiter, bis das Mittagessen kam, welches ich ebenfalls mit großem Appetit verzehrte. Doch nun erstaunten die Bauersleute noch viel mehr und sandten mir ein verdutztes Gelächter nach, als ich, anstatt die Heugabel wieder zu ergreifen, plötzlich den Mund wischte, mein Bündelchen wieder aufgriff und, ohne ein Wort weiter zu verlieren, meines

Weges weiterzog. In einem dichten kühlen Buchenwäldchen legte ich mich hin und schlief bis zur Abenddämmerung; dann sprang ich auf, ging aus dem Wäldchen hervor und guckte am Himmel hin und her, an welchem die Sterne hervorzutreten begannen. Die Stellung der Sterne gehörte auch zu den wenigen Dingen, die ich während meines Müßigganges gemerkt, und da ich darin eine große Ordnung und Pünktlichkeit gefunden, so hatte sie mir immer wohlgefallen, und zwar um so mehr, als diese glänzenden Geschöpfe solche Pünktlichkeit nicht um Tagelohn und um eine Portion Kartoffelsuppe zu üben schienen, sondern damit nur taten, was sie nicht lassen konnten, wie zu ihrem Vergnügen, und dabei wohl bestanden. Da ich nun durch das allmähliche Auswendiglernen unsres Geographiebuches, so einfach dieses war, auch auf dem Erdboden Bescheid wußte, so verstand ich meine Richtung wohl zu nehmen und beschloß in diesem Augenblick, nordwärts durch ganz Deutschland zu laufen, bis ich das Meer erreichte. Also lief ich die Nacht hindurch wieder acht gute Stunden und kam mit der Morgensonne an eine wilde und entlegene Stelle am Rhein, wo eben vor meinen Augen ein mit Kornsäcken beladenes Schiff an einer Untiefe aufstieß, indessen doch das Wasser über einen Teil der Ladung wegströmte. Da sich nur drei Männer bei dem Schiffe befanden und weit und breit in dieser Frühe und in dieser Wildnis niemand zu ersehen war, so kam ich sehr willkommen, als ich sogleich Hand anlegte und den Schiffern die schwere Ladung ans Ufer bringen und das Fahrzeug wieder flottmachen half. Was von dem Korne naß geworden, schütteten wir auf Bretter, die wir an die Sonne legten, und wandten es fleißig um, und zuletzt beluden wir das Schiff wieder. Doch nahm dies alles den größten Teil des Tages weg, und ich fand dabei Gelegenheit, mit den Schiffsleuten unterschiedliche tüchtige Mahlzeiten zu teilen; ja, als wir fertig waren, gaben sie mir sogar noch etwas Geld und setzten mich auf mein Verlangen an das andere Ufer über mittelst des kleinen Kähnchens, das sie hinter dem großen Kahn angebunden hatten.

Drüben befand ich mich in einem großen Bergwald und schlief sofort, bis es Nacht wurde, worauf ich mich abermals auf die Füße machte und bis zum Tagesanbruch lief. Mit wenig Worten zu sagen: auf diese nämliche Art gelangte ich in wenig mehr als zwei Monaten nach Hamburg, indem ich, ohne je viel mit den Leuten zu sprechen, überall des Tages zugriff, wo sich eine Arbeit zeigte, und davonging, sobald ich gesättigt war, um die Nacht hindurch wiederum zu wandern. Meine Art überraschte die Leute immer, so daß ich niemals einen Widerspruch fand, und bis sie sich etwa widerhaarig oder neugierig zeigen wollten, war ich schon wieder weg. Da ich zugleich die Städte vermied und meinen Arbeitsverkehr immer im freien Felde, auf Bergen und in Wäldern betrieb, wo nur ursprüngliche und einfache Menschen waren, so reisete ich wirklich wie zu der Zeit der Patriarchen. Ich sah nie eine Spur von dem Regiment der Staaten, über deren Boden ich hinlief, und mein einziges Denken war, über eben diesen Boden wegzukommen, ohne zu betteln oder für meine nötige Leibesnahrung jemandem verpflichtet sein zu müssen, im übrigen aber zu tun, was ich wollte, und insbesondere zu ruhen, wenn es mir gefiel, und zu wandern, wenn es mir beliebte. Später habe ich freilich auch gelernt, mich an eine feste, außer mir liegende Ordnung und an eine regelmäßige Ausdauer zu halten, und wie ich erst urplötzlich arbeiten gelernt, lernte ich auch dies sogleich ohne weitere Anstrengung, sobald ich nur einmal eine erkleckliche Notwendigkeit einsah.

Übrigens bekam mir dies Leben in der freien Luft, bei der steten Abwechslung von schwerer Arbeit, tüchtigem Essen und sorgloser Ruhe vortrefflich, und meine Glieder wurden so geübt, daß ich als ein kräftiger und rühriger Kerl in der großen Handelsstadt Hamburg anlangte, wo ich alsbald dem Wasser zulief und mich unter die Seeleute mischte, welche sich da umtrieben und mit dem Befrachten ihrer Schiffe beschäftigt waren. Da ich überall zugriff und ohne albernes Gaffen doch aufmerksam war, ohne ein Wort dabei zu sprechen noch je den Mund zu verziehen, so duldeten die einsilbigen derben Gesellen mich bald unter sich, und ich brachte eine Woche unter ihnen zu, worauf sie mich auf einem englischen Kauffahrer einschmuggelten, dessen Kapitän mich aufnahm unter der Bedingung, daß ich ihm in seinem Privatgeschäfte helfe, das er während seiner Fahrten betrieb. Dieses bestand nämlich im Zusammensetzen und Herstellen von allerhand Feuerwaffen und Pistolen aus alten abgenutzten Bestandteilen, die er in großer Menge zusammenkaufte, wenn er in der Alten Welt vor Anker ging. Es waren seltsame und fabelhafte Todeswerkzeuge, die er so mit schrecklicher Leidenschaft zusammenfügte und dann bei Gelegenheit an wilden Küsten gegen wertvolle Friedensprodukte und sanfte Naturgegenstände austauschte. Ich hielt mich still zu der Arbeit, übte mich ein und war bald über und über mit Öl, Schmirgel und Feilenstaub beschmiert als ein wilder Büchsenmacher, und wenn ein solches Pistolengeschütz notdürftig zusammenhielt, so wurde es mit einem starken Knall probiert; doch nie zum zweiten Mal, dieses wurde dem rothäutigen oder schwarzen Käufer überlassen auf den entlegenen Eilanden. Diesmal fuhr er aber nur nach Neuyork und von da nach England zurück, wo ich, der Büchsenmacherei nun genugsam kundig, mich von ihm entfernte und sogleich in ein Regiment anwerben ließ, das nach Ostindien abgehen sollte.

In Neuyork hatte ich zwar den Fuß an das Land gesetzt und auf einige Stunden dies amerikanische Leben besehen, welches mir eigentlich nun recht hätte zusagen müssen, da hier jeder tat, was er wollte, und sich gänzlich nach Bedürfnis und Laune rührte, von einer Beschäftigung zur andern abspringend, wie es ihm eben besser schien, ohne sich irgendeiner Arbeit zu schämen oder die eine für edler zu halten als die andere. Doch weiß ich nicht, wie es kam, daß ich mich schleunig wieder auf unser Schiff sputete und so, statt in der Neuen Welt zu bleiben, in den ältesten, träumerischen Teil unsrer Welt geriet, in das uralte heiße Indien, und zwar in einem roten Rocke, als ein stiller englischer Soldat. Und ich kann nicht sagen, daß mir das neue Leben mißfiel, das schon auf dem großen

Linienschiffe begann, auf welchem das Regiment sich befand. Schon der Umstand, daß wir alle, so viel wir waren, mit der größten Pünktlichkeit und Abgemessenheit ernährt wurden, indem jeder seine Ration so sicher bekam, wie die Sterne am Himmel gehen, keiner mehr noch minder als der andre und ohne daß einer den andern beeinträchtigen konnte, behagte mir außerordentlich, und um so mehr, als keiner dafür zu danken brauchte und alles nur unserm bloßen wohlgeordneten Dasein gebührte. Wenn wir Rekruten auch schon auf dem Schiffe eingeschult wurden und täglich exerzieren mußten, so gefiel mir doch diese Beschäftigung über die Maßen, da wir nicht das Bajonett herumschwenken mußten, um etwa mit Gewandtheit eine Kartoffel daran zu spießen, sondern es war lediglich eine reine Übung, welche mit dem Essen zunächst gar nicht zusammenhing, und man brauchte nichts als pünktlich und aufmerksam beim einen und dem andern zu sein und sich um weiter nichts zu kümmern. Schon am zweiten Tage unserer Fahrt sah ich einen Soldaten prügeln, der wider einen Vorgesetzten gemurrt, nachdem er schon verschiedene Unregelmäßigkeiten begangen. Sogleich nahm ich mir vor, daß dies mir nie widerfahren solle, und nun kam mir mein Schmollwesen sehr gut zustatten, indem es mir eine vortrefflich lautlose Pünktlichkeit und Aufmerksamkeit erleichterte und es mir fortwährend möglich machte, mir in keiner Weise etwas zu vergeben.

So wurde ich ein ganz ordentlicher und brauchbarer Soldat; es machte mir Freude, alles recht zu begreifen und so zu tun, wie es als mustergültig vorgeschrieben war, und da es mir gelang, so fühlte ich mich endlich ziemlich zufrieden, ohne jedoch mehr Worte zu verlieren als bisher. Nur selten wurde ich beinahe ein wenig lustig und beging etwa einen närrischen halben Spaß, was mir vollends den Anstrich eines Soldaten gab, wie er sein soll, und zugleich verhinderte, daß man mich nicht leiden konnte, und so war kaum ein Jahr vergangen in dem heißen, seltsamen Lande, als ich anfing vorzurücken und zuletzt ein ansehnlicher Unteroffizier wurde. Nach einem Verlauf von Jahren war ich ein großes Tier in meiner Art, war meistenteils in den Bureaus des Regimentskommandeurs beschäftigt und hatte mich als ein guter Verwalter herausgestellt, indem ich die notwendigen Künste, die Schreibereien und Rechnereien, aus dem Gange der Dinge mir augenblicklich aneignete ohne weiteres Kopfzerbrechen. Es ging mir jetzt alles nach der Schnur, und ich schien mir selbst zufrieden zu sein, da ich ohne Mühe und Sorgen dasein konnte unter dem warmen blauen Himmel; denn was ich zu verrichten hatte, geschah wie von selbst, und ich fühlte keinen Unterschied, ob ich in Geschäften oder müßig umherging. Das Essen war mir jetzt nichts Wichtiges mehr, und ich beachtete kaum, wann und was ich aß. Zweimal während dieser Zeit hatte ich Nachricht an euch abgesandt nebst einigen ersparten Geldmitteln; allein beide Schiffe gingen sonderbarerweise mit Mann und Maus zugrunde, und ich gab die Sache auf, ärgerlich darüber, und nahm mir vor, sobald als tunlich selber heimzukehren und meine erworbene Arbeitsfähigkeit und feste Lebensart in der Heimat zu verwenden.

Denn ich gedachte damit etwas Besseres nach Seldwyla zu bringen, als wenn ich eine Million dahin brächte, und malte mir schon aus, wie ich die Haselanten und Fischesser da anfahren wollte, wenn sie mir über den Weg liefen.

Doch damit hatte es noch gute Wege, und ich sollte erst noch solche Dinge erfahren und so in meinem Wesen verändert und aufgerüttelt werden, daß mir die Lust verging, andere Leute anfahren zu wollen. Der Kommandeur hatte mich gänzlich zu seinem Faktotum gemacht, und ich mußte fast die ganze Zeit bei ihm zubringen. Es war ein seltsamer Mann von etwa fünfzig Jahren, dessen Gattin in Irland lebte auf einem alten Turm, da sie womöglich noch wunderlicher sein mußte als er; solange sie zusammengelebt, hatten sie sich fortwährend angeknurrt wie zwei wilde Katzen, und sie litten beide an der fixen Idee, daß sie sich gegenseitig ineinander getäuscht hätten, obwohl niemand besser füreinander geschaffen war. Auch waren sie gesund und munter und lebten behaglich in dieser Einbildung, ohne welche keines mehr hätte die Zeit verbringen können, und wenn sie weit auseinander waren, so sorgte eines für das andere mit rührender Aufmerksamkeit. Die einzige Tochter, die sie hatten und die Lydia heißt, lebte dagegen meistenteils bei dem Vater und war ihm ergeben und zugetan, da der Unterschied des Geschlechtes selbst zwischen Vater und Tochter diese mehr zärtliches Mitleid für den Vater empfinden ließ als für die Mutter, obgleich diese ebenso wenig oder so viel taugen mochte als jener in dem vermeintlich unglücklichen Verhältnis.

Der Kommandeur hatte eine reizvolle luftige Wohnung bezogen, die außerhalb der Stadt in einem ganz mit Palmen, Zypressen, Sykomoren und anderen Bäumen angefüllten Tale lag. Unter diesen Bäumen, rings um das leichte weiße Haus herum, waren Gärten angelegt, in denen teils jederzeit frisches Gemüse, teils eine Menge Blumen gezogen wurden, welche zwar hier in allen Ecken wild wuchsen, die aber der Alte liebte beisammen zu haben in nächster Nähe und in möglichster Menge, so daß in dem grünen Schatten der Bäume es ordentlich leuchtete von großen purpurroten und weißen Blumen. Wenn es nun im Dienste nichts mehr zu tun gab, so mußte ich als ein militärischer zuverlässiger Vertrauensmann diese Gärten in Ordnung halten oder, um darüber nicht etwa zu verweichlichen, mit dem Oberst auf die Jagd gehen, und ich wurde darüber zu einem gewandten Jäger; denn gleich hinter dem Tale begann eine wilde unfruchtbare Landschaft, welche zuletzt gänzlich in eine Gebirgswildnis verlief, die nicht nur Schwärme und Scharen unschuldigeren Gewildes, sondern auch von Zeit zu Zeit reißende Tiere, besonders große Tiger, beherbergte. Wenn ein solcher sich spüren ließ, so gab es einen großen Auszug gegen ihn, und ich lernte bei diesen Gelegenheiten die Gefahr lange kennen, ehe ich in das Gefecht mit Menschen kam. War aber weiter gar nichts zu tun, so mußte ich mit dem alten Herrn Schach spielen und dadurch seine Tochter Lydia ersetzen, welche, da sie gar keinen Sinn und kein Geschick dazu besaß und ganz kindisch spielte, ihm zu wenig Vergnügen verschaffte. Ich hingegen hatte mich bald so weit eingeübt, daß ich ihm einigermaßen die Stange halten konnte, ohne ihn des öfteren Sieges zu berauben, und wenn mein Kopf nicht durch andere Dinge verwirrt worden wäre, so würde ich dem grimmigen Alten bald überlegen geworden sein.

Dergestalt war ich nun das merkwürdigste Institut von der Welt; ich ging unter diesen Palmen einher gravitätisch und wortlos in meiner Scharlachuniform, ein leichtes Schilfstöckchen in der Hand und über dem Kopfe ein weißes Tuch zum Schutze gegen die heiße Sonne. Ich war Soldat, Verwaltungsmann, Gärtner, Jäger, Hausfreund und Zeitvertreiber, und zwar ein ganz sonderbarer, da ich nie ein Wort sprach; denn obgleich ich jetzt nicht mehr schmollte und leidlich zufrieden war, so hatte ich mir das Schweigen doch so angewöhnt, daß meine Zunge durch nichts zu bewegen war als etwa durch ein Kommandowort oder einen Fluch gegen unordentliche Soldaten. Doch diente gerade diese Weise dem Kommandeur, ich blieb so an die fünf Jahre bei ihm einen Tag wie den andern und konnte, wenn ich freie Zeit hatte, im übrigen tun, was mir beliebte. Diese Zeit benutzte ich dazu, das Dutzend Bücher, so der alte Herr besaß, immer wieder durchzulesen und aus denselben, da sie alle dickleibig waren, ein sonderbares Stück von der Welt kennenzulernen. Ich war so ein eifriger und stiller Leser, der sich eine Weisheit ausbildete, von der er nicht recht wußte, ob sie in der Welt galt oder nicht galt, wie ich bald erfahren sollte; denn obschon ich bereits vieles gesehen und erfahren, so war dies doch nur gewissermaßen strichweise, und das meiste, was es gab, lag zur Seite des Striches, den ich passiert.

Mein Kommandeur wurde endlich zum Gouverneur des ganzen Landstriches ernannt, wo wir bisher gestanden; er wünschte mich in seiner Nähe zu behalten und veranlaßte meine Versetzung aus dem Regiment, welches wieder nach England zurückging, in dasjenige, welches dafür ankam, und so fand sich wieder Gelegenheit, daß ich als Militärperson sowohl wie in allen übrigen Eigenschaften um ihn sein konnte, was mir ganz recht war; denn so blieb ich ein auf mich selbst gestellter Mensch, der keinen andern Herrn als seine Fahne über sich hatte.

Um die gleiche Zeit kam auch die Tochter aus dem alten irländischen Turme an, um von nun an bei ihrem Vater, dem Gouverneur, zu leben. Es war ein wohlgestaltetes Frauenzimmer von großer Schönheit; doch war sie nicht nur eine Schönheit, sondern auch eine Person, die in ihren eigenen feinen Schuhen stand und ging und sogleich den Eindruck machte, daß es für den, der sich etwa in sie verliebte, nicht leicht hinter jedem Hag einen Ersatz oder einen Trost für diese gäbe, eben weil es eine ganze und selbständige Person schien, die so nicht zum zweiten Male vorkomme. Und zwar schien diese edle Selbständigkeit gepaart mit der einfachsten Kindlichkeit und Güte des Charakters und mit jener Lauterkeit und Rückhaltlosigkeit in dieser Güte, welche, wenn sie so mit Entschiedenheit und Bestimmtheit verbunden ist, eine wahre Überlegenheit verleiht und dem, was im Grunde nur ein unbefangenes ursprüngliches Gemütswesen ist, den Schein einer weihevollen und genialen Meisterschaft gibt. Indessen war sie sehr gebildet in allen schönen Dingen, da sie nach Art solcher Geschöpfe die Kindheit und bisherige Jugend damit zugebracht, alles zu lernen, was irgend wohl ansteht, und sie kannte sogar fast alle neueren Sprachen, ohne daß man jedoch viel davon bemerkte, so daß unwissende Männer ihr gegenüber nicht leicht in jene schreckliche Verlegenheit gerieten, weniger zu verstehen als ein müßiges Ziergewächs von Jungfräulein. Überhaupt schien ein gesunder und wohldurchgebildeter Sinn in ihr sich mehr dadurch zu zeigen, daß sie die vorkommenden kleineren oder größeren Dinge, Vorfälle oder Gegenstände durchaus zutreffend beurteilte und behandelte, und dabei waren ihre Gedanken und Worte so einfach lieblich und bestimmt wie der Ton ihrer Stimme und die Bewegungen ihres Körpers. Und über alles dies war sie, wie gesagt, so kindlich, so wenig durchtrieben, daß sie nicht imstande war, eine überlegte Partie Schach spielen zu lernen, und dennoch mit der fröhlichsten Geduld am Brette saß, um sich von ihrem Vater unaufhörlich überrumpeln zu lassen. So ward es einem sogleich heimatlich und wohl zumute in ihrer Nähe; man dachte unverweilt, diese wäre der wahre Jakob unter den Weibern und keine Bessere gäbe es in der Welt. Ihre schönen blonden Locken und die dunkelblauen Augen, die fast immer ernst und frei in die Welt sahen, taten freilich auch das ihrige dazu, ja um so mehr, als ihre Schönheit, sosehr sie auffiel, von echt weiblicher Bescheidenheit und Sittsamkeit durchdrungen war und dabei gänzlich den Eindruck von etwas Einzigem und Persönlichem machte; es war eben kurz und abermals gesagt: eine Person. Das heißt, ich sage: es schien so, oder eigentlich, weiß Gott, ob es am Ende doch so war und es nur an mir lag, daß es ein solcher trügerischer Schein schien, kurz —«

Pankrazius vergaß hier weiterzureden und verfiel in ein schwermütiges Nachdenken, wozu er ein ziemlich unkriegerisches und beinahe einfältiges Gesicht machte. Die beiden Wachslichter waren über die Hälfte heruntergebrannt, die Mutter und die Schwester hatten die Köpfe gesenkt und nickten, schon nichts mehr sehend noch hörend, schlaftrunken mit ihren Köpfen, denn schon seit Pankrazius die Schilderung seiner vermutlichen Geliebten begonnen, hatten sie angefangen schläfrig zu werden, ließen ihn jetzt gänzlich im Stich und schliefen wirklich ein. Zum Glück für unsere Neugierde bemerkte der Oberst dies nicht, hatte überhaupt vergessen, vor wem er erzählte, und fuhr, ohne die niedergeschlagenen Augen zu erheben, fort, vor den schlafenden Frauen zu erzählen, wie einer, der etwas lange Verschwiegenes endlich mitzuteilen sich nicht mehr enthalten kann.

»Ich hatte«, sagte er, »bis zu dieser Zeit noch kein Weib näher angesehen und verstand oder wußte von ihnen ungefähr soviel wie ein Nashorn vom Zitherspiel. Nicht daß ich solche etwa nicht von jeher gern gesehen hätte, wenn ich unbemerkt und ohne Aufwand von Mühe nach ihnen schielen konnte; doch war es mir äußerst zuwider, mit irgendeiner mich in den geringsten Wortwechsel einzulassen, da es mir von jeher schien, als ob es sämtlichen Weibern gar nicht um eine vernunftgemäße, klare und richtige Sache zu tun wäre, daß es ihnen unmöglich sei, nur sechs Worte lang in guter Ordnung bei der Stange zu bleiben, sondern daß sie einzig darauf ausgingen, wenn sie in diesem Augenblicke etwas Zweckmäßiges und Gutes gesagt haben, gleich darauf eine große Albernheit oder Verdrehtheit einzuwerfen, was sie dann als ihre weibliche Anmut und Beweglichkeit ausgäben, im Grunde aber eine Unredlichkeit sei, und um so abscheulicher, als sie halb und halb von bewußter Absicht begleitet sei, um hinter diesem Durcheinander allen schlechten Instinkten und Querköpfigkeiten desto bequemer zu frönen. Deshalb schmollte und grollte ich von vornherein mit allem Weibervolk und würdigte keines eines offenkundigen Blickes. In Indien, als ich mehr zufrieden war und keinen Groll fürder hegte, gab es zwar viel Frauensleute, sowohl indischen Geblütes als auch eine Menge englischer, da viele Kaufleute, Offiziere und Soldaten ihre Familie bei sich hatten. Doch diese Indierinnen, die schön waren wie die Blumen und gut wie Zucker aussahen und sprachen, waren eben nichts weiter als dies und rührten mich nicht im mindesten, da Schönheit und Güte ohne Salz und Wehrbarkeit mir langweilig vorkamen, und es war mir peinlich, zu denken, wie eine solche Frau, wenn sie mein wäre, sich auf keine Weise gegen meine etwanigen schlimmen Launen zu wehren vermöchte. Die europäischen Weiber dagegen, die ich sah, welche größtenteils aus Großbritannien herstammten, schienen schon eher wehrhaft zu sein, jedoch waren sie weniger gut, und selbst wenn sie es waren, so betrieben sie die Güte und Ehrbarkeit wie ein abscheulich nüchternes und hausbackenes Handwerk, und selbst die edle Weiblichkeit, auf die sich diese selbstbewußten respektablen Weibchen soviel zugut taten, handhabten sie eher als Würzkrämer denn als Weiber. Hier wird ein Quentchen ausgewogen und dort ein Quentchen sorglich in die löschpapierne Tüte der Philisterhaftigkeit gewikkelt. Überdies war mir immer, als ob durch das Innerste aller dieser abendländischen Schönen und Unschönen ein tiefer Zug von Gemeinheit zöge, die Krankheit unserer Zeit, welche sie zwar nur von unserm Geschlechte, von uns Herren Europäern, überkommen konnten, aber die gerade bei den anderen wieder zu einem neuen verdoppelten Übel wird. Denn es sind üble Zeiten, wo die Geschlechter ihre Krankheiten austauschen und eines dem andern seine angeborenen Schwachheiten mitteilt. Dies waren so meine unwissenden hypochondrischen Gedanken über die Weiber, welche meinem Verhalten gegen sie zugrunde lagen und mit welchen ich meiner Wege ging, ohne mich um eine zu bekümmern.

Als nun die schöne Lydia bei uns anlangte und ich mich täglich in ihrer Nähe befand, erhielt meine ganze Weisheit einen Stoß und fiel zusammen. Es war mir gleich von Grund aus wohl zumute, wenn sie zugegen war, und ich wußte nicht, was ich hieraus machen sollte. Höchlich verwundert war ich, weder Groll noch Verachtung gegen diese zu empfinden, weder Geringschätzung noch jene Lust, doch verstohlen nach ihr hinzuschielen; vielmehr freute ich mich ganz unbefangen über ihr Dasein und sah sie ohne Unbescheidenheit, aber frei und offen an, wenn ich in ihrer Nähe zu tun hatte. Dies fiel mir um so leichter, als ich in meiner

Stellung als armer Soldat kein Wort an sie zu richten brauchte, ohne gefragt zu werden, und also kein anderes Benehmen zu beobachten hatte als dasjenige eines sich aufrecht haltenden ernsthaften Unteroffiziers. Auch war mir das Schweigen, besonders gegenüber den Weibern, so zur anderen Natur geworden durch das langjährige Kopfhängen, daß ich beim besten Willen jetzt nicht hätte eine Ausnahme machen können, auch wenn es sich geschickt hätte. Dennoch fühlte ich ein großes und ungewöhnliches Wohlwollen für diese Person, war in meinem Herzen sehr gut auf sie zu sprechen, und ihr zu Gefallen veränderte ich meine schlechten Ansichten von den Frauen und dachte mir, es müßte doch nicht so übel mit ihnen stehen, wenigstens sollten sie um dieser einen willen von nun an mehr Gnade finden bei mir. Ich war sehr froh, wenn Lydia zugegen war oder wenn ich Veranlassung fand, mich dahin zu verfügen, wo sie eben war; doch tat ich deswegen nicht einen Schritt mehr, als im natürlichen Gange der Dinge lag; nicht einmal blickte oder ging ich, wenn ich mich im gleichen Raume mit ihr befand, ohne einen bestimmten vernünftigen Grund nach ihr hin und fühlte überhaupt eine solche Ruhe in mir wie das kühle Meerwasser, wenn kein Wind sich regt und die Sonne obenhin darauf scheint.

Dies verhielt sich so ungefähr ein halbes Jahr, ein Jahr oder auch etwas darüber, ich weiß es nicht mehr genau; denn die ganze Zeitrechnung von damals ist mir verlorengegangen, der ganze Zeitraum schwebt mir nur noch wie ein schwüler, von Träumen durchzogener Sommertag vor. Während dieses Anfanges nun, dessen längere oder kürzere Dauer ich nicht mehr weiß, ging so alles gut und ruhig vonstatten. Die Dame, obgleich sie mich öfter sehen mußte, hatte nicht besonders viel mit mir zu verkehren oder zu sprechen, wenn sie es aber tat, so war sie außerordentlich freundlich und tat es nie ohne mit einem kindlichen harmlosen Lachen ihres schönen Gesichtes, was ich dann dankbarst damit erwiderte, daß ich ein um so ehrbareres Gesicht machte und den Mund nicht verzog, indem ich sagte: ›Sehr wohl, mein Fräulein!‹ oder auch unbefangen widersprach, wenn sie sich irrte, was indes selten geschah. War sie aber nicht zugegen oder ich allein, so dachte ich wohl vielfältig an sie, aber nicht im mindesten wie ein Verliebter, sondern wie ein guter Freund oder Verwandter, welcher aufrichtig um sie bekümmert war, ihr alles Wohlergehen wünschte und allerlei gute Dinge für sie ausdachte. Kaum ging eine leise Veränderung dadurch mit mir vor, wenn ich mich recht entsinne, daß ich gegenüber dem Gouverneur ein wenig mehr auf mich hielt, ein wenig mehr den Soldaten hervorkehrte, der nichts als seine Pflicht kennt, und in meinen übrigen Dienstleistungen mehr den Schein der Unabhängigkeit wahrte, wie ich denn auch in keinerlei Lohnverhältnis zu ihm stand und, nachdem die eigentliche Arbeit auf seinem Bureau getan, wofür ich besoldet war, alles übrige als ein guter Vertrauter mitmachte und nur, da es die Gelegenheit mit sich brachte, etwa mit ihm aß und trank. Und so war ich, wie schon gesagt, vollkommen ruhig und zufrieden, was sich freilich auf meine besondere Weise ausnehmen mochte.

Da geschah es eines Tages, als ich unter den schattigen Bäumen mir zu tun machte, daß die Lydia innerhalb einer kurzen Stunde dreimal herkam, ohne daß sie etwas da zu tun oder auszurichten hatte. Das erste Mal setzte sie sich auf einen umgestürzten Korb und aß ein kleines Körbchen voll roter Kirschen auf, indem sie fortwährend mit mir plauderte und mich zum Reden veranlaßte. Das andere Mal kam sie und rückte den Korb ganz nahe an das Rosenbäumchen, das ich eben säuberte, setzte sich abermals darauf und nähete ein weißes seidenes Band auf ein zierliches Nachthäubchen oder was es war; denn genau konnte ich es nicht unterscheiden, da ich diesmal kaum hinsah und ihr nur wenig Bescheid gab, indem ich etwas verlegen wurde. Sie ging bald wieder fort und kam zum dritten Male mit einem feinen, kunstvoll in Elfenbein gearbeiteten Geduldspiel aus China, packte den alten Korb und schleppte ihn wieder weg, indem sie sich in einiger Entfernung darauf setzte, mir den Rücken zuwendend, und ganz still das Spiel zu lösen versuchte. Ich blickte jetzt unverwandt nach ihr hin, bis sie, das Spielzeug in die Tasche steckend, unversehens sich erhob und, einen seltsamen wohllautenden Triller singend, davonging, ohne sich wieder nach mir umzusehen. Dies alles wollte mir nicht klar sein noch einleuchten, und meine Seele rümpfte leise die Nase zu diesem Tun; aber von Stund an war ich verliebt in Lydia.

In der wunderbarsten gelinden Aufregung ließ ich mein Bäumchen stehen, holte die Doppelbüchse und streifte in den Abend hinaus weit in die Wildnis. Viele Tiere sah ich wohl, aber alle vergaß ich zu schießen;

denn wie ich auf eines anschlagen wollte, dachte ich wieder an das Benehmen dieser Dame und verlor so das Tier aus den Augen.

Was will sie von dir, dachte ich, und was soll das heißen? Indem ich aber hierüber hin und her sann, entstand und lohete schon eine große Dankbarkeit in mir für alles Mögliche und Unmögliche, was irgend in dem Vorfalle liegen mochte, wogegen mein Ordnungssinn und das Bewußtsein meiner geringen und wenig anmutigen Person den widerwärtigsten Streit erhob. Als ich hieraus nicht klug wurde, verfielen meine Gedanken plötzlich auf den Ausweg, daß diese scheinbar so schöne und tüchtige Frau am Ende ganz einfach ein leichtfertiges und verbuhltes Wesen sei, das sich zu schaffen mache, mit wem es sei, und selbst mit einem armen Unteroffizier eine schlechte Geschichte anzuheben nicht verschmähe. Diese verwünschte Ansicht tat mir so weh und traf mich so unvermutet, daß ich wutentbrannt einen ungeheuren rauhen Eber niederschoß, der eben durch die hohen Bergkräuter heranbrach, und meine Kugel saß fast gleichzeitig und ebenso unvermutet und unwillkommen in seinem Gehirn wie jener niederträchtige Gedanke in dem meinigen, und schon war mir zumute, als ob das wilde Tier noch zu beneiden wäre um seine Errungenschaft im Vergleich zu der meinigen. Ich setzte mich auf die tote Bestie; vor meinen Gedanken ging die schöne Gestalt vorüber, und ich sah sie deutlich, wie sie die drei Male gekommen war mit jeder ihrer Bewegungen, und jedes Wort tönte noch nach. Aber merkwürdigerweise ging dies gute Gedächtnis noch über diesen Tag hinaus und zurück überhaupt bis auf den ersten Tag, wo ich sie gesehen, den ganzen Zeitraum hindurch, wo ich doch gänzlich ruhig gewesen. Wie man bei ganz durchsichtiger Luft, wenn es Regen geben will, an entfernten Bergen viele Einzelnheiten deutlich sieht, die man sonst nicht wahrnimmt, und in stiller Nacht die fernsten Glocken schlagen hört, so entdeckte ich jetzt mit Verwunderung, daß aus jenem ganzen Zeitraume jede Art und Wendung ihrer Erscheinung, jedes einzelne Auftreten sich ohne mein Wissen mir eingeprägt hatte, und fast jedes ihrer Worte, selbst das gleichgültigste und vorübergehendste, hörte ich mit klar vernehmlichem Ausdruck in der Stille dieser Wildnis wieder tönen. Diese sämtliche Herrlichkeit hatte also gleichsam schlafend oder heimlicherweise sich in mir aufgehalten, und der heutige Vorgang hatte nur den Riegel davor weggeschoben oder eine Fackel in ein Bund Stroh geworfen. Ich vergaß über diesen Dingen wieder meinen schlechten Zorn und beschäftigte mich rückhaltlos mit der Ausbeutung meines guten Gedächtnisses und schenkte demselben nicht den kleinsten Zug, den es mir von dem Bilde Lydias irgend liefern konnte. Auf diese Weise schlenderte ich denn auch wieder der Behausung zu und überließ mich allein diesen angenehmen Vorstellungen; jedoch vermochte ich nun nicht mehr so unbefangen und ruhig in ihrer Nähe zu sein, und da ich nichts anderes anzufangen wußte noch gesonnen war, so vermied ich möglichst jeden Verkehr mit ihr, um desto eifriger an sie zu denken. So vergingen drei oder vier Wochen, ohne daß etwas weiteres vorfiel, als daß ich bemerkte, daß sie bei aller Zurückhaltung, die sie nun beobachtete, dennoch keine Gelegenheit versäumte, irgend etwas zu meinen Gunsten zu tun oder zu sagen, und sie fing an, mir völlig nach dem Munde oder zu Gefallen zu sprechen, da sie Ausdrücke brauchte, welche ich etwa gebraucht, und die Dinge so beurteilte, wie ich es zu tun gewohnt war. Dies schien nun erst nichts Besonderes, weil es mich eben von jeher angenehm dünkte, in ihr ganz dieselben Ansichten vom Zweckmäßigen oder vom Verkehrten zu entdecken, deren ich mich selber befleißigte; auch lachte sie über dieselben Dinge, über welche ich lachen mußte, oder ärgerte sich über die nämlichen Unschicklichkeiten, so etwa vorfielen. Aber zuletzt ward es so auffällig, daß sie mir, da ich kaum ein Wort mit ihr zu sprechen hatte, zu Gefallen zu leben suchte, und zwar nicht wie eine schelmische Kokette, sondern wie ein einfaches argloses Kind, daß ich in die größte Verwirrung geriet und vollends nicht mehr wußte, wie ich mich stellen sollte. So fand ich denn, um mich zu salvieren, unverfänglich mein Heil in meiner alten wohlhergestellten Schmollkunst und verhärtete mich vollkommen in derselben, zumal ich mich nichts weniger als glücklich fühlte in diesem sonderbaren Verhältnis. Nun schien sie wahrhaft bekümmert und niedergeschlagen, kleinlaut und schüchtern zu werden, was zu ihrem sonstigen resoluten und tüchtigen Wesen eine verführerische Wirkung hervorbrachte, da man an den gewöhnlichen Weibern, und je kleinlicher sie sind, desto weniger, gewohnt ist, sie durch solche schüchterne Bescheidenheit glänzen und bestechen zu sehen. Vielmehr glauben sie, nichts stehe ihnen besser zu Gesicht als eine schreckliche Sicherheit und Unverschämtheit. Da nun sogar noch der alte Gouverneur anfing, in einer mir unverständlichen und wenig delikaten Laune zu sticheln und zu scherzen, und zehnmal des Tages sagte: ›Wahrhaftig, Lydia, du bist verliebt in den Pankrazius!‹, so ward mir das Ding zu bunt; denn ich hielt das für einen sehr schlechten Spaß, in betreff auf seine Tochter für geschmacklos und vom ordinärsten Tone, in bezug auf mich aber für gewissenlos und roh, und ich war oft im Begriff, es ihm offen zu sagen und mich den Teufel um ihn weiter zu kümmern. Letzteres tat ich auch insofern, als ich mich nun gänzlich zusammennahm und in mich selber verschloß. Lydia wurde eintönig, ja sie schien nun sogar bleich und leidend zu werden, was mich tief bekümmerte, ohne daß ich daraus etwas Kluges zu machen wußte. Als sie aber trotz meines Verhaltens sogar wieder anfing mir nachzugehen und sich fortwährend zu schaffen machte, wo ich mich aufhielt, geriet ich in Verzweiflung, und in der Verzweiflung begann ich abgebrochene und ungeschickte Unterhaltungen mit ihr zu pflegen. Es war gar nichts, was wir sprachen, ganz unartikuliertes jämmerliches Zeug, als ob wir beide blödsinnig wären; allein beide schienen gar nicht hieran zu denken, sondern lachten uns an wie Kinder; denn auch ich vergaß darüber alles andere und war endlich froh, nur diese kurzen Reden mit ihr zu führen. Allein das Glück dauerte nie länger als zwei Minuten, da wir den Faden aus Mangel an Ruhe und Besonnenheit sogleich wieder verloren und dann zwei Kindern glichen, die ein Perlenband aufgezettelt haben und mit

Betrübnis die schönen Perlen entgleiten sehen. Alsdann dauerte es wieder wochenlang, bis eine dieser großen Unternehmungen wieder gelang, und nie tat ich den ersten Schritt dazu, da ich gleich darauf wieder nur bedacht war, mir nichts zu vergeben und keine Dummheiten zu begehen bei diesen etwas ungewöhnlichen Leuten. Hundertmal war ich entschlossen, auf und davon zu gehen, allein die Zeit verging mir so eilig, daß ich die Tat immer wieder hinausschieben mußte. Denn meine Gedanken waren jetzt ausschließlich mit dieser Sache beschäftigt, und es ging mir dabei äußerst seltsam.

Mit den Büchern des Gouverneurs war ich endlich so ziemlich fertig geworden und wußte nichts mehr aus denselben zu lernen. Lydia, welche mich so oft lesen sah, benutzte diese Gelegenheit und gab mir von den ihrigen. Darunter war ein dicker Band wie eine Handbibel, und er sah auch ganz geistlich aus; denn er war in schwarzes Leder gebunden und vergoldet. Es waren aber lauter Schauspiele und Komödien darin, mit der kleinsten englischen Schrift gedruckt. Dies Buch nannte man den Shakespeare, welches der Verfasser desselben und dessen Kopf auch vorne drin zu sehen war. Dieser verführerische falsche Prophet führte mich schön in die Patsche. Er schildert nämlich die Welt nach allen Seiten hin durchaus einzig und wahr, wie sie ist, aber nur wie sie es in den ganzen Menschen ist, welche im Guten und im Schlechten das Metier ihres Daseins und ihrer Neigungen vollständig und charakteristisch betreiben und dabei durchsichtig wie Kristall, jeder vom reinsten Wasser in seiner Art, so daß, wenn schlechte Skribenten die Welt der Mittelmäßigkeit und farblosen Halbheit beherrschen und malen und dadurch Schwachköpfe in die Irre führen und mit tausend unbedeutenden Täuschungen anfüllen, dieser hingegen eben die Welt des Ganzen und Gelungenen in seiner Art, d. h., wie es sein soll, beherrscht und dadurch gute Köpfe in die Irre führt, wenn sie in der Welt dies wesentliche Leben zu sehen und wiederzufinden glauben. Ach, es ist schon in der Welt, aber nur niemals da, wo wir eben sind, oder dann, wann wir leben. Es gibt noch verwegene schlimme Weiber genug, aber ohne den schönen Nachtwandel der Lady Macbeth und das bange Reiben der kleinen Hand. Die Giftmischerinnen, die wir treffen, sind nur frech und reulos und schreiben gar noch ihre Geschichte oder legen einen Kramladen an, wenn sie ihre Strafe überstanden. Es gibt noch Leute genug, die wähnen Hamlet zu sein, und sie rühmen sich dessen, ohne eine Ahnung zu haben von den großen Herzensgründen eines wahren Hamlet. Hier ist ein Blutmensch ohne Macbeths dämonische und doch wieder so menschliche Mannhaftigkeit, und dort ein Richard der Dritte ohne dessen Witz und Beredsamkeit. Hier ist eine Porzia, die nicht schön, dort eine, die nicht geistreich, dort wieder eine, die geistreich, aber nicht klug ist und wohl versteht, Leute unglücklich zu machen, nicht aber sich selbst zu beglücken. Unsere Shylocks möchten uns wohl das Fleisch ausschneiden, aber sie werden nun und nimmer eine Barauslage zu diesem Behuf wagen, und unsere Kaufleute von Venedig geraten nicht wegen eines lustigen Habenichts von

Freund in Gefahr, sondern wegen einfältigen Aktienschwindels, und halten dann nicht im mindesten so schöne melancholische Reden, sondern machen ein ganz dummes Gesicht dazu. Doch eigentlich sind, wie gesagt, alle solche Leute wohl in der Welt, aber nicht so hübsch beisammen wie in jenen Gedichten; nie trifft ein ganzer Schurke auf einen ganzen wehrbaren Mann, nie ein vollständiger Narr auf einen unbedingt klugen Fröhlichen, so daß es zu keinem rechten Trauerspiel und zu keiner guten Komödie kommen kann.

Ich aber las nun die ganze Nacht in diesem Buche und verfing mich ganz in demselben, da es mir gar so gründlich und sachgemäß geschrieben schien und mir außerdem eine solche Arbeit ebenso neu als verdienstlich vorkam. Weil nun alles übrige so trefflich, wahr und ganz erschien und ich es für die eigentliche und richtige Welt hielt, so verließ ich mich insbesondere auch bei den Weibern, die es vorbrachte, ganz auf ihn, verlockt und geleitet von dem schönen Sterne Lydia, und ich glaubte, hier ginge mir ein Licht auf und sei die Lösung meiner zweifelvollen Verwirrung und Qual zu finden.

Gut! dachte ich, wenn ich diese schönen Bilder der Desdemona, der Helena, der Imogen und anderer sah, die alle aus der hohen Selbstherrlichkeit ihres Frauentums heraus so seltsamen Käuzen nachgingen und anhingen, rückhaltlos wie unschuldige Kinder, edel, stark und treu wie Helden, unwandelbar und treu wie die Sterne des Himmels: gut! hier haben wir unsern Fall! Denn nichts anderes als ein solches festes, schöngebautes und gradausfahrendes Frauenfahrzeug ist diese Lydia, die ihren Anker nur einmal und dann in eine unergründliche Tiefe auswirft und wohl weiß, was sie will. Diese Meinung ging gleich einer strahlenden heißen Sonne in mir auf, und in deren Licht sah ich nun jede Bewegung und jede kleinste Handlung, jedes Wort des schönen Geschöpfes, und es dauerte nicht lange, so überbot sie in meinen Augen alles, was der gute Dichter mit seiner mächtigen Einbildungskraft erfunden, da dies lebendige Gedicht im Lichte der Sonne umherging in Fleisch und Blut, mit wirklichen Herzschlägen und einem tatsächlichen Nacken voll goldener Locken.

Das unheimliche Rätsel war nun gelöst, und ich hatte nichts weiter zu tun, als mich in diese mit dem Shakespeare in die Wette zusammengedichtete Seligkeit zu finden und mit Mühe meine geringfügige und unliebliche Person für eine solche Laune des Schicksals oder des königlich großmütigen Frauengemütes einigermaßen leidlich zurechtzustutzen mittelst hundertfacher Pläne und Aussichten, welche sich an das große schöne Luftschloß anbaueten. Die unendliche Dankbarkeit und Verehrung, welche ich solchergestalt gegen die Geliebte empfand, hatte allerdings zum guten Teil ihren Grund in meiner sich geschmeichelt fühlenden Eigenliebe; aber gewiß auch zum noch größeren Teil darin, daß diese Erklärungsweise die einzige war, welche mir möglich schien, ohne dies teuerste Wesen verachten und bemitleiden zu müssen; denn eine hohe Achtung, die ich für sie empfand, war mir zum Lebensbedürfnis geworden, und mein Herz zitterte vor ihr, das noch vor keinem Menschen und vor keinem wilden Tiere gezittert hatte.

So ging ich wohl ein halbes Jahr lang herum wie ein Nachtwandler, von Träumen so vollhängend wie ein Baum voll Äpfel, alles, ohne mit Lydia um einen Schritt weiter zu kommen. Ich fürchtete mich vor dem kleinsten möglichen Ereignis, etwa wie ein guter Christ vor dem Tode, den er zagend scheut, obgleich er durch selbigen in die ewige Seligkeit einzugehen gewiß ist. Desto bunter ging es in meinem Gehirn zu, und die Ereignisse und aufregendsten Geschichten, alles aufs schönste und unzweifelhafteste sich begebend, drängten und blühten da durcheinander. Ich versäumte meine Geschäfte und war zu nichts zu brauchen. Das Ärgste war mir, wenn ich stundenlang mit dem Alten Schach spielen mußte, wo ich dann gezwungen war, meine Aufmerksamkeit an das Spiel zu fesseln, und die einzige Muße für meine schweren Liebesgedanken gewährte mir die kurze Zeit, wenn ein Spiel zu Ende war und die Figuren wieder aufgestellt wurden. Ich ließ mich daher so bald als immer möglich, ohne daß es zu sehr auffiel, matt machen und hielt mich so lange mit dem Aufstellen des Königs und der Königin, der Läufer, Springer und Bauern auf und rückte so lange an den Türmen hin und her, daß der Gouverneur glaubte, ich sei kindisch geworden und tändle mit den Figürchen zu meinem Vergnügen.

Endlich aber drohete meine ganze Existenz sich in müßige Traumseligkeit aufzulösen, und ich lief Gefahr, ein Tollhäusler zu werden. Zudem war ich trotz aller dieser goldenen Luftschlösser unsäglich kleinmütig und traurig, da, ehe das letzte Wort gesprochen ist, die solchen wuchernden Träumen gegenüber immer zurückstehende Wirklichkeit niederdrückt und die leibhafte Gegenwart etwas Abkühlendes und Abwehrendes behält. Es ist das gewissermaßen die schützende Dornenrüstung, womit sich die schöne Rose des körperlichen Lebens umgibt. Je freundlicher und zutulicher Lydia war, desto ungewisser und zweifelhafter wurde ich, weil ich an mir selbst entnahm, wie schwer es einem möglich wird, eine wirkliche Liebe zu zeigen, ohne sie ganz bei ihrem Namen zu nennen. Nur wenn sie streng, traurig und leidend schien, schöpfte ich wieder einen halben Grund zu einer vernünftigen Hoffnung, aber dies quälte mich alsdann noch viel tiefer, und ich hielt mich nicht wert, daß sie nur eine schlimme Minute um meinetwillen erleiden sollte, der ich gern den Kopf unter ihre Füße gelegt hätte. Dann ärgerte ich mich wieder, daß sie, um guter Dinge zu sein, verlangte, ich sollte etwa aussehen wie ein verliebter närrischer Schneider, da ich doch kein solcher war und ich auf meine Weise schon gedachte beweglich zu werden zu ihrem Wohlgefallen. Kurz, ich ging einer gänzlichen Verwirrung entgegen, war nicht mehr imstande, ein einziges Geschäft ordnungsgemäß zu verrichten, und lief Gefahr, als Soldat rückwärts zu kommen oder gar verabschiedet zu werden, wenn ich nicht als ein abhängiger dienstbarer Lückenbüßer, der zu weiter nichts zu brauchen, mich an das Haus des Gouverneurs hängen wollte.

Als daher die Engländer in bedenkliche Feindseligkeiten mit indischen Völkern gerieten und ein Feldzug eröffnet wurde, der nachher ziemlich blutig für sie ausfiel, entschloß ich mich kurz und trat wieder in meine Kompanie als guter Kombattant, vom Gouverneur meinen Abschied nehmend. Derselbe wollte zwar nichts davon wissen, sondern polterte, bat und schmeichelte mir, daß ich bleiben möchte, wie alle solche Leute, die glauben, alles stehe mit seinem Leib und Leben, mit seinem Wohl und Wehe nur zu ihrer Verfügung da, um ihnen die Zeit zu vertreiben und zur Bequemlichkeit zu dienen, Lydia hingegen ließ sich während der drei oder vier Tage, während welcher von meinem Abzug die Rede war, kaum sehen. Geschah es aber, so sah sie mich nicht an oder warf einen kurzen Blick voll Zornes auf mich, wie es schien; aber nur das Auge schien zornig, ihr Gang und ihre übrigen Bewegungen waren dabei so still, edel und an sich haltend, daß dieser schöne Zorn mir das Herz zerriß. Auch hörte ich, daß sie des Morgens sehr spät zum Vorschein käme und daß man sich darüber den Kopf zerbräche; denn es deutete darauf, daß sie des Nachts nicht schlafe, und als ich sie am letzten Tage zufällig hinter ihrem Fenster sah, glaubte ich zu bemerken, daß sie ganz verweinte Augen hatte; auch zog sie sich schnell zurück, als ich vorüberging. Nichtsdestominder schritt ich meinen steifen Feldwebelsgang ruhig fort und verrichtete alles, weder rechts noch links sehend. So ging ich auch gegen Abend mit einem Burschen noch einmal durch die Pflanzungen, um ihm die Obhut derselben einigermaßen zu zeigen und ihn, so gut es ging, zu einem provisorischen Gärtner zuzustutzen, bis sich ein tauglicheres Subjekt zeigen würde.

Wir standen eben in einem schlanken Rosenwäldchen, das ich gezogen hatte; die Bäumchen ragten just in die Höhe des Gesichtes und waren so dicht, daß, wenn man darin herumging, die Rosen einem an der Nase streiften, was sehr artig und bequem war und wozu der Gouverneur sehr gelacht hatte, da er sich nun nicht mehr zu bücken brauchte, um an den Rosen zu riechen. Als ich dem Burschen meine Anweisungen erteilte, kam Lydia herbei und schickte ihn mit irgendeinem Auftrage weg, und indem sie gleich mitzugehen willens schien, zögerte sie doch eine kurze Zeit, einige Rosen brechend, bis der Diener weg war. Ich zerrte ebenfalls noch ein Weilchen an einem Zweige herum, und wie ich mich umdrehte, um zu gehen, sah ich, daß ihr Tränen aus den Augen fielen. Ich hatte Mühe, mich zu bezwingen, doch tat ich, als ob ich nichts gesehen, und eilte hinweg. Doch kaum war ich zehn Schritte gegangen, als ich hörte und fühlte, wie sie, bald laufend, bald stehenbleibend, hinter mir herkam, und so eine ganze Strecke weit. Ich hielt dies nicht mehr aus, wandte mich plötzlich um und sagte zu ihr, die kaum noch drei Schritte von mir entfernt war: ›Warum gehen Sie mir nach, Fräulein?‹

Sie stand still, wie von einer Schlange erschreckt, und wurde, den Blick zur Erde gesenkt, glühendrot im Gesicht; dann wurde sie bleich und weiß und zitterte am ganzen Leibe, während sie die großen blauen Augen zu mir aufschlug und nicht ein Wort hervorbrachte. Endlich sagte sie mit einer Stimme, in welcher empörter Stolz mit gern ertragener Demütigung rang:

›Ich denke, ich kann in meinem Besitztume herumgehen, wo ich will!‹

›Gewiß!‹ erwiderte ich kleinlaut und setzte meinen Weg fort. Sie war jetzt an meiner Seite und ging neben mir her. Ich ging aber in meiner heftigen Aufregung mit so langen und raschen Schritten, daß sie trotz ihrer kräftigen Bewegungen nur mit Mühe folgen konnte, und doch tat sie es. Ich sah sie mehrmals groß an von der Seite und sah, daß ihr die Augen wieder voll Wasser standen, indessen dieselben wie kummervoll und demütig auf den Boden gerichtet waren. Mir brannte es ebenfalls siedendheiß im Gesicht, und meine Augen wurden auch naß. Die Sache stand jetzt dergestalt auf der Spitze, daß ich entweder eine Dummheit oder eine Gewissenlosigkeit zu begehen im Begriffe stand, wovon ich weder das eine noch das andere zu tun gesonnen war. Doch dachte ich, indem ich so neben ihr herschritt, in meinen armen Gedanken: Wenn dies Weib dich liebt und du jemals mit Ehren an ihre Hand gelangest, so sollst du ihr auch dienen bis in den Tod, und wenn sie der Teufel selbst wäre!

Indem erreichten wir eine Stätte, wo ein oder zwei Dutzend Orangenbäume standen und die Luft mit Wohlgeruch erfüllten, während ein süßer Lufthauch durch die reinlichen edelgeformten Stämme wehte. Ich glaube diesen betörenden Hauch und Duft noch jetzt zu fühlen, wenn ich daran denke; wahrscheinlich übte er eine ähnliche Wirkung auf das Geschöpf, das neben mir ging, daß es seine wundersame Leidenschaft, welche die Liebe zu sich selbst war, so aufs äußerste empfand und darstellte, als ob es eine wirkliche Liebe zu einem Manne wäre; denn sie ließ sich auf eine Bank unter den Orangen nieder und senkte das schöne Haupt auf die Hände; die goldenen Haare fielen darüber, und reiche Tränen quollen durch ihre Finger.

Ich stand vor ihr still und sagte mit versagender Stimme: ›Was wollen Sie denn, was ist Ihnen, Fräulein Lydia?‹

›Was wollen Sie denn!‹ sagte sie, ›ist es je erhört, eine schöne und feine Dame so zu quälen und zu mißhandeln! Aus welchem barbarischen Lande kommen Sie denn? Was tragen Sie für ein Stück Holz in der Brust?‹

›Wie quäle, wie mißhandle ich denn?‹ erwiderte ich unschlüssig und betreten; denn obgleich sie einen guten Sinn haben konnte, schien mir diese Sprache dennoch nicht die rechte zu sein.

›Sie sind ein grober und übermütiger Mensch!‹ sagte sie, ohne aufzublicken.

Nun konnte ich nicht mehr an mich halten und erwiderte: ›Sie würden dies nicht sagen, mein Fräulein, wenn Sie wüßten, wie wenig grob und übermütig ich in meinem Herzen gegen Sie gesinnt bin! Und es ist gerade meine große Höflichkeit und Demut, welche —‹

Sie blickte, als ich wieder verstummte, auf, und das Gesicht mit einem schmerzlichen, bittenden Lächeln aufgehellt, sagte sie hastig: ›Nun?‹, wobei sie mir einen Blick zuwarf, der mich jetzt um den letzten Rest von Überlegung brachte. Ich, der ich es nie für möglich gehalten hätte, selbst dem geliebtesten Weibe zu Füßen zu fallen, da ich solches für eine Torheit und Ziererei ansah, ich wußte jetzt nicht, wie ich dazu kam, plötzlich vor ihr zu liegen und meinen Kopf ganz hingegeben und zerknirscht in den Saum ihres Gewandes zu verbergen, den ich mit heißen Tränen benetzte. Sie stieß mich jedoch augenblicklich zurück und hieß mich aufstehen; doch als ich dies tat, hatte sich ihr Lächeln noch vermehrt und verschönert, und ich rief nun: ›Ja — so will ich es Ihnen nur sagen‹, und so weiter, und erzählte ihr meine ganze Geschichte mit einer Beredsamkeit, die ich mir kaum je zugetraut. Sie horchte begierig auf, während ich ihr gar nichts verschwieg vom Anfang bis zu dieser Stunde und besonders ihr auch aus überströmendem Herzen das Bild entwarf, das von ihr in meiner Seele lebte und wie ich es seit einem halben Jahre oder mehr so emsig und treu ausgearbeitet und vollendet. Sie lachte, vor sich niedersehend und voll Zufriedenheit lauschend, die Hand unter das Kinn stützend, und sah immer mehr einem seligen Kinde gleich, dem man ein gewünschtes Spielzeug gegeben, als sie hörte und vernahm, wie nicht einer ihrer Vorzüge und Reize und nicht eines ihrer Worte bei mir verlorengegangen war. Dann reichte sie mir die Hand hin und sagte, freundlich errötend, doch mit zufriedener Sicherheit: ›Ich danke Ihnen sehr, mein Freund, für Ihre herzliche Zuneigung! Glauben Sie, es schmerzt mich, daß Sie um meinetwillen so lange besorgt und eingenommen waren; aber Sie sind ein ganzer Mann, und ich muß Sie achten, da Sie einer so schönen und tiefen Neigung fähig sind!‹

Diese ruhige Rede fiel zwar wie ein Stück Eis in mein heißes Blut; doch gedachte ich sogleich, es ihr wohl und von Herzen zu gönnen, wenn sie jetzt die gefaßte und sich zierende Dame machen wolle, und mich in alles zu ergeben, was sie auch vornehmen und welchen Ton sie auch anschlagen würde.

Doch erwiderte ich bekümmert: ›Wer spricht denn von mir, schöne, schöne Lydia! Was hat alles, was ich leide oder nicht leide, erlitten habe oder noch erleiden werde, zu sagen gegenüber auch nur *einer* unmutigen oder gequälten Minute, die Sie erleiden? Wie kann ich unwerter und ungefüger Geselle eine solche je ersetzen oder vergüten?‹

›Nun‹, sagte sie, immer vor sich niederblickend und immer noch lächelnd, doch schon in einer etwas veränderten Weise, ›nun, ich muß allerdings gestehen, daß mich Ihr schroffes und ungeschicktes Benehmen sehr geärgert und sogar gequält hat; denn ich war an so etwas nicht gewöhnt, vielmehr daß ich überall, wo ich hinkam, Artigkeit und Ergebenheit um mich verbreitete. Ihre scheinbare grobe Fühllosigkeit hat mich ganz schändlich geärgert, sage ich Ihnen, und um so mehr, als mein Vater und ich viel von Ihnen hielten. Um so lieber ist es mir nun, zu sehen, daß Sie doch auch ein bißchen Gemüt haben, und besonders, daß ich an meinem eigenen Werte nicht länger zu zweifeln brauche; denn was mich am meisten kränkte, war dieser Zweifel an mir selbst, an meinem persönlichen Wesen, der in mir sich zu regen begann. Übrigens, bester Freund, empfinde ich keine Neigung zu Ihnen, sowenig als zu jemand anderm, und hoffe, daß Sie sich mit aller Hingebung und Artigkeit, die Sie soeben beurkundet, in das Unabänderliche fügen werden, ohne mir gram zu sein!‹

Wenn sie geglaubt, daß ich nach dieser unbefangenen Eröffnung gänzlich rat- und wehrlos vor ihr darniederliegen werde, so hatte sie sich getäuscht. Vor dem vermeintlich guten und liebevollen Weibe hatte mein Herz gezittert, vor dem wilden Tiere dieser falschen gefährlichen Selbstsucht zitterte ich sowenig mehr, als ich es vor Tigern und Schlangen zu tun gewohnt war. Im Gegenteil, anstatt verwirrt und verzweifelt zu sein und die Täuschung nicht aufgeben zu wollen, wie es sonst wohl geschieht in dergleichen Auftritten, war ich plötzlich so kalt und besonnen, wie nur ein Mann es sein kann, der auf das schmählichste beleidigt und beschimpft worden ist, oder wie ein Jäger es sein kann, der statt eines edlen scheuen Rehes urplötzlich eine wilde Sau vor sich sieht. Ein seltsam gemischtes, unheimliches Gefühl von Kälte freilich, wenn ich bei alledem die Schönheit ansehen mußte, die da vor mir glänzte. Doch dieses ist das unheimliche Geheimnis der Schönheit.

Indessen, wäre ich nicht von der Sonne ganz braun gebrannt gewesen, so würde ich jetzt dennoch so weiß ausgesehen haben wie die Orangeblüten über mir, als ich ihr nach einigem Schweigen erwiderte: ›Und also um Ihren edlen Glauben an Ihre Persönlichkeit herzustellen, war es Ihnen möglich, alle Zeichen der reinen und tiefen Liebe und Selbstentäußerung zu verwenden? Zu diesem Zwecke gingen Sie mir nach wie ein unschuldiges Kind, das seine Mutter sucht, redeten

Sie mir fortwährend nach dem Munde, wurden Sie bleich und leidend, vergossen Sie Tränen und zeigten eine so goldene und rückhaltlose Freude, wenn ich mit Ihnen nur ein Wort sprach?‹

›Wenn es so ausgesehen hat, was ich tat‹, sagte sie noch immer selbstzufrieden, ›so wird es wohl so sein. Sie sind wohl ein wenig böse, eitler Mann! daß Sie nun doch nicht der Gegenstand einer gar so demutvollen und grenzenlosen weiblichen Hingebung sind? daß ich Ärmste nicht das sehnlich blökende Lämmlein bin, für das Sie mich in Ihrer Vergnügtheit gehalten?‹

›Ich war nicht vergnügt, Fräulein!‹ erwiderte ich. ›Indessen, wenn die Götter, wenn Christus selbst einer unendlichen Liebe zu den Menschen vielfach sich hingaben und wenn die Menschheit von jeher ihr höchstes Glück darin fand, dieser rückhaltlosen Liebe der Götter wert zu sein und ihr nachzugehen: warum sollte ich mich schämen, mich ähnlich geliebt gewähnt zu haben? Nein, Fräulein Lydia! ich rechne es mir sogar zur Ehre an, daß ich mich von Ihnen fangen ließ, daß ich eher an die einfache Liebe und Güte eines unbefangenen Gemüts glaubte, bei so klaren und entschiedenen Zeichen, als daß ich verdorbenerweise nichts als eine einfältige Komödie dahinter gefürchtet. Denn einfältig ist die Geschichte! Welche Garantie haben Sie denn nun für Ihren Glauben an sich selbst, da Sie solche Mittel angewendet, um nur den ärmsten aller armen Kriegsleute zu gewinnen, Sie, die schöne und vornehme englische Dame?‹

›Welche Garantie?‹ antwortete Lydia, die nun allmählich blaß und verlegen wurde, ›ei! Ihre verliebte

Neigung, zu deren Erklärung ich Sie endlich gezwungen habe! Sie werden mir doch nicht leugnen wollen, daß Sie hingerissen waren und mir soeben erzählten, wie ich Ihnen von jeher gefallen? Warum ließen Sie das in Ihrer Grobheit nicht ein klein weniges merken, so wie es dem schlichtesten und anspruchlosesten Menschen wohl ansteht, und wenn er ein Schafhirt wäre, so würde uns diese ganze Komödie, wie Sie es nennen, erspart worden sein, und ich hätte mich begnügt!‹

›Hätten Sie mich in meiner Ruhe gelassen, meine Schöne‹, erwiderte ich, ›so hätten Sie mehr gewonnen. Denn Sie scheinen zu vergessen, daß dies Wohlgefallen sich jetzt notwendig in sein Gegenteil verkehren muß, zu meinen eigenen Schmerzen!‹

›Hilft Ihnen nichts‹, sagte sie, ›ich weiß einmal, daß ich Ihnen wohlgefallen habe und in Ihrem Blute wohne! Ich habe Ihr Geständnis angehört und bin meiner Eroberung versichert. Alles übrige ist gleichgültig; so geht es zu, bester Herr Pankrazius, und so werden diejenigen bestraft, die sich vergehen im Reiche der Königin Schönheit!‹

›Das heißt‹, sagte ich, ›es scheint dies Reich eher einer Zigeunerbande zu gleichen. Wie können Sie eine Feder auf den Hut stecken, die Sie gestohlen haben, wie eine gemeine Ladendiebin? gegen den Willen des Eigentümers?‹

Sie antwortete: ›Auf diesem Felde, bester Herr Eigentümer, gereicht der Diebstahl der Diebin zum Ruhm, und Ihr Zorn beweist nur aufs neue, wie gut ich Sie getroffen habe!‹

So zankten wir noch eine gute halbe Stunde herum in dem süßen Orangenhaine, aber mit bittern harten Worten, und ich suchte vergeblich ihr begreiflich zu machen, wie diese abgestohlene und erschlichene Liebesgeschichte durchaus nicht den Wert für sie haben könnte, den sie ihr beilegte. Ich führte diesen Beweis nicht nur aus philisterhafter Verletztheit und Dummheit, sondern auch um irgendeinen Funken vom Gefühl ihres Unrechtes und der Unsittlichkeit ihrer Handlungsweise in ihr zu erwecken. Aber umsonst! Sie wollte nicht einsehen, daß eine rechte Gemütsverfassung erst dann in der vollen und rückhaltlosen Liebe aufflammt, wenn sie Grund zur Hoffnung zu haben glaubt, und daß also diesen Grund zu geben, ohne etwas zu fühlen, immer ein grober und unsittlicher Betrug bleibt, und um so gewissenloser, als der Betrogene einfacher, ehrlicher und argloser Art ist. Immer kam sie auf das Faktum meiner Liebeserklärung zurück, und zwar warf sie, die sonst ein so gesundes Urteil zu haben schien, die unsinnigsten, kleinlichsten und unanständigsten Reden und Argumente durcheinander und tat einen wahren Kindskopf kund. Während der ganzen Jahre unsres Zusammenseins hatte ich nicht soviel mit ihr gesprochen wie in dieser letzten zänkischen Stunde, und nun sah ich, o gerechter Gott! daß es ein Weib war von einem groß angelegten Wesen, mit den Manieren, Bewegungen und Kennzeichen eines wirklich edlen und seltenen Weibes, und bei alledem mit dem Gehirn — einer ganz gewöhnlichen Soubrette, wie ich sie nachmalen zu Dutzenden gesehen habe auf den Vaudevilletheatern zu Paris! Während dieses Zankes aber verschlang ich sie dennoch fortwährend mit den Augen, und ihre unbegreifliche grundlose, so persönlich scheinende Schönheit quälte mein Herz in die Wette mit dem Wortwechsel, den wir führten. Als sie aber zuletzt ganz sinnlose und unverschämte Dinge sagte, rief ich, in bittere Tränen ausbrechend: ›O Fräulein! Sie sind ja der größte Esel, den ich je gesehen habe!‹

Sie schüttelte heftig die Wucht ihrer Locken und sah bleich und erstaunt zu mir auf, wobei ein wilder schiefer Zug um ihren sonst so schönen Mund schwebte. Es sollte wohl ein höhnisches Lächeln sein, ward aber zu einem Zeichen seltsamer Verlegenheit.

›Ja‹, sagte ich, mit den Fäusten meine Tränen zerreibend, ›nur wir Männer können sonst Esel sein, dies ist unser Vorrecht, und wenn ich Sie auch so nenne, so ist es noch eine Art Auszeichnung und Ehre für Sie. Wären Sie nur ein bißchen gewöhnlicher und geringer, so würde ich Sie einfach eine schlechte Gans schelten!‹

Mit diesen Worten wandte ich mich endlich von ihr ab und ging, ohne ferner nach ihr hinzublicken, aber mit dem Gefühle, daß ich das, was mir jemals in meinem Leben von reinem Glück beschieden sein mochte, jetzt für immer hinter mir lasse und daß es jetzt vorbei wäre mit meiner gläubigen Frömmigkeit in solchen Dingen.

›Das hast du nun von deinem unglückseligen Schmollwesen!‹ sagte ich zu mir selbst, ›hättest du von Anbeginn zuweilen nur halb so lange mit ihr freundlich gesprochen, so hätte es dir nicht verborgen bleiben können, wes Geistes Kind sie ist, und du hättest dich nicht so gröblich getäuscht! Fahr hin und zerfließe denn, du schönes Luftgebilde!‹

Als ich mich nun mit zerrissenen Gedanken vom Gouverneur verabschiedete, sah mich derselbe vergnüglich und verschmitzt an und blinzelte spöttisch mit den Augen. Ich merkte, daß er meine Affäre wohl kannte, überhaupt dieselbe von jeher beobachtet hatte und eine Art von schadenfrohem Spaß darüber empfand. Da er sonst ein ganz biederer und honetter Mann war, so konnte das nichts anderes sein als die einfältige Freude aller Philister an grausamen und schlechten Bratenspäßen. Im vorigen Jahrhundert belustigten sich große Herren daran, ihre Narren, Zwerge und sonstigen Untergebenen betrunken zu machen und dann mit Wasser zu begießen oder körperlich zu mißhandeln. Heutzutage wird dies bei den Gebildeten nicht mehr beliebt; dagegen unterhält man sich mit Vorliebe damit, allerlei feine Verwirrungen anzuzetteln, und je weniger solche Philisterseelen selber einer starken und gründlichen Leidenschaft fähig sind, desto mehr fühlen sie das Bedürfnis, dergleichen mit mehr oder weniger plumpen Mitteln in denen zu erwecken, die sich dazu eignen, in solche herzlos aufgestellten Mäusefallen zu geraten. Wenn nun der Gouverneur seinerseits es nicht verschmähte, seine eigene Tochter als gebratenen Speck zu verwenden, so war hiegegen nichts weiter zu sagen, und ich nahm, obschon noch ein guter Gepäckwagen abfuhr, eigensinnig meinen schweren Tornister und die Muskete auf den Rücken und führte einen zurückgebliebenen Trupp in die

Nacht hinaus dem Regimente nach, das schon in der Frühe abmarschiert war.

Ich sah mich nach einem mühseligen und heißen Marsch nun in eine neue Welt versetzt, als die Kampagne eröffnet war und die Truppen der Ostindischen Kompanie sich mit den wilden Bergstämmen an der äußersten Grenze des indo-britischen Reiches herumschlugen. Einzelne Kompanien unsres Regimentes waren fortwährend vorgeschoben; eines Tages aber wurde die meinige so mörderisch umzingelt, daß wir uns mitten in einem Knäuel von banditenähnlichen Reitern, Elefanten und sonderbaren bemalten und vergoldeten Wagen befanden, auf denen stille schöne hindostanische Scheinfürsten saßen, von den wilden Häuptlingen als Puppen mitgeführt. Unsere sämtlichen Offiziere fielen an diesem Tage, und die Kompanie schmolz auf ein Drittel zusammen. Da ich mich ordentlich hielt und einige Dienste leistete, so erlangte ich das Patent des ersten Leutnants der Kompanie, und nach Beendigung des Feldzuges war ich deren Kapitän.

Als solcher hielt ich mit etwa hundertundfünfzig Mann zwei Jahre lang einen kleinen Grenzbezirk besetzt, welcher zur Abrundung unsres Gebietes erobert worden, und war während dieser Zeit der oberste Machthaber in dieser heidnischen Wildnis. Ich war nun so einsam, als ich je in meinem Leben gewesen, mißtrauisch gegen alle Welt und ziemlich streng in meinem Dienstverkehr, ohne gerade böse oder ungerecht zu sein. Meine Haupttätigkeit bestand darin, christliche Polizei einzuführen und unsern Religionsleuten nachdrücklichen Schutz zu gewähren, damit sie ungefährdet arbeiten konnten. Hauptsächlich aber hatte ich das Verbrennen der indischen Weiber zu verhüten, wenn ihre Männer gestorben, und da die Leute eine förmliche Sucht hatten, unser englisches Verbot zu übertreten und einander bei lebendigem Leibe zu braten zu Ehren der Gattentreue, so mußten wir stets auf den Beinen sein, um dergleichen zu hintertreiben. Sie waren dann ebenso mürrisch und mißvergnügt, wie wenn hierzulande die Polizei ein unerlaubtes Vergnügen stört. Einmal hatten sie in einem entfernten Dorfe die Sache ganz schlau und heimlich so weit gebracht, daß der Scheiterhaufen schon lichterloh brannte, als ich atemlos herzugeritten kam und das Völkchen auseinanderjagte. Auf dem Feuer lag die Leiche eines uralten, gänzlich vertrockneten Gockelhahns, welcher schon ein wenig brenzelte. Neben ihm aber lag ein bildschönes Weibchen von kaum sechzehn Jahren, welches mit lächelndem Munde und silberner Stimme seine Gebete sang. Glücklicherweise hatte das Geschöpfchen noch nicht Feuer gefangen, und ich fand gerade noch Zeit, vom Pferde zu springen und sie bei den zierlichen Füßchen zu packen und vom Holzstoß zu ziehen. Sie gebärdete sich aber wie besessen und wollte durchaus verbrannt sein mit ihrem alten Stänker, so daß ich die größte Mühe hatte, sie zu bändigen und zu beschwichtigen. Freilich gewannen diese armen Witwen nicht viel durch solche Rettung; denn sie fielen hernach unter den Ihrigen der äußersten Schande und Verlassenheit anheim, ohne daß das Gouvernement etwas dafür tat, ihnen das gerettete Leben auch leicht zu machen. Diese Kleine gelang es mir indessen zu versorgen, indem ich ihr eine Aussteuer verschaffte und an einen getauften Hindu verheiratete, der bei uns diente, dem sie auch getreulich anhing.

Allein diese wunderlichen Vorfälle beschäftigten meine Gedanken und erweckten allmählich in mir den Wunsch nach dem Genusse solcher unbedingten Treue, und da ich für diese Laune kein Weib zu meiner Verfügung hatte, verfiel ich einer ganz weichlichen Sehnsucht, selber so treu zu sein, und damit zugleich einer heißen Sehnsucht nach Lydia. Da ich nun Rang und gute Aussichten besaß, schien es mir nicht unmöglich, bei einem klugen Benehmen die schöne Person, falls sie noch zu haben wäre, dennoch erlangen zu können, und in dieser tollen Idee bestärkte mich noch der Umstand, daß sie sich doch so viel aufrichtige und sorgenvolle Mühe gegeben, mir den Kopf zu verdrehen. Irgendeinen Wert mußt du doch, dachte ich, in ihren Augen gehabt haben, sonst hätte sie gewiß nicht soviel darangesetzt. Also gedacht, getan; nämlich ich geriet jetzt auf die fixe Idee, die Lydia, wenn sie mich möchte, zu heiraten, wie sie eben wäre, und ihr um ihrer schönen Persönlichkeit willen, für die es nichts Ähnliches gab, treu und ergeben zu sein ohne Schranken noch Ziel, auch ihre Verkehrtheit und schlimmen Eigenschaften als Tugenden zu betrachten und dieselben zu ertragen, als ob sie das süßeste Zuckerbrot wären. Ja, ich phantasierte mich wieder so hinein, daß mir ihre Fehler, selbst ihre teilweise Dummheit, zum wünschbarsten aller irdischen Güter wurden, und in tausend erfundenen Variationen wandte ich dieselben hin und her und malte mir ein Leben aus, wo ein kluger und geschickter Mann die Verkehrtheiten und Mängel einer liebenswürdigen Frau täglich und stündlich in ebensoviel artige und erfreuliche Abenteuer zu verwandeln und ihren Dummheiten mittelst einer von Liebe und Treue getragenen Einbildungskraft einen goldenen Wert zu verleihen wisse, so daß sie lachend auf dieselben sich noch etwas zugut tun könne. Gott weiß, wo ich diese geschäftige Einbildungskraft hernahm, wahrscheinlich immer noch aus dem unglücklichen Shakespeare, den mir die Hexe gegeben und womit sie mich doppelt vergiftet hatte. Es nimmt mich nur wunder, ob sie auch selbst je mit Andacht darin gelesen hat!

Kurz, als ich hinlänglich wieder berauscht war von meinen Träumen und von meinem entlegenen Posten zugleich abgelöst wurde, nahm ich Urlaub und begab mich Hals über Kopf zu dem Gouverneur. Er lebte noch in den alten Verhältnissen und empfing mich ganz gut, und auch die Tochter war noch bei ihm und empfing mich freundlicher, als ich erwartet. Kaum hatte ich sie wiedergesehen und einige Worte sprechen gehört, so war ich wieder ganz in sie vernarrt und in meiner fixen Idee vollends bestärkt, und es schien mir unmöglich, ohne die Verwirklichung derselben je froh zu werden.

Allein sie betrieb nun das Geschäft in krankhafter Überreizung ganz offen und großartig und frönte ihrer unglücklichen Selbstsucht ohne allen Rückhalt. Sie war jetzt umgeben von einer Schar ziemlich roher und eitler Offiziere, die ihr auf ganz ordinäre Weise den

Hof machten und sagten, was sie gern hören mochte, kam es auch heraus, wie es wollte. Es war eine vollständige Hetzjagd von Trivialitäten und hohlem Wesen, und die derbsten Zudringlichkeiten wurden am liebsten angenommen, wenn sie nur aus gänzlicher Ergebenheit herzurühren schienen und die Unglückliche in ihrem Glauben an sich selbst aufrechterhielten. Außerdem hatte sie zur Zeit einem armen Tambour mit einem einzigen Blicke den Kopf verdreht, der nun ganz aufgeblasen umherging und sich ihr überall in den Weg stellte; und einen Schuster, der für sie arbeitete, hatte sie dermaßen betört, daß er jedesmal, wenn er ihr Schuhe brachte, auf dem Hausflur ein Bürstchen mit einem Spiegelchen hervorzog und sich sorgfältig den Kopf putzte, wie eine Katze, da er zuverlässig erwartete, es würde diesmal etwas vorgehen. Wenn man ihn kommen sah, so begab sich die ganze Gesellschaft auf eine verdeckte Galerie, um dem armen Teufel in seinem feierlichen Werke zuzusehen. Das Sonderbarste war, daß niemand an diesem Wesen ein Ärgernis nahm, man also nichts Besseres von Lydia zu erwarten schien und ihre Aufführung ihrer würdig hielt und also ich der einzige war, der so große Meinungen von ihr im Herzen trug, so daß alle diese Hansnarren, die ich verachtete, die sie aber nahmen, wie sie war, klüger zu sein schienen als ich in meiner tiefsinnigen Leidenschaft. ›Aber nein!‹ rief ich, ›sie ist doch so, wie ich sie denke, und eben weil das alles Strohköpfe sind, sind sie so frech gegen sie und wissen nicht, was an ihr ist oder sein könnte!‹ Und ich zitterte darnach, ihr noch einmal den Spiegel vorzuhalten, aus dem ihr besseres Bild zurückstrahlte und alles Wertlose um sie her wegblendete. Allein der äußere Anstand und die Haltung, welche ich auch bei aller Anstrengung nicht aufgeben konnte, machten es mir unmöglich, mich unter diese Affenschwänze zu mischen und nur den kleinsten Schritt gegen Lydia zu tun. Ich ward abermals konfus, ungeduldig, nahm plötzlich meinen Abschied aus der indischen Armee und machte mich davon, um heimzukehren und die Unselige zu vergessen.

So gelangte ich nach Paris und hielt mich daselbst einige Wochen auf. Da ich eine große Menge schöner und kluger Weiber sah, dachte ich, es wäre das beste Mittel, meine unglückliche Geschichte loszuwerden, in recht viel hübsche Frauengesichter zu blicken, und ging daher von Theater zu Theater und an alle Orte, wo dergleichen beisammen waren; ließ mich auch in verschiedene gute Häuser und Gesellschaften einführen. Ich sah in der Tat viele tüchtige Gestalten von edlem Schwung und Zuschnitt und in deren Augen nicht unebene Gedanken lagen; aber alles, was ich sah, führte mich nur auf Lydia zurück und diente zu deren Gunsten. Sie war nicht zu vergessen, und ich war und blieb aufs neue elend verliebt in sie. Ich hatte das allerunheimlichste sonderbarste Gefühl, wenn ich an sie dachte. Es war mir zumute, als ob notwendigerweise ein weibliches Wesen in der Welt sein müßte, welches genau das Äußere und die Manieren dieser Lydia, kurz deren bessere Hälfte besäße, dazu aber auch die entsprechende andere Hälfte, und daß ich nur dann würde zur Ruhe kommen, wenn ich diese ganze Lydia fände; oder es war mir, als ob ich verpflichtet wäre, die rechte Seele zu diesem schönen halben Gespenste zu suchen; mit einem Worte, ich wurde abermals krank vor Sehnsucht nach ihr, und da es doch nicht anging zurückzukehren, suchte ich neue Sonnenglut, Gefahr und Tätigkeit und nahm Dienste in der französisch-afrikanischen Armee. Ich begab mich sogleich nach Algier und befand mich bald am äußersten Saume der afrikanischen Provinz, wo ich im Sonnenbrand und auf dem glühenden Sande mich herumtummelte und mit den Kabylen herumschlug.«

Da in diesem Augenblick das schlafende Estherchen, das immer einen Unfug machen mußte, träumte, es falle eine Treppe hinunter, und demgemäß auf seinem Stuhle ein plötzliches Geräusch erregte, blickte der erzählende Pankrazius endlich auf und bemerkte, daß seine Zuhörerinnen schliefen. Zugleich entdeckte er erst jetzt, daß er denselben eigentlich nichts als eine Liebesgeschichte erzählt, schämte sich dessen und wünschte, daß sie gar nichts davon gehört haben möchten. Er weckte die Frauen auf und hieß sie ins Bett gehen, und er selbst suchte ebenfalls das Lager auf, wo er mit einem langen, aber gemütlichen Seufzer einschlief. Er lag wohl so lange im Bette wie einst, als er der faule und unnütze Pankräzlein gewesen, so daß ihn die Mutter wie ehedem wecken mußte. Als sie nun zusammen beim Frühstück saßen und Kaffee tranken, sagte er, mit seinem Bericht fortfahrend:

»Wenn ihr nicht geschlafen hättet, so würdet ihr gehört haben, wie ich in Ostindien im Begriffe war, aus einem Murrkopf ein äußerst zutulicher und wohlwollender Mensch zu werden um eines schönen Frauenzimmers willen, wie aber eben meine Schmollerei mir einen argen Streich gespielt hat, da sie mich verhinderte, besagtes Frauenzimmer näher zu kennen, und mich blindlings in selbe verlieben ließ; wie ich dann betrogen wurde und als ein neugestählter Schmoller aus Indien nach Afrika ging zu den Franzosen, um dort den Burnusträgern die lächerlichen turmartigen Strohhüte herunterzuschlagen und ihnen die Köpfe zu zerbleuen, was ich mit so grimmigem Eifer tat, daß ich auch bei den Franzosen avancierte und Oberst ward, was ich geblieben bin bis jetzt.

Ich war wieder so einsilbig und trübselig als je und kannte nur zwei Arten, mich zu vergnügen: die Erfüllung meiner Pflicht als Soldat und die Löwenjagd. Letztere betrieb ich ganz allein, indem ich mit nichts als mit einer guten Büchse bewaffnet zu Fuß ausging und das Tier aufsuchte, worauf es dann darauf ankam, dasselbe sicher zu treffen oder zugrunde zu gehen. Die stete Wiederholung dieser einen großen Gefahr und das mögliche Eintreffen eines endlichen Fehlschusses sagte meinem Wesen zu, und nie war ich behaglicher, als wenn ich so seelenallein auf den heißen Höhen herumstreifte und einem starken wilden Burschen auf der Spur war, der mich gar wohl bemerkte und ein ähnliches schmollendes Spiel trieb mit mir wie ich mit ihm. So war vor jetzt ungefähr vier Monaten ein ungewöhnlich großer Löwe in der Gegend erschienen, dieser, dessen Fell hier liegt, und lichtete den Beduinen ihre Herden, ohne daß man ihm beikommen konnte; denn er schien ein durchtriebener Geselle zu sein und machte täglich große Märsche kreuz und quer, so daß ich bei meiner Weise, zu Fuß zu jagen, lange Zeit brauchte, bis ich ihn nur von ferne zu Gesicht bekam. Als ich ihn zwei- oder dreimal gesehen, ohne zum Schuß zu kommen, kannte er mich schon und merkte, daß ich gegen ihn etwas im Schilde führe. Er fing gewaltig an zu brüllen und verzog sich, um mir an einer anderen Stelle wieder zu begegnen, und wir gingen so umeinander herum während mehreren Tagen, wie zwei Kater, die sich zausen wollen, ich lautlos wie das Grab und er mit einem zeitweiligen wilden Geknurre.

Eines Tages war ich vor Sonnenaufgang aufgebrochen und nach einer noch nie eingeschlagenen Richtung hingegangen, weil der Löwe tags vorher sich auf der entgegengesetzten Seite herumgetrieben und einen vergeblichen Raubversuch gemacht; da die dortigen Leute mit ihren Tieren abgezogen waren, so vermutete ich, der hungrige Herr werde vergangene Nacht wohl diesen Weg eingeschlagen haben, wie es sich denn auch erwies. Als die Sonne aufging, schlenderte ich gemächlich über ein hügeliges goldgelbes Gefilde, dessen Unebenheiten lange himmelblaue Schatten über den goldenen Boden hinstreckten. Der Himmel war so dunkelblau wie Lydias Augen, woran ich unversehens dadurch erinnert wurde; in weiter Ferne zogen sich blaue Berge hin, an welchen das arabische Städtchen lag, das ich bewohnte, und am anderen Rande der Aussicht einige Wälder und grüne Fluren, auf denen man den Rauch und selbst die Zelte der Beduinen wie schwarze Punkte sehen konnte. Es war totenstill überall und kein lebendes Wesen zu erspähen. Da stieß ich an den Rand einer Schlucht, welche sich durch die ganze steinige Gegend hinzog und nicht zu sehen war, bis man dicht an ihr stand. Es floß ein kühler frischer Bach auf ihrem Grunde, und wo ich eben stand, war die Vertiefung ganz mit blühendem Oleandergebüsch angefüllt. Nichts war schöner zu sehen als das frische Grün dieser Sträucher und ihre tausendfältigen rosenroten Blüten und zuunterst das fließende klare Wässerlein. Der Anblick ließ eine verjährte Sehnsucht in mir aufsteigen, und ich vergaß, warum ich hier herumstrich. Ich wünschte in den Oleander hinabzugehen und aus dem Bach zu trinken, und in diesen zerstreuten Gedanken legte ich mein Gewehr auf den Boden und kletterte eiligst in die Schlucht hinunter, wo ich mich zur Erde warf, aus dem Bache trank, mein Gesicht benetzte und dabei an die schöne Lydia dachte. Ich grübelte, wo sie wohl sein möchte, wo sie jetzt herumwandle und wie es ihr überhaupt gehen möchte? Da hörte ich ganz nah den Löwen ein kurzes Gebrüll ausstoßen, daß der Boden zitterte. Wie besessen sprang ich auf und schwang mich den Abhang hinauf, blieb aber wie angenagelt oben stehen, als ich sah, daß das große Tier, kaum zehn Schritte von mir, eben bei meinem Gewehr angekommen war. Und wie ich dastand, so blieb ich auch stehen, die Augen auf die Bestie geheftet. Denn als er mich erblickte, kauerte er zum Sprunge nieder, gerade über meiner Doppelbüchse, daß sie quer unter seinem Bauche lag, und wenn ich mich nur gerührt hätte, so würde er gesprungen sein und mich unfehlbar zerrissen haben. Aber ich stand und stand so einige lange Stunden, ohne ein Auge von ihm zu verwenden und ohne daß er eines von mir verwandte. Er legte sich gemächlich nieder und betrachtete mich. Die Sonne stieg höher; aber während die furchtbarste Hitze mich zu quälen anfing, verging die Zeit so langsam wie die Ewigkeit der Hölle. Weiß Gott, was mir alles durch den Kopf ging: ich verwünschte die Lydia, deren bloßes Andenken mich abermals in dieses Unheil gebracht, da ich darüber meine Waffe vergessen hatte. Hundertmal war ich versucht, allem ein Ende zu machen und auf das wilde Tier loszuspringen mit bloßen Händen; allein die Liebe zum Leben behielt die Oberhand, und ich stand und stand wie das versteinerte Weib des Lot oder wie der Zeiger einer Sonnenuhr; denn mein Schatten ging mit den Stunden um mich herum, wurde ganz kurz und begann schon wieder sich zu verlängern. Das war die bitterste Schmollerei, die ich je verrichtet, und ich nahm mir vor und gelobte, wenn ich dieser Gefahr entränne, so wolle ich umgänglich und freundlich werden, nach Hause gehen und mir und andern das Leben so angenehm als möglich machen. Der Schweiß lief an mir herunter, ich zitterte vor krampfhafter Anstrengung, um mich auf selbem Fleck unbeweglich aufrecht zu halten, leise an allen Gliedern, und wenn ich nur die vertrockneten Lippen bewegte, so richtete sich der Löwe halb auf, wackelte mit seinem Hintergestell, funkelte mit den Augen und brüllte, so daß ich den Mund schnell wieder schloß und die Zähne aufeinanderbiß. Indem ich aber so eine lange Minute um die andere abwickeln und erleben mußte, verschwand der Zorn und die Bitterkeit in mir, selbst gegen den Löwen, und je schwächer ich wurde, desto geschickter ward ich in einer mich angenehm dünkenden, lieblichen Geduld, daß ich alle Pein aushielt und tapfer ertrug. Es würde aber, als endlich der Tag schon vorgerückt war, doch nicht mehr lange gegangen sein, als eine unverhoffte Rettung sich auftat. Das Tier und ich waren so ineinander vernarrt, daß keiner von uns zwei Soldaten bemerkte, welche im Rücken des Löwen hermarschiert kamen, bis sie auf höchstens dreißig Schritte nahe waren. Es war eine Patrouille, die ausgesandt war, mich zu suchen, da sich Geschäfte eingestellt hatten. Sie trugen ihre Ordonnanzgewehre auf der Schulter, und ich sah gleichzeitig dieselben vor mir aufblitzen gleich einer himmlischen Gnadensonne, als auch mein Widersacher ihre Schritte hörte in der Stille der Landschaft; denn sie hatten schon von weitem etwas bemerkt und waren so leise als möglich gegangen. Plötzlich schrien sie jetzt: ›Schau die Bestie! Hilf dem Oberst!‹ Der Löwe wandte sich um, sprang empor, sperrte wütend den Rachen auf, erbost wie ein Satan, und war einen Augenblick lang unschlüssig, auf wen er sich zuerst stürzen solle. Als aber die zwei Soldaten als brave lustige Franzosen, ohne sich zu besinnen, auf ihn zusprangen, tat er einen Satz gegen sie. Im gleichen Augenblicke lag auch der eine unter seinen Tatzen, und es wäre ihm schlecht ergangen, wenn nicht der andere im gleichen Augenblick dem Tier, zugleich den Schuß abfeuernd, das Bajonett ein halbes dutzendmal in die Flanke gestoßen hätte. Aber auch diesem würde es schließlich schlimm ergangen sein, wenn ich nicht endlich auf meine Büchse zugesprungen, auf den Kampfplatz getaumelt wäre und dem

Löwen, ohne weitere Vorsicht, beide Kugeln in das Ohr geschossen hätte. Er streckte sich aus und sprang wieder auf, es war noch der Schuß aus der anderen Muskete nötig, ihn abermals hinzustrecken, und endlich zerschlugen wir alle drei unsere Kolben an dem Tiere, so zäh und wild war sein Leben. Es hatte merkwürdigerweise keiner Schaden genommen, selbst der nicht, der unter dem Löwen gelegen, ausgenommen seinen zerrissenen Rock und einige tüchtige Schrammen auf der Schulter. So war die Sache für dasmal glücklich abgelaufen, und wir hatten obenein den lange gesuchten Löwen erlegt. Ein wenig Wein und Brot stellte meinen guten Mut vollends wieder her, und ich lachte wie ein Narr mit den guten Soldaten, welche über die Freundlichkeit und Gesprächigkeit ihres bösen Obersten sehr verwundert und erbaut waren.

Noch in selber Woche aber führte ich mein Gelübde aus, kam um meine Entlassung ein, und so bin ich nun hier.«

So lautete die Geschichte von Pankrazens Leben und Bekehrung, und seine Leutchen waren höchlich verwundert über seine Meinungen und Taten. Er verließ mit ihnen das Städchen Seldwyla und zog in den Hauptort des Kantons, wo er Gelegenheit fand, mit seinen Erfahrungen und Kenntnissen ein dem Lande nützlicher Mann zu sein und zu bleiben, und er ward sowohl dieser Tüchtigkeit als seiner unverwüstlichen ruhigen Freundlichkeit wegen geachtet und beliebt; denn nie mehr zeigte sich ein Rückfall in das frühere Wesen.

Nur ärgerten sich Estherchen und die Mutter, daß ihnen die Geschichte mit der Lydia entgangen war, und wünschten unaufhörlich deren Wiederholung. Allein Pankraz sagte, hätten sie damals nicht geschlafen, so hätten sie dieselbe erfahren; er habe sie *einmal* erzählt und werde es nie wieder tun, es sei das erste und letzte Mal, daß er überhaupt gegen jemanden von diesem Liebeshandel gesprochen, und damit Punktum. Die Moral von der Geschichte sei einfach, daß er in der Fremde durch ein Weib und ein wildes Tier von der Unart des Schmollens entwöhnt worden sei.

Nun wollten sie wenigstens den Namen jener Dame wissen, welcher ihnen wegen seiner Fremdartigkeit wieder entfallen war, und fragten unaufhörlich: »Wie hieß sie denn nur?« Aber Pankraz erwiderte ebenso unaufhörlich: »Hättet ihr aufgemerkt! Ich nenne diesen Namen nicht mehr!« Und er hielt Wort; niemand hörte ihn jemals wieder das Wort aussprechen, und er schien es endlich selbst vergessen zu haben.

Conrad Ferdinand Meyer

Plautus im Nonnenkloster

Nach einem heißen Sommertage hatte sich vor einem Casino der mediceischen Gärten zum Genusse der Abendkühle eine Gesellschaft gebildeter Florentiner um Cosmus Medici, den »Vater des Vaterlandes«, versammelt. Der reinste Abendhimmel dämmerte in prächtigen, aber zart abgestuften Farben über den mäßig Zechenden, unter welchen sich ein scharfgeschnittener, greiser Kopf auszeichnete, an dessen beredten Lippen die Aufmerksamkeit der lauschenden Runde hing. Der Ausdruck dieses geistreichen Kopfes war ein seltsam gemischter: über die Heiterkeit der Stirn, die lächelnden Mundwinkel war der Schatten eines trüben Erlebnisses geworfen.

»Mein Poggio«, sagte nach einer eingetretenen Pause Cosmus Medici mit den klugen Augen in dem häßlichen Gesichte, »neulich habe ich das Büchlein deiner Facetien wieder durchblättert. Freilich weiß ich es auswendig, und dieses mußte ich bedauern, da ich nur noch an den schlanken Wendungen einer glücklichen Form mich ergötzen, aber weder Neugierde noch Überraschung mehr empfinden konnte. Es ist unmöglich, daß du nicht, wählerisch wie du bist, diese oder jene deiner witzigen und liebenswürdigen Possen, sei es als nicht gesalzen genug oder als *zu* gesalzen, von der anerkannten Ausgabe des Büchleins ausgeschlossen hast. Besinne dich! Gib diesem Freundeskreise, wo die leiseste Anspielung verstanden und der keckste Scherz verziehen wird, eine Facezia inedita zum besten. Erzählend und schlürfend« — er deutete auf den Becher — »wirst du dein Leid vergessen!«

Den frischen Kummer, auf welchen Cosmus als auf etwas Stadtbekanntes anspielte, hatte dem greisen Poggio — dem jetzigen Sekretär der florentinischen Republik und dem vormaligen von fünf Päpsten, dem früheren Kleriker und späteren Ehemanne — einer seiner Söhne verursacht, welche alle herrlich begabt waren und alle nichts taugten. Dieser Elende hatte die greisen Haare des Vaters mit einer Tat beschimpft, die nahe an Raub und Diebstahl grenzte und dem für den Sohn einstehenden, sparsamen Poggio überdies eine empfindliche ökonomische Einbuße zuzog.

Nach einem kurzen Besinnen antwortete der Greis: »Jene Possen oder ähnliche, die dir schmecken, mein Cosmus, kleiden, wie üppige Kränze, nur braune Locken und mißziemen einem zahnlosen Munde.« Er lächelte und zeigte noch eine hübsche Reihe weißer Zähne. »Und« — seufzte er — »nur ungern kehre ich zu jenen Jugendlichkeiten, wie harmlos im Grunde sie sein mögen, zurück, jetzt, da ich die Unbefangenheit meiner Standpunkte und die Läßlichkeit meiner Lebensauffassung bei meinem Sohne — ich weiß nicht kraft welches unheimlichen Gesetzes der Steigerung — zu unerträglicher Frechheit, ja zur Ruchlosigkeit entarten sehe.«

»Poggio, du predigst!« warf ein Jüngling ein. »Du, welcher der Welt die Komödien des Plautus wiedergegeben hast!«

»Dank für deine Warnung, Romolo!« rief der unglückliche Vater, sich aufraffend, da er selbst als ein guter Gesellschafter es für unschicklich hielt, mit seinem häuslichen Kummer auf den Gästen zu lasten. »Dank für deine Erinnerung! Der ›Fund des Plautus‹ ist die Facetie, mit welcher ich heute euch, ihr Nachsichtigen, bewirten will.«

»Nenne sie lieber den ›Raub des Plautus‹«, warf ein Spötter ein.

Poggio aber, ohne ihn eines Blickes zu würdigen: »Möge sie euch ergötzen«, fuhr er fort, »und zugleich belehren, Freunde, wie ungerecht der Vorwurf ist, mit welchem mich meine Neider verfolgen, als hätte ich jene Klassiker, deren Entdecker ich nun einmal bin, mir auf eine unedle, ja verwerfliche Weise angeeignet, als hätte ich sie — plump geredet — gestohlen. Nichts ist unwahrer.«

Ein Lächeln ging im Kreise, zu welchem erst Poggio sich ernst und ablehnend verhielt, an dem er aber endlich selbst sich mitlächelnd beteiligte; denn ihm war, als einem Menschenkenner, bewußt, daß auch die falschesten Vorurteile sich nur schwer wieder entwurzeln lassen.

»Meine Facetie«, parodierte Poggio die den italienischen Novellen gewöhnlich voranstehende breite Inhaltsangabe, »handelt von zwei Kreuzen, einem schweren und einem leichten, und von zwei barbarischen Nonnen, einer Novize und einer Äbtissin.«

»Göttlich, Poggio«, unterbrach ihn ein Nachbar, »von der Art jener treuherzigen germanischen Vestalen, mit welchen du in deinem bewundernswerten Reisebriefe die Heilbäder an der Limmat wie mit Najaden bevölkert hast — das Beste, was du geschrieben, bei den neun Musen! Jener Brief verbreitete sich in tausend Abschriften über Italien...«

»Ich übertrieb, euern Geschmack kennend«, scherzte Poggio. »Immerhin, Ippolito, wirst du, als ein Liebhaber der Treuherzigkeit, an meiner barbarischen Nonne deine Freude haben. Ich beginne.

In jenen Tagen, erlauchter Cosmus, da wir unserer zur lernäischen Schlange entstellten heiligen Kirche die überflüssigen Köpfe abschlugen, befand ich mich in Constanz und widmete meine Tätigkeit den großartigen Geschäften eines ökumenischen Konzils. Meine Muße aber teilte ich zwischen der Betrachtung des ergötzlichen Schauspiels, das auf der beschränkten Bühne einer deutschen Reichsstadt die Frömmigkeit, die Wissenschaft, die Staatskunst des Jahrhunderts mit seinen Päpsten, Ketzern, Gauklern und Buhlerinnen zusammendrängte — und der gelegentlichen Suche nach Manuskripten in den umliegenden Klöstern.

Verschiedene Spuren und Fährten verfolgend, geriet ich auf die der Gewißheit nahe Vermutung, daß sich in einem benachbarten Nonnenkloster ein Plautus in den Händen barbarischer Nonnen befand, wohin er sich aus irgendeiner abgehausten Benediktinerabtei als Erbe oder Pfand mochte verirrt haben. Ein Plautus! Denke dir, mein erlauchter Gönner, was es sagen wollte, damals, wo nur wenige, die Neugier unerträglich stachelnde Fragmente des großen römischen Komikers vorhanden waren! Daß ich darüber den Schlaf verlor, das glaubest du mir, Cosmus, der du meine Begeisterung für die Trümmer einer niedergegangenen größeren Welt teilst und begünstigst! Hätte ich nur alles im Stiche gelassen und wäre auf die Stätte geeilt, wo ein Unsterblicher, statt die Welt zu ergötzen, in unwürdigem Dunkel moderte! Doch es waren die Tage, da die Wahl des neuen Papstes alle Gemüter beschäftigte und der Heilige Geist die versammelten Väter auf die Verdienste und Tugenden des Otto Colonna aufmerksam zu machen begann, ohne daß darum das tägliche und stündliche Laufen und Rennen seiner Anhänger und Diener, unter welche ich zählte, im geringsten entbehrlich geworden wäre.

So geschah es, daß mir ein untergeordneter und unredlicher Sucher, leider ein Landsmann, in dessen Gegenwart ich in meiner Herzensfreude ein unbesonnenes Wort über die Möglichkeit eines so großen Fundes hatte fallenlassen, zuvorkam und — der Ungeschickte! —, ohne den Klassiker per fas oder nefas zu gewinnen, die Äbtissin des Klosters, wo er von Staub bedeckt lag, mißtrauisch und auf den Schatz, den sie unwissend besaß, aufmerksam machte.

Endlich bekam ich freie Hand und setzte mich — trotz der bevorstehenden Papstwahl — auf ein rüstig schreitendes Maultier, den Auftrag hinterlassend, mir nach Eintritt des Weltereignisses einen Boten nachzusenden. Der Treiber meines Tieres war ein von dem Bischofe zu Chur unter seinem Gesinde nach Constanz gebrachter Rhäter und nannte sich Anselino de Spiuga.

Er hatte ohne Zögern in mein niedriges erstes Angebot gewilligt, und wir waren um einen unglaublich billigen Preis übereingekommen.

Tausend Possen gingen mir durch den Kopf. Die Bläue des Äthers, die mit einem frischen, fast kalten Hauch aus Norden zu gleichen Teilen gemischte Sommerluft, der wohlfeile Ritt, die überwundenen Schwierigkeiten der Papstwahl, der mir bevorstehende höchste Genuß eines entdeckten Klassikers, diese himmlischen Wohltaten stimmten mich unendlich heiter, und ich hörte die Musen und die Englein singen. Mein Begleiter dagegen, Anselino de Spiuga, ergab sich — so schien mir — den schwermütigsten Betrachtungen.

Selbst glücklich, suchte ich aus Menschenliebe auch ihn glücklich zu machen, oder wenigstens zu erheitern, und gab ihm allerhand Rätsel auf. Meist aus der biblischen Geschichte, die dem Volke geläufig ist. ›Kennst du‹, fragte ich, ›den Hergang der Befreiung des Apostelfürsten aus den Ketten?‹ und erhielt die Antwort, er habe denselben abgebildet gesehen in der Apostelkirche von Tosana. ›Gib acht, Hänschen!‹ fuhr ich fort. ›Der Engel sprach zu Petrus: ‚Zeuch deine Schuhe an und folge mir!‘ Und sie gingen, ohne daß Petrus den Engel erkannt hätte, durch die erste und andere Hut, durch das Tor und eine Gasse lang. Jetzt schied der Begleiter, und alsbald sprach Petrus: ‚Nun weiß ich wahrhaftig, daß mich ein Engel geführt hat.‘ Woher, Hänschen, kam ihm dieses plötzliche Wissen, diese unumstößliche Überzeugung? Das sage mir, wenn du es erraten kannst.‹ Anselino sann eine Weile und schüttelte dann den eigensinnigen Krauskopf.

›Gib acht, Hänschen‹, sagte ich, ›ich löse die Frage. Daran erkannte Petrus den Engel, daß er für seinen Dienst kein Trinkgeld verlangte! Solches ist nicht irdisch. So handelt nur ein Himmlischer!‹

Man soll mit dem Volke nicht scherzen. Hänschen suchte in dem Spaße, welcher mir aus dem Nichts zugeflogen war, eine Absicht oder Anspielung.

›Es ist wahr, Herr‹, sagte er, ›ich führe Euch fast umsonst, und ohne daß ich ein Engel wäre, werde ich auch kein Trinkgeld fordern. Wisset, mich zieht es auch meinesteils nach Monasterlingen‹ — er nannte das Nonnenkloster, das Ziel unserer Fahrt —, ›wo morgen die Gertrude ihre Hüften mit dem Strick umgürtet und ihre Blondhaare unter der Schere fallen.‹

Dem kräftigen Jüngling, der übrigens in Gebärde und Rede — es mochte ein Tropfen romanischen Blutes in dem seinigen fließen — viel natürlichen Anstand hatte, rollten Tränen über das sonneverbrannte Gesicht. ›Bei dem Bogen Cupidos‹, rief ich aus, ›ein unglücklich Liebender!‹ und ließ mir die einfache, aber keineswegs leicht verständliche Geschichte erzählen:

Er habe, mit seinem Bischofe nach Constanz gekommen und dort ohne Beschäftigung, in der Umgegend als Zimmerer Arbeit gesucht. Diese habe er bei den Bauten des Nonnenklosters gefunden und dann die in der Nähe hausende Gertrude kennenlernen. Sie beide seien sich gut geworden und haben ein Wohlgefallen aneinander gefunden. So haben sie gern und oft zusammengesessen. ›In allen Züchten und Ehren‹, sagte er, ›denn sie ist ein braves Mädchen.‹ Da plötzlich sei sie von ihm zurückgetreten, ohne Abbruch der Liebe, sondern etwa wie wenn eine strenge Frist verlaufen wäre, und er habe als gewiß vernommen, sie nehme den Schleier. Morgen werde sie eingekleidet, und er werde dieser Handlung beiwohnen, um das Zeugnis seiner eigenen Augen anzurufen, daß ein redliches und durchaus nicht launenhaftes Mädchen einen Mann, den sie eingestandenermaßen liebe, ohne einen irgend denkbaren Grund könne fahrenlassen, um eine Nonne zu werden; wozu Gertrude, die Natürliche und Lebenskräftige, sowenig als möglich tauge und — wunderlicherweise — aus ihren eigenen Äußerungen zu schließen, auch keine Lust habe, ja, wovor ihr graue und bange.

›Es ist unerklärlich!‹ schloß der schwermütige Rhäter und fügte bei, durch eine Güte des Himmels sei kürzlich seine böse Stiefmutter Todes verblichen, vor welcher er das väterliche Haus geräumt, und dieses ihm nun wieder offen, wie die Arme seines greisen Vaters. Dergestalt würde seine Taube ein warmes Nest finden, aber sie wollte schlechterdings und unbegreiflicherweise in einer Zelle nisten.

Nach beendigter Rede verfiel Hänschen wieder in ein trübes Brüten und hartnäckiges Schweigen, welches er nur brach, um meine Frage nach dem Wesen der Äbtissin zu beantworten. Sie sei ein garstiges, kleines Weib, aber eine meisterliche Verwalterin, welche den verlotterten Haushalt des Klosters hergestellt und in die Höhe gebracht hätte. Sie stammte aus Abbatis Cella und heiße im Volke nur ›das Brigittchen von Trogen‹.

Endlich tauchte das Kloster aus monotonen Weinbergen auf. Jetzt bat mich Anselino, ihn in einer Schenke am Wege zurückzulassen, da er Gertruden nur noch einmal erblicken wolle — bei ihrer Einkleidung. Ich nickte einwilligend und ließ mich vom Maultiere heben, um gemächlich dem nahen Kloster zuzuschlendern.

Dort ging es lustig her. In der Freiheit der Klosterwiese wurde ein großer, undeutlicher Gegenstand versteigert oder zu anderem Behufe vorgezeigt. Ein Schwartenhals, die Sturmhaube auf dem Kopfe, stieß von Zeit zu Zeit in eine mißtönige Drommete, vielleicht ein kriegerisches Beutestück, vielleicht ein kirchliches Geräte. Um die von ihren Nonnen umgebene Äbtissin und den zweideutigen Herold mit geflicktem Wams und zerlumpten Hosen, dem die nackten Zehen aus den zerrissenen Stiefeln blickten, bildeten Laien und zugelaufene Mönche einen bunten Kreis in den traulichsten Stellungen. Unter den Bauern stand hin und wieder ein Edelmann — es ist in Turgovia, wie diese deutsche Landschaft sich nennt, Überfluß an kleinem und geringem Wappengevögel —, aber auch Bänkelsänger, Zigeuner, fahrende Leute, Dirnen und Gesindel jeder Art, wie sie das Konzil herbeigelockt hatte, mischten sich in die seltsame Corona. Aus dieser trat einer nach dem andern hervor und wog den Gegenstand, in welchem, näher getreten, ich ein grausiges, altertümliches, gigantisches Kreuz erkannte. Es schien von außerordentlicher Schwere zu sein, denn nach einer kurzen Weile begann es in den unsicher werdenden Händen selbst des stärksten Trägers hin und her zu schwanken, senkte sich bedrohlich und stürzte, wenn nicht andere Hände und Schultern sich tumultuarisch unter das zentnerschwere Holz geschoben hätten. Jubel und Gelächter begleiteten das Ärgernis. Um die Unwürdigkeit der Szene zu vollenden, tanzte die bäuerische Äbtissin wie eine Besessene auf der frischgemähten Wiese herum, begeistert von dem Wert ihrer Reliquie — das Verständnis dieses Marktes begann mir zu dämmern — und wohl auch von dem Klosterweine, welcher in ungeheuern hölzernen Kannen, ohne Becher und Zeremonie, von Munde zu Munde ging.

›Bei den Waden der Mutter Gottes‹, schrie das freche Weibchen, ›dieses Kreuz unserer seligen Herzogin Amalaswinta hebt und trägt mir keiner, selbst der stämmigste Bursche nicht; aber morgen lüpft's das Gertrudchen wie einen Federball. Wenn mir die sterbliche Kreatur nur nicht eitel wird! ‚Gott allein die Ehre!' sagt das Brigittchen. Leute, das Wunder ist tausend Jahr alt und noch wie funkelnagelneu! Es hat immer richtig gespielt, und, auf Schwur und Eid, auch morgen läuft es glatt ab.‹ Sicherlich, die brave Äbtissin hatte sich unter dem himmlischen Tage ein Räuschlein getrunken.

Diesen possierlichen Vorgang mit ähnlichen, in meinem gesegneten Vaterland erlebten zusammenhaltend, begann ich ihn zu verstehen und zu würdigen — nicht anders, als ich mir ihn, eine Stunde später, bei größerer Sachkunde endgültig zurechtlegte; aber ich wurde in meinem Gedankengange plötzlich und unangenehm unterbrochen durch einen kreischenden Zuruf der

Hanswurstin in der weißen Kutte mit dem hochgerö-teten Gesichte, den dummpfiffigen Äuglein, dem kaum entdeckbaren Stülpnäschen und dem davon durch einen ungeheuern Zwischenraum getrennten bestialischen Munde.

›He dort, welscher Schreiber!‹ schrie sie mich an. Ich war an diesem Tage schlicht und reisemäßig gekleidet und trage meinen klassischen Ursprung auf dem Antlitz. ›Tretet ein bißchen näher und lüpft mir da der seligen Amalaswinte Kreuz!‹

Alle Blicke richteten sich lachlustig auf mich, man gab Raum, und ich wurde nach alemannischer Sitte mit derben Stößen vorgeschoben. Ich entschuldigte mich mit der, Freunde, euch bekannten Kürze und Schwäche meiner Arme.« Der Erzähler zeigte dieselbe mit einer schlenkernden Gebärde.

»Da rief die Schamlose, mich betrachtend: ›Um so längere Finger hast du, sauberer Patron!‹, und in der Tat, meine Finger haben sich durch die tägliche Übung des Schreibens ausgebildet und geschmeidigt. Die Menge des umstehenden Volkes aber schlug eine tobende Lache auf, deren Sinn mir unverständlich blieb, die mich aber beleidigte und welche ich der Äbtissin ankreidete. Mißmutig wandte ich mich ab, bog um die Ecke der nahen Kirche, und den Haupteingang derselben offen findend, betrat ich sie. Der edle Rundbogen der Fenster und Gewölbe, statt des modischen Spitzbogens und des närrischen französischen Schnörkels, stimmte mich wieder klar und ruhig. Langsam schritt ich vorwärts durch die Länge des Schiffes, von einem Bildwerke angezogen, das sich, von Oberlicht erhellt, in kräftiger Rundung aus dem heiligen Dämmer hob und etwas in seiner Weise Schönes zu sein schien. Ich trat nahe und wurde nicht enttäuscht. Das Steinwerk enthielt zwei durch ein Kreuz verbundene Gestalten, und dieses Kreuz glich an Größe und Verhältnissen vollständig dem auf der Klosterwiese zur Schau stehenden, welches von beiden dem andern nachgeahmt sein mochte. Ein gewaltiges, dorngekröntes Weib trug es fast waagrecht mit kraftvollen Armen auf mächtiger Schulter und stürzte doch unter ihm zusammen, wie die derb im Gewande sich abzeichnenden Knie zeigten. Neben und vor dieser hinfälligen Gigantin schob eine kleinere Gestalt, ein Krönlein auf dem lieblichen Haupte, ihre schmalere Schulter erbarmungsvoll unter die untragbare Last. Der alte Meister hatte — absichtlich oder wohl eher aus Mangel an künstlerischen Mitteln — Körper und Gewandung roh behandelt, sein Können und die Inbrunst seiner Seele auf die Köpfe verwendend, welche die Verzweiflung und das Erbarmen ausdrückten.

Davon ergriffen, trat ich, das gute Licht suchend, einen Schritt zurück. Siehe, da kniete mir gegenüber an der andern Seite des Werkes ein Mädchen, wohl eine Eingeborene, eine Bäuerin der Umgebung, fast ebenso kräftig gebildet wie die steinerne Herzogin, die Kapuze der weißen Kutte über eine Last von blonden Flechten und einen starken, luftbedürftigen Nacken zurückgeworfen.

Sie erhob sich, denn sie war, in sich versunken, meiner nicht früher ansichtig geworden als ich ihrer, wischte sich mit der Hand quellende Tränen aus dem

Auge und wollte sich entfernen. Es mochte eine Novize sein.

Ich hielt sie zurück und bat sie, mir das Steinbild zu deuten. Ich sei einer der fremden Väter des Konzils, sagte ich ihr in meinem gebrochenen Germanisch. Diese Mitteilung schien ihr nicht viel Eindruck zu machen. Sie berichtete mir in einer einfachen Weise, das Bild stelle eine alte Königin oder Herzogin dar, die Stifterin dieses Klosters, welche, darin Profeß tuend, zur Einkleidung habe schreiten wollen: das Haupt mit Dornen umwunden und die Schulter mit dem Kreuze beladen. ›Es heißt‹, fuhr das Mädchen bedenklich fort, ›sie war eine große Sünderin, mit dem Giftmord ihres Gatten beladen, aber so hoch, daß die weltliche Gerechtigkeit ihr nichts anhaben durfte. Da rührte Gott ihr Gewissen, und sie geriet in große Nöte, an dem Heil ihrer Seele verzweifelnd!‹ Nach einer langen und schweren Buße habe sie, ein Zeichen verlangend, daß ihr vergeben sei, dieses große und schwere Kreuz zimmern lassen, welches der stärkste Mann ihrer Zeit kaum allein zu heben vermochte, und auch sie brach darunter zusammen, hätte es nicht die Mutter Gottes in sichtbarer Gestalt barmherzig mitgetragen, die ambrosische Schulter neben die irdische schiebend.

Nicht diese Worte brauchte die blonde Germanin, sondern einfachere, ja derbe und plumpe, welche sich aber aus einer barbarischen in unsere gebildete toskanische Sprache nicht übersetzen ließen, ohne bäurisch und grotesk zu werden, und das, Herrschaften, würde hinwiederum nicht passen zu dem großen Ausdrucke der trotzigen blauen Augen und der groben, aber wohlgeformten Züge, wie ich sie damals vor mir gesehen habe.

›Die Geschichte ist glaublich!‹ sprach ich vor mich hin, denn diese Handlung einer barbarischen Königin schien mir in die Zeiten und Sitten um die dunkle Wende des ersten Jahrtausends zu passen. ›Sie könnte wahr sein!‹

›Sie ist wahr!‹ behauptete Gertrude kurz und heftig mit einem finstern, überzeugten Blicke auf das Steinbild und wollte sich wiederum entfernen; aber ich hielt sie zum andern Male zurück mit der Frage, ob sie die Gertrude wäre, von welcher mir mein heutiger Führer Hans von Splügen erzählt habe. Sie bejahte unerschrocken, ja unbefangen, und ein Lächeln verbreitete sich von den derben Mundwinkeln langsam wie ein wanderndes Licht über das braune, aber schon in der Klosterluft bleichende Antlitz.

Dann sann sie und sagte: ›Ich wußte, daß er meiner Einkleidung beiwohnen werde, und mir kann es recht sein. Sieht er meine Flechten fallen, so hilft ihm das mich vergessen. Da Ihr einmal hier seid, ehrwürdiger Herr, will ich eine Bitte an Euch richten. Fährt der Mann mit Euch nach Constanz zurück, so steckt ihm ein Licht an, warum ich mich ihm verweigert habe, nachdem ich‹ — und sie errötete kaum merklich — ›in Ehren und nach Landessitte mit ihm freundlich gewesen bin. Mehr als einmal war ich im Begriff, ihm den Handel zu erzählen, aber ich biß mich in die Lippe, denn es ist ein geheimer Handel zwischen mir und der Gottesmutter, und da taugt Schwätzen nicht. Euch aber, einem in den geistlichen Geheimnissen Bewanderten, kann ich ihn ohne Verrat mitteilen. Ihr berichtet dann dem Hans davon, soviel sich schickt und Euch gut dünkt. Es ist nur, damit er mich nicht für eine Leichtfertige halte und für eine Undankbare und ich ihm dergestalt im Gedächtnis bleibe.

Mit meiner Sache aber ist es so bestellt: Als ich noch ein unmündiges Kind war — ich zählte zehn Jahre, und der Vater war mir schon gestorben —, erkrankte mir das Mütterlein schwer und hoffnungslos. Da befiel mich eine Angst, allein in der Welt zu bleiben. Aus dieser Angst und aus Liebe zu dem Mütterlein gelobte ich mich der reinen Magd Maria für mein zwanzigstes Jahr, wenn sie mir es bis dahin erhielte oder nahezu. So tat sie und erhielt es mir bis letzten Fronleichnam, wo es selig verstarb, gerade da der Hans im Kloster mit Zimmerwerk zu tun hatte und dann auch dem Mütterlein den Sarg zimmerte. Da ich nun allein war, was ist da viel zu wundern, daß er mir lieb wurde. Er ist brav, sparsam, was die Welschen meistenteils sind, ‚modest und discret', wie sie ennetbirgisch sagen. Auch konnten wir in zwei Sprachen miteinander verhandeln, denn der Vater, der ein starker und beherzter Mann war, hatte früher, nicht zu seinem Schaden, einen schmächtigen, furchtsamen Handelsherrn zu wiederholten Malen über das Gebirge begleitet und von jenseits ein paar welsche Brocken heimgebracht. Nannte mich nun der Hans ‚cara bambina', so hieß ich ihn dagegen ‚poverello', und beides lautet wohl, ob ich auch unsere landesüblichen Liebeswörter nicht schelten will, wenn sie ehrlich gemeint sind.

Zugleich aber war mein Gelübde verfallen und mahnte mich mit jedem Ave-Läuten.

Da kamen mir oft flüsternde Gedanken, wie zum Beispiel: ‚Das Gelübde eines unschuldigen Kindes, das nicht weiß, was Mann und Weib ist, hat dich nicht weggeben können!' oder: ‚Die Mutter Gottes, nobel wie sie ist, hätte dir das Mütterlein wohl auch umsonst und vergebens geschenkt!' Doch ich sprach dagegen: ‚Handel ist Handel!' und: ‚Ehrlich währt am längsten!' Sie hat ihn gehalten, so will ich ihn auch halten. Ohne Treu und Glauben kann die Welt nicht bestehen. Wie sagte der Vater selig? Ich hielte dem Teufel Wort, sagte er, geschweige dem Herrgott.

Nun höret, ehrwürdiger Herr, wie ich es meine! Seit die Mutter Gottes der Königin das Kreuz trug, hilft sie es, ihr Kloster bevölkernd, seit urewigen Zeiten allen Novizen ohne Unterschied tragen. Es ist ihr eine Gewohnheit geworden, sie tut es gedankenlos. Mit diesen meinen Augen habe ich — eine Neunjährige — gesehen, wie das Lieschen von Weinfelden, ein sieches Geschöpf, da es hier Profeß tat, das zentnerschwere Kreuz spottend und spielend auf der schiefen Schulter trug.

Nun sage ich zur Mutter Gottes: ‚Willst du mich, so nimm mich! Obwohl ich — wenn du die Gertrude wärest und ich die Mutter Gottes — ein Kind vielleicht nicht beim Wort nehmen würde. Aber gleichviel — Handel ist Handel! Nur ist ein Unterschied. Der Herzogin, von Sünden schwer, ward es leicht und wohl im Kloster; mir wird es darinnen wind und weh. Trägst du mir das Kreuz, so erleichtere mir auch das Herz;

sonst gibt es ein Unglück, Mutter Gottes! Kannst du mir aber das Herz nicht erleichtern, so laß mich tausend Male lieber zu meiner Schande und vor aller Leute Augen stürzen und schlagen platt auf den Boden hin.'‹

Während ich diese schwerfälligen Gedanken, langsam arbeitend, tiefe Furchen in Gertrudens junge Stirn ziehen sah, lächelte ich listig: ›Ein behendes und kluges Mädchen zöge sich mit einem Straucheln aus der Sache!‹ Da loderten ihre blauen Augen. ›Meint Ihr, ich werde fälschen, Herr?‹ zürnte sie. ›So wahr mir helfe Gott Vater, Sohn und Geist in meinem letzten Stündlein, so redlich will ich das Kreuz tragen mit allen Sehnen und Kräften dieser meiner Arme!‹, und sie hob dieselben leidenschaftlich, als trüge sie es schon, so daß die Ärmel der Kutte und des Hemdes weit zurückfielen. Da betrachtete ich, als ein Florentiner, der ich bin, die schlankkräftigen Mädchenarme mit künstlerischem Vergnügen. Sie wurde es gewahr, runzelte die Stirn und wandte mir unmutig den Rükken.

Nachdem sie gegangen war, setzte ich mich in einen Beichtstuhl, legte die Stirn in die Hand und sann — wahrlich nicht an das barbarische Mädchen, sondern an den römischen Klassiker. Da jubelte mein Herz, und ich rief überlaut: ›Dank, ihr Unsterblichen! Geschenkt ist der Welt ein Liebling der komischen Muse! Plautus ist gewonnen!‹

Freunde, eine Verschwörung von Gelegenheiten verbürgte mir diesen Erfolg.

Ich weiß nicht, mein Cosmus, wie du vom Wunderbaren denkst. Ich selbst denke läßlich davon, weder abergläubisch noch verwegen; denn ich mag die absoluten Geister nicht leiden, welche, wo eine unerklärliche Tatsache einen Dunstkreis von Aberglauben um sich sammelt, die ganze Erscheinung — Mond und Hof — ohne Prüfung und Unterscheidung entweder summarisch glauben oder ebenso summarisch verwerfen.

Das Unbegreifliche und den Betrug, beide glaubte ich hier zu entdecken.

Das schwere Kreuz war echt, und eine großartige Sünderin, eine barbarische Frau, mochte es gehoben haben mit den Riesenkräften der Verzweiflung und der Inbrunst. Aber diese Tat hatte sich nicht wiederholt, sondern wurde seit Jahrhunderten gauklerisch nachgeäfft. Wer war schuldig dieses Betruges? Irre Andacht? rechnende Habsucht? Das bedeckte das Dunkel der Zeiten. So viel aber stand fest: das grausige, alterschwarze Kreuz, das vor dem Volke schaustund, und das von einer Reihenfolge einfältiger oder einverstandener Novizen und neulich noch von dem schwächlichen und verschmitzten Lieschen zu Weinfelden bei ihrer Einkleidung getragene waren zwei verschiedene Hölzer, und während das schwere auf der Klosterwiese gezeigt und gewogen wurde, lag ein leichtes Gaukelkreuz in irgendeinem Verstecke des Klosters aufgehoben und eingeriegelt, um dann morgen mit dem wahren die Rolle zu wechseln und die Augen des Volkes zu täuschen.

Das Dasein eines Gaukelkreuzes, von welchem ich wie von meinem eigenen überzeugt war, bot mir eine Waffe. Eine zweite bot mir ein Zeitereignis.

Drei entsetzte Päpste und zwei verbrannte Ketzer genügten nicht, die Kirche zu reformieren; die Kommissionen des Konzils beschäftigten sich, die eine mit diesem, die andere mit jenem abzustellenden Übelstande. Eine derselben, in welcher der Doctor christianissimus Gerson und der gestrenge Pierre d'Ailly saßen und ich zeitweilig die Feder führte, stellte die Zucht in den Nonnenklöstern her. Die in unsichern Frauenhänden gefährlichen Scheinwunder und die schlechte Lektüre der Schwestern kamen da zur Sprache. Im Vorbeigehen — diese Dinge wurden von den zwei Franzosen mit einer uns Italienern geradezu unbegreiflichen Pedanterie behandelt, ohne den leichtesten Scherz, wie nahe er liegen mochte. Genug, die Tatsache dieser Verhandlungen bildete den Zettel, die Verschuldung eines Scheinwunders den Einschlag meines Gewebes, und das Netz war fertig, welches ich der Äbtissin unversehens über den Kopf warf.

Langsam erstieg ich die Stufen des Chores und wandte mich aus demselben rechts in die ebenfalls hoch und kühn gewölbte Sakristei, in welcher ich die mit prahlerischen Inschriften bezeichnete leere Stelle fand, wo das schwere Kreuz gewöhnlich an die hohe Mauer lehnte und wohin es bald wieder von der Klosterwiese zurückkehren sollte. Zwei Pförtchen führten in zwei Seitengelasse. Das eine zeigte sich verschlossen. Das andere öffnend, stand ich in einer durch ein von Spinneweb getrübtes Rundfenster dürftig erhellten Kammer. Siehe, es enthielt die auf ein paar wurmstichige Bretter zusammengedrängte Bibliothek des Klosters.

Mein ganzes Wesen geriet in Aufregung, nicht anders, als wäre ich ein verliebter Jüngling und beträte die Kammer Lydias oder Glyceres. Mit zitternden Händen und bebenden Knien nahte ich mich den Pergamenten, und hätte ich darunter die Komödien des Umbriers gefunden, ich bedeckte sie mit unersättlichen Küssen.

Aber, ach, ich durchblätterte nur Rituale und Liturgien, deren heiliger Inhalt mich Getäuschten kaltließ. Kein Codex des Plautus! Man hatte wahr berichtet. Ein plumper Sammler hatte durch ein täppisches Zugreifen den Hort, statt ihn zu heben, in unzugängliche Tiefen versinken lassen. Ich fand — als einzige Beute — unter dem Staube die ›Bekenntnisse St. Augustins‹, und da ich das spitzfindige Büchlein stets geliebt habe, steckte ich es mechanisch in die Tasche, mir, nach meiner Gewohnheit, eine Abendlektüre vorbereitend. Siehe — da fuhr, wie der Blitz, meine kleine Äbtissin, welche das Kreuz wieder in die Sakristei hatte schleppen lassen und mir, ohne daß ich es, in der Betäubung des Verlangens und der Enttäuschung, vernommen hätte, durch die offengebliebene Tür in die Bücherkammer nachgeschlichen kam —, wie der Blitz fuhr das Weibchen, sage ich, auf mich los, schimpfend und scheltend, ja sie betastete meine Toga mit unziemlichen Handgriffen und brachte den an meinem Busen liegenden Kirchenvater wieder ans Tageslicht.

›Männchen, Männchen‹, kreischte sie, ›ich habe es gleich Eurer langen Nase angesehen, daß Ihr einer der welschen Büchermarder seid, welche zeither unsere

Klöster beschleichen. Aber, lernet, es ist ein Unterschied zwischen einem weinschweren Mönch des heiligen Gallus und einer hurtigen Appenzellerin. Ich weiß‹, fuhr sie schmunzelnd fort, ›um welchen Speck die Katzen streichen. Sie belauern das Buch des Pickelherings, welches wir hier aufbewahren. Keine von uns wußte, was drinnenstand, bis neulich ein welscher Spitzbube unsere hochheiligen Reliquien verehrte und dann unter seinem langen geistlichen Gewande‹ — sie wies auf das meinige — ›den Possenreißer ausführen wollte. Da sagte ich zu mir: ‚Brigittchen von Trogen, laß dich nicht prellen! Die Schweinshaut muß Goldes wert sein, da der Welsche den Strick dafür wagt.‘ Denn bei uns, Mann, heißt es: ‚Wer eines Strickes Wert stiehlt, der hangt am Strick!‘ Das Brigittchen, nicht dumm, zieht einen gelehrten Freund ins Vertrauen, einen Mann ohne Falsch, den Pfaffen von Dießenhofen, der unser Weinchen lobt und zuweilen mit den Schwestern einen schnurrigen Spaß treibt. Wie der die närrischen, vergilbten Schnörkel untersucht: ‚Potz Hasen, Frau Mutter‘, sagt' er, ‚das gilt im Handel! Daraus baut Ihr Euerm Klösterlein eine Scheuer und eine Kelter! Nehmt mir das Buch, liebe Frau, flüchtet es unter Euern Pfühl, legt Euch auf den Podex — so hat es den Namen — und bleibt — bei der Krone der Mutter Gottes — darauf liegen, bis sich ein redlicher Käufer meldet!‘ Und so tat das Brigittchen, wenn es auch zeither etwas hart liegt.‹

Ich verwand ein Lächeln über das Nachtlager des Umbriers, welches ihm die drei Richter der Unterwelt für seine Sünden mochten zugesprochen haben, und zeigte, mir die Würde gebend, die mir unter Umständen eignet, ein ernstes und strafendes Gesicht.

›Äbtissin‹, sprach ich in feierlichem Tone, ›du verkennest mich. Vor dir steht ein Gesandter des Konzils, einer der in Constanz versammelten Väter, einer der heiligen Männer, welche geordnet sind zur Reform der Nonnenklöster.‹ Und ich entfaltete eine stattlich geschriebene Wirtshausrechnung; denn mich begeisterte die Nähe des versteckten komischen Dichters.

›Im Namen‹, las ich, ›und mit der Vollmacht des siebzehnten und ökumenischen Konzils! Die Hände keiner christlichen Vestale verunreinige eine jener sittengefährlichen, sei es lateinisch, sei es in einer der Vulgärsprachen verfaßten Schriften, mit deren Erfindung ihre Seele beschädigt haben... Fromme Mutter, ich darf Eure keuschen Ohren nicht mit den Namen dieser Verworfenen beleidigen...

Gaukelwunder, herkömmliche oder einmalige, verfolgen wir mit unerbittlicher Strenge. Wo sich ein wissentlicher Betrug feststellen läßt, büßt die Schuldige — und wäre es die Äbtissin — das Sacrilegium unnachsichtlich mit dem Feuertode.‹

Diese wurde bleich wie eine Larve. Aber gleich wieder faßte sich das verlogene Weibchen mit einer bewunderungswürdigen Geistesgegenwart.

›Gott sei gepriesen und gelobt‹, rief es aus, ›daß er endlich in seiner heiligen Kirche Ordnung schafft!‹ und holte zutulich grinsend aus einem Winkel des Schreines ein zierlich gebundenes Büchlein hervor. ›Dieses‹, sagte es, ›hinterließ uns ein welscher Kardinal, unser Gastfreund, welcher sich damit in sein Mittagsschläfchen las. Der Pfaff von Dießenhofen, welcher es musterte, tat dann den Ausspruch, es sei das Wüsteste und Gottverbotenste, was seit Erfindung der Buchstaben und noch dazu von einem Kleriker ersonnen wurde. Frommer Vater, ich lege Euch den Unrat vertrauensvoll in die Hände. Befreit mich von dieser Pest!‹ Und sie übergab mir — meine Facetien!

Obwohl diese Überraschung eine Bosheit eher des Zufalls als des geistlichen Weibchens war, fühlte ich mich doch gekränkt und verstimmt. Ich begann die kleine Äbtissin zu hassen. Denn unsere Schriften sind unser Fleisch und Blut, und ich schmeichle mir, in den meinigen mit leichten Sohlen zu schreiten, weder die züchtigen Musen noch die unfehlbare Kirche beleidigend.

›Gut‹, sagte ich. ›Möchtest du, Äbtissin, auch in dem zweiten und wesentlicheren Punkt unsträflich erfunden werden! Dem versammelten Volke hast du in der Nähe und unter den Augen des Konzils‹, sprach ich vorwurfsvoll, ›ein Wunder versprochen, so marktschreierisch, daß du es jetzt nicht mehr rückgängig machen kannst. Ich weiß nicht, ob das klug war. Erstaune nicht, Äbtissin, daß dein Wunder geprüft wird! Du hast dein Urteil gefordert!‹

Die Knie des Weibchens schlotterten, und seine Augen gingen irre. ›Folge mir‹, sagte ich streng, ›und besichtigen wir die Organe des Wunders!‹

Sie folgte niedergeschlagen, und wir betraten die Sakristei, wohin das echte Kreuz zurückgekehrt war und in dem weiten Halbdunkel des edlen Raumes mit seinen Rissen und Sprüngen und mit seinem gigantischen Schlagschatten so gewaltig an die Mauer lehnte, als hätte heute erst eine verzweifelnde große Sünderin es ergriffen und wäre darunter ins Knie gesunken, die Steinplatte schon mit der Stirne berührend in dem Augenblicke, da die Himmelskönigin erschien und ihr beistand. Ich wog es, konnte es aber nicht einen Augenblick heben. Um so lächerlicher schien mir der Frevel, diese erdrückende Bürde mit einem Spielzeuge zu vertauschen. Ich wendete mich entschlossen gegen das hohe, schmale Pförtchen, dahinter ich dieses vermutete.

›Den Schlüssel, Äbtissin!‹ befahl ich. Das Weibchen starrte mich mit entsetzten Augen an, aber antwortete frech: ›Verlorengegangen, Herr Bischof! Seit mehr als einem Jahrzehnt!‹

›Frau‹, sprach ich mit furchtbarem Ernste, ›dein Leben steht auf dem Spiel! Dort gegenüber haust ein Dienstmann des mir befreundeten Grafen von Doccaburgo. Dorthin schicke oder gehe ich nach Hilfe. Findet sich hier ein dem echten nachgebildetes Scheinkreuz von leichterem Gewichte, so flammst und loderst du, Sünderin, wie der Ketzer Hus, und nicht minder schuldig als er!‹

Nun trat eine Stille ein. Dann zog das Weibchen — ich weiß nicht, ob zähneklappernd oder zähneknirschend — einen altertümlichen Schlüssel mit krausem Barte hervor und öffnete. Schmeichelhaft — mein Verstand hatte mich nicht betrogen. Da lehnte an der Mauer des hohen kaminähnlichen Kämmerchens ein schwarzes Kreuz mit Rissen und Sprüngen, welches ich gleich ergriff und mit meinen schwächlichen Armen ohne Schwierigkeit in die Lüfte hob. In jeder seiner Erhöhungen und Vertiefungen, in allen Einzelheiten war das falsche nach dem Vorbilde des echten Kreuzes geformt, diesem auch für ein scharfes Auge zum Verwechseln ähnlich, nur daß es zehnmal leichter wog. Ob es gehöhlt, ob es aus Kork oder einem anderen leichtesten Stoffe verfertigt sein mochte, habe ich, bei dem raschen Gang und der Überstürzung der Ereignisse, niemals in Erfahrung gebracht.

Ich bewunderte die Vollkommenheit der Nachahmung, und der Gedanke stieg in mir auf: ›Nur ein großer Künstler, nur ein Welscher kann dieses zustande gebracht haben‹, und da ich für den Ruhm meines Vaterlandes begeistert bin, brach ich in die Worte aus: ›Vollendet! Meisterhaft!‹ — wahrlich nicht den Betrug, sondern die darauf verwendete Kunst lobend.

›Schäker, Schäker‹, grinste mit gehobenem Finger das schamlose Weibchen, welches mich aufmerksam beobachtet hatte: ›Ihr habet mich überlistet, und ich weiß, was es mich kostet! Nehmet Euern Possenreißer, den ich Euch stracks holen werde, unter den Arm, haltet reinen Mund und ziehet mit Gott!‹ Wann auf den sieben Hügeln zwei Auguren sich begegneten und, nach einem antiken geflügelten Worte, sich zulächelten, wird es ein feineres Spiel gewesen sein als das unreinliche Gelächter, welches die Züge meiner Äbtissin verzerrte und sich in die zynischen Worte übersetzen ließ: ›Wir alle wissen, wo Bartolo den Most holt, wir sind Schelme allesamt, und keiner braucht sich zu zieren.‹

Ich aber sann inzwischen auf die Bestrafung des nichtsnutzigen Weibchens.

Da vernahmen wir bei der plötzlich eingetretenen Stille ein Trippeln, ein Wispern, ein Kichern aus dem nahen Chore und errieten, daß wir von den müßigen und neugierigen Nonnen belauscht wurden. ›Bei meinem teuern Magdtum‹, beschwor mich das Weibchen, ›verlassen wir uns, Herr Bischof! Um keine Güter der Erde möchte ich mit Euch von meinen Nonnen betroffen werden; denn Ihr seid ein wohlgebildeter Mann, und die Zungen meiner Schwestern schneiden wie Scheren und Messer!‹ Dieses Bedenken fand ich begründet. Ich hieß sie sich entfernen und ihre Nonnen mit sich nehmen.

Nach einer Weile dann räumte auch ich die Sakristei. Die Tür zu der Kammer des Gaukelkreuzes aber legte ich nur behutsam ins Schloß, ohne den Schlüssel darin umzudrehen. Diesen zog ich, steckte ihn unter mein Gewand und ließ ihn im Chore in eine Spalte zwischen zwei Stühlen gleiten, wo er heute noch stecken mag. So aber tat ich ohne bestimmten Plan auf die Einflüsterung irgendeines Gottes oder einer Göttin.

Wie ich in der niederen äbtlichen Stube mit meiner Äbtissin und einem Klostergerüchlein zusammensaß, empfand ich eine solche Sehnsucht nach dem unschuldigen Spiele der Muse und einen solchen Widerwillen gegen die Drehungen und Windungen der ertappten Lüge, daß ich beschloß, es kurz zu machen. Das geistliche Weibchen mußte mir bekennen, wie es in das hundertjährige Schelmstück eingeweiht wurde, und ich machte ein Ende mit ein paar prätorischen Edikten.

Sie gestand: ihre Vorgängerin im Amte habe sich sterbend mit ihr und dem Beichtiger eingeschlossen und beide hätten ihr das von Äbtissin auf Äbtissin vererbte Scheinwunder als das wirtschaftliche Heil des Klosters an das Herz gelegt. Der Beichtiger — so erzählte sie geschwätzig — habe des Ruhmes kein Ende gefunden über das ehrwürdige Alter des Betrugs, seinen tiefen Sinn und seine belehrende Kraft. Besser und überzeugender als jede Predigt versinnliche dem Volke das Trugwunder die anfängliche Schwere und spätere Leichtigkeit eines gottseligen Wandels. Diese Symbolik hatte den Kopf des armen Weibchens dergestalt verdreht, daß es in einem Atemzuge behauptete, etwas Unrechtes hätte es nicht begangen, als Kind aber sei es auch einmal ehrlich gewesen.

›Ich schone dich um der Mutter Kirche willen, auf welche die Flamme deines Scheiterhaufens ein falsches Licht würfe‹, schnitt ich diese bäuerliche Logik ab und befahl ihr kurz, das Gaukelkreuz zu verbrennen, nachdem das schon ausposaunte Wunder noch einmal gespielt habe — dieses wagte ich aus Klugheitsgründen nicht zu verhindern —, den Plautus aber ohne Frist auszuliefern.

Die Äbtissin gehorchte schimpfend und schmälend. Sie unterzog sich den Verordnungen des Konzils von Constanz, wie dieselben mein Mund formulierte, ob auch ohne das Vorwissen der versammelten Väter, sicherlich in ihrem Sinne und Geiste.

Wie das Brigittchen mir knurrend den Codex brachte — ich hatte mich in ein bequemes Gemach des an der Ringmauer gelegenen klösterlichen Gasthauses geflüchtet —, drängte ich die Ungezogene aus der Tür und schloß mich mit den komischen Larven des Umbriers ein. Kein Laut störte mich dort, wenn nicht der Kehrreim eines Kinderliedes, welches Bauermädchen auf der Wiese vor meinem Fenster sangen, das mir aber nur meine Einsamkeit noch ergötzlicher machte.

Nach einer Weile freilich polterte draußen das geistliche Weibchen in großer Aufregung und schlug mit verzweifelten Fäusten gegen die verriegelte schwere Eichentür, den Schlüssel der offenstehenden Kammer des Gaukelkreuzes fordernd. Ich gab ihr bedauernd den kurzen und wahrhaften Bescheid, derselbe sei nicht in meinen Händen, achtete ihrer weiter nicht und ließ, im Himmel des höchsten Genusses, die Unselige jammern und stöhnen wie eine Seele im Fegfeuer. Ich aber schwelgte in hochzeitlichen Wonnen.

Ein an das Licht tretender Klassiker und nicht ein dunkler Denker, ein erhabener Dichter, nein, das Nächstliegende und ewig Fesselnde, die Weltbreite, der Puls des Lebens, das Marktgelächter von Rom und Athen, Witz und Wortwechsel und Wortspiel, die Leidenschaften, die Frechheit der Menschennatur in der mildernden Übertreibung des komischen Zerrspiegels — während ich ein Stück verschlang, hütete ich schon mit heißhungrigen Blicken das folgende.

Ich hatte den witzigen ›Amphitryo‹ beendigt, schon lag die ›Aulularia‹ mit der unvergleichlichen Maske des Geizhalses vor mir aufgeschlagen — da hielt ich inne und lehnte mich in den Stuhl zurück; denn die Augen schmerzten mich. Es dämmerte und dunkelte. Die Mädchen auf der Wiese draußen hatten wohl eine

Viertelstunde lang unermüdlich den albernen Reigen wiederholt:

›Adam hatte sieben Söhn'...‹

Jetzt begannen sie neckisch einen neuen Kehrreim und sangen mit drolliger Entschlossenheit:

›In das Kloster geh' ich nicht,
Nein! ein Nönnchen werd' ich nicht...‹

Ich lehnte mich hinaus, um dieser kleinen Feindinnen des Zölibates ansichtig zu werden und mich an ihrer Unschuld zu ergötzen. Aber ihr Spiel war keineswegs ein unschuldiges. Sie sangen, sich mit dem Ellbogen stoßend und sich Blicke zuwerfend, nicht ohne Bosheit und Schadenfreude, an ein vergittertes Fenster hinauf, hinter welchem sie wohl Gertruden vermuteten. Oder kniete diese schon in der Sakristei, dort unter dem bleichen Schimmer des Ewigen Lichtes, nach der Sitte der Einzukleidenden, welche die Nacht vor der himmlischen Hochzeit im Gebete verbringen? Doch was kümmerte mich das? Ich entzündete die Ampel und begann die ›Topfkomödie‹ zu lesen.

Erst da meiner Leuchte das Öl gebrach und mir die Lettern vor den müden Augen schwammen, warf ich mich auf das Lager und verfiel in einen unruhigen Schlummer. Bald umkreisten mich wieder die komischen Larven. Hier prahlte ein Soldat mit großen Worten, dort küßte der trunkene Jüngling ein Liebchen, das sich mit einer schlanken Wendung des Halses seinen Küssen entgegenbog. Da — unversehens — mitten unter dem lustigen antiken Gesindel stand eine barfüßige, breitschultrige Barbarin, mit einem Stricke gegürtet, als Sklavin zu Markte gebracht, wie es schien, unter finsteren Brauen hervor mich anstarrend mit vorwurfsvollen und drohenden Augen.

Ich erschrak und fuhr aus dem Schlummer empor. Der Morgen graute. Eine Hälfte des kleinen Fensters stand offen bei der Sommerschwüle, und ich vernahm aus dem nahen Chore der Klosterkirche eine eintönige Anrufung, unheimlich übergehend in ein ersticktes Stöhnen und dann in ein gewaltsames Schreien.

Mein gelehrter und ruhmbedeckter Freund«, unterbrach sich der Erzähler selbst, gegen einen gravitätischen Mann gewendet, welcher ihm gegenübersaß und sich trotz der Sommerwärme mit dem Faltenwurfe seines Mantels nach Art der Alten drapierte, »mein großer Philosoph, sage mir, ich beschwöre dich, was ist das Gewissen?

Ist es ein allgemeines? Keineswegs. Wir alle haben Gewissenlose gekannt, und, daß ich nur einen nenne, unser Heiliger Vater Johannes XXIII., den wir in Constanz entthronten, hatte kein Gewissen, aber dafür ein so glückliches Blut und eine so heitere, ich hätte fast gesagt kindliche Gemütsart, daß er, mitten in seinen Untaten, deren Gespenster seinen Schlummer nicht beunruhigten, jeden Morgen aufgeräumter erwachte, als er sich gestern niedergelegt hatte. Als ich auf Schloß Gottlieben, wo er gefangensaß, die ihn anklagende Rolle entfaltete und ihm die Summe seiner Sünden — zehnmal größer als seine Papstnummer scelera horrenda, abominanda — mit zager Stimme und fliegenden Schamröten vorlas, ergriff er gelangweilt die Feder und malte einer heiligen Barbara in seinem Breviarium einen Schnurrbart...

Nein, das Gewissen ist kein allgemeines, und auch unter uns, die wir ein solches besitzen, tritt es, ein Proteus, in wechselnden Formen auf. In meiner Wenigkeit zum Beispiel wird es wach jedes Mal, wo es sich in ein Bild oder in einen Ton verkörpern kann. Als ich neulich bei einem jener kleinen Tyrannen, von welchen unser glückliches Italien wimmelt, zu Besuche war und in dieser angenehmen Abendstunde mit schönen Weibern bei Chier und Lautenklang zusammensaß auf einer luftigen Zinne, welche, aus dem Schloßturm vorspringend, über dem Abgrund eines kühlen Gewässers schwebte, vernahm ich unter mir einen Seufzer. Es war ein Eingekerkerter. Weg war die Lust und meines Bleibens dort nicht länger. Mein Gewissen war beschwert, das Leben zu genießen, küssend, trinkend, lachend neben dem Elende.

Gleicherweise konnte ich jetzt das nahe Geschrei einer Verzweifelnden nicht ertragen. Ich warf Gewand um und schlich durch den dämmernden Kreuzgang nach dem Chore, mir sagend, es müsse sich, während ich den Plautus las, mit Gertruden geändert haben: an der Schwelle des Entscheides sei ihr die unumstößliche Überzeugung geworden, sie werde zugrunde gehen in dieser Gesellschaft, in dem Nichts oder — schlimmer — in der Fäulnis des Klosters, mit der Gemeinheit zusammengesperrt, sie verachtend und von ihr gehaßt.

In der Türe der Sakristei blieb ich lauschend stehen und sah Gertruden vor dem wahren, schweren Kreuze die Hände ringen. Wahrhaftig, sie bluteten, und auch ihre Knie mochten bluten, denn sie hatte die ganze Nacht im Gebete gelegen, ihre Stimme war heiser und ihre Rede mit Gott, nachdem sie ihr Herz und ihre Worte erschöpft hatte, gewaltsam und brutal, wie eine letzte Anstrengung: ›Maria Mutter Gottes, erbarm dich mein! Laß mich stürzen unter deinem Kreuz, es ist mir zu schwer! Mir schaudert vor der Zelle!‹, und sie machte eine Gebärde, als risse oder wickelte sie sich eine Schlange vom Leibe los, und dann, in höchster Seelenqual selbst die Scham niedertretend: ›Was mir taugt‹, schrie sie, ›ist Sonne und Wolke, Sichel und Sense, Mann und Kind...‹

Mitten im Elende mußte ich lächeln über dieses der Intemerata gemachte menschliche Geständnis; aber mein Lächeln erstarb mir auf den Lippen... Gertrude war jählings aufgesprungen und richtete die unheimlich großen Augen aus dem bleichen Angesichte starr gegen die Mauer auf eine Stelle, die ich weiß nicht welcher rote Fleck verunzierte.

›Maria Mutter Gottes, erbarm dich mein!‹ schrie sie wieder. ›Meine Gliedmaßen haben keinen Raum in der Zelle, und ich stoße mit dem Kopf gegen die Diele. Laß mich unter deinem Kreuze sinken, es ist mir zu schwer! Erleichterst du mir's aber auf der Schulter, ohne mir das Herz erleichtern zu können, da siehe zu‹ — und sie starrte auf den bösen Fleck —, ›daß sie mich eines Morgens nicht mit zerschmettertem Schädel auflesen!‹ Ein unendliches Mitleid ergriff mich, aber nicht Mitleid allein, sondern auch eine beklemmende Angst.

Gertrude hatte sich ermüdet auf eine Truhe gesetzt, die irgendein Heiligtum verwahrte, und flocht ihre blonden Haare, welche im Ringkampfe mit der Gottheit sich aus den Flechten gelöst hatten. Dazu sang sie vor sich hin, halb traurig, halb neckisch, nicht mit ihrem kräftigen Alte, sondern mit einer fremden, hohen Kinderstimme:

›In das Kloster geh' ich ein,
Muß ein armes Nönnchen sein . . .‹,

jenen Kehrreim parodierend, mit welchem die Bauerkinder ihrer gespottet hatten.

Das war der Wahnsinn, der sie belauerte, um mit ihr in die Zelle zu schlüpfen. Der Optimus Maximus aber bediente sich meiner als seines Werkzeuges und hieß mich Gertruden retten, koste es, was es wolle.

Auch ich wandte mich in freier Frömmigkeit an jene jungfräuliche Göttin, welche die Alten als Pallas Athene anriefen und wir Maria nennen. ›Wer du seist‹, betete ich mit gehobenen Händen, ›die Weisheit, wie die einen sagen, die Barmherzigkeit, wie die andern behaupten — gleichviel, die Weisheit überhört das Gelöbnis eines weltunerfahrenen Kindes, und die Barmherzigkeit fesselt keine Erwachsene an das törichte Versprechen einer Unmündigen. Lächelnd lösest du das nichtige Gelübde. Deine Sache führe ich, Göttin. Sei mir gnädig!‹

Da ich der Äbtissin, welche Verrat befürchtete, mein Wort gegeben, mit Gertruden nicht weiter zu verkehren, beschloß ich, in antiker Art mit drei symbolischen Handlungen der Novize die Wahrheit nahezulegen, so nahe, daß dieselbe auch der harte Kopf einer Bäuerin begreifen mußte.

Ich trat hin vor das Kreuz, Gertruden übersehend. ›Will ich einen Gegenstand wiedererkennen, so markiere ich ihn‹, sagte ich pedantisch, zog meinen scharfen Reisedolch, welchen mir unser berühmter Mitbürger, der Messerschmied Pantaleone Ubbriaco, geschmiedet hatte, und schnitt zwischen Haupt- und Querbalken einen nicht kleinen Span gleichsam aus der Achselhöhle des Kreuzes.

Zum zweiten tat ich fünf gemessene Schritte. Dann lachte ich aus vollem Hals und begann mit ausdrucksvollem Gebärdenspiele: ›Komisches Gesicht, das des Lastträgers in der Halle zu Constanz, da mein Gepäck anlangte! Er faßte das gewaltigste Stück darunter, eine ungeheure Truhe, ins Auge, schürzte die Ärmel bis über den Ellbogen, spie sich — der Rohe — in die Hände und hob, jede Muskel zu der größten Kraftanstrengung gespannt, die nichtige Bürde einer — leeren Kiste spielend auf die getäuschte Schulter. Hahaha!‹

Zum dritten und letzten stellte ich mich närrisch feierlich zwischen das wahre Kreuz und das Gaukelkreuz in seiner schlecht verschlossenen Kammer und rätselte mit wiederholten Fingerzeigen nach beiden Seiten: ›Die Wahrheit im Frei'n, die Lüge im Schrein!‹ — husch, und ich klatschte in die Hände: ›Die Lüge im Frei'n, die Wahrheit im Schrein!‹

Ich schickte einen schrägen Blick auf die im Halbdunkel sitzende Novize, die Wirkung der drei Orakelsprüche aus den Mienen der Barbarin zu lesen. In diesen gewahrte ich die Spannung eines unruhigen Nachdenkens und das erste Wetterleuchten eines flammenden Zorns.

Dann suchte ich meine Stube wieder, behutsam schleichend, wie ich sie verlassen hatte, warf mich angezogen auf das Lager und genoß den süßen Schlummer eines guten Gewissens, bis mich das Getöse der dem Kloster zuziehenden Menge und die mir zu Häupten dröhnenden Festglocken aufweckten.

Als ich die Sakristei wieder betrat, kehrte eben Gertrude, zum Sterben blaß, als würde sie auf das Schafott geführt, von einem wohl zum Behufe der unredlichen Kreuzesverwechselung von alters her eingerichteten Bittgange nach einer benachbarten Kapelle zurück. Der Putz der Gottesbraut begann. Im Kreise der psalmodierenden Nonnen umgürtete sich die Novize mit dem groben, dreifach geknoteten Stricke und entschuhte dann langsam ihre kräftig, aber edel gebildeten Füße. Jetzt bot man ihr die Dornenkrone. Diese war, anders als das symbolische Gaukelkreuz, aus harten, wirklichen Dornen geflochten und starrte von scharfen Spitzen. Gertrude ergriff sie begierig und drückte sie sich mit grausamer Lust so derb auf das Haupt, daß daraus der warme Regen ihres jungen Blutes hervorspritzte und dann in schweren Tropfen an der einfältigen Stirne niederrann. Ein erhabener Zorn, ein göttliches Gericht flammte vernichtend aus den blauen Augen der Bäuerin, so daß die Nonnen sich vor ihr zu fürchten begannen. Sechse derselben, welche die Äbtissin in das fromme Schelmstück mochte eingeweiht haben, legten ihr jetzt das Gaukelkreuz auf die ehrliche Schulter mit so plumpen Grimassen, als vermöchten sie das Spielzeug kaum zu tragen, und mit so dumm heuchelnden Gesichtern, daß ich in der Tat die göttliche Wahrheit im Dornenkranze zu sehen glaubte, öffentlich geehrt und gefeiert von der menschlichen Unwahrheit, aber hinterrücks von ihr verspottet.

Jetzt entwickelte sich alles rasch wie ein Gewitter. Gertrude warf einen schnellen Blick nach der Stelle, wo mein Dolch an dem echten Kreuz eine tiefe Marke geschnitten, und fand sie an dem falschen unversehrt. Verächtlich ließ sie das leichte Kreuz, ohne es mit den Armen zu umfangen, von der Schulter gleiten. Dann ergriff sie es wieder mit einem gellenden Hohngelächter und zerschlug es frohlockend an dem Steinboden in schwächliche Trümmer. Und schon stand sie mit einem Sprunge vor der Tür der Kammer, wo jetzt das wahre, das schwere Kreuz versteckt war, öffnete, fand und wog es, brach in wilden Jubel aus, als hätte sie einen Schatz gefunden, hob es sich ohne Hilfe auf die rechte Schulter, umschlang es triumphierend mit ihren tapferen Armen und wendete sich langsam schreitend mit ihrer Bürde dem Chore zu, auf dessen offener Bühne sie der Menge sichtbar werden sollte, die atemlos lauschend, Kopf an Kopf, Adel, Pfaffheit, Bauersame, ein ganzes Volk, das geräumige Schiff der Kirche füllte. Wehklagend, scheltend, drohend, beschwörend warf sich ihr die Äbtissin mit ihren Nonnen in den Weg.

Sie aber, die leuchtenden Augen nach oben gerichtet: ›Jetzt, Mutter Gottes, schlichte du den Handel ehrlich!‹ rief sie aus, und dann mit kräftiger Stimme:

›Platz da!‹, wie ein Handwerker, der einen Balken durch eine Volksmenge trägt.

Alles wich, und sie betrat den Chor, wo, ein Vikar des Bischofs an der Spitze, die ländliche Geistlichkeit sie erwartete. Aller Blicke trafen zusammen auf der belasteten Schulter und dem blutbeträufelten Antlitz. Aber das wahre Kreuz wurde Gertruden zu schwer, und keine Göttin erleichterte es ihr. Sie schritt mit keuchendem Busen, immer niedriger und langsamer, als hafteten und wurzelten ihre nackten Füße im Erdboden. Sie strauchelte ein wenig, raffte sich zusammen, strauchelte wieder, sank ins linke, dann auf das rechte Knie und wollte sich mit äußerster Anstrengung wieder erheben. Umsonst. Jetzt löste sich die linke Hand vom Kreuze und trug, vorgestreckt, auf den Boden gestemmt, einen Augenblick die ganze Körperlast. Dann knickte der Arm im Gelenk und brach zusammen. Das dorngekrönte Haupt neigte sich schwer vornüber und schlug schallend auf die Steinplatte. Über die Sinkende rollte mit Gepolter das Kreuz, welches ihre Rechte erst im betäubenden Sturze freigab.

Das war die blutige Wahrheit, nicht der gaukelnde Trug. *Ein* Seufzer stieg aus der Brust von Tausenden.

Von den entsetzten Nonnen wurde Gertrude unter dem Kreuze hervorgezogen und aufgerichtet. Sie hatte im Falle das Bewußtsein verloren, aber bald kehrte dem kräftigen Mädchen die Besinnung wieder. Sie strich sich mit der Hand über die Stirn. Ihr Blick fiel auf das Kreuz, welches sie erdrückt hatte. Über ihr Antlitz verbreitete sich ein Lächeln des Dankes für die ausgebliebene Hilfe der Göttin. Dann sprach sie mit einer himmlischen Heiterkeit die schalkhaften Worte: ›Du willst mich nicht, reine Magd: so will mich ein anderer!‹

Noch die Dornenkrone tragend, deren blutige Spitzen sie nicht zu fühlen schien, setzte sie jetzt den Fuß auf die erste der aus dem Chor in das Schiff niederführenden Stufen. Zugleich wanderten ihre Augen suchend im Volke und fanden, wen sie suchten. Es ward eine große Stille. ›Hans von Splügen‹, begann Gertrude laut und vernehmlich, ›nimmst du mich zu deinem Eheweibe?‹ — ›Ja freilich! Mit tausend Freuden! Steig nur herunter!‹ antwortete fröhlich aus der Tiefe des Schiffes eine überzeugende Männerstimme.

So tat sie und schritt gelassen, aber vor Freude leuchtend, von Stufe zu Stufe hinab, wieder die einfache Bäuerin, welche wohl das ergreifende Schauspiel, das sie in ihrer Verzweiflung der Menge gegeben, bald und gerne vergaß, jetzt, da sie ihres bescheidenen menschlichen Wunsches gewährt war und in die Alltäglichkeit zurückkehren durfte. Verlache mich, Cosmus! ich war enttäuscht. Eine kurze Weile hatte die Bäuerin vor meinen erregten Sinnen gestanden als die Verkörperung eines höhern Wesens, als ein dämonisches Geschöpf, als die Wahrheit, wie sie jubelnd den Schein zerstört. ›Aber was ist Wahrheit?‹ fragte Pilatus.

Dieses träumend und ebenfalls aus dem Chor in das Schiff niedersteigend, wurde ich von meinem Boten am Ärmel gezupft, welcher mir die durch plötzlichen, begeisterten Zuruf vollzogene Papstwahl des Otto Colonna mit ein paar merkwürdigen Nebenumständen berichtete.

Als ich wieder aufblickte, war Gertrude verschwunden. Die erregte Menge aber tobte und lärmte mit geteilten Meinungen. Dort scholl es aus einem Männerhaufen: ›Vettel! Gauklerin!‹ Es galt der Äbtissin. Hier zeterten weibliche Stimmen: ›Sünderin! Schamlose!‹ Damit war Gertrude gemeint. Ob aber jene den frommen Betrug errieten, diese durch die weltliche Gesinnung Gertrudens das Wunder zerstört glaubten, gleichviel — in beiden Fällen war die Reliquie entkräftet und die Laufbahn des Mirakels geschlossen.

Vom Volke grob gescholten, begann das tapfere Brigittchen derb wiederzuschelten, und die verblüfften Gesichter der anwesenden Pfaffen zeigten eine vollständige Stufenleiter von einverstandener Schlauheit bis zu der redlichsten Dummheit hinunter.

Ich fühlte mich als Kleriker und machte dem Ärgernis ein Ende. Die Kanzel besteigend, verkündigte ich der versammelten Christenheit feierlich: ›Habemus pontificem Dominum Othonem de Colonna!‹ und stimmte ein schallendes Te Deum an, in welches erst der Nonnenchor und dann das gesamte Volk dröhnend einfiel. Nach gesungener Hymne beeilten sich Adel und Bauerschaft, ihre Tiere zu besteigen oder zu Fuß sich auf den Weg nach Constanz zu machen, wo der nach Beendigung des Triregnum urbi und orbi gespendete Segen dreifach kräftig wirken mußte.

Meine Wenigkeit schlüpfte in den Kreuzgang zurück, um den Plautus in aller Stille auf meiner Kammer zu holen. Wieder mich wegschleichend, den Codex unterm Arm, geriet ich der Äbtissin in den Weg, welche, haushälterisch wie sie war, die Stücke des Gaukelkreuzes in einem großen Korbe sorgfältig in die Küche trug. Ich wünschte ihr Glück zu der Lösung des Knotens. Aber das Brigittchen glaubte sich geprellt und schrie mich wütend an: ›Schert euch zum Teufel, ihr zwei italienischen Spitzbuben‹, worunter es den Umbrier Marcus Accius Plautus und den Tusker Poggio Bracciolini, euern Mitbürger, verstehen mochte. Ein hübscher blonder Knabe, auch ein Krauskopf, welchen mir der mit Gertruden entweichende Hans von Splügen noch vorsorglich bestellt hatte, führte mir dann das Maultier vor, welches mich nach Constanz zurückbrachte.

Plaudite amici! Ich bin zu Ende. Als das Konzil von Constanz, welches länger dauerte als dieses Geschichtchen, ebenfalls zu Ende war, kehrte ich mit meinem gnädigen Herrn, der Heiligkeit Martins V., über die Berge zurück und traf als unsere Wirte im Gasthause von Spiuga, noch nordwärts des gefährlichen Passes, Anselino und Gertrude in blühender Gesundheit, diese nicht in einer dumpfen Zelle, sondern in winddurchrauschtem Felstal, ein Kind an der Brust und das eheliche Kreuz auf der Schulter tragend.

Sei dir, erlauchter Cosmus, diese Facezia inedita eine nicht unwillkommene Beigabe zu dem Codex des Plautus, welchen ich dir schenke zu dieser Stunde, oder richtiger dem Vaterlande, dessen ›Vater‹ du bist, und der Wissenschaft, der deine Säle mit den darin gehäuften Schätzen offenstehen.

Ich wollte dir das einzige Manuskript testamentarisch vermachen, um mir nicht, ein Lebender, das zehnfache Gegengeschenk zuzuziehen, womit du jede huldigend dir überreichte Gabe zu lohnen pflegst in deiner freigebigen Weise, von welcher du einmal nicht lassen kannst. Doch« — seufzte Poggio melancholisch — »wer weiß, ob meine Söhne meinen Letzten Willen ehren würden?«

Cosmus erwiderte liebenswürdig: »Ich danke dir für beides, deinen Plautus und deine Facetie. Skrupellos hast du sie gelebt und ausgeführt, jung wie du damals warest. Als ein Gereifter hast du sie uns erzählt mit der Weisheit deiner Jahre. Dieses« — er hob eine edle, von einem lachenden Satyr umklammerte Schale — »bringe ich meinem redlichen Poggio und seiner blonden Barbarin!«

Man trank und lachte. Dann sprang das Gespräch von Plautus über auf die tausend gehobenen Horte und aufgerollten Pergamente des Altertums und auf die Größe des Jahrhunderts.

Marie von Ebner-Eschenbach

Krambambuli

Vorliebe empfindet der Mensch für allerlei Dinge und Wesen. *Liebe,* die echte, unvergängliche, die lernt er — wenn überhaupt — nur einmal kennen. So wenigstens meint der Herr Revierjäger Hopp. Wie viele Hunde hat er schon gehabt, und auch gern gehabt; aber lieb, was man sagt lieb und unvergeßlich, ist ihm nur einer gewesen — der Krambambuli. Er hatte ihn im Wirtshause zum Löwen in Wischau von einem vazierenden Forstgehilfen gekauft oder eigentlich eingetauscht. Gleich beim ersten Anblick des Hundes war er von der Zuneigung ergriffen worden, die dauern sollte bis zu seinem letzten Atemzuge. Dem Herrn des schönen Tieres, der am Tische vor einem geleerten Branntweingläschen saß und über den Wirt schimpfte, weil dieser kein zweites umsonst hergeben wollte, sah der Lump aus den Augen. Ein kleiner Kerl, noch jung und doch so fahl wie ein abgestorbener Baum, mit gelbem Haar und spärlichem gelbem Barte. Der Jägerrock, vermutlich ein Überrest aus der vergangenen Herrlichkeit des letzten Dienstes, trug die Spuren einer im nassen Straßengraben zugebrachten Nacht. Obwohl sich Hopp ungern in schlechte Gesellschaft begab, nahm er trotzdem Platz neben dem Burschen und begann sogleich ein Gespräch mit ihm. Da bekam er es denn bald heraus, daß der Nichtsnutz den Stutzen und die Jagdtasche dem Wirt bereits als Pfänder ausgeliefert hatte und daß er jetzt auch den Hund als solches hergeben möchte; der Wirt jedoch, der schmutzige Leuteschinder, wollte von einem Pfand, das gefüttert werden muß, nichts hören.

Herr Hopp sagte vorerst kein Wort von dem Wohlgefallen, das er an dem Hunde gefunden hatte, ließ aber eine Flasche von dem guten Danziger Kirschbranntwein bringen, den der Löwenwirt damals führte, und schenkte dem Vazierenden fleißig ein. — Nun, in einer Stunde war alles in Ordnung. Der Jäger gab zwölf Flaschen von demselben Getränke, bei dem der Handel geschlossen worden — der Vagabund gab den Hund. Zu seiner Ehre muß man gestehen: nicht leicht. Die Hände zitterten ihm so sehr, als er dem Tiere die Leine um den Hals legte, daß es schien, er werde mit dieser Manipulation nimmermehr zurechtkommen. Hopp wartete geduldig und bewunderte im stillen den trotz der schlechten Kondition, in der er sich befand, wundervollen Hund. Höchstens zwei Jahre mochte er alt sein, und in der Farbe glich er dem Lumpen, der ihn hergab; doch war die seine um ein paar Schattierungen dunkler. Auf der Stirn hatte er ein Abzeichen, einen weißen Strich, der rechts und links in kleine Linien auslief, in der Art wie die Nadeln an einem Tannenreis. Die Augen waren groß, schwarz, leuchtend, von tauklaren, lichtgelben Reiflein umsäumt, die Ohren hoch angesetzt, lang, makellos. Und makellos war alles an dem ganzen Hunde von der

Klaue bis zu der feinen Witternase: die kräftige, geschmeidige Gestalt, das über jedes Lob erhabene Piedestal. Vier lebende Säulen, die auch den Körper eines Hirsches getragen hätten und nicht viel dicker waren als die Läufe eines Hasen. Beim heiligen Hubertus! dieses Geschöpf mußte einen Stammbaum haben, so alt und rein wie der eines deutschen Ordensritters.

Dem Jäger lachte das Herz im Leibe über den prächtigen Handel, den er gemacht hatte. Er stand nun auf, ergriff die Leine, die zu verknoten dem Vazierenden endlich gelungen war, und fragte: »Wie heißt er denn?« — »Er heißt wie das, wofür Ihr ihn kriegt: Krambambuli«, lautete die Antwort. — »Gut, gut, Krambambuli! So komm! Wirst gehen? Vorwärts!« — Ja, er konnte lang rufen, pfeifen, zerren — der Hund gehorchte ihm nicht, wandte den Kopf dem zu, den er noch für seinen Herrn hielt, heulte, als dieser ihm zuschrie: »Marsch!« und den Befehl mit einem tüchtigen Fußtritt begleitete, suchte aber sich immer wieder an ihn heranzudrängen. Erst nach einem heißen Kampfe gelang es Herrn Hopp, die Besitzergreifung des Hundes zu vollziehen. Gebunden und geknebelt, mußte er zuletzt in einem Sacke auf die Schulter geladen und so bis in das mehrere Wegstunden entfernte Jägerhaus getragen werden.

Zwei volle Monate brauchte es, bevor Krambambuli, halb totgeprügelt, nach jedem Fluchtversuche mit dem Stachelhalsband an die Kette gelegt, endlich begriff, wohin er jetzt gehöre. Dann aber, als seine Unterwerfung vollständig geworden war, was für ein Hund wurde er da! Keine Zunge schildert, kein Wort ermißt die Höhe der Vollendung, die er erreichte, nicht nur in der Ausübung seines Berufes, sondern auch im täglichen Leben als eifriger Diener, guter Kamerad und treuer Freund und Hüter. »Dem fehlt nur die Sprache«, heißt es von andern intelligenten Hunden — dem Krambambuli fehlte sie nicht; sein Herr zum mindesten pflog lange Unterredungen mit ihm. Die Frau des Revierjägers wurde ordentlich eifersüchtig auf den »Buli«, wie sie ihn geringschätzig nannte. Manchmal machte sie ihrem Manne Vorwürfe. Sie hatte den ganzen Tag, in jeder Stunde, in der sie nicht aufräumte, wusch oder kochte, schweigend gestrickt. Am Abend, nach dem Essen, wenn sie wieder zu strikken begann, hätte sie gern eins dazu geplaudert.

»Weißt denn immer nur dem Buli was zu erzählen, Hopp, und mir nie? Du verlernst vor lauter Sprechen mit dem Vieh das Sprechen mit den Menschen.«

Der Revierjäger gestand sich, daß etwas Wahres an der Sache sei; aber zu helfen wußte er nicht. Wovon hätte er mit seiner Alten reden sollen? Kinder hatten sie nie gehabt, eine Kuh durften sie nicht halten, und das zahme Geflügel interessiert einen Jäger im lebendigen Zustande gar nicht und im gebratenen nicht sehr. Für Kulturen aber und für Jagdgeschichten hatte wieder die Frau keinen Sinn. Hopp fand zuletzt einen Ausweg aus diesem Dilemma; statt *mit* dem Krambambuli sprach er *von* dem Krambambuli, von den Triumphen, die er allenthalben mit ihm feierte, von dem Neide, den sein Besitz erregte, von den lächerlich hohen Summen, die ihm für den Hund geboten wurden und die er verächtlich von der Hand wies.

Zwei Jahre waren vergangen, da erschien eines Tages die Gräfin, die Frau seines Brotherrn, im Hause des Jägers. Er wußte gleich, was der Besuch zu bedeuten hatte, und als die gute, schöne Dame begann: »Morgen, lieber Hopp, ist der Geburtstag des Grafen...«, setzte er ruhig und schmunzelnd fort: »Und da möchten hochgräfliche Gnaden dem Herrn Grafen ein Geschenk machen und sind überzeugt, mit nichts anderm soviel Ehre einlegen zu können wie mit dem Krambambuli.« — »Ja, ja, lieber Hopp.« Die Gräfin errötete vor Vergnügen über dieses freundliche Entgegenkommen und sprach gleich von Dankbarkeit und bat, den Preis nur zu nennen, der für den Hund zu entrichten wäre. Der alte Fuchs von einem Revierjäger kicherte, tat sehr demütig und rückte auf einmal mit der Erklärung heraus: »Hochgräfliche Gnaden! Wenn der Hund im Schlosse *bleibt,* nicht jede Leine zerbeißt, nicht jede Kette zerreißt, oder wenn er sie nicht zerreißen *kann,* sich bei den Versuchen, es zu tun, erwürgt, dann behalten ihn hochgräfliche Gnaden umsonst — dann ist er *mir* nichts mehr wert.«

Die Probe wurde gemacht, aber zum Erwürgen kam es nicht; denn der Graf verlor früher die Freude an dem eigensinnigen Tiere. Vergeblich hatte man es durch Liebe zu gewinnen, mit Strenge zu bändigen gesucht. Er biß jeden, der sich ihm näherte, versagte das Futter und — viel hat der Hund eines Jägers ohnehin nicht zuzusetzen — kam ganz herunter. Nach einigen Wochen erhielt Hopp die Botschaft, er könne sich seinen Köter abholen. Als er eilends von der Erlaubnis Gebrauch machte und den Hund in seinem Zwinger aufsuchte, da gab's ein Wiedersehen unermeßlichen Jubels voll. Krambambuli erhob ein wahnsinniges Geheul, sprang an seinem Herrn empor, stemmte die Vorderpfoten auf dessen Brust und leckte die Freudentränen ab, die dem Alten über die Wangen liefen.

Am Abend dieses glücklichen Tages wanderten sie zusammen ins Wirtshaus. Der Jäger spielte Tarok mit dem Doktor und mit dem Verwalter, Krambambuli lag in der Ecke hinter seinem Herrn. Manchmal sah dieser sich nach ihm um, und der Hund, so tief er auch zu schlafen schien, begann augenblicklich mit dem Schwanze auf den Boden zu klopfen, als wollt er melden: »Präsent!« Und wenn Hopp, sich vergessend, recht wie einen Triumphgesang das Liedchen anstimmte: »Was macht denn mein Krambambuli?«, richtete der Hund sich würde- und respektvoll auf, und seine hellen Augen antworteten: »Es geht ihm gut!«

Um dieselbe Zeit trieb, nicht nur in den gräflichen Forsten, sondern in der ganzen Umgebung, eine Bande Wildschützen auf wahrhaft tolldreiste Art ihr Wesen. Der Anführer sollte ein verlottertes Subjekt sein. Den »Gelben« nannten ihn die Holzknechte, die ihn in irgendeiner übelberüchtigten Spelunke beim Branntwein trafen, die Heger, die ihm hie und da schon auf der Spur gewesen waren, ihm aber nie hatten beikommen können, und endlich die Kundschafter, deren er unter dem schlechten Gesindel in jedem Dorfe mehrere besaß.

Er war wohl der frechste Gesell, der jemals ehrlichen Jägersmännern etwas aufzulösen gab, mußte auch selbst vom Handwerk gewesen sein, sonst hätte er das

Wild nicht mit solcher Sicherheit aufspüren und nicht so geschickt jeder Falle, die ihm gestellt wurde, ausweichen können.

Die Wild- und Waldschäden erreichten eine unerhörte Höhe, das Forstpersonal befand sich in grimmigster Aufregung. Da begab es sich nur zu oft, daß die kleinen Leute, die bei irgendeinem unbedeutenden Waldfrevel ertappt wurden, eine härtere Behandlung erlitten, als zu andrer Zeit geschehen wäre und als gerade zu rechtfertigen war. Große Erbitterung herrschte darüber in allen Ortschaften. Dem Oberförster, gegen den der Haß sich zunächst wandte, kamen gutgemeinte Warnungen in Menge zu. Die Raubschützen, hieß es, hätten einen Eid darauf geschworen, bei der ersten Gelegenheit exemplarische Rache an ihm zu nehmen. Er, ein rascher, kühner Mann, schlug das Gerede in den Wind und sorgte mehr denn je dafür, daß weit und breit kund werde, wie er seinen Untergebenen die rücksichtsloseste Strenge anbefohlen und für etwaige schlimme Folgen die Verantwortung selbst übernommen habe. Am häufigsten rief der Oberförster dem Revierjäger Hopp die scharfe Handhabung seiner Amtspflicht ins Gedächtnis und warf ihm zuweilen Mangel an »Schneid« vor, wozu freilich der Alte nur lächelte. Der Krambambuli aber, den er bei solcher Gelegenheit von oben herunter anblinzelte, gähnte laut und wegwerfend. Übel nahmen er und sein Herr dem Oberförster nichts. Der Oberförster war ja der Sohn des Unvergeßlichen, bei dem Hopp das edle Weidwerk erlernt, und Hopp hatte wieder ihn als kleinen Jungen in die Rudimente des Berufs eingeweiht. Die Plage, die er einst mit ihm gehabt, hielt er heute noch für eine Freude, war stolz auf den ehemaligen Zögling und liebte ihn trotz der rauhen Behandlung, die er so gut wie jeder andre von ihm erfuhr.

Eines Junimorgens traf er ihn eben wieder bei einer Exekution.

Es war im Lindenrondell, am Ende des herrschaftlichen Parks, der an den »Grafenwald« grenzte, und in der Nähe der Kulturen, die der Oberförster am liebsten mit Pulverminen umgeben hätte. Die Linden standen just in schönster Blüte, und über diese hatte ein Dutzend kleiner Jungen sich hergemacht. Wie Eichkätzchen krochen sie auf den Ästen der herrlichen Bäume herum, brachen alle Zweige, die sie erwischen konnten, ab und warfen sie zur Erde. Zwei Weiber lasen die Zweige hastig auf und stopften sie in Körbe, die schon mehr als zur Hälfte mit dem duftenden Raub gefüllt waren. Der Oberförster raste in unermeßlicher Wut. Er ließ durch seine Heger die Buben nur so von den Bäumen schütteln, unbekümmert um die Höhe, aus der sie fielen. Während sie wimmernd und schreiend um seine Füße krochen, der eine mit zerschundenem Gesicht, der andere mit ausgerenktem Arm, ein dritter mit gebrochenem Bein, zerbleute er eigenhändig die beiden Weiber. In einer von ihnen erkannte Hopp die leichtfertige Dirne, die das Gerücht als die Geliebte des »Gelben« bezeichnete. Und als die Körbe und Tücher der Weiber und die Hüte der Buben in Pfand genommen wurden und Hopp den Auftrag bekam, sie aufs Gericht zu bringen, konnte er sich eines schlimmen Vorgefühls nicht erwehren.

Der Befehl, den ihm damals der Oberförster zurief, wild wie ein Teufel in der Hölle und wie ein solcher umringt von jammernden und gepeinigten Sündern, ist der letzte gewesen, den der Revierjäger im Leben von ihm erhalten hat. Eine Woche später traf er ihn wieder im Lindenrondell — tot. Aus dem Zustande, in dem die Leiche sich befand, war zu ersehen, daß sie hierher, und zwar durch Sumpf und Gerölle, geschleppt worden war, um an dieser Stelle aufgebahrt zu werden. Der Oberförster lag auf abgehauenen Zweigen, die Stirn mit einem dichten Kranz aus Lindenblüten umflochten, einen ebensolchen als Bandelier um die Brust gewunden. Sein Hut stand neben ihm, mit Lindenblüten gefüllt. Auch die Jagdtasche hatte der Mörder ihm gelassen, nur die Patronen herausgenommen und statt ihrer Lindenblüten hineingesteckt. Der schöne Hinterlader des Oberförsters fehlte und war durch einen elenden Schießprügel ersetzt. Als man später die Kugel, die seinen Tod verursacht hatte, in der Brust des Ermordeten fand, zeigte es sich, daß sie genau in den Lauf dieses Schießprügels paßte, der dem Förster gleichsam zum Hohne über die Schulter gelegt worden war. Hopp stand beim Anblick der entstellten Leiche regungslos vor Entsetzen. Er hätte keinen Finger heben können, und auch das Gehirn war ihm wie gelähmt; er starrte nur und starrte und dachte anfangs gar nichts, und erst nach einer Weile brachte er es zu einer Beobachtung, einer stummen Frage: — »Was hat denn der Hund?«

Krambambuli beschnüffelt den toten Mann, läuft wie nicht gescheit um ihn herum, die Nase immer am

Boden. Einmal winselt er, einmal stößt er einen schrillen Freudenschrei aus, macht ein paar Sätze, bellt, und es ist gerade so, als erwache in ihm eine längst erstorbene Erinnerung ...

»Herein«, ruft Hopp, »da herein!« Und Krambambuli gehorcht, sieht aber seinen Herrn in allerhöchster Aufregung an und — wie der Jäger sich auszudrükken pflegte — *sagt* ihm: »Ich bitte dich um alles in der Welt, siehst du denn nichts? Riechst du denn nichts?... O lieber Herr, schau doch! riech doch! O Herr, komm! Daher komm!...« Und tupft mit der Schnauze an des Jägers Knie und schleicht, sich oft umsehend, als frage er: »Folgst du mir?«, zu der Leiche zurück und fängt an, das schwere Gewehr zu heben und zu schieben und ins Maul zu fassen, in der offenbaren Absicht, es zu apportieren.

Dem Jäger läuft ein Schauer über den Rücken, und allerlei Vermutungen dämmern in ihm auf. Weil das Spintisieren aber nicht seine Sache ist, es ihm auch nicht zukommt, der Obrigkeit Lichter aufzustecken, sondern vielmehr den gräßlichen Fund, den er getan hat, unberührt zu lassen und seiner Wege — das heißt in dem Fall recte zu Gericht — zu gehen, so tut er denn einfach, was ihm zukommt.

Nachdem es geschehen und alle Förmlichkeiten, die das Gesetz bei solchen Katastrophen vorschreibt, erfüllt, der ganze Tag und auch ein Stück der Nacht darüber hingegangen sind, nimmt Hopp, ehe er schlafen geht, noch seinen Hund vor.

»Mein Hund«, spricht er, »jetzt ist die Gendarmerie auf den Beinen, jetzt gibt's Streifereien ohne Ende.

Wollen wir es andern überlassen, den Schuft, der unsern Oberförster erschossen hat, wegzuputzen aus der Welt? — Mein Hund kennt den niederträchtigen Strolch, kennt ihn, ja, ja! Aber das braucht niemand zu wissen, das habe ich nicht ausgesagt ... Ich, hoho! ... Ich werd meinen Hund hineinbringen in die Geschichte ... Das könnt mir einfallen!« Er beugte sich über Krambambuli, der zwischen seinen ausgespreizten Knien saß, drückte die Wange an den Kopf des Tieres und nahm seine dankbaren Liebkosungen in Empfang. Dabei summte er: »Was macht denn mein Krambambuli?«, bis der Schlaf ihn übermannte.

Seelenkundige haben den geheimnisvollen Drang zu erklären gesucht, der manchen Verbrecher stets wieder an den Schauplatz seiner Untat zurückjagt. Hopp wußte von diesen gelehrten Ausführungen nichts, strich aber dennoch ruh- und rastlos mit seinem Hunde in der Nähe des Lindenrondells herum.

Am zehnten Tage nach dem Tode des Oberförsters hatte er zum erstenmal ein paar Stunden lang an etwas andres gedacht als an seine Rache und sich im »Grafenwald« mit dem Bezeichnen der Bäume beschäftigt, die beim nächsten Schlag ausgenommen werden sollten.

Wie er nun mit seiner Arbeit fertig ist, hängt er die Flinte wieder um und schlägt den kürzesten Weg ein, quer durch den Wald gegen die Kulturen in der Nähe des Lindenrondells. Im Augenblick, in dem er auf den Fußsteig treten will, der längs des Buchenzaunes läuft, ist ihm, als höre er etwas im Laube rascheln. Gleich darauf herrscht jedoch tiefe Stille, tiefe, anhaltende

Stille. Fast hätte er gemeint, es sei nichts Bemerkenswertes gewesen, wenn nicht der Hund so merkwürdig dreingeschaut hätte. Der stand mit gesträubtem Haar, den Hals vorgestreckt, den Schwanz aufrecht, und glotzte eine Stelle des Zaunes an. Oho! dachte Hopp, wart, Kerl, wenn du's bist! Trat hinter einen Baum und spannte den Hahn seiner Flinte. Wie rasend pochte ihm das Herz, und der ohnehin kurze Atem wollte ihm völlig versagen, als jetzt plötzlich — Gottes Wunder! — durch den Zaun der »Gelbe« auf den Fußsteig trat. Zwei junge Hasen hingen an seiner Weidtasche, und auf seiner Schulter, am wohlbekannten Juchtenriemen, der Hinterlader des Oberförsters. Nun wär's eine Passion gewesen, den Racker niederzubrennen aus sicherem Hinterhalt.

Aber nicht einmal auf den schlechtesten Kerl schießt der Jäger Hopp, ohne ihn angerufen zu haben. Mit einem Satze springt er hinter dem Baum hervor und auf den Fußsteig und schreit: »Gib dich, Vermaledeiter!« Und als der Wildschütz zur Antwort den Hinterlader von der Schulter reißt, gibt der Jäger Feuer ... All ihr Heiligen — ein sauberes Feuer! Die Flinte knackst, anstatt zu knallen. Sie hat zu lang mit aufgesetzter Kapsel im feuchten Wald am Baum gelehnt — sie versagt.

Gute Nacht, so sieht das Sterben aus, denkt der Alte. Doch nein — er ist heil, sein Hut nur fliegt, von Schroten durchlöchert, ins Gras.

Der andre hat auch kein Glück; das war der letzte Schuß in seinem Gewehr, und zum nächsten zieht er eben erst die Patrone aus der Tasche ...

»Pack an!« ruft Hopp seinem Hunde heiser zu: »Pack an!« Und:

»Herein, zu mir! Herein, Krambambuli!« lockt es drüben mit zärtlicher, liebevoller — ach, mit altbekannter Stimme ...

Der Hund aber —

Was sich nun begab, begab sich viel rascher, als man es erzählen kann.

Krambambuli hatte seinen ersten Herrn erkannt und rannte auf ihn zu, bis — in die Mitte des Weges. Da pfeift Hopp, und der Hund macht kehrt, der »Gelbe« pfeift, und der Hund macht wieder kehrt und windet sich in Verzweiflung auf einem Fleck, in gleicher Distanz von dem Jäger wie von dem Wildschützen, zugleich hingerissen und gebannt ...

Zuletzt hat das arme Tier den trostlos unnötigen Kampf aufgegeben und seinen Zweifeln ein Ende gemacht, aber nicht seiner Qual. Bellend, heulend, den Bauch am Boden, den Körper gespannt wie eine Sehne, den Kopf emporgehoben, als riefe es den Himmel zum Zeugen seines Seelenschmerzes an, kriecht es — seinem ersten Herrn zu.

Bei dem Anblick wird Hopp von Blutdurst gepackt. Mit zitternden Fingern hat er die neue Kapsel aufgesetzt — mit ruhiger Sicherheit legt er an. Auch der »Gelbe« hat den Lauf wieder auf ihn gerichtet. Diesmal gilt's! Das wissen die beiden, die einander auf dem Korn haben, und was auch in ihnen vorgehen möge, sie zielen so ruhig wie ein paar gemalte Schützen.

Zwei Schüsse fallen. Der Jäger trifft, der Wildschütze fehlt.

Warum? Weil er — vom Hunde mit stürmischer Liebkosung angesprungen — gezuckt hat im Augenblick des Losdrückens. »Bestie!« zischt er noch, stürzt rücklings hin und rührt sich nicht mehr.

Der ihn gerichtet, kommt langsam herangeschritten. Du hast genug, denkt er, um jedes Schrotkorn wär's schad bei dir. Trotzdem stellt er die Flinte auf den Boden und lädt von neuem. Der Hund sitzt aufrecht vor ihm, läßt die Zunge heraushängen, keucht kurz und laut und sieht ihm zu. Und als der Jäger fertig ist und die Flinte wieder zur Hand nimmt, halten sie ein Gespräch, von dem kein Zeuge ein Wort vernommen hätte, wenn es auch statt eines toten ein lebendiger gewesen wäre.

»Weißt du, für wen *das* Blei gehört?«

»Ich kann es mir denken.«

»Deserteur, Kalfakter, pflicht- und treuvergessene Kanaille!«

»Ja, Herr, jawohl.«

»Du warst meine Freude. Jetzt ist's vorbei. Ich habe keine Freude mehr an dir.«

»Begreiflich, Herr«, und Krambambuli legte sich hin, drückte den Kopf auf die ausgestreckten Vorderpfoten und sah den Jäger an.

Ja, hätte das verdammte Vieh ihn nur nicht angesehen! Da würde er ein rasches Ende gemacht und sich und dem Hunde viel Pein erspart haben. Aber so geht's nicht! Wer könnte ein Geschöpf niederknallen, das einen so ansieht? Herr Hopp murmelt ein halbes Dutzend Flüche zwischen den Zähnen, einer gotteslästerlicher als der andre, hängt die Flinte wieder um, nimmt dem Raubschützen noch die jungen Hasen ab und geht.

Der Hund folgte ihm mit den Augen, bis er zwischen den Bäumen verschwunden war, stand dann auf, und sein mark- und beinerschütterndes Wehgeheul durchdrang den Wald. Ein paarmal drehte er sich im Kreise und setzte sich wieder aufrecht neben den Toten hin. So fand ihn die gerichtliche Kommission, die, von Hopp geleitet, bei sinkender Nacht erschien, um die Leiche des Raubschützen in Augenschein zu nehmen und fortschaffen zu lassen. Krambambuli wich einige Schritte zurück, als die Herren herantraten. Einer von ihnen sagte zu dem Jäger: »Das ist ja Ihr Hund.« — »Ich habe ihn hier als Schildwache zurückgelassen«, antwortete Hopp, der sich schämte, die Wahrheit zu gestehen. — Was half's? Sie kam doch heraus, denn als die Leiche auf den Wagen geladen war und fortgeführt wurde, trottete Krambambuli gesenkten Kopfes und mit eingezogenem Schwanze hinterher. Unweit der Totenkammer, in der der »Gelbe« lag, sah ihn der Gerichtsdiener noch am folgenden Tage herumstreichen. Er gab ihm einen Tritt und rief ihm zu: »Geh nach Hause!« — Krambambuli fletschte die Zähne gegen ihn und lief davon, wie der Mann meinte, in der Richtung des Jägerhauses. Aber dorthin kam er nicht, sondern führte ein elendes Vagabundenleben.

Verwildert, zum Skelett abgemagert, umschlich er einmal die armen Wohnungen der Häusler am Ende des Dorfes. Plötzlich stürzte er auf ein Kind los, das vor der letzten Hütte stand, und entriß ihm gierig das Stück harten Brotes, an dem es nagte. Das Kind blieb starr vor Schrecken, aber ein kleiner Spitz sprang aus dem Hause und bellte den Räuber an. Dieser ließ sogleich seine Beute fahren und entfloh.

Am selben Abend stand Hopp vor dem Schlafengehen am Fenster und blickte in die schimmernde Sommernacht hinaus. Da war ihm, als sähe er jenseits der Wiese am Waldessaum den Hund sitzen, die Stätte seines ehemaligen Glückes unverwandt und sehnsüchtig betrachtend — der Treueste der Treuen, herrenlos!

Der Jäger schlug den Laden zu und ging zu Bett. Aber nach einer Weile stand er auf, trat wieder ans Fenster — der Hund war nicht mehr da. Und wieder wollte er sich zur Ruhe begeben und wieder fand er sie nicht.

Er hielt es nicht mehr aus. Sei es, wie es sei ... Er hielt es nicht mehr aus ohne den Hund. — Ich hol ihn heim, dachte er, und fühlte sich wie neugeboren nach diesem Entschluß.

Beim ersten Morgengrauen war er angekleidet, befahl seiner Alten, mit dem Mittagessen nicht auf ihn zu warten, und sputete sich hinweg. Wie er aber aus dem Hause trat, stieß sein Fuß an denjenigen, den er in der Ferne zu suchen ausging. Krambambuli lag verendet vor ihm, den Kopf an die Schwelle gepreßt, die zu überschreiten er nicht mehr gewagt hatte.

Der Jäger verschmerzte ihn nie. Die Augenblicke waren seine besten, in denen er vergaß, daß er ihn verloren hatte. In freundliche Gedanken versunken, intonierte er dann sein berühmtes: »Was macht denn mein Krambam ...« Aber mitten in dem Worte hielt er bestürzt inne, schüttelte das Haupt und sprach mit einem tiefen Seufzer: »Schad um den Hund.«

PAUL HEYSE

L'Arrabbiata

Die Sonne war noch nicht aufgegangen. Über dem Vesuv lagerte eine breite graue Nebelschicht, die sich nach Neapel hinüberdehnte und die kleinen Städte an jenem Küstenstrich verdunkelte. Das Meer lag still. An der Marine aber, die unter dem hohen Sorrentiner Felsenufer in einer engen Bucht angelegt ist, rührten sich schon Fischer mit ihren Weibern, die Kähne mit Netzen, die zum Fischen über Nacht draußen gelegen hatten, an großen Tauen ans Land zu ziehen. Andere rüsteten ihre Barken, richteten die Segel zu und schleppten Ruder und Segelstangen aus den großen vergitterten Gewölben vor, die, tief in den Felsen hineingebaut, über Nacht das Schiffsgerät bewahren. Man sah keinen müßiggehen; denn auch die Alten, die keine Fahrt mehr machten, reihten sich in die große Kette derer ein, die an den Netzen zogen, und hie und da stand ein Mütterchen mit der Spindel auf einem der flachen Dächer oder machte sich mit den Enkeln zu schaffen, während die Tochter dem Manne half.

»Siehst du, Rachela? Da ist unser Padre Curato«, sagte eine Alte zu einem kleinen Ding von zehn Jahren, das neben ihr sein Spindelchen schwang. »Eben steigt er ins Schiff. Der Antonino soll ihn nach Capri hinüberfahren. Maria Santissima, was sieht der ehrwürdige Herr noch verschlafen aus!« Und damit winkte sie mit der Hand einem kleinen, freundlichen Priester zu, der unten sich eben zurechtsetzte in der Barke, nachdem er seinen schwarzen Rock sorgfältig aufgehoben und über die Holzbank gebreitet hatte. Die anderen am Strand hielten mit der Arbeit ein, um ihren Pfarrer abfahren zu sehen, der nach rechts und links freundlich nickte und grüßte.

»Warum muß er denn nach Capri, Großmutter?« fragte das Kind. »Haben die Leute dort keinen Pfarrer, daß sie unseren borgen müssen?«

»Sei nicht so einfältig«, sagte die Alte. »Genug haben sie da und die schönsten Kirchen und sogar einen Einsiedler, wie wir ihn nicht haben. Aber da ist eine vornehme Signora, die hat lange hier in Sorrent gewohnt und war sehr krank, daß der Padre oft zu ihr mußte mit dem Hochwürdigsten, wenn sie dachten, sie übersteht keine Nacht mehr. Nun, die Heilige Jungfrau hat ihr beigestanden, daß sie wieder frisch und gesund worden ist und hat alle Tage im Meere baden können. Als sie von hier fort ist, nach Capri hinüber, hat sie noch einen schönen Haufen Dukaten an die Kirche geschenkt und an das arme Volk, und hat nicht fort wollen, sagen sie, ehe der Padre nicht versprochen hat, sie drüben zu besuchen, daß sie ihm beichten kann. Denn es ist erstaunlich, was sie auf ihn hält. Und wir können uns segnen, daß wir ihn zum Pfarrer haben, der Gaben hat wie ein Erzbischof und dem die hohen Herrschaften nachfragen. Die Madonna sei mit ihm!«

Und damit winkte sie zum Schiffchen hinunter, das eben abstoßen wollte.

»Werden wir klares Wetter haben, mein Sohn?« fragte der kleine Priester und sah bedenklich nach Neapel hinüber.

»Die Sonne ist noch nicht heraus«, erwiderte der Bursch. »Mit dem bißchen Nebel wird sie schon fertig werden.«

»So fahr zu, daß wir vor der Hitze ankommen.«

Antonino griff eben zu dem langen Ruder, um die Barke ins Freie zu treiben, als er plötzlich innehielt und nach der Höhe des steilen Weges hinaufsah, der von dem Städtchen Sorrent zur Marine hinabführt.

Eine schlanke Mädchengestalt ward oben sichtbar, die eilig die Steine hinabschritt und mit einem Tuch winkte. Sie trug ein Bündelchen unterm Arm, und ihr Aufzug war dürftig genug. Doch hatte sie eine fast vornehme, nur etwas wilde Art, den Kopf in den Nacken zu werfen, und die schwarze Flechte, die sie vorn über der Stirn umgeschlungen trug, stand ihr wie ein Diadem.

»Worauf warten wir?« fragte der Pfarrer.

»Es kommt da noch jemand auf die Barke zu, der auch wohl nach Capri will. Wenn Ihr erlaubt, Padre — es geht darum nicht langsamer, denn 's ist nur ein junges Ding von kaum achtzehn Jahr.«

In diesem Augenblick trat das Mädchen hinter der Mauer hervor, die den gewundenen Weg einfaßt.

»Laurella?« sagte der Pfarrer. »Was hat sie in Capri zu tun?«

Antonino zuckte die Achseln.

Das Mädchen kam mit hastigen Schritten heran und sah vor sich hin.

»Guten Tag, l'Arrabbiata!« riefen einige von den jungen Schiffern. Sie hätten wohl noch mehr gesagt, wenn die Gegenwart des Curato sie nicht in Respekt gehalten hätte; denn die trotzige stumme Art, in der das Mädchen ihren Gruß hinnahm, schien die Übermütigen zu reizen.

»Guten Tag, Laurella«, rief nun auch der Pfarrer. »Wie steht's? Willst du mit nach Capri?«

»Wenn's erlaubt ist, Padre!«

»Frage den Antonino, der ist der Patron der Barke. Ist jeder doch Herr seines Eigentums und Gott Herr über uns alle.«

»Da ist ein halber Carlin«, sagte Laurella, ohne den jungen Schiffer anzusehen. »Wenn ich dafür mitkann.«

»Du kannst's besser brauchen als ich«, brummte der Bursch und schob einige Körbe mit Orangen zurecht, daß Platz wurde. Er sollte sie in Capri verkaufen, denn die Felseninsel trägt nicht genug für den Bedarf der vielen Besucher.

»Ich will nicht umsonst mit«, erwiderte das Mädchen, und die schwarzen Augenbrauen zuckten.

»Komm nur, Kind«, sagte der Pfarrer. »Er ist ein braver Junge und will nicht reich werden von deinem bißchen Armut. Da, steig ein«, und er reichte ihr die Hand, »und setz dich hier neben mich. Sieh, da hat er dir seine Jacke hingelegt, daß du weicher sitzen sollst. Mir hat er's nicht so gut gemacht. Aber junges Volk, das treibt's immer so. Für ein kleines Frauenzimmer wird mehr gesorgt als für zehn geistliche Herren. Nun, nun, brauchst dich nicht zu entschuldigen, Tonino; 's ist unsers Herrgotts Einrichtung, daß sich gleich zu gleich hält.«

Laurella war inzwischen eingestiegen und hatte sich gesetzt, nachdem sie die Jacke, ohne ein Wort zu sagen, beiseit geschoben hatte. Der junge Schiffer ließ sie liegen und murmelte was zwischen den Zähnen. Dann stieß er kräftig gegen den Uferdamm, und der kleine Kahn flog in den Golf hinaus.

»Was hast du da im Bündel?« fragte der Pfarrer, während sie nun übers Meer hintrieben, das sich eben von den ersten Sonnenstrahlen lichtete.

»Seide, Garn und ein Brot, Padre. Ich soll die Seide an eine Frau in Capri verkaufen, die Bänder macht, und das Garn an eine andere.«

»Hast du's selbst gesponnen?«

»Ja, Herr.«

»Wenn ich mich recht erinnere, hast du auch gelernt Bänder machen.«

»Ja, Herr. Aber es geht wieder schlimmer mit der Mutter, daß ich nicht aus dem Hause kann, und einen eigenen Webstuhl können wir nicht bezahlen.«

»Geht schlimmer! Oh, oh! Da ich um Ostern bei euch war, saß sie doch auf.«

»Der Frühling ist immer die böseste Zeit für sie. Seit wir die großen Stürme hatten und die Erdstöße, hat sie immer liegen müssen vor Schmerzen.«

»Laß nicht nach mit Beten und Bitten, mein Kind, daß die Heilige Jungfrau Fürbitte tut. Und sei brav und fleißig, damit dein Gebet erhört werde.«

Nach einer Pause: »Wie du da zum Strand herunterkamst, riefen sie dir zu: ›Guten Tag, l'Arrabbiata!‹ Warum heißen sie dich so? Es ist kein schöner Name für eine Christin, die sanft sein soll und demütig.«

Das Mädchen glühte über das ganze braune Gesicht, und ihre Augen funkelten.

»Sie haben ihren Spott mit mir, weil ich nicht tanze und singe und viel Redens mache wie andere. Sie sollten mich gehen lassen; ich tu' ihnen ja nichts.«

»Du könntest aber freundlich sein zu jedermann. Tanzen und singen mögen andere, denen das Leben leichter ist. Aber ein gutes Wort geben schickt sich auch für einen Betrübten.«

Sie sah vor sich nieder und zog die Brauen dichter zusammen, als wollte sie ihre schwarzen Augen darunter verstecken.

Eine Weile fuhren sie schweigend dahin. Die Sonne stand nun prächtig über dem Gebirge, die Spitze des Vesuv ragte über die Wolkenschicht heraus, die noch den Fuß umzogen hielt, und die Häuser auf der Ebene von Sorrent blinkten weiß aus den grünen Orangengärten hervor.

»Hat jener Maler nichts wieder von sich hören lassen, Laurella, jener Neapolitaner, der dich zur Frau haben wollte?« fragte der Pfarrer.

Sie schüttelte den Kopf.

»Er kam damals, ein Bild von dir zu machen. Warum hast du's ihm abgeschlagen?«

»Wozu wollt' er es nur? Es sind andere schöner als ich. Und dann — wer weiß, was er damit getrieben hätte. Er hätte mich damit verzaubern können und meine Seele beschädigen oder mich gar zu Tode bringen, sagte die Mutter.«

»Glaube nicht so sündliche Dinge«, sprach der Pfarrer ernsthaft. »Bist du nicht immer in Gottes Hand, ohne dessen Willen dir kein Haar vom Haupte fällt? Und soll ein Mensch mit so einem Bild in der Hand stärker sein als der Herrgott? Zudem konntest du ja sehen, daß er dir wohlwollte. Hätte er dich sonst heiraten wollen?«

Sie schwieg.

»Und warum hast du ihn ausgeschlagen? Es soll ein braver Mann gewesen sein und ganz stattlich und hätte dich und deine Mutter besser ernähren können, als du es nun kannst mit dem bißchen Spinnen und Seidewickeln.«

»Wir sind arme Leute«, sagte sie heftig, »und meine Mutter nun gar seit so lange krank. Wir wären ihm nur zur Last gefallen. Und ich tauge auch nicht für einen Signore. Wenn seine Freunde zu ihm gekommen wären, hätte er sich meiner geschämt.«

»Was du auch redest! Ich sage dir ja, daß es ein braver Herr war. Und überdies wollte er doch nach Sorrent übersiedeln. Es wird nicht bald so einer wiederkommen, der wie recht vom Himmel geschickt war, um euch aufzuhelfen.«

»Ich will gar keinen Mann, niemals!« sagte sie ganz trotzig und wie vor sich hin.

»Hast du ein Gelübde getan, oder willst in ein Kloster gehn?«

Sie schüttelte den Kopf.

»Die Leute haben recht, die dir deinen Eigensinn vorhalten, wenn auch jener Name nicht schön ist. Bedenkst du nicht, daß du nicht allein auf der Welt bist und durch diesen Starrsinn deiner kranken Mutter das Leben und ihre Krankheit nur bitterer machst? Was kannst du für wichtige Gründe haben, jede rechtschaffene Hand abzuweisen, die dich und deine Mutter stützen will? Antworte mir, Laurella!«

»Ich habe wohl einen Grund«, sagte sie leise und zögernd. »Aber ich kann ihn nicht sagen.«

»Nicht sagen? Auch mir nicht? Nicht deinem Beichtvater, dem du doch sonst wohl zutraust, daß er es gut mit dir meint? Oder nicht?«

Sie nickte.

»So erleichtere dein Herz, Kind. Wenn du recht hast, will ich der erste sein, dir recht zu geben. Aber du bist jung und kennst die Welt wenig, und es möchte dich später einmal gereuen, wenn du um kindischer Gedanken willen dein Glück verscherzt hast.«

Sie warf einen flüchtigen scheuen Blick nach dem Burschen hinüber, der emsig rudernd hinten im Kahn saß und die wollene Mütze tief in die Stirn gezogen hatte. Er starrte zur Seite ins Meer und schien in seine eigenen Gedanken versunken zu sein. Der Pfarrer sah ihren Blick und neigte sein Ohr näher zu ihr.

»Ihr habt meinen Vater nicht gekannt«, flüsterte sie, und ihre Augen sahen finster.

»Deinen Vater? Er starb ja, denk' ich, da du kaum zehn Jahr alt warst. Was hat dein Vater, dessen Seele im Paradiese sein möge, mit deinem Eigensinn zu schaffen?«

»Ihr habt ihn nicht gekannt, Padre. Ihr wißt nicht, daß er allein schuld ist an der Krankheit der Mutter.«

»Wie das?«

»Weil er sie mißhandelt hat und geschlagen und mit Füßen getreten. Ich weiß noch die Nächte, wenn er nach Hause kam und war in Wut. Sie sagte ihm nie ein Wort und tat alles, was er wünschte. Er aber schlug sie, daß mir das Herz brechen wollte. Ich zog dann die Decke über den Kopf und tat, als ob ich schliefe, weinte aber die ganze Nacht. Und wenn er sie dann am Boden liegen sah, verwandelt' er sich plötzlich und hob sie auf und küßte sie, daß sie schrie, er werde sie ersticken. Die Mutter hat mir verboten, daß ich nie ein Wort davon sagen soll; aber es griff sie so an, daß sie nun die langen Jahre, seit er tot ist, noch nicht wieder gesund geworden ist. Und wenn sie früh sterben sollte, was der Himmel verhüte, ich weiß wohl, wer sie umgebracht hat.«

Der kleine Priester wiegte das Haupt und schien unschlüssig, wie weit er seinem Beichtkind recht geben sollte. Endlich sagte er: »Vergib ihm, wie ihm deine Mutter vergeben hat. Hefte nicht deine Gedanken an jene traurigen Bilder, Laurella. Es werden bessere Zeiten für dich kommen und dich alles vergessen machen.«

»Nie vergess' ich das«, sagte sie und schauerte zusammen. »Und wißt, Padre, darum will ich eine Jungfrau bleiben, um keinem untertänig zu sein, der mich mißhandelte und dann liebkoste. Wenn mich jetzt einer schlagen oder küssen will, so weiß ich mich zu wehren. Aber meine Mutter durfte sich schon nicht wehren, nicht der Schläge erwehren und nicht der Küsse, weil sie ihn liebhatte. Und ich will keinen so liebhaben, daß ich um ihn krank und elend würde.«

»Bist du nun nicht ein Kind und sprichst wie eine, die nichts weiß von dem, was auf Erden geschieht? Sind denn alle Männer, wie dein armer Vater war, daß sie jeder Laune und Leidenschaft nachgeben und ihren Frauen schlecht begegnen? Hast du nicht rechtschaffene Menschen genug gesehn in der ganzen Nachbarschaft und Frauen, die in Frieden und Einigkeit mit ihren Männern leben?«

»Von meinem Vater wußt' es auch niemand, wie er zu meiner Mutter war, denn sie wäre eher tausendmal gestorben, als es einem sagen und klagen. Und das alles, weil sie ihn liebte. Wenn es so um Liebe ist, daß sie einem die Lippen schließt, wo man Hilfe schreien sollte, und einen wehrlos macht gegen Ärgeres, als der ärgste Feind einem antun könnte, so will ich nie mein Herz an einen Mann hängen.«

»Ich sage dir, daß du ein Kind bist und nicht weißt, was du sprichst. Du wirst auch viel gefragt werden von deinem Herzen, ob du lieben willst oder nicht, wenn seine Zeit gekommen ist; dann hilft alles nicht, was du dir jetzt in den Kopf setzest.« Wieder nach einer Pause: »Und jener Maler, hast du ihm auch zugetraut, daß er dir hart begegnen würde?«

»Er machte so Augen, wie ich sie bei meinem Vater gesehen habe, wenn er der Mutter abbat und sie in die Arme nehmen wollte, um ihr wieder gute Worte zu geben. *Die* Augen kenn' ich. Es kann sie auch einer machen, der's übers Herz bringt, seine Frau zu schlagen, die ihm nie was zuleide getan hat. Mir graute, wie ich *die* Augen wieder sah.

Darauf schwieg sie beharrlich still. Auch der Pfarrer schwieg. Er besann sich wohl auf viele schöne Sprüche, die er dem Mädchen hätte vorhalten können. Aber die Gegenwart des jungen Schiffers, der gegen das Ende der Beichte unruhiger geworden war, verschloß ihm den Mund.

Als sie nach einer zweistündigen Fahrt in dem kleinen Hafen von Capri anlangten, trug Antonino den geistlichen Herrn aus dem Kahn über die letzten flachen Wellen und setzte ihn ehrerbietig ab. Doch hatte Laurella nicht warten wollen, bis er wieder zurückwatete und sie nachholte. Sie nahm ihr Röckchen zusammen, die Holzpantöffelchen in die rechte, das Bündel in die linke Hand, und plätscherte hurtig ans Land.

»Ich bleibe heute wohl lang auf Capri«, sagte der Padre, »und du brauchst nicht auf mich zu warten. Vielleicht komm' ich gar erst morgen nach Haus. Und du, Laurella, wenn du heimkommst, grüße die Mutter. Ich besuche euch in dieser Woche noch. Du fährst doch noch vor der Nacht zurück?«

»Wenn Gelegenheit ist«, sagte das Mädchen und machte sich an ihrem Rock zu schaffen.

»Du weißt, daß ich auch zurück muß«, sprach Antonino, wie er meinte, in sehr gleichgültigem Ton. »Ich wart' auf dich bis Ave Maria. Wenn du dann nicht kommst, soll mir's auch gleich sein.«

»Du mußt kommen, Laurella«, fiel der kleine Herr ein. »Du darfst deine Mutter keine Nacht allein lassen. — Ist's weit, wo du hin mußt?«

»Auf Anacapri, in eine Vigne.«

»Und ich muß auf Capri zu. Behüt' dich Gott, Kind, und dich, mein Sohn!«

Laurella küßte ihm die Hand und ließ ein »Lebtwohl« fallen, in das sich der Padre und Antonino teilen mochten. Antonino indessen eignete sich's nicht zu. Er zog seine Mütze vor dem Padre und sah Laurella nicht an.

Als sie ihm aber beide den Rücken gekehrt hatten, ließ er seine Augen nur kurze Zeit mit dem geistlichen Herrn wandern, der über das tiefe Kieselgeröll mühsam hinschritt, und schickte sie dann dem Mädchen nach, das sich rechts die Höhe hinauf gewandt hatte, die Hand über die Augen haltend gegen die scharfe Sonne. Eh' sich der Weg oben zwischen Mauern zurückzog, stand sie einen Augenblick still, wie um Atem zu schöpfen, und sah um. Die Marine lag zu ihren Füßen, ringsum türmte sich der schroffe Fels, das Meer blaute in seltener Pracht — es war wohl ein Anblick, des Stehenbleibens wert. Der Zufall fügte es, daß ihr Blick, bei Antoninos Barke vorübereilend, sich mit jenem Blick begegnete, den Antonino ihr nachgeschickt hatte. Sie machten beide eine Bewegung wie Leute, die sich entschuldigen wollen, es sei etwas nur aus Versehen geschehen, worauf das Mädchen mit finsterm Munde ihren Weg fortsetzte.

Es war erst eine Stunde nach Mittag, und schon saß Antonino zwei Stunden lang auf einer Bank vor der Fischerschenke. Es mußte ihm was durch den Sinn gehen, denn alle fünf Minuten sprang er auf, trat in die

Sonne hinaus und überblickte sorgfältig die Wege, die links und rechts nach den zwei Inselstädtchen führen. Das Wetter sei ihm bedenklich, sagte er dann zu der Wirtin der Osterie. Es sei wohl klar, aber er kenne diese Farbe des Himmels und Meers. Gerade so hab' es ausgesehn, ehe der letzte große Sturm war, wo er die englische Familie nur mit Not ans Land gebracht habe. Sie werde sich erinnern.

»Nein«, sagte die Frau.

Nun, sie solle an ihn denken, wenn sich's noch vor Nacht verändere.

»Sind viel Herrschaften drüben?« fragte die Wirtin nach einer Weile.

»Es fängt eben an. Bisher hatten wir schlechte Zeit. Die wegen der Bäder kommen, ließen auf sich warten.«

»Das Frühjahr kam spät. Habt ihr mehr verdient als wir hier auf Capri?«

»Es hätte nicht ausgereicht, zweimal die Woche Makkaroni zu essen, wenn ich bloß auf die Barke angewiesen wäre. Dann und wann einen Brief nach Neapel zu bringen oder einen Signore aufs Meer gerudert, der angeln wollte — das war alles. Aber Ihr wißt, daß mein Onkel die großen Orangengärten hat und ein reicher Mann ist. ›Tonino‹, sagt er, ›solang ich lebe, sollst du nicht Not leiden, und hernach wird auch für dich gesorgt werden.‹ So hab' ich den Winter mit Gottes Hilfe überstanden.«

»Hat er Kinder, Euer Onkel?«

»Nein. Er war nie verheiratet und lang außer Landes, wo er denn manchen guten Piaster zusammengebracht hat. Nun hat er vor, eine große Fischerei anzufangen, und will mich über das ganze Wesen setzen, daß ich nach dem Rechten sehe.«

»So seid Ihr ja ein gemachter Mann, Antonino.«

Der junge Schiffer zuckte die Achseln. »Es hat jeder sein Bündel zu tragen«, sagte er. Damit sprang er auf und sah wieder links und rechts nach dem Wetter, obwohl er wissen mußte, daß es nur eine Wetterseite gibt.

»Ich bring' Euch noch eine Flasche. Euer Onkel kann's bezahlen«, sagte die Wirtin.

»Nur noch ein Glas, denn Ihr habt hier eine feurige Art Wein. Der Kopf ist mir schon ganz warm.«

»Er geht nicht ins Blut. Ihr könnt trinken, soviel Ihr wollt. Da kommt eben mein Mann, mit dem müßt Ihr noch eine Weile sitzen und schwatzen.«

Wirklich kam, das Netz über die Schulter gehängt, die rote Mütze über den geringelten Haaren, der stattliche Padrone der Schenke von der Höhe herunter. Er hatte Fische in die Stadt gebracht, die jene vornehme Dame bestellt hatte, um sie dem kleinen Pfarrer von Sorrent vorzusetzen. Wie er des jungen Schiffers ansichtig wurde, winkte er ihm herzlich mit der Hand ein Willkommen zu, setzte sich dann neben ihn auf die Bank und fing an zu fragen und zu erzählen. Eben brachte sein Weib eine zweite Flasche des echten unverfälschten Capri, als der Ufersand zur Linken knisterte und Laurella des Weges von Anacapri daherkam. Sie grüßte flüchtig mit dem Kopf und stand unschlüssig still.

Antonino sprang auf. »Ich muß fort«, sagte er. »'s ist ein Mädchen aus Sorrent, das heute früh mit dem

Signor Curato kam und auf die Nacht wieder zu ihrer kranken Mutter will.«

»Nun, nun, 's ist noch lang bis Nacht«, sagte der Fischer. »Sie wird doch Zeit haben, ein Glas Wein zu trinken. Holla, Frau, bring noch ein Glas.«

»Ich danke, ich trinke nicht«, sagte Laurella und blieb in einiger Entfernung.

»Schenk nur ein, Frau, schenk ein! Sie läßt sich nötigen.«

»Laßt sie«, sagte der Bursch. »Sie hat einen harten Kopf, was sie einmal nicht will, das redet ihr kein Heiliger ein.« Und damit nahm er eilfertig Abschied, lief nach der Barke hinunter, löste das Seil und stand nun in Erwartung des Mädchens. Die grüßte noch einmal nach den Wirten der Schenke zurück und ging dann mit zaudernden Schritten der Barke zu. Sie sah vorher nach allen Seiten um, als erwarte sie, daß sich noch andere Gesellschaft einfinden würde. Die Marine aber war menschenleer; die Fischer schliefen oder fuhren im Meer mit Angeln und Netzen, wenige Frauen und Kinder saßen unter den Türen, schlafend oder spinnend, und die Fremden, die am Morgen herübergefahren, warteten die kühlere Tageszeit zur Rückfahrt ab. Sie konnte auch nicht zu lange umschauen, denn eh' sie es wehren konnte, hatte Antonino sie in die Arme genommen und trug sie wie ein Kind in den Nachen. Dann sprang er nach, und mit wenigen Ruderschlägen waren sie schon im offenen Meer.

Sie hatte sich vorn in den Kahn gesetzt und ihm halb den Rücken zugedreht, daß er sie nur von der Seite sehen konnte. Ihre Züge waren jetzt noch ernsthafter als gewöhnlich. Über die kurze Stirn hing das Haar tief herein, um den feinen Nasenflügel zitterte ein eigensinniger Zug, der volle Mund war fest geschlossen.

Als sie eine Zeitlang so stillschweigend über Meer gefahren waren, empfand sie den Sonnenbrand, nahm das Brot aus dem Tuch und schlang dieses über die Flechte. Dann fing sie an, von dem Brote zu essen und ihr Mittagsmahl zu halten; denn sie hatte auf Capri nichts genossen.

Antonino sah das nicht lange mit an. Er holte aus einem der Körbe, der am Morgen mit Orangen gefüllt gewesen, zwei hervor und sagte: »Da hast du was zu deinem Brot, Laurella. Glaub nicht, daß ich sie für dich zurückbehalten habe. Sie sind aus dem Korb in den Kahn gerollt, und ich fand sie, als ich die leeren Körbe wieder in die Barke setzte.«

»Iß du sie doch. Ich hab' an meinem Brote genug.«

»Sie sind erfrischend in der Hitze, und du bist weit gelaufen.«

»Sie gaben mir oben ein Glas Wasser, das hat mich schon erfrischt.«

»Wie du willst«, sagte er und ließ sie wieder in den Korb fallen.

Neues Stillschweigen. Das Meer war spiegelglatt und rauschte kaum um den Kiel. Auch die weißen Seevögel, die in den Uferhöhlen nisten, zogen lautlos auf ihren Raub.

»Du könntest die zwei Orangen deiner Mutter bringen«, fing Antonino wieder an.

»Wir haben ihrer noch zu Haus, und wenn sie zu Ende sind, geh' ich und kaufe neue.«

»Bringe sie ihr nur und ein Kompliment von mir.«

»Sie kennt dich ja nicht.«

»So könntest du ihr sagen, wer ich bin.«

»Ich kenne dich auch nicht.«

Es war nicht das erste Mal, daß sie ihn so verleugnete. Vor einem Jahr, als der Maler eben nach Sorrent gekommen war, traf sich's an einem Sonntage, daß Antonino mit anderen jungen Burschen aus dem Ort auf einem freien Platz neben der Hauptstraße Boccia spielte. Dort begegnete der Maler zuerst Laurella, die, einen Wasserkrug auf dem Kopfe tragend, ohne sein zu achten vorüberschritt. Der Neapolitaner, von dem Anblick betroffen, stand und sah ihr nach, obwohl er sich mitten in der Bahn des Spieles befand und mit zwei Schritten sie hätte räumen können. Eine unsanfte Kugel, die ihm gegen das Fußgelenk fuhr, mußte ihn daran erinnern, daß hier der Ort nicht sei, sich in Gedanken zu verlieren. Er sah um, als erwarte er eine Entschuldigung. Der junge Schiffer, der den Wurf getan hatte, stand schweigend und trotzig inmitten seiner Freunde, daß der Fremde es geraten fand, einen Wortwechsel zu vermeiden und zu gehen. Doch hatte man von dem Handel gesprochen und sprach von neuem davon, als der Maler sich offen um Laurella bewarb. »Ich kenne ihn nicht«, sagte diese unwillig, als der Maler sie fragte, ob sie ihn jenes unhöflichen Burschen wegen ausschlage. Und doch war auch ihr jenes Gerede zu Ohren gekommen. Seitdem, wenn ihr Antonino begegnete, hatte sie ihn doch wohl wiedererkannt.

Und nun saßen sie im Kahn wie die bittersten Feinde, und beiden klopfte das Herz tödlich. Das sonst gutmütige Gesicht Antoninos war heftig gerötet; er schlug in die Wellen, daß der Schaum ihn überspritzte, und seine Lippen zitterten zuweilen, als spräche er böse Worte. Sie tat, als bemerkte sie es nicht, und machte ihr unbefangenstes Gesicht, neigte sich über den Bord des Nachens und ließ die Flut durch ihre Finger gleiten. Dann band sie ihr Tuch wieder ab und ordnete ihr Haar, als sei sie ganz allein im Kahn. Nur die Augenbrauen zuckten noch, und umsonst hielt sie die nassen Hände gegen ihre brennenden Wangen, um sie zu kühlen.

Nun waren sie mitten auf dem Meer, und nah und fern ließ sich kein Segel blicken. Die Insel war zurückgeblieben, die Küste lag im Sonnenduft weitab, nicht einmal eine Möwe durchflog die tiefe Einsamkeit. Antonino sah um sich her. Ein Gedanke schien in ihm aufzusteigen. Die Röte wich plötzlich von seinen Wangen, und er ließ die Ruder sinken. Unwillkürlich sah Laurella nach ihm um, gespannt, aber furchtlos.

»Ich muß ein Ende machen«, brach der Bursch heraus. »Es dauert mir schon zu lange und wundert mich schier, daß ich nicht drüber zugrunde gegangen bin. Du kennst mich nicht, sagst du? Hast du nicht lange genug mit angesehn, wie ich bei dir vorüberging als ein Unsinniger und hatte das ganze Herz voll dir zu sagen? Dann machtest du deinen bösen Mund und drehtest mir den Rücken.«

»Was hatt' ich mit dir zu reden?« sagte sie kurz. »Ich habe wohl gesehen, daß du mit mir anbinden wolltest.

Ich wollt' aber nicht in der Leute Mäuler kommen um nichts und wieder nichts. Denn zum Manne nehmen mag ich dich nicht, dich nicht und keinen.«

»Und keinen? So wirst du nicht immer sagen. Weil du den Maler weggeschickt hast? Pah! Du warst noch ein Kind damals. Es wird dir schon einmal einsam werden, und dann, toll wie du bist, nimmst du den ersten besten.«

»Es weiß keiner seine Zukunft. Kann sein, daß ich noch meinen Sinn ändere. Was geht's dich an?«

»Was es mich angeht?« fuhr er auf und sprang von der Ruderbank empor, daß der Kahn schaukelte. »Was es mich angeht? Und so kannst du noch fragen, nachdem du weißt, wie es um mich steht? Müsse der elend umkommen, dem je besser von dir begegnet würde als mir!«

»Hab' ich mich dir je versprochen? Kann ich dafür, wenn dein Kopf unsinnig ist? Was hast du für ein Recht auf mich?«

»Oh«, rief er aus, »es steht freilich nicht geschrieben, es hat's kein Advokat in Latein abgefaßt und versiegelt; aber das weiß ich, daß ich so viel Recht auf dich habe, wie in den Himmel zu kommen, wenn ich ein braver Kerl gewesen bin. Meinst du, daß ich mit ansehn will, wenn du mit einem andern in die Kirche gehst, und die Mädchen gehn mir vorüber und zucken die Achseln. Soll ich mir den Schimpf antun lassen?«

»Tu, was du willst. Ich lasse mir nicht bangen, soviel du auch drohst. Ich will auch tun, was ich will.«

»Du wirst nicht lange so sprechen«, sagte er und bebte über den ganzen Leib. »Ich bin Manns genug, daß ich mir das Leben nicht länger von solch einem Trotzkopf verderben lasse. Weißt du, daß du hier in meiner Macht bist und tun mußt, was *ich* will?«

Sie fuhr leicht zusammen und blitzte ihn mit den Augen an.

»Bringe mich um, wenn du's wagst«, sagte sie langsam.

»Man muß nichts halb tun«, sagte er, und seine Stimme klang heiser. »'s ist Platz für uns beide im Meer. Ich kann dir nicht helfen, Kind«, und er sprach fast mitleidig, wie aus dem Traum, »aber wir müssen hinunter, alle beide, und auf einmal — und jetzt!« schrie er überlaut und faßte sie plötzlich mit beiden Armen an. Aber im Augenblick zog er die rechte Hand zurück, das Blut quoll hervor, sie hatte ihn heftig hineingebissen.

»Muß ich tun, was du willst?« rief sie und stieß ihn mit einer raschen Wendung von sich. »Laß sehn, ob ich in deiner Macht bin!« Damit sprang sie über den Bord des Kahns und verschwand einen Augenblick in der Tiefe.

Sie kam gleich wieder herauf; ihr Röckchen umschloß sie fest, ihre Haare waren von den Wellen aufgelöst und hingen schwer über den Hals nieder, mit den Armen ruderte sie emsig und schwamm, ohne einen Laut von sich zu geben, kräftig von der Barke weg nach der Küste zu. Der jähe Schreck schien ihm die Sinne gelähmt zu haben. Er stand im Kahn, vorgebeugt, die Blicke starr nach ihr hin gerichtet, als begebe sich ein Wunder vor seinen Augen. Dann schüttelte er sich, stürzte nach den Rudern und fuhr ihr mit aller Kraft, die er aufzubieten hatte, nach, während der Boden seines Kahnes von dem immer zuströmenden Blute rot wurde.

Im Nu war er an ihrer Seite, so hastig sie schwamm. »Bei Maria Santissima!« rief er, »komm in den Kahn. Ich bin ein Toller gewesen; Gott weiß, was mir die Vernunft benebelte. Wie ein Blitz vom Himmel fuhr mir's ins Hirn, daß ich ganz aufbrannte und wußte nicht, was ich tat und redete. Du sollst mir nicht vergeben, Laurella, nur dein Leben retten und wieder einsteigen.«

Sie schwamm fort, als habe sie nichts gehört.

»Du kannst nicht bis ans Land kommen, es sind noch zwei Miglien. Denk an deine Mutter. Wenn dir ein Unglück begegnete, ich stürbe vor Entsetzen.«

Sie maß mit einem Blick die Entfernung von der Küste. Dann, ohne zu antworten, schwamm sie an die Barke heran und faßte den Bord mit den Händen. Er stand auf, ihr zu helfen; seine Jacke, die auf der Bank gelegen, glitt ins Meer, als der Nachen von der Last des Mädchens nach der einen Seite hinübergezogen wurde. Gewandt schwang sie sich empor und erklomm ihren früheren Sitz. Als er sie geborgen sah, griff er wieder zu den Rudern. Sie aber wand ihr triefendes Röckchen aus und rang das Wasser aus den Flechten. Dabei sah sie auf den Boden der Barke und bemerkte jetzt das Blut. Sie warf einen raschen Blick nach der Hand, die, als sei sie unverwundet, das Ruder führte. »Da!« sagte sie und reichte ihm ihr Tuch. Er schüttelte den Kopf und ruderte vorwärts. Sie stand endlich auf, trat zu ihm und band ihm das Tuch fest um die tiefe

Wunde. Darauf nahm sie ihm, soviel er auch abwehrte, das eine Ruder aus der Hand und setzte sich ihm gegenüber, doch ohne ihn anzusehn, fest auf das Ruder blickend, das vom Blut gerötet war, und trieb mit kräftigen Stößen die Barke fort. Sie waren beide blaß und still. Als sie näher ans Land kamen, begegneten ihnen Fischer, die ihre Netze auf die Nacht auswerfen wollten. Sie riefen Antonino an und neckten Laurella. Keins sah auf oder erwiderte ein Wort.

Die Sonne stand noch ziemlich hoch über Procida, als sie die Marine erreichten. Laurella schüttelte ihr Röckchen, das fast völlig überm Meer getrocknet war, und sprang ans Land.

Die alte spinnende Frau, die sie schon am Morgen hatte abfahren sehen, stand wieder auf dem Dach. »Was hast du an der Hand, Tonino?« rief sie hinunter. »Jesus Christus, die Barke schwimmt ja in Blut!«

»'s ist nichts, Commare«, erwiderte der Bursch. »Ich riß mich an einem Nagel, der zu weit vorsah. Morgen ist's vorbei. Das verwünschte Blut ist nur gleich bei der Hand, daß es gefährlicher aussieht, als es ist.«

»Ich will kommen und dir Kräuter auflegen, Comparello. Wart, ich komme schon.«

»Bemüht Euch nicht, Commare. Ist schon alles geschehn, und morgen wird's vorbei sein und vergessen. Ich habe eine gesunde Haut, die gleich wieder über jede Wunde zuwächst.«

»Addio!« sagte Laurella und wandte sich nach dem Pfad, der hinaufführt.

»Gute Nacht!« rief ihr der Bursch nach, ohne sie anzusehn. Dann trug er das Gerät aus dem Schiff und die Körbe dazu und stieg die kleine Steintreppe zu seiner Hütte hinauf.

Es war keiner außer ihm in den zwei Kammern, durch die er nun hin und her ging. Zu den offenen Fensterchen, die nur mit hölzernen Läden verschlossen werden, strich die Luft etwas erfrischender herein als über das ruhige Meer, und in der Einsamkeit war ihm wohl. Er stand auch lange vor dem kleinen Bilde der Mutter Gottes und sah die aus Silberpapier daraufgeklebte Sternenglorie andächtig an. Doch zu beten fiel ihm nicht ein. Um was hätte er bitten sollen, da er nichts mehr hoffte?

Und der Tag schien heute stillzustehen. Er sehnte sich nach der Dunkelheit, denn er war müde, und der Blutverlust hatte ihn auch mehr angegriffen, als er sich gestand. Er fühlte heftige Schmerzen an der Hand, setzte sich auf einen Schemel und löste den Verband. Das zurückgedrängte Blut schoß wieder hervor, und die Hand war stark um die Wunde angeschwollen. Er wusch sie sorgfältig und kühlte sie lange. Als er sie wieder vorzog, unterschied er deutlich die Spur von Laurellas Zähnen. »Sie hatte recht«, sagte er. »Eine Bestie war ich und verdien' es nicht besser. Ich will ihr morgen das Tuch durch den Giuseppe zurückschicken. Denn mich soll sie nicht wiedersehn.« Und nun wusch er das Tuch sorgfältig und breitete es in der Sonne aus, nachdem er sich die Hand wieder verbunden hatte, so gut er's mit der Linken und den Zähnen konnte. Dann warf er sich auf sein Bett und schloß die Augen.

Der helle Mond weckte ihn aus einem halben Schlaf, zugleich der Schmerz in der Hand. Er sprang eben wieder auf, um die pochenden Schläge des Bluts in Wasser zu beruhigen, als er ein Geräusch an seiner Tür hörte. »Wer ist da?« rief er und öffnete. Laurella stand vor ihm.

Ohne viel zu fragen, trat sie ein. Sie warf das Tuch ab, das sie über den Kopf geschlungen hatte, und stellte ein Körbchen auf den Tisch. Dann schöpfte sie tief Atem.

»Du kommst, dein Tuch zu holen«, sagte er; »du hättest dir die Mühe sparen können, denn morgen in der Frühe hätte ich Giuseppe gebeten, es dir zu bringen.«

»Es ist nicht um das Tuch«, erwiderte sie rasch. »Ich bin auf dem Berg gewesen, um dir Kräuter zu holen, die gegen das Bluten sind. Da!« Und sie hob den Dekkel vom Körbchen.

»Zuviel Mühe«, sagte er und ohne alle Herbigkeit. »zuviel Mühe. Es geht schon besser, viel besser; und wenn es schlimmer ginge, ging' es auch nach Verdienst. Was willst du hier um die Zeit? Wenn dich einer hier träfe! Du weißt, wie sie schwatzen, obwohl sie nicht wissen, was sie sagen.«

»Ich kümmere mich um keinen«, sprach sie heftig. »Aber die Hand will ich sehen und die Kräuter darauf tun, denn mit der Linken bringst du es nicht zustande.«

»Ich sage dir, daß es unnötig ist.«

»So laß es mich sehen, damit ich's glaube.«

Sie ergriff ohne weiteres die Hand, die sich nicht wehren konnte, und band die Lappen ab. Als sie die starke Geschwulst sah, fuhr sie zusammen und schrie auf: »Jesus Maria!«

»Es ist ein bißchen aufgelaufen«, sagte er. »Das geht weg in einem Tag und einer Nacht.«

Sie schüttelte den Kopf: »So kannst du eine Woche lang nicht aufs Meer.«

»Ich denk', schon übermorgen. Was tut's auch?«

Indessen hatte sie ein Becken geholt und die Wunde von neuem gewaschen, was er litt wie ein Kind. Dann legte sie die heilsamen Blätter des Krautes darauf, die ihm das Brennen sogleich linderten, und verband die Hand mit Streifen Leinwand, die sie auch mitgebracht hatte.

Als es getan war, sagte er: »Ich danke dir. Und höre, wenn du mir noch einen Gefallen tun willst, vergib mir, daß mir heut so eine Tollheit über den Kopf wuchs, und vergiß das alles, was ich gesagt und getan habe. Ich weiß selbst nicht, wie es kam. Du hast mir nie Veranlassung dazu gegeben, du wahrhaftig nicht. Und du sollst schon nichts wieder von mir hören, was dich kränken könnte.«

»Ich habe dir abzubitten«, fiel sie ein. »Ich hätte dir alles anders und besser vorstellen sollen und dich nicht aufbringen durch meine stumme Art. Und nun gar die Wunde ...«

»Es war Notwehr und die höchste Zeit, daß ich meiner Sinne wieder mächtig wurde. Und wie gesagt, es hat nichts zu bedeuten. Sprich nicht von Vergeben. Du hast mir wohlgetan, und das danke ich dir. Und nun geh schlafen, und da ... da ist auch dein Tuch, daß du's gleich mitnehmen kannst.«

Er reichte es ihr, aber sie stand noch immer und schien mit sich zu kämpfen. Endlich sagte sie: »Du hast auch deine Jacke eingebüßt um meinetwegen, und ich weiß, daß das Geld für die Orangen darin steckte. Es fiel mir alles erst unterwegs ein. Ich kann dir's nicht so wieder ersetzen, denn wir haben es nicht, und wenn wir's hätten, gehört' es der Mutter. Aber da hab' ich das silberne Kreuz, das mir der Maler auf den Tisch legte, als er das letzte Mal bei uns war. Ich hab' es seitdem nicht angesehn und mag es nicht länger im Kasten haben. Wenn du es verkaufst — ›es ist wohl ein paar Piaster wert‹, sagte damals die Mutter —, so wäre dir dein Schaden ersetzt, und was fehlen sollte, will ich suchen mit Spinnen zu verdienen, nachts, wenn die Mutter schläft.«

»Ich nehme nichts«, sagte er kurz und schob das blanke Kreuzchen zurück, das sie aus der Tasche geholt hatte.

»Du mußt's nehmen«, sagte sie. »Wer weiß, wie lang du mit dieser Hand nichts verdienen kannst. Da liegt's, und ich will's nie wieder sehn mit meinen Augen.«

»So wirf es ins Meer.«

»Es ist ja kein Geschenk, das ich dir mache; es ist nicht mehr als dein gutes Recht und was dir zukommt.«

»Recht? Ich habe kein Recht auf irgendwas von dir. Wenn du mir später einmal begegnen solltest, tu mir den Gefallen und sieh mich nicht an, daß ich nicht denke, du erinnerst mich an das, was ich dir schuldig bin. Und nun gute Nacht, und laß es das Letzte sein.«

Er legte ihr das Tuch in den Korb und das Kreuz dazu und schloß den Deckel darauf. Als er dann aufsah und ihr ins Gesicht, erschrak er. Große schwere Tropfen stürzten ihr über die Wangen. Sie ließ ihnen ihren Lauf.

»Maria Santissima!« rief er, »bist du krank? Du zitterst von Kopf bis zu Fuß.«

»Es ist nichts«, sagte sie, »ich will heim!«, und wankte nach der Tür. Das Weinen übermannte sie, daß sie die Stirn gegen den Pfosten drückte und nun laut und heftig schluchzte. Aber eh' er ihr nach konnte, um sie zurückzuhalten, wandte sie sich plötzlich um und stürzte ihm an den Hals.

»Ich *kann's* nicht ertragen«, schrie sie und preßte ihn an sich, wie sich ein Sterbender ans Leben klammert, »ich *kann's* nicht hören, daß du mir gute Worte gibst und mich von dir gehen heißest mit all der Schuld auf dem Gewissen. Schlage mich, tritt mich mit Füßen, verwünsche mich! — oder, wenn es wahr ist, daß du mich liebhast, *noch,* nach all dem Bösen, das ich dir getan habe, dann nimm mich und behalte mich und mach mit mir, was du willst. Aber schick mich nicht so fort von dir!« Neues, heftiges Schluchzen unterbrach sie.

Er hielt sie eine Weile sprachlos in den Armen. »Ob ich dich noch liebe?« rief er endlich. »Heilige Mutter Gottes! Meinst du, es sei all mein Herzblut aus der kleinen Wunde von mir gewichen? Fühlst du's nicht da in meiner Brust hämmern, als wollt' es heraus und zu dir? Wenn du's nur sagst, um mich zu versuchen oder weil du Mitleiden mit mir hast, so geh, und ich will auch das noch vergessen. Du sollst nicht denken, daß du mir's schuldig bist, weil du weißt, was ich um dich leide.«

»Nein«, sagte sie fest und sah von seiner Schulter auf und ihm mit den nassen Augen heftig ins Gesicht, »ich liebe dich, und daß ich's nur sage, ich hab' es lange gefürchtet und dagegen getrotzt. Und nun will ich anders werden, denn ich kann's nicht mehr aushalten, dich nicht anzusehn, wenn du mir auf der Gasse vorüberkommst. Nun will ich dich auch küssen«, sagte sie, »daß du dir sagen kannst, wenn du wieder in Zweifel sein solltest: ›Sie hat mich geküßt, und Laurella küßt keinen, als den sie zum Manne will.‹«

Sie küßte ihn dreimal, und dann machte sie sich los und sagte: »Gute Nacht, mein Liebster! Geh nun schlafen und heile deine Hand, und geh nicht mit mir, denn ich fürchte mich nicht, vor keinem als nur vor dir.«

Damit huschte sie durch die Tür und verschwand in den Schatten der Mauer. Er aber sah noch lange durchs Fenster, aufs Meer hinaus, über dem alle Sterne zu schwanken schienen.

Als der kleine Padre Curato das nächste Mal aus dem Beichtstuhl kam, in dem Laurella lange gekniet hatte, lächelte er still in sich hinein. »Wer hätte gedacht«, sagte er bei sich selbst, »daß Gott sich so schnell dieses wunderlichen Herzens erbarmen würde? Und ich machte mir noch Vorwürfe, daß ich den Dämon Eigensinn nicht härter bedräut hatte. Aber unsere Augen sind kurzsichtig für die Wege des Himmels. Nun so segne sie der Herr und lasse mich's erleben, daß mich Laurellas ältester Bube einmal an seines Vaters Statt über Meer fährt! Ei, ei, ei! l'Arrabbiata!«

WILHELM RAABE

Holunderblüte

Eine Erinnerung aus dem »Hause des Lebens«

Ich bin Arzt, ein alter Praktiker und sogar Medizinalrat. Seit vier Jahren besitze ich die dritte Klasse des Roten Adlerordens; dem Jahrhundert schreite ich um einige Jahre voran und stehe deshalb dem biblischen Lebenspunktum ziemlich nahe. Ich war verheiratet; meine Kinder sind gut eingeschlagen; die Söhne sind auf ihre eigenen Füße gestellt, meine Tochter hat einen guten Mann. Über mein Herz und meine Nerven habe ich mich nicht zu beklagen, sie bestehen aus zähem Material und halten gut bei manchen Gelegenheiten, wo andere Leute ihren Gefühlen nicht mit Unrecht unterliegen. Wir Ärzte werden, sozusagen, innerlich und äußerlich gegerbt, und wie wir unempfindlich werden gegen den Ansteckungsstoff der Epidemien, so hindert uns nichts, inmitten des lauten Schmerzes und der stummen Verzweiflung den ergebenen und gelassenen Tröster zu spielen. Jedermann soll seine Pflicht tun, und ich übe hoffentlich die meinige nach bestem Vermögen. Das sind schlechte Doktoren, die da glauben, daß ihre Aufgabe gelöst sei, wenn sie in ihrer Krankenliste ein Kreuz oder irgendein anderes Zeichen hinter dem Namen eines Patienten gemacht haben. Unsere schwierigste Aufgabe beginnt sehr oft dann erst; wir, deren Kunst und Wissenschaft sich so machtlos erwiesen, wir, die wir so oft von den Verwandten und Freunden unserer Kranken nicht mit den günstigsten und gerechtesten Augen angesehen werden, wir sollen noch Worte des Trostes für diese Freunde und Verwandten haben. Die Stunden und Besuche, welche wir, nachdem der Sarg aus dem Hause geschafft ist, den Überlebenden widmen müssen, sind viel peinlicher als die, welche wir am Lager des hoffnungslosen Kranken zubrachten.

Doch das hat eigentlich nichts mit diesen Aufzeichnungen zu tun; ich will nur an einem neuen Beispiele zeigen, welch ein wunderliches Ding die menschliche Seele ist. Nicht ohne guten Grund überschreibe ich dieses Blatt: »Holunderblüte«; der Leser wird bald erfahren, was für einen Einfluß Syringa vulgaris auf mich hat.

Es war ein klarer, kalter Tag im Januar; die Sonne schien, der Schnee knirschte unter den Füßen der Wanderer, die Wagenräder drehten sich mit einem pfeifenden, kreischenden Ton. Es war ein gesunder, herzerfrischender Tag, und ich holte noch einmal aus voller Brust Atem, ehe ich um die dritte Nachmittagsstunde die Türglocke eines der ansehnlichsten Häuser in einer der ansehnlichsten Straßen der Stadt zog.

Ich wußte, was ich tat, wenn ich soviel Lebensfrische als möglich in dieses stattliche Haus mit hineinzunehmen trachtete. Und doch lag darin kein Schwerkranker und kein Leichnam; ich hatte darin weder Rezepte zu schreiben, noch hatte ich darin mit dem Seziermesser zu tun.

Nicht lange brauchte ich vor der Türe zu warten; ein alter Diener mit einem kummervollen Gesicht öffnete mir und neigte stumm grüßend den Kopf. Ich schritt durch die kalte, weite Halle, ich stieg die breite Treppe hinauf — langsam, Stufe für Stufe.

In den letzten Zeiten war ich sehr häufig diese Treppe hinaufgestiegen — zu jeder Stunde des Tags, zu jeder Stunde der Nacht. Oben auf dem Eckpfosten der Brüstung stand ein schöner Abguß jener sinnenden Muse, die, so anmutig in ihre Schleier gewickelt, das Kinn mit der Hand stützt. Wenn die große Stadt schlief, wenn das Licht der Lampe, welche mir der alte Diener tief in der Nacht vorantrug, auf dieses weiße Bild fiel, hatte ich es im Vorübergehen fest angeblickt und versucht, etwas von der hohen, ewigen Ruhe dieser Statue mit hinter die Tür zu nehmen, wo... doch das war ja vorüber, das Fieber hatte gesiegt, der Sarg mit der jungfräulichen Krone auf dem weißen Atlaskissen war diese Treppe herabgetragen, vorüber an dieser selben Bildsäule. Der Sarg war durch die Halle getragen worden, durch die Gassen der Stadt — der Schnee deckte das Grab, zwanzig Tage waren darüber hingegangen, und jetzt schien die kalte Wintersonne darauf.

Ich schritt durch wohlausgestattete Gemächer, wo schöne Gemälde an den Wänden hingen, wo Blumen in den Fensterbänken standen, wo weiche Teppiche den Boden bedeckten. Aber alle diese Räume waren kalt, und niemand befand sich darin. Ich öffnete eine

Tür nach der andern und schloß sie leise. Dann stand ich vor der letzten, welche in das letzte Gemach dieses Flügels des Hauses, ein mir wohlbekanntes Eckzimmer, führte; da horchte ich einen Augenblick: drinnen regte sich jemand.

Was mich drinnen erwartete, wußte ich; aber doch kroch es mir ganz leise, feucht und kalt über die Stirn und berührte leise, leise, leise alle Nervenausläufer in der Haut. Selbst der gegerbteste Doktor ist noch immer nicht gegerbt genug; ich sollte das heute wieder erfahren.

Es war ein heiteres, warmes, behagliches Gemach, in welches ich eintrat; die Sonne strahlte auch hier glänzend durch die großen Spiegelscheiben. Am Fenster standen auch hier viele und teure Blumen, und ein schönes Vogelbauer mit zwei Gesellschaftsvögeln war mitten dazwischen aufgestellt. Ein offenes Klavier, mit einem aufgeschlagenen Liederbuch darauf und einem gestickten Sesselchen davor, war ebenfalls vorhanden. Alles ringsum deutete an, daß ein Weib, und zwar ein junges Weib, hier wohnte — gewohnt hatte. Alles hatte etwas mädchenhaft Zierliches; eine Verheiratete, eine alte Jungfer hätten ihren Wohnort so nicht ausgestattet: die bleiche Frau in Trauerkleidung, welche ich stumm begrüßte und welche, auf dem Teppich vor einer geöffneten Schieblade kniend, mit tränenleeren, ach so tränenleeren, traurigen Augen zu mir emporblickte, berauschte sich täglich — in jeder Minute, im tödlichen Schmerz, in diesem Duft und Glanz — Duft und Glanz des Gewesenen, Nimmerwiederkehrenden.

Wir sprachen nach den ersten Worten der Begrüßung nicht viel mehr miteinander. Die trauernde Mutter sagte noch, wie gewöhnlich: »Ich danke Ihnen, lieber Freund, daß Sie kommen!«, und dann saß ich nieder auf dem gestickten Sessel vor dem Fortepiano und stützte die Stirn mit der Hand, die niedergebeugte Mutter beobachtend.

Sie war beschäftigt, die kleinen Schätze, welche ihr Kind zurückgelassen hatte nach seinem kurzen Erdendasein, zu ordnen; aus diesem bittern Kelche der Erinnerung, welchen die Leidtragenden so krampfhaft fest in den Händen halten, trank sie Tag für Tag.

Briefe der Freundinnen, Geschenke fröhlicher Feste, Schmucksachen, hunderterlei Einzelheiten aus der bunten unendlichen Mannigfaltigkeit, welche die Kunst in allen ihren Verzweigungen für die bevorzugten Kinder dieser Welt schafft, hatte sie zu ordnen. Alles, was ihr in die Hand fiel, wurde von der armen Mutter wie ein lebendiges, gefühlsbegabtes Ding behandelt. Sie tändelte und sprach mit ihm und erinnerte es und sich an die Stunden, wo es in dieses Haus gekommen, um der Toten Freude oder vielleicht auch wohl einen kleinen Kummer zu machen.

Da war eine zerbrochene Schäferin von Porzellan, und eine ganz lange Geschichte hing daran, und die Mutter erzählte sich, mir und der bunten vergoldeten Figur diese ganze Geschichte mit allen ihren Wendungen. Als ich dann in der Zerstreutheit über die Tasten des Klaviers neben mir griff, schoß ein Strahl von Eifersucht über das Gesicht der beklagenswerten Erzählerin: durfte eine fremde Hand diese Klänge, die der Toten gehörten, von neuem aufwecken?

Als sich das bleiche Gesicht wieder herabgesenkt hatte, fiel mein Blick auf die geöffneten Notenblätter. Es war ein trauriges Lied. Hatte das der Zufall dahin gelegt, oder hatte die Tote mit ahnungsvoller Hand es aufgeschlagen? Es lautete:

»Legt in die Hand das Schicksal dir ein Glück,
Mußt du ein andres wieder fallen lassen;
Schmerz wie Gewinn erhältst du Stück um Stück,
Und Tiefersehntes wirst du bitter hassen.

Des Menschen Hand ist eine Kinderhand,
Sie greift nur zu, um achtlos zu zerstören;
Mit Trümmern überstreuet sie das Land,
Und was sie hält, wird ihr doch nie gehören.

Des Menschen Hand ist eine Kinderhand,
Sein Herz ein Kinderherz im heft'gen Trachten.
Greif zu und halt! ... Da liegt der bunte Tand;
Und klagen müssen nun, die eben lachten.

Legt in die Hand das Schicksal dir den Kranz,
So mußt die schönste Pracht du selbst zerpflücken;
Zerstören wirst du selbst des Lebens Glanz
Und weinen über den zerstreuten Stücken.«

Mit diesem Liede kam mir die erste Mahnung aus lang vergangener Zeit; aber ein Zweites mußte dazukommen, ehe sich die Gedanken- und Bilderreihe entspann, welche ich diesen Papieren jetzt anvertraue.

Kaltblau war der Himmel draußen über den gegenüberliegenden Dächern; immer noch schien die Sonne durch die hohen Fenster; aber die Eiskristalle, die unter Mittag ein wenig aufgetaut waren, schossen bereits wieder zusammen; ich hatte einen Ballkranz von künstlichen Blumen von einem Nähtischchen genommen, und die Sonne schien auch auf diesen Kranz.

Es war ein kunstreiches und zierliches Gewinde von weißen und blauen Holunderblüten und Blättern, und ein langes einzelnes blondes Haar hatte sich darin verflochten, als die Tote diesen Kranz nach jener Ballnacht, welcher das böse Fieber folgte, aus den Locken nahm.

Viele Arten von Kränzen gibt es in der Welt, und auf mancherlei Weise strebt die Welt danach, gewinnt oder verliert sie. Ist nicht jedes Leben an und für sich der Versuch, einen Kranz zu winden? Jeder begibt sich nach besten Kräften und Vermögen ans Werk; man hat Glück oder Unglück dabei: es kommen oft sehr schöne, oft aber auch sehr häßliche Machwerke zutage. Manch ein Kranz wird zerrissen, noch ehe er vollendet ist, und manch ein stolzer Kranz, den irgendein Menschenkind lange auf erhobenem Haupte trug, fällt zuletzt in eine fremde Hand, die ihn hält, die ihn, Blatt für Blatt, untersucht und zerpflückt, während eine winterlich-nüchterne Sonne, allem falschen, geborgten Schimmer abhold, darauf scheint.

So war es freilich nicht mit dem Gewinde, welches ich jetzt in der Hand hielt. Zu allem andern bestand es aus den Blüten des Holunders, und trotzdem daß es nur ein künstlich angefertigtes Ding war, war es doch von so frischer Lebendigkeit, daß der Greis, auf dessen Haupte längst der Schnee des Alters sich sammelte, in immer entlegenere, in immer blauere Fernen seines Lebens entrückt wurde. Erinnerungen wachten auf, welche im Grunde wenig mit diesem Putz der jungen Abgeschiedenen zu tun hatten.

Die Holunderblüte war schuld daran, daß ich im tiefen, bittern Ernst an das Gewinde dachte, welches auch um mein Leben, teilweise von meiner eigenen Hand geschlungen, lag und dessen beide Enden sich nun so bald berühren mußten.

Das Lied, welches auf dem Klavier aufgeschlagen lag, war viel mehr für mich geschrieben als für die junge Tote, die nach kurzem und glücklichem Atmen auf dieser Erde sanft, still und schmerzlos eingeschlafen war, welche diesen Kranz von schönen Frühlingsblüten auf schönerem Köpfchen getragen hatte, ein liebliches Symbol ihres Lebens und Kranzwindens. —

Früh war ich in die Welt hinausgeschleudert worden, hatte als ein verwaister Knabe, Erbe eines nicht unbedeutenden Vermögens, in dem Hause eines finstern hypochondrischen Verwandten gelebt, und dieser, welcher in den heitersten Tag seine krankhaften Grabesgedanken hineintrug, band mich mit harten eisernen Ketten an die tägliche Arbeit, das unablässige Studium. Mißmutig und widerwillig saß ich in seinem verdunkelten Gemach und verbrachte unter seinen mürrisch-wachsamen Augen meine Knabenzeit — sonst die glücklichste Zeit des Lebens — elend und kläglich genug. Die wilde Lust, das tolle Jauchzen im Kreise sorgloser Genossen lernte ich nicht kennen. Ich habe niemals eine Tracht Schläge für einen unsinnigen Jungenstreich bekommen, und daß mir damit ein großer Segen entging, den alles »Traktieren« der Grammatik nicht ersetzen konnte, wird mir mehr als ein sehr gelehrter Herr bezeugen.

Es war viel lustiges und viel ernst-buntes Leben in manchem der Bücher, über denen ich meine Tage verbringen mußte; aber die heitersten, herrlichsten Götter und Göttinnen erschienen mir nur als griesgrämliche Quälgeister, und die Helden und Weisen schienen ihre Schlachten nur deshalb zu schlagen und ihre Weisheit nur deshalb von sich zu geben, um einen unmotivierten Groll an mir armem eingesperrtem Teufel auszulassen. Sie hatten nur gelebt und gewirkt, um mich nach ein paar tausend Jahren durch schauderhafte Irrgärten voll gräßlicher Vokabeln zu schleppen und mich in dunkle Abgründe voll scharfeckiger Konstruktionen zu stürzen.

Als endlich diese siebenjährige Jammerknechtschaft aufgeschlossen wurde, brach ich natürlich los wie ein Tier von der Kette, und die uralten und doch nimmer begriffenen Konsequenzen solcher Erziehung traten ein. Ich gehörte auf der Universität zu den wildesten, meisterlosesten Gesellen, und mein Ruhm war weniger groß im würdigen Kreise meiner Professoren als in der unwürdigen Mitte meiner Genossen. Ich floh natürlich aus dem Bereich meines Vormunds und Oheims soweit als möglich fort und begann meine akademische Laufbahn in Wien, welches damals noch das alte lustige Wien war. Und als mir dort der Boden unter den Füßen zu heiß geworden war und zu viele Augen auf mein Treiben achteten, ging ich nach Prag, hochberühmt seiner medizinischen Lehrstühle wegen. —

Die Sonne umflimmerte noch immer den Ballkranz in meiner Hand, und das einzelne Haar, welches die schöne Trägerin zwischen den weißen und rötlichen Blüten zurückgelassen hatte, glänzte wie ein Goldfaden; ich gedachte der alten hunderttürmigen Stadt Prag und eines andern schönen Mädchens, welches aber schwarze Haare hatte, und ich gedachte anderer Holunderblüte.

O Prag, du tolle, du feierliche Stadt, du Stadt der Märtyrer, der Musikanten und der schönen Mädchen, o Prag, welch ein Stück meiner freien Seele hast du mir genommen!

Sie sagen, wenn die tschechische Mutter ihr Kind geboren habe, so lege sie es auf das Dach: halte es sich fest, so werde es ein Dieb, rolle es herunter, so werde es ein Musikant. Wäre dieses Wort einem deutschen Kopfe entsprungen, so würde es viel böhmisches Gebrumm darum geben, da es aber ein panslawistisches Diktum ist, so muß man es nehmen, wie es sich gibt. Und nun gab es in der alten wundervollen Stadt Prag, als ich dort die Medizin studierte, solch ein Kind — es war freilich von einer böhmisch-jüdischen Mutter geboren —, welches nicht von dem Dache gerollt war, sondern sich recht festgehalten hatte, welches also von Rechts wegen stehlen durfte und mußte. Mein Herz nahm es mir, und doch liebte ich es nicht, und eine traurige Geschichte ward daraus.

Damals war es fast noch schwerer als heute, den berühmten Kirchhof der Juden zu finden, wenn man fremd in der Stadt war. Man tat und tut am besten, nach dem Wege zu fragen und sich führen zu lassen, und so fragte auch ich am Tage nach meiner Ankunft, nachdem ich, vom großen Ring kommend, aus der Geiststraße mich in das namenlose Gewirr von Gassen und Gäßlein verloren hatte, welches um den »guten Ort« liegt.

Da es mein Grundsatz ist, mich bei Verlegenheiten in fremder Umgebung an das angenehmste Gesicht zu wenden, so sah ich mich auch jetzt nach demselben um, geriet aber aus einer Verlegenheit in die andere: das Volk, welches mir begegnete, war durchgängig häßlich wie die Nacht. Hätte ich mich an die abschreckendste Physiognomie wenden wollen, so würde ich eher zu einem Resultat gelangt sein. Endlich erblickte ich aber, was ich suchte.

Es hing ein alter Frauenanzug vor einer dunkeln Haustür, und an dem Türpfosten lehnte träge, doch nicht unzierlich, ein fünfzehnjähriges Mädchen. Sie hielt die Arme und Hände auf dem Rücken verborgen und sah mich an. Ich sah sie wieder an und beschloß, meine Frage vorzubringen. Ein Gesicht aus den vornehmen Ständen hatte ich freilich nicht vor mir, und ehe mir Antwort ward, kam eine kleine braune Hand hinter dem Rücken des Kindes hervor, fuhr mir geöffnet mit unverkennbarem Verlangen entgegen, und ich konnte nicht umhin, sechs Kreuzer hineinzulegen.

»Nach unserm alten Kirchhof? Nun, ich will hinbringen den Herrn.«

Herab von den drei schmutzigen Stufen sprang die schmächtige Gestalt, glitt mir voran, ohne sich umzusehen, und führte mich kreuz und quer durch die abscheulichsten Winkel, Gassen und Durchgänge, wo mir von allen Seiten mehr oder weniger vorteilhafte Handelsanträge in betreff meines schwarzen altdeutschen Sammetrockes gemacht wurden. Ich hielt mich nicht damit auf, diese Anerbietungen abzulehnen, sondern achtete nur auf das zierliche Irrlicht, welches mich durch diese seltsamen Regionen leitete und endlich neckisch schadenfroh mich verleitete.

Wir kamen in eine enge Sackgasse, dann rechts ab zwischen zwei hohe Steinmauern, an deren Ende eine unheimliche Rundbogentür in einen unheimlichen dunkeln Gang führte. An dieser Pforte stand meine leichtfüßige Führerin still, wies in die Finsternis hinein und sagte unübertrefflich treuherzig: »Klopfen Sie dort an.«

Obgleich ich eigentlich durchaus nicht wußte, wo ich anklopfen sollte, so tappte ich doch auf gut Glück den Gang entlang, bis ich gegen eine andere schwarze, feuchte Tür stolperte. Ich klopfte und vernahm drinnen ein Ächzen, Stöhnen und dann ein Schlürfen. Dann öffnete sich die Pforte, und ich stand entsetzt vor einer unappetitlichen alten Hexe, welche mich auf tschechisch ankreischte. Drei andere ähnliche Zauberschwestern krochen an Krücken langsam herzu und schnarrten mir ebenfalls Unverständliches entgegen. Höchst verblüfft sah ich mich in dem halbdunkeln, weiten, niedern Raume um. Sechs Betten standen darin, und aus zwei derselben richteten sich zwei entsetzliche Gespenster auf und starrten mich an wie die unglückseligen Geschöpfe, welchen Gulliver auf seinen Reisen begegnete, diese Wesen, welche mit einem schwarzen Fleck vor der Stirn geboren werden und nicht sterben können. Ich hatte die Frechheit, meine Frage nach dem Judenkirchhof zu wiederholen, obgleich mir eine Ahnung sagte, daß ich an der Nase geführt und daß diese Frage an diesem Orte sehr unstatthaft sei. Und richtig — im nächsten Augenblicke befand ich mich wieder in dem vorhin geschilderten dunkeln Gange, froh, mit gesunden, unausgekratzten Augen davongekommen zu sein. Drinnen erschallte ein höllisches Gezeter: der Schalk, mein Irrlicht, mein allerliebstes Judenkind hatte mich für meine sechs Kreuzer in ein Spital für sechs christliche alte Weiber geführt statt zu dem ehrwürdigen Israeliten, welcher den Schlüssel zu dem Beth-Chaim in Verwahrsam hat.

Ein helles Gelächter erweckte mich aus meiner ärgerlichen Erstarrung; draußen in die Winkelgasse schien die Sonne, und im Sonnenschein am Ende des dunkeln Ganges tanzte auch eine Hexe; aber diese Hexe war jung und reizend und: »'s isch ke liebliger G'schöpf aß so ne Hexli, wo jung isch.«

In dem Sonnenschein tanzte sie und drehte mir eine lange Nase, und ich drohte ihr mit der Faust: »Wart, Hexe, Verführerin, kleine Prager Teufelin!«

Sie aber deutete mit dem Finger auf den Mund und rief mir spöttisch zu: »Strc prst skrz krk!«, welche melodischen, durch Vokalreichtum sich auszeichnenden Worte im rauhen Deutsch ungefähr bedeuten: »Stecke den Finger durch den Hals.« Dann verschwand der Kobold, und ich mochte nach Belieben über den tiefen Sinn dieser Worte nachsinnen, tat es aber nicht und fragte auch nach solcher üblen Erfahrung niemand mehr um den Weg nach dem Judenkirchhof, sondern fing an, ihn mit germanischer Ausdauer selbst zu suchen. Meinen eigenen Sternen vertraute ich, und sie ließen mich auch nicht im Stich und führten mich endlich durch das schmutzigste Labyrinth, welches die menschliche Phantasie sich vorstellen kann, zu der Pforte, welche in das schauerliche, oft beschriebene Reich des tausendjährigen Staubes führt.

Ich sah die unzähligen aneinandergeschichteten Steintafeln und die uralten Holunder, welche ihre knorrigen Äste drumschlingen und drüberbreiten. Ich wandelte in den engen Gängen und sah die Krüge von Levi, die Hände Aarons und die Trauben Israels. Zum Zeichen meiner Achtung legte ich, wie die andern, ein Steinchen auf das Grab des Hohen Rabbi Jehuda Löw bar Bezalel. Dann saß ich nieder auf einem schwarzen Steine aus dem vierzehnten Jahrhundert, und der Schauer des Ortes kam in vollstem Maße über mich.

Seit tausend Jahren hatten sie hier die Toten des Volkes Gottes zusammengedrängt, wie sie die Lebenden eingeschlossen hatten in die engen Mauern des Ghetto. Die Sonne schien wohl, und es war Frühling, und von Zeit zu Zeit bewegte ein frischer Windhauch die Holunderzweige und -blüten, daß sie leise über den Gräbern rauschten und die Luft mit süßem Duft füllten; aber das Atmen wurde mir doch immer schwerer, und sie nennen diesen Ort Beth-Chaim, *das Haus des Lebens?!*

Aus dem schwarzen, feuchten, modrigen Boden, der so viele arg geplagte, mißhandelte, verachtete, angstgeschlagene Generationen lebendiger Wesen verschlungen hatte, in welchem Leben auf Leben versunken war wie in einem grundlosen, gefräßigen Sumpf — aus diesem Boden stieg ein Hauch der Verwesung auf, erstickender als von einer unbeerdigten Walstatt, gespenstisch genug, um allen Sonnenglanz und allen Frühlingshauch und allen Blütenduft zunichte zu machen.

Ich habe schon erzählt, daß ich in dieser Zeit meines Lebens ein toller, wilder Geselle war; aber das Gefühl, welches mich an dieser Stelle erfaßte, enthielt die Bürgschaft dafür, daß ich noch ernst genug werden könne.

Immer tiefer sank mir die Stirn herab, als ich plötzlich dicht neben mir — über mir ein kindlich helles Lachen hörte, welches ich schon einmal vernommen hatte. Dieses Mal erschreckte es mich fast, und als ich schnell aufsah, erblickte ich ein liebliches Bild.

In dem Gezweig eines der niedern Holunderbüsche, die, wie schon gesagt, das ganze Totenfeld überziehen, mitten in den Blüten, auf einem der wunderlichen, knorrigen Äste, welche die Pracht und Kraft des Frühlings so reich mit Grün und Blumen umwunden hatte, saß das neckische Kind, welches mir vorhin so schlecht den Weg hierher gewiesen hatte, und schelmisch lächelte es herab auf den deutschen Studenten.

Als ich aber die Hand nach dem Spuk ausstreckte, da war er blitzschnell verschwunden, und einen Augenblick später sah das lachende bräunliche Gesicht, umgeben von schwarzem Gelock, um das Grab des Hohen Rabbi, als wolle es mich von neuem verlocken, und zwar zu einer Jagd über den alten Totenort. Aber dieses Mal ließ ich mich nicht verleiten; denn ich wußte klar, daß es mir doch nichts nutzen würde, wenn ich dem Ding nachspränge. In die Erde, in den schwarzen Boden hätte es sich verloren, oder, noch wahrscheinlicher, in die Holunderblüten über den Gräbern wäre es verschwunden. Wie angewurzelt stand ich auf meinen Füßen und traute dem hellen Tag, der glänzenden Mittagsstunde nicht im mindesten: Wer konnte sagen, ob an dieser geisterhaften Stelle nicht andere Regeln der Geisterwelt galten als anderwärts?

Still stand ich und hütete mich wohl, mich zu rühren, und als nun das Ding sah, daß sein lockendes Lachen, Blicken und Winken ihm nichts half, da fing's den Zauber auf eine andere Art an. Sein Gesichtchen wurde ernst, sein Köpfchen neigte sich, und schüchtern schlich's heran, neigte sich wiederum sittsam und stand vor mir und sagte: »Schöner Herr, verzeih, ich will nicht wieder böse sein.«

Ruhig duldete es, daß ich seine Hand nahm; es wehrte sich nicht, als ich es näher zu mir heranzog, um ihm besser ins Auge sehen zu können. Es gab wundersamerweise auch klaren und vernünftigen Bericht, als ich es fragte, woher es sei und wie es heiße. Wenn es nicht nach Elfenart log, so gehörte dieses verwahrloste und doch so reizende Geschöpf keineswegs ganz der Geisterwelt an, war nicht eine Tochter Oberons und Titanias, sondern der Sprößling sehr irdischer Eltern, welche in der Josephsstadt zu Prag mit alten Kleidern und Gerätschaften handelten. Auch die Hausnummer und den Namen erfuhr ich: Jemima hieß es, wie die Tochter Hiobs, des trefflichen Mannes aus dem Lande Uz, und Jemima bedeutete auf deutsch: *Tag.*

Obgleich der Vater nicht Hiob hieß, sondern Baruch Löw, so war er doch ein gutes Seitenstück zu jenem Dulder in der Zeit der Plagen. Von der Mutter Jemima Löws will ich lieber ganz schweigen.

O über den Schmutz, den ich in dem Hause Nummer fünfhundertdreiunddreißig in der Judenstadt sah, als ich zum erstenmal nach dem Bekanntwerden mit der Tochter des Hauses kam und schlau meine Uhr versetzte, obgleich ich einen frischen, nicht unbedeutenden Wechsel in der Tasche hatte. Und was ich roch, war fast noch schlimmer als das, was ich sah.

Aber der Zauber lag einmal auf mir, und es war ein mächtiger Zauber und sollte ein böser Zauber werden: Wie hätte er auch sonst in diesem ruhigen, reinlichen, vornehmen Hause in Berlin vierzig Jahre später von neuem dadurch erweckt werden können, daß mir ein Kranz von Holunderblüte, welchen ein junges Mädchen auf dem Ball getragen hatte, in die Hand fiel? —

Von dem lustigen Wien war ich mit dem festen Vorsatz herübergekommen, dem Collegio medicorum zu Prag alle Ehre zu machen, sehr fleißig zu sein und mit Eifer das Versäumte nachzuholen. Daraus wurde nichts. Nicht daß ich mich wieder dem vorigen wilden Treiben ergeben hätte, welches schon manchen Studenten der Medizin dahin gebracht hat, daß er kläglich die edle Heilkunst an seinem eigenen Leibe praktizieren konnte. Im Gegenteil — weder nächtliches Schwärmen und tolles Trinken, weder Melniker, Pilsener Bier und Slibowitz hatten mehr den gewohnten Reiz für mich; aber berauscht war ich nichtsdestoweniger, und unendliche Quantitäten ungarischen Tabaks konsumierte ich über meinen verworrenen Träumen. Auf meine Stube in der Nekazalkagasse, ins Kollegium, an den Seziertisch, überallhin verfolgte mich die kleine Hexe aus der Judenstadt, Jemima Löw. Es war keine Möglichkeit, jetzt Pathologie, Therapeutik zu studieren und menschliche Leichname und lebendige Hunde, Katzen, Kaninchen und Frösche zu zergliedern. So gab ich's denn auch in Prag auf und verlegte den Vorsatz, fleißig zu sein, auf eine andere, spätere Zeit und auf eine andere Universität.

In meiner Stube in der Nekazalkagasse lag ich auf dem harten Sofa, eingehüllt in dichte, blaue, duftende Wolken, und stellte die tiefsinnigsten, aber auch unvernünftigsten Betrachtungen an über die Wunder der menschlichen Seele. Ein Buch darüber, wie die Leidenschaft entstehe und vergehe, hätte ich freilich darum doch nicht schreiben können. Wenn ich dann genug geraucht und geträumt hatte, so erhob ich mich, das Träumen stehenden Fußes fortzusetzen, und durchstreifte die Gassen dieser Stadt, die selbst einem Traume gleich ist.

Auf dem großen Ring hörte ich die Mädchen am Brunnen böhmisch und deutsch durcheinanderschwatzen, hörte am Abend den Liedern der frommen Beter an der Mariensäule zu. Die ungarischen Grenadiere auf der Wache am Rathause wurden von Italienern abgelöst; wie in einer Zauberlaterne wechselte das bunteste Leben. Dann schlenderte ich ein andermal auf dem Wissehrad umher, wo über versunkenen königlichen Palästen die Gänse schnattern und die Ziegen weiden und wo ungemein zerrissene Wäsche getrocknet wird. Wieder ein andermal lehnte ich unter dem Schutze des heiligen Johannes von Nepomuk auf der berühmten Brücke und sah, ohne meiner unsterblichen, vernünftigen Seele einen Grund dafür angeben zu können, stundenlang in die Moldau hinab. Dann stieg ich nachher wohl durch die steilen Gassen der Kleinseite die Treppe zum Hradschin herauf und sah über die Mauerbrüstung die stolze Böhmenstadt zu meinen Füßen liegen. Manche heiße Sommerstunde verbrachte ich in der kühlen, dämmerigen Halle des Domes von Sankt Veit; aber Jemima Löw verfolgte mich bis unter den purpurnen Baldachin, der das Grab des heiligen Nepomuk überhängt. Da ist an der Wenzelskapelle der große Türring, an welchem sich der heilige Herzog und Landespatron im Todeskampfe hielt, als er von dem verräterischen Bruder erschlagen wurde. Wenn man diesen Ring mit Ehrfurcht küßt, so ist das nützlich und gut gegen mancherlei Übel: ach, gegen das, was mich bedrückte, hätte solch ein Kuß doch nicht geholfen. Ein gutes Mittel gegen Kopfweh ist's ferner, wenn man von einem alten Holzschnitzwerk neben der Tür den Staub abreibt und damit drei Kreuze auf die Stirn macht, ich hatte auch öfters Kopfweh — echtes körperliches, nicht nur geistiges — in jenen seltsamen Tagen; ach, ich konnte es nicht heilen durch solches Bekreuzigen. Die Pein legte sich nur dann ein wenig, wenn ich spornstreichs die Treppe von der Kaiserburg und dem Dom wieder herabsprang und über die Brücke, vorüber am heiligen Nepomuk und den andern Bildern, zur Josephsstadt rannte. Erst im Schatten der alten grimmigen Mauern und Häuser des

Judenviertels wurde mir die Stirn wieder freier; aber fieberkrank blieb ich darum doch.

Schon längst hatte ich Freundschaft geschlossen mit dem Pförtner des berühmten Kirchhofes, und schon längst bezahlte ich nicht mehr jedesmal, wenn ich Einlaß in das Reich des Todes verlangte, die sechs Kreuzer, welche die kaiserlich-königliche Polizeibehörde dem Pförtner bewilligt hat aus dem Geldbeutel, der Reisekasse der neugierigen Fremden.

Recht schnell hatte ich die Zuneigung des Graubarts gewonnen, denn ich verstand es, auf seine Anschauungen von dem Wert und der Geschichte des jüdischen Volkes einzugehen, und so wandelten wir unter den Gräbern, und manche Biographie und manche Sage habe ich mir erzählen lassen — wahrlich, vieles konnte man lernen unter diesen grauen Steinen, diesen Monumenten, welche so sehr denen gleichen, die im Tal Josaphat zerstreut liegen.

Jemima Löw aber war die Verwandte des Pförtners, seine Enkelin, Urenkelin, Großnichte oder dergleichen — die langen Jahre haben mir den Verwandtschaftsgrad aus dem Gedächtnis gewischt. Sie ging oft mit uns, saß neben uns und gab altklug, oft treffend genug, ihr Wort zu unserem Gespräch.

Es waren Tage, es waren Stunden, es waren Augenblicke, deren melancholischen Reiz ich in keiner Weise wahr genug zu schildern vermag. O über diesen uralten Totenacker und seine Holunder! Nun war die Luft an diesem Ort nicht mehr unatembar für mich, und keine Gespenster traten mehr in das Sonnenlicht, welches durch die Blätter schoß und über den Gräbern tanzte.

Immer vertrauter wurde ich mit den grauen Steinen. Noch besser als der Alte machte mich Jemima damit bekannt. Wenn der Pförtner in seinem Lehnstuhl eingeschlafen oder zu tief in die unergründlichen Spitzfindigkeiten des Talmuds geraten war, so hüteten wir uns wohl, ihn aufzustören. Hand in Hand schlüpften wir in das Beth-Chaim und waren uns selbst genug in diesen seltsamen Sommertagen, welche die Welt lange nicht so lieblich gesehen hatte.

Ja, Beth-Chaim! Wohl wurde mir dieser Kirchhof zu einem »Haus des Lebens«! Wenn mir dieses junge Mädchen die wunderlichen Hieroglyphen der hebräischen Grabtafeln deutete, so beschwor es dadurch ein Leben herauf, von welchem ich bis dahin keinen Begriff gehabt hatte. Weise, tugendhafte, fromme Männer und Frauen, edle Dulder und Dulderinnen, schöne Mädchen und Jünglinge erwachten aus einem Schlummer, der Jahrhunderte hindurch gewährt hatte, und ihre Schatten gewannen lebendigstes Leben. Bald stand ich mit allen diesen Leuten aus einer unbekannten Welt, aus der doch noch so viele Bezüge in die Gegenwart herüberliefen, auf du und du und glaubte an sie wie an die Gestalten der Geschichte und Sage meines eigenen Volkes.

Gewöhnlich saßen wir neben der Tumba des Hohen Rabbi Löw, aus dessen Geschlecht meine kleine Lehrerin abzustammen glaubte und auf den sie sehr stolz war. Viel erzählte sie mir von dem weisen Mann: wie er mit dem Kaiser Rudolf dem Zweiten verkehrte und ihm die Geister der Patriarchen erscheinen ließ, wie er Bescheid wußte im Talmud und in der Kabbala, wie er einen Golem, das heißt einen Diener aus der Geisterwelt, hatte, wie er seine Frau, die schöne Perl, die Tochter Samuels, gewann, wie er vierhundert Schüler hatte und wie er sein Leben auf hundertundvierzig Jahre brachte.

Ich aber glaubte an alles und hing an dem Munde der Erzählerin wie keiner der vierhundert Schüler an dem Munde des Hohen Rabbi in der Schule »Zu den drei Klausen«.

Von Liebe sprachen wir nicht; ich liebte auch dieses Mädchen gar nicht; aber einen Namen für die Gefühle zu finden, welche mich gegen es bewegten, war und ist unmöglich. Sie wechselten wie die Launen des Mädchens selbst, wie das Wetter an einem Apriltage, wie die leichten Sommerwölkchen, die über der Stadt Prag und den Fliederbüschen von Beth-Chaim zogen. Bald hielt ich diese Jemima, die in gerader Linie von Chajim, dem ältesten Bruder des Hohen Rabbi Jehuda Löw, abstammte, für ein kleines, schmutziges, boshaftes Ding, mit dem man wohl des Spaßes wegen eine Viertelstunde verschwatzen konnte; bald hielt ich sie für eine Fee, ausgerüstet mit großer Macht, die Menschen zu quälen, und dem besten Willen, diese Macht zu mißbrauchen. Dann war sie wieder nur ein armes, schönes, holdseliges, melancholisches Kind der Menschen, für welches man sein Herzblut hätte lassen mögen, für welches man hätte sterben mögen. Krank zum Sterben war ich damals, ein schleichendes Fieber verzehrte mich, und nur im Fiebertraum gehen solche wechselnde Gestalten und Empfindungen durch des Menschen Seele.

In jener Epoche las ich mit großem Eifer und schmerzlichem Genuß den Shakespeare, und zuletzt bildete ich mir ein, alle Frauen dieses Dichters in diesem unerzogenen Judenmädchen vereinigt zu finden, die zänkische Katharina nicht weniger als die süße Imogen, Rosalinde nicht weniger als Helena, Titania, Olivia, Silvia, Ophelia, Jessica, Porzia und wie sie alle heißen.

Jemima Löw las den Shakespeare nicht, hatte auch in ihrem Leben nichts von dem Mann gehört, und sie verstand aus meinen verworrenen Reden über diesen Punkt nur, daß ich sie mit allerlei christlichen und heidnischen Frauen vergleiche, und lächelte ungläubig, und eines Tages, um die Mitte des Herbstes, als die ersten winterlichen Ahnungen durch die Welt gingen, als die Blätter des Flieders nicht weniger wie alle andern Blätter sich bunt färbten, eines Tages um die Mitte des Herbstes faßte sie meine Hand und zog mich durch einen düstern Gang nach der Mauer des Kirchhofs zu einem Grabstein, den wir bis jetzt noch nicht betrachtet hatten.

Auf diesen Stein deutete sie und sprach: »Das bin ich!«

In hebräischer Schrift stand auf dieser Platte: »Mahalath«.

Und darunter die Jahreszahl: »1780«.

Wie kam es, daß ich so sehr erschrak? War es nicht Torheit, daß ich so erstarrt, wortlos das Mädchen neben mir ansah?

Ja, es lachte nicht, es freute sich nicht eines gelungenen närrischen Einfalls. Ernst und traurig, mit gekreuzten Armen stand es da, lehnte sich über den Stein und sagte, ohne eine Frage abzuwarten: »Sie hieß Mahalath, und sie war Mahalath, das ist eine Tänzerin. Sie hatte ein krankes Herz wie ich und ist die letzte gewesen, welche auf diesem unserm Beth-Chaim eingesenkt wurde — die allerletzte. Nachher hat's der gute Kaiser Joseph verboten, daß sie noch einen aus unserm Volk hier zu Grabe brächten; die Mahalath ist die letzte gewesen. Der gute Kaiser hat auch die Mauern der Judenstadt niedergeworfen und hat ihr seinen eigenen milden und glorreichen Namen zu seiner und unserer Ehre gegeben. Er hat dies Gefängnis zerbrochen und uns atmen lassen mit dem andern Volk; der Gott Israels segne seine Asche.«

»Aber wer ist die Mahalath? Was hast du mit der Mahalath, Jemima?« rief ich.

»Sie hatte ein krankes Herz, und es zersprang.«

»Sei keine Törin, Mädchen, was weißt du von dieser Toten, die im Jahre siebenzehnhundertachtzig begraben wurde?«

»Wir gedenken lange unserer Leute. Ich kenne die Mahalath ganz genau und weiß, daß ihr Los das meine sein wird.«

»Dummes Zeug!« rief ich; aber Jemima Löw drückte plötzlich die Hand auf das Herz, und über ihr Gesicht zuckte es, als erdulde sie einen großen physischen Schmerz.

Ich erschrak wiederum heftig, und als sie meine Hand nahm und dieselbe auf ihre Brust legte, erschrak ich noch mehr.

»Hörst du, wie es klopft und pocht, Hermann? Das ist die Totenglocke, welche mir zu Grabe läutet.

Du bist ein großer Doktor und hast das nicht gemerkt?«

Dieses letzte sagte sie mit einem so hellen Lächeln, daß die Idee dieses frühen Sterbens mir um so schrecklicher erschien. Ich faßte beide Hände des Mädchens und schrie sie zornig an: »Scherze nicht auf so tolle Weise! Alles will ich dir hingehen lassen, nur nicht solche Worte.«

»Es ist kein Scherz«, antwortete sie, »soll ich dir die Geschichte der Mahalath erzählen?«

Nur nicken konnte ich, ergriffen von einem dumpfen, unendlich bangen Schmerzgefühl.

Jemima Löw erzählte: »Die hier liegt, wurde Mahalath genannt, weil ihre Glieder schlank und leicht waren und weil ihre Füße sich wie im Tanze bewegten, wenn sie ging. Sie war auch im Schmutz und in der Dunkelheit geboren wie ich und in noch größerem Schmutz und noch schlimmerer Finsternis wie ich; denn unter der großmächtigen Kaiserin Maria Theresia war die Stadt der Juden zu Prag ein viel traurigerer Ort als heute, und sie gönnten uns die reine Luft nicht, und bezahlen mußten wir jährlich zweihundertelftausend Gülden für die gnädige Erlaubnis, hier zu verkümmern in Dunst und Finsternis. Aber die Mahalath hatte eine freiere Seele als die stolzeste Christin in der Stadt Prag; sie wurde auch gelehrt in den Büchern und schlug die Laute mit ihrer feinen Hand, daß sie eine Perle in unserm Volk genannt wurde, gleich der Perle des Hohen Rabbi Jehuda. Sie war in der Dunkelheit geboren und sehnte sich nach dem Licht: Viele große Männer aus allen Völkern sind darum gestorben, weshalb sollte darum nicht auch ein armes Mädchen sterben? Was siehst du mich so an, Hermann? Denkst du auch, ein Mädchen könne nur um der Liebe willen sterben? Glaub es nicht; die Mahalath ist nicht an der Liebe gestorben, wenngleich ihr Herz brach; und die irren, welche meinen, daß sie starb um den jungen Grafen, der sie mit Gewalt aus ihres Vaters Hause reißen wollte und gegen den die hohe Kaiserliche Majestät Maria Theresia nachher erkannte, daß er hat müssen ins Ausland entweichen. Die Mahalath lachte über den Toren, der nichts hatte als seinen Namen, seinen Reichtum, Sammetrock und Federhut. Sie nannten sie die Tänzerin, und sie starb, weil ihre Seele zu stolz war, um äußerlich zu zeigen, was sie duldete um ihr Volk. Der einzige Ort, wo sie die Sonne sah, war dieses Beth-Chaim, sie las die Schriften auf diesen Steinen und lernte die Geschichten derer, die unter den Steinen liegen, und ihre Seele tanzte über den Gräbern, bis die Toten sie herabzogen, zu sich — hinab!«

Wie das junge Mädchen an meiner Seite das kleine Wort »hinab« aussprach!

»Jemima«, rief ich, die Hände faltend, ohne zu wissen, was ich tat, »Jemima, ich liebe dich!«

Sie aber streckte drohend die Hand gegen mich aus, stampfte zornig mit dem kleinen Fuße auf. »Es ist nicht wahr. Der junge Herr in Grün und Gold, der mit dem weißen Federhut, liebte die Mahalath auch nicht, und wer sagt, daß sie um ihn gestorben sei, der lügt. Einen Herzfehler hat sie gehabt, und unser totes Volk hat sie zu sich herabgezogen. Du sagst, du liebst mich,

Hermann; aber wenn ich in dieser Stunde wie sie herniederstiege zu den Toten, du würdest mich nicht zurückhalten mit deiner Hand.«

Wie sie mich ansah! Es war, als ob ihr schwarzes Auge die tiefsten Verborgenheiten meines Herzens hervorholte; hätte ich sie wirklich geliebt, so würde ich diesen Blick ertragen und erwidert haben; aber sie hatte recht, ich liebte sie nicht, ich war nur fieberhaft, und so mußte ich das Auge abwenden und niederschlagen.

Ich war nicht falsch, war kein Verräter; kein böser Gedanke war während meines Umgangs mit diesem armen Mädchen in meiner Seele wach geworden. Woher nun die schneidende Angst, diese Gewissensbisse, für die ich nirgends in meiner Erinnerung einen Grund fand? Ich fühlte eine furchtbare Verantwortung auf mir lasten, als ich scheu, fast furchtsam auf die herrliche Kreatur sah, wie sie mir drohend, mit blitzenden Augen die Hand entgegenballte und sich in Verzweiflung wehrte — gegen ihre eigene Liebe.

»O Jemima! Jemima!« rief ich; und nun sahen wir uns gegenseitig in die Augen. Allmählich wurden ihre Blicke milder und milder, sie wurden voll feuchten Glanzes; die geballte Hand öffnete sich und legte sich auf meinen Arm.

»Betrübe dich nicht, mein Freund. Du bist ja nicht schuld daran; du hast mir unnützen, unwissenden, schmutzigen kleinen Ding viel Freude gebracht, und ich verdanke dir so viel — oh, so viel. Du kannst nichts dafür, daß ich ein so albernes Herz habe, welches über den Raum, den ihm Gott in der Brust bestimmt hat, herauswachsen will. Fühle, wie es klopft; wir haben hier eine große Doktorin in der Judenstadt; hinter der Tür hab' ich gelauscht, als sie und meine Mutter über mich gesprochen haben. Es kann nicht anders sein; ich muß an dem Herz, das zu groß wird, sterben.«

»Jemima, Jemima, ich will dir andere, bessere Ärzte bringen, die sollen deine Brust untersuchen und dir sagen, daß du dich irrst, daß die alte Quacksalberin sich irrt!« rief ich. »Du wirst leben — lange leben, wirst eine schöne, holde Jungfrau sein und fortgehen aus diesem Dunst und Moder, diesem uralten Schauder!«

»Wohin werd' ich gehen? Nein, ich werde hierbleiben, wo meine Väter begraben liegen seit des Tempels Zerstörung. Du aber, mein Freund, wirst fortgehen nach deinem Vaterland und wirst mich vergessen, wie man einen Traum vergißt. Ich bin ja auch nur ein Traum! Was kannst du dafür, daß der Traum zu Ende ist und der blasse verständige Morgen dich weckt und dir sagt, daß es nichts war. Gehe fort und gehe bald; es ist dein und mein Geschick. Du wirst ein gelehrter und guter Herr sein in deinem Vaterlande, mild und barmherzig gegen die Armen und Schwachen; bist du doch auch mild und barmherzig gegen mich gewesen, und ich war auch arm und schwach, und viel Schmerz hättest du mir schaffen können, viel Böses hättest du mir bereiten können, wenn du gewollt hättest. Jetzt sind diese Holunder verblüht, und ich lebe; aber wenn diese alten Bäume und Büsche im nächsten Frühling ihre Blüten einander über die Gräber entgegenreichen werden, dann werde ich so ruhig und still liegen unter meinem Stein wie Mahalath, die Tänzerin hier, die mit der großmächtigen Kaiserin Maria Theresia in einem Jahre starb. Wie lange wirst du wohl denken an Jemima Löw aus der Judenstadt zu Prag in der Zeit der Fliederblüte?«

Noch einmal versuchte ich es, allerlei sehr Verständiges über diese törichten Reden zu sagen, aber es gelang mir nicht, und wenig besser gelang mir das Zürnen darüber. Zuletzt standen wir zwei stumm nebeneinander am Grab der Tänzerin, und wie an jenem ersten Morgen, wo ich diesen Ort betrat, erfaßte mich das Grauen mit gespenstischer Hand am hellen Tage. Es war, als rege sich der Boden wie ein Würmerhaufen, es war, als schöben überall bleiche Knochenhände die Steine zurück und die Blätter und das Gras auseinander; ich stand wie zwischen rollenden Totenköpfen, und all der lebendige Moder griff grinsend nach mir und dem schönen Mädchen an meiner Seite.

Es war höchst wunderlich, daß der hagere lange Herr aus Danzig und der dicke Herr aus Hamburg, welche sich eben von dem Oheim das Beth-Chaim zeigen ließen, so gar nichts von dem Graus bemerkten. Sie gingen ganz ruhig, mit den Händen in den Hosentaschen, und klimperten jedem verwesten Jahrhundert mit barer Münze in das hohläugige grinsende Gesicht. Die Gegenwart dieser beiden Herren verscheuchte das Grauen gar nicht, wie man doch hätte meinen sollen. Im Gegenteil, sie machten es nur noch eindringlicher; denn es war doch allzu widernatürlich, daß sie gar nichts merken sollten von dem, was um sie her und was unter ihren Füßen vorging.

Sie kamen auf uns zu, und ich hörte, wie der Hamburger Herr zu dem Danziger Herrn sagte, er halte diesen hoch- und falschberühmten Prager Judenkirchhof für nichts mehr und nichts weniger als einen verdammten Humbug und verteufelten alten Steinbruch, und noch einmal raffte ich alle Kraft zusammen, fuhr mit der Hand über die Stirn und rief: »Nein, nein, es ist eine Tollheit! Es ist krankhafte Phantasie! Wie kann man sich von solch dummem Ding so sehr in Schrecken jagen lassen? Wenn ich nicht krank wäre, würde ich hier ebenso ruhig umherspazieren wie diese beiden Herren!«

»Wehre dich nicht dagegen«, sagte aber Jemima, und weil eben die beiden Fremden mit dem Oheim näher kamen, trat sie von mir weg, hüpfte leicht über das Grab der Mahalath, bückte sich nieder, um unter den niedern Zweigen der Fliederbüsche durchzuschlüpfen, und aus dem Grün noch einmal zurückblickend, rief sie, nach ihrer Gewohnheit den Finger an den Mund legend: »Gedenke der Holunderblüte!«

Dann war sie verschwunden, und — ich habe sie nicht wiedergesehen. Ist es nicht eine bittere Wahrheit, daß die Hand des Menschen eine Kinderhand ist, welche nichts festhalten kann? Gierig greift sie nach allem, was in irgendeiner Weise glänzt und lieblich ist oder was ihr verboten wurde anzugreifen. Sie zerstört das eine mit kindischer Neugier und verwundet sich an dem andern oder läßt es fallen aus Furcht.

»Wer war die Mahalath, welche unter diesem Steine liegt?« fragte ich den Pförtner, nachdem sich die beiden norddeutschen Herren entfernt hatten.

Der Alte zuckte die Achseln: »Ihre Nachkommen leben noch hier am Orte; 's ist ein angesehenes Geschlecht bei uns, und so spricht man nicht gerne davon. Es hat sich viel Fabelei seit den vierzig Jahren, daß sie tot ist, über sie entsponnen. Sie hatte eine Liebschaft mit einem jungen Herrn von der Kleinseite, vom Malteserplatz; wir aber sind ein Volk, das was gibt auf seine Ehre; wir sind ein genaues Volk und können sehr grausam sein. So hat das arme Geschöpf sein Leben mit Kummer beschlossen — 's ist eine traurige Geschichte.«

Als der Alte auch mir die Pforte des Beth-Chaim öffnete, hatte er Grund, mir kopfschüttelnd nachzublicken. Gleich einem Trunkenen irrte ich an diesem Tage umher und versuchte es vergeblich, meine Schuld und Unschuld gegeneinander abzuwägen. Vergeblich versuchte ich alles mögliche, die Last von meiner Seele abzuwälzen oder sie wenigstens leichter zu machen, indem ich mir die Worte dieses jungen Mädchens als nichts bedeutende Grillen und Phantasien eines törichten Kindskopfes darstellte. Endlich schwankte ich heim in die Nekazalkagasse, holte meine Bücher und mangelhaften, liederlichen Kollegienhefte hervor und fing an, mit zitterndem, gierigem Eifer alles das, was darin über das Herz des Menschen, das körperliche Herz, seine Funktionen, seine Gesundheit und Krankheit geschrieben war, zu lesen. Ich habe nachher selbst ein Buch darüber geschrieben, welches von der Wissenschaft für sehr brauchbar erklärt wird und welches manche Auflagen erlebt hat; ach, wenn nur die Wissenschaft wüßte, was mich dieser Ruf als Autorität in Herzkrankheiten gekostet hat! Es gehen nicht bloß Dichterwerke aus großem Schmerz und Unmut hervor.

Sehr schwül war es an diesem Tage, weiße schwere Wolken wälzten sich über die Dächer herauf und zogen sich zu drohenden, bleigrauen Massen zusammen, und trotzdem daß die Luft kaum zu atmen war, trieb's mich doch wieder herab von meiner Stube in die heißen Gassen. Als eben der erste Donner dumpf rollend die Fenster der Stadt erklirren machte, zog ich abermals die klappernde Glocke des Pförtnerhauses am Judenkirchhof.

Statt des langbärtigen, ehrwürdigen Greisenkopfes erschien in der Türöffnung das verrunzelte gelbe Gesicht der alten Dienerin des Pförtners.

»Wo ist Euer Herr? Ich muß ihn sprechen — auf der Stelle!«

»Gott Israels, wie Ihr ausseht, junger Herr! Mein, was ist Euch begegnet? Was wollt Ihr schon wieder? Was bannt Euch an diesen Ort?«

Ich antwortete ihr nicht, sondern drängte mich an der Schwätzerin vorüber. Durch die dunkeln — jetzt während des Gewitters so schrecklich, furchtbar dunkeln Gänge des Friedhofes eilte ich, und am Grabe des Hohen Rabbi Löw fand ich den Alten, unbekümmert um den immer stärker losbrechenden Sturm.

Wer diesen Ort nicht in solcher Stunde gesehen hat, der kennt nichts von ihm. Es gibt keinen andern Gottesacker in der ganzen Welt, wo man, wenn der Himmel schwarz wird »wie ein härener Sack«, wenn der Blitz zuckt und der Donner kracht, mit solchem Zittern das Haupt beugt und den Anfang des Jüngsten

Gerichtes erwartet. Oh, wie sich diese alten Fliederbüsche winden und sich gegen den Sturm stemmen! Wie lebendige Wesen ächzen und stöhnen sie in großer Not. Sie rauschen nicht wie andere Bäume und Sträucher im Regen; und mit einem unheimlichen Gegurgel schlürft der Boden die Wasserströme, die von den an- und übereinandergetürmten Grabsteinen herniederrieseln — es ist wirklich wie »eine Verwüstung vom Allmächtigen«.

Wir suchten einen Winkel, wo wir etwas vor der Wut des Sturmes geschützt waren, und fanden ihn nur an der Mauer in der Ecke, wo Mahalath, die Tänzerin, begraben lag. Dort sprach ich zu dem Alten und verschwieg ihm nichts. Ich erzählte ihm mein Bekanntwerden mit Jemima vom ersten Anfang an; so klar und deutlich, als mir nur möglich war, legte ich ihm unsern Verkehr dar. Ich hätte ihm Rechenschaft über jede Stunde und Minute geben mögen.

Er hieß mich aussprechen, ohne mich zu unterbrechen; als ich endlich atemlos zu Ende gekommen war, strich er mit der knochigen harten Hand über die Haare und die Stirn und sagte:

»Mein Sohn, dein Herz ist gut, und es freut mich sowohl um deiner selbst willen als der Jemima wegen, daß du zu mir gesprochen hast, wie du tatest. Es ist ein edel Ding um ein Gewissen, das sich leicht regt und welches nicht erst durch Posaunenstöße geweckt zu werden braucht. Ich danke dir, daß du zu mir gekommen bist, dein Herz auszuschütten; du brauchst auch nicht zu sorgen, daß ich dich mit zornigen Worten kränken werde; wer unter diesen Steinen wandelt, wer die Luft dieses Ortes atmet, der gewinnt ein mildes Auge für das Tun und Lassen seiner Mitmenschen. Du hättest mir viel Schlimmeres berichten können, und immer hätte es hier Gräber gegeben, unter denen noch Furchtbareres verscharrt liegt oder an die sich dergleichen knüpft. Gott segne dich, daß du nicht zu den Schlechten gehörst, die nach angerichtetem Elend noch spotten und lachen und groß Rühmens davon erheben. Leichtsinnig und unbedacht bist du gewesen — was gestern noch ein Spiel war, kann heute blutigster Ernst sein; der Funke ist zur Flamme geworden, ehe wir's denken, und wir schlagen um uns in großer Not und Angst, können's aber nicht mehr löschen. Arme kleine Jemima! Immer ist sie ein wunderlich Geschöpf gewesen — es war nicht gut, daß ich es duldete, daß sie diesen meinen alten schauerlichen Garten zu ihrem Spielplatz machte. Was hatte ich greiser Narr nötig, sie so manchen Sommertag hindurch hier an meiner Seite festzuhalten und ihr die Geschichten dieser Steine zu erzählen, wie man andern Kindern Märchen von Feen und Zwergen erzählt? Ihr Herz sei krank, sagte sie? Wehe mir, wer ist schuld daran, daß dem so ist?... Aber es kann ja nicht sein, sie ist ja noch ein halbes Kind, und wir können noch gutmachen, was wir gesündigt haben. Wehe, was gingen sie die Toten an! Weil ich nur in diesen Mauern leben konnte, hab' ich ihr junges Dasein mit hineingeschlossen, und so ist sie wohl vor dem Schmutz draußen in der Gasse bewahrt geblieben, aber sie hat die Sonne und die Frühlingsblüte nur hier gesehen — die Sonne der Toten — die Fliederblüte der Gräber! — Aber sie soll nicht mehr den Fuß hierhersetzen; sie soll das Leben sehen wie andere — sie wird nicht sterben; nicht wahr, sie wird nicht sterben durch unsere — meine Schuld?«

Ich vermochte nicht zu antworten; wieder zuckte ein roter Blitz über unsern Häuptern, und wieder krachte der Donner schmetternd nach.

»Auch Ihr, Herr, sollt diesen Ort nicht wieder betreten!« fuhr der Alte fort. »Auch für Euch paßt er nicht! Auch Ihr seid zu jung, um hier Atem zu holen. Fort mit Euch, und Fluch Euch, wenn Ihr morgen früh noch hier in Prag gefunden werdet!«

»Ihr wollt mich von ihr trennen? Jetzt wollt Ihr mich von ihr trennen?« schrie ich. »Oh, das ist nicht gut, das heilt sie nicht. Auch Ihr, Greis, wißt nichts von den Lebendigen. Um Gottes willen, trennt mich nicht von der Armen — es kann nicht gut werden, wenn Ihr mich jetzt forttreibt.«

»Es ist keine Wahl für uns übriggeblieben«, sagte der Alte wieder milder. »Ihr seid nicht weniger ein krankes Kind als das Mädchen. Heil ist nur in der Trennung für den einen wie für die andere.«

Ich hatte nicht *eine* Waffe gegen diesen grausamen alten Mann. Er drohte, er bat, und ich — wich ihm zuletzt, obgleich ich wußte, daß es nicht gut war, und so habe ich die arme Jemima aus der Judenstadt zu Prag getötet, und deshalb ist mir die Holunderblüte, welche alle andern Menschen so sehr erfreut, immerdar die Blume des Todes und des Gerichtes.

Ich floh, aber ich entfloh mir nicht. Ich stopfte mir die Ohren zu, um die klagende Stimme nicht zu hören, welche mich zurückrief. Ich hörte sie aber doch, bei Tag und bei Nacht.

Ich habe den folgenden Winter in Berlin studiert und, was auf den ersten Blick unwahrscheinlich scheinen sollte, wirklich studiert. Ich glaube auch nicht, daß eine andere Wissenschaft als die der Gebrechen und Krankheiten des Menschen jetzt für mich möglich gewesen wäre. Dieses Studium aber mußte mir jetzt zusagen, und mit schmerzhaftem Behagen überließ ich mich ihm und fand verhältnismäßig Ruhe darin. Später sagte man mir, es sei ein böser, kalter Winter gewesen: ich habe nichts von Schnee und Sturm, nichts vom Frost gespürt. Erst mit dem neuen Frühlinge erwachte ich aus diesem unglücklichen Zustande; aber es war kein gesundes Erwachen, sondern ein Auffahren unter der Berührung einer kalten Gespensterhand.

Als ich mich schreckhaft emporgerichtet hatte, sah ich, daß *niemand da war!*

Es war am neunten Mai 1820, an einem Sonnentage; ich saß in einem Vergnügungsgarten vor dem Schönhauser Tor, ohne daß ich recht wußte, wie ich dahin geraten war. Um mich her herrschte viel Jubel der Frühlingsgäste. Kinder spielten, Alte schwatzten, Liebespaare verkehrten durch Blicke oder Flüsterworte; ich saß allein an meinem Tische, sah traumhaft in mein Glas, und mich fröstelte. Welche Lust hatte mir früher solch buntes Treiben um mich her gewährt, und wie wenig kümmerte ich mich jetzt darum!

In diesem Augenblick kam mir die Gewißheit, daß der Winter vorübergegangen und daß es Frühling geworden sei, wie eine Offenbarung.

Nicht weit von meinem halbversteckten Platz fing ein Mädchen an, hell, herzlich und lange zu lachen; ich aber war auf dem alten Kirchhof der Juden zu Prag, die Sonne schien durch die Holunderbüsche, hinter dem Grabmal des Hohen Rabbi Jehuda Löw bar Bezalel lachte lieblich Jemima, und gleich mußte sich das schöne Gesicht und Bild über die moosige Tumba erheben. Als ich aufsah, war die Phantasie natürlich verflogen; ich fragte den Kellner nach dem Datum und wiederholte es verwundert, nachdem ich es erfahren hatte.

Empor richtete ich mich und sah mich um. Die Bäume waren grün oder standen in voller Blütenpracht; die Luft war warm, der Himmel war klar — es war Frühling geworden, ohne daß ich es gemerkt hatte. Vielen Menschen ist es schon so gegangen, und viele Dichter haben klagend davon gesungen; die große Angst, welche einen überfällt, wenn man in dieser Weise erwacht, ist ein gutes, dankbares Thema für ein Gedicht. Dieses unbemerkte Weggleiten des Lebens gehört mit zu den bittersten Dingen, über welche der arme Mensch dann und wann nachzudenken hat.

Auch die Holunder blühten — über mir, um mich her. Eben durchschimmerte es die Knospenhülsen weiß und rötlich, es ging ein Säuseln durch die glänzenden grünen Blätter, die Blumentrauben leise, ganz leise bewegend. Am folgenden Tage war ich auf der Reise nach Prag, nachdem ich in der Nacht hart und vergeblich gegen den Geist gekämpft hatte, welcher mich dahin rief. —

Ich reiste Tag und Nacht durch; aber da es damals noch keine Dampfwagen gab, die uns heutzutage so über alle Beschreibung langsam dahinzukriechen scheinen, so kam ich erst am Nachmittag des fünfzehnten Mai in der Stadt, die ich so sehr fürchtete, an, und schon in der Ferne verkündete mir der feierliche Klang aller Kirchenglocken das Getümmel, in welches ich geraten würde. Am folgenden Tage war das große Fest des hohen Landesheiligen, das Fest des heiligen Johannes von Nepomuk, und ganze Dörfer zogen mit Kreuzen, Fahnen, Weihkesseln und Heiligenbildern, uralte Lieder zum Preise des armen Beichtvaters der Königin Johanna singend, auf dem nämlichen Wege wie ich zur Stadt. Die alte graue Stadt selbst war fast nicht wiederzuerkennen; alle Häuser waren bis an die Giebel mit Grün, Blumengewinden und Teppichen geschmückt: überall sah man Vorbereitungen zur festlichen Erleuchtung, die Gassen und Plätze waren fast nicht zu passieren, und wie ein vom Strudel ergriffener Schwimmer mußte man in dem Gewühl des Volkes kämpfen, um nicht die Richtung zu verlieren.

Mit vieler Mühe erhielt ich endlich noch ein Unterkommen in der »Goldenen Gans« auf dem Roßmarkt, den man jetzt Wenzelsplatz nennt.

Das Gemach, welches mir in dem »Hostinec« angewiesen wurde, zeichnete sich nicht durch Räumlichkeit aus und durch eine schöne Aussicht noch weniger. Aus dem einzigen Fenster desselben sah man in einen langen Hof, der von hohen Gebäuden und Galerien umgeben war. Ein tolles Gewirr von Lastwagen und Stellwagen hatte sich daselbst zusammengedrängt, und doch fand sich immer noch Platz für neu anlangende Fuhrwerke der letzteren Art, und immer neues Volk in den wunderlichsten, buntesten Kostümen stieg herab. Fuhrknechte und Stallknechte fluchten Himmel und Erde zusammen auf böhmisch und auf deutsch. Weiber und Kinder kreischten und heulten in allen Tonarten; Landvolk, Kleinbürgertum und Kriegerstand bemühten sich, den Damen das Absteigen zu erleichtern oder, unter Umständen, auch wohl zu erschweren. Gerade mir gegenüber hatte ein Schneider den letzten Stich an einer Feiertagshose, auf welche der Kunde mit Schmerzen wartete, getan und blies nun auf einem Waldhorn den eigenen Festtagsjubel zum Fenster hinaus. Dazu fingen wiederum die Glocken in der ganzen Stadt an zu läuten, und betäubter als je lehnte ich am Fenster.

Eben wollte ich es schließen, da nicht die allerreinsten Düfte zu mir emporstiegen, als mein Auge auf eine Gestalt fiel, deren Anblick mir sogleich die volle Besinnung zurückgab.

In einem Kreise lachenden deutschen und böhmischen Volkes stand ein Handelsjude mit einem Bündel der grellfarbigsten Tücher und Bänder, welche er den von den Wagen niedersteigenden Frauen und Jungfrauen mit großem Geschrei zum Kauf anbot. Ich erkannte den Mann auf der Stelle, es war Baruch Löw, der Vater Jemimas, und barhäuptig stand ich eine Minute später vor ihm und hielt seinen Arm mit eiserner Faust.

»Sie lebt? Sie lebt? Sie ist nicht gestorben? Ihr habt sie nicht begraben wie Mahalath?«

»Gerechter!« rief der Hausierer, erschreckt über den wilden Anfall. »Was soll?...«

Er erkannte mich und dachte natürlich nur an die Uhr, welche ich ihm einst ins Haus getragen und nicht zurückgefordert hatte. Mit verlegenem Lächeln sah er mir ins Gesicht.

»Soll mich Gott leben lassen hundert Jahr, 's ist der schöne, hochgelehrte Herr Student — welch 'ne grausame Freud! Nu, weshalb soll sie nicht leben; sie läuft auf die Minut' — aber, aber der Herr wird entschuld'gen, ich hab' sie nicht mehr; womit kann ich dem Herrn dienen?«

Ich zog den Mann fort vom Hofe der »Goldenen Gans« hinaus auf den Roßmarkt. Dort wiederholte ich meine Frage, indem ich den Namen seiner Tochter nannte, und jetzt veränderte sich sein Gesicht so sehr, und er starrte mich so stier, steinern und schmerzensvoll an, daß ich seine Antwort nicht abzuwarten brauchte. Eine Prozession, welche eben über den Markt zog, trieb uns voneinander, und willenlos ließ ich mich von der Menschenflut schieben, treiben und tragen.

In der Judenstadt aber war es totenstill, oh, so schauerlich still! Wieder einmal zog ich die Glocke des Beth-Chaim, und wieder einmal öffnete sich die Klappe in der Pforte, das runzelvolle, fast hundertjährige Gesicht des Hüters des Hauses des Lebens erschien in der Öffnung, und in demselben Augenblick wurde der Riegel zurückgeschoben.

»Da seid Ihr!« sagte der Greis, sein Haupt neigend. »Ich wußte wohl, daß ich Euch noch einmal sehen würde. Kommt!«

Er schritt nun voran, und ich folgte ihm in die schattigen Gänge, und in das Schweigen des Todes versank der tausendstimmige Festlärm der großen Stadt Prag. In vollster Blüte prangten die Fliederbüsche über den Gräbern, aber kein Vogel sang in ihnen.

»Ihr wißt schon, daß sie doch fortgegangen ist?« fragte der Greis.

Ich nickte, und jener fuhr fort und sprach fast mit den Worten des Sängerkönigs aus seinem Volke: »Ich bin unter den Toten verlassen — meine Freude ist ferne von mir getan. Die lieblichste Blume ist gepflückt, und die lieblichste Stimme ist verhallt, wir werden sie nicht mehr hören!«

Sanft nahm er meine Hand: »Weine nicht, mein armer Sohn; man kann immer nur dasselbe alte Wort sagen: ›Die Tränen bringen sie uns nicht wieder.‹ Vielleicht hätte ich dich damals nicht forttreiben sollen; aber wer konnte damals sagen, welches das Rechte sei? Vor acht Tagen ist sie begraben; wir haben die größten Doktoren an ihrem Lager gehabt, aber sie konnten ihr nicht helfen. Sie hatte recht, ihr Herz war zu groß; macht Euch nicht zuviel Sorgen um Eure Schuld an ihrem Tode. Ihr waret damals so krank wie sie. Alle die gelehrten Herren meinten, sie habe nicht länger leben können. Euer, mein Sohn, hat sie nur mit Freude und leisen, lieblichen Worten gedacht; Ihr seid ein Sonnenstrahl in ihrem armen, kurzen, dunkeln Leben gewesen, durch Euch hat sie den blauen Himmel und die Welt der Lebendigen, die ich ihr so grausam-unwissend verschlossen hatte, kennengelernt. Ihr habt ihr viel Freude und Glück gebracht, und sie ist mit tausend Segenswünschen für Euch auf den Lippen eingeschlafen. Ach, es war ein großes, schönes, trauriges Wunder, wie ihr Wesen und all ihr Denken so anders geworden war. Der Gott aller Völker weiß die beste Art, wie er seine Kinder aus jeder Dunkelheit, aus allen Kerkermauern in das Licht und die Freiheit führen kann. Sie ist so schön gestorben, oh, so schön! Ich konnte sie nur hierher bannen, und so hat sie der Gott des Lebens mir genommen, um sie in das wahre ›Haus des Lebens‹ zu führen — sein Name sei gepriesen!«

Was ich dem Alten auf diese Worte antwortete, weiß ich nicht mehr. »Gedenke der Holunderblüte!« hatte sie gesagt, und wie ich derselben mein ganzes Dasein hindurch gedenken muß, habe ich schon verkündet. Ihr Grab befand sich nicht auf dem alten Kirchhof in der Judenstadt; der gute Kaiser Joseph hatte ja verboten, daß noch jemand daselbst beerdigt werde. Die Mahalath war die letzte gewesen, welche man dort eingesenkt hatte.

Lange Zeit habe ich gebraucht, um die Erinnerungen niederzuschreiben, welche mich durchzogen, während ich den Kranz von Holunderblüten, den eine andere Tote getragen hatte, in der Hand hielt. Jetzt nahm ihn mir die trauernde Mutter leise fort und legte ihn wieder in die hübsche Schachtel, aus welcher sie ihn hervorgezogen hatte.

Sie legte mir die Hand auf die Schulter:

»Lieber Medizinalrat, wie danke ich Ihnen, daß Sie so vielen Anteil an meinem Schmerz nehmen.«

Ich sah auf und konnte nicht antworten. Das Feuer im Ofen war erloschen, das Gemach war kalt geworden; die Sonne war hinter die Dächer gesunken, der Glanz des Wintertags war vergangen. Schwer, unbeschreiblich schwer fühlte ich das Alter auf mir lasten.

Als ein trauriger, aber nicht schlechterer Mann schritt ich wieder an der ewig jungen, sinnenden Muse vorüber und verließ dieses stille, kalte, tote Haus.

LITERATURHINWEISE

CHRISTOPH MARTIN WIELAND (Oberholzheim bei Biberach 5. 9. 1733 – Weimar 20. 1. 1813) · *Freundschaft und Liebe auf der Probe* · Erstdruck in: Das Hexameron von Rosenhain, Leipzig 1805. · Werkausgabe: Gesammelte Schriften. Hrsg. v. d. Deutschen Kommission der Königlich Preußischen Akademie der Wissenschaften. Berlin 1916. · Näheres zu »Freundschaft und Liebe auf der Probe« u. a. bei: Hansjörg Schelle, Zu Entstehung und Gestalt von C. M. Wielands Erzählzyklus »Das Hexameron von Rosenhain«, in: Neophilologus 60 (1976), 107–123. Albert Meier/Wolfgang Proß, Nachwort zu: Wieland, »Das Hexameron von Rosenhain«, hrsg. von Friedrich Beißner, München 1983, 139–158. Nadia Metwally, »Das Hexameron von Rosenhain«. Ein Erzählzyklus aus dem Spätschaffen C. M. Wielands, in: Kairoer Germanistische Studien 3 (1988), 62–89.

JOHANN WOLFGANG GOETHE (Frankfurt a. M. 28. 8. 1749 – Weimar 22. 3. 1832) · *Novelle* · Erstdruck: Ausgabe Letzter Hand (Weimarer Ausgabe) 1828, I, 18, 315–348. · Werkausgabe: Sämtliche Werke, Briefe, Tagebücher und Gespräche. 40 Bände. Frankfurt a. M. 1993f. · Näheres zu »Novelle« u. a. bei: Emil Staiger, Goethes »Novelle«, in: Trivium 1 (1942), 4–30. Christian Wagenknecht (Hrsg.), Erläuterungen und Dokumente zu Goethes

»Novelle«, Stuttgart 1982. Gerhard Schulz, J. W. Goethe: »Novelle«, in: Erzählungen und Novellen des 19. Jh. Interpretationen. Bd. 1, Stuttgart 1988, 381–415.

FRIEDRICH SCHILLER (Marbach 10. 11. 1759 – Weimar 8. 5. 1805) · *Der Verbrecher aus verlorener Ehre. Eine wahre Geschichte* · Erstdruck: Thalia. 1. Band, 2. Heft. Leipzig 1786, 20–58. (»Verbrecher aus Infamie, eine wahre Geschichte«) · Werkausgabe: Werke und Briefe. 12 Bände. Frankfurt a. M. 1988f. · Näheres zum »Verbrecher aus verlorener Ehre« u. a. bei: Hans Rautenberg/Almut Hoppe/Wilhelm Dehn, Friedrich Schiller: »Der Verbrecher aus verlorener Ehre«. Eine Einführung in rezeptionsästhetische Betrachtungsweisen. Frankfurt a.M. 1978. Roswitha Jacobsen, Schillers »Der Verbrecher aus verlorener Ehre«, in: Weimarer Beiträge 34 (1988), 746–760. Achim Aurnhammer, Engagiertes Erzählen: »Der Verbrecher aus verlorener Ehre«, in: A. A. (Hrsg.), Schiller und die höfische Welt. Tübingen 1990, 254–270.

JOHANN PETER HEBEL (Basel 10. 5. 1760 – Schwetzingen 22. 9. 1826) · *Der kluge Richter* · Erstdruck: Landkalender 1805. · Werkausgabe: Werke. Hrsg. von Wilhelm Altwegg. 3 Bände. Zürich 1943. · Näheres zum »Klugen Richter« in der kritischen Gesamtausgabe des »Schatzkästlein des rheinischen Hausfreundes«, hrsg. von Winfried Theiss, Stuttgart 1981, sowie bei Rolf Max Kully, Johann Peter Hebel, Stuttgart 1969. Lutz Röhrich, Hebels Kalendergeschichten zwischen Volksdichtung und Literatur.

Lörrach 1972. Ernst Bloch, Nachwort zu: J. P. Hebel, Kalendergeschichten. Frankfurt a. M. 1974.

JEAN PAUL, d. i. Johann Paul Friedrich Richter (Wunsiedel 21. 3. 1763 – Bayreuth 14. 11. 1825) · *Leben des vergnügten Schulmeisterlein Maria Wutz in Auenthal. Eine Art Idylle* · Erstdruck in: Die unsichtbare Loge. Eine Biographie. Band 2. Berlin 1793. · Werkausgabe: Sämtliche Werke. Historisch-kritische Ausgabe. Hrsg. von Eduard Berend. Weimar/Berlin 1927–1964. · Näheres zum »Schulmeisterlein Wutz« u. a. bei: Hans-Josef Ortheil, Idylle und Reflexion. Zur Geschichtlichkeit von Jean Pauls »Wutz«, in: Literaturwiss. Jahrbuch der Görres-Gesellschaft 17 (1976), 83–97. Carl Pietzcker, Narzißtisches Glück und Todesphantasie in Jean Pauls »Leben des vergnügten Schulmeisterlein Maria Wutz in Auenthal«, in: Literatur und Psychoanalyse, Kopenhagen/München 1981, 30–52. Bernhard Böschenstein, Anmerkungen zur Metaphorik in Jean Pauls »Leben des vergnügten Schulmeisterlein Maria Wutz in Auenthal«. Elemente zu einem Kommentar. In: Digressionen. Festgabe für P. Michelsen. Heidelberg 1984, 149–161.

LUDWIG TIECK (Berlin 31. 5. 1773 – Berlin 28. 4. 1853) · *Der blonde Eckbert* · Erstdruck: Volksmährchen. Band 1. Hrsg. von Peter Leberecht (d. i. Ludwig Tieck). Berlin 1797. · Werkausgabe: Schriften. 28 Bände. Berlin 1828–1854, Nachdruck Berlin 1966. · Näheres zum »Blonden Eckbert« u. a. bei: Heinz Schlaffer, Roman und Märchen. Ein formtheoretischer Versuch über Tiecks »Blonden Eckbert«, in:

Romantikforschung seit 1945. Hrsg. von Klaus Peter. Königstein i. Ts. 1980, 251–264. Hanne Castein (Hrsg.), Erläuterungen und Dokumente zu Ludwig Tieck, »Der blonde Eckbert/Der Runenberg«. Stuttgart 1987. Walter Münz, Ludwig Tieck, »Der blonde Eckbert«, in: Erzählungen und Novellen des 19. Jahrhunderts. Interpretationen. Stuttgart 1988, 7–59.

Ernst Theodor Amadeus Hoffmann (Königsberg 24. 1. 1776 – Berlin 25. 6. 1822) · *Das Fräulein von Scuderi. Erzählung aus dem Zeitalter Ludwigs des Vierzehnten* · Erstdruck: Taschenbuch für das Jahr 1820. Der Liebe und Freundschaft gewidmet. Hrsg. von Dr. St. Schütze. Frankfurt a. M. 1819, 1–122. · Werkausgabe: Sämtliche Werke. Sechs in sieben Bänden. Frankfurt a. M. 1987f. · Näheres zum »Fräulein von Scuderi« u. a. bei: Marianne Thalmann, E. T. A. Hoffmanns »Fräulein von Scuderi«, in: Monatshefte 41 (1949), 107–116. Gisela Gorski, E. T. A. Hoffmann, »Das Fräulein von Scuderi«. Stuttgart 1980. Johannes Werner, Was treibt Cardillac? Ein Goldschmied auf Abwegen. In: Wirkendes Wort 40 (1990), 32–38.

Friedrich de la Motte Fouque (Brandenburg/Havel 12. 2. 1777 – Berlin 23. 1. 1843) · *Undine* · Erstdruck: Die Jahreszeiten. Frühlingsheft 1811. · Werkausgabe: Werke. Hrsg. von Walter Ziesemer. Berlin/Leipzig 1908. · Näheres zu »Undine« u. a. bei: Gisela Dippel, Das Novellenmärchen der Romantik im Verhältnis zum Volksmärchen. Frankfurt a. M. 1953. Paul Michael Lützeler (Hrsg.), Romane und

Erzählungen der deutschen Romantik: Neue Interpretationen. Stuttgart 1981, 53–78. Winfried Freund, Literarische Phantastik. Die phantastische Novelle von Tieck bis Storm. Stuttgart 1990, 75–89.

Clemens Brentano (Ehrenbreitstein 8. 9. 1778 – Aschaffenburg 28. 7. 1842) · *Geschichte vom braven Kasperl und dem schönen Annerl* · Erstdruck: Gaben der Milde. Zweites Bändchen. Mit Beiträgen von Goethe, Clemens Brentano, Büsching u. a. Für die Bücher-Verloosung zum Vortheil hilfloser Krieger hrsg. von F. W. Gubitz. Berlin 1817. · Werkausgabe: Sämtliche Werke und Briefe. Historisch-kritische Ausgabe. Frankfurt a. M. 1987f. · Näheres zur »Geschichte vom braven Kasperl und dem schönen Annerl« u. a. bei: Richard Alewyn, Brentanos »Geschichte vom braven Kasperl und dem schönen Annerl«, in: Gestaltprobleme der Dichtung, Festschrift Günther Müller. Bonn 1957, 143–180. Gerhard Kluge, Clemens Brentano: »Geschichte vom braven Kasperl und dem schönen Annerl«. Text, Materialien, Kommentar. München/Wien 1979. Gerhard Schaub (Hrsg.), Erläuterungen und Dokumente zu Clemens Brentano, »Geschichte vom braven Kasperl und dem schönen Annerl«. Stuttgart 1990.

Heinrich von Kleist (Frankfurt/Oder 18. 10. 1777 – Potsdam 21. 11. 1811) · *Die Marquise von O...* · Erstdruck: Phöbus Ein Journal für die Kunst. Hrsg. von Heinrich von Kleist und Adam H. Müller. Heft 2, Februar 1808. Dresden. · Werkausgabe: Sämtliche Werke und Briefe. Hrsg. von Helmut Sembdner.

2 Bände, München 1961. · Näheres zur »Marquise von O. . .« u. a. bei: Michael Moering, Witz und Ironie in der Prosa Heinrich von Kleists. München 1972. Heinz Politzer, Der Fall der Frau Marquise, in: Deutsche Vierteljahrsschrift 51 (1977), 98–128. Dirk Grathoff, Heinrich von Kleist: »Die Marquise von O. . .«, in: Erzählungen und Novellen des 19. Jahrhunderts. Interpretationen. Band 1. Stuttgart 1988, 97–131.

LUDWIG ACHIM VON ARNIM (Berlin 26. 1. 1781 – Wiepersdorf i. d. Mark 21. 1. 1831) · *Der tolle Invalide auf dem Fort Ratonneau* · Erstdruck: Gaben der Milde. Drittes Bändchen. Hrsg. von F. W. Gubitz. Berlin 1818. · Werkausgabe: Werke in sechs Bänden. Hrsg. von Roswitha Burwick u. a. Frankfurt a.M. 1989f. · Näheres zum »Tollen Invaliden« u. a. bei: Benno von Wiese, »Der tolle Invalide auf dem Fort Ratonneau«, in B. v. W., Die deutsche Novelle von Goethe bis Kafka. Interpretationen. Band 2. Düsseldorf 1962, 71–86. Helmuth Himmel, Achim von Arnims »Toller Invalide« und die Gestalt der deutschen Novelle. Graz 1967. Renate Moering, Die offene Romanform von Arnims »Gräfin Dolores«. Heidelberg 1978 [darin Exkurs »Der tolle Invalide auf dem Fort Ratonneau«, 106–116].

JOSEPH VON EICHENDORFF (Schloß Lubowitz/ Oberschlesien 10. 3. 1788 – Neiße 26. 11. 1857) · *Aus dem Leben eines Taugenichts* · Erstdruck: Aus dem Leben eines Taugenichts und das Marmorbild. Zwei Novellen nebst einem Anhange von Liedern und Romanzen von Joseph Freiherrn von Eichendorff.

Berlin 1826. · Werkausgabe: Werke. Sechs Bände. Hrsg. von Wolfgang Frühwald, Brigitte Schillbach und Hartwig Schultz. Frankfurt a.M. 1985f. · Näheres zum »Taugenichts« u. a. bei: Carel ter Haar, Joseph von Eichendorff, »Aus dem Leben eines Taugenichts«. Text, Materialien, Kommentar. München 1977. Klaus Köhnke, Homo viator. Zu Eichendorffs Erzählung »Aus dem Leben eines Taugenichts«, in: Aurora 42 (1982), 24–56. Karl und Karl Konrad Polheim, Text und Textgeschichte des »Taugenichts«. Eichendorffs Novelle von der Entstehung bis zum Ende der Schutzfrist. 2 Bände. Tübingen 1989.

Franz Grillparzer (Wien 15. 1. 1791 – Wien 21. 1. 1872) · *Der arme Spielmann* · Erstdruck: Iris. Deutscher Almanach für 1848. Hrsg. von Johann Grafen Myláth. Neue Folge. 2. Jahrgang. Pest 1847. · Werkausgabe: Werke. Historisch-kritische Gesamtausgabe. Hrsg. von August Sauer. Wien/Leipzig 1909 bis 1948 · Näheres zum »Armen Spielmann« u.a. bei: Wolfgang Paulsen, Der gute Bürger Jakob. Zur Satire in Grillparzers »Armem Spielmann«, in: Colloquia Germanica (1968), 272–298. Günther Jungbluth, Franz Grillparzers Erzählung »Der arme Spielmann«. Ein Beitrag zu ihrem Verstehen, in: Orbis Litterarum 24 (1969), 35–51. Ralf R. Nikolai, Grillparzers »Der arme Spielmann«. Eine Deutung, in: Lit.wiss. Jahrbuch 29 (1988), 63–84.

Annette von Droste-Hülshoff (Schloß Hülshoff/Westf. 10. 1. 1797 – Meersburg 24. 5. 1848) · *Die Judenbuche* · Erstdruck: Morgenblatt für gebildete

Leser 1842, Nr. 96–111, 22. April–10. Mai. · Werkausgabe: Sämtliche Werke in zwei Bänden. Hrsg. von Bodo Plachta und Winfried Woesler. Frankfurt a. M. 1994. · Näheres zur »Judenbuche« u. a. in Heinz Röllekes Textausgabe: Annette von Droste-Hülshoff, »Die Judenbuche«, in: Commentatio. Analysen und Kommentare zur deutschen Literatur. Band 1. Bad Homburg v. d. H. 1970, sowie bei: Helmut Koopmann, Die Wirklichkeit des Bösen in der »Judenbuche« der Droste, in: Zeitschr. f. deutsche Philologie 99 (1979), 71–85. Walter Huge (Hrsg.), Erläuterungen und Dokumente zu Annette von Droste-Hülshoff, »Die Judenbuche«. Stuttgart 1980.

JEREMIAS GOTTHELF (Murten bei Fribourg 4. 10. 1797 – Lützelflüh/Emmenthal 22. 10. 1854) · *Die schwarze Spinne* · Erstdruck: Bilder und Sagen aus der Schweiz. Erstes Bändchen. Solothurn 1842, 1 dis 112. · Werkausgabe: Sämtliche Werke. Hrsg. von Rudolf Hunziker, Hans Bloesch, Kurt Guggisberg und Werner Juker. München/Bern/Erlenbach bei Zürich 1911–1977. · Näheres zur »Schwarzen Spinne« u. a. bei: Berta Huber-Bindschedler, Die Symbolik in Gotthelfs Erzählung »Die schwarze Spinne«. Zürich 1956. Benno von Wiese, Jeremias Gotthelf, »Die schwarze Spinne«, in: B. v. W., Die deutsche Novelle von Goethe bis Kafka. Band 1. Düsseldorf 1964, 176–195. Wolfgang Mieder (Hrsg.), Erläuterungen und Dokumente zu Jeremias Gotthelf, »Die schwarze Spinne«. Stuttgart 1983.

WILHELM HAUFF (Stuttgart 29. 11. 1802 – Stuttgart 18. 11. 1827) · *Das kalte Herz* · Erstdruck: Mährchenalmanach für Söhne und Töchter gebildeter Stände auf das Jahr 1828 herausgegeben von Wilhelm Hauff mit Kupfern. Stuttgart 1828. · Werkausgabe: Sämtliche Schriften in drei Bänden. Nach den Originaldrucken und Handschriften. Textredaktion und Anmerkungen von Sibylle von Steinsdorff und Uwe Schweikert. Mit einem Nachwort und einer Zeittafel von Helmut Koopmann. München 1970. · Näheres zum »Kalten Herz« u. a. bei: Manfred Frank, Das Motiv des ›kalten Herzens‹ in der romantisch-symbolistischen Dichtung, in: Euphorion 71 (1977), 383–405. Joachim Horn, Der Dichter und die Lesewelt: Wilhelm Hauffs Werk als Epochenphänomen. Bremen 1982. Egon Schwarz, Wilhelm Hauff: »Der Zwerg Nase«, »Das kalte Herz« und andere Erzählungen 1826/27, in: Paul Michael Lützeler (Hrsg.), Romane und Erzählungen zwischen Romantik und Realismus. Stuttgart 1983, 117–135.

EDUARD MÖRIKE (Ludwigsburg 8. 9. 1804 – Stuttgart 4. 6. 1875) · *Mozart auf der Reise nach Prag* · Erstdruck: Morgenblatt für gebildete Stände, Nr. 30–33. Stuttgart 1855. · Werkausgabe: Werke und Briefe. Historisch-kritische Gesamtausgabe. Hrsg. von Hans-Henrik Krummacher, Herbert Meyer, Bernhard Zeller. Stuttgart 1967f. · Näheres zu »Mozart auf der Reise nach Prag« u. a. bei: Karl Konrad Polheim, Der künstlerische Aufbau von Mörikes Mozartnovelle, in: Euphorion 48 (1954), 41–70. Benno von Wiese, Eduard Mörike: »Mozart auf der Reise nach Prag«, in: B. v. W., Die deutsche Novelle von Goethe bis Kafka. Interpretationen.

Band 2. Düsseldorf 1956, 213–237. Karl Pörnbacher (Hrsg.), Erläuterungen und Dokumente zu Eduard Mörike, »Mozart auf der Reise nach Prag«. Suttgart 1985.

ADALBERT STIFTER (Oberplan/Böhmerwald 23. 10. 1805 – Linz 28. 1. 1868) · *Brigitta* · Erstdruck: Gedenke mein! Taschenbuch für 1844. 13. Jahrgang. Wien und Leipzig 1844, 1–56. · Werkausgabe: Sämtliche Werke. Hrsg. von August Sauer und Gustav Wilhelm. Prag/Reichenberg/Graz 1901–1960. · Näheres zu »Brigitta« u.a. bei: Eleonore Frey, Dinge und Beziehungen: Zu Stifters »Brigitta«, in: Orbis Litterarum 24 (1969), 52–71. Ulrich Dittmann (Hrsg.), Erläuterungen und Kommentare zu Adalbert Stifter, »Brigitta«. Stuttgart 1970. Albert Meier, Diskretes Erzählen. Über den Zusammenhang von Dichtung, Wissenschaft und Didaktik in Adalbert Stifters Erzählung »Brigitta«, in: Aurora 44 (1984), 213–223.

GEORG BÜCHNER (Goddelau b. Darmstadt 17. 10. 1813 – Zürich 19. 2. 1837) · *Lenz* · Erstdruck: Telegraph für Deutschland, Januar 1839, Nr. 5, 7–11, 13, 14. · Werkausgabe: Sämtliche Werke, Briefe und Dokumente. Hrsg. von Henri Poschmann. Zwei Bände. Frankfurt a.M. 1999. · Näheres zu »Lenz« in der Studienausgabe: Georg Büchner, »Lenz«. Hrsg. von Hubert Gersch. Stuttgart 1984, und bei: Benno von Wiese, Georg Büchner: »Lenz«, in: B.v.W., Die deutsche Novelle von Geothe bis Kafka. Interpretationen. Band 2. Düsseldorf 1962, 104–126. Gerhard Schaub (Hrsg.), Erläuterungen und Dokumente zu Georg Büchner, »Lenz«. Stuttgart 1987.

FRIEDRICH HEBBEL (Wesselburen/Holstein 18. 3. 1813 – Wien 13. 12. 1863) · *Eine Nacht im Jägerhause* · Erstdruck: Morgenblatt für gebildete Leser 1842. Nr. 28–31. · Werkausgabe: Werke. Fünf Bände. Hrsg. von Gerhard Fricke u. a. München 1964 bis 1967. · Näheres zur »Nacht im Jägerhause« u. a. bei: Christian Jensen, Hebbels Erzählungen, in :Hebbel-Jahrbuch 1955, 51–62. Ingrid Kreuzer, Hebbel als Novellist, in: Helmut Kreuzer (Hrsg.), Hebbel in neuer Sicht. Stuttgart 1963, 150–163. Peter Michelsen, Das Paradoxe als Grundstruktur Hebbelschen Denkens, in: Helmut Kreuzer (Hrsg.), Hebbel in neuer Sicht. Stuttgart 1963, 80–108.

THEODOR STORM (Husum 14. 9. 1817 – Hademarschen/Holstein 4. 7. 1888) · *Pole Poppenspäler* · Erstdruck: Deutsche Jugend, hrsg. von Julius Lohmeyer. Band 4. Leipzig 1874, 129–143, 161–171. · Werkausgabe: Sämtliche Werke. Vier Bände. Hrsg. von Karl Ernst Laage und Dieter Lohmeyer. Frankfurt a. M. 1987/88. · Näheres zu »Pole Poppenspäler« u. a. bei: Hartmut Vincon, Theodor Storm. Stuttgart 1973. Hildegard Lorenz, Varianz und Invarianz. Theodor Storms Erzählungen: Figurenkonstellationen und Handlungsmuster. Bonn 1985. Rüdiger Frommholz, Theodor Storms »Pole Poppenspäler« — Kinder- oder Künstlergeschichte?, in: Schriften der Theodor-Storm-Gesellschaft 36 (1987), 19–36.

GOTTFRIED KELLER (Zürich 19. 7. 1819 – Zürich 16. 7. 1890) · *Pankraz der Schmoller* · Erstdruck: Die

Leute von Seldwyla. 2., vermehrte Auflage in vier Bänden. Stuttgart 1873. · Werkausgabe: Sämtliche Werke. Hrsg. von Jonas Fränkel und Carl Helbling. Zürich/München/Bern 1926–48. · Näheres zum »Pankraz« u. a. bei: Fritz Wölcken, Gottfried Kellers »Pankraz der Schmoller«, in: Modern Language Review 30 (1935), 324–333. Hans Richter, Gottfried Kellers frühe Novellen. Berlin 1960, 77–97. Renate Böschenstein, Pankraz und sein Tier, in: Formen realistischer Erzählkunst. Festschrift für Charlotte Jolles. Nottingham 1979, 146–158.

Conrad Ferdinand Meyer (Zürich 11. 10. 1825 – Kilchberg b. Zürich 28. 11. 1898) · *Plautus im Nonnenkloster* · Erstdruck: Deutsche Rundschau, Band 29 (1881), unter dem Titel »Das Brigittchen von Trogen«. · Werkausgabe: Sämtliche Werke. Historisch-kritische Ausgabe. Hrsg. von Hans Zeller und Alfred Zäch. Fünfzehn Bände, Bern 1959–85. · Näheres zu »Plautus im Nonnenkloster« u. a. bei: Friedrich A. Kittler, Der Traum und die Rede. Eine Analyse der Kommunikationssituation Conrad Ferdinand Meyers. Bern 1977. Tamara S. Evans, Formen der Ironie in C. F. Meyers Novellen. Bern 1980. Hans und Rosmarie Zeller, Conrad Ferdinand Meyer, in: Karl Konrad Polheim (Hrsg.), Handbuch der deutschen Erzählung. Düsseldorf 1981, 288–302.

Marie von Ebner-Eschenbach (Schloß Zdislavic b. Kremsier/Mähren 13. 9. 1830 – Wien 12. 3. 1916) · *Krambambuli* · Erstdruck: Dorf- und Schloßgeschichten. Berlin 1883. · Werkausgabe: Sämtliche Werke. Sechs Bände. Berlin 1920. · Näheres zu

»Krambambuli« u. a. bei: Fritz Martini, Deutsche Literatur im bürgerlichen Realismus 1848–1898. Stuttgart 1964, 480–498. Karl Rossbacher, Marie von Ebner-Eschenbach: Zum Verhältnis von Literatur- und Sozialgeschichte am Beispiel von »Krambambuli«, in: Österreich in Geschichte und Literatur 24 (1980), 87–106.

PAUL HEYSE (Berlin 15. 3. 1830–München 2. 4. 1914) · *L'Arrabbiata* · Erstdruck: Argo. Belletristisches Jahrbuch für 1854. Hrsg. von Theodor Fontane und Franz Kugler. Dessau 1854, 1–22. · Werkausgabe: Gesammelte Werke. Hrsg. von Erich Petzet. Stuttgart/Berlin 1924. · Näheres zu »L'Arrabbiata« u. a. bei: Max Quadt, Die Entwicklung von Paul Heyses Novellentechnik. Tübingen 1924. Manfred Schunicht, Die Novellentheorie und Novellendichtung Paul Heyses. Diss. Münster 1957. Kenneth Negus, Paul Heyse's ›Novellentheorie‹: A revaluation, in: Germanic Review 40 (1965), 173–191.

WILHELM RAABE (Eschershausen b. Braunschweig 8. 9. 1831 – Braunschweig 15. 11. 1910) · *Holunderblüte* · Erstdruck: Über Land und Meer. Stuttgart 1863. · Werkausgabe: Sämtliche Werke. Hrsg. von Karl Hoppe. Freiburg/Braunschweig 1951–59, Göttingen 1961 f. · Näheres zur »Holunderblüte« u. a. bei: Josef Kunz, Wilhelm Raabes »Holunderblüte«, in: Jahrbuch der Raabe-Gesellschaft 1973, 88–108. Dieter Arendt, Historischer und literarhistorischer Hintergrund der Novelle, in: D. A. (Hrsg.), Wilhelm Raabe, »Holunderblüte«. Stuttgart 1991.

NACHWORT

Erzählungen, hat E. A. Poe gemeint, muß man in einer halben Stunde, höchstens aber in eineinhalb Stunden durchlesen können — länger begeben sich Leser nicht freiwillig in die Abhängigkeit von Autoren. Wer sich den hier versammelten Erzählern anvertraut und miterlebt hat, wie ein Knabe einen Löwen mit Gesang bezähmt, wer sich in das abgründig und »zart verhäkelt Kleine« im Leben eines Schulmeisterleins oder eines Taugenichts vertiefte, die kunstvoll entfalteten Kriminalfälle um einen Goldschmied oder einen Unglücksbaum enträtselte, die geheimnisvolle Empfängnis einer Marquise bestaunt oder die Qualen eines Jagdhundes mitgelitten hat, der wird auf nachträgliche Verständnishilfen verzichten wollen und mit Friedrich Schlegel sagen: »In Erzählungen stellt sich die Belehrung von selbst ein«.

»Unsere Zeit will nur von sich selber wissen und treibt eine Abgötterei mit dem wesenlosen Begriff des Gegenwärtigen«, schrieb Hugo von Hofmannsthal 1912 in der Einleitung zu seiner Sammlung »Deutsche Erzähler«, die sich auf »ältere Autoren« beschränkte und die bedrohten Werte deutschen Erzählens bewahren wollte: »Die Gegenwart ist breit, die Vergangenheit tief. Die Breite verwirrt, die Tiefe ergötzt: warum sollten wir immer nur in die Breite gehen?« Deutsche Erzähltiefen ausloten und dabei, weniger emphatisch, etwas von der spielerischen Vielfalt ihrer Darbietungsformen sichtbar machen, das wollte fünfzig Jahre später auch Benno von Wiese mit seinen drei Bänden »Deutschland erzählt«, und ähnliche Ziele haben seither fast alle vergleichbaren Anthologien verfolgt.

Die vorliegende Auswahl, die mit Bedacht ebenfalls nur ältere Autoren enthält, ist nicht in kanonischer oder bloß kustodialer Absicht zusammengestellt, sondern weil es in gewissen Abständen geboten erscheint, daran zu erinnern, daß die deutsche Literatur des 18. und 19. Jahrhunderts in den kurzen Prosaformen Bedeutendes hervorgebracht hat (was sich von der experimentellen Moderne nicht gleichermaßen sagen läßt): Kleist, Eichendorff, die Droste oder Storm brauchen als Erzähler den Vergleich mit Poe, Maupassant oder Turgenjew nicht zu scheuen.

Das Wort »Erzählung« dient heute als Sammelbegriff für mündliche, schriftliche oder auch visuelle Darstellungen tatsächlicher oder erfundener Ereignisse; betont wird damit vor allem das Gemeinsame von Erzähltexten, wie es sich etwa in den Märchen der Völker zeigt. Geschichten wurden zu allen Zeiten erzählt, wohl weil die Menschen die Vielfalt der Welt überschaubar machen müssen, wenn sie sich in ihr zurechtfinden wollen. Geschichten erzählend unterlegen wir unseren Erlebnissen Ordnungsmuster und verwandeln sie in Erfahrungen. Wir überlegen, wie es auch und anders hätte kommen können und weisen den selbsterzeugten Welten einen Sinn zu. Im Erzählen erklären wir Handlungen und geben unsere Erfahrungen an andere weiter. Wir berichten, was wir erlebt haben (wollen) und erkunden dabei den Raum der wirklichen Welt und die Räume unserer Phantasie. Erzählungen sind Zeichenreihen, die Ereignisfolgen in einem Zeitrahmen wiedergeben, symbolische Probehandlungen, die der Vereinsamung entgegenwirken und eine Gemeinsamkeit von Erzählern und Zuhörern, Autoren und Lesern stiften.

Wie der Balladensänger, so verdichtet auch der gesellige Erzähler Erlebtes zu Geschichten, die, sobald sie die Mündlichkeit verlassen, ihren eigenen Gesetzen gehorchen (und sich nur mit unscharfen, historisch bedingten Begriffen beschreiben lassen — die Grenzen zwischen »Erzählung«, »Novelle«, »Kurzgeschichte« oder »Märchen« sind auch in diesen Bänden fließend). In Erzählungen sind die Ereignisse wichtiger als die Personen. Goethes berühmter Ausruf: »Denn was ist eine Novelle anders als eine sich ereignete unerhörte Begebenheit!« ist zunächst eine Worterklärung: das Unerhörte einer Begebenheit besteht darin, daß sie »novella« ist, neu, noch nie gehört. Sie erzählt, was nicht denkwürdig, aber doch interessant ist, sie gibt kein umfassendes Bild der Weltzustände, aber einen Ausschnitt, keine Entwicklung, aber eine Situation — »ein Menschenleben, durch die sinnliche Kraft einer Schicksalsstunde ausgedrückt«, wie Georg Lukács gesagt hat. Goethes eigene »Novelle« verfährt beispielhaft: sie drängt ein Ereignis ins Symbolische, schafft durch einen Rahmen Distanz zum Stoff (der hier seine eigene Seichtigkeit, das empirisch Zufällige, zu etwas künstlerisch Notwendigem stilisiert) und betrachtet ihn, mehrdeutig, aus wechselnden Perspektiven.

Giovanni Boccaccio, der im »Decamerone« (1353) pikante Liebesgeschichten spannend erzählt hatte, gilt als der Ahnherr der Novelle, einer »niederen« Gattung. Margarete von Navarras »Heptameron« (1559) und Miguel de Cervantes' »Novelas ejemplares« (1612) sind die anderen großen Modelle, an denen sich die europäische Prosaerzählung orientierte. Am Beginn der klassischen deutschen Novelle, und damit eines erzählerischen Sonderweges, verlangt Christoph Martin Wieland die »Simplicität des Plans und den kleinen Umfang der Fabel«; sein »Hexameron von Rosenhain« besteht aus Geschichten, die sich »in unserer wirklichen Welt begeben haben«, in denen etwas geschieht — und sei es nur der alsbald rückgängig gemachte Partnertausch zwischen zwei Ehepaaren. Die Romantiker erweitern das Feld: eine gute Geschichte soll überraschen, aber auch lyrisch, phantastisch oder märchenhaft sein, sie soll in der Vielfalt die Einheit deutlich machen und »in ihrer Form irgendetwas enthalten, was vielen merkwürdig oder lieb sein zu können verspricht«. Ein guter Erzähler setzt Subjektives und Objektives in ein Spannungsverhältnis, indem er »auch bekannte Geschichten durch die Art, wie er sie erzählt und vielleicht umbildet, in neue zu verwandeln scheint«. In dieser Verwandlung — Ludwig Tieck nennt sie den »sonderbaren, auffallenden Wendepunkt« — scheint eine höhere Wahrheit durch, und das Besondere geht im Allgemeinen auf; es gilt, »das Außerordentliche nicht motivierend zu zergliedern, sondern es positiv hinzustellen und Glauben dafür zu fordern.«

Die deutschen Novellen des 19. Jahrhunderts mit ihrem poetischen Grundton sind angesichts der gleichzeitigen Schwäche des deutschen Romans doppelt bemerkenswert. Weil das Land keine Metropole wie Paris, London oder St. Petersburg besitzt, in der ein deutscher Flaubert, Dickens oder Dostojewski gedeihen könnte, bleiben seine Schriftsteller und ihre Erzählungen Produkte einer provinziellen Kultur. 1853 schreibt Gustav Freytag: »Wir haben kein Salonleben, wir haben keine Salonsprache, wir sind nicht in einer großen Stadt zusammenzubringen, und wenn wir einmal zusammengedrängt werden, präsentieren wir uns nicht vorteilhaft. Wer uns schildern will, muß uns aufsuchen in unserer Arbeitsstube, in unserem Comptoir, unserem Feld, nicht nur in unserer Familie.« Und Theodor Mundt ergänzt: »Die deutsche Novelle sitzt mit zu Tische und belauscht das Abendgespräch, und man kann da dem Herrn Papa zur guten Stunde etwas unter die Nachtmütze schieben oder dem Herrn Sohn bei gemächlicher Pfeife eine Richtung einflüstern, die vielleicht einmal für die ganze Nation Folgen haben mag. Ich fasse die Novelle als deutsches Haustier auf, und als solches ist sie mir jetzt die berufenste Kunstform, das Höchste darzustellen«.

Das Höchste hat dieses Haustier, die Novelle der Restaurationszeit und des poetischen Realismus, nicht dargestellt, dafür aber mit dem Pathos der Distanz in philosophisch-spekulativen Geschichten und humoristischen Grotesken so unheldische Helden wie Pankraz den Schmoller oder den armen Spielmann geschaffen. Von den zeitgenössischen Dramatikern, die alle auch

Erzähler waren, wird die Novelle zur Schwester des Dramas und zur strengsten Form der Prosadichtung ernannt. Weil sie Alltägliches und Märchenhaftes verknüpft, moralisches Exempel und psychologische Studie sein kann und »mit einer großen Keckheit der Darstellung in alle Gebiete des inneren und äußeren Lebens übergreift«, ist sie geschmeidiger als der Roman, der Kultur- und Gesellschaftsbilder entwirft, aber für die Darstellung plötzlicher und begrenzt bleibender Erregungen nicht taugt. Mörikes »Mozart auf der Reise nach Prag«, Stifters »Brigitta« oder Raabes »Holunderblüte« lassen die Stellung des Menschen im Kosmos nur in Andeutungen durchschimmern und vermitteln behutsam zwischen dem einzelnen und seinen Lebensbedingungen. Eine Zeit, die sich in Politik und Philosophie auf den Boden des Tatsächlichen stellt, in der Geschichtsschreibung die Quellenforschung, in Physik und Chemie das Experiment zugrunde legt, ist einer Gattung günstig, in der eine Begebenheit, ein Ereignis, ein einzelner Fall im Mittelpunkt stehen. Der seelische oder sittliche Konflikt gilt nun als eine Bedingung der gelungenen Novelle; Paul Heyse will, daß sich die Novellenhandlung als »Silhouette« abzeichne, »so daß der Leser überall fragen darf, wo denn der ›Falke‹ sei, also das Spezifische, das eine Geschichte von tausend anderen unterscheidet.«

Die Erzählungen dieser Sammlung sind gleichsam Geschichten außerhalb der Geschichte — und gehören vielleicht gerade deshalb zu den großen Leistungen der deutschen Literatur. Goethe hat in den »Unterhaltungen deutscher Ausgewanderten« ein Erfolgsrezept verraten: »Geben Sie uns zum Anfang eine Geschichte von wenig Personen und Begebenheiten, die gut erfunden und gedacht ist, wahr, natürlich, und nicht gemein; soviel Handlung als unentbehrlich und soviel Gesinnung als nötig, die nicht still steht, sich nicht auf einem Flecke zu langsam bewegt, sich aber auch nicht übereilt; in der die Menschen erscheinen, wie man sie gern mag, nicht vollkommen, aber gut, nicht außerordentlich, aber interessant und liebenswürdig. Ihre Geschichte sei unterhaltend, solange wir sie hören, befriedigend, wenn sie zuende ist, und hinterlasse uns einen stillen Reiz, weiter nachzudenken.«

Helmut Winter

Inhaltsverzeichnis

»MONOTYPE« TIMES

Die Entstehung der TIMES-Schrift ist eng mit der typographischen Neugestaltung der englischen Zeitung gleichen Namens verknüpft. Es galt, eine raumsparende und dennoch gut lesbare Schrift zu schaffen, die darüber hinaus auch ästhetischen Anforderunen entspricht.

Augenärzte und Optiker wurden zu Rate gezogen, der Werdegang der Schrift wurde systematisch überwacht. Möglichst große Kleinbuchstaben sollten die Lesbarkeit erhöhen und trotzdem ein harmonisches Gesamtbild bewirken. Die Ober- und Unterlängen sind dagegen sehr kurz gehalten, die kleinen Serifen laufen spitz aus. Die Versalien passen sich unauffällig der Zeichnung an und sind nicht höher als die kurzen Oberlängen der Gemeinen. Besonders charakteristisch erscheinen die tiefliegenden Bogenverstärkungen des c und e. Die Kursiv ist regelmäßig, wenig geneigt und trägt die Serifen der Antiqua.

Die TIMES-Schrift, unter der künstlerischen Leitung von Stanley Morison geschnitten, hat die Typographie maßgeblich beeinflußt. Standardwerke wie der »Große Brockhaus« sind aus ihr gesetzt. Die TIMES wurde zur offiziellen Schrift verschiedener internationaler Organisationen.

Die beiden Bände wurden in der Buchdruckerei Greno GmbH in Nördlingen aus der Borgis Times Monotype gesetzt und auf einer Condor-Schnellpresse vom Bleisatz auf eigens für diese Ausgabe hergestelltes säurefreies, mattgeglättetes 60g/qm Dünndruckpapier aus der Papierfabrik Niefern gedruckt. Buchbindearbeiten durch Kösel GmbH & Co., Kempten. Typographie: Heinrich Buser, Nördlingen. Schutzumschlaggestaltung: CDE Spenlen/Kohl, Köln.

Erstes bis fünftes Tausend. 1999.

Eine Vorzugsausgabe in Leder erscheint in einer von 1 bis 500 numerierten Auflage.